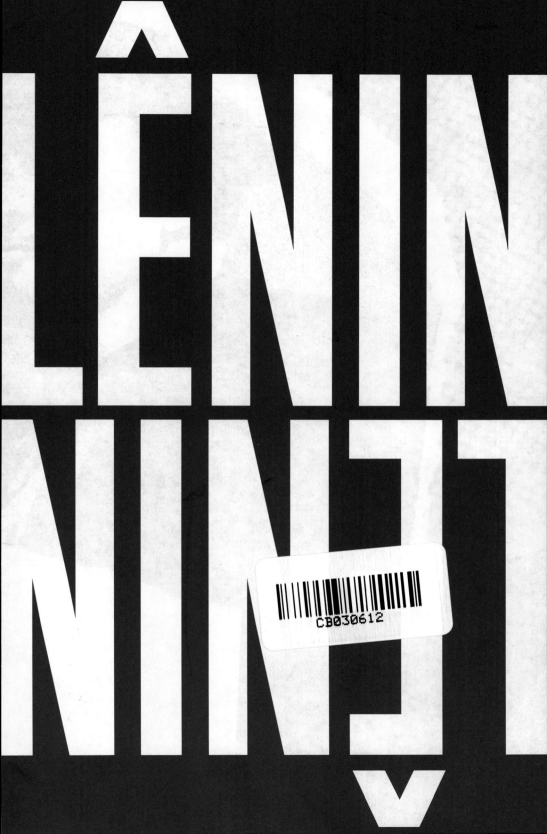

ИЗ РОССИИ НЭПОВСКОЙ БУДЕТ РОССИЯ СОЦИАЛИСТИЧ...

(ЛЕНИН)

SCHÜTZT DIE SOWJETUNION НА ЗАЩИТУ СССР

# TAMÁS KRAUSZ

# RECONSTRUINDO LÊNIN
## UMA BIOGRAFIA INTELECTUAL

TRADUÇÃO DE BALTAZAR PEREIRA
COLABORAÇÃO DE PEDRO DAVOGLIO E ARTUR RENZO

© desta edição, Boitempo, 2017
© Tamás Krausz e Monthly Review Press, 2015
Edição em inglês © Eszmélet Foundation
Título original: *Lenin – Társadalomelméleti rekonstrukció*
Título da edição em inglês: *Reconstructing Lenin – An Intellectual Biography*

| | |
|---:|:---|
| *Direção editorial* | Ivana Jinkings |
| *Edição* | Isabella Marcatti e André Albert |
| *Assistência editorial* | Thaisa Burani e Artur Renzo |
| *Tradução* | Baltazar Pereira e Pedro Davoglio (livro), Artur Renzo (notas) |
| *Revisão de tradução* | Pedro Davoglio |
| *Preparação* | Thais Rimkus |
| *Revisão* | Mariana Echalar e Denise Roberti Camargo |
| *Transliteração de palavras e nomes russos* | Paula Almeida |
| *Coordenação de produção* | Livia Campos |
| *Capa* | Pianofuzz Studio |
| *Diagramação e tratamento de imagens* | Antonio Kehl |

*Equipe de apoio:* Allan Jones, Ana Yumi Kajiki, Bibiana Leme, Camila Rillo, Eduardo Marques, Elaine Ramos, Frederico Indiani, Heleni Andrade, Isabella Barboza, Ivam Oliveira, Kim Doria, Marlene Baptista, Maurício Barbosa, Renato Soares, Thaís Barros, Tulio Candiotto

CIP-BRASIL. CATALOGAÇÃO NA PUBLICAÇÃO
SINDICATO NACIONAL DOS EDITORES DE LIVROS, RJ

K91r

Krausz, Tamás, 1948-
    Reconstruindo Lênin : uma biografia intelectual / Tamás Krausz ; tradução Baltazar Pereira, Pedro Davoglio, Artur Renzo. - 1. ed. - São Paulo : Boitempo, 2017.
    : il.

    Tradução de: Lenin: társadalomelméleti rekonstrukció
    Inclui bibliografia e índice
    caderno de imagens
    ISBN 978-85-7559-573-2

    1. Lenin, Vladimir Ilitch, 1870-1924. 2. Chefe de Estado - União Soviética - Biografia. I. Pereira, Baltazar. II. Davoglio, Pedro. III. Renzo, Artur. IV. Título.

17-44463

CDD: 947.084
CDU: 94(47+57)

É vedada a reprodução de qualquer parte deste livro sem a expressa autorização da editora.

1ª edição: setembro de 2017
1ª reimpressão: setembro de 2020

BOITEMPO
Jinkings Editores Associados Ltda.
Rua Pereira Leite, 373
05442-000 São Paulo SP
Tel.: (11) 3875-7250 / 3875-7285
editor@boitempoeditorial.com.br | www.boitempoeditorial.com.br
www.blogdaboitempo.com.br | www.facebook.com/boitempo
www.twitter.com/editoraboitempo | www.youtube.com/tvboitempo

# SUMÁRIO

Nota da edição brasileira.................................................................. 9

Prefácio ............................................................................................. 11

1. Quem foi Lênin?........................................................................... 31
    Família ........................................................................................ 31
    Educação..................................................................................... 41
    A personalidade de Lênin como jovem exilado e emigrado ...... 55
    A Revolução de 1905 e a segunda emigração ............................ 71
    No poder..................................................................................... 88

2. Capitalismo russo e revolução ................................................ 103
    Os desafios na virada do século................................................. 103
    Rompimento com o narodismo ................................................ 106
    Rompimento com o liberalismo ................................................ 112
    O debate histórico: a natureza do Estado autocrático ............. 137

3 Organização e revolução............................................................ 153
    O bolchevismo de Lênin: política e teoria ............................... 153
    Lênin e Bogdánov ...................................................................... 174

4 A guerra e a questão nacional................................................... 199
    Desintegração e dialética ........................................................... 199
    Lênin e a Primeira Guerra Mundial.......................................... 212
    A questão nacional e a autodeterminação nacional: "duas culturas" ...... 226

5 O Estado e a revolução ............................................................... 247
    O impacto de *O Estado e a revolução*, de Lênin,
    e seu contexto histórico.............................................................. 247
    *O Estado e a revolução*: fundamento teórico .......................... 259

A filosofia da Revolução de Outubro: análise crítica do
Estado moderno e do parlamentarismo ............................................ 265

Revolução e Estado: a alternativa funcional ................................ 274

CADERNO DE IMAGENS ................................................................ 289

6  DITADURA E DEMOCRACIA NA PRÁTICA ...................................... 323

A dissolução da Assembleia Constituinte de toda a Rússia .................. 323

Violência e terror: causas e consequências .................................... 357

A onda de repressão de 1922: terminando a guerra civil .................... 369

Lênin e os *pogroms* ............................................................... 389

Da guerra mundial à guerra civil .............................................. 404

7  REVOLUÇÃO MUNDIAL: MÉTODO E MITO ...................................... 423

A origem do problema ............................................................ 423

O tratado de paz de Brest-Litovsk e o patriotismo .......................... 430

A Guerra Polaco-Soviética ...................................................... 439

Esquerdismo messiânico .......................................................... 452

8  A TEORIA DO SOCIALISMO: POSSIBILIDADE OU UTOPIA? .................... 463

As origens conceituais do socialismo .......................................... 464

Da economia de mercado ao comunismo de guerra ............................ 469

NEP *versus* comunismo de guerra: contradições irreconciliáveis .......... 481

A natureza do poder e a ditadura do partido ................................ 486

O período da transição: "capitalismo de Estado" .......................... 494

Centralismo burocrático e a alternativa termidoriana ...................... 497

A teoria do socialismo e suas coerências sistêmicas ........................ 507

BREVES COMENTÁRIOS EM LUGAR DE UM POSFÁCIO .......................... 519

Concepção e sistematização ...................................................... 521

As origens do marxismo de Lênin .............................................. 524

A questão da organização ........................................................ 525

Desenvolvimento desigual e hierarquia do sistema mundial:
a revolução ainda é possível? .................................................. 528

Método e filosofia da revolução .............................................. 530

A perspectiva socialista: a contradição não resolvida ...................... 534

CRONOLOGIA: 1917-1924 .......................................................... 539

ÍNDICE ONOMÁSTICO ................................................................ 567

BIBLIOGRAFIA ........................................................................ 607

# Nota da edição brasileira

Por ser uma investigação aprofundada sobre o pensamento teórico e a prática de Lênin, esta obra recorre com frequência a citações de seus textos. Sempre que possível, reproduzimos traduções desses trechos feitas diretamente do russo, publicadas pela Boitempo ou pela editora portuguesa Avante!. No último caso, foram feitas adaptações pontuais para o português brasileiro.

Considerando o número restrito de falantes de húngaro e russo no Brasil, indicamos traduções sugeridas para os títulos das obras citadas e a transliteração daqueles em russo, a fim de facilitar a identificação. Citações de textos de Lênin não publicados em português foram referenciadas segundo a edição em língua inglesa.

Agradecemos ao autor e também a Eszter Bartha e S. V. Rajadurai por esclarecer as dúvidas de tradução.

**Código de notas**

LCW: *Lenin Collected Works* (Moscou, Progress, 1960-1970, 45 v.)

OE3T: *Obras escolhidas em três tomos* (Lisboa, Avante!, 1979)

OE6T: *Obras escolhidas em seis tomos* (Lisboa/Moscou, Avante!/Progresso, 1986)

Detalhe de cartaz de Vladislav Jukov, de 1985, sobre fotografia de Lênin.

# Prefácio

A famosa tese de Marx de que "soa a hora derradeira da propriedade privada capitalista, e os expropriadores são expropriados"[1] é derivada das contradições da "sociedade moderna". Porém, foi Vladímir Ilitch [Uliánov] Lênin quem inicialmente concedeu a essa teoria a direção para um programa e um objetivo aplicados. Décadas distante de nós, a primeira experiência histórica voltada de maneira consciente à realização de uma sociedade "sem Estado" (comunismo) – a Revolução Russa, que eliminou o sistema capitalista de trabalho, de divisão do trabalho, e as classes sociais – é a conquista duradoura de Lênin e seus companheiros revolucionários. Ao mesmo tempo, como fundador do Estado soviético, Lênin está inextricavelmente vinculado às sete décadas de história que se originaram dessa experiência antiestatal e anticapitalista.

Há mais de vinte anos não surgem na Europa grandes organizações, movimentos nem partidos políticos, de importância nacional ou internacional, que promovam a *revolução social* ou o *socialismo*, seja ele "de Estado", seja "sem Estado". Mesmo assim, os debates sobre Lênin em teoria política e em áreas especializadas da historiografia não diminuíram nem na Rússia nem no restante do mundo. Desde 1991 ficou claro que as principais perspectivas socialistas, de horizonte comunitário, foram desaparecendo das práticas políticas globais. Nesse período, não apenas historiadores, mas também intelectuais e grupos políticos comprometidos com a superação da sociedade burguesa moderna de acordo com diretrizes humanistas tentam enfrentar as causas de sua marginalização enquanto reavaliam com cuidado suas tradições. Buscam entender os precedentes dessas

---

[1] Karl Marx, *Capital*, v. 1 (trad. Samuel Moore e Edward Aveling, Moscou, Progress, 1987), p. 536 [ed. bras.: *O capital: crítica da economia política*, Livro I: *O processo de produção do capital*, trad. Rubens Enderle, São Paulo, Boitempo, 2013, p. 832].

tradições – suas fontes e suas raízes, e como pensamento e práxis alteraram o curso da civilização. Nessa história abrangente, Lênin – acompanhado de Plekhánov, Mártov, Kautsky, Rosa Luxemburgo, György Lukács, Gramsci e uma extensa lista – certamente desempenhou um papel fundamental, que não se pode ignorar nem mesmo no século XXI. Não obstante, sabemos que os revolucionários socialistas – pessoas cujas ações pretenderam lançar as bases de uma alternativa comunal-humanista ao capitalismo – não são tidos em grande estima pela historiografia moderna. O historiador pode ser tomado como o exemplo típico de "intelectual servil". Isso nos oferece amplas razões para nos aferrarmos à objetividade, da qual qualquer historiador precisará a fim de evitar seguir as opiniões em voga e também preservar uma abordagem crítica. Pesquisas sobre o legado de Lênin foram deixadas à margem da literatura *acadêmica* recente. Porém, isso não significa que novos livros e estudos sobre Lênin, sua vida e sua obra não apareçam diariamente[2]. Embora seja óbvio que o marxismo de Lênin tenha sido, em essência, de natureza política e tenha moldado suas lutas políticas, ele abarcou virtualmente todos os problemas cruciais da época – problemas que, de maneira inegável, continuam sendo reconsiderados, em condições completamente novas.

Essas interpretações, no entanto, não apenas preservam antigos equívocos, como lhes acrescentam preconceitos de nossa época. O problema se encontra no próprio Lênin. Seu legado permite interpretações variadas, porque, em realidade, existiu uma "variedade" de Lênins – apesar da unidade e da coerência de suas ações, Lênin travou batalhas constantes contra si mesmo. Por exemplo, enquanto tentava escapar das garras da polícia secreta em 1917, as pressões imediatas do movimento ditaram uma postura bastante distinta daquela do teórico preocupado em libertar a humanidade. Durante a guerra civil, no auge do poder, "submerso" no terror, deparamo-nos com outro Lênin; e contornos de mais um perfil emergem se considerarmos seu "legado teórico e revolucionário" após 1922, com seu olhar fixo e distante, ao jazer seriamente enfermo. Há espaço tanto para o Lênin do outono [europeu] de 1917, cuja intenção era varrer do tabuleiro todas as peças do poder de Estado (pense-se, por exemplo, em *O Estado e a revolução**), quanto para o Lênin que surgiu após Outubro de 1917, o político e estadista

---

[2]  Se não a figura do próprio Lênin, ao menos a história e a interpretação da Revolução Russa têm permanecido, naturalmente, tema central dos estudos russos. Um relato sucinto das diferentes abordagens historiográficas coexistentes – das explicações pós-modernas às antigas conservadoras e *new cultural* – pode ser encontrado em *1917 год. революционная Россия : сборник обзоров и рефератов / 1917 god revoliutsiónnaya Rossíia*: sbórnik obzórov i referátov [A Rússia revolucionária de 1917: coletânea de resenhas e resumos] (Moscou, Inion, 2007).

\*  Vladímir Ilitch Lênin, *O Estado e a revolução* (trad. Edições Avante! e Paula Almeida, São Paulo, Boitempo, 2017). (N. E.)

que tentou organizar o Estado soviético. No entanto, resumir a obra teórica de Lênin a suas medidas políticas pragmáticas, com frequência ditadas por pura necessidade, é cometer um sério erro metodológico. Como veremos, distorções desse tipo podem se basear em visões de mundo muito diferentes, até mesmo contraditórias. Não obstante todas as "lutas interiores" de Lênin, existiu uma linha de desenvolvimento intelectual mantendo coesa a obra de sua vida inteira. Este livro explora "as diferenças e a unidade" entre esses "vários" Lênins.

O assunto deste livro não é inédito no campo húngaro de pesquisas a respeito de Lênin. Uma publicação de György Lukács sobre o que ele chamou de "estudo em linhas gerais" da "unidade" do pensamento de Lênin saiu já em 1924[3]. Seu ensaio de cem páginas é uma obra filosófica autônoma de extraordinário valor e, como tal, tem uma vida independente[4]. Este livro, porém, tem um propósito diferente: reconstruir a história das ideias no pensamento de Lênin, seus pontos de vista teóricos e sociológicos. Pode parecer que o panorama histórico recente não é adequado a uma abordagem objetiva da pesquisa sobre Lênin. Mas isso não é verdade. Nenhuma temática política atual, não importa o peso que tenha, é capaz de conduzir o assunto a seu bel-prazer pelos portões da história – e das ciências históricas.

Ao mesmo tempo, há livros que, de fato, parecem ter sido escritos sem nenhuma "razão lógica", por serem alheios ao "espírito de seu tempo"; seu tema parece obsoleto. Em muitos casos, porém, tal julgamento pode se transformar em seu oposto em um momento futuro (como aconteceu com Ervin Szabó, Trótski ou Bukhárin). Caso se dedique alguma reflexão à *história* do fenômeno Lênin, o caráter oportuno das pesquisas sobre ele pode se tornar claro. A memória recente de inúmeros estudos, brochuras e livros sobre a vida de Lênin publicados durante os anos de socialismo de Estado ainda aflige a Hungria. O primeiro historiador húngaro a tratar seriamente do assunto foi Gyula Szekfű. Em um discurso memorial proferido em janeiro de 1948, Szekfű, como embaixador húngaro em Moscou, reconheceu a importância de Lênin como estadista e arquiteto do Estado – esse discurso não demorou a surgir em versão impressa[5]. Nos anos seguintes, as obras de Lênin foram publicadas em grande quantidade e incrível variedade de formatos. Durante a década de 1960, apenas a relação das obras dele disponíveis no

---

[3] György Lukács, *Lenin: A Study on the Unity of His Thought* (Nova York, Verso Books, 2009) [ed. bras.: *Lenin: um estudo sobre a unidade de seu pensamento*, trad. Rubens Enderle, São Paulo, Boitempo, 2012].

[4] No início da década de 1970, Rudi Dutschke descobriu a importância desse estudo de Lukács na história da recepção de Lênin e, a partir dali, fez um sério esforço para reconstruir as realizações teóricas de Lênin, para "pôr Lênin em pé". Ver *Versuch, Lenin auf Die Füsse zu stellen. Über den halbasiatischen und den west-europäischen Weg zum Sozialismus. Lenin, Lukács und die Dritte Internationale* (Berlim, Klaus Wagenbach, 1974).

[5] Gyula Szekfű, *Lenin* (Budapeste, Magyar-Szovjet Művelődési Társaság, 1948).

14 TAMÁS KRAUSZ

idioma húngaro ocupava um volume inteiro[6]. É claro, a interpretação universal, "sistematizada", de Lênin – o "texto canônico" – foi monopólio russo até 1989. Essa é a explicação óbvia para o fato de nenhuma interpretação *abrangente* ter sido publicada na Hungria, a não ser que consideremos as biografias oficiais soviéticas, lançadas em todos os idiomas da Europa oriental[7].

O centenário de Lênin foi, em certo sentido, um evento de grande magnitude. Pareceu uma espécie de guinada, até mesmo do ponto de vista húngaro. Afinal, na época viviam-se as repercussões de 1968 e a ascensão da "nova esquerda". Pode ser motivo de surpresa que, em 1970, quando Lênin faria cem anos, o professor György Ránki tenha realizado um seminário *crítico* sobre ele no Departamento de História da Universidade de Debrecen (Hungria), como parte das "celebrações memoriais" acadêmicas, enquanto seu assistente, o então jovem Lajos Menyhárt, abordava o mesmo tema em conformidade com seus próprios interesses. Em "saraus literários", estudantes da Universidade de Ciências Lajos Kossuth e da Universidade Loránd Eötvös denunciaram as desigualdades sociais da época, demonstrando uma crítica de esquerda ao sistema vigente. Para a intelectualidade húngara, o "Lênin" "literário" do escritor László Gyurkó foi o ápice das celebrações memoriais – seu *Lenin, Október* [Lênin, Outubro] retratava o líder da revolução para além dos clichês da literatura de propaganda.

Na verdade, uma espécie de reavaliação já havia começado nos anos 1960[8]. A primeira biografia de Lênin com ampla influência e rigor científico foi escrita por um intelectual estadunidense de esquerda, Louis Fischer[9]. Livro excelente, principalmente se comparado à literatura publicada até então, não apenas contestava o retrato oficial soviético – chancelado por P. N. Pospiélov –, como apresentava esboços de uma nova interpretação de Lênin, com base em uma profusa e séria literatura sobre o assunto. Além de tratar dos temas históricos costumeiros, o livro apresentava em primeiro plano o papel de Lênin "como ditador" e as relações dele com seus companheiros revolucionários – tópicos

---

[6] *Lenin műveinek Magyar bibliográfiája 1960-1969* [Bibliografia húngara da obra de Lênin, 1960-1969], (Budapeste, MSZMP KB Párttörténeti Intézete, 1970). O volume foi publicado "com o objetivo de atender ao aumento do interesse geral e científico por ocasião do centenário de Lênin". Outra publicação adequada aos tempos, que surgiu por ocasião do centenário, publicada pela editora Kossuth, foi *Lenin és a magyar munkásmozgalom* [Lênin e o movimento trabalhista húngaro], de László Réti, com um tratamento bem minucioso do assunto.

[7] A mais recente biografia soviética de Lênin de grande extensão a surgir no idioma húngaro foi: P. N. Pospiélov (org.), *Lenin. Életrajz* [Lênin. Biografia] (3. ed., Budapeste, Kossuth, 1980).

[8] Ver Tamás Krausz, "Kutatás közben. Megjegyzések a Lenin-tematikához az 'új' dokumentumok fényében" [Pesquisa em curso. Notas sobre o tema Lênin à luz de "novos" documentos], *Történeti Tanulmányok* (Debrecen, Universidade de Debrecen, 2001), n. 9, p. 83-4 e 97.

[9] Louis Fischer, *The Life of Lenin* (Nova York/Evanston/Londres, Harper and Row, 1964).

RECONSTRUINDO LÊNIN    15

que ainda eram tabus na União Soviética (e na Europa oriental) dos anos 1960. Embora a tradução russa do livro de Fischer tenha sido publicada apenas em Londres[10], a obra exerceu alguma influência no "sistema socialista mundial", ainda que evidentemente não se possa atribuir a ela qualquer efeito importante na vida intelectual soviética.

Apesar das celebrações do centenário, nenhuma análise minimamente profunda ou séria enriqueceu o *culto à personalidade de Lênin* na União Soviética, talvez, em parte, como reação à abertura dos ainda recentes anos do governo Khruschov. No entanto, durante a década de 1970 – dentro das limitações oficiais impostas às fontes utilizáveis e seguindo a linha ideológica exigida –, a abordagem de pormenores teve às vezes resultados de grande valor, na medida em que os eventos particulares foram processados segundo uma abordagem "positivista" e incrivelmente minuciosa[11]. Nos anos 1980, a *perestroika* abriu as comportas, acarretando mudanças notórias: o culto à personalidade de Lênin foi soterrado pelo desmoronamento do sistema de Estado socialista da União Soviética, junto com a ideologia que o legitimava – o "marxismo-leninismo" –, construída a partir de Lênin e apoiada por um imenso sistema institucional, pela cultura e por uma multidão de acadêmicos que se empenhava em substanciar e sustentar o sistema[12].

Não é surpresa que o estudo e a ciência da história tenham se tornado ainda mais politizados desde a *perestroika* e que *escrever história* sobre o assunto tenha se transformado em *iniciativa política*. O novo sistema clamava por uma ideologia legitimadora. Documentos que não haviam sido incluídos nas "obras completas"

---

[10] Idem, *Жизнь 'Ленина/ Jizn' Liénina* [A vida de Lênin] (trad. Omry Ronena, Londres, Overseas, 1970).

[11] A exploração historiográfica das pesquisas relacionadas à biografia de Lênin nos anos de 1920 já havia começado. Ver N. V. Ilerítskaia, "Разработка Ем. Ярославским биографии В. И. Ленина"/ "Razrabotka Em. Iaroslávskim biografi i V. I. Lênina" [A elaboração da biografia de V. I. Lênin por I. Iaroslávski], em *История и историки/ Istoria i istóriki* [História e historiadores] (Moscou, Naúka, 1981), p. 165-84. Normalmente, apenas os "leninismos" de Stálin, Zinóviev, Kámenev ou Bukhárin são mencionados quando o assunto é a década de 1920, enquanto a *Лениниана/ Leniniana* (Moscou/Leningrado, Gosudarstvennoye Izdatel'stvo, 1926), editada por Kámenev, publicou dois volumes de literatura a respeito de Lênin. Na Hungria, uma literatura progressista sobre a história soviética do período, e o papel que nela teve Lênin, foi publicada a partir de 1980, em Iván Harsányi, János Jemnitz e Gábor Székely (orgs.), *A nemzetközi munkásmozgalom történetéből. Évkönyv* [Da história do movimento operário internacional. Anual] (Budapeste, Magyar Lajos Alapítvány).

[12] Esse enorme projeto, de múltiplos autores, elaborou a base científica e o conteúdo histórico do marxismo-leninismo ao longo de mais de mil páginas, mas a obra terminou truncada, pois a mudança de regime fez com que a série fosse descontinuada. *История марксизма-ленинизма/ Istoria marksizma-leninizma* [História do marxismo-leninismo] (Moscou, Polittícheskoi Literature, 1986-1990), v. 1-2.

de Lênin por razões e aspectos ditados pelo culto a ele, desconhecidos até mesmo de acadêmicos especialistas, vieram à luz, um após outro. Além do mais, sua publicação, bem como a reorganização do campo de estudo nessas novas bases, tiveram aspectos comerciais. Começou, assim, a escalada pela publicação e pela apresentação midiática de cada documento. Trocaram-se os sinais, e o "anticulto à personalidade" tomou a forma de um espetáculo midiático.

As características peculiares a tal desenvolvimento do comércio político tornavam-se cada vez mais aparentes, e historiadores sérios não demoraram a percebê-las. É claro que as novas tendências não eram difíceis de discernir, pois a retórica, a lógica e a mensagem dos anos 1950 retornavam sob novo disfarce e com outras funções: o que na época fora dramático passou a ser comédia de pastelão. Conforme indicou Eric Hobsbawm a respeito da sustentação disso na Europa, os iniciadores daquela guinada se encontravam entre antigos marxistas/comunistas franceses que haviam se tornado historiadores renomados.

> Embora o Congresso Internacional de Ciências Históricas de 1950 tenha atraído jovens marxistas, vários historiadores excelentes, e mais tarde anticomunistas, que à época eram jovens ativistas linha-dura do Partido Comunista – como François Furet, Anne Kriegel, Alain Besançon, Le Roy Ladurie –, não compareceram. Só tive a felicidade de conhecê-los em seus períodos pós-comunistas.[13]

Cita-se mudança semelhante na filósofa húngara Ágnes Heller[14], e seria possível incluir aqui toda uma lista de autores húngaros, caso suas conclusões no que se refere a Lênin não fossem embaraçosamente ruins.

Na Rússia, onde a figura de Lênin se destacava também na nova constelação ideológica, desenrolou-se uma situação um pouco diferente. Sem demora, a abordagem "iconoclasta" à maneira ocidental arraigou-se também naquele país, sob a liderança dos antigos exegetas marxistas-leninistas, de súbito "endireitados". Não é necessário ir longe para encontrar exemplos clássicos: um deles seria o livro de Dmítri Volkógonov, ex-diretor do comitê político central das Forças Armadas russas, intitulado *Ленин / Lênin*[15]; outro, o menos famoso *Рассекреченный Ленин/ Rassekretchiénny Liénin* [Lênin desconfidencializado], de A. G. Látychev[16]. Ao

---

[13] Eric Hobsbawm, *Interesting Times. A Twentieth Century Life* (Londres, Abacus, 2005), p. 328 [ed. bras.: *Tempos interessantes*, trad. S. Duarte, São Paulo, Companhia das Letras, 2002].

[14] Ibidem, p. 137.

[15] Dmítri Volkógonov, *Ленин: исторический портрет/ Liénin: istorítcheski portriet* [Lênin: retrato histórico] (Moscou, Novoszti, 1994).

[16] A. G. Látychev, *Рассекреченный Ленин/ Rassekretchiénny Liénin* [Lênin desclassificado] (Moscou, Mart, 1996).

mesmo tempo, surgiram várias obras bem-sucedidas, baseadas em novos conceitos e pontos de vista sobre a história da Revolução Russa e do bolchevismo[17], que foram brevemente delineadas por O. V. Volobúiev[18]. A nova conceituação oferece um relato superficial do teórico Lênin, uma espécie de "marxista dogmático", e o descreve basicamente como político pragmático.

O pós-modernismo em voga, com seu "esquerdismo" desapontado e suas tradicionais atitudes neoconservadoras, situa Lênin na narrativa de "terrorismo e ditadura". Na Hungria, a influência do retrato de Lênin apresentado por Richard Pipes, ancorado nas suscetibilidades da Guerra Fria dos anos 1950, tem provavelmente o maior número de seguidores – acompanhado de uma falta quase completa de interesse mais sério ou profundo[19]. Tomando emprestada a terminologia pós-moderna, a "desconstrução" de Lênin está completa, o que significa, na linguagem "oficial" de nosso tempo, que a "narrativa leninista" foi realocada no beco sem saída da história, como ocorreu com o "terrorismo" (entendido como qualquer oposição radical ao capitalismo) em geral. Essa classificação, hoje em alta, é conceitualmente mais indistinta e enganosa que qualquer outro experimento dedicado a racionalizar Lênin desde sua morte[20].

No volume *В. И. Ленин: неизвестные документы, 1891-1922/ V. I. Liénin: neizvestnye dokumiénty, 1891-1922* [V. I. Lênin: documentos desconhecidos][21], encontra-se praticamente toda a gama de documentos sobre Lênin que haviam

---

[17] Possivelmente, o melhor retrato histórico do novo período é o proporcionado pelo coletivo de autores liderado por Volobúiev (A. A. Kossakóvski, V. I. Stártsev, A. I. Stepánov, S. V. Ustínkin, A. I. Útkin). Ver O. V. Volobúiev, *Драма российской истории: большевики и революция/ Drama rossískoi istóri: bolcheviki i revoliútsia* [O drama da história russa: os bolcheviques e a revolução] (Moscou, Nóviy Khronograf, 2002).

[18] Ibidem, "Introdução".

[19] No decurso de seu uso político dos arquivos, Richard Pipes publicou uma seleção dos "novos" documentos sobre Lênin sem ao menos empreender uma análise adequada das fontes. Para os resultados desse tendencioso processo de seleção, ver os 120 documentos de Lênin em Richard Pipes, *The Unknown Lenin: From the Secret Archive. Annals of Communism* (New Haven, Yale University Press, 1996).

[20] O melhor experimento conceitual nascido dessa "subversão" intelectual é a extensa obra, em três volumes, de Robert Service, cujo primeiro volume – datado da década de 1980 – foi escrito em reconhecimento à "grandeza" de Lênin. Os dois volumes seguintes tratam, em essência, da "desarticulação" do pensamento de Lênin, e sua argumentação, na maior parte, não ultrapassa uma apologia da "narrativa" do terror e da ditadura, juntamente com a "descontextualização", a "desconstrução" e o "desmonte" dos textos de Lênin. Ver Robert Service, *Lenin: A Political Life* (Londres, Macmillan, 1985-1995), v. I-III.

[21] Iúri Nikoláievitch Amiantov et al. (orgs.), *В. И. Ленин: неизвестные документы, 1891-1922/ V. I. Liénin: neizvestnye dokumiénty, 1891-1922* [V. I. Lênin: documentos desconhecidos] (Moscou, Rosspen, 1999).

18  TAMÁS KRAUSZ

sido falsificados ou censurados durante o período soviético. No entanto, o autor da conclusão, Vladlen Lóguinov, ressalta que não se deve atribuir à publicação importância maior do que ela merece, pois os 422 documentos que a compõem são uma gota no oceano, se considerarmos os 24 mil documentos abrangidos pelos 55 volumes das obras completas de Lênin, os volumes da *Ленинский сборник/ Lieнínski sbórnik* [Coletânea Lênin] e os múltiplos volumes de *Декреты советской власти/ Dekriéty soviétskoi vlásti* [Decretos do poder soviético] e *Биографическая хроника/ Biografítcheskaia khrónika* [Crônica biográfica] – todas publicações soviéticas de renome mundial que servem de fontes primárias[22]. Outro fato incrível deve ser salientado: nos 55 volumes das obras completas de Lênin, há mais de 16 mil livros, brochuras, artigos, diários, documentos e cartas citados ou utilizados de outros modos. "As fontes são citadas em mais de vinte idiomas. O escritório de Lênin no Krêmlin abrigava mais de 10 mil livros e jornais, muitos deles obras literárias."[23]

Sem dúvida, algum interesse social generalizado por abordagens objetivas sobre Lênin se mantém, embora na Rússia isso quase sempre derive de uma espécie de postura defensiva, uma necessidade cujas causas político-históricas e psicológicas não é necessário abordar aqui[24]. O "anticulto à personalidade" que passou ao primeiro plano imediatamente após a mudança de regime nunca fez frente ao fenômeno da sobrevivência, na população em geral, da imagem positiva de Lênin, acompanhada de um nacionalismo bastante arraigado e de valores patrióticos tradicionais. De fato, segundo uma pesquisa sociológica de 1994, no auge do desmascaramento de Lênin, ele ainda era a segunda figura histórica mais popular no país (33,6%), logo atrás de Pedro, o Grande (40,6%)[25].

Uma estranha obscuridade cerca o fato de que o "culto à personalidade" de Lênin tenha se construído de modo independente de seus desejos expressos – que permanecem ocultos até hoje – ou, até mesmo, em contrariedade a eles. A questão torna-se muito distinta à luz de documentos que refletem as emoções e as

---

[22]  Ibidem, p. 581.

[23]  Vladímir Efímovitch Melnitchenko, *Личная жизнь Ленина/ Lítchnaia jizn Liénina* [A vida pessoal de Lênin] (Moscou, Voskresenie, 1998), p. 113.

[24]  Não obstante, o último diretor do Museu Lênin (entre 1991 e 1993), incumbido de sua "liquidação", dedicou-se à pesquisa nesse campo, com a meta de obter reconhecimento dos fatos. Idem, *Феномен и фантом Ленина: 350 миниатюр/ Fenómen i Fantóm Liénina: 350 miniatiur* [O fenômeno e o fantasma de Lênin. 350 miniaturas] (Moscou, Museu Lênin, 1993).

[25]  Elena Anatólievna Kotelenec, *В.И. Ленин как предмет исторического исследования/ V. I. Liénin kak predmiet istorítcheskovo issledovánia* [V. I. Lênin como objeto de pesquisa histórica] (Moscou, Izdátelstvo Rossískovo Universiteta Drújby Naródov, 1999), p. 9-10. Em 1989, era de longe o mais popular, já que 68% dos entrevistados o consideravam a figura histórica mais eminente, mais até que Marx e Pedro, o Grande.

RECONSTRUINDO LÊNIN    19

reações políticas e sociopsicológicas que se seguiram à morte de Lênin, em especial os informes do GPU (Diretório Político do Estado) sobre os ânimos gerais. A atração da "personalidade forte" de Lênin, em meio ao temor da sublevação e da mudança súbita, encontra-se refletida em vários documentos não apenas no que se refere aos trabalhadores arrebatados pelo espírito revolucionário[26], mas também na população rural de modo geral. Foi assim que Lênin surgiu primeiro como "protetor do povo russo" contra agressores estrangeiros (em especial os judeus, é claro): todos esses sentimentos estiveram também tingidos de forte convicção religiosa. Os que detinham o poder utilizavam a fórmula "Lênin é o partido, o partido é Lênin" para tentar fortalecer e conservar a legitimidade revolucionária do novo sistema. Enquanto isso, em oposição ao culto à personalidade (e àqueles no poder), uma antipatia por Lênin (o anticulto à personalidade) tomava forma, alimentada da mesma maneira por raízes religiosas e sociais[27]. De fato, a cerimônia fúnebre e a construção do mausoléu, com embalsamamento e exposição pública do cadáver, foram igualmente espetáculos de devoção ao "bom pai". Tal evento conta com toda uma literatura própria[28]. Em segundo plano, uma espécie de ingênua esperança messiânica, além de convicção e crença, animava o crescente culto a Lênin. Uma multidão de trabalhadores e camponeses associava ao líder da revolução esperanças de um mundo melhor, via corporificada nele a concretização material e realista de uma sociedade justa e dos ideais a ela relacionados. Tudo o que a maioria comunista adicionou a isso – seus esforços para "incentivar-ensinar" e esclarecer e seu desejo de poder – foi o moderno cimento ideológico de tais fatores. O mote de "devoção à causa" soou até mesmo durante

---

[26] Em certo distrito, os operários exigiram a execução dos participantes e dos organizadores do suposto assassinato de Lênin. A polícia secreta relata que, na *gubiérnia* de Tambov, "a morte de Lênin deprimiu os operários. Mil participantes do Clube dos Ferroviários, em decisão unânime, foram a favor do fuzilamento imediato de todos os SRs [socialistas revolucionários] aprisionados [referência ao fato de que uma assassina SR, Dora Kaplan, havia ferido Lênin em agosto de 1918], por estarem envolvidos na morte de Lênin". V. A. Kózlov (org.), *Неизвестная Россия XX век/ Neiziéstnaia Rossíia XX vek* [A Rússia desconhecida do século XX] (Moscou, Obiediniénie "Mosgorarchiv", 1993), p. 13.

[27] Uma análise dos documentos encontra-se em Olga Velikánova, "Lenin alakja a 20-as évek tömegtudatában" [A figura de Lênin na consciência das massas dos anos 1920], *Eszmélet*, n. 20, dez. 1993, p. 190-202. O problema fica ainda mais explícito quando são considerados os vários relatórios secretos da GPU aos escalões superiores do poder, que registravam o "ânimo do povo" em relação à doença de Lênin. Compare-se a *"Совершенно секретно": Лубянка-Сталину о положении в стране (1922-1934 гг.)/ "Sovershenno sekretno": Lubianka-Stálinu o polojiéni v stranié (1922-1934gg.)* ["Ultrassecreto": da Lubianka a Stálin sobre a situação da nação (1922-1934)], v. 1 (Lewiston, Edwin Mellen Press/Institute of Russian History, 2000), cap. 2, especialmente p. 825-6, 838 e 880.

[28] Ver, sobre o assunto, Ákos Szilágyi, "Totális temetés" [Funeral total], *2000*, n. 5, 1993-1995.

20 TAMÁS KRAUSZ

o funeral de Lênin. A circunstância típica de trabalhadores competindo pelo direito de participar da cerimônia fúnebre do líder – sob os trinta graus Celsius negativos de um janeiro congelante – não foi necessariamente resultado de uma organização de cima para baixo, e canções temáticas que apresentavam Lênin no papel de herói popular e oráculo começaram a se difundir[29].

Essa crença no futuro estava encarnada no modo como o povo se relacionava com Lênin. Esse efeito formativo que ele teve para o mundo interior dos jovens heróis à época de sua morte está exemplificado em *Сентиментальный роман*, de Vera Panova:

> Estavam na esquina, e o vento gélido assoviava e fustigava-os enquanto tiritavam, calçados com botas ordinárias, batendo dentes ao falar: "Como era Ilitch? Alguém o tinha visto?". Iugai o tinha visto no terceiro congresso do Komsomol. Porém, Lênin significava algo infinitamente maior na vida deles. Não apenas em anos passados, mas nos vindouros, para sempre, era impossível dizer o quanto significava para eles. Sempre estaria ali, não importava o que acontecesse. Era o que sentiam, e assim deveria ser. Para sempre ligados a Lênin, seu maior exemplo de vida, desejavam saber todos os detalhes sobre ele, como se parecia, sua voz, seu caminhar, que coisas guardava em seu quarto, que relações mantinha com seus camaradas, com sua família. Todos falavam ao mesmo tempo, contando aos outros o que sabiam ou qualquer coisa que lhes viesse à mente.[30]

Tempos depois, a doutrina socialista oficial de culto stalinista foi construída sobre o mesmo sincero fervor revolucionário, sem que as "duas camadas" jamais se distinguissem com clareza em termos históricos. É evidente que historiadores que buscam relação entre o "culto" e o "anticulto" não são motivados puramente por metas profissionais. Todo o legado de Lênin está tão vinculado às dimensões

---

[29] Por exemplo, a polícia secreta relata: "Observaram-se fortes desejo e interesse da parte dos operários do distrito de Zamoskvorecki em participar da despedida ao corpo de Ilitch, em números tão elevados quanto possível, e foi difícil convencer os operários a selecionar uma delegação [...]". V. A. Kózlov (org.), *Neiziéstnaia Rossíia XX vek*, cit., p. 12. Essas canções ocasionais são analisadas por O. Velikánova em comparação a lendas orientais e contos folclóricos russos como esta canção uzbeque: "Então, Lênin morreu? Não, apenas seu corpo. Ele mesmo não pode haver morrido. Profetas não morrem. Ileso até hoje. O corpo de qualquer outro já teria virado poeira. Ele dorme e, às vezes, abre os olhos e arde de alegria. Porque pode ver: tem herdeiros dignos na forma de Rykov e Kalínin. Pode ver: não deixaram espaço para discórdia. Cumpriram cada comando dele. Que durma em paz. Pode ter certeza: nenhuma palavra sua será falsificada". Ibidem, p. 194.

[30] Vera Panova, *Сентиментальный роман/ Sentimentalni roman* [Romance sentimental], publicado no jornal *Новый Мир/ Novyi Mir* [Novo Mundo], 1958.

políticas práticas de "mudar o mundo" que alguns movimentos anticapitalistas ainda disseminam o "legado leninista", como demonstram a iniciativa teórica de Slavoj Žižek (antes membro da oposição eslovena*) e os teóricos marxistas remanescentes nos círculos da Nova Esquerda, bem como numerosas reflexões trotskistas[31]. Ao discutir a obra de Žižek em seu exame das várias manifestações dos processos de vida do marxismo e suas formas "neo" e "pós", Göran Therborn deu ênfase à apaixonada defesa que ele fez do marxismo destruidor de tradições, em oposição ao "liberalismo conformista". A exortação de Žižek a "repetir Lênin" postula uma abertura para possibilidades de mudanças sociais radicais em uma situação aparentemente irremediável, na sequência de uma derrota desastrosa – no caso de Lênin, a Primeira Guerra Mundial e a ruptura da Segunda Internacional[32].

Hoje, em uma situação histórica completamente diferente, as precondições científicas e históricas de tal iniciativa são dignas de reflexão. Essa é uma das questões para as quais este livro pretende contribuir com argumentos.

Por esse ponto de vista, Lênin é, mais uma vez, parte de uma busca política e intelectual – embora periférica em aparência – pelo caminho para seguir adiante, cuja trajetória, profundidade, potencial e perspectiva ainda são difíceis de avaliar. Fato é que, no que diz respeito à história do *socialismo* como movimento intelectual e sociopolítico do século XX, a obra de Lênin não pode ser ignorada.

Duas abordagens *metodológicas* extremas também se destacaram no campo dos estudos sobre Lênin. Uma delas deriva da progressão histórica do socialismo a partir das visões de Lênin (e mesmo das de Marx), ainda que a história – como se espera que os próximos capítulos deste livro esclareçam – não tenha sido a "realização" nem a corporificação das ideias de ambos. Tal abordagem leva à reprodução das interpretações de Lênin em termos de história da salvação, com um

---

\* Na segunda metade dos anos 1980, após retornar de um período de estudos na França, Žižek se juntou à oposição de esquerda aos governos iugoslavos pós-Tito, tendo se candidato à presidência eslovena em 1990 pelo Partido Liberal Democrático. (N. E.)

[31] Sebastian Budgen, Stathis Kouvelakis e Slavoj Žižek (orgs.), *Lenin Reloaded. Toward a Politics of Truth* (Durham/Londres, Duke University Press, 2007); Slavoj Žižek, "Afterwords: Lenin's Choice", em *Revolution at the Gates* (Londres, Verso, 2002) [ed. bras.: "Posfácio: A escolha de Lênin", em *Às portas da revolução*, trad. Fabrizio Rigout e Luiz Bernardo Pericás, São Paulo, Boitempo, 2005]. Porém, outros movimentos marxistas, entre eles especialmente os trotskistas da Europa ocidental, cultivam a tradição de Lênin a seu próprio modo. Ver, por exemplo, Jean-Jacques Marie, *Lénine. 1870-1924. Biographie* (Paris, Balland, 2004) e Tony Cliff, *Lenin: Building the Party 1893-1914* (Londres, Bookmarks, 1986). Foi publicada nos Estados Unidos uma reconstrução de Lênin que talvez seja a mais significativa dos últimos tempos: Lars T. Lih, *Lenin Rediscovered: "What Is To Be Done?" In Context* (Chicago, Haymarket, 2008).

[32] Göran Therborn, "After Dialectics. Radical Social Theory in a Post-Communist World", *New Left Review*, n. 43, 2007, p. 106.

prognóstico diametralmente oposto[33]. Uma segunda abordagem, exemplificada por uma nova tendência na literatura histórica estadunidense que estuda primariamente os "fundamentos culturais" do sistema soviético em evolução – contrastando os adeptos do conceito de totalitarismo –, enfatiza que as "ideias" e os "mitos" do marxismo, bem como as ideologias e os objetivos políticos marxistas, ganharam relevância como expressões de estruturas e mentalidades históricas. Em outras palavras, essa abordagem não extrapola a significação do marxismo entre os processos históricos com base em nenhum compromisso individual, personalidade excepcional nem danação; em vez disso, o faz a partir, por exemplo, "das ambições geopolíticas da Rússia" ou "do sentido de uma vocação especial", de características específicas de rotina e estilo de comando e outros fatores de história cultural[34]. Como poderia o partido bolchevique ter combatido a polícia secreta tsarista, se sua organização não fosse, de certo modo, semelhante à dela?

Além disso, há uma terceira abordagem, "gêmea" da totalitarista, que se sobressai pelo antiquado determinismo mecanicista. Considera o processo histórico uma série lógica de eventos sem alternativas, a "consumação do socialismo", na qual Lênin sempre reconheceu a escolha certa e decidiu de acordo com ela[35]. Na

---

[33] Charles Bettelheim chamou atenção para o erro metodológico arraigado na tentativa de derivar dos princípios a história (soviética). Charles Bettelheim, *Class Struggles in the USSR. Second Period 1923-1930* (Sussex, The Harvester, 1978), p. 11-2, disponível em: <www.marx2mao.com/Other/CSSUi76NB.html>; acesso em: 17 maio 2017 [ed. bras.: *As lutas de classes na URSS*, v. 2, trad. Célia Pestana, Rio de Janeiro, Paz e Terra, 1983]. Uma abordagem desse tipo do socialismo, de natureza "idealista" moderna, está representada por János Kornai, *The Socialist System. The Political Economy of Communism* (Princeton/Oxford, Princeton University Press/Oxford University Press, 1992), resenhada criticamente por mim tendo em vista sua abordagem histórica. Ver Tamás Krausz, "Ahistorical Political Economics", *Social Scientist*, Nova Déli, v. 24, n. 1-3, jan.-mar. 1996, p. 111-39. János Kornai honrou a resenha ao declarar que a crítica apresentava uma perspectiva "esquerdista", mas não refletiu sobre o problema metodológico. Ver János Kornai, *By Force of Thought. Irregular Memoirs of an Intellectual Journey* (Cambridge-MA/Londres, The MIT Press, 2007). Para uma resenha do livro, ver László Andor, "Dilemmák és ellentmondások" [Dilemas e contradições], *Eszmélet*, n. 74, 2007, p. 135-44.

[34] Sobre o assunto, ver Stephen Kotkin, "1991 and the Russian Revolution: Sources, Conceptual Categories, Analytical Frameworks", *Journal of Modern History*, Chicago, v. 70, n. 3, 1998, p. 384-425.

[35] Para uma obra altamente ilustrativa nessa linha, escrita por um historiador húngaro, ver István Dolmányos, *Ragyogó október* [Outubro radiante] (Budapeste, Kossuth, 1979). Escrevem-se poucas obras como essa hoje. Para uma publicação mais recente com a mesma abordagem, ver F. D. Vólkov, *Великий Ленин и пигмеи истории/ Vieliki Liénin i pigmei istóri* [O grande Lênin e a história nanica] (Moscou, MID RF, 1996). Para um panorama objetivo da literatura sobre Lênin após a mudança de regime, ver Elena Anatólievna Kotelenec, *V. I. Liénin kak predmiet istorítcheskovo issledovánia*, cit.

Hungria, o caso de István Dolmányos demonstra que esse retrato de Lênin e da revolução deriva não das habilidades do historiador, mas do espírito da época[36]. Também é evidente que o legado de Lênin pertence às páginas curiosas da história do marxismo-leninismo. Obviamente, é possível observar e interpretar tal grupo de fenômenos a partir de perspectivas fornecidas por qualquer "narrativa" ou "paradigma"[37]. No entanto, uma chave para o entendimento pode ser encontrada apenas no próprio "paradigma" teórico de Lênin, em seu marxismo, porque somente é possível capturar de maneira adequada os estímulos, as motivações e o desempenho de seu pensamento político-teórico dentro desse quadro conceitual. Lênin jamais se conforma às expectativas normativas "alheias", na medida em que sua obra foi dedicada à mudança radical do *existente* e simplesmente não pode ser interpretada sem que se considere esse objetivo.

Enquanto isso, os obstáculos a tal análise imanente também ficam claros, já que o colapso do sistema estatal socialista desacreditou os conceitos básicos da tradição marxista, que estão no âmago do legado intelectual de Lênin: classe social, classe trabalhadora (proletariado), luta de classes, consciência de classe, ponto de vista de classe, movimento de classe etc.[38]. Ainda que a erradicação da *classe* e de conceitos a ela associados, no mundo pós-1989, tenha se dado sob a aparência de numerosos novos paradigmas e teorias, seu caráter científico – para utilizar um eufemismo – é mais que relativo. O problema é que as relações e as

---

[36] A erudita *A Szovjetunió története* [História da União Soviética] (Budapeste, Kossuth,1971), escrita por István Dolmányos na década de 1960, foi incluída na lista de livros banidos logo após a morte de Khruschov. Essa circunstância teve, mais tarde, papel decisivo na mudança de sua abordagem como escritor, que se expressou conforme a necessidade de um modo de descrição conservador e patético que foi norma na era Brejniev.

[37] Para documentação das várias escolas de interpretação, ver Rex A. Wade, *Revolutionary Russia: New Approaches* (Londres, Routledge, 2004).

[38] Uma declaração irônica de Göran Therborn a respeito desse estado de coisas: "A classe, outrora um dos mais importantes conceitos do discurso de esquerda, foi desalojada em anos recentes; em parte, ironicamente, por intermédio da derrota de tal discurso na luta de classes capitalista [...]. A classe persiste, mas sem moradia fixa e sendo contestada no direito de sua existência filosófica. Sua aparência social tornou-se quase irreconhecível, após ser jogada no ácido da política pura, como na filosofia política da hegemonia discursiva desenvolvida por Ernesto Laclau e Chantal Mouffe em *Hegemony and Socialist Strategy* (Londres, Verso, 1985), possivelmente a contribuição intelectual mais poderosa à teoria política pós-marxista. [...] A Europa proporcionou as origens da teoria da classe, bem como as da mobilização e da política de classe explícitas; seus movimentos de classe operária se tornaram modelo para o restante do mundo. [...] Não obstante, em termos de análise e teoria social, a classe inverna melhor na América do Norte. A obra de Erik Olin Wright desempenhou papel central em assegurar um lugar legítimo para a análise marxista de classe dentro da sociologia acadêmica". Göran Therborn, "After Dialectics. Radical Social Theory in a Post-Communist World", cit., p. 87 e 89.

estruturas determinantes da estratificação no desenvolvimento social se destacam hoje por sua posição específica de classe da mesma maneira que têm se destacado ao longo dos últimos duzentos anos. É importante não misturar os conceitos de classe *em si* e classe *para si* nem negligenciar as diferenças entre ambos (como se fez, a propósito, também sob o socialismo de Estado); esse lapso de significado ocorre com tanta frequência que não se precisa nem mesmo de exemplo para ilustrá-lo. A gama de termos oferecida pelas novas teorias sociais e políticas a fim de substituir "classe" inclui "domicílio", "produtores e consumidores", "antagonismos", "população", "profissão", entre outros (sem mencionar termos cultivados por teorias racistas). Relações conflituosas entre indivíduos e grupos sociais, com raízes múltiplas – na economia, na história social e na sociedade –, pairam acima do conceito de classe até hoje. Mas quem negaria a oposição existente entre aqueles que têm propriedade e aqueles que não as têm, as contradições advindas do lugar na hierarquia produtiva, os fatos da exclusão social? Todo o sistema de disparidade de riquezas age constantemente nas relações humanas, e sua dura realidade se reflete como experiência rotineira em termos de distribuição. No fim das contas, é a emancipação social que está em jogo na luta consciente ou inconsciente para superar contradições sociais e conflitos de classe. Em outras palavras, o desenvolvimento histórico da sociedade pode ser apreendido sem ambiguidade, até mesmo em termos puramente empíricos, por meio dos conceitos relacionados à classe, da oposição entre trabalho e capital, da divisão do trabalho na sociedade e de seus termos, embora não possa ser descrito inteira e exclusivamente por esses fatores – a não ser que decaiamos em uma sociologia pré-marxista, de materialismo vulgar. Mas por que faríamos uma coisa dessas?

Esses conceitos não são dogmas em que se possa condensar qualquer conjunto de fatos históricos. São apenas abordagens. *Cultura* e *linguagem* como fontes primárias e pontos de partida para qualquer abordagem suscitam questões que, decerto, não são inférteis. Porém, ao atribuir à linguagem e às palavras uma significação virtualmente mágica, mística, e elevá-las, como entidades independentes, ao status de absolutos que existem acima das relações na sociedade, relativizam-se os fatos históricos, e o relato histórico se dissolve em narrativas. Assim, em uma conceituação da história na qual grupos, interesses e objetivos sociais, bem como disputas sociais e de poder, são apenas narrativas, o sucesso da narrativa revolucionária – isto é, a história, a reconstrução do passado – é precondição funcional de quem pode falar à população no linguajar mais acessível e convincente. Essa abordagem da história dissolve a própria história, por assim dizer, até fazer dela apenas o passado recordado, e torna impossível o "recontar" coerente da história ou um estudo de suas coerências internas. De acordo com essa visão "pós-moderna", o sucesso dos bolcheviques foi possível porque eles formularam uma narrativa revolucionária "eficaz", que perseverou na memória de indivíduos e grupos. Porém, a história abordada como "representação" e "mito" resulta em uma "institucionalização" da revolução, na qual se dissolve a busca das causas da ação em escala social e se domestica a historiografia tradicional (marxista ou não marxista), fazendo dela uma narrativa "descartável"[39]. Naturalmente, isso não põe em questão a justificativa do pós-modernismo; apenas serve para chamar atenção para o fato de que graves perigos à historiografia surgem quando se abandonam as posições da historiografia investigativa "tradicional"[40]. Questionamentos de que a historiografia seja ciência são um problema que remonta a décadas. Seguidores desse movimento promoveram uma espécie de "discursividade", "inspiração", "terminologia teórica", "livre pensar" ou "filosofia pessoal" em oposição à ciência. Tal formulação foi empregada, sobretudo, contra Marc Bloch e Fernand Braudel, já nos anos 1970, por Raymond Aron, Henri-Irénée Marrou, Paul Veyne e outros. Seguiu-se a isso uma iniciativa estadunidense, a "virada linguística" na historiografia, e seus partidários europeus também tentaram lançar as bases de uma desconstrução do aparato conceitual dessa ciência[41]. Uma vez que estamos conscientes desse "problema linguístico", fica claro que não podemos resolvê-lo com a eliminação do paradigma marxista, que surgiu de modo histórico, em favor do paradigma da "modernização". Se usarmos as formas ocidentais de desenvolvimento para examinar diferentes caminhos de desenvolvimento, acabaremos por contradizer regras seculares da investigação histórica científica. Por essa razão, faremos o esforço de manter distância das mensagens "panfletárias" da linguagem do período histórico analisado, embora alguma "reconstrução" daquela "língua arcaica" falada pelo marxismo revolucionário pareça inevitável para a tarefa fundamental estabelecida para este livro: a *contextualização histórica* do legado de Lênin. Seria frustrante não ter sucesso em "desenterrar" alguns elementos históricos da cultura teórica

---

[39] Para uma "narrativa" a partir desse ponto de vista, substanciada com grande erudição e pesquisa minuciosa, ver Frederick C. Corney, *Telling October: Memory and Making of the Bolshevik Revolution* (Ithaca, Cornell University Press, 2004), especialmente p. 1-7.

[40] A obra de Gábor Gyáni, *Posztmodern kánon* [O cânone pós-moderno] (Budapeste, Nemzeti Tankönyvkiadó, 2003), busca oferecer a ideologia legitimadora do novo sistema "pós-socialista" com o emprego do *pós-moderno*, enquanto enfraquece a posição da historiografia "tradicional" e, primariamente (mas não exclusivamente!), opõe-se aos movimentos de abordagem marxista. Sua conceituação escancara os portões à história vista como interpretação da *história da memória* – transformando inevitavelmente a historiografia em uma espécie de empreendimento político.

[41] Uma análise detalhada do assunto é oferecida por Gérard Noiriel em *Sur la "crise" de l'histoire* (Paris, Belin, 1996); em húngaro, *A történetírás válsága* (Budapeste, Napvilág, 2001), especialmente p. 116-35 e 150-68.

viável que se encontra oculta sob a ideologia legitimadora do antigo sistema de Estado socialista, particular e primariamente (mas não exclusivamente!) a partir do campo da ciência histórica.

A tarefa básica do historiador, como já se mencionou aqui, é, em primeiro lugar, colocar a série estudada de eventos e processos históricos, ou de "experiências" históricas, no contexto original. Tal tarefa exige ênfase quando se trata de um "fenômeno" tão controverso quanto o "fenômeno Lênin". Embora a sistematização e a apropriação de seus pontos de vista, sua obra e seu legado teórico e político tenham começado logo após sua morte (na verdade, já no final de sua vida[42]), a noção de leninismo é usada até hoje[43] com conotações amplamente divergentes. Não há discussão entre diferentes ideologias e movimentos, com variadas visões de mundo, sobre o fato de Lênin ter trazido à existência um "produto" intelectual e político extremamente original (embora não sozinho, tampouco sendo produto em si e de si mesmo), sem o qual a história do século XX não poderia ser analisada nem interpretada. Não é coincidência que historiadores sérios evitem todas as *analogias* quando o assunto é Lênin. Em ponderação, isso acontece, muito certamente, não porque se considere o desempenho de Lênin único e inédito na história mundial (essa pode ser uma das razões), mas porque é absurdo propor um Robespierre ou um Atatürk marxistas ou qualquer outro paralelo ainda mais absurdo. Esperamos que este livro relativamente extenso explique por que tais analogias são descabidas.

Do mesmo modo, uma monografia sobre Lênin que busque apreender – em um sentido predefinido e comparativo – sua obra como um todo, ou que ao menos pretenda discutir a obra completa, encontrará uma variedade de desafios além daqueles já discutidos. Acima de tudo, deve-se notar que, no decorrer da análise, um evento, um tema problemático ou determinada obra ou linha de pensamento de Lênin surgirão de maneira inevitável ao longo de diferentes capítulos, formulados com argumentos diferentes. Todas as obras que pretendem realizar a exposição temática e cronológica do assunto defrontam-se com

---

[42] Essas lutas intelectuais e políticas, cujas metas são poder e legitimidade, foram examinadas em sua própria factualidade histórica há muitos anos, em livro escrito por este autor e Miklós Mesterházi, *Mű és történelem. Viták Lukács György műveiről a húszas években* [Obra de arte e história. Debates sobre as obras de György Lukács na década de 1920] (Budapeste, Gondolat, 1985), p. 101-30. Uma análise, rica em história, desse processo de legitimação é oferecida pela obra de Corney, *Telling October*, cit., especialmente p. 155-98.

[43] Seria difícil afirmar quem empregou, pela primeira vez, o termo "leninismo"; se Párvus ou Miliúkov, não importa. O indicador originalmente não abarcava definições de natureza teórica, mas referia-se, simplesmente, à abordagem "conspiratória" de Lênin a respeito do partido. Ver Párvus (originalmente I. L. Guélfand), "После войны"/ "Posle voini" [O pós-guerra], em *Россия и Революция/ Rossíia i Revoliútsia* [A Rússia e a revolução] (São Petersburgo, Glagolev, 1908), p. 188.

essa dificuldade. Esse "método composto" é um fardo adicionado pelo autor ao desenvolvimento do tema. No entanto, se bem-sucedido, pode fortalecer a coerência interna da obra e elucidar correspondências mais profundas na evolução do pensamento leninista. Tal tentativa de reconstrução histórica das visões de Lênin no campo da teoria social deve dispensar uma série de detalhes. No decorrer do tempo, muitas questões que se consideravam fundamentais não mais despertam interesse, e outras a que não se atribuía nenhuma importância ganharam importância recentemente, à luz do início do século XXI. Não apenas o próprio Estado soviético – celebrado por historiadores e políticos soviéticos como a maior conquista histórica de Lênin – desmoronou desde então, como também alvoreceu a percepção de que aquilo que fora trazido à existência era em tudo diferente do planejado pela primeira "geração leninista" de revolucionários. Até mesmo o conteúdo e o compasso verdadeiros do "plano" se esvaneceram com a pesquisa de Robert Service, a mais recente, valiosa e, talvez, mais extensa sobre o legado de Lênin, responsável por um "abalo no cenário". É interessante que a mais recente literatura sobre o tema, de certa forma, retorne à percepção que se tinha de Lênin na era Stálin, levando em conta de forma mecânica o legado intelectual e teórico do primeiro, enquadrando-o como pura ideologia de legitimação. A desvantagem metodológica básica dessa abordagem é que ela desacopla elementos práticos e teóricos que deveriam permanecer interligados: as descobertas teóricas de Lênin e suas decisões políticas definitivas. Em paralelo, o substancial e o insubstancial estão misturados e, em vez de glorificação acrítica, deparamo-nos com a "retificação" de Lênin: entre setenta e oitenta anos após os acontecimentos, ficamos sabendo – por meio de uma exposição extraordinariamente longa – mais sobre o que um professor britânico teria feito em seu lugar, e sobre como Lênin deveria ter concebido o mundo em termos teóricos, do que sobre o que Lênin pensou e fez de fato[44]. O autor deste livro prefere evitar tais armadilhas metodológicas, na esperança de consignar à erradicação final todas as justificativas acríticas.

Não é preciso dizer que determinar as proporções adequadas ao peso de cada assunto foi uma grande preocupação para o autor. O problema de haver, ou não, exagero no que diz respeito à influência de Lênin sobre o curso dos eventos e o papel e o peso de suas decisões políticas surgiu também para outros

---

[44] Deve-se admitir com toda franqueza que até mesmo a trilogia de Robert Service representa esses pontos de vista do começo ao fim. Seus constantes veredito permitem que o leitor o considere mais "sábio", "moral" e "bem preparado" que Lênin. O autor abandona o papel de historiador analítico em mais de uma ocasião e ensina ao protagonista os rudimentos de como fazer política, instalado no púlpito de árbitro derradeiro. Ver Robert Service, *Lenin*, cit., p. xiv-xv.

acadêmicos[45]. Caso eu fosse criticar meu próprio trabalho, logo após completar este volume, mencionaria o fato de que, mesmo tendo feito esforços constantes para levar teoria e prática políticas a uma correlação orgânica, restou a sensação de que, em certas questões – em particular devido ao modo como se apresentava o assunto –, inadvertidamente exagerei a base teórica sobre a qual se apoiavam as ações políticas de Lênin. Ao mesmo tempo, não creio que esse "exagero" tenha deixado marca nas proporções internas da obra como um todo, tampouco na lógica histórica de seu argumento. Este também é o momento de declarar que o autor lutou constantemente contra seus próprios preconceitos, mas jamais desistiu de reconstruir os mosaicos que "desmontou".

---

[45] Até mesmo o eminente historiador Robert Service estava ciente do problema enquanto compilava sua trilogia; ele teve a impressão de que "a influência de Lênin em conjunturas políticas, como as decisões de tomar o poder em outubro de 1917, assinar o Tratado de Brest-Litovsk em 1918, estabelecer uma Internacional Comunista em 1919 e iniciar a Nova Política Econômica em 1921, tenha sido exagerada". Ibidem, v. III, p. xvi.

*Posso, pessoalmente, ter sido muito menosprezado por ele, em razão das diferenças existentes entre nós. [...] Porém, no momento da morte, deve-se avaliar o homem por inteiro, não apenas poucos anos de sua vida nem apenas alguns aspectos de sua obra, e devem-se colocar de lado todos os ressentimentos pessoais. Nossas diferenças não nos podem cegar à importância de seu falecimento. Era uma figura colossal, como poucas na história mundial.*

Karl Kautsky

*Lênin, com frequência, assumiu severas posições contrárias a nós. [...] No entanto, essas diferenças de opinião se silenciam ao pé da sepultura dele, quando nos unimos ao abaixar nossas bandeiras e agitar nossos estandartes em assombro diante do gênio de sua determinação, de sua causa, que revolucionou o mundo inteiro.*

Otto Bauer

*Nele podiam-se encontrar Rázin e Bolótnikov, até mesmo Pedro, o Grande. Nossos descendentes desvelarão essa genealogia em monografias futuras. [...] Anos passam, novas gerações tomam o lugar das antigas, e as amargas ofensas e os ataques pessoais mortificantes infligidos sobre milhões de russos vulneráveis e sofredores por esse homem que portou uma auréola maculada de sangue e se ergueu fatidicamente sobre toda a Rússia serão debelados. Então, todos, por fim, compreenderão que Lênin – nosso Lênin – é filho dileto da Rússia, um herói nacional da estirpe de Demétrio de Moscou, Pedro, o Grande, Púchkin e Tolstói.*

Nikolai Ustriálov

# 1

# QUEM FOI LÊNIN?

## Família

Lênin não se preocupava muito com sua árvore genealógica. Não tinha interesse pelos feitos de seus ancestrais, pouco se importava com as linhagens a que pertenciam e, portanto, mal sabia qualquer coisa a respeito de seus antepassados[1]. A grande maioria de seus companheiros revolucionários provinha de famílias instruídas, algumas de origem nobre. Por exemplo, Gueórgui Valentínovitch Plekhánov, Tchitchiérin e Féliks Dzerjínski, nascidos da pequena nobreza na Polônia. Outros, como Zinóviev e Kámenev, eram de família de classe média; e havia ainda os de família especialmente instruída, como a de Bukhárin – dezoito anos mais jovem que Lênin. Isso para citar apenas alguns de seus mais famosos companheiros de vários períodos. Stálin, cujo pai era trabalhador braçal, constituía raridade. Kalínin, que trabalhara nas linhas de montagem industriais, era exceção. O fato de que havia poucos trabalhadores entre aqueles que fundaram o Partido Operário Social-Democrata Russo explica muito a respeito da progressão dos acontecimentos na Rússia e das bem conhecidas especificidades da social-democracia em seu âmbito. No entanto, revolucionários da *raznotchíntsi*, a intelectualidade "interclassista", eram legião. Tais figuras com frequência

---

[1] Biógrafos costumam mencionar que Lênin anotou "não sei" no campo em que se pedia a profissão do avô paterno, ao preencher o detalhado questionário do censo do partido em 1922. Ver Vladlen Lóguinov, *Владимир Ленин: выбор путиl Vladímir Liénin: vybor púti* [Vladímir Lênin: escolhendo o caminho] (Moscou, Respublika, 2005), p. 11. Não é coincidência que historiadores na Rússia (e em outras partes) estivessem prontos (e autorizados) a fazer um extenso estudo da genealogia quando surgiu interesse motivado pelo efeito ideológico da legitimação do novo sistema.

despontavam de camadas sociais inferiores aos estratos ocupados por gente como o pai de Vladímir Ilitch Uliánov "Lênin".

Vladímir Ilitch nasceu em Simbirsk\*, no dia 22 de abril de 1870 do calendário gregoriano, utilizado na Rússia desde 1917. Seu batismo, sob os ritos da Igreja Ortodoxa, deu-se em 28 de abril. Situada às margens do Volga, Simbirsk era uma típica cidade russa, com suas habituais e curiosas contradições: tranquila, cinzenta, provinciana, multinacional, com mais de 30 mil habitantes. Foi estabelecida no século XVII para defender "Moscóvia" contra investidas do Oriente[2]. Estatísticas datadas do final do século XIX listam como pequeno-burgueses 57,5% da população da cidade, o que significava que não eram camponeses ou operários, mas também não pertenciam às classes dirigentes. Hoje, seriam denominados pequenos empresários de renda média, embora fossem, então, artesãos, mercadores e merceeiros.

Simbirsk ostentava duas escolas secundárias, um seminário católico, uma escola tchuvache, uma madraça tártara, a grande Biblioteca Karámzin, a Biblioteca Gontchárov e um teatro[3]. A maior parte das casas da cidade era de madeira. Relatos históricos se referem, na maioria, à indústria de beneficiamento de madeira em Simbirsk; entretanto, o povoado recebeu a posição de capital da unidade governamental e, assim, tornou-se centro administrativo e militar.

Em função disso, a população da cidade era dividida em três segmentos: nobres, mercadores e pequeno-burgueses. Dezessete por cento da população total pertencia às Forças Armadas (embora a cidade tivesse perdido sua importância militar havia muito tempo); 11% eram camponeses; 8,8%, nobres; e 3,2%, mercadores com títulos de cidadãos eminentes, ou *potchótni grajdanin*. Oitenta e oito por cento da população seguia a fé ortodoxa (o que não significava necessariamente que fossem de nacionalidade russa), 9% dos habitantes eram muçulmanos, e o restante se compunha de mordovianos, tártaros e tchuvaches, bem como de uma pequena comunidade judaica de quatrocentas pessoas.

Era vívida a memória histórica da perseverança da cidade contra os tártaros, e isso decerto teve papel fundamental no estabelecimento de uma guarnição local para a cidade nos anos 1870. Lênin talvez soubesse que os camponeses de fé ortodoxa em Simbirsk haviam tomado parte no levante de Stienka Rázin, em

---

\* Atual Uliánovsk, assim rebatizada com base no sobrenome de Lênin (Uliánov) em 1924, poucos meses após sua morte. (N. E.)

[2] V. Aleksiêiev e A. Shver, *Семья Ульяновых в Симбирске (1869-1887)/ Sem'ia Ulianovsk v Simbirske (1869-1887)* [Família Ulianovsk em Simbirsk (1869-1887)] (org. Ama I. Uliánova-Elizárova, Moscou/Leningrado, Instituto Lênin do Comitê Central do Partido Comunista Russo/Gossudárstvennoie Izdátelstvo, 1925), p. 6-7.

[3] Vladlen Lóguinov, *Vladímir Liénin: vybor púti*, cit., p. 30; Robert Service, *Lenin: A Biography* (Cambridge-MA, Harvard University Press, 2000), p. 13-6 [ed. bras.: *Lenin: a biografia definitiva*, trad. Eduardo Francisco Alves, São Paulo, Difel, 2006].

1670, e no de Pugatchov, no século posterior (1774). Os anciãos de Simbirsk lembravam até mesmo a casa em que Pugatchov fora mantido a ferros. Um pequeno grupo de exilados também vivia na cidade ou nos arredores.

A família Uliánov se mudou para Simbirsk em 1869 e alugou um apartamento próximo à prisão. Foi lá que nasceu Lênin. Por ser recém-chegada e por sua formação teuto-luterana, sua mãe, Maria Aleksándrovna, não fez amizades rapidamente em Simbirsk. Além disso, não era fácil adaptar-se à pequena burguesia linguaruda e pretensiosa da cidade. O mais provável é que estivesse ocupada com o trabalho doméstico perene de atender à extensa família[4].

A cidade universitária de Kazan situava-se ao norte de Simbirsk. Penza, ao sudoeste, figurava como cidade grande, e o Volga conectava o berço de Lênin a Syzran e Sarátov e, por fim, ao mar Cáspio, onde deságua o principal rio russo. O pai de Lênin, Iliá Nikoláievitch Uliánov, era da cidade de Astracã. Sua árvore genealógica também era típica da Rússia, por ser étnica e socialmente miscigenada. Na ocasião do nascimento de Vladímir Ilitch, o pai antevia uma carreira brilhante segundo os padrões da época, embora já passasse dos quarenta anos e tivesse dois filhos. Iliá Nikoláievitch era conhecido por ser extremamente esforçado, ambicioso e talentoso. De início, tornou-se inspetor de escolas públicas na *gubiérnia** de Simbirsk, e, mais tarde, foi nomeado diretor das escolas públicas do distrito. Era reconhecido como intelectual local, tendo alguma reputação.

Iliá Nikoláievitch nasceu em uma família urbana, de classe média empobrecida[5]. O avô paterno de Lênin, Nikolai Vassílievitch Uliánin (mais tarde Uliánov), fora servo na unidade governamental de Níjni Nóvgorod. Ao ser liberto da servidão para trabalhar na cidade, instalou-se em Astracã, aprendeu o ofício de alfaiate e foi aceito na categoria de cidadão de classe média em 1808. Iliá foi temporão. Quando de seu nascimento, seu pai, Nikolai, encontrava-se na casa dos sessenta anos; sua mãe tinha 43. Anna Alekséievna Smírnova, avó paterna de Vladímir Ilitch, era, de acordo com certas fontes, filha de um calmuco cristianizado, mas, além disso, pouco se sabe a respeito dela. O fato de Iliá Nikoláievitch, filho de

---

4    Louis Fischer, *The Life of Lenin* (Nova York/Evanston/Londres, Harper & Row, 1964) [ed. bras.: *A vida de Lênin*, Rio de Janeiro, Civilização Brasileira, 1967], p. 8-9; N. D. Fomin e V. N. Sverkalov (orgs.), *Ленин и Симбирск: документы, материалы, воспоминания/ Liénin i Simbirsk: dokumiénti, materiáli, vospominánia* [Lênin e Simbirsk: documentos, materiais, memórias] (Sarátov, Privolzhskoie, 1968).

\*    Tipo de unidade administrativa do Império Russo que existiu até a década de 1920. (N. E.)

5    G. N. Gólikov (org.), *Ленин: биографическая хроника/ Liénin: biografitcheskaia khrónika* [Lênin: crônica biográfica] (Moscou, Izdatelstvo Polititcheskoi Literature, 1970-1982), 12 v. Para a vida do pai, em detalhes, ver M. Uliánova, *Отец Владимира Ильича Ленина, Илья Николаевич Ульянов (1831-1886)/ Otets Vladimira Ilyicha Liénina, Iliá Nikoláievitch Uliánov* [O pai de Vladímir Ilitch Lênin, Iliá Nikoláievitch Uliánov] (Moscou/Leningrado, Mysl', 1931).

um servo que se tornara alfaiate, obter título de nobreza representou extraordinária escalada social. Tal ascensão, sem dúvida, teve consequências na vida de Vladímir Uliánov Lênin, pois, como resultado, ele mesmo se tornou nobre[6].

Iliá Nikoláievitch se formou com medalha de prata na escola secundária de Astracã, em 1854, e, com apoio financeiro de seu irmão mais velho, que não tinha filhos, completou sua educação na Faculdade de Matemática e Física da Universidade de Kazan. Assim que concluiu o curso, foi-lhe oferecido um cargo docente.

Começou a carreira de professor no Internato para a Nobreza, em Penza, onde, em 1860, recebeu o título de conselheiro honorário. Foi nomeado inspetor das escolas públicas em 1869[7]. A esposa de seu colega Ivan Dmítrievtch Veretiénnikov lhe apresentou uma de suas familiares, a professora Maria Aleksándrovna Blank, de quem ele ficou noivo em 1863 e com quem se casou logo depois. O casal mudou-se para Níjni Nóvgorod, às margens do Volga, já então cidade de tradição histórica significativa e importância comercial-industrial.

É provável que Iliá Nikoláievitch estivesse familiarizado com as mensagens rebeldes da geração revolucionária dos anos 1860, que incluía Hérzen, Tchernychiévski, Dobroliúbov e Píssarev, embora jamais tivesse se dedicado a ações que visassem a destronar a autocracia e, menos ainda, fosse a favor dos princípios do terrorismo revolucionário que cativariam seu filho mais velho dali a duas décadas. Acreditava em restrições à burocracia autocrática, na emancipação dos pobres e, de modo geral, na cultura russa.

Sua condição de *raznotchínets* – isto é, de origem de classe mista – foi importante a partir dessa perspectiva, pois, à medida que ascendiam aos níveis superiores da sociedade, muitos de tal origem tornaram-se opositores ao governo autocrático, membros da oposição ou revolucionários. No entanto, o pai de Lênin não foi revolucionário nem parte da oposição; como professor, concentrava-se em tornar a educação disponível a crianças das camadas inferiores da

---

[6] "Запись о цели приезда в С.-Петербург"/ "Zapis' o tseli priyezda v S.-Peterburg" [Registro da finalidade da chegada em São Petersburgo], 29 mar.-1º abr. 1891, em Iúri Nikoláievitch Amiantov et al. (orgs.), *В. И. Ленин: неизвестные документы, 1891-1922/ V. I. Liénin: neizvestnye dokumiénty* [V. I. Lênin: documentos desconhecidos] (Moscou, РОССПЭН/ Rosspen, 1999), doc. n. 1, p. 15. "Registrado nos arquivos das árvores genealógicas dos nobres, do governo de Simbirsk, e concedido a Vladímir Ilitch Uliánov, filho do conselheiro atuante, como prova de seus direitos, o título de nobreza hereditária." Iliá Nikoláievitch poderia ter obtido antes o título de nobreza, tendo recebido a Ordem de Cavaleiro de São Vladímir, terceiro grau, e sendo um dos indivíduos que alcançaram a posição hierárquica requerida para adquirir o título de nobre, porém não desejava partilhar tais oportunidades. Somente após sua morte, Maria Aleksándrovna Uliánova tomou as providências necessárias para que ela e os filhos ascendessem às fileiras dos nobres.

[7] Vladlen Lóguinov, *Vladímir Liénin: vybor púti*, cit., p. 12-3.

sociedade. A irmã de Lênin, Anna Ilínitchna, descreveu o pai como "*naródnik* pacífico", cujo "poeta favorito era Nekrássov", refletindo sua mentalidade democrática[8]. Por ser religioso, nunca se rebelou contra a Igreja Ortodoxa e, embora não fosse de maneira nenhuma extremista nem crente fanático, frequentava as missas com regularidade. A família observava as festividades religiosas, e todos os filhos foram batizados, ainda que não fossem obrigados a frequentar a igreja. O pai de Lênin aceitava as reformas de Alexandre II e lamentou o assassinato do tsar, em 1881.

As escolas públicas e as assim chamadas escolas dominicais consumiam grande parte das energias de Iliá Nikoláievitch. Para inspecionar centenas de escolas de aldeia, espalhadas ao longo de vastas distâncias, permanecia longe de casa durante semanas. Em suas viagens, com frequência entrou em conflito com os preconceitos, e às vezes com a resistência, da nobreza conservadora. Alexandre II decretaria o fechamento das escolas dominicais dois anos depois, afirmando que algumas delas disseminavam "noções prejudiciais" sobre direitos de propriedade e impiedade religiosa[9].

Iliá Nikoláievitch dedicava-se com afinco à pedagogia. Trabalhava com obstinação, e seus esforços incansáveis eram reconhecidos pelas autoridades e altamente respeitados por seus colegas[10]. Apesar das costumeiras ausências, preservou-se na lembrança dos filhos como pai amoroso. Personificava a autoridade na família, circunstância relacionada às grandes mudanças pelas quais passaram os filhos após sua morte. Em resumo, todos se tornariam revolucionários. A mais velha, Anna, nasceu em 1864; foi seguida por Aleksandr Ilitch, conhecido como Sacha; depois, Vladímir Ilitch, apelidado de Volódia; e Olga, que faleceu prematuramente; Nikolai, nascido em 1873, viveu poucos meses; em 1874, nasceu o irmão mais jovem, Dmítri, que obteve o diploma de medicina; e, por fim, Maria, em 1878. Os irmãos cresceram em harmonia, em um lar confortável e espaçoso (uma faxineira e uma cozinheira trabalhavam para a família e, além disso, Volódia tinha uma governanta). Os filhos mais velhos acomodavam-se em quartos próprios, e os mais jovens partilhavam um. O sentimento de solidariedade no âmbito familiar surgiu naturalmente, graças à educação recebida, e estendeu-se

---

8   Anna I. Uliánova-Elizárova, "Lenin", em vários autores, *Reminiscences of Lenin by His Relatives* (Moscou, Foreign Languages Publishing House, 1956); idem, "Lenin", em László Béládi e Tamás Krausz (orgs.), *Életrajzok a bolsevizmus történetéből* [Biografias da história do bolchevismo] (Budapeste, Elte/ÁJTK, 1988), p. 9-10.

9   Ver Robert Service, *Lenin*, cit., p. 21, e Vladlen Lóguinov, *Vladímir Liénin: vybor púti*, cit., p. 28.

10  Iliá Nikoláievitch Uliánov recebeu a Ordem de Cavaleiro de São Vladímir, terceiro grau, juntamente com o direito a um título de nobreza, por seu serviço longo e frutífero. G. N. Gólikov (org.), *Liénin: biografítcheskaia khrónika*, cit., v. 1, p. 11.

para além da família; as crianças tornaram-se jovens adultos prestativos, sensíveis às dificuldades dos outros. Iliá Nikoláievitch com frequência levava os filhos para caminhadas pela floresta, durante as quais – na descrição de Anna – "costumava cantar músicas estudantis censuradas"[11].

Não havia pinturas valiosas adornando as paredes de sua casa, mas tinham um piano e uma grande biblioteca. Anna Ilínitchna explicava aquela peculiar simplicidade como continuação das tradições culturais *raznotchínets*[12]. Tal contexto foi fonte de uma dedicação ao aprendizado e ao progresso social, encontrada nos dois lados da família de Lênin. Todos os irmãos dele frequentaram instituições de ensino superior.

A mãe desempenhou um papel excepcional em todas as realizações da família. De acordo com os valores da época, Maria Aleksándrovna, cujo nome de solteira era Blank, vinha de uma família "superior" à do marido. Nasceu em 1835, quinta filha de um médico, Aleksandr Dmítrievitch Blank. Ainda jovem, perdeu a mãe e viajou pelo país com o pai, enquanto este ganhava renome com o uso medicinal de banhos e terapia de águas termais (balneoterapia), trabalhando como pioneiro da área nas unidades governamentais de Smolensk, Perm e Kazan.

A ancestralidade do avô Blank sempre foi motivo de discussões ferrenhas nos círculos históricos, em especial após a dissolução da União Soviética. Sua possível origem judaica significaria que Lênin era uma quarta parte judeu, o que, no quadro das atitudes então correntes, explicaria – em vista das tendências antissemitas – "muita coisa". Isso faz recordar a notória tradição dos Cem-Negros. Entre historiadores, esse é um problema antigo. Shub e Vólski (Valentínov) mediram forças a respeito do assunto décadas antes, e o segundo negava a ascendência judaica do avô de Lênin[13].

---

[11] Anna Ilínitchna-Elizárova, "Lenin", cit., p. 10. Sobre o jovem Lênin, ver também Egor Iákovlev, *The Beginning: The Story about the Ulyanov Family, Lenin's Childhood and Youth* (trad. Catherine Judelson, Moscou, Progress, 1988); I. S. Zilberstein, *Молодой Ленин в жизни и за работой: по воспоминаниям современников и документам эпохи/ Molodói Liénin v jízni i s rabótoi: po vospominániam sovremiénnikov i dokumentam épokhi* [O jovem Lênin na vida e no trabalho: de acordo com as memórias de contemporâneos e documentos da época] (Moscou, 1929); e N. D. Fomin e V. N. Sverkalov (orgs.), *Liénin i Simbirsk*, cit.

[12] Ver Vladlen Lóguinov, *Vladímir Liénin: vybor púti*, cit., p. 34.

[13] Sobre isso, ver Louis Fischer, *The Life of Lenin*, cit., p. 3-4. É estranho, também por essa razão, que a filha do irmão mais jovem de Lênin, Olga Dmítrievna Uliánova – enquanto travava uma batalha de escala internacional contra a degradação dos memoriais de Lênin na década de 1990 –, ao se opor aos hábitos arraigados ou ao espírito nacionalista da época, quisesse reconhecer apenas as raízes russas, alemãs e suecas da família, no pequeno volume que escreveu "para pôr as coisas no lugar". Olga Dmítrievna Uliánova, *Родной Ленин/ Rodnói Liénin* [Lênin nativo] (Moscou, ITRK, 2002), p. 15-20.

As origens da família Blank foram objeto de sérios estudos por parte das duas irmãs de Lênin e, mais tarde, de Marietta Serguéievna Chaguinian, A. G. Petrov, Mikhail Guírchevitch Stein, V. V. Tsáplin e outros. Anna Ilínitchna Uliánova, para quem as pesquisas sobre as origens da própria família constituíram profissão, documentou, em 1932, evidências claras da ascendência judaica de seu avô materno. Em 28 de dezembro de 1932, Stálin ouviu o relato da descoberta de Anna Ilínitchna e ordenou silêncio absoluto sobre o assunto, embora Anna não entendesse por que "os comunistas precisavam ocultar tal fato". Ela procurou Stálin mais uma vez em 1934, solicitando permissão para publicar os documentos, mas ele se manteve inflexível[14]. As irmãs e a esposa de Lênin acreditavam que admitir a verdade seria argumento contra o antissemitismo, porém Stálin era de opinião oposta e temia a exacerbação das consequências negativas do antissemitismo[15]. O estudo da árvore genealógica de Lênin permaneceu, por décadas, assunto delicado na União Soviética[16].

A historiografia recente indicou que o bisavô de Lênin, Moche Ítskovitch Blank, mudou-se de Lübeck para Jitómir após entrar em conflito com a comunidade judaica local, no começo do século XIX. Uma carta que escreveu a Nicolau I demonstra que não apenas era cristianizado, mas havia aderido à Igreja Ortodoxa e se tornado antissemita. Suas recomendações ao tsar – restrição às práticas religiosas e aos códigos de indumentária judaicos, e prescrição de uma prece obrigatória em nome do tsar e de sua família – foram ouvidas em 1854, quando se introduziram tais restrições e modificações. (Está claro que existiram na Rússia – e em toda a Europa – judeus antissemitas mais agressivos.) O bisavô de Lênin converteu seu filho Israel à fé ortodoxa, batizando-o Aleksandr. Esse avô de Lênin morreu, em sua propriedade em Kokúchkino*, no mesmo ano em que Lênin nasceu[17].

---

[14] M. G. Stein, *Ульяновы и Ленины: тайны родословной и псевдонима/ Ulianovy i Liéniny: táiny rodoslóvnoi i psevdónima* [Uliánov e Lênin: segredos de uma árvore genealógica e um pseudônimo] (São Petersburgo, Vird, 1997), p. 57-60.

[15] Idem; Vladlen Lóguinov, *Vladímir Liénin: vybor púti*, cit., p. 14. Ver também *Отечественные архивы/ Otétchestvennie Arkhivy* [Arquivos Nacionais], n. 4, 1992, p. 78-81.

[16] O caso de Marietta Chaguinian e de outros acadêmicos demonstra com clareza esse desdobramento. Sobre o assunto, ver M. G. Stein, *Ulianovy i Liéniny*, cit., p. 3-37 e 136-43. Nem mesmo a biografia oficial khruschovista de Lênin, datada de 1963 e preparada sob a liderança de Pospiélov, menciona a etnia de seu avô, afirmando apenas que fora médico. Petr Nikoláievitch Pospiélov (org.), *Lenin, Vladimir Ilyich: A Biography* (Moscou, Progress, 1965), p. 2. O assunto permaneceu tabu até a época de Mikhail Gorbatchov.

* Atual Lénino-Kokúchkino. (N. E.)

[17] Ver M. G. Stein, *Ulianovy i Liéniny*, cit., p. 43; Vladlen Lóguinov, *Vladímir Liénin: vybor púti*, cit., p. 17-8.

Aleksandr Dmítrievitch se casou com uma filha de pai báltico-alemão (Grosschopf) e mãe luterana sueca (Estedt), Anna Ivánovna Grosschopf, e a filha deles, Maria Aleksándrovna, viria a ser mãe de Lênin. Os padrinhos de Maria eram personalidades de alto prestígio nos círculos da corte. Sua irmã, Ekaterina Nikoláievna von Essen, ficou com a guarda de Maria após a morte da mãe de ambas. Seu pai adquiriu nobreza hereditária, assim como o marido dela, de modo que ela mesma se tornou nobre, embora o título aparecesse somente na linhagem masculina.

O pai de Maria comprou a famosa propriedade de Kokúchkino em 1848 – aproximadamente 500 hectares, com 39 servos e um moinho de água, onde, depois, seus netos passariam muitos verões. O casamento de Maria, em 25 de agosto de 1863, também aconteceu na propriedade[18]. O médico logo fez da região seu lar, e os camponeses dos arredores com frequência o procuravam para que tratasse de seus males, grandes ou pequenos.

Vladímir Ilitch usufruiu de tudo o que se podia oferecer a uma criança de família pertencente à intelectualidade russa da época. Embora cuidasse de muitos filhos, sua mãe dedicava sempre atenção especial a "Volódia", como ela o chamava, cujas habilidades revelaram-se desde bem cedo. Aos cinco anos, ele sabia ler e escrever. E aprendia muito com a mãe, que falava vários idiomas – em especial alemão – e com frequência tocava piano com Volódia e os irmãos. É possível que isso tenha alimentado em Vladímir Ilitch a paixão por música séria, os altíssimos respeito e zelo por livros e a receptividade à cultura em geral.

Além de uma copiosa lista de passatempos durante a infância, Volódia Uliánov gostava de brincar de guerra e recortava, sozinho, seus soldados de papelão. Tomava partido das forças da União lideradas por Lincoln contra os odiados escravagistas do Sul. *A cabana do pai Tomás* era seu livro favorito, e ele o leu inúmeras vezes. A mãe o auxiliou a criar um jornal familiar manuscrito – Maria Aleksándrovna fazia até mesmo roupas para os filhos. O menino também gostava de cantar, em especial os poemas musicados de Heine e a ária de Valentine, do *Fausto* de Gounod, como recordou seu irmão mais jovem, Dmítri[19]. O pai lhe ensinou desde cedo a jogar xadrez, e incontáveis reminiscências relatam que travou partidas com frequência quase até o fim de sua vida[20]. A recreação das crianças incluía, ainda, longas férias. Durante parte do verão de 1877, a família Uliánov esteve em viagem de lazer em Stavropol e costumava passar outros verões na propriedade de Kokúchkino ou com parentes em Astracá.

---

[18] I. S. Zilberstein, *Molodói Liénin v jízni i s rabótoi*, cit., p. 41.

[19] Mais tarde, em 7 de novembro de 1888, Lênin também assistiu ao *Fausto* de Gounod em companhia de sua irmã Olga. Ver G. N. Gólikov (org.), *Liénin: biografítcheskaia khrónika*, cit., v. 1, p. 39.

[20] Ver Louis Fischer, *The Life of Lenin*, cit., p. 6-7.

No dia 1º (14) de fevereiro de 1887, a pedido de Iliá Nikoláievitch Uliánov, o consistório emitiu a certidão de nascimento de seu filho Volódia[21]. Deve ter sido um requerimento para a matrícula escolar. A Igreja não deixou grande impressão na personalidade de Volódia, apesar das aulas obrigatórias de teologia. Um dos possíveis motivos disso é que um segmento importante dos padres de ordens menores da Igreja Ortodoxa não era letrado, o que limitava muito a ascendência cultural deles.

A despeito de todas as diferenças de formação intelectual e cultural entre as famílias paterna e materna, houve uma espécie de harmonia em termos tanto de intelecto quanto de visão de mundo. Ao analisar a infância de Lênin, não se encontra nada fora do comum. Ele tinha predileção por desmontar brinquedos e "examinar" bonecos por dentro, circunstância que mais tarde deu ensejo a abordagens de um método de psicologia vulgar que projetava na personalidade de Vladímir Ilitch, mesmo naquela "tenra idade", certo traço "impiedoso" e "tirânico".

A literatura a respeito da infância de Vladímir Ilitch enfatiza o desenvolvimento gradual de sua noção de ordem e sua irrepreensível carreira escolar, características em que o irmão Aleksandr talvez tenha tido alguma influência. Os pais eram diligentes e ordeiros, e a mãe contava com um laivo de pedantismo, o que não era nada comum entre as camadas médias russas da época. Oblómov, protagonista do romance de mesmo nome, escrito por Gontchárov – nativo de Simbirsk e autor muito amado pela família –, é símbolo de uma mentalidade russa diferente: preguiçoso, indiferente, apático e descrente do futuro. Tempos depois, Lênin citaria Oblómov como símbolo da "nobreza russa".

Embora, de acordo com alguns intérpretes, Vladímir Ilitch tivesse ódio "fóbico" à nobreza russa e às classes médias instruídas – talvez com base no desprezo que seu pai relatava ter, desde criança, pelo privilégio –, presume-se que essa tal fobia se alimentava da própria literatura russa. Ele foi influenciado de maneira profunda por Saltykov-Schédrin, Gógol, Turguêniev, Tchékhov e Tolstói. De fato, naquela literatura, a "sociedade russa instruída" era imóvel, indecisa, ociosa, egoísta e irresponsável[22]. Com esses traços característicos, a nobreza definia, na maior parte, onde seriam traçados os limites da capacidade de renovação da autocracia. Uma Rússia de "Oblómovs" e "tios Vânias", junto aos Purichkiévitches

---

[21] G. N. Gólikov (org.), *Liénin: biografítcheskaia khrónika*, cit., v. 1, p. 5. Datas ao longo do texto referem-se ao calendário juliano, que foi utilizado na Rússia até fevereiro de 1918. Quando o calendário gregoriano – que havia muito era padrão internacional – foi adotado pelos bolcheviques, 1º de fevereiro tornou-se 14 de fevereiro. As datas que aparecem entre parênteses se referem ao calendário gregoriano.

[22] Robert Service, *Lenin*, cit., p. 52.

dos Cem-Negros, não oferecia alternativas positivas dentro da sociedade. A agitação entre intelectuais e a aparição de "niilistas" ao estilo de Turguêniev, que rejeitavam tudo, apenas sinalizavam uma insatisfação esporádica e desorganizada e causavam a impressão de ser uma alternativa ruim ao "oblomovismo" e ao "ócio". Lênin nunca se sentiu atraído pelo niilismo.

A emancipação dos servos em 1861 acarretou mudanças à atrasada vida social provinciana, mas poucas áreas expunham tantos problemas sociais no último terço do século XIX quanto a educação no campo e nas cidades pequenas. Enquanto as experiências reunidas pelo pai de Lênin dificultavam a alternativa de adaptar-se à estrutura de poder do regime autocrático, as raízes culturais norte-europeias da mãe – avô nascido em Lübeck e avó de ascendência teuto-sueco-báltica – tornavam essa conformação algo ainda mais remoto.

Muitos dos memorialistas de Lênin relatam o sentimento de afeto na família, seu sentido de "solidariedade". Os irmãos se empenhavam em ajudar uns aos outros, bastante encorajados pela mãe, em especial quando o pai se encontrava fora[23]. Anna Ilínitchna descreveu a mãe como uma mulher de vontade firme, enérgica, ativa, com forte inclinação por justiça. Tais características foram herdadas principalmente pelo filho mais velho, Aleksandr[24]. A mãe era devotada a Volódia e o ajudou durante o exílio e a emigração, com fidelidade duradoura até os últimos dias da própria vida.

Maria Aleksándrovna foi, de fato, professora particular de cada um de seus filhos. Não lecionava profissionalmente em função da numerosa família. Quando Volódia completou cinco anos, uma governanta foi contratada para instruí-lo; durante quatro anos, até 1879, ela praticou francês e alemão com as crianças, seguindo as instruções da mãe.

De 8 a 14 de agosto de 1879, Volódia prestou as provas de admissão à escola primária "clássica" de Simbirsk. Em vista dos dez anos durante os quais seu pai trabalhou no Ministério da Educação Pública, o conselho da instituição o isentou de todas as taxas – quando isso aconteceu, ele tinha nove anos. O menino se destacou entre os colegas em razão de talento e diligência excepcionais[25]. Recebeu notas excelentes em todas as disciplinas da segunda série. De acordo com todos os relatos, ele lia muito. Era uma criança afável, porém tinha poucos amigos com quem se encontrava após as aulas. O diretor da escola era Fiódor Keriénski, pai de Aleksandr Keriénski, que viria a ser primeiro-ministro do governo provisório 38 anos depois, em 1917.

---

[23] Esse aspecto é enfatizado por Ronald W. Clark em *Lenin: Behind the Mask* (Londres, Faber & Faber, 1988), p. 9.

[24] Anna I. Uliánova-Elizárova, "Lenin", cit., p. 10.

[25] G. N. Gólikov (org.), *Liénin: biografítcheskaia khrónika*, cit., v. 7, p. 9.

Entre os irmãos, Aleksandr foi o que teve maior influência sobre Lênin[26] – o qual lhe ajudava nas experiências químicas[27]. Com frequência, eles brincavam no jardim, jogavam xadrez ou se divertiam às margens do Volga durante o tempo livre. Louis Fischer observa que, embora Volódia imitasse o irmão de várias maneiras, como costumam fazer irmãos mais novos, havia diferenças significativas entre os dois em termos de princípios, comportamento e aparência. Como a própria Anna Ilínitchna recordou, os irmãos formavam duplas conforme o ano de nascimento: Anna brincava mais com Sacha; Volódia, com Olga; e Dmítri, com Maria[28].

## Educação

Vladímir Ilitch não desenvolveu opiniões políticas durante seus anos escolares, tampouco teria ficado sabendo, por intermédio dos pais, de muitos detalhes concretos sobre o andamento da política no país. Encontrou na estante da mãe os múltiplos volumes da obra de Thiers sobre a Revolução Francesa, que incluía o conceito burguês de luta de classes. Menciona-se frequentemente na literatura que a execução do irmão Aleksandr teve forte influência na formação das percepções, dos interesses e das visões políticas de Volódia, então com dezessete anos. Sua irmã Anna também foi presa, embora não como membro de organização clandestina. O martírio voluntário do irmão impôs certa responsabilidade moral aos demais – e também à mãe. A possibilidade de os jovens rebeldes chegarem a uma conciliação com o regime absolutista deixou de existir após a execução. A pacificação foi rejeitada em função da tradicional abordagem crítica russa do sistema, de tendências intelectuais *naródniki* e pró-Ocidente e da influência dos movimentos social-democratas e revolucionários na Europa.

O ponto de partida crítico e primeiro estágio do progresso político-intelectual de Lênin não foi Marx. Ao contrário do que diz a lenda, ele conheceu os capítulos iniciais de *O capital* somente aos dezenove anos. Há documentação de seu desejo de estudar o terceiro volume de *O capital* datada de 1894[29]; depois disso, o estudo de Marx tornou-se o empenho de uma vida inteira. Ao discutir a

---

[26] V. Alekséiev e A. Chver, *Sem'ia Ulianovsk v Simbirske*, cit., p. 42.

[27] Isso se tornou uma pressuposição comum na literatura baseada em memórias. Conta-se que Aleksandr teria dito a um amigo: "É absurdo, até mesmo imoral, que uma pessoa não tenha conhecimento de medicina e queira curar outras. É ainda mais absurdo e imoral querer sanar os males sociais sem entender suas causas". David Shub, *Lenin: A Biography* (Baltimore, Penguin, 1967), p. 134; e Vladlen Lóguinov, *Vladímir Liénin: vybor púti*, cit., p. 69.

[28] Louis Fischer, *The Life of Lenin*, cit., p. 11.

[29] Em sua carta a Maria Ilínitchna (Maniacha), enviada de São Petersburgo a Moscou em 13 de dezembro de 1894, Vladímir Ilitch pede-lhe que obtenha o Livro III de *O capital*. Ver *Lenin Collected Works* (Moscou, Progress, 1960-1970, 45 v.), v. 37: *Letters to Relatives, 1893-1922*, p. 68-9.

relação de Lênin com Marx, muito tempo depois da morte daquele, Krúpskaia menciona que, "nos momentos mais difíceis, nos pontos cruciais da revolução, ele retomava a leitura de Marx". De acordo com ela, Lênin usava uma expressão característica: "Sempre 'consultava' Marx"[30].

Um achado literário, visto como responsável pela transformação de Lênin em revolucionário e repassado numerosas vezes no decorrer de sua vida, foi o romance *Que fazer?*, de Nikolai Tchernychiévski, cujo protagonista, Rakhmétov, é revolucionário[31]. Num único verão, Lênin leu o livro cinco vezes. É provável que tenha sido o verão seguinte a sua expulsão da Universidade de Kazan, quando, segundo ele mesmo admitiu, empanturrou-se de leituras.

Outras fontes indicam que Vladímir Ilitch leu o livro de Tchernychiévski aos catorze anos de idade. De acordo com as famosas memórias de Vólski, bolchevique desertor de 1904, Lênin falou da obra durante seu exílio em Kokúchkino.

> Meu escritor favorito era Tchernychiévski. Li tudo o que foi publicado na *Современник/ Sovreménnik*\* até a última linha – e não somente uma vez. Graças a Tchernychiévski, tomei conhecimento do materialismo filosófico. Ele foi o primeiro a revelar o papel de Hegel no desenvolvimento do pensamento filosófico, e veio dele o conceito do método dialético, que tornou mais fácil apreender a dialética de Marx.[32]

Ao longo da vida, Lênin declarou que, junto a Marx, Engels e Plekhánov, Tchernychiévski exerceu a maior influência sobre seu pensamento. Lênin chegou a lhe escrever uma carta em 1888 – e ficou terrivelmente desapontado ao não receber resposta[33]. Alguns escritores argumentam que o "modelo Rakhmétov" foi decisivo para encorajar Volódia, que tinha inclinações românticas, a tornar-se revolucionário.

---

[30] Nadiéjda K. Krúpskaia, "Как Ленин работал над Марксом?"/ "Kak Liénin rabótal nad Márksom?" [Como Lênin trabalhou sobre Marx?], em *Ленин и книги/ Liénin i knígui* [Lênin e os livros] (Moscou, Izdatelstvo Polititcheskoi Literatura, 1964), p. 299 [ed. ing.: "How Lenin Approached the Study of Marx", em *Lenin and Books*, trad. A. Z. Okorokov, Moscou, Progress, 1971, p. 139].

[31] Ver reminiscências de Maria Essen, citadas em Nadiéjda K. Krúpskaia, *Liénin i knígui*, cit. p. 299 [ed. ing.: *Lenin and Books*, cit., p. 251].

\* Revista literária russa. (N. E.)

[32] Nikolai Valentínov Vólski, *Encounters with Lenin* (trad. Paul Rosta e Brian Pearce, Londres, Oxford University Press, 1968), p. 133-4. As últimas reminiscências devem ser abordadas com o devido ceticismo, é claro, já que a abordagem tchernychiévskiana à dialética estava distante do tipo que Lênin reconstruiu e aplicou nos anos 1910.

[33] Ver G. N. Gólikov (org.), *Liénin: biografítcheskaia khrónika*, cit., v. 1, p. 39. Uliánov não pôde conhecer Tchernychiévski, pois o grande revolucionário morreria no ano seguinte.

RECONSTRUINDO LÊNIN    43

De fato, o vigor físico e espiritual-moral de Lênin prova a influência do exemplo de Rakhmétov. É importante notar que, em contraste com Rakhmétov, Lênin não foi asceta. Apreciava exercícios, o desenvolvimento consciente de sua força física, e era esportista, especialista em patinação, escalada e esqui. Também era bom nadador, ciclista, ginasta, atirador e caçador. Durante certo período, tentou o levantamento de peso[34]. Naquela época, a Europa vivia o ápice da cultura física, em especial na Alemanha, e os novos Estados-nação tinham interesse em demonstrações de força. A dedicação de Lênin ao esporte expressava sua afinidade com a Europa moderna, em oposição à "letargia" que caracterizava seu país.

Ainda na escola, Lênin leu Púchkin, Lérmontov, Gógol, Turguêniev, Nekrássov, Saltykov-Schédrin, Tolstói, Belínski, Hérzen, Dobroliúbov e Písarev, além de grande quantidade de literatura estrangeira clássica[35]. Costumava retornar a esses livros e redigiu até mesmo observações políticas e literárias sobre eles durante períodos mais tardios da vida[36]. Essa tradição literária desempenhou um papel de destaque na conversão do jovem Lênin a revolucionário declarado, pois ele reconhecia em tais leituras sua Rússia familiar e suas próprias experiências. Sua primeira rebelião verdadeira contra a autocracia aconteceu aos quinze ou dezesseis anos, quando abandonou a Igreja Ortodoxa, base intelectual e organizacional mais sólida do absolutismo.

Embora ainda recebesse avaliações como "talento abundante, diligente e preciso" no boletim escolar de maio de 1885 (na escola secundária sempre teve as melhores notas, até mesmo em ensino religioso), e talvez por influência do irmão, Volódia já reexaminava o valor da autocracia e da subordinação incondicional à "força da autoridade" que permeavam o cotidiano na Rússia. Tal autoridade exigia reverência, espírito servil e castigos físicos, com frequência aplicados a vilarejos inteiros. Esse foi o padrão de procedimento legal até 1905.

O rompimento público de Lênin com a religião se adaptou a esse contexto. Quando seu pai se queixou a um convidado de que os filhos evitavam frequentar a igreja, outro convidado comentou que garotos como aqueles "deveriam ser espancados e espancados outra vez!" (*Сечь, сечь надо!/ Setch, setch nado!*). Após tal manifestação, Volódia correu até o quintal, arrancou a cruz que lhe pendia

---

[34]  Aleksandr A. Maisurian, *Другой Ленин/ Drugói Liénin* [Um Lênin diferente] (Moscou, Vagrius, 2006), p. 23 e 27-31.

[35]  G. N. Gólikov (org.), *Liénin: biografítcheskaia khrónika*, cit., v. 1, p. 16.

[36]  Talvez a primeira discussão competente do assunto encontre-se em Anatóli Vassílievitch Lunatchárski, "Ленин и литературоведение"/ "Liénin i literatúrovedenie" [Lênin e a crítica literária], em vários autores, *Литературная Энциклопедия/ Literatúrnaia Entsiklopiédia* [Enciclopédia Literária], v. 11 (Moscou, Khudozhestvennaya Literatura, 1932), p. 194-260, especialmente p. 226-47.

do pescoço e a jogou no chão. Treze anos depois, durante o exílio na Sibéria, Vladímir Ilitch contou essa história a Krúpskaia[37]. Fora menos uma expressão de sentimento rebelde dirigido ao pai que uma resistência instintiva e determinada à ordem conservadora.

Em janeiro de 1886, o pai de Lênin morreu, inesperadamente, de hemorragia cerebral. Aleksandr já estudava na Universidade de São Petersburgo, e seu talento para biologia chamava a atenção dos professores. No entanto, o que se mostrou para ele mais importante que a ciência foi o fato de que o corpo discente na capital já procurava resolutamente uma alternativa à autocracia. Guiado pela corajosa disposição de revolucionário romântico, Aleksandr não se furtou a arriscar a vida pela causa. Em 1887, membro de um grupo terrorista, participou da tentativa de assassinato de Alexandre III. A iniciativa fracassou, e o jovem foi preso em 1º (13) de março. Aleksandr permaneceu fiel a seus princípios até o fim e foi levado à forca sem pedir perdão oficial, apesar das súplicas da mãe[38]. Foi executado em 8 de maio.

Em maio e junho de 1886, Vladímir Ilitch fez as provas finais do ensino secundário, obteve excelentes resultados e foi premiado com a medalha de ouro de melhor aluno[39]. Seus parentes estavam profundamente afetados pela execução de Sacha[40] e pela rejeição social que dela decorreu. A "sociedade instruída" e liberal de Simbirsk deu as costas à família inteira, sem demonstrar compaixão por seu luto, e isso deixou marcas em Vladímir Ilitch. "Atravessavam a rua", escreveria Lênin tempos depois[41].

Vladímir Ilitch deixou sua cidade natal ao ser admitido pela Faculdade de Direito da Universidade de Kazan, em 13 de agosto. Fiódor Keriénski redigiu uma

---

[37] G. N. Gólikov (org.), *Liénin: biografítcheskaia khrónika*, cit., v. 1, p. 17; Nadiéjda K. Krúpskaia, *O Lénine/ O Liénine* [Sobre Lênin] (Moscou, Politizdat, 1965), p. 35-6; Aleksandr A. Maisurian, *Drugói Liénin*, cit., p. 435.

[38] G. N. Gólikov (org.), *Lenin*, cit., v. 1, p. 23; ver também V. Alekséiev e A. Shver, *Sem'ia Ulianovsk v Simbirske*, cit., p. 30 e 33; e Anna I. Uliánova-Elizárova, "Воспоминания об Александр Ильич Ульянов"/ "Vospominánia ob Aleksandr Ilitch Uliánov [Memórias de Aleksander Ilitch Uliánov] (Moscou, Molodáia Gvardia, 1930).

[39] G. N. Gólikov (org.), *Liénin: biografítcheskaia khrónika*, cit., v. 1, p. 25-6 e 29.

[40] Seu apego à memória do irmão mais velho permaneceu muito forte. Bem mais tarde, em carta escrita durante o período de emigração após o exílio, de Londres a Samara, em 14 de setembro de 1902, agradecia à mãe por ter enviado fotografias de Aleksandr. Em carta de setembro de 1906, pediu a um camarada que lhe enviasse aquelas "relíquias" de Genebra a São Petersburgo. Todas essas comunicações refutam afirmações de que sua relação com o irmão fora perturbada por algum motivo fundado em falhas humanas ou de caráter. Ver LCW, cit., v. 37, p. 348, e v. 43, p. 173.

[41] Ver, a respeito, Aleksandr A. Maisurian, *Drugói Liénin*, cit., p. 15.

elogiosa descrição do aluno, que havia ganhado certa fama após a execução do irmão mais velho, descrevendo-o como "estudante excepcionalmente talentoso, diligente e preciso", que "em momento nenhum se expressou ou agiu de modo a abalar a elevada opinião que os professores e os superiores têm dele, tanto na escola quanto fora dela"[42]. Ele desfrutava de alto prestígio também entre os colegas.

Mal havia começado os estudos na universidade quando se tornou um dos primeiros associados da nascente campanha estudantil contra a "Lei Universitária", que negava educação a jovens oriundos das classes sociais inferiores. Em setembro, juntou-se ao *zemliátchestvo** de Simbirsk-Samara, organização civil de que não poderia, em tese, ser membro, porque, ao matricular-se na universidade, havia assinado um juramento segundo o qual se comprometia a não participar de nenhuma sociedade.

Qualquer espécie de compromisso ético para com as leis autocráticas já era, naquele estágio, coisa do passado para Vladímir Uliánov[43]. O problema agora era a formação de uma nova ética revolucionária, cujo quadro organizativo ele encontraria em círculos revolucionários locais, grupos ativistas ilegais marxistas ou *narodovólets*. Vladímir Ilitch foi preso em 4 de dezembro por participar de um dia de mobilização. Foi imediatamente banido da universidade, e três dias depois as autoridades determinaram que passasse a residir em Kokúchkino[44].

Durante todo o período que passou sob estrita vigilância policial, ele leu[45]. Ao longo de quase um ano, novos escritores somaram-se aos antigos: Dobroliúbov, Uspiénski e economistas *naródniki* como V. P. Voróntsov, Mihailóvski e Nikolai Frántsevitch Danielson (Nikolái-on), que traduziu *O capital* para o

---

[42] G. N. Gólikov (org.), *Liénin: biografítcheskaia khrónika*, cit., v. 1, p. 29.

* Tipo de organização comum por toda a Rússia tsarista. Cada *zemliatchestvo* era composto de pessoas de uma mesma região que, por motivos diversos, viviam em outra. (N. E.)

[43] Esteve em voga rotular Lênin de niilista moral, como no livro de Dmítri Vassílievitch Kólessov, de linha "jornalística popular", *В. И. Ленин: личность и судьба/ V. I. Liénin: lítchnost' i sudba* [V. I. Lênin: personalidade e destino] (Moscou, Flinta, 1999). De acordo com essa interpretação psicologizante então em voga, Kólessov afirma que Aleksandr foi um homem de moral tradicional, inflexível, que dava primazia à moral no interesse da justiça, enquanto Lênin aparece como pragmático e amoral.

[44] G. N. Gólikov (org.), *Liénin: biografítcheskaia khrónika*, cit., v. 1, p. 31-2.

[45] Relatórios da polícia indicam claramente que Vladímir Ilitch Lênin, "irmão mais jovem do pretendente assassino do tsar", estava registrado como revolucionário potencialmente perigoso. Não obstante, esforçando-se para defender o rapaz depois de sua participação em manifestações estudantis, o diretor da escola secundária F. M. Keriénski escreveu o seguinte ao inspetor-chefe do distrito educacional: "Vladímir Uliánov exaltou-se emocionalmente em razão da fatídica catástrofe [a execução de seu irmão] que abalou a desafortunada família, o que, provavelmente, teve efeito devastador sobre o sensível jovem". G. N. Gólikov (org.), *Liénin: biografítcheskaia khrónika*, cit., v. 1, p. 37.

russo em 1872. Leu também famosos periódicos russos e internacionais, como *Sovreménnik, Русское Слово/ Rússkoie Slovo, Колокол/ Kólokol, Отечественные записки/ Otétchestvennie Zapíski, Вестник Европы/ Véstnik Evrópi* e *Русское Богатство/ Rússkoie Bogátstvo.*

No entanto, os primeiros encontros de Lênin com representantes das organizações revolucionárias tiveram importância igual, se não maior. Foi por volta dessa época que Lênin se juntou a um círculo marxista cujo fundador, Nikolai Evgráfovitch Fedosséiev, foi preso em julho de 1889. Lênin se referia a ele com grande respeito e, muito tempo após sua morte, como o primeiro "marxista de Samara"[46]. Uma aventura intelectual de importância crítica para seu futuro começou em 1888-1889, quando percorreu meticulosamente o Livro I de *O capital* e empreendeu um estudo da teoria da evolução darwiniana, ao mesmo tempo que descobria a economia britânica. Na primavera, a família viajou até a recém-adquirida propriedade em Alakaievka, que Maria Aleksándrovna havia comprado entre janeiro e fevereiro de 1889, com dinheiro que recebeu pela venda da casa em Simbirsk[47]. Naquele lugar, Lênin conheceu Aleksei Pávlovitch Skliarenko, um dos primeiros organizadores dos círculos revolucionários de Samara. Na casa de Skliarenko, foi apresentado ao *narodovólets* M. V. Chubanaiev. Aprendeu muito com os *narodovólets* – em geral e também a partir da história política do grupo – sobre como organizar a revolução, "artes conspiratórias" e manutenção de contato entre prisão e mundo exterior, o que tempos depois se mostrou bastante útil.

Ao fim de 1889, continuou sua análise de *O capital*, na residência de Skliarenko. Viajou até a região do Volga com o grupo de Skliarenko em maio de 1890 e visitou A. P. Netcháiev em Ekaterinovka. Discutiu com o pai de Serguei Netcháiev a estratificação das *obschina*, os primórdios do capitalismo agrário e suas consequências[48]. Certamente, Volódia ouviu falar muito de Serguei Gennádievitch Netcháiev, líder revolucionário de energia inexaurível que persuadiu até mesmo os guardas de seu presídio. Volódia tinha dez anos quando Netcháiev, figura de proa do movimento Represália do Povo, morreu na fortaleza de São Pedro e São Paulo. Netcháiev tornou-se representante de toda uma geração de revolucionários no final do século XIX, embora sua reputação tenha sido maculada pelo romance *Os demônios*, de Dostoiévski, que o apresentava como bastante equivocado no que se referia às possibilidades realistas de "agradar ao povo".

Apontar Netcháiev, personagem de conspirações revolucionárias e corajoso membro da resistência, como uma das "fontes originais" de Lênin seria ir longe

---

[46] LCW, cit., v. 33, p. 452-3.

[47] G. N. Gólikov (org.), *Liénin: biografítcheskaia khrónika*, cit., v. 1, p. 41.

[48] Ibidem, p. 45-6 e 48.

demais, pois, naquele momento, Lênin não era um revolucionário "conspirador", à moda de Netcháiev nem de Tkátchov. Bem parece que tanto o atual conservadorismo monarquista russo quanto o liberalismo tentam reduzi-lo – com base na crítica de caráter ético de Dostoiévski ao niilismo – a um tipo netchaievista-blanquista[49]. Essa fórmula conta com uma tradição historiográfica que vai da obra de Berdiáev até Nikolai Valentínov, de David Shub até Tibor Szamuely e Leonard Schapiro. Estes formam a conceituação do revolucionário leninista que não deriva de Rakhmétov, o revolucionário "incorruptível" de Tchernychiévski, mas do Raskólnikov desenfreado e amoral de Dostoiévski ou de seu Netcháiev distorcido, retratado como o diabo[50].

A perspectiva político-intelectual-moral de Lênin foi moldada por numerosos movimentos e tradições. Além de Tchernychiévski e Marx, houve os *narodovólets* russos e o legado intelectual dos chamados democratas revolucionários, o Iluminismo francês, o jacobinismo revolucionário francês, o jacobinismo russo e o pensamento político e econômico socialista/social-democrata da Europa ocidental. Lênin encontrou seu caminho até um novo movimento trabalhista democrático por meio de uma avaliação crítica do niilismo russo e da rejeição do terrorismo como meio de resistência. Já não era um rebelde, mas um revolucionário. Mais que isso, tornou-se o modelo original do revolucionário, isto é, foi único, em termos puramente historiográficos. Interesse precoce pelas ciências, aptidão ao pensamento teórico e capacidade instintiva de conjugar teoria e prática revolucionárias fizeram dele o revolucionário perfeito. Deliberação e pensamento racional lhe deram destaque, mesmo aos dezenove anos de idade, pois nunca se entregou a nenhum tipo de moralização exibicionista e sentimental nem à humildade cristã homilética.

No entanto, o marxista P. N. Skvortsov, mais velho, exerceu alguma influência sobre Lênin no mesmo período. Em dezembro de 1892, formou-se um círculo clandestino de marxistas sob liderança de Skvortsov, com participação de M. I. Semiónov, M. I. Liébedeva e outros. Em Alakaievka, Lênin conheceu Skliarenko e Isaak Khristofórovitch Lalaiants[51], que o instruíram nos fundamentos da ação teórica e organizacional.

---

[49] Sobre essa tradição historiográfica, ver Tamás Krausz, *Pártviták és történettudomány. Viták "az orosz történelmi fejlődés sajátosságairól", különös tekintettel a 20-as évekre* [Conflitos intrapartidários e ciência histórica: debates sobre as "especificidades do desenvolvimento russo", especialmente nos anos 1920] (Budapeste, Akadémiai Kiadó, 1991), p. 101-5 e 112-3.

[50] Ver, por exemplo, Serguei Vladimírovitch Belov, *История одной "дружбы": В. И. Ленін і П. Б. Струве/ Istória odnói "drújbi": V. I. Liénin i P. B. Struve* [História de uma "amizade": V. I. Lênin e P. B. Struve] (São Petersburgo, SPbGU, 2005), especialmente p. 17.

[51] Robert Service, *Lenin*, cit., p. 53-7; G. N. Gólikov (org.), *Liénin: biografítcheskaia khrónika*, cit., v. 1, p. 70-1 e 73-5.

A primeira ação de natureza política de que Lênin participou foi a "iniciativa civil" para amenizar a fome de 1891, o que oferece uma perspectiva sobre falsificações posteriores dos fatos da vida de Lênin. Vassíli Vassílevitch Vodovózov[52] afirmou (após a morte de Lênin) que as razões éticas da ação durante a fome de 1891 foram-lhe completamente alheias, e alguns historiadores tomaram tal relato como certo[53]. Essa história é usada para provar a "impiedosa desumanidade" de Lênin, presumindo que o objetivo do rapaz de 21 anos era matar de inanição os camponeses.

De uma perspectiva atual, pode parecer que o jovem revolucionário doutrinário de fato tenha assumido uma postura de não cooperação com as "camadas instruídas da sociedade" na "eliminação oficial" da fome, escolhendo, em vez disso, participar de uma iniciativa independente. Recordando as conversas dos jovens em Samara, Vodovózov escreve que, para Vladímir Uliánov, "as discussões sobre ajuda aos famintos não passavam, psicologicamente falando, de expressões de sentimentalismo patético, bem típico de nosso povo instruído". De acordo com Vodovózov, o interesse de Lênin pelo povo limitava-se ao quanto este seria útil na derrubada do sistema autocrático[54]. Vodovózov entrou em conflito com Vladímir Ilitch em Samara, e a discussão entre eles parece ter marcado Lênin profundamente[55].

Vladímir Ilitch considerava inaceitável qualquer cooperação com as autoridades. Assim, acreditava que ações orientadas a aliviar consciências não eram formas de abordar o problema, muito menos soluções para o problema, e sim sua ocultação. Naturalmente, ele nunca questionou a importância da campanha – isso foi enfatizado em ensaio posterior, "Um esboço do programa de nosso partido":

> Exatamente nos dias atuais, quando a fome de milhões de camponeses torna-se crônica, quando o governo que desperdiça milhões em presentes aos proprietários e capitalistas e em uma política externa aventureira, regateia centavos do auxílio aos famintos. [...] Os sociais-democratas não podem continuar espectadores indiferentes da inanição e da morte de camponeses; nunca houve opiniões divergentes entre os sociais-democratas russos quanto à necessidade do auxílio mais abrangente aos famintos.[56]

---

[52] V. Vodovózov era parente de N. V. Vodovózov (1870-1896), editor que morreu jovem e cuja esposa publicou, pela primeira vez, o livro *O desenvolvimento do capitalismo na Rússia*, de Lênin.

[53] Serguei Vladímirovitch Belov, *Istória odnói "drújbi"*, cit. O autor compara as conquistas de Lênin às de Piotr Struve, tornando este a corporificação do intelectual revolucionário possuidor de "fundamentos morais".

[54] Ibidem, p. 16-7; V. Vodovózov, *Моё знакомство с Лениным: на чужой стороне/ Moió znakomstvo s Lienínym: na tchújoi storonié* [Minha relação com Lênin: o outro lado] (Praga, 1925) v. 12, p. 89.

[55] Vladlen Lóguinov, *Vladímir Liénin: vybor púti*, cit., p. 124-5.

[56] LCW, cit., v. 4, p. 247.

RECONSTRUINDO LÊNIN 49

Enquanto os liberais promoviam bailes e concertos "em prol dos famintos", em 1891, escreve Vladlen Lóguinov, os sociais-democratas – entre eles Lênin – dedicavam-se a desmascarar precisamente esse desperdício de dinheiro e participavam de protestos independentes[57].

Nessa época, Lênin e sua mãe enviaram petições para que ele retornasse aos estudos universitários. Em 9 (21) de maio de 1888 – quando a petição da mãe para que o filho continuasse os estudos na Universidade de Kazan foi rejeitada pelo ministro da Educação[58] –, ela foi atrás de outras universidades. Dois anos depois, enfim conseguiu: o filho poderia fazer as provas da Universidade de São Petersburgo. Ao final de agosto de 1890, Lênin chegou a São Petersburgo – pela primeira vez – para prestar exames na faculdade de direito. Em 1891, morou na cidade de março a 9 de maio, preparando-se para mais provas; em abril, foi aprovado, com sucesso[59]. Naquela altura, outra tragédia se abateu sobre a família: Olga morreu de tifo em São Petersburgo. Após o funeral de sua irmã mais jovem, Lênin viajou a Alakaievka com a mãe; de lá, visitava Samara com frequência. Passou o verão lendo, estudando intensamente e, depois dos exames de outono, em 15 de novembro, recebeu o diploma de primeira classe na Faculdade de Direito[60].

Lênin trabalhou como advogado por um breve período, mas não abandonou o estudo crítico da teoria econômica e da história do narodismo. Em 1892, foi-lhe concedida permissão para trabalhar independentemente, sob contínua vigilância policial, no tribunal de Samara[61]. Sua atividade jurídica estendeu-se de janeiro de 1892 a agosto de 1893[62]. Os casos de que cuidou, 24 no total, foram bem-sucedidos na maioria e, em todos, Lênin conseguiu abrandar as sentenças.

A defesa de um alfaiate acusado de blasfêmia foi um caso que ficou famoso após a Revolução de 1917. Tempos depois, Zinóviev descreveu jocosamente as táticas defensivas empregadas por Lênin. Em certa ocasião, não esteve disposto a defender um rico mercador nem mesmo em troca de honorários mais altos, embora um bom número de camponeses acusados de roubo aparecesse entre os réus atendidos. De qualquer modo, os julgamentos enriqueceram seu conhecimento do mundo. Defendeu mercadores e até mesmo um marido que torturava a mulher, ainda que, em tal caso, não tenha pleiteado redução de sentença. Baseava

---

[57] Vladlen Lóguinov, *Vladímir Liénin: vybor púti*, cit., p. 128-35.

[58] P. N. Durnovó, infame diretor do departamento de polícia, fez uma anotação a respeito da petição de Maria Uliánova: "Por improvável que seja declarar-se algo em defesa de Uliánov". G. N. Gólikov (org.), *Liénin: biografitcheskaia khrónika*, cit., v. 1, p. 37.

[59] Ibidem, p. 51 e 54-5.

[60] Ibidem, p. 59-61.

[61] Ibidem, p. 67; e Aleksandr A. Maisurian, *Drugói Liénin*, cit., p. 20-1.

[62] Iúri Nikoláievitch Amiantov et al. (orgs.), *V. I. Liénin: neizvestnye dokumiénty*, cit., p. 18.

as defesas em razões de princípio. Não se tornaria um bom advogado, na medida em que seus princípios norteadores eram sociais, guiados por leis éticas, e moldavam todas as suas decisões sob a perspectiva dos economicamente oprimidos.

O bom nível econômico de sua família foi fator relevante em seu desenvolvimento intelectual, e a sensata administração financeira de sua mãe possibilitou que cada um dos irmãos tivesse certo apoio[63]. Após a morte do marido, a mãe recebeu uma pensão de 1,2 mil rublos de ouro; além disso, ela já havia economizado parte das rendas da propriedade de Kokúchkino[64]. No banco de Simbirsk estavam depositados outros 2 mil rublos deixados por Iliá Nikoláievitch. A propriedade em Kokúchkino foi alugada. Sem contar essas rendas, o valor original das terras era de 3 mil rublos. Além disso, Maria Aleksándrovna herdara algum dinheiro por ocasião das mortes do pai e do irmão mais velho do marido. Vladímir Ilitch não dependeu totalmente da família após desistir do ofício jurídico, como conjeturaram alguns comentaristas modernos, mas estabeleceu-se como intelectual independente. Suas primeiras publicações não renderam somas significativas; porém, a segunda edição de seu *O desenvolvimento do capitalismo na Rússia*, de 1908\*, concluído no exílio, granjeou-lhe 2 mil rublos em direitos autorais[65]. Isso não significa que ele pudesse viver confortavelmente sem constante apoio da mãe. Vladímir Ilitch nunca teve uma vida pródiga; na verdade, era bastante frugal, tendo se habituado a uma existência modesta durante a juventude, o que está documentado nas várias cartas que escreveu à mãe. Este excerto de correspondência é um exemplo ilustrativo:

> Agora, pela primeira vez em São Petersburgo, mantenho um registro de caixa para ver quanto gasto de fato. As contas do mês de 28 de agosto a 27 de setembro mostram que gastei o total de 54 rublos e 30 copeques [...]. É verdade que parte desses 54 rublos foi gasta em coisas que não preciso comprar todos os meses (galochas, roupas, livros, um ábaco etc.), porém, mesmo descontando isso (16 rublos), o gasto ainda é excessivo. [...] Obviamente, não tenho vivido com cuidado.[66]

No verão de 1893, Lênin trabalhava em um esboço de *Quem são os "amigos do povo" e como lutam contra os sociais-democratas?*, enquanto frequentava círculos

---

[63] A questão foi relatada por Nikolai Valentínov em suas reminiscências: *Encounters with Lenin*, cit., p. 5-11.

[64] Para um contexto sobre questões financeiras, ver Iúri Nikoláievitch Amiantov et al. (orgs.), *V. I. Liénin: neizvestnye dokumiénty*, cit., p. 18.

\* A primeira edição foi publicada em 1899, quase uma década antes. (N. E.)

[65] Robert Service, *Lenin*, cit., p. 66.

[66] A carta de Vladímir Ilitch à mãe data de 5 de outubro de 1893, escrita após ter se mudado para São Petersburgo. LCW, cit., v. 37, p. 65-6.

RECONSTRUINDO LÊNIN 51

ilegais de debate para atacar o narodismo e proferia palestras sobre as obras de Marx. No início de 1894, leu o conto de Tchékhov "Enfermaria n. 6", publicado havia pouco (novembro de 1893); a obra teve extraordinário impacto sobre ele. Contou a Anna Ilínitchna: "Quando li o conto na noite passada, simplesmente fiquei doente, não consegui permanecer no quarto, levantei-me e saí. Sentia-me também confinado na enfermaria n. 6"[67].

Sua mudança de Samara para São Petersburgo – via Níjni Nóvgorod e Moscou –, em agosto de 1893, foi um momento de transição. Em São Petersburgo, passava boa parte do tempo em bibliotecas – e logo encontrou companhia importante entre os alunos do Instituto de Tecnologia. Entre os membros do círculo marxista a que se juntou, incluíam-se revolucionários que continuariam ligados a toda sua carreira de revolucionário e político: Leonid Boríssovitch Krássin, Stepan Ivánovitch Rádtchenko, Gleb Maximiliánovitch Krjijanóvski, V. V. Stárkov, P. K. Zaporójets, Anatóli Aleksándrovitch Vanéiev e Mikhail Aleksándrovitch Sílvin. A primeira impressão que tiveram – uma surpresa para aqueles futuros amigos – foi o extraordinário preparo de Lênin. Seu brilhante conhecimento de literatura econômica, que incluía as obras de Marx e Engels, sua fascinante prontidão ao debate, seu espírito caloroso e suas firmes convicção e paixão lhe asseguraram, de imediato, alta estima[68].

Em 1894, Lênin visitou familiares em Moscou, onde, seguindo o costume que adquirira, procurou grupos marxistas clandestinos. Notavelmente, até mesmo o agente da Okhrana (polícia secreta) elogiou o debate de Lênin com Voróntsov, no relatório que escreveu aos superiores. Aquela fora a primeira aparição pública do jovem em Moscou. Ao retornar a São Petersburgo, trabalhadores contataram-no: já não era somente ele quem procurava outros, agora também o buscavam[69]. Rapidamente, tornou-se conhecido e respeitado em outros grupos de caráter revolucionário, como o "salão" de Klásson*, foro de debate marxista. Ali, em 1894, encontrou pela primeira vez Nadiéjda Krúpskaia, com quem se casaria durante o exílio na Sibéria[70]. Visitar Krúpskaia, que morava com a mãe na avenida

---

[67]   Anna I. Uliánova-Elizárova, *Vospominánia ob Aleksandr Ilitch Uliánov*, cit., p. 319.

[68]   Mikhail Aleksándrovitch Sílvin, *Ленин в период зарождения партии воспоминания/ Liénin v periód zarojdiénia párti vospomináiia* [Lênin no período do nascimento das memórias do partido] (Leningrado, Lenizdat, 1958); Gleb Maximiliánovitch Krjijanóvski, *Великий Ленин/ Vielíki Liénin* [Grande Lênin] (Moscou, 1968).

[69]   G. N. Gólikov (org.), *Liénin: biografítcheskaia khrónika*, cit., v. 1, p. 84.

*   Referência ao engenheiro elétrico Robert Eduárdovitch Klásson, cujo apartamento sediava os encontros. (N. E.)

[70]   O primeiro encontro entre ambos foi narrado com frequência, e a própria Krúpskaia serve como "fonte principal", mas a literatura ocidental sobre o tema também lidou com o evento em detalhes, como Ronald W. Clark, *Lenin*, cit.

Niévski, era um de seus passatempos nos fins de semana. Conheceu também os chamados marxistas legais Piotr Struve e Mikhail Ivánovitch Túgan-Baranóvski, no salão de Klásson. Após alguns anos de harmonia com aqueles reconhecidos intelectuais, instaurou-se uma batalha política perene. Batalha literal de vida ou morte contra Struve, que acabou ficando no campo contrarrevolucionário, sob as ordens de Deníkin e Wrangel.

O debate histórico entre Lênin e Struve[71] foi carregado de associações psicológicas[72]. Nos anos 1890, porém, aparentava estar, em certa medida, sob controle. O fato de que Lênin e Struve tenham sido amigos foi, de modo geral (mas nem sempre!), negado ou omitido no começo da historiografia soviética[73]. O próprio Lênin relatou, tempos depois, o primeiro encontro entre eles quando, em 1907, republicou sua crítica ao livro de Struve. Tal livro se originou de uma palestra intitulada "O reflexo do marxismo na literatura burguesa", baseada nas discussões promovidas no apartamento de Klásson, às margens do Nievá. O grupo incluía os sociais-democratas – em especial os grupos de

---

[71] Sobre a história desse debate, ver Richard Pipes, *Struve, Liberal on the Left, 1870-1905* (Cambridge-MA, Harvard University Press, 1970), e *Struve, Liberal on the Right, 1905-1944* (Cambridge-MA, Harvard University Press, 1980). Obra mais recente sobre o assunto, a de Belov faz uma abordagem não apenas conservadora, como a de Pipes, mas se mantém consistente ao apresentar um panorama das relações entre Lênin e Struve de um ponto de vista monarquista russo.

[72] Uma versão das reminiscências de Struve, que apareceu nas páginas do quarto número da revista *Новый Мир/ Novyi Mir* [Novo Mundo] em 1991, sob o título "Мои встречи и столкновения с Лениным"/ "Moi vstrechi i stolknoviénia s Lienínym" [Meus contatos e conflitos com Lênin], foi publicada originalmente no jornal *Русская Мысль/ Russkaia Misl'* [Pensamento Russo] logo após a morte de Lênin, sob o título "Подлинный смысл и необходимый конец большевистского коммунизма"/ "Podlinnyy smysl i neobkhodimyy konets bolchevistskogo kommunizma" [O verdadeiro significado e fim necessário do comunismo bolchevique]. Em inglês, saiu como livro: Piotr Berngárdovitch Struve, *My Contacts and Conflicts with Lenin* (Indianapolis, Bobbs-Merrill, 1934).

[73] Struve também auxiliou a pesquisa de Lênin enquanto este se encontrava exilado, com livros adquiridos na livraria de Mikháilovna Kalmíkova, e os resultados imediatos desse trabalho foram publicados em *O desenvolvimento do capitalismo na Rússia*. Após a morte do pai, Piotr Struve foi morar com seu amigo de universidade e filho do senador D. A. Kalmíkov em fevereiro de 1889. Passou sete anos com a família, e ali tomou forma sua abordagem marxista. Kalmíkova era professora na famosa escola dominical de São Petersburgo, onde Krúpskaia também lecionava. Ver Nikolai Valentínov, *Encounters with Lenin*, cit., p. 14-6. As reminiscências posteriores de Struve, de seu primeiro encontro com Lênin, foram tingidas pelas sensibilidades que em geral sentem os derrotados diante dos adversários vitoriosos. Piotr Berngárdovitch Struve, "Ленин как человек"/ "Liénin kak tcheloviék" [Lênin como homem], reimpresso em *Новое Русское Слово/ Nóvoie Rússkoie Slovo* [Nova Palavra Russa], n. 25, jan. 1976, p. 2-28.

Lênin e Mártov – que mais tarde formariam a organização União de Luta pela Emancipação da Classe Operária[74].

As muitas noites em 1895-1896 que Struve e Uliánov passaram juntos, na companhia de amigos (e namoradas), discutindo problemas econômicos e políticos de então, indicam uma amizade nascente. Portanto, a afirmação posterior de Struve, de uma precoce "inimizade" por parte de Lênin, é infundada[75]. Lênin admirava as conquistas amplamente reconhecidas de Struve, como o programa partidário que esboçou para o I Congresso do Partido Operário Social-Democrata Russo (POSDR), realizado em Minsk, em 1898. Naquele período, Piotr Berngárdovitch (Struve) enviou inúmeros livros a Vladímir Ilitch, exilado em Chúchenskoie, e supervisionou a publicação de algumas obras suas[76]. Até que Lênin entrasse em cena, Struve foi a figura de maior autoridade entre os marxistas de São Petersburgo, mas logo caiu do pedestal. Como Vladímir Ilitch era irmão mais jovem do Uliánov que fora executado pela tentativa de assassinato do tsar, obteve um reconhecimento entre os jovens rebeldes que Struve jamais conseguiu alcançar. Além disso, Lênin falava e palestrava melhor que Struve; este, mesmo na maturidade, continuou sendo um palestrante enfadonho e um orador ainda pior. Struve também era incapaz de comparar-se a Lênin no aspecto organizacional. Resumindo, após a entrada de Lênin em cena, transferiu-se para ele a idolatria estudantil antes dedicada a Struve[77].

---

[74] Já em 1963, Richard Pipes criticara a historiografia russa por ter exagerado o papel de Lênin no estabelecimento da organização e suprimido o verdadeiro papel de seus "rivais". Ao mesmo tempo, a historiografia atual não nega o papel notável de Lênin na criação da organização. Ver Richard Pipes, *Social Democracy and St. Petersburg's Labor Movement, 1885-1897* (Cambridge-MA, Harvard University Press, 1963).

[75] Serguei Vladímirovitch Belov, *Istória odnói "drújbi"*, cit., p. 13 e 41-3. Ariadna Tyrkova-Williams, *На путях к свободе/ Na putiakh k svobódie* [A caminho da liberdade] (Nova York, Chekhov, 1952; reimp. Moscou, Moskovskaya Shk. Politicheskih issled, 2007), descreve a relação Lênin/ Struve segundo o ponto de vista de suas "namoradas". Ela relatou em suas memórias que suas três melhores amigas da escola secundária, professoras de escola dominical, uma (Krúpskaia) casou-se com Lênin; a segunda, com Struve; e a terceira, com Túgan-Baranóvski.

[76] Em uma das cartas à irmã Anna Ilínitchna, de 11 de novembro de 1898, Lênin documenta o referido anteriormente. Uliánov reconhecia a ajuda a ele oferecida por Struve e esposa com gratidão singular. Ver LCW, cit., v. 37, p. 194-5; Nikolai Valentínov, *Encounters with Lenin*, cit., p. 14-6.

[77] Serguei Vladímirovitch Belov, *Istória odnói "drújbi"*, cit., p. 37. Mártov explica com sinceridade que, embora Struve fosse uma pessoa instruída, lembrava um social-democrata alemão, era orador esporádico etc. Lênin, por sua vez, demonstrara qualidades de liderança desde o começo, especialmente durante a renovação da agitação revolucionária. Július Mártov, *Записки социал-демократа/ Zapíski sotsial-demokrata* [Notas de um social-democrata] (Berlim/São Petersburgo/Moscou, Z. I. Grjebina, 1922), p. 94-5.

54  Tamás Krausz

Juntamente com os habituais estudos de Marx e Engels, no verão de 1894, Lênin trabalhou na segunda edição de *Quem são os "amigos do povo"*. A obra lhe gerou renome nacional, em especial entre os círculos da juventude revolucionária. Lênin acompanhava de perto as ações estudantis. Em carta de 13 de dezembro de 1894, perguntou a Maria Ilínitchna sobre o famoso caso de Kliutchévski, que fora forçado, sob apupos, a abandonar o pódio na universidade. Esse incidente terminou com a prisão de cinquenta estudantes, alguns dos quais foram banidos de Moscou[78].

Dois eventos importantes ocorreram em 1895. O primeiro foi uma viagem de Lênin a Suíça, Alemanha e França, tendo partido da Rússia no dia 1º de maio e retornado em 9 de setembro. Durante a longa viagem, conheceu sociais-democratas russos que viviam no exílio, entre os quais os mais importantes foram Gueórgui Valentínovitch Plekhánov e o grupo Emancipação do Trabalho. Durante a estadia em Berlim, procurou Wilhelm Liebknecht, um líder dos sociais-democratas alemães, levando uma carta de recomendação de Plekhánov: "Recomendo aos senhores um de nossos melhores amigos russos [...]". Lênin também passou muito tempo na biblioteca: "Estou muitíssimo satisfeito com Berlim", escreveu à mãe. "Ainda trabalho na Königliche Bibliothek e à noite caminho sem rumo, estudando os modos berlinenses e ouvindo o idioma alemão."[79]

A polícia secreta russa mantinha vigilância sobre Vladímir Ilitch, considerado o principal alvo entre os sociais-democratas. Porém, quando ele retornou com literatura clandestina em uma mala de fundo falso, o relatório da polícia secreta do controle de fronteiras declarou que nada fora encontrado após a inspeção mais minuciosa possível da bagagem[80]. A viagem não apenas ampliou os horizontes revolucionários de Lênin, como lhe possibilitou adquirir novos contatos organizacionais e literários por toda a Europa, dos quais tempos depois precisaria desesperadamente. Lênin foi preso na noite de 8 de dezembro de 1895, em razão de seu trabalho com a União de Luta pela Emancipação da Classe Operária. Junto com seus camaradas políticos, foi levado ao centro de detenção provisória. Com isso, começavam seus anos de prisão e exílio. Lênin foi condenado a catorze meses de confinamento solitário, seguidos de três anos de exílio na Sibéria[81].

---

[78]  Carta a Maria Ilínitchna, de São Petersburgo a Moscou. Lênin refere-se ao fato de que o discurso de Kliutchévski, "em memória do falecido imperador Alexandre III, descanse em paz", foi publicado em forma de brochura. Estudantes da Universidade de Moscou compraram algumas centenas de cópias da publicação, anexaram cópias da fábula de Denis Ivánovitch Fonvízin sobre a raposa astuta e as revenderam como "edição ampliada e corrigida". Uma cópia foi entregue cerimoniosamente ao próprio Kliutchévski durante uma de suas palestras; depois disso, este foi expulso da sala sob apupos. Prisões seguiram-se. Ver LCW, cit., v. 37, p. 689 e notas.

[79]  Carta à mãe, 29 de agosto de 1895, de Berlim a Moscou. Ver LCW, cit., v. 37, p. 78-9.

[80]  G. N. Gólikov (org.), *Liénin: biografítcheskaia khrónika*, cit., v. 1, p. 104-5.

[81]  Ibidem, p. 112-3.

## A personalidade de Lênin como jovem exilado e emigrado

Quando foi preso, Vladímir Ilitch já era social-democrata e marxista. Na época, tais termos eram intercambiáveis, pelo menos na Alemanha e na Rússia, e Lênin acreditava que ambas as posições fossem parte natural do caminho que conduzia à revolução. A correspondência é um modo de vida na prisão, no exílio ou na emigração. Portanto, as cartas à família servem como fontes primárias de informação sobre o período.

No prefácio à publicação das cartas de Vladímir Ilitch, datada de 1931, sua irmã Anna Ilínitchna Uliánova-Elizárova enfatizou a pouca atenção que o irmão dedicava aos próprios problemas pessoais, muito mais absorvido pela "causa comum" a que servia[82]. Por necessidade, Uliánov-Lênin tornou-se ótimo missivista. Suas cartas ocupavam-se principalmente de sua obra teórica e científica[83], e seus familiares faziam o que podiam para garantir que ele tivesse acesso a toda literatura permitida pelos regulamentos da prisão. Suas cartas são valiosas para o entendimento e o mapeamento da personalidade de Lênin[84]. Sua irmã mais velha, Maria Ilínitchna, enfatizou a importância da família na vida de Lênin[85] – até mesmo a lendária pontualidade, mencionada em todas as biografias, era traço familiar.

---

[82] Anna I. Uliánova-Elizárova, "Apropos of Lenin's Letters to Relatives", em LCW, cit., v. 37, p. 46-63, especialmente p. 47.

[83] Seus mais superlativos louvores e gratidão estavam reservados às ocasionais experiências importantes de leitura, ainda mais se resultassem em resenhas, artigos ou ensaios críticos: "*Merci* por Bogdánov. Li metade. Muito interessante e oportuno. Penso em escrever uma resenha". LCW, cit., v. 37, p. 152. De fato, completou sua resenha do livro de Aleksandr Bogdánov, *Curso breve de ciência econômica*, publicada em abril de 1898, na revista Мир Божий/ *Mir Bóji* [Mundo de Deus], n. 4, incluída em LCW, cit., v. 4, p. 46-54. Em carta à mãe, de 14 de fevereiro do mesmo ano, menciona mais uma vez o livro do futuro bolchevique e posteriormente oponente vigoroso Bogdánov, bem como a obra de S. A. Bulgákov, na época ainda atraído pelo marxismo. "Gostei muito [do livro de Bogdánov] e escrevi uma resenha. O livro de Bulgákov não é ruim, porém não gosto do capítulo sobre faturamento, e sua formulação sobre a questão do mercado estrangeiro não está tão correta. Fiquei, é claro, muito contente por recebê-lo." Ver LCW, cit., v. 37, p. 155.

[84] Prisão, exílio e migração, além da "reclusão involuntária e a falta de contato com o mundo exterior" que foram sua sorte, eram "uma condição que faz até mesmo a pessoa mais comedida voltar-se a escrever cartas [...]. Nessas cartas se destaca, por assim dizer, em seu mais nítido relevo como pessoa". Ver LCW, cit., v. 37, p. 48.

[85] Apreensivo, acima de tudo, com a saúde de todos, dava conselhos, preocupava-se e tentava cuidar deles mesmo a distância. Sentia terno amor pela mãe: quando "vários de nós fomos presos ao mesmo tempo, ela, embora avançada em anos, teve de ir muitas vezes à prisão para visitar os familiares e levar-lhes coisas, sentar-se durante horas nas salas de espera da gendarmaria e da polícia secreta". Ibidem, p. 40.

Um dos traços familiares de Vladímir Ilitch era sua grande precisão e pontualidade, bem como uma estrita frugalidade, de modo geral e particularmente no que dizia respeito às despesas pessoais. É provável que tenha herdado essas características da mãe, com quem se parecia em vários aspectos do caráter. Nossa mãe era alemã pela linhagem materna, e todos esses atributos estavam muito presentes nela.[86]

A opinião de Mólotov, de que havia poucos traços alemães em Lênin, embora ele fosse "preciso e infernalmente organizado", reflete uma experiência posterior. Tal tradição de disciplina, proveniente do lado materno, estava arraigada na personalidade de Lênin, que detestava trabalhos malfeitos[87]. Talvez esse traço prático, essa "disciplina", tenha desempenhado um papel vital em sua adaptação às mais difíceis circunstâncias, permitindo que se mantivesse produtivo. Pareceu correr contra o tempo durante toda a vida.

Na prisão, Lênin se adaptou às condições de confinamento solitário, isolamento e frio com rapidez incrível. O jovem de 25 anos preparou-se de modo ativo, tanto intelectual quanto fisicamente, para as circunstâncias de prisão e exílio. Concebia a prisão como um lugar que proporcionava condições relativamente favoráveis ao trabalho acadêmico e teórico. Quanto às condições no cárcere, tranquilizava a irmã Anna, que conhecera a situação vigente na casa de detenção de São Petersburgo na época do julgamento do irmão Aleksandr. Em carta de 12 de janeiro de 1896, Lênin afirmou que "agora tenho tudo de que preciso, até mais do que preciso". E continuou: "Minha saúde está bastante satisfatória. Aqui tenho até mesmo minha água mineral – trazem-na do farmacêutico no mesmo dia em que peço. Durmo mais ou menos nove horas diárias e vejo vários capítulos de meu futuro livro durante o sono"[88].

Havia algo de ostensivo naquela autoconfiança combinada à habilidade de ver o lado humorístico da situação. O humor jamais o abandonou. Um escritor versado no campo dos estudos sobre Lênin notou com acerto que uma pessoa desprovida de senso de humor não diria, ao sair da prisão, que sua partida fora prematura, dado que não havia coletado material suficiente na biblioteca municipal para seu trabalho de história econômica e ainda tinha leituras a fazer[89]. A literatura que trata da personalidade de Lênin descreve sua natureza como

---

[86] A Vladímir Ilitch sempre desagradavam impontualidades, atrasos no trabalho para cumprir instruções ou responder cartas. Em suas cartas enviadas do exílio, ataca Struve por sua "demora em responder", escreve Anna Ilínitchna. Ibidem, p. 60.

[87] Aleksandr A. Maisurian, *Drugói Liénin*, cit., p. 79.

[88] LCW, cit., v. 37, p. 85.

[89] Ver Vladímir Efímovitch Melnitchenko, *Личная жизнь Ленина/ Lítchnaia jizn Liénina* [A vida pessoal de Lênin] (Moscou, Voskresenie, 1998), p. 37.

"bem-disposta"; ele amava a vida intensamente. Lidava com tudo o que lhe fosse importante com completa devoção. Foi um político apaixonado e também um esportista que nunca desistia. Nikolai Vólski (Valentínov) escreve que Lênin não apreciava indivíduos desapaixonados, morosos, mas favorecia revolucionários sagazes e espirituosos. Socialmente, costumava ser o centro das atenções, pois sempre falava com grande prazer e ria alto, como uma criança. Preferia dialogar com pessoas que já fossem reconhecidas em outros círculos sociais. É interessante que, apesar de suas convicções ardorosas, aceitasse derrotas, sempre que necessário, com serenidade generosa, embora em geral preferisse não ser derrotado. Possuía capacidade de autorreflexão, pois não era vaidoso e simplesmente não tinha o hábito de falar sobre si mesmo[90].

Os escritos de Angélica Balabánova (Balabanoff) destacam-se entre os retratos objetivos do caráter de Lênin. Antes de romper com o bolchevismo, ela trabalhou com Lênin em vários períodos, desde os anos de guerra em Zimmerwald até o estabelecimento do Comintern (do qual se tornou secretária). A respeito de Lênin, o homem, ela escreve: "Antes de tudo, Lênin era desprovido de qualquer egocentrismo, era totalmente indiferente ao que se dissesse ou escrevesse dele". Ao compará-lo a Trótski, ela enfatizou que "Lênin explicava e ensinava; Trótski decretava e ordenava. A diferença revelou-se mais clara após a ascensão de ambos ao poder. Lênin permaneceu o mesmo, embora milhões de pessoas – seguidores e oponentes – estivessem sob seu poder"[91]. Trótski "sempre se admirava no espelho da história", enquanto tal autopropaganda era estranha a Lênin. Lênin – diferentemente de Liev Davídovitch, a propósito – não apenas entendia humor, como era capaz de rir de si mesmo[92].

---

[90] Nikolai Valentínov, *Encounters with Lenin*, cit., p. 131-2; Aleksandr A. Maisurian, *Drugói Liénin*, cit., p. 49 e 59; Vladímir Efímovitch Melnitchenko, *Lítchnaia jizn Liénina*, cit., p. 9 e 23. Um retrato semelhante é esboçado por Balabánova, que deixou a Rússia em 1922, após romper com Lênin e os bolcheviques –, e que talvez tenha entendido Lênin mais intimamente e extraído a análise mais detalhada de seu caráter. Ver Angélica Balabánova, *Impressions of Lenin* (Ann Arbor, University of Michigan Press, 1964).

[91] Angélica Balabánova, *Impressions of Lenin*, cit., p. 4-5 e 122-3.

[92] É também típico dessa relação que, mais tarde, ele fosse capaz de rir e testar seu humor viperino sobre os erros do sistema soviético. Na ocasião em que os representantes dos povos orientais foram convidados a uma reunião do Comitê Político, em outubro de 1920, "o delegado calmuco, M. A. Amur-Sanana, proferiu algumas palavras de saudação e, então, Vladímir Ilitch perguntou à delegação calmuca como o povo calmuco se relacionava com o governo soviético. A delegação, sem se intimidar, disse que, na visão dos calmucos, 'houve a grande peste, porém passou; houve a cólera, mas também passou; agora há os bolcheviques, mas eles não irão embora'. Lênin riu mais alto do que todos os outros". Ver Vladímir Efímovitch Melnitchenko, *Lítchnaia jizn Liénina*, cit., p. 39.

A autoconfiança e a convicção resultavam, em parte, do fato de ele ser sempre o melhor, ou um dos melhores, nos estudos acadêmicos. Seu incrível talento para análise e síntese e sua memória excelente destinavam-no a ser proeminente em qualquer ramo das ciências ou da política. Vladímir Ilitch não era nem um pouco inibido e tinha capacidade de relacionar-se com todos de maneira natural e despretensiosa, sem parcialidade. Nada era mais alheio a sua natureza que hipocrisia, pose ou falsa modéstia. Para ele, dirigir-se a um ministro ou a um operário dava no mesmo. Importavam apenas o assunto da conversa e sua relevância política ou teórica. Para estabelecer fortes relações pessoais, aprendeu a cativar pessoas, o que se evidencia por inúmeras reminiscências. No entanto, a autoconfiança andava lado a lado com a modéstia[93].

Um interessante amálgama de traços severos e gentis ocupava o primeiro plano na personalidade do jovem Uliánov, sem dúvida com predominância dos primeiros. Era característica típica sua, pode-se dizer que desde a infância, levar até o fim uma discussão, mesmo com aqueles que lhe eram mais próximos. No entanto, em momentos difíceis, apressava-se em auxiliá-los. Essas características ficaram aparentes durante o período de exílio e emigração, entre 1895 e 1917.

Como ressaltou sua irmã, um atributo manifesto do caráter de Lênin foi "a permanência de seus vínculos, sua atitude duradoura e imutável diante das mesmas pessoas no decorrer de muitos e longos anos [...], a permanência de sua afeição; a constância e a estabilidade de seu caráter estão claramente delineadas em suas cartas"[94]. Nunca teve muitos amigos com quem empregasse o discurso informal que exibia nas cartas à família, embora Mártov, Krjijanóvski e Lepechínski tivessem tal proximidade. Seu círculo incluía poucas mulheres, entre as quais Inessa Armand, de quem se tornou íntimo. Tempos depois, Kámenev e Zinóviev seriam seus alunos políticos mais chegados.

Sua relação com Mártov era "especial". Lênin sentia-se atraído pela inteligência e pela personalidade vibrante e exuberante de Iúli Tsederbaum (Mártov), a quem menciona com frequência em cartas da época do exílio[95]. É de conhecimento

---

[93] "[Percebiam-se] a simplicidade e os modos naturais de Vladímir Ilitch, sua grande modéstia, a completa ausência não apenas de presunção e jactância, mas de qualquer tentativa de gabar-se dos serviços que prestou ou de ostentar-se – e isso em sua juventude, quando algum tipo de exibição é natural em uma pessoa de talento. Durante muito tempo, não concordou em chamar de grande e fundamental sua monografia *O desenvolvimento do capitalismo na Rússia,* a qual dizia ser 'ousada demais, ampla demais, e prometer demais [...] e deveria ser mais modesta' (13 de fevereiro de 1899)." Ver LCW, cit., v. 37, p. 59-60.

[94] Ibidem, p. 58-9.

[95] Para selecionar apenas um exemplo, em certa ocasião mencionou Mártov à mãe, com alguma preocupação, tendo recebido notícias de que "Iúli está congelando em Turukhansk (quase vinte graus Celsius abaixo de zero, em seu quarto, pelas manhãs) e aguarda ansioso uma transferência"

geral que perguntou pela saúde de Mártov, de modo preocupado e caloroso, ainda em 1922, mesmo após quase duas décadas de oposição política implacável entre os dois[96].

A descrição mais acertada de seu temperamento seria um amálgama de sanguíneo e colérico. De acordo com as memórias de Krúpskaia, Vladímir Ilitch tornara-se uma pessoa reservada em consequência da execução de seu irmão. Até mesmo durante a infância, gostava muito de ficar isolado, lendo. Não significa que fosse insociável, apenas que desejava ter controle total sobre sua vida privada, que não desnudava a ninguém. Desprezava, mais que tudo, a maledicência e a intromissão na vida privada alheia; acreditava que tal comportamento fosse imperdoável[97]. Em seu relato sobre Vladímir Ilitch, Anna Ilínitchna menciona que ele havia sido um "menino sóbrio", mesmo quando bem jovem.

O ponto de vista racional de Lênin sobre as experiências na prisão lhe permitiu escrever ao irmão aprisionado, que era médico, e dar-lhe lições sobre como, por meio de exercícios, evitar doenças e completa debilidade física. Em carta de 7 de fevereiro de 1898, conta à mãe sobre os conselhos que deu a Dmítri:

> É ruim que em dois meses e meio ele já pareça inchado. Primeiro, ele mantém uma dieta, na prisão? Suponho que não. Isso é essencial, em minha opinião. Segundo ele pratica ginástica? Também não, provavelmente. É tão essencial quanto. Posso ao menos dizer, conforme minha experiência, que *todos os dias*, com grande prazer e benefício, fiz minha ginástica antes de ir para a cama. Às vezes, relaxa-se tanto que é possível sentir calor até mesmo no pior frio, quando a cela parece um poço congelado, e depois se dorme melhor. Posso recomendar-lhe um exercício muito conveniente (ainda que engraçado): ajoelhar-se até o chão *cinquenta vezes*. Pratiquei essa série e não me senti envergonhado quando o guarda me espiou pelo visor da porta e ficou surpreso de que o prisioneiro que nunca expressara o desejo de frequentar a igreja da prisão se tivesse tornado, de repente, tão devoto![98]

---

(ibidem, p. 205). Ou: "Iúli escreve, de Turukhansk, que vive toleravelmente bem – felizmente, não é o tipo de camarada que perca o ânimo" (ibidem, p. 165).

[96] Para um panorama mais recente da carreira de Mártov, ver Iliá Khanukáevitch Urílov, *Мартов: политик и историк/ Martov: politik i histórik* [Mártov: político e historiador] (Moscou, Naúka, 1997).

[97] Nadiéjda K. Krúpskaia, *Reminiscences of Lenin* (trad. Bernard Isaacs, Nova York, International Publishers, 1970).

[98] LCW, cit., v. 37, p. 150-1. Na carta que Lênin escreveu à irmã Maniacha, enviada de Munique em 19 de maio de 1901 e entregue a ela na prisão em Moscou – com permissão do promotor –, ele tentava convencer tanto Mark Elizárov quanto ela da importância da ginástica e das massagens na prisão. "Em confinamento solitário, isso é essencial." Ibidem, p. 327.

Não havia lugar para ímpetos místicos no pensamento de Lênin. Não pertencia à categoria dos revolucionários "com causa" – ao contrário, encarnava o combatente racional e previsível. A constante vigilância policial que sofria jamais lhe distorceu a personalidade. Conformava-se com ela como se conformaria com condições climáticas adversas e preservou sua equanimidade mesmo quando esteve preso.

Deixou a prisão de São Petersburgo em 14 de fevereiro de 1897 e logo partiu para o exílio na distante Sibéria. A viagem até a aldeia de Chúchenskoie levou semanas. Não registrou nenhuma queixa; de fato, sentia-se bastante satisfeito com a localidade de seu exílio[99]. A caminho, enquanto descansava na estação de Ob, reclamou apenas do quanto lhe custava aquela "viagem particular"[100] à Sibéria oriental. Em carta de 2 de março de 1897, escreveu:

> Ainda tenho dois dias de viagem pela frente. Atravessei Ob a bordo de um trenó puxado por cavalos e comprei passagens para Krasnoiarsk. [...] Tive de pagar dez rublos pela passagem e cinco pela bagagem para uma distância de mais ou menos setecentas *verstas**! [...] Agora já não há tanta incerteza; portanto, sinto-me melhor.[101]

Mal havia passado uma semana em Chúchenskoie quando escreveu a Maniacha (M. I. Uliánova), exultante por ter ganhado acesso à "famosa biblioteca local, pertencente a Iúdin", que o recebera calorosamente. "Vejo pelos jornais que, na primavera, trens velozes passarão por aqui – oito dias de Paris a Krasnoiarsk, o que significa seis dias desde Moscou. Nossa correspondência, então, ficará bem mais conveniente."[102]

A leitura das cartas de Lênin daquele período torna aparente que a natureza, as novas paisagens e as pessoas eram objetos de interesse. Após semanas de viagem, escreveu a membros da família:

---

[99] Carta à mãe, de Krasnoiarsk a Moscou, datada de 5 de abril de 1897: "Estou muito satisfeito com meu local de exílio [...], porque Minussinsk e seu distrito são os melhores por estas partes, em razão do excelente clima e do baixo custo de vida". Também anota: "Vi o *Нóвое Слóво/ Nóvoie Slovo* [Nova palavra] e o li com grande prazer". LCW, cit., v. 37, p. 99-100.

[100] Informou Maria Aleksándrovna de seus velhos amigos e camaradas em exílio, entre os quais G. M. Krjijanóvski, V. Stárkov, I. O. Mártov (Tsederbaum) e A. Vanéiev, que viajaram à custa do Estado – diferentemente dele –, mas também listou os "contatos em Krasnoiarsk": P. Krássikov, V. A. Bukchnis, N. A. Merkhálev, A. A. Fílippov, V. A. Karáulov, P. J. Kulákov e V. N. Kudriachev. Carta de 15 de março de 1897, de Krasnoiarsk a Moscou. Ibidem, p. 95.

\* Uma *versta* corresponde a 1,067 km. (N. E.)

[101] Ibidem, p. 91.

[102] Carta de 10 de março de 1897, de Krasnoiarsk a Moscou. Ibidem, p. 94.

Vou até a aldeia de Chúchenskoie. [...] É uma grande aldeia com mais de 1.500 habitantes, onde há a assembleia do *vólost**, o gabinete do assessor do *zemstvo* (como um superintendente de polícia russo, mas com mais poderes), uma escola etc. A aldeia se localiza na margem direita do Enisséi , 56 *verstas* ao sul de Minussinsk.

Viajaram de navio até Minussinsk. Seus amigos Krjijanóvski e Básil foram enviados a outro lugar, a aldeia de Tessinskoie. Por diferentes motivos, Lênin mais tarde ficaria contente por ter sido enviado a uma localidade relativamente distante dos outros exilados. A paisagem de Krasnoiarsk em torno do rio Enisséi lembrava a Vladímir Ilitch as montanhas suíças e os picos das Jiguli. Jocosamente, recomendou o povoado ao irmão, com uma oferta de caçarem juntos, "caso a Sibéria consiga fazer de mim um esportista"[103].

Em quase todas as cartas, descreve o livro que lê na ocasião, bem como aqueles de que necessita com urgência. Por exemplo, escreveu a Aniúta (10 de dezembro de 1897, de Chúchenskoie a Moscou):

> Agora estou lendo *Essais sur la conception matérialiste de l'histoire* [Ensaios sobre a concepção materialista da história], tradução francesa de [Antonio] Labriola. Livro muito sensato e interessante. Veio-me a ideia de que você deveria traduzi-lo [...]. Desnecessário mencionar que apenas a segunda parte é adequada à tradução [...]. Se algo for deixado de fora, de maneira nenhuma vai desvalorizar essa defesa extremamente inteligente de "nossa doutrina" (expressão de Labriola).[104]

É claro que a frase foi usada para enganar a censura e que Lênin se referia à defesa do marxismo. Os resultados dessa leitura ressurgem em seu estudo contra as "utopias burocráticas e fiscais", publicado no ano seguinte em São Petersburgo[105].

A primeira carta escrita em Chúchenskoie para a mãe e a irmã Maria (datada de 18 de maio de 1897) transborda de descrições da "beleza artística", e ele acrescenta que "a caça por aqui, aparentemente, não é pouca"[106]. O nome de sua amada, Nadiéjda Konstantínovna Krúpskaia – que fora presa em consequência do mesmo caso de Vladímir Ilitch, embora muito mais tarde, em agosto de 1896 –, surgia com frequência nas cartas. Em 19 de outubro, 10 de dezembro e 21 de

---

\* Divisão administrativa vigente até a década de 1920. O *vólost* equivale, em linhas gerais, a um distrito ou comarca. (N. E.)

[103] Carta de 17 de abril de 1897, à mãe e a Elizárova (Anna Ilítchnina), de Krasnoiarsk a Moscou. Ibidem, p. 102.

[104] Ibidem, p. 135-6.

[105] V. I. Lênin, "Gems of Narodnik Project-Mongering", em LCW, cit., v. 2, p. 459.

[106] LCW, cit., v. 37, p. 106-10.

## 62 TAMÁS KRAUSZ

dezembro de 1896 (de Chucha a Moscou, endereçadas a Aniúta e Mânia, sua mãe), escreveu aos familiares que Nadiéjda Konstantínovna talvez se juntasse a ele em breve, pois havia recebido permissão de escolher Chúchenskoie, em vez da Rússia setentrional[107].

Em carta de 10 de maio de 1898, informou à mãe sobre a chegada de Nadiéjda Krúpskaia:

> Enfim, querida mãe, chegaram meus visitantes. Na noite de 7 de maio. Naquele mesmo dia, fui astuto o suficiente para sair à caça, de modo que não me encontraram em casa. [...] Quanto a mim, Elizaveta Vassílievna exclamou: "Ah, como você está engordando!". Assim, como se vê, você não poderia desejar melhores notícias!

De pronto, iniciaram a organização do casamento, pois a precondição para que Nadiéjda vivesse lá era a imediata união de ambos em matrimônio oficial. Vladímir Ilitch gostaria que a família toda fosse à Sibéria, o que era, porém, um desejo romântico um pouco ilusório.

> A propósito, Aniúta me perguntou quem eu convidaria para o casamento; convido todos vocês, apenas não sei se seria melhor telegrafar os convites! Como você sabe, N. K. deparou-se com uma condição tragicômica: deve casar-se *imediatamente* (sic!) ou retornar a Ufa! Como não me disponho nem um pouco a permitir isso, já começamos a "aborrecer" as autoridades [...] para que possamos nos casar antes da festa de São Pedro. [...] Convidarei o pessoal de Tessinskoie (já me escrevem dizendo que decerto precisarei de testemunhas) e espero que lhes permitam vir.[108]

Pela carta seguinte, de 7 de junho, ficamos sabendo que o casamento só poderá ser realizado em 10 de julho – em função da burocracia. Nesse dia, o padre celebrou o matrimônio na igreja de Chúchenskoie. Lênin tentou convencer a mãe a comparecer, mas alertou: a mãe de Krúpskaia preocupava-se que a viagem fosse cansativa demais para ela[109]. Afinal, Maria Aleksándrovna tinha, então, 63 anos.

A correspondência de Lênin mostra que até mesmo os problemas cotidianos estavam associados uns aos outros de alguma maneira. Dúvidas que aqui e ali externava, e detalhes sobre certas dificuldades, revelam muito da época e de suas convenções. Demonstra também a completa capacidade que Lênin possuía de

---

[107] Ibidem, p. 135-7 e 141-2. Para um relato autêntico do período de exílio, Nadiéjda K. Krúpskaia, *Reminiscences of Lenin*, cit., p. 29-49.

[108] LCW, cit., v. 37, p. 171-2. Referência aos amigos exilados veteranos.

[109] Ibidem, p. 175.

trocar ideias sobre qualquer faceta da vida, sempre que encontrasse interlocutor sério para conversação ou correspondência. Desde a remuneração pelo "serviço doméstico" na Suíça até a procura de uma casa para morar, da caça aos hábitos de seus amigos, "todas as pequenas coisas da vida" lhe interessavam[110].

De acordo com alguns relatos, a monotonia diária representava a maior dificuldade na vida dos exilados. Vladímir Ilitch "resolveu" tal problema ao adquirir um cão[111]. É de conhecimento geral que Lênin também gostava de gatos; disso se podem encontrar evidências em fotografias e até mesmo em forma de cartum. O amor pelos animais fazia parte de sua natureza. Sua devoção ao jogo de xadrez pode também ter aliviado a monotonia; e ele escrevia sobre esse passatempo preferido de forma quase maravilhada. Em cartas escritas com Krúpskaia e enviadas de Chucha e Minussinsk a Podolsk, em dezembro de 1898, ambos informavam a Maria Aleksándrovna e à família sobre as celebrações da véspera de Ano-Novo em Minussinsk[112]. Lênin gostava de cantar, especialmente canções revolucionárias, porém às vezes se lançava a uma ária. É claro que eventos tristes também apareciam nas correspondências. Por certo, o caso de Fedosséiev deve ter se abatido pesadamente sobre Vladímir Ilitch: não foi por acaso que permaneceu em Chucha com a esposa e a sogra, por considerar difícil suportar a companhia demorada e próxima de outros intelectuais. Embora não tivesse preconceito contra isso, não apreciava o constante "exame de consciência".

Naquele contexto, o termo *intelectual* era sinônimo de exagerada sensibilidade, exibicionismo individualista, inveja dirigida aos pares e incessante calúnia por parte dos concorrentes. A cautela de Vladímir Ilitch e a proteção à integridade de sua privacidade foram edificadas pelo destino de Fedosséiev. Segundo relato de Vladímir Ilitch à família, por meio de Aniúta, seu amigo mais velho fora caluniado: "Ele roubou dinheiro dos exilados". Lênin escreveu:

N. I. F. não me escreve nem ao menos responde, embora eu já lhe tenha enviado duas cartas. Repreenda-o por isso, se você lhe escrever. Ouvi falar do "escândalo"

---

[110] Já em 20 de maio de 1895, escrevera à mãe, da Suíça a Moscou, para dizer que "parece que os criados são muitos caros aqui – de 25 a 30 francos por mês, todos os que encontrei – e precisam ser bem alimentados" (ibidem, p. 73). Em outra carta à mãe, de Paris, datada de 8 de junho de 1895: "Alojamentos aqui são muito baratos; por exemplo, 30 a 35 francos ao mês por dois quartos e uma cozinha" (ibidem, p. 74). Em carta de Chucha a Podolsk, endereçada à mãe e ao irmão Dmítri, em 28 de novembro de 1898, comentava do seguinte modo suas recreações: "Agora temos uma nova atração, um rinque de patinação que me distrai bastante da caça" (ibidem, p. 204).

[111] Carta à mãe, de Chucha a Moscou, datada de 12 de outubro de 1897 (ibidem, p. 130). Em outra passagem, observa, jocosamente: "P. S. Tenho outra vez um cão de caça, um *setter* [...]. Tem uma desvantagem: pertence à classe feminina..." (ibidem, p. 145).

[112] Ibidem, p. 212-7.

em Verkholensk – algum difamador abominável vem atacando N. I. Não, não me deseje camaradas entre os intelectuais de Chúchenskoie – prefiro não os ter! Quando N. K. chegar aqui, haverá uma colônia inteira deles, de qualquer modo.[113]

Os detalhes do suicídio de Fedosséiev surgem em carta de Lênin a Aniúta datada de 15 de julho de 1898:

> Recebi ontem uma carta do médico sobre N. I. Matou-se com um revólver. Foi sepultado em 23 de junho. Deixou uma carta para Gleb (Krjijanóvski) e alguns manuscritos, também para ele. Dizem ter-me mandado uma mensagem quanto a ter "morrido com total fé na vida, não de decepção".[114]

Em carta datada de algumas semanas depois, Lênin retornava ao assunto:

> Para os indivíduos exilados, esses "escândalos do exílio" são os piores possíveis; no entanto, eu jamais acreditaria que pudessem assumir tais proporções! O caluniador foi desmascarado há muito tempo e condenado por todos os camaradas, mas nunca pensei que N. I. (que tinha experiência com esses escândalos) tomaria o fato de modo tão emocional.

Posteriormente, escreveu também à família que os exilados haviam começado uma arrecadação para a lápide de Fedosséiev[115].

Conquanto a esfera privada fosse, em certa medida, inviolável e sacrossanta para Lênin, ele nunca simpatizou com os revolucionários atraídos ao movimento pelo desejo de liberdade irrestrita e descontrolada do indivíduo. Subordinava sua vida privada à causa política e esperava que os outros fizessem o mesmo. Concebia a liberdade individual apenas como parte de um "coletivo" (fosse partido, organização ou "causa"). Segundo os termos de seu sistema de valores, disciplina ("a minoria se sujeita às decisões da maioria") e solidariedade com a comunidade habitavam a essência íntima do indivíduo – ou *deveriam* habitar, para ser mais exato.

Ao aproximar-se o fim de seu exílio, surgiu a triste eventualidade da separação do jovem casal, pois o período de exílio de Nadiéjda Konstantínovna não havia terminado. Até então, viviam felizes, o que em parte se devia ao fato de a sogra ter assumido muitos fardos domésticos. A literatura costuma enfatizar que Nadiéjda Konstantínovna foi uma esposa abominável, que não gostava de cozinhar nem de

---

[113] A carta é datada de 24 de janeiro, 1898 (ibidem, p. 148-9). Para mais informações sobre a calúnia a Nikolai Evgráfovitch Fedosséiev, ver nota 78 à carta.

[114] Ibidem, p. 178.

[115] Carta de Chúchenskoie a Podolsk, de 16 de agosto de 1898. Ibidem, p. 184-5 e 205.

outros trabalhos domésticos e levava uma vida típica de intelectual. Vladímir Ilitch cerzia os próprios botões, a não ser quando Elizaveta Vassílievna tomava conta de tais afazeres. Krúpskaia também não se destacou como "organizadora de festas ou figura social" – nem mesmo mais tarde, durante a emigração. Porém, isso é apenas meia verdade, pois – apesar de não gostar do trabalho doméstico – tomava conta de várias coisas referentes ao lar, mesmo quando jovem. Por exemplo, em 11 de setembro de 1898, escreveu a Maniacha que Lênin viajara a Krasnoiarsk, onde permaneceria por uma semana, e que "durante a ausência de Volódia pretendo: 1) consertar todos os seus ternos; 2) aprender a pronunciar o inglês".

A verdade é que Vladímir Lênin não esperava que ela se sobressaísse em assuntos caseiros: precisava muito mais de uma esposa familiarizada com problemas intelectuais e organizacionais[116]. Juntos, eles traduziram *The History of Trade Unionism* [A história do sindicalismo], de Sidney e Beatrice Webb, a fim de incrementar a renda familiar. A Vladímir Ilitch não agradou gastar seu tempo em tal esforço, uma vez que o afastava do trabalho em publicações nos campos da economia, da história da economia e da política. Ambos foram muito atenciosos um em relação ao outro até o fim da vida, e isso se manteve mesmo no período em que sentimentos românticos ligaram Vladímir Ilitch a Inessa Armand.

Além de amor, compartilhavam uma causa e interesses duradouros, o que fortaleceu a exemplar solidariedade entre eles. Em períodos de doença, essa solidariedade recíproca é bem documentada. No início, Vladímir Ilitch raramente adoecia. Era um jovem atlético e saudável, com físico forte, baixo e robusto. Nádia* era uma belíssima moça quando um problema de tireoide a levou a desenvolver doença de Graves, enfermidade autoimune que lhe afetou os olhos e persistiu ao longo da vida. Vestia-se de maneira simples e asseada, evitando qualquer ostentação.

Quando terminou o período de exílio, em fevereiro de 1900, Vladímir Ilitch em vão apelou – e assinou a apelação como "nobre hereditário" – para que a esposa fosse autorizada a viajar em sua companhia até Pskov, de modo que ele não precisasse passar o restante do exílio em Ufa[117]. A caminho do recém-determinado local de residência em Pskov, ao retornar do exílio, Vladímir Ilitch pôde afinal visitar a família em Moscou.

---

[116] Ibidem, p. 564; Vladímir Efímovitch Melnitchenko, *Lítchnaia jizn Liénina*, cit., p. 180.

\* Apelido do nome Nadiéjda. (N. E.)

[117] "Прощение директору департамента полиции"/ "Proshcheniye direktoru departamenta politsii" [Perdão ao diretor do departamento de polícia], em Iúri Nikoláievitch Amiantov et al. (orgs.), *V. I. Liénin: neizvestnye dokumiénty*, v. 10, n. 23, mar. 1900. LCW, cit., v. 37, p. 89-90. Em carta à mãe, de Pskov a Podolsk, de 6 de abril de 1900, dizia desejar visitar a esposa na primavera, pois ela convalescia, acamada, de problemas ginecológicos; e pedia o envio de dinheiro, "pois o tratamento implicará despesas consideráveis". Ibidem, p. 290.

Frequentes detenções ordenadas pelas autoridades incentivaram o revolucionário, então com 30 anos de idade, a congregar o movimento social-democrata no exterior – em torno de uma publicação diária, no começo – sob a liderança teórica de Plekhánov, que era diretor do grupo Emancipação do Trabalho. Com base nisso, deixou o país, ao lado de Mártov e Potriéssov. Tal ocorrência contentou as autoridades, crentes de que os três causariam menos problemas domésticos. Mesmo assim, detiveram Lênin e Mártov, no caminho de Pskov a São Petersburgo, durante três semanas.

Estabelecer o diário exigiu muita energia e bastante organização. Os relatos de Lênin daqueles primeiros meses de exílio giraram em torno disso. Na primavera de 1901, ele anunciou à mãe, feliz, a iminente chegada de Nádia e contou suas impressões da cultura em Munique. Também expressou interesse nos eventos culturais de Moscou[118].

O diário *Искра/ Iskra* [Centelha] tornou-se influente; foi levado a sério pelos revolucionários russos – a despeito do linguajar intelectual – e desempenhou um papel vital no II Congresso do Partido Operário Social-Democrata Russo. Além disso, acarretou uma mudança decisiva na vida de Lênin[119]. Uma questão pessoal – a mudança de nome – sinalizou a importante transformação que o período do *Iskra* significou em sua vida.

Entre 22 de maio e 1º de junho de 1901, uma carta de remetente local contendo material para o diário foi recebida na gráfica clandestina do *Iskra*. Ninguém reconheceu o sobrenome na assinatura: *Lênin*. Em 24 de maio de 1901, assinou com o mesmo pseudônimo outra carta, para G. D. Leiteizen; depois, mais duas a Plekhánov, em 21 de outubro e 11 de novembro. O pseudônimo *Lênin* ganhou

---

[118] Escreveu à mãe, em fevereiro de 1901, carta enviada de Munique a Moscou: "Estive na Ópera há alguns dias e ouvi *La Juive* [*A judia*, ópera de Halévy] com o maior prazer; tinha ouvido, certa vez, em Kazan (quando Zakrjévski cantou) – isso deve fazer treze anos, e algumas das canções ficaram em minha memória. A música e o canto estavam bons. Tenho ido também a teatros (alemães), em algumas ocasiões, e, às vezes, entendo alguma coisa, a ideia geral, pelo menos. Você vai aos teatros de Moscou? [...] Como é a nova peça de Tchékhov, *Três irmãs*? Você já viu? Gostou?". Ver LCW, cit., v. 37, p. 317-20.

[119] Krúpskaia simplesmente denomina o *Iskra* "rebento de Lênin", pois ele investira incrível esforço na publicação do jornal. Entre dezembro de 1900 e 22 de outubro de 1903, 51 números foram lançados sob editoria de Lênin; depois, os mencheviques tomaram o controle. Lênin tinha em mente o jornal diário de Hérzen, chamado *Kólokol* – também publicado no exterior, entre 1857 e 1867 – em razão da grande influência deste sobre os intelectuais russos em geral. Ver Nadiéjda K. Krúpskaia, *Избранные произведения: к 120-летию со дня рождения Н. К. Крупской/ Izbránnye proizvediénia: k 120-liétiu so dniá rojdiénia N. K. Krupskoi* [Textos selecionados: pelo 120º aniversário do nascimento de N. K. Krúpskaia] (Moscou, Politizdat, 1988), p. 201.

renome verdadeiro somente quando o segundo e o terceiro números do primeiro diário teórico e científico social-democrata russo, Заря/Zariá [Aurora] (publicado em 8 ou 9 de dezembro de 1901, em Stuttgart), levaram estampado o terceiro de três artigos escritos por Vladímir Lênin: "Os perseguidores do *zemstvo* e os Aníbais do liberalismo", "Análise da política interna" e "A questão agrária e os 'críticos de Marx'"[120]. Este último foi assinado por *N. Lênin.*

Nem mesmo a pesquisa mais meticulosa pôde revelar de onde derivou o pseudônimo[121]. A historiografia soviética, de modo geral, sempre associou a escolha ao rio Lena, assim como atribuiu o pseudônimo de Plekhánov (Vólguin) ao Volga. O sobrenome *Lênin*, apesar de infrequente, ainda ocorre, e Stein enumera amplamente tais famílias no livro já citado. Krúpskaia também comentou que desconhecia a origem do nome. Embora Uliánov tenha empregado mais de 150 pseudônimos, Lênin foi o único que permaneceu. Trótski adotou o nome de um carcereiro de sua prisão pelo qual passou a ser conhecido, embora tenha utilizado uma variedade de pseudônimos durante o período do *Iskra*, entre os quais o mais conhecido talvez seja "Penn". Kámenev, Zinóviev e Stálin também foram pseudônimos usados no movimento.

A lenta passagem do tempo no exílio foi substituída pelo período frenético e empolgante do revolucionário profissional em outro exílio – ficaram em primeiro plano as bibliotecas das metrópoles, a organização do partido e de reuniões sociais, encontros e conferências. A adaptação à vida de emigrados, com a existência nômade exigida pelos assuntos políticos e partidários, sempre gerou certo grau de incerteza no jovem casal. Por causa do severo escrutínio da polícia, o corpo editorial do *Iskra* (com Potriéssov e Vera Zassúlitch) teve de se mudar primeiro para Munique e depois para Londres, em 1902.

As cartas de Lênin dessa época evidenciam agudo interesse em comparar as características do desenvolvimento agrário das Europas ocidental e oriental àquelas da Rússia[122], mas ele também observava as curiosas diferenças na vida diária com algum entusiasmo. Tal interesse estende-se ao segundo período de emigração, que é inseparável de certas motivações sentimentais. Embora nem um pouco emotivo, Lênin com frequência se via acometido de saudades de sua terra. Essa tendência pode ser acompanhada com facilidade em suas cartas[123].

---

[120] LCW, cit., v. 5, p. 33.

[121] M. Stein, *Ulianovy i Liéniny*, cit., p. 176-7.

[122] Ver, por exemplo, LCW, cit., v. 37, p. 356. Carta à mãe, de 22 de fevereiro de 1903, de Londres a Samara. Lênin foi convidado a ir a Paris em fevereiro de 1903, por ser especialista no assunto, e proferiu uma série de palestras na Academia Russa de Ciências Sociais.

[123] Escreveu à mãe, de Londres a Samara, de modo a preparar as férias de verão que passariam juntos nas praias do Norte da França e evitar-lhe qualquer problema desnecessário. Lênin pas-

Lênin e Krúpskaia se esforçavam para viver tranquila e modestamente, para se divertirem; aqueles tempos foram dedicados à música e ao teatro quase tanto quanto à biblioteca[124]. Essa relativa calma foi típica do período que antecedeu o II Congresso do Partido Operário Social-Democrata Russo e o rompimento entre bolcheviques e mencheviques. Os escritos de Lênin, então, dedicavam-se mais à organização e ao estabelecimento do partido clandestino de revolucionários profissionais (seu livro *Que fazer?* será abordado em detalhes no Capítulo 3).

Após as grandes discussões e o rompimento no congresso, instaurou-se uma exaustão nervosa. Isso se repetiu quando novas contendas irromperam, em março de 1912 – após a conferência partidária de janeiro, durante a qual se formou o Comitê Central Bolchevique –, estas foram as queixas de Lênin à irmã:

> Entre nossa gente por aqui, a propósito, há mais querelas e ofensas mútuas do que já houve por muito tempo – talvez nunca tenham existido tantas. Todos os grupos e os subgrupos uniram forças contra a última conferência e seus organizadores, de maneira que a situação nas reuniões chegou ao pugilato. Em resumo, agora há tão pouco de interessante, ou mesmo agradável, que nem vale a pena escrever.[125]

Vladímir Lênin não era capaz de meios-termos em batalhas políticas e conflitos partidários. Política era uma paixão sua, como qualquer outro assunto que ele levasse a sério. Um biógrafo escreve que "ele colhia até mesmo cogumelos apaixonadamente"[126]. Lênin discutia com intensidade, quase sempre "apimentando" argumentos com epítetos e metáforas que denunciavam o adversário e lhe so-

---

sou suas férias de verão de 1902, de início de junho a 25 de julho, em companhia da mãe e da irmã Aniúta, em Loguivy, à beira-mar. A carta começava com uma nota de que havia recebido de Maniacha um cartão que retratava uma paisagem do Volga. Menciona o Volga outra vez na carta de 7 de junho. "A história de Mânia, de seu passeio de barco, deixou-me com bastante inveja... Como eu gostaria de singrar o Volga no verão!" LCW, cit., v. 37, p. 346.

[124] A atitude aqui descrita reflete-se em outra carta, de 4 de fevereiro de 1903, de Londres, à mãe, em Samara: "Nádia e eu estamos bem e caminhando por toda parte, como de costume. Recentemente fomos a nosso primeiro concerto deste inverno, e nos agradou muito – especialmente a mais recente sinfonia de Tchaikóvski (*Symphonie pathétique*). Há bons concertos em Samara? Fomos, certa vez, a um teatro alemão, mas seria melhor ter visitado o Teatro Russo de Arte e ver *O submundo*". Ibidem, p. 355. Seu interesse em música não pode ser resumido a Beethoven e Tchaikóvski. Krúpskaia escreveu sobre isso após a morte dele: "Tinha boa memória musical" e "o que mais amava era o violino". "O piano também." "Gostava muitíssimo de Wagner. Porém, costumava ir embora, quase doente, após o primeiro ato." Ver Nadiéjda K. Krúpskaia, *Reminiscences of Lenin*, cit., p. 514.

[125] Carta a Aniúta, de Sarátov a Paris, de 24 de março de 1912. LCW, cit., v. 37, p. 474.

[126] Vladímir Efímovitch Melnitchenko, *Lítchnaia jizn Liénina*, cit., p. 33.

lapavam as opiniões. As palavras "estúpido", "idiota", "cretino" e "degenerado" ocorrem não menos de cem vezes em suas *Obras completas*[127]. Fontes inumeráveis testemunham o fato de que, quando havia muito em jogo, ele, às vezes, quase se entregava ao êxtase; ficava, em certo sentido, "perturbado" por argumentos. Os escritos de Anna Ilínitchna também mencionam tais "exaustões nervosas".

Muitos – e, deve-se enfatizar, de modo bastante errôneo – interpretam mal o efeito que Lênin exercia sobre as pessoas. Explicam que seu papel público se baseava em uma espécie de obsessão pelo poder, em um desejo de capturar ou manter o poder, entre outros motivos semelhantes. Embora a questão do poder não possa ser apartada do debate político sério, o fator decisivo no caso de Lênin era a convicção pessoal. O pequeno homem era carismático. Após sua morte, até mesmo amigos que num segundo momento haviam se tornado inimigos confessos, como Potriéssov, admitiram isso.

Em oposição, está a imagem distorcida de Lênin apresentada por Struve. O Lênin de Struve foi uma figura "misantrópica", que valorizava os seres humanos na medida em que fossem compatíveis com sua meta política imediata: "Olhava as pessoas de cima, era frio e impiedoso, e seu amor pelo poder era inexorável". Struve vingava-se tardiamente de seu antigo rival ao retratá-lo como alguém incapaz de conciliação e cheio de ódio[128].

Por outro lado, o Lênin que emerge das muito citadas memórias de Potriéssov não é um político calculista e de sangue frio, mas um líder extremamente carismático. Potriéssov também enfatizou a importância da convicção e da fé íntima de Lênin no que tangia a sua influência sobre as pessoas:

> Nem Plekhánov, nem Mártov, nem mais ninguém, era dotado da misteriosa habilidade que simplesmente irradiava de Lênin, a qual tinha efeito hipnótico sobre as pessoas e, por assim dizer, as dominava. Plekhánov era respeitado, Mártov era amado. Mas o povo seguia somente Lênin de modo inabalável, como líder único e indisputável, porque ele tinha algo raro, em especial na Rússia: vontade de ferro, energia inexaurível e fé fanática no movimento e na causa – e não menos fé nele mesmo. Esse sentimento peculiar de ser escolhido, no que dizia respeito à vontade de Lênin, um dia exerceu efeito também sobre mim.[129]

---

[127] Ibidem, p. 24.

[128] Ver Piotr Berngárdovitch Struve, "Liénin kak tcheloviék", cit.

[129] Em *Istoria odnoi "drujbi"*, cit., p. 50, Belov cita Valentínov, mas até mesmo os biógrafos atuais de Lênin citam Potriéssov. Ver Aleksandr A. Maisurian, *Drugói Liénin*, cit., p. 59. Valentínov também cai em contradição insolúvel a respeito desse assunto. Por um lado, afirma que Lênin "aproximava-se das pessoas com a suspeita mais profunda possível", mas "sem dúvida tinha um carisma secreto". Sem mais explicações. Ver Nikolai Valentínov, *Encounters with Lenin*, cit., p. 92.

Em 1907, Rosa Luxemburgo observou algo similar. De acordo com Clara Zetkin, em uma conferência internacional,

> Rosa Luxemburgo, que possuía um olho de artista para o que é característico, apontou-me Lênin e observou: "Dê uma boa olhada nele. Aquele é Lênin. Veja a cabeça obstinada e teimosa. Uma cabeça de verdadeiro camponês russo, com alguns suaves traços asiáticos. Aquele homem tentará derrubar montanhas. Talvez seja esmagado por elas. Mas nunca se renderá".[130]

Após as memoráveis e exaustivas discussões no congresso, que terminaram em rompimento com todos os velhos amigos, Lênin foi abandonado. Até mesmo Plekhánov – por quem Lênin tinha virtualmente "se apaixonado"[131] alguns anos antes – tomara partido dos mencheviques em 1904. Lênin, mais uma vez, decepcionava-se com o "grande professor".

No decurso da organização do *Iskra*, sentira-se emocionalmente alienado pelos modos professorais e pelo estilo autoritário de Plekhánov. Ao mesmo tempo, sob influência dos encontros entre os dois, Lênin referia-se a ele falando em "poder físico da mente". O choque entre os dois quase deixou Lênin doente. Não obstante, respeitava tanto Plekhánov quanto Mártov.

Que Lênin fosse um personagem "friamente calculista" e "maniacamente *raskólnik* [cismático]" é algo que contraria todas as informações históricas[132]. Porém, ele foi, sem dúvida, um homem que jamais se desviou de suas convicções ao longo da trilha revolucionária. Após dar as costas ao *Iskra*, os bolcheviques criaram os diários *Вперёд/ Vperíod* [Avante] e *Новая Жизнь/ Nóvaia Jizn* [Vida Nova] – em 1904 e 1905, respectivamente –, que contavam com base popular entre as organizações russas. No entanto, 1904 foi um ano sombrio na história

---

[130] Ver Clara Zetkin, *Reminiscences of Lenin* (Londres, Modern Books, 1929), p. 7.

[131] Krúpskaia também enfatiza essa paixão em suas *Reminiscências*, escritas após a morte de Lênin: "Ele nunca se colocou em oposição a Plekhánov". Nadiéjda K. Krúpskaia, *Izbránnye proizvediénia*, cit., p. 122.

[132] Aleksandr A. Maisurian também argumenta sobre isso de maneira bastante convincente, em *Drugói Liénin*, cit., p. 153-8 e 163-6. Deve-se notar que ele recorreu a Plekhánov após a deflagração da revolução, em carta de outubro de 1905, para que a causa de uma social-democracia avançasse: convidou-o a assumir um papel no *Nóvaia Jizn* e também a um encontro pessoal. Ver G. N. Gólikov (org.), *Liénin: biografítcheskaia khrónika*, cit., v. 2, p. 192. A seguinte frase também se encontra na carta mencionada: "Que nós bolcheviques desejamos sinceramente trabalhar com o senhor, isso é algo que não preciso repetir-lhe. Escrevi a São Petersburgo pedindo a todos os editores do novo jornal (no momento, há sete deles: Bogdánov, Rumiántsev, Bazárov, Lunatchárski, Orlóvski, Olmínski e eu) que lhe enviem uma solicitação conjunta e oficial para que faça parte do conselho editorial". Ver LCW, cit., v. 34, p. 363.

## RECONSTRUINDO LÊNIN 71

familiar de Lênin, pois sua mãe, que morava em Kiev, acabou praticamente abandonada depois que os três filhos que viviam com ela foram encarcerados.

## A Revolução de 1905 e a segunda emigração

A revolução virou a página também na vida de Vladímir Ilitch. Foi para ele uma provação, e depois ele declararia que 1905 fora um teste para 1917. Seu círculo de contatos se ampliou. Um exemplo foi sua amizade com Aleksandr Aleksándrovitch Bogdánov, que alguns anos antes ganhara notoriedade como filósofo e economista e se juntara aos bolcheviques. Lênin também cultivou relações mais profundas com Górki[133] e Lunatchárski – isso para mencionar apenas dois intelectuais que se tornariam famosos, com reputação mais duradoura que a de trabalhadores como Bábuchkin, que morreu jovem e com quem Vladímir Ilitch trabalhou no movimento em São Petersburgo na década de 1890. Com a eclosão da Revolução de 1905, sua vida tornou-se muito atarefada. A primavera foi "tomada" por preparativos tanto para a revolução quanto para o III Congresso do Partido, durante o qual Lênin, pela primeira vez na história do partido, aventou a possibilidade de revolta armada. Antes disso, estudara tais assuntos apenas como um conjunto de questões práticas e teóricas[134]. Embora não tenha retornado imediatamente à Rússia ao saber da revolução, produziu uma incrível quantidade de obras escritas e viu delas sucessivas publicações russas.

Após a declaração do tsar sobre o Manifesto de Outubro, que ocorreu no dia 17 daquele mês e representou uma espécie de "liberalização" política do sistema autoritário vigente, Lênin partiu para a Rússia, indo de Genebra, via Estocolmo, a São Petersburgo. A esposa o seguiu dez dias depois. Durante um período, ele e Krúpskaia se instalaram na avenida Niévski; nessa época, porém, tiveram pouco tempo para a vida a dois, pois, logo depois de chegar a São Petersburgo, Lênin mergulhou em seu trabalho organizativo e editorial[135].

Em meados de novembro, por intermédio de Martin Nikoláievitch Liádov, Lênin convidou os líderes dos sociais-democratas alemães – Kautsky, Rosa

---

[133] Nikolai Valentínov suspeita de que motivos financeiros estivessem por trás da relação entre Lênin e Górki, já que o escritor poderia garantir financiamentos aos bolcheviques, por intermédio de sua fama. O próprio Valentínov contradiz isso mais tarde, ao escrever que a relação com o escritor tornou-se tensa e exigências e disputas inoportunas – especialmente da parte de Lênin – eram típicas. Durante anos, Górki não respondeu nem mesmo à carta de desculpas enviada por Lênin em 1913; apesar disso, a relação durou. Nikolai Valentínov, *Encounters with Lenin*, cit., p. 72-5.

[134] G. N. Gólikov (org.), *Liénin: biografítcheskaia khrónika*, cit., v. 2, p. 31-87.

[135] Ibidem, p. 202.

# 72 TAMÁS KRAUSZ

Luxemburgo e Karl Liebknecht – a participar da publicação do *Nóvaia Jizn*[136]. Lênin e Krúpskaia, evidentemente, não haviam abandonado sua atuação clandestina no jornal. Em 23 de novembro, o comitê de censura de São Petersburgo ordenou ação legal contra o editor-publicador do *Nóvaia Jizn*, N. M. Mínski, porque o periódico havia publicado o artigo de Lênin "A autocracia moribunda e os novos órgãos de governo popular".

Do final de 1905 até o começo de 1906, houve uma escalada revolucionária, seguida de rápido declínio. O levante armado de dezembro em Moscou de certa forma abriu vias de pensamento, mas o escopo da ação potencial se estreitou, e um mandado de prisão contra Lênin foi expedido quase simultaneamente à derrocada do levante. Na ocasião, ele foi processado em razão de sua brochura *As tarefas dos sociais-democratas russos* e de escritos posteriores. As autoridades confiscaram cópias das publicações e efetuaram apreensões semelhantes em várias outras cidades.

No início de janeiro, Vladímir Ilitch, recém-chegado a São Petersburgo, saído de Moscou na esperança de examinar com mais detalhes as consequências do levante armado, consultou representantes de numerosas organizações bolcheviques locais. Em 23 de janeiro, conheceu Aleksei Maksímovitch Górki em Helsinque, na casa de Vladímir Mikháilovitch Smírnov. Tal momento foi notável[137], pois, ao longo dos anos, o "escritor dos trabalhadores" tornou-se muito importante na vida de Lênin: passou a ser seu mais sério vínculo com a literatura revolucionária, a nova arte russa.

Em fevereiro, a polícia confiscou praticamente todos os escritos de Lênin e chegou a emitir um mandado para que ele fosse preso na Finlândia. Seu trabalho de organização no partido continuou intensamente ativo em São Petersburgo; e Lênin compareceu a dezenas de eventos na função de orador. Ele e Krúpskaia se mudaram para a cidade finlandesa de Kuokkala, de onde ele viajava a São Petersburgo com frequência. Na primeira quinzena de março, retornou a Moscou e participou dos preparativos do IV Congresso do Partido Operário Social-Democrata Russo. No início de abril, viajou a Estocolmo para o "congresso da unificação", que, em vez de unificar, causou cisma ainda mais profundo no partido.

Sem dúvida, 9 de maio de 1906 determinou um ponto crucial e muitíssimo peculiar na carreira de Lênin. Foi sua primeira oportunidade de discursar diante de um comício de 3 mil pessoas, muitas delas operárias – isso ocorreu em São Petersburgo (no palácio da condessa Pánina). O organizador do encontro teve dúvidas quanto a permitir o discurso de um total desconhecido. Cedeu ao ser informado de que a pessoa em questão era o líder dos bolcheviques. Essa foi

---

[136] Ibidem, p. 198.
[137] Ibidem, p. 218-9.

a única aparição de Lênin em um evento de massas antes de 1917. Krúpskaia partilhou de suas apreensões de estreante o tempo todo[138].

O orador "desconhecido" subiu ao púlpito sob o pseudônimo Kárpov, temeroso da plateia, com rosto lívido e fala ligeiramente truncada. Gesticulou demais, porém discursou de maneira muito persuasiva. No fim das contas, foi uma estreia bem-sucedida. Lênin revelou eficazmente ao público que os liberais, que alegavam ter se mantido à parte durante a revolução, na verdade haviam cooperado com o governo e denunciou os "algozes tsaristas" da contrarrevolução.

> Falava e gesticulava apaixonadamente, como se o fluxo das palavras lhe emanasse do corpo inteiro. Acreditava no que dizia e representava a importância de suas palavras à medida que as pronunciava. Apreciava ser ouvido até o final, sem perguntas que o interrompessem, e escutava com grande atenção seus parceiros de debate [...]. Estava sempre pronto a oferecer réplicas imediatas quando discursava ou debatia, movimentava-se constantemente, para a frente e para trás, e às vezes aproximava-se demais de seu parceiro. Caso falasse a uma multidão, mantinha o olhar um pouco acima dos ouvintes, decerto para não ser perturbado por expressões e interlocuções individuais e dissonantes.[139]

Tudo isso está documentado em filmagens. Lênin nunca se tornou um grande orador, mas sabia transmitir aos outros suas convicções íntimas.

Em julho, encontrou-se com a mãe no subúrbio de Sablino, em São Petersburgo, mas a visita foi interrompida pela dissolução da Primeira Duma. Ao longo desse verão, conheceu muitas pessoas que teriam importância no futuro, entre elas Rosa Luxemburgo, Féliks Dzerjínski e Vladímir Dmítrievitch Bontch--Bruiévitch. Lia então, nas horas livres, o livro de Bogdánov intitulado *Empiriomonismo*, presenteado pelo próprio autor, com quem logo "passaria a morar" em Kuokkala, a caminho do segundo período de emigração[140].

Dada sua enorme produção escrita e organizacional, não sobrava a Lênin muito tempo para descansar. Ao final de abril de 1907, escapou da pressão na Rússia – via-se sobrecarregado com os problemas do partido relacionados ao V Congresso, entre outros – e viajou a Londres; nesse meio-tempo, esteve por um curto intervalo em Berlim, onde mais uma vez encontrou-se com Luxemburgo, Kautsky e Górki. Este último o acompanhou na viagem a Lon-

---

[138] Um relato desse desempenho pode ser encontrado em Aleksandr A. Maisurian, *Drugói Liénin*, cit., p. 175; e G. N. Gólikov (org.), *Liénin: biografítcheskaia khrónika* , cit., v. 2, p. 251.

[139] Vladimir Efímovitch Melnitchenko, *Lítchnaia jizn Liénina*, cit., p. 19; Aleksandr A. Maisurian, *Drugói Liénin*, cit., p. 104 e 109.

[140] G. N. Gólikov (org.), *Liénin: biografítcheskaia khrónika*, cit., v. 2, p. 266-80.

74  TAMÁS KRAUSZ

dres, durante a qual Lênin leu o romance *A mãe*, que serviu para aprofundar ainda mais sua amizade com o autor. Cuidou das acomodações de Górki e, contra a vontade dos mencheviques, nomeou-o delegado, dando-lhe direito de plena participação[141].

Em junho, as autoridades policiais de São Petersburgo pressionaram o governo finlandês para que extraditasse Lênin. Após participar do Congresso Socialista Internacional de Stuttgart em julho e agosto, ao discutir perspectivas com Lunatchárski, Vladímir Ilitch traçou seu rumo pessoal, que envolveria demorar-se mais na Finlândia, perto de São Petersburgo, pois as "forças reacionárias ainda governariam" pelos próximos três ou quatro anos. Ao mesmo tempo, convidou Lunatchárski a contribuir de modo permanente com o "jornal central", o *Пролетарий/ Proletári* [Proletário][142]. As preocupações financeiras e organizativas do jornal se tornaram fardos pesados no futuro próximo, mas no final de 1907 tais problemas ainda não eram nítidos, e toda a energia adicional foi dirigida a planejar a emigração seguinte.

Sob crescente perseguição das autoridades policiais, Lênin deixou a Rússia. Em 8 de dezembro, juntamente com Aleksandr Aleksándrovitch Bogdánov e Ióssif Fiódorovitch Dubrovínski, recebeu do Comitê Central Bolchevique a tarefa de viajar ao exterior e garantir a publicação continuada do *Proletári*[143]. Vladímir Ilitch realizou a travessia até a ilha de Nauvo, em jornada aventurosa – ou melhor, irresponsável – sobre o gelo pouco espesso do golfo da Finlândia, guiado por camponeses locais. Teve sorte. Ele e Krúpskaia deixaram Estocolmo em 3 de janeiro de 1908 e chegaram a Genebra dias depois, em 7 de janeiro[144].

Começava o segundo período de emigração, que se mostrou muito mais opressivo que o primeiro. Muito do que aconteceu poderia ter sido previsto, considerando-se o modo como prevaleceram as forças contrarrevolucionárias em 1907. Na biografia que fez sobre o irmão, Anna transmitiu uma noção do que foi aquele período.

> Após a liberdade dos anos de 1905 e 1906, aquela segunda emigração se mostrou mais difícil que a primeira. Intelectuais e amplas camadas da juventude, bem como muitos trabalhadores, haviam sido dominados por sentimentos de fadiga e amargura. A abordagem geral dos problemas sociais foi substituída por abordagens pessoais, questões sobre vida sexual e misticismo, uma filosofia tendente à religião. No entanto, a desilusão se apresentou em roupagens muito mais nefastas:

---

[141] Ibidem, p. 320-3.
[142] Ibidem, p. 349.
[143] Ibidem, p. 360, 364 e 370.
[144] Ibidem, p. 371 e 373.

entre os jovens – que oferecem a mais sensível interpretação da vida social –, disseminou-se uma verdadeira epidemia de suicídios.[145]

Um número cada vez maior entre os membros do partido de Vladímir Ilitch dava as costas à política, e a furiosa paixão e a intensidade dos argumentos que sustentava junto a seus melhores camaradas drenavam-lhe as forças. Ao mesmo tempo, os debates filosóficos e organizativos – após a morte de Tolstói, até mesmo literários – aguçavam-lhe as capacidades políticas e moldavam suas percepções de pensador.

O período da Primeira Guerra Mundial foi o mais severo que enfrentaram. Dificuldades financeiras sobrecarregavam a vida diária deles. Ainda assim, Lênin teve belas experiências naquela época. Sua amizade, amor até, por Inessa Armand[146] revelou-se uma dádiva emocional conservada ao longo da vida toda. O relacionamento também influenciou positivamente a atividade política de Lênin. No verão de 1911, ele organizou para trabalhadores que chegavam da Rússia uma escola do partido em Longjumeau, perto de Paris, enquanto despendia grandes esforços para fundar uma imprensa operária com atuação tanto legal quanto clandestina. Em 1912, foi eleito membro do Bureau Socialista Internacional. Lançou o *Правда/ Pravda* [Verdade] bolchevique em maio daquele ano, após a organização e o estabelecimento do Comitê Central independente bolchevique, em Praga, no mês de janeiro.

O nome de Lênin ficou conhecido em toda a Europa como o de um dos principais organizadores do movimento internacional antiguerra. Seus estudos haviam alcançado importância internacional. As opiniões que formulou na época a respeito do desenvolvimento histórico da Rússia, da questão nacional, da estrutura do sistema capitalista mundial e do desenvolvimento desigual, bem como sua teoria do imperialismo e sua exposição filosófica contra o machianismo neokantiano, em defesa da dialética de Marx, são tema de debate até hoje.

O período de adversidades preparou Lênin para sua "obra-prima": o papel que representou na revolução vindoura e a criação da União Soviética. Naquela época, o ânimo geral encontrava-se sujeito, na maior parte, às batalhas entre facções, as quais – deve-se enfatizar – afetavam os nervos de Lênin. Por sorte, este contava sempre com a compreensão de Nadiéjda Konstantínovna.

---

[145] Anna I. Uliánova-Elizárova, "Lenin", cit., p. 18-9.

[146] Inessa já tinha quatro filhos quando conheceu Vladímir Ilitch. A dama era de ascendência francesa pelo lado paterno e escocesa ou inglesa pelo lado materno. Seu marido era um empresário de sucesso, que, conta-se, em certo momento auxiliou o *Pravda* a "conseguir dinheiro". Ver Ralph Carter Elwood, *Inessa Armand: Revolutionary and Feminist* (Cambridge, Cambridge University Press, 1992), p. 91.

Por certo, uma sensação de isolamento político deve ter pesado sobre Lênin. Em 1908, discussões e contendas já haviam se tornado problemas graves dentro de sua facção e, ao contrário do que presumem alguns autores modernos, as apostas políticas, organizacionais e teóricas eram de fato muito altas. Sem exagero, pode-se dizer que, à exceção de Kámenev e Zinóviev, Lênin mantinha pouco contato diário com revolucionários bolcheviques. Como antes, Vladímir Ilitch sentia-se ligado aos velhos amigos, ainda que não a todo custo, como demonstrou sua rixa com Bogdánov. Fez tudo o que podia, em meio às mais inflamadas discussões políticas, para permanecer nas boas graças de Górki.

Lênin pretendia unir as várias facções e movimentos – de lideranças diferentes – sob o estandarte da social-democracia, mas não estava disposto a fazer concessões em questões de princípio que pudessem resultar na derrota da própria "causa". Um guerreiro tenaz como ele não poderia esperar complacência dos adversários; basta evocar as disputas implacáveis entre ele e Trótski para que isso fique evidente. Tais conflitos durante a segunda emigração demonstram com clareza que Vladímir Ilitch havia desenvolvido uma personalidade complicada. Caso se distanciasse politicamente de alguém, também interrompia o contato pessoal. Qualquer membro do Estado-maior do partido bolchevique (sem mencionar os mencheviques) poderia asseverar o fato. Krúpskaia notava uma contradição interessante: "Compromissos pessoais jamais influenciavam suas posições políticas. Por mais que amasse Plekhánov ou Kámenev, rompeu politicamente com ambos". Foi esse traço particular "que tornou o rompimento dificílimo para ele"[147].

No entanto, as divergências quase nunca aconteciam por motivos pessoais. Vingança e ódio pessoal significavam tão pouco em termos de motivação que "tudo era esquecido" ao obter-se abertura política. Para entender esse mecanismo, pode-se mencionar ainda outra vez a relação entre Lênin e Trótski. Até mesmo na época da pior discórdia entre ambos, não faltou a Lênin certa empatia, cuja natureza seria difícil de explicar. Por exemplo, quando sua relação com Trótski esteve no ponto mais crítico, Kámenev, que se tornara genro de Liev Davídovitch, apresentou uma carta enviada pelo "pequeno Judas (Iuduchka) Trótski", que solicitava aos bolcheviques apoio financeiro, ao final concedido por Lênin[148].

Genebra, cenário daquelas relações tensas, também não contribuía muito para acalmar seus nervos. Já em 14 de janeiro de 1908, Lênin escrevia à irmã mais nova: "Estamos desocupados há vários dias nesta maldita Genebra. [...]

---

[147] Nadiéjda K. Krúpskaia, "О Владимире Ильиче"/ "O Vladímir Ilitch" [Sobre Vladímir Ilítch], em *Izbránnye proizvediénia*, cit., p. 123.

[148] "Переписка Л. Д. Троцкого, Л. В. Каменева и В. И. Ленина"/ "Perepiska L. D. Trotskogo, L. B. Kameneva i V. I. Lenina" [Correspondência de Trótski, Kámenev e Lênin], em Iúri Nikoláievitch Amiantov et al. (orgs.), *V. I. Liénin: neizvestnye dokumiénty*, cit., p. 34.

RECONSTRUINDO LÊNIN    77

É um buraco sórdido, mas não há nada que possamos fazer. Teremos de nos acostumar"[149]. Esse pode ter sido principalmente um problema de mau humor, pois, quando chegaram pela primeira vez a Genebra, quatro anos antes, com o objetivo de "nos estabelecermos aqui", ele descreveu a cidade nevoenta à mãe da seguinte maneira: "Semelhante a um bom dia de inverno russo. [...] Assim começamos a conhecer a Suíça e sua paisagem"[150].

Seu problema não era com a cidade, pois não se sentiu melhor em Paris depois que, no final do mesmo ano, mudaram para lá sua base[151]. Antes da mudança, ao visitarem Górki na segunda metade de abril, passaram algum tempo fazendo turismo na Itália meridional: estiveram em Nápoles, Pompeia e arredores, e subiram o Vesúvio. Em maio, Lênin viajou a Londres e, durante algumas semanas, trabalhou no Museu Britânico, desenvolvendo seu livro sobre empiriocriticismo. Em Paris, familiarizou-se com a vida cultural da cidade enquanto continuava seus afazeres teóricos e políticos – que incluíam o recrudescimento da luta entre facções, a experiência de fundar uma "escola do partido" alternativa, frequentes palestras e participação em conferências. Haviam alugado um apartamento de três quartos em Paris, e um deles foi ocupado por Maniacha. O *Proletári*[152] também foi transferido a Paris. Lênin teve até mesmo a oportunidade de ceder à paixão pelo xadrez durante reuniões com Bogdánov. Em uma dessas ocasiões, em Capri, jogaram a famosa partida, imortalizada em fotografia e que, para grande consternação de Lênin, foi vencida por Bogdánov.

Não obstante, aquele período teve para Vladímir Ilitch um alto custo psicológico. Não havia sinais de novas investidas revolucionárias na Rússia, tampouco entre os exilados, e isso aumentou sua desilusão. Em fevereiro de 1910, sua opinião era a seguinte: "Em muitos aspectos, Paris é um buraco pútrido [...]. Ainda sou incapaz

---

[149] Carta de 14 de janeiro de 1908, a Maria I. Uliánova, em São Petersburgo. LCW, cit., v. 37, p. 372.

[150] Carta de 8 de janeiro de 1904, de Genebra, à mãe (ibidem, p. 359). Quatro anos depois, em carta à mãe escrita em 22 de janeiro de 1908, comentava sobre os eventos recentes: "Agora nos instalamos aqui, e nossos arranjos, é claro, não serão piores do que antes. A única coisa desagradável foi a própria mudança, para pior. Isso, no entanto, foi inevitável. Quanto a Capri, assim que cheguei encontrei uma carta de Górki, que me convida para lá com muita insistência. Nádia e eu decidimos aceitar o convite" (ibidem, p. 374).

[151] Em carta à mãe, enviada de Genebra a Moscou em 17 de novembro de 1908, indica que deseja mudar-se para Paris: "Estamos cansados de ficar neste atraso provinciano. É verdade, porém, que Paris seja mais cara" (ibidem, p. 396).

[152] Ver carta à mãe, escrita em 10 de dezembro de 1908 e enviada de Genebra a Moscou (ibidem, p. 400). Em sua primeira carta de Paris, enviada a Aniúta (no dia 19 de dezembro), ele ainda expressava impressões favoráveis quanto ao dispendioso porém tranquilo apartamento, distante do centro da cidade (ibidem, p. 402).

de adaptar-me *inteiramente* à cidade (após morar *aqui* por um ano!), mas sinto que apenas circunstâncias extraordinárias poderiam levar-me de volta a Genebra!"[153].

Era a típica síndrome do imigrante: "Parte nenhuma é o lar, doce lar". Há queixas sobre a luta de facções em quase todas as cartas privadas, e o fato de que muitos imigrantes russos viviam no menor patamar de subsistência é citado repetidamente em sua correspondência. A respeito da penúria de M. F. Vladímirski, escreveu: "Os emigrados aqui são muito pobres. Meu trabalho vai extremamente mal. Espero superar este período de severas altercações". Referia-se, com isso, à chamada Sessão Plenária Unificada do Comitê Central do Partido Operário Social-Democrata Russo (POSDR) de 1910, durante a qual a oposição entre facções do partido tornou-se ainda mais acentuada[154].

A maior dificuldade encontrada pelo casal em Paris foi orientar-se em meio ao grande alvoroço da cidade e ao tráfego congestionado, que retardava muito a locomoção cotidiana. Vladímir Ilitch costumava ir de bicicleta às bibliotecas. Ele e Krúpskaia apreciavam o ciclismo. "Nádia e eu passeamos de bicicleta com frequência", escreveu à mãe em agosto de 1909. Porém, teve problemas também com isso: em certa ocasião, sua bicicleta foi roubada; em outra, sofreu um acidente do qual por sorte saiu bem. Aconteceu após uma festa de Ano-Novo especialmente agradável[155], de modo que o ano de Lênin começara mal: "Saía de Juvisy [Juvisy-sur-Orge] quando um bonde esmagou minha bicicleta (consegui saltar para longe)". Lênin escreveu na mesma carta que pretendia ver os aviões, que o interessavam muito e que se encontravam no aeródromo a vinte quilômetros de Paris[156]. Embora tenha saído ileso do acidente, a "costumeira" exaustão nervosa o subjugou por dias. No entanto, ganhou o pedido de indenização que se seguiu, e assim pelo menos o valor da bicicleta foi ressarcido[157].

Embora continuassem a viver sem gastar muito e Lênin sustentasse a irmã, que necessitara de uma apendicectomia, sobrava um pouco de dinheiro para concertos e teatro. Mencionou o fato até mesmo à irmã: "Comecei a prestar mais atenção ao teatro; vi a nova peça de [Paul] Bourget, *La Barricade* [A barricada]. Reacionária, mas interessante"[158]. É claro que ele e Krúpskaia estavam sempre à

---

[153] Ibidem, p. 451.

[154] Carta a Aniúta, enviada em 2 de maio de 1910 a Sarátov (ibidem, p. 459). Sobre o assunto, ver também carta de Lênin a Górki em LCW, cit., v. 34, p. 419-22.

[155] "Em geral, aproveitamos bem os feriados – estivemos em museus, no teatro e no Musée Grévin, o que nos deu grande prazer. Hoje à noite pretendo ir a um *estaminet* ouvir uma '*goguette révolutionnaire*' dos 'cancionistas' [tradução infeliz de *chansonniers*]." Carta a Maniacha, datada de 2 de janeiro de 1910. Ver LCW, cit., v. 37, p. 445.

[156] Carta a Maniacha, início de janeiro de 1910, de Paris a Moscou. Ibidem, p. 447.

[157] Ibidem, p. 436 e 449. Vladímir Efímovitch Melnitchenko, *Lítchnaia jizn Liénina*, cit., p. 135.

[158] Carta de 12 de janeiro de 1910 a Maniacha. LCW, cit., v. 37, p. 448.

procura de espetáculos russos. Em suas cartas, não importava onde estivessem – ainda mais se a viagem decorresse bem –, a Rússia e o Volga eram os termos de comparação[159].

No verão de 1910, Lênin e família viajaram de férias ao litoral, a Pornic, na baía de Biscaia. Após esse intervalo, ele viajou a Copenhague para o Congresso da Segunda Internacional, no qual a questão das cooperativas foi considerada um dos muitos assuntos inevitáveis no que se referia aos prospectos do socialismo. Na época, porém, Lênin via-se imerso no estudo do sistema de Stolypin e nos problemas do desenvolvimento do Estado russo e das circunstâncias agrárias do país.

Logo depois do congresso, em 4 de setembro, viajou a Estocolmo para descansar e, por fim, encontrou-se com a mãe, que já contava 75 anos de vida. Foi o último encontro entre os dois. Maria Ilínitchna recordou a ocasião da seguinte maneira:

> Foi também em Estocolmo que nossa mãe ouviu Vladímir Ilitch falar em público pela primeira e última vez, em uma reunião de operários exilados. Ao sair de lá, Vladímir Ilitch acompanhou-nos até o barco – não pôde seguir a bordo, pois o barco pertencia a uma empresa russa e ele poderia ser preso ali – e ainda me lembro da expressão em seu rosto enquanto esteve ali parado, olhando para nossa mãe. Quanta dor levava no rosto! Parecia sentir que a via pela última vez. E assim aconteceu. Vladímir Ilitch não veria qualquer de seus familiares até retornar à Rússia após a Revolução de Fevereiro, e nossa mãe morreu um pouco antes, em julho de 1916.[160]

Na mesma época, muitos russos sentiam a morte de Tolstói como um grande trauma. No outono de 1910, todas as figuras políticas e intelectuais ocuparam-se do evento. Sem dúvida, aos olhos de Lênin, Tolstói fora o maior gênio entre os escritores que admirava. Para ele, Tolstói havia sido não somente um escritor, mas uma espécie particular de "instituição" que atacara a Igreja oficial, doara terras de sua propriedade aos camponeses e estabelecera uma tradição comunitária anarquista. Sua coragem fora indubitável. Desafiou todas as autoridades e foi excomungado pela Igreja Ortodoxa.

As esferas do interesse literário de Lênin definiram o modo como se relacionava com Tolstói. As preocupações que governavam seu discernimento não eram estéticas; apesar disso, os escritores de que gostava foram, quase todos, artistas de

---

[159] Informou à mãe, em carta de 1º de junho de 1910, que havia chegado a Nápoles saindo de Marselha, de navio: "Foi como navegar no Volga. Daqui, vou a Capri para uma breve visita". Ibidem, p. 462.

[160] Ibidem, p. 41.

importância universal. De fato, sua dedicação à literatura russa se aprofundou ainda mais durante os anos de emigração, o que se explica, em parte, pelas saudades do lar que o assaltavam nos períodos de exílio. Em carta à mãe de Vladímir Ilitch, enviada de Cracóvia a Vologda em dezembro de 1913[161], Nádia parece registrar com exatidão aquele persistente estado de espírito, a propósito de um concerto de Beethoven, executado por um quarteto de cordas:

> Por alguma razão, a música causou-nos terrível infelicidade, embora uma conhecida nossa [Inessa Armand], excelente instrumentista, a tenha ouvido em êxtase. [...] Se existe algo pelo que ansiamos aqui, é boa literatura. Volódia praticamente decorou Nádson e Nekrássov, e um exemplar avulso de *Anna Kariênina* está sendo lido agora pela centésima vez. Deixamos nossos livros (uma fração mínima dos que tínhamos em São Petersburgo) em Paris, e aqui não se consegue em lugar nenhum um livro russo. Às vezes lemos com inveja os anúncios de livrarias que oferecem 28 volumes, usados, de Uspiénski ou 10 de Púchkin etc. etc.
> Quis o acaso que Volódia se tornasse grande apreciador de ficção. E nacionalista dos pés à cabeça. A nenhum custo se pode obrigá-lo a ver quadros de artistas poloneses; no entanto, por exemplo, recolheu um catálogo da Galeria Trétiakov que um conhecido havia jogado fora, no qual agora vive absorto.[162]

Lênin valorizava obras literárias, acima de tudo, de acordo com o impacto social e político que exercessem – e o fato de jamais haver promovido maus escritores indica que tinha bom julgamento estético. Sua maior preocupação era que determinado livro ensinasse ao leitor algo sobre história e sobre o mundo real. Por esse motivo, não lia obras de autores indiferentes aos problemas da ascensão social das classes operárias. Abordava a literatura a partir de posições políticas e de classe. Costumava reconhecer talento, mas não lhe interessavam escritores cuja qualidade fosse expressa na "estetização" da contrarrevolução ou que se isolassem na torre de marfim da literatura. É capaz que autores importantes, como Búnin, Gumíliov, Akhmátova, Guíppius ou Tsvetáieva, não tenham sido mencionados, nem mesmo uma vez, nos escritos de Lênin. Assim como não se

---

[161] No outono, Lênin e companhia já repousavam em Dunajec, cidade próxima a Poronin; nesta última, realizaram, em outubro, a reunião do Comitê Central, no apartamento alugado de Lênin. A família Zinóviev hospedou-se lá durante certo período, e Kámenev o visitava. E também, é claro, Inessa Armand – com frequência a caminho da Rússia. Ver Ralph Carter Elwood, *Inessa Armand*, cit., p. 96-7.

[162] LCW, cit., v. 37, p. 507-8. Fica aparente na correspondência de Lênin que ele se sentia muito mais confortável ali, pois estava próximo da Rússia, e as intrigas e as maledicências não eram tantas, como enfatizou sua irmã Maria, em comentário sobre as cartas. Ver ibidem, p. 56-7.

considerava filósofo – ideia que manifestou em carta a Górki, no início de 1908 –, tampouco se considerava um oráculo em questões de literatura ou estética. Na verdade, nada afirmou em relação a assuntos estéticos. Quase sempre defendia de ataques, tanto da direita quanto da esquerda, obras clássicas da literatura e das belas-artes e as respectivas tradições, especialmente a posição social da pintura. Para ele, a negação apresentada pela vanguarda parecia "antidialética", insensível ao *continuum* histórico. Portanto, segundo sua perspectiva "*agitprop*", era, de modo geral, crítico dessa tendência.

Suas obras teóricas, seus artigos políticos e seus discursos evocavam sucessivamente criações e protagonistas de escritores russos – em textos, Lênin cita inúmeras vezes as 29 fábulas de Krílov e os 24 protagonistas de Gógol. Diferentes autores determinaram que o escritor mais citado por Lênin tenha sido Saltykov-Schédrin; no entanto, diversas figuras literárias aparecem, elevadas à categoria de símbolos, de Púchkin a Nekrássov e Tchékhov, além de personalidades eminentes da literatura mundial, como Shakespeare, Molière e Schiller[163].

Embora suas referências literárias sejam quase numerosas demais para se contabilizar, o único escritor que Lênin verdadeiramente analisou e "sistematizou", no sentido teórico, foi Tolstói. Entre novembro de 1910 e janeiro de 1911, chegou a escrever quatro artigos ou estudos da obra, dos méritos e dos equívocos do falecido escritor. É claro que reconhecia também o excepcional talento de Dostoiévski, mas considerava-o um autor reacionário, que se convertera à Igreja Ortodoxa, valorizara as características "orientais" do desenvolvimento e, em última análise, empregara seu talento a serviço da monarquia. Esteja tal julgamento certo ou errado (por exemplo, ele poderia ter aproveitado alguma coisa da crítica romântica de Dostoiévski ao capitalismo!), de Tolstói Lênin sempre falou com grande admiração, embora rejeitasse sua filosofia política.

No centro da crítica de Lênin, efeito também de suas experiências de emigrado na Europa, estava a ideia de que o tolstoismo, na medida em que se opunha ao "ocidentalismo", era, em certo sentido

> uma ideologia de ordem asiática, oriental. Daí o ascetismo, a não resistência ao mal, as profundas notas de pessimismo [...]. Tolstói confirma essa ideologia em sua *Sonata a Kreutzer* quando diz: "A emancipação da mulher não se encontra nas universidades nem nos parlamentos, mas no quarto de dormir".[164]

---

[163] Vladímir Efímovitch Melnitchenko, *Lítchnaia jizn Liénina*, cit., p. 158; Aleksandr A. Maisurian, *Drugói Liénin*, cit., p. 74-5.

[164] Vladímir I. Lênin, "Lev Tolstoi and His Epoch", *Звезда/ Zvezdá* [Estrela], n. 6, 22 jan. 1911, citado em LCW, cit., v. 17, p. 49-53.

No obituário que escreveu para Tolstói, Lênin integrou sua obra – apesar de rejeitá-la *em termos filosóficos* – à história e ao presente da Revolução Russa, pela maneira como "refletia a importância universal" do acontecimento. Essa integração fez também parte do desenvolvimento de Lênin. Para ele, a época dos preparativos revolucionários formou-se a partir do "retrato inspirado" feito por Tolstói.

A avaliação de Lênin remonta a sua herança paterna de "instrução esclarecida". Deviam-se oferecer as valiosas obras de Tolstói ao público geral, pois o escritor levantara a voz contra um sistema que condenava

dezenas de milhões à ignorância, ao obscurantismo, à fadiga e à pobreza. [...] Comunicou com sucesso e força notáveis os ânimos das grandes massas oprimidas pelo atual sistema, retratou suas condições e expressou-lhes os sentimentos espontâneos de ira e protesto. [...] As obras de Tolstói expressam de modo preciso tanto a força quanto a fraqueza, tanto o poder quanto as limitações do movimento de massa camponês.[165]

Por mais longe que fosse ao combater o anarquismo de Tolstói, Lênin glorificava sua descrição do Estado policial e sua negação da propriedade privada e se distanciava da resistência puramente moral que negava a política[166]. Sua abordagem da literatura foi moldada, acima de tudo, pelo que ditava sua convicção socialista revolucionária: Vladímir Ilitch se preocupava com a capacidade dos operários de entender literatura e arte. Leriam? Frequentariam museus? Apenas um revolucionário entusiasta atribuiria tal importância às obras de arte, à ideia de arte.

Lênin não era o melhor juiz do caráter alheio. Às vezes "apaixonava-se" por alguém somente porque projetava na pessoa características que imaginava pertencerem a um "revolucionário de classe operária". Demonstrou certa ingenuidade em relação a membros do proletariado, até que seu partido tomasse o poder. Por isso, cometeu o erro de tornar o operário Roman Malinóvski membro do Comitê Central e representante na Duma, apesar de este ter sido um dos melhores informantes da Okhrana, a polícia do tsar. Naturalmente, nem todas as relações de Lênin terminaram em desapontamento. O ano de 1910 também foi quando tomou forma o mais importante relacionamento dos últimos anos de sua vida, com Inessa Armand. Vladímir Ilitch a conhecera em 1909[167]. Nadiéjda Konstantínovna relatou em suas memórias como eles se encontraram:

---

[165] Idem, "Л. Н. Толстой"/ "L. N. Tolstói", em *Социал-Демократ/ Sotsial-Demokrat* [Social-Democrata], n. 18, 16 (29) nov. 1910, citado em LCW, cit., v. 16, p. 323-7.

[166] LCW, cit., v. 17, p. 323-5.

[167] A própria Armand, em carta escrita a Lênin, descreveu mais tarde os sentimentos que no início abrigava: "Durante aquela época, eu me sentia terrivelmente amedrontada por você. Queria

Inessa Armand chegou a Paris, saída de Bruxelas, em 1910, e de imediato se tornou membro ativo de nosso grupo parisiense. Juntamente com Semachko e Britman (Kazákov), foi eleita para o comitê executivo do grupo e iniciou prolongada correspondência com outros grupos no exterior. Tinha uma família de duas meninas pequenas e um menino, e era bolchevique fervorosa. Nosso pessoal em Paris não demorou a reunir-se em torno dela.[168]

A historiografia soviética encobriu tão obstinadamente o aspecto íntimo e romântico do relacionamento entre Lênin e Armand que chegou a mutilar forma e conteúdo das cartas dele quando da publicação de suas obras completas. Os trechos em que expressavam sentimentos de ternura um pelo outro sofreram extrema censura[169]. Por décadas, isso aumentou o valor das memórias de Krúpskaia como fonte. Sua narrativa registra como Inessa Armand adquiriu a casa em Longjumeau, na qual se alojaram os alunos da escola do partido de Lênin, e como ela abriu um refeitório, utilizado também por Lênin e Krúpskaia. Depois que o casal se mudou para Cracóvia[170], Inessa Armand viajou à Rússia em missão designada por Lênin. Foi presa logo após chegar[171] e libertada somente por intervenção do ex-marido, que lhe pagou a fiança. Fugiu do país antes da audiência e viajou ao encontro de Lênin, que estava em Poronin.

Naquela época, morávamos juntos em Cracóvia e formávamos um pequeno círculo, íntimo e amigável. Inessa alugou um quarto na mesma casa em que morava

---

vê-lo, mas teria preferido morrer ali mesmo a aproximar-me; quando, por alguma razão, você entrou no quarto de N. K., fiquei imediatamente afobada e comportei-me como uma tola. [...] Foi apenas em Longjumeau e no outono seguinte, com as traduções etc., que me acostumei um pouco a você". Ver A. G. Látychev, *Рассекреченный Ленин/ Rassekretchiénny Liénin* [Lênin desconfidencializado] (Moscou, Mart, 1996), p. 289.

[168] Nadiéjda K. Krúpskaia, *Reminiscences of Lenin*, cit., p. 213.

[169] Os documentos sobre esse assunto que se tornaram disponíveis após a mudança de regime foram processados primeiro por A. Látychev em *Rassekretchiénny Liénin*, cit., p. 284-327. Leitores que respeitam a crítica de fontes terão grandes ressalvas a algumas deduções mais frívolas a que Látychev se permite. Ver, em húngaro, "Lenin és Inessa", *Eszmélet*, n. 42, 1999, p. 67-95.

[170] Em carta à mãe, enviada de Paris a Sarátov, Lênin reagia à triste notícia da prisão de suas duas irmãs. "Alguém as visita? Solidão repentina é a pior coisa que pode acontecer em momentos assim" (LCW, cit., v. 37, p. 476). Com grande entusiasmo, ele relata à mãe, em carta de 1º de julho de 1912: "Neste verão, nos mudamos para bem longe de Paris – para Cracóvia. Quase na Rússia! Até os judeus são como os da Rússia, e a fronteira russa fica a oito *verstas* de distância. [...] As mulheres andam descalças e vestem roupas de cores brilhantes [...], exatamente como na Rússia". Ibidem, p. 479.

[171] Algumas fontes estão convictas de que se possa presumir que sua prisão fora "armada" por Roman Malinóvski, o agente da Okhrana. Ver Ralph Carter Elwood, *Inessa Armand*, cit., p. 95.

Kámenev. Minha mãe se afeiçoou muito a ela. Inessa costumava visitá-la para conversar ou apenas para lhe fazer companhia e fumar. Tudo parecia mais acolhedor e alegre com a presença de Inessa. Estávamos completamente absortos nas preocupações e nos afazeres do partido. Nossa vida doméstica se assemelhava à de estudantes, e ficávamos contentes por receber Inessa. Durante uma visita, contou-me bastante a respeito dela e dos filhos e mostrou-me suas cartas. Havia um agradável calor humano nas histórias narradas. Ilitch e eu saíamos com ela em longas caminhadas. Kámenev e Zinóviev chamavam-nos de "bando errante". Costumávamos caminhar para longe, para fora da cidade, até os prados, que se chamam *blon* em polonês. De fato, Inessa tomou para si o pseudônimo Blonina. Amava música e persuadia-nos todos a frequentar concertos de Beethoven. Ela mesma era boa instrumentista e tocava muito bem várias peças de Beethoven. A preferida de Ilitch era *Sonate pathétique*, e ele sempre pedia a Inessa que a executasse.[172]

Deve haver alguma credibilidade nas palavras "nunca poderia amar uma mulher cujas opiniões fossem diferentes das dele, que não fosse sua companheira de trabalho", já que foi Krúpskaia quem as escreveu[173]. O amor entre ele e Armand, claro e evidente em suas cartas, não se baseava apenas nas visões de mundo que se harmonizavam completamente, mas também nas formações "organizativas e culturais" semelhantes. "Estou certo de que você é uma pessoa que se desenvolve, torna-se mais forte e ousada se estiver sozinha em uma posição de responsabilidade", escreveu Lênin a Armand em julho de 1914[174].

Em consequência de Armand falar fluentemente cinco idiomas, Lênin com frequência a escolhia para acompanhá-lo a conferências e congressos internacionais[175]. No entanto, Lênin permanecia com Krúpskaia. Não desejava desestabi-

---

[172] Nadiéjda K. Krúpskaia, *Reminiscences of Lenin*, cit., p. 261. Embora Krúpskaia não estivesse tão encantada pela Polônia rural quanto Lênin, o bom ar das montanhas fora-lhe receitado por seu médico, como antídoto à doença de Basedow-Graves, da qual ela sofria. Ver cartas de Lênin a Maniacha, de Poronin a Vologda, datadas de 12 ou 13 de maio de 1913. Ver LCW, cit., v. 37, p. 495-6; e 22 de abril de 1914, ibidem, p. 518. "Em quinze dias, mais ou menos, voltaremos a Poronin – as montanhas estão lá e espero que passe o problema de tireoide de Nádia – o ar das montanhas é bom para as pessoas que sofrem dessa doença. O clima daqui é maravilhoso, e frequentemente saio de bicicleta."

[173] Citação de "Lenin as a Man", em N. Bítchkova, R. Lavrov e V. Lubicheva (orgs.), *Communist Morality* (Moscou, Progress, 1962). Ver LCW, cit., v. 35, p. 146; ver também Vladímir Efímovitch Melnitchenko, *Lítchnaia jizn Liénina*, cit., p. 199.

[174] LCW, cit., v. 35, p. 146.

[175] Látychev menciona muito mais extensamente as confissões amorosas de Inessa que as do próprio Lênin, pois Vladímir Ilitch pedira a Inessa que devolvesse suas cartas no verão de 1914, por ocasião do "término" entre eles, embora não tenham chegado a terminar de fato o relacionamento. "Bem, meu querido", Inessa escreveu a Lênin, "basta por hoje – quero enviar

lizar sua vida, que era indivisível do partido, da causa em geral e da revolução. Nadiéjda Konstantínovna fazia parte daquilo. É difícil saber se outra pessoa, no lugar dele, teria corrido o risco. Entre as considerações de Lênin, a causa revolucionária esteve sempre em primeiro lugar. Tinha a habilidade de manter íntegra a mais complexa das relações pessoais, se a causa – ou a "política mais ampla" – assim exigisse.

Em junho de 1914, Lênin permaneceu em Poronin enquanto Krúpskaia passava por uma cirurgia ocular em Berlim. No entanto, o início da guerra em 18 de julho de 1914 o forçou a mudar-se de lá com a família. Não foi uma aventura simples, pois para Lênin a guerra começara com sua prisão. Afinal, residia dentro das fronteiras da monarquia austro-húngara, e uma pistola Browning fora encontrada durante uma busca em sua casa, em 7 de agosto de 1914. Victor Adler, o famoso líder social-democrata austríaco, intercedeu junto ao ministro de Assuntos Internos por sua libertação, enfatizando que Lênin era inimigo jurado da ordem tsarista. Ao todo, Lênin passou doze dias na prisão. Durante esse período, ele não pôde acreditar, inicialmente, que em 4 de agosto os sociais-democratas alemães houvessem votado a favor dos créditos de guerra. Nesse dia, Rosa Luxemburgo pronunciou a famosa frase: "A social-democracia alemã tornou-se um cadáver malcheiroso".

Lênin e Krúpskaia se mudaram para a Suíça – Berna, mais especificamente – em 5 de setembro[176]. Porém, o grupo bolchevique local encontrava-se quase falido; ao chegar o outono de 1914, restavam nos cofres do partido 160 francos[177]. No país natal, representantes da Duma bolchevique (Badáiev, Chágov, Múranov, Petróvski, Samóilov) que apoiavam a posição de Lênin contra a participação russa na guerra foram presos e enviados ao exílio. Naquele momento, Lênin

---

isto. Ontem não chegou carta sua! Receio muito que minhas cartas não o estejam alcançando! [...] Tenho as ideias mais improváveis ao pensar nisso. [...] Mando-lhe um grande beijo, sua Inessa." Adiante, Volkógonov cita Lênin: "Ó, como eu gostaria de beijá-la mil vezes para saudá-la e desejar-lhe grande sucesso! Tenho absoluta certeza de que alcançará sucesso em tudo. Sinceramente Seu. V. L." Ver CPA IML (Gashpri), f. 2, op. 1, delo 3327; A. Látychev, *Rassekretchiénny Liénin*, cit., p. 286-7. O autor também se mostra convincente ao argumentar que, caso Lênin desejasse, Krúpskaia teria se afastado. Embora não o desejasse, permaneceu apaixonado por Inessa Armand durante toda a vida. Isso está documentado nas reminiscências das mulheres (Nadiéjda K. Krúpskaia, Angélica Balabánova, Aleksandra Kollontai), que lembraram o colapso sofrido por Lênin no funeral de Inessa, após ela morrer de cólera. Inessa foi sepultada junto à muralha do Krêmlin na praça Vermelha, em 24 de setembro de 1920.

176 Finalmente abandonaram Berna e instalaram-se em Zurique: "Nádia e eu", escreveu à irmã em 20 de fevereiro de 1916, "estamos muito satisfeitos com Zurique; aqui há boas bibliotecas". Escreveu, então, um "relatório de situação" à mãe, em 12 de março. Ver LCW, cit., v. 37, p. 529.

177 Piotr Nikoláivitch Pospiélov, *Lenin, Vladimir Ilyich: A Biography*, cit., p. 285.

empreendia profundos trabalhos teóricos, a maioria nos campos da economia e da filosofia. Nas conferências secretas realizadas em Zimmerwald e Kienthal pelo movimento internacional, Lênin e seu círculo elaboraram princípios e ideias em relação à guerra.

Lênin e Inessa mantiveram intensa correspondência durante a guerra, mesmo após terem se "separado" a pedido de Lênin[178]. O trio coabitou durante poucos meses, no outono de 1915, em Sörenberg, não muito distante de Berna, no sanatório do pequeno vilarejo nas montanhas – na capital suíça, houve uma conferência internacional de mulheres durante a primavera anterior. Um debate teórico sobre "amor livre" surgiu entre eles no período, com base no rascunho de uma brochura preparada (e enviada a Lênin) por Inessa. Em carta datada de 17 de janeiro de 1915, Lênin descrevia a exigência de "amor livre" "não como verdadeira exigência proletária, mas burguesa", porque, em sua opinião, o que Armand fazia entender, de modo subjetivo, como "liberdade no amor" não era o mais importante. Lênin escreveu sobre a prevalência da "lógica *objetiva* das relações de classe nos assuntos amorosos"[179].

Lênin dava apoio claro e categórico a Inessa quando ela postulava que se poderia falar em liberdade amorosa apenas em sentido superficial e de classe média, caso as relações dos apaixonados em questão fossem independentes de considerações financeiras e materiais. Por conseguinte, a linha de argumentação de Inessa não aceitava a identificação do amor livre com o adultério. A tese de Lênin era a seguinte: as "mulheres da burguesia" entendiam amor livre como "livrar-se do aspecto mais sério do amor, o da procriação", como liberdade para o adultério. Citando Inessa, Lênin iniciava uma polêmica entre ambos:

"Até mesmo intimidade e paixão fugazes" são mais "poéticas e puras" que "os beijos sem amor" dos (vulgares e superficiais) pares casados. Isso é o que você escreve. E é isso que pretende escrever em seu panfleto. Muito bem.

O contraste é lógico? Beijos sem amor entre casais vulgares são *sujos*. Concordo. Deve-se contrastar a eles... o quê...? Seria possível pensar: beijos *com* amor? E você os contrasta à "fugaz" (por que fugaz?), "paixão" (por que não amor?) – assim, logicamente, segue-se que beijos sem amor (fugazes) são contrastados aos beijos sem amor das pessoas casadas. [...] Estranho. Tratando-se de um panfleto popular, talvez fosse melhor contrastar o casamento filisteu/intelectual/camponês (creio que se encontrem em meu item 6 ou 5) sujo, vulgar e sem amor ao casamento

---

[178] Sobre o assunto, ver A. G. Látychev, *Rassekretchiénny Liénin*, cit., p. 304-16. O que Látychev especula não é interessante em si, mas os documentos citados são importantes para que se entenda a história de amor de ambos.

[179] LCW, cit., v. 35, p. 180-1.

civil proletário com amor, adicionando, *se você de fato insiste*, que intimidade e paixão fugazes também possam ser sujas ou puras.[180]

Aplicar a teoria de classe à esfera privada do amor gera inúmeros debates; no entanto, os argumentos trocados entre os dois envolvidos talvez documentem também o amor imperecível entre eles.

Ao longo de 1916, quando Lênin e a esposa viviam a maior dificuldade financeira desde o exílio, ele quis oferecer apoio à amiga e camarada, por meio de uma sequência de cartas solícitas. Em 7 de abril, por exemplo, de um sanatório nas colinas próximas a Zurique, onde ele e Krúpskaia convalesciam, escreveu a Inessa, que se preparava para viajar de Paris à Suíça, a seguinte carta:

> Minha cara amiga, estamos surpresos e preocupados por não termos notícias suas. Enviamos o livro e o dinheiro em 25 de março. Desde então, ao contrário de outras ocasiões, não recebemos resposta. Será possível que esteja trabalhando em sua dissertação com tanto afinco? Desejo de todo o coração que tenha sucesso, mas, ainda assim, não há necessidade de exaurir-se completamente. Que tal escrever-nos algumas linhas? Enviamos nossas saudações e lhe desejamos tudo de bom. Seu amigo, Lênin.[181]

Lênin perguntava persistentemente pela saúde de Armand. Em 25 de julho de 1916, por exemplo, escreveu: "Desejo-lhe tudo de bom e lhe imploro para que *se trate*, de modo que esteja *bastante* bem quando chegar o inverno. Vá ao sul, à luz do sol!!"[182]. A devoção de Vladímir Ilitch a Inessa permaneceria um compromisso vitalício, e ele sustentou os filhos dela durante toda a vida – esse papel foi assumido por Nadiéjda Konstantínovna após a morte dele.

O contato de Lênin com outras mulheres sempre aconteceu dentro dos limites de convenções e cortesias pequeno-burguesas. Qualquer tipo de atitude sexista lhe era estranha. Tal comportamento se originava, em parte, de sua educação e, ao mesmo tempo, de sua personalidade e convicções. Embora pouquíssimas mulheres tenham se tornado verdadeiramente íntimas dele, nos debates políticos Lênin sempre as levou tão a sério quanto levava os homens; ele nunca diferenciou os sexos nesse sentido. Isto é, não concebia vínculos entre homens e mulheres com base em relações primárias de "poder", "naturalmente ordenadas". O feminismo liberal, como se entende hoje, permaneceu alheio a sua abordagem e seu aparato mental, em termos de teoria e filosofia da história, na medida em que inferia do

---

[180] Ibidem, p. 182-4.
[181] A. G. Látychev, *Rassekretchiénny Liénin*, cit., p. 102-3.
[182] LCW, cit., v. 43, p. 552-3.

## No poder

Embora na virada de 1916/1917 suscitasse dúvidas quanto àquele ser o melhor momento para deflagrar a revolução, Lênin iniciou preparativos para retornar ao país logo após saber da Revolução de Fevereiro. Por fim, 32 bolcheviques voltaram a São Petersburgo, via Alemanha, no famoso "trem selado"[183]. Quando eles partiram de Zurique, um grupo de mencheviques e SRs* organizou um pequeno protesto contra Lênin na estação de trem[184]. Ao final, após retornarem, Inessa se instalou em Moscou, e Lênin, em São Petersburgo.

Para Lênin, 1917 não foi um conto de fadas que terminou com sua ascensão ao mais elevado assento do poder; foi, sim, uma série de duras provações – e nesse ínterim, com frequência, sua vida esteve por um fio. Os eventos de aparência mais miraculosa foram seu retorno à Rússia e a vitória da Revolução de Outubro[185].

---

[183] É ponto controverso, em grande parte inventado apenas para o debate, se o retorno dos bolcheviques – que levou, por assim dizer, à derrubada do governo provisório – foi ou não organizado pelo serviço secreto alemão, pelo comando militar alemão, o "ouro alemão", os "milhões alemães". No que se refere ao "dinheiro alemão", não existe dado que se possa levar a sério; é uma verdadeira farsa de épocas de mudança de regime. O que se pode provar é que o social-democrata suíço Karl Moor (que, mais tarde, descobriu-se ter sido agente do governo alemão) entregou mais de 35.079 dólares a Ganiétski, Rádek e Vorovski; eles os devolveram em 1925 e 1927. Essa quantia serve a A. G. Látyshev como evidência sobre a qual construir acusações impossíveis. Ver A. G. Látychev, *Rassekretchiénny Liénin*, cit., p. 102-3. Outras suspeitas de fraude surgiram a respeito disso no segmento dos historiógrafos dedicados aos negócios. Todo esse campo de questões foi desbravado com segurança por Semion Lyandres, ao provar que, antes de tomarem o poder, os bolcheviques jamais haviam recebido qualquer dinheiro do governo alemão ou de fundações alemãs. O documento do governo provisório que acusava Lênin e os bolcheviques dos atos descritos não resistiria ao exame crítico da prática judicial atual, ou da época, tanto em termos de documentação quanto de argumentação jurídica. Ver em Semion Lyandres, *The Bolsheviks' "German Gold" Revisited: An Inquiry into the 1917 Accusations*, artigos de Carl Beck sobre estudos russos e europeus orientais, n. 1.106 (Pittsburgh, Center for Russian & East European Studies, University of Pittsburgh, 1995), especialmente p. 93-104; para uma crítica historiográfica do assunto, principalmente quanto à falsa apresentação de Volkógonov, p. 166.

* Sigla pela qual eram conhecidos os socialistas-revolucionários, membros do Partido Socialista Revolucionário, que desfrutava de grande popularidade entre a população camponesa. (N. E.)

[184] Ver a recordação de Zinóviev em Fritz Platten, *Ленин из эмиграции в Россию/ Liénin iz emigrátsi v Rossíu* [Lênin, da emigração para a Rússia] (Moscou, Moskovsky Rabótchy, 1990), p. 121-4.

[185] Reminiscências detalham o grande ânimo com que (parte do) Estado-maior revolucionário retornou a bordo do "trem selado". Lênin cantou algumas de suas canções revolucionárias

Os distritos de São Petersburgo onde moravam os operários – soviete de São Petersburgo – irromperam em atividade frenética, antecipando a volta de Vladímir Ilitch cedo pela manhã, depois de doze anos no exílio. Por volta da meia-noite, dezenas de milhares de soldados e operários já aguardavam o trem – e, é claro, principalmente Lênin – na estação Finlândia.

Ao chegar, Lênin discursou em meio a ondas de aplausos ruidosos, acompanhados por trechos da "Marselhesa" e da "Internacional", enquanto a multidão avançava para o centro da cidade. Foi o momento em que se tornou um verdadeiro "campeão do povo". Quando bradou, ao fim de seu discurso, "longa vida à revolução socialista!", evidenciou que o futuro líder da revolução encontrava-se em um patamar diferente, no que dizia respeito a avaliação e perspectiva revolucionárias, daquele dos líderes oficiais dos sovietes – durante certo período, diferente até mesmo dos líderes de seu próprio partido. O lendário carro blindado o levou ao palácio de Kchessínskaia, quartel-general do Comitê Central Bolchevique e do comitê do partido em São Petersburgo. Krúpskaia e Lênin se instalaram no apartamento da irmã dele e de seu marido, Mark Elizárov, onde passaram as noites, até as "jornadas de julho".

Quando os protestos de 3 de julho quase desencadearam a revolução, os poderes vigentes recorreram às ferramentas costumeiras de repressão: proscreveram o partido dos "ultrarrevolucionários" – no caso, os bolcheviques. Lênin foi forçado à clandestinidade, embora a ideia de que ele deveria comparecer ao tribunal fosse defendida por algumas figuras importantes do partido. Stálin opinou contra o comparecimento, pois achava que os *kadets* espancariam Lênin até a morte, antes mesmo que chegasse ao tribunal. Vladímir Ilitch mudou constantemente de apartamentos na capital; depois, mudou de domicílio diversas vezes até chegar à Finlândia, via Sestroretsk. Aportou inicialmente em Razliv, nos arredores de São Petersburgo, acompanhado de Zinóviev, e recebeu visitas de Ordjonikidze, Stálin, Sverdlov e Dzerjínski. A localidade se tornou famosa pelo fato de que Lênin escreveu lá a maior parte de *O Estado e a revolução*. O prêmio por sua cabeça surtiu efeito, no entanto, e funcionários das autoridades locais começaram a surgir na vizinhança. Por fim, deixou Razliv em 8 de agosto, auxiliado por Chótman, Rákhia e Emeliánov, e fugiu do país disfarçado de foguista em uma locomotiva a vapor. O "caderno azul" logo foi posto sob custódia de Chótman. Lênin o instruiu a, na eventualidade de seu aprisionamento, entregar a obra ao Comitê Central.

Ao chegarem a Helsinque, Chótman instalou Vladímir Ilitch no apartamento de um social-democrata finlandês, capitão da polícia local. Foi uma solução bas-

---

favoritas e, não obstante, às vezes expulsava de sua cabine os amigos enquanto trabalhava intensamente naquelas que viriam a ser as famosas *Teses de abril* [inclusas em Slavoj Žižek (org.), *Às portas da revolução: escritos de Lenin de 1917*, São Paulo, Boitempo, 2005. Idem; ver, por exemplo, as recordações de E. Usiévitch, em ibidem, p. 149-51.

tante boa, sob o aspecto conspiratório[186]. Lênin continuou a mudar de residências na cidade finlandesa. Não parou de trabalhar, escrevendo durante todos aqueles dias. Recebia os jornais e, por intermédio de rotas complexas e conspiratórias, mantinha contato permanente com a capital russa.

As famosas cartas de Lênin que trataram do levante, da possibilidade e da necessidade de tomar o poder foram escritas sob aquelas circunstâncias. Parecia ter atingido o objetivo de sua vida; a revolução proletária era iminente. Quando os sovietes convocaram o "conselho democrático" em setembro e elegeram o "pré-parlamento", ficou claro que, de uma maneira ou de outra, a questão do poder seria motivo de luta acalorada, senão armada, em pouquíssimo tempo. A polarização (dos cerceamentos à democracia até a revolta de Kornílov) avançava implacável, destacando as alternativas básicas que Lênin já traçara (nas *Teses de abril*). As descrições românticas de seu retorno, que formaram o âmago dos livros de história no Bloco Soviético, poucas décadas atrás, são essencialmente fiéis aos fatos[187].

Ainda na clandestinidade, Lênin apareceu em Petrogrado no início de outubro e participou da histórica reunião do Comitê Central em 10 de outubro, na qual foi aprovada a resolução do levante armado. A reunião aconteceu no apartamento de Sukhánov, intelectual menchevique cuja esposa apoiava os bolcheviques. Apenas Kámenev e Zinóviev, discípulos políticos mais próximos de Lênin, se opuseram ao levante armado. No final, "deram com a língua nos dentes" à imprensa; isso feriu os sentimentos de Lênin, que continuou a mencionar esse fato, repetidamente, durante os anos seguintes. Enquanto isso, suas outras relações – com Trótski, por exemplo, que se juntara ao partido bolchevique em agosto de 1917 e desempenhara na revolução um papel muito admirado por Lênin – tomaram direções positivas. Todos consideravam Lênin o líder da revolução proletária, antes mesmo que fosse eleito a qualquer cargo oficial.

Lênin, apesar de sua relutância, foi eleito por unanimidade presidente do Conselho do Comissariado do Povo (governo soviete). Não se encontrava cercado por nenhum tipo de "culto" oficial[188]. Foi obrigado, do primeiro ao último minuto, a sustentar polêmicas quase incessantes com seus mais caros amigos e

---

[186] Piotr Nikoláivitch Pospiélov, *Lenin, Vladimir Ilyich: A Biography*, cit., p. 370-1.

[187] Em húngaro, uma das obras que talvez proporcione um vislumbre dos eventos que se desdobravam é o livro "neobarroco" de István Dolmányos, *Ragyogó Október: a nagy oroszországi szocialista forradalom története* [Outubro Radiante: a história da Grande Revolução Russa] (Budapeste, Kossuth, 1979), p. 269-90.

[188] Os primeiros passos dados na direção de um culto à personalidade talvez datem de julho de 1923, quando o Comitê Executivo Central dos Sovietes elegeu o adoentado Lênin presidente do Conselho do Comissariado do Povo. Dois dias depois, foi estabelecido em Moscou o Instituto Lênin, com o propósito de coletar dados biográficos de Lênin; então, em 18 de julho, o assim chamado Conselho do Comissariado dos Povos Menores votou em favor de uma resolução de

colegas, que se valiam dos mesmos princípios, a respeito dos mais variados e cruciais problemas. Com frequência, perdia essas discussões. Não foi líder oficial do partido nem mesmo em outubro; foi simplesmente membro do Comitê Central e, é claro, tornou-se também membro do órgão supervisor mais estrito estabelecido em 1919, o Politburo. Os líderes carismáticos do povo, no início, não são eleitos nem nomeados, mas aclamados pelas massas e pelo ambiente político imediato. Isso se chama "legitimação popular".

Em 1919, Lênin foi o motriz do estabelecimento da Internacional Comunista e, da mesma forma, representou um papel fundamental, instigador e organizador na criação da União Soviética. Foi então que se tornou revolucionário, político e estadista, simultaneamente. Ele corporificava todo o necessário para a sobrevivência da Revolução Russa: tinha um ímpeto organizador que se concentrava em áreas decisivas; inspirava as massas; apresentava grande flexibilidade política, compromisso plebeu e internacionalista intransigente, além de vigor; dispunha-se ao autossacrifício.

Como assinalou um de seus biógrafos oficiais, Lênin nunca demonstrou sinal de desesperança ou pânico – nem mesmo em conjunturas críticas, durante ou após o período da revolução. Para o seleto círculo da família e dos amigos, e mesmo em alguns escritos, expressou dúvidas quanto à possibilidade de alcançar em curto prazo os principais objetivos da revolução. Sua energia, sua força de vontade e sua paixão pela vida inspiravam quem estava em volta e tornavam-se uma espécie de incitação para massas significativas de operários; isso foi, em parte, essencial na habilidade do partido – e do governo soviético – de mudar súbita e radicalmente as abordagens políticas sempre que necessário[189]. Ratificar o Tratado de Paz de Brest-Litovsk com a Alemanha, em março de 1918, forçou Lênin a uma batalha longa e tenaz, que concedeu ao soviete no poder uma trégua muito desejada, ainda que breve. As políticas que introduziram o comunismo de guerra, ou Nova Política Econômica (NEP), foram resultado de tais percepções súbitas e momentos de mudança.

A vida privada de Lênin após a revolução foi indivisível da história política do poder soviético. Depois de 1917, Krúpskaia continuou a trabalhar no campo da pedagogia, e da educação em geral, como funcionária do comissariado de Lunatchárski. Não havia grandes diferenças entre os padrões de vida de Lênin e dos irmãos, o que também ocorria com os antigos revolucionários. A revolução ocupava-lhes as vinte e quatro horas do dia.

---

nacionalizar o lar da família Uliánov em Simbirsk para que este abrigasse o Museu Lênin. G. N. Gólikov (org.), *Liénin: biografítcheskaia khrónika*, cit., v. 12, p. 618-9.

[189] Ver a entrada de Nikolai Mescheriákov no já citado v. 11 da *Literatúrnaia Entsiklopiédia*, p. 192.

Outubro não trouxe mudanças a Lênin, pois, tal como o destino da revolução, a vida dele estava por um fio. Dia e noite, ele e os camaradas permaneciam à espreita para ter alguma chance de sobrevivência. Percorreram um caminho marcado por engenhosas tramas políticas, de um lado, e erros banais, de outro, até alcançarem o verão de 1918, a deflagração da guerra civil e um novo capítulo da luta de vida ou morte.

Os hábitos alimentares de Lênin eram tão modestos quanto aqueles de qualquer cidadão soviético que trabalhasse em uma fábrica ou escritório: sopa, pão, peixe e chá compunham sua dieta. Entregava todos os alimentos presenteados a ele, por operários ou camponeses, a instituições de assistência infantil. Seu humilde padrão de existência não se originava de impostura farisaica, mas de seu modo plebeu de levar a vida e de sua visão revolucionária de mundo, que "não lhe permitia comer enquanto outros passavam fome". Colegas mais próximos às vezes contrabandeavam um ou dois pedaços de pão até sua despensa, os quais ele nunca imaginava que excedessem as rações determinadas[190]. De suas muitas aspirações anteriores a Outubro, suas "ideias fixas", permaneceu, acima de tudo, o desejo de esclarecer e educar as massas e criar bibliotecas[191]. Para começar, Lênin não acreditava que a revolução tivesse boas chances de sobreviver sob as condições criadas pelo sistema capitalista mundial e, por isso, tentou, tão rapidamente quanto possível, organizar comemorações simbólicas da federação de operários e camponeses sovietes e das metas políticas e culturais da revolução. As estátuas de Marx e Engels, dos revolucionários, dos assassinos do tsar (Peróvskaia, Jeliábov e seus companheiros, mas não seu irmão) e dos grandes escritores e artistas (Gógol, Dostoiévski, Tolstói, Saltykov-Schédrin e, é claro, Tchernychiévski) foram todas erigidas, naquela mesma época, com tal propósito. E, já que Lênin jamais se manifestara como "especialista" em assuntos artísticos, também se recusou a formular oficialmente sua antipatia pelos vanguardistas. Com frequência, em termos gerais, declarava a importância da arte e sua função humanista, "civilizadora".

Desde o início, Lênin foi o "inimigo número um" de diversas forças políticas. Após os membros da coalizão no governo soviético se rebelarem na primavera de 1918, Lênin tornou-se o principal alvo da então mais recente forma de terrorismo. Sua vida foi transformada pelas três tentativas de assassinato que sofreu.

Para compreender o pensamento e a vida de Lênin, deve-se constatar que, a todo custo, até mesmo depois de Outubro, a atividade revolucionária permaneceu

---

[190] Vladímir Efímovitch Melnitchenko, *Lítchnaia jizn Liénina*, cit., p. 91.

[191] Um enorme arquivo de documentos está disponível para demonstrar a tremenda importância que Lênin atribuía aos livros e às bibliotecas públicas, a partir do ponto de vista da cultura das massas, mesmo após Outubro. Ver Nadiéjda K. Krúpskaia, *Liénin i knígui*, cit.

no epicentro da vida de Lênin. Para ele, vida e revolução eram uma única coisa. E isso já tinha ficado evidente quando, em 20 de novembro de 1911, ele proferiu um discurso, representando o POSDR[192], ao pé da sepultura de Laura, filha de Marx, e do marido dela, Paul Lafargue. Ambos cometeram suicídio ao sentir, em seus anos de declínio, que haviam se tornado supérfluos para o movimento revolucionário e que, portanto, suas vidas já não tinham significado.

Tal sentimento deve ter dominado Lênin, onze anos mais tarde, em dezembro de 1922, quando ele perdeu parcialmente a capacidade de se movimentar e, por conseguinte, de trabalhar. Memórias de Krúpskaia e Mólotov informam que Lênin queria desistir da vida. Pediu veneno a Stálin (cianeto de potássio, o mesmo utilizado pelos Lafargue), a fim de dar fim a sua tortura emocional. Stálin prometera duas vezes realizar tal desejo, embora durante a reunião do Politburo em 30 de maio de 1923 tenha se recusado a completar a "missão" e ninguém a tenha assumido em seu lugar[193].

Nenhum aparato especial foi estabelecido para proteger a vida de Lênin. Isso talvez não tenha sido resultado do "desleixo russo", ainda que tal desleixo tenha influenciado muitas outras coisas. A verdadeira causa pode ser atribuída ao fato de que Lênin, induzido pela espontaneidade militar, social e institucional da revolução, ainda não pensava na burocratização vindoura. Isso constituiria problema em uma época posterior, quando, porém, já não se contava com sua liderança.

Com espírito coletivista, Lênin pensava em termos de classes e contradições de classes. Sofreu vários atentados contra sua vida e até neles via os resultados imediatos de ações típicas de classe; ao mesmo tempo, não atribuía grande importância ao fato de serem dirigidos a sua pessoa. É verdade, no entanto, que soluções individualistas – como a instituição de uma guarda pessoal – não seriam, naquele período, conciliáveis com a própria revolução.

Em dezembro de 1917, um estudante neurótico "seguiu" para o quarto de Lênin no Smólni (nem mesmo ali havia segurança apropriada!), mas não disparou contra ele. Somente após sair e tentar retornar (e já detido por um guarda), a arma disparou por acidente, dentro de seu bolso. A sorte esteve a favor de Lênin em mais de uma ocasião.

---

[192] Ver LCW, cit., v. 17, p. 304.

[193] Em 22 de dezembro de 1922, Lênin ditou a seguinte nota: "Não se esqueçam de tomar todas as medidas [...]; se a paralisia impedir-me também a fala, por razões humanitárias, deem-me cianeto, que tomaram também os Lafargue". O próprio Stálin a reproduziu em memorando ao Politburo, em 17 de março de 1923. Ver F. Tchúiev, *Сто Сорок бесед с Молотовым/ Stó Sórok bessed s Mólotovim* [Cento e quarenta conversas com Mólotov] (Moscou, Terra, 1991); Aleksandr A. Maisurian, *Drugói Liénin*, cit., p. 128-9; Vladímir Efímovitch Melnitchenko, *Lítchnaia jizn Liénina*, cit., p. 251-2.

A primeira tentativa real de assassinato ocorreu em Petrogrado, em 1º de janeiro de 1918, quando, ao retornar de uma reunião, fez a curva após a ponte Simeonóvski para entrar na Fontanka e seu carro foi alvejado diversas vezes. Felizmente, as balas "ricochetearam" ou se perderam na blindagem do De Luna Belville, embora algumas tenham atravessado o capô e o para-brisa. Lênin foi salvo por Fritz Platten, que protegeu com o próprio corpo o presidente do governo soviético. Lênin não considerou o fato digno nem mesmo de investigação. Como Platten recordou-se tempos depois, "Lênin afirmou que nenhum bolchevique russo está livre de tais riscos"[194].

O mais perigoso atentado contra a vida de Lênin ocorreu em 30 de agosto de 1918, protagonizado por Dora (Fanni) Kaplan. Pela manhã, Lênin foi informado de que um terrorista alvejara o capitão da Tcheká de Petrogrado, Moisei Solomónovitch Urítski. De imediato, enviou Féliks Dzerjínski a Petrogrado para investigar. À noite, ignorando a expressa dissuasão de sua irmã mais jovem, foi a uma reunião de operários na fábrica Míkhelson. Milhares de operários lá estariam reunidos e ele chamaria atenção ao fechamento do *front* aberto pelo Exército tchecoslovaco. Kaplan disparou três vezes à queima-roupa; um tiro atingiu o pescoço de Lênin.

Embora gravemente ferido, pediu calma e compostura aos operários que o cercavam. Quando chegaram ao Krêmlin, o motorista, S. K. Guil, quis que o transportassem de maca. Lênin se recusou e pediu somente que alguém lhe entregasse o paletó e o sobretudo. Subiu as escadas até seu apartamento no terceiro andar, sustentado pelos camaradas[195].

Mal se passara um ano e, durante o período de escassez do comunismo de guerra, Lênin foi vítima de outro ataque. Após ter proferido seu famoso discurso na sacada do quartel-general do Soviete Moscovita, em janeiro de 1919, em que denunciou os assassinatos de Rosa Luxemburgo e Karl Liebknecht, partiu para Sokolnik em companhia de Maria Ilínitchna. Chegando à cidade, participaria das festividades natalinas, com alunos da escola florestal. Lênin apreciava a companhia de crianças, talvez porque não pudesse tê-las, em função da deficiência autoimune da esposa. Um curioso entreato interrompeu a excursão. O automóvel foi atacado por salteadores – típico, dadas as condições de insegurança geral causadas pela guerra civil –, e os ocupantes foram compelidos, sob a mira de armas, a entregar o veículo, as carteiras e os documentos[196]. Lênin prontamente sugeriu um "meio-termo", mas foi forçado a entregar seu revólver.

---

[194] G. N. Gólikov (org.), *Liénin: biografítcheskaia khrónika*, cit., v. 5, p. 170-1.

[195] Ibidem, v. 6, p. 112-4; Aleksandr A. Maisurian, *Drugói Liénin*, cit., p. 120-3.

[196] G. N. Gólikov (org.), *Liénin: biografítcheskaia khrónika*, cit., v. 6, p. 445; Aleksandr A. Maisurian, *Drugói Liénin*, cit., p. 125-7. O automóvel e os criminosos foram encontrados depois.

Depois do roubo, encaminharam-se a pé ao soviete de Sokolnik, e Lênin mandou chamar Peters, um dos líderes da Tcheká, a fim de lhe informar do ocorrido. Felizmente para Lênin, os salteadores não perceberam quem haviam atacado. No entanto, a história foi parar na famosa brochura de Lênin, *Esquerdismo, doença infantil do comunismo*, discutida no capítulo que trata de concessões [Capítulo 7]. O que se define como ato de bravura em determinada época? Vale a pena sacrificar-se, e sacrificar outros, em nome de metas inalcançáveis? Mediante essas perguntas, o drama pessoal se transferia ao campo da política e da ideologia política.

No mesmo período, Lênin foi forçado a abandonar a maior parte de suas atividades esportivas; após 1917, não pôde mais jogar xadrez, o jogo exigia-lhe demasiado vigor mental. Górki, cidade nas cercanias de Moscou, tornou-se seu local de descanso, onde podia caçar ou caminhar ocasionalmente. O alpinismo, porém, ficou relegado ao domínio das memórias felizes. Lênin passava o tempo livre lendo e, embora tivesse no Krêmlin uma biblioteca com quase 10 mil volumes[197], frequentemente tomava emprestados livros e periódicos das bibliotecas de Moscou, devorando as novidades estrangeiras çom especial prazer. Na primeira metade de 1923, recebeu uma quantidade significativa de volumes de Berlim, incluindo várias obras de Víktor Chklóvski, Iliá Ehrenburg, S. Prokóvitch e Grigóri Landau. Em fevereiro de 1923, dedicou-se a um trabalho importante, político e teórico – em meio a uma repentina e pronunciada melhora de saúde, após a paralisia anterior. Em 19 de outubro, mandou levar a Górki, de sua biblioteca no Krêmlin, três volumes de Hegel e um livro de Plekhánov. No mesmo dia, viajou até o Krêmlin pela última vez, para "dar adeus a seu escritório"[198].

Lênin foi, a um só tempo, muito "moderno" e conservador em questões de arte, modo de vestir-se e gosto pessoal. Abominava a superficialidade e o esnobismo dos revolucionários que "negavam tudo". Suas preferências em literatura e música eram definidas pela tradição clássica, assim como sua indumentária. O traje um pouco gasto, porém imaculadamente limpo – colete, sobretudo, gravata, além do famoso boné de pala –, o acompanhava em quase todas as viagens. Krúpskaia seguia essa linha: um paletó feminino bem surrado e saltos gastos. Seu traje simples encontra-se hoje em exibição na cidade de Górki.

Ao mesmo tempo, Lênin defendia a liberdade de costumes, o que ficou aparente pelo fato de ter assinado um decreto que descriminalizava a homossexualidade na Rússia soviética, o primeiro do gênero em todo o mundo. Tchitchiérin,

---

[197] N. N. Kutchárkov et al. (orgs.), *Библиотека В. И. Ленина в Кремле: каталог/ Biblioteka V. I. Liénina v Kriémle: katalog* [A biblioteca de V. I. Lênin no Krêmlin: catálogo] (Moscou, Izdátelstvo Vssiessoiúznoi Knoznói Palaty, 1961). O catálogo descreve 8.450 textos.

[198] G. N. Gólikov (org.), *Liénin: bigrafitcheskaia khrónika*, cit., v. 12, p. 1.571-4 e 638.

comissário para as Relações Exteriores, não escondia seu amor por homens, e muitos outros não ocultavam a própria orientação sexual. Já sob o governo de Stálin, a partir de março de 1934, a homossexualidade passou a ser considerada problema médico e contravenção[199].

A força física de Lênin não o abandonava por muito tempo; e ele não conheceu o significado de "exaustão", até que foi acometido de doença grave. Durante os cem dias anteriores à Revolução de Outubro, em movimento constante devido à ameaça de ilegalidade – vivendo em cabanas, lavadouros e locais semelhantes –, escreveu todos os dias, à mão, é claro, uma média de cinco ou seis páginas de texto impresso (com mais ou menos 2.800 caracteres por página), tratando dos assuntos teóricos e políticos mais vitais à revolução; esse material incluiu *O Estado e a revolução*. Uma verdadeira façanha, até mesmo em termos puramente físicos. Lênin superou esse desafio com o volume de atividades que dedicou, após 1917, à construção do Estado, aos afazeres do partido, ao Comintern e a outras organizações. Até perder a habilidade de escrever e falar, ao longo de cinco anos escreveu mais de dez volumes de teoria, publicações políticas, documentos, cartas e anotações.

Lênin lia em uma variedade de idiomas e fez isso até seus últimos dias de vida. A última língua que começou a estudar – já dominava alemão, francês, inglês e numerosas línguas eslavas – foi o búlgaro. O último livro de que desfrutou, lido para ele por Krúpskaia e mantido em sua mesa de cabeceira, foi uma obra de Jack London. Também tomou pé da literatura produzida no primeiro período soviético, embora a retórica revolucionária não o atraísse. Próximo do fim, "fez as pazes" com a poesia de inovação formal – não por causa do romantismo revolucionário, mas porque ela desmistificava a burocracia soviética e sua "sucessão autoaniquiladora de reuniões". Preferia não partilhar com outros suas experiências literárias. Lia por prazer, e a ideia de impingir seus gostos a qualquer outra pessoa não lhe passava pela mente. Tudo o que fosse novo, do cinema às belas-artes, despertava-lhe interesse, mas ainda assim continuava puritano. Em 1921, quis fechar provisoriamente o Teatro Bolchói por falta de fundos. Seus colegas comissários, com Lunatchárski à frente, votaram contra a estranha ideia.

A saúde de Lênin não se deteriorou de súbito ao final de 1922. Dores de cabeça e insônia, com frequência torturantes, já lhe acometiam por um longo período. Em retrospectiva, os médicos notaram nele sintomas que poderia ter herdado da linhagem paterna.

---

[199] Aleksandr A. Maisurian, *Drugói Liénin*, cit., p. 342-5. Em 1925, Grigóri Batkis escreveu em seu livro intitulado *Сексуальная революция в Советском Союзе/ Seksuálnaia revoliútsia v Soviétskom Soiúze* [A revolução sexual na União Soviética] (Moscou, 1925): "A lei soviética proclama a não interferência absoluta do Estado em questões relacionadas aos sexos, desde que ninguém sofra danos e não se infrinjam os direitos de ninguém".

Iliá Nikoláievitch Uliánov (1832-1886) também morreu jovem, com 54 anos e quatro meses (o filho viveu nove meses menos). Vladímir Ilitch assemelhava-se ao pai: era emotivo, enérgico, amadureceu ainda jovem. Ambos eram propensos à arteriosclerose precoce, que costuma induzir hemorragia cerebral[200]. Essa foi a derradeira causa de sua morte.

A constituição de Lênin suportou incríveis sobrecargas físicas e mentais até março de 1922. Já havia solicitado um mês de férias em 8 de julho de 1921. Queixara-se a Górki de cansaço e, mais tarde, escusara-se a Lunatchárski pela mesma razão, alegando insônia. Em fevereiro de 1922, após o III Congresso do Comintern, mais uma vez houve dúvidas de que ele pudesse de algum modo participar dos trabalhos. Em 23 de abril, finalmente removeram a bala que havia se alojado em seu corpo durante o atentado de Kaplan. Graças a seu físico vigoroso, recuperou-se da cirurgia em questão de dias, mas nem isso lhe aliviou o sofrimento. A primeira hemorragia cerebral, resultado da arteriosclerose, abateu Lênin em 26 de maio[201].

Proferiu um grave discurso no Teatro Bolchói, em outubro de 1922, durante o Congresso de Sovietes de Toda a Rússia*, o que demonstrou sua inigualável força de vontade, mas também sua incapacidade de se apresentar como antes, pois suas palavras esmoreceram em alguns momentos. Sofreu dois ataques em 13 de dezembro e, então, após outra convulsão, na madrugada do dia 15, seu braço direito ficou paralisado. Embora tais sintomas ocasionalmente regredissem, esse foi, de fato, o começo do fim.

Não obstante, continuou a ditar à secretária opiniões e assuntos referentes a sua sucessão. Essa foi, por assim dizer, uma preparação para o congresso do partido, do qual não pôde participar[202]. Em consequência da doença de Lênin, reforçaram-se as ambições de Stálin, e as relações privadas entre eles se complicaram em razão de um estranho episódio.

Em 23 de dezembro, Krúpskaia queixou-se a Liev Boríssovitch Kámenev, que anteriormente havia nomeado Stálin ao cargo de secretário-geral, com as seguintes palavras:

---

[200] Dmítri Vassílievitch Kólessov, *V. I. Liénin: lítchnost' i sudba*, cit., n. 8, p. 101.

[201] Um assunto favorito da leninologia pós-moderna é que Lênin teria morrido de sífilis, porém não há um único livro que possa comprová-lo. Não que isso tenha qualquer importância quanto à obra de sua vida, porém as fontes sobre o assunto são bastante inequívocas. Iúri Mikháilovitch Lopúkhin, *Болезни, смерть и бальзамирование В. И. Ленина/ Boliézni, smert i balzamírovanie V. I. Liénina* [Doenças, morte e embalsamamento de V. I. Lênin] (Moscou, Respublika, 1997).

\* Também traduzido por Congresso Pan-Russo de Sovietes. (N. E.)

[202] Ver um relato objetivo em, por exemplo, Ronald W. Clark, *Lenin*, cit., p. 463-6.

Caro Liev Boríssovitch,

a propósito da breve carta escrita por mim e ditada por Vladímir Ilitch, com autorização do médico, Stálin me telefonou ontem e dirigiu-se a mim do modo mais grosseiro. Afastei-me do partido apenas por um dia. Em todos os trinta anos, jamais ouvi de qualquer camarada uma única palavra rude. Os interesses do partido e de Ilitch não são menos valiosos para mim que para Stálin.

Prosseguiu pedindo a Kámenev que a protegesse "da rude interferência em minha vida pessoal, de rixas e ameaças indignas [...]. Não duvido da decisão unânime da comissão de controle com que Stálin me ameaça, porém não tenho forças nem tempo para desperdiçar em querelas estúpidas"[203].

Nadiéjda Konstantínovna contou o incidente a Lênin apenas muito depois; como consequência, Lênin escreveu a Stálin, em 5 de março, uma carta irada e altamente confidencial, da qual enviou cópias a Kámenev e Zinóviev. Muitos pesquisadores acreditam que a carta documenta o rompimento das relações entre eles e, de fato, que já refletia a opinião de Lênin de que Stálin era uma "má escolha" para secretário-geral. Em nota muito citada, de 4 de janeiro de 1923, Lênin escreveu um parecer que incluía a caracterização de Stálin[204]. Embora propusesse a demissão de Stálin ("é grosseiro demais, e tal defeito, inteiramente suportável nas relações entre nós, comunistas, torna-se insuportável no cargo de secretário-geral. Portanto, proponho aos camaradas que encontrem um modo de remover Stálin do cargo e de nomear outro homem [...]"), não indicou sucessor específico e até mesmo enfatizou traços negativos de outros revolucionários[205]. O fato de que sua opinião positiva a respeito de Stálin havia mudado também se refletiu na carta de 5 de março, já citada, na qual ele exige que Stálin peça desculpas urgentes a Krúpskaia. Caso isso deixasse de acontecer, Lênin propunha o rompimento imediato de relações[206].

---

[203] LCW, cit., v. 45, p. 607, nota.

[204] Em recomendações e avaliações de sua famosa Carta ao Congresso, a caracterização de alguns líderes bolcheviques mereceu proeminência, como ditado por Lênin em 24-25 de dezembro de 1922. LCW, cit., v. 36, p. 594-6.

[205] Sobre Trótski: "Pessoalmente, talvez seja o homem mais capaz no atual C. C., porém tem demonstrado excessiva autoconfiança e excessiva preocupação com o aspecto puramente administrativo do trabalho". Não perdoara Kámenev e Zinóviev pelo episódio de outubro. Declarou Bukhárin (juntamente com Piátakov) o mais talentoso dos jovens membros do partido, "favorito de todo o partido, mas suas posições teóricas só podem ser declaradas inteiramente marxistas com grande reserva, porque há algo de escolástico nele (nunca estudou dialética e, creio, jamais a entendeu por completo)". Ibidem, p. 595.

[206] "Caro camarada Stálin, você teve a indelicadeza de chamar minha esposa ao telefone e empregar má linguagem. Embora ela lhe tenha dito estar preparada para esquecer o acon-

Nos últimos meses de vida, Lênin passou por severas provações psicológicas, sem mencionar as dores físicas. O problema emocional não foi despedir-se da vida, mas a circunstância de ver-se isolado da política, que significava tudo para ele, e não ter mais influência nas questões públicas, à medida que se tornava mais e mais consciente das dificuldades geradas pelas contradições internas do novo sistema. Talvez a mais importante delas tenha sido a questão nacional.

Um dia após divulgar a carta em que exigia desculpas de Stálin, Lênin voltou-se ao diretório do Partido Comunista Georgiano, abordando o assim chamado Caso Georgiano e oferecendo apoio e proteção contra Stálin, Ordjonikidze e Dzerjínski. Escreveu: "Acompanho seu caso com todo o coração. Estou indignado com a rudeza de Ordjonikidze e com a conivência de Stálin e Dzerjínski. Preparo anotações e um discurso a respeito de seu problema"[207].

Pode-se dizer que, ao fim da vida, Lênin combatia em duas frentes, de maneira a manter vivo o Estado soviético: por um lado, esforçava-se para erradicar os círculos intelectuais burgueses ligados ao velho sistema e colocar a Igreja em seu devido lugar; por outro – com menor sucesso, deve-se notar –, tentava censurar e repelir nacionalistas e burocratas do próprio partido. Tal fracasso o perturbou terrivelmente.

Dois dias antes de morrer, saiu à caça, de cadeira de rodas e pela última vez, nas florestas próximas, mas não conseguiu segurar a espingarda. É natural que tenha passado por sua mente que se despedia da vida que lhe dera tanto contentamento: a revolução. Ainda assim, sentia-se desapontado à medida que se aproximava a morte, pois a *obra* permanecia um torso, não formava um corpo inteiro.

Lênin ainda estava vivo quando seus companheiros revolucionários e seus colegas em posições de liderança passaram a lutar por seu legado intelectual e político. Quando se formou a Oposição de Esquerda, em outubro de 1923, liderada por Trótski, até mesmo Lênin seria obrigado a reconhecer o desenvolvimento inevitável daquele processo. Ficou tão agitado quando a resolução do XIII Congresso do Partido, que denunciava Trótski, foi lida no dia anterior a sua morte, que Krúpskaia, mentindo-lhe por benevolência, disse que "as resoluções foram aprovadas por unanimidade"[208]. Pouco antes da morte de Vladímir Ilitch, sua esposa também lhe leu um folheto de Trótski, no qual Liev Davídovitch comparava a importância de Lênin à de Marx.

---

tecido, o fato foi reportado por ela a conhecer a Zinóviev e Kámenev. Não tenho nenhuma intenção de esquecer facilmente o que foi feito contra mim, e é desnecessário mencionar que considero o que foi feito a minha esposa feito igualmente contra mim. Peço-lhe, portanto, que pondere se está preparado para retirar o que disse e oferecer suas desculpas ou se prefere que se rompam as relações entre nós." LCW, cit., v. 45, p. 607.

[207] Ibidem, p. 608.

[208] G. N. Gólikov (org.), *Liénin: biografitcheskaia khrónika*, cit., v. 12, p. 662.

## 100  Tamás Krausz

Sua condição piorou de maneira acentuada em 21 de janeiro de 1924, às 17h, quando a febre subiu a 41 graus. Às 18h50, em consequência de uma parada do sistema respiratório, faleceu. Às 19h, Maria Ilínitchna informou o fato, por telefone, ao Comitê Político em Moscou[209]. No dia seguinte, o Comitê Central do partido bolchevique fez a seguinte declaração, dirigida aos membros do partido: "Desde Marx, não houve figura tão gigantesca na história do grande movimento para a libertação do proletariado quanto a de nosso líder, professor e amigo recém-falecido"[210].

Embora o embalsamamento e a exibição do cadáver tenham sido completamente alheios à essência de Lênin, como então observou Krúpskaia, foram obrigatórios pelos padrões históricos característicos do estágio em que finalmente terminou a "experiência leniniana". Não surgiu, até o presente, um único documento oficial que se opusesse à exibição, no mausoléu, do corpo embalsamado de Lênin. O embalsamamento do corpo e o estabelecimento do mausoléu foram proclamados em 25 de março de 1925, elevando o culto a Lênin a estatuto oficial[211].

---

[209] Ibidem, p. 664.

[210] Ibidem, p. 665.

[211] Embora todos ainda tivessem em mente que as festividades sufocantemente opulentas organizadas para seu quinquagésimo aniversário haviam desagradado ao homenageado, "[...] evitaram qualquer coisa que se assemelhasse a um culto à personalidade". Angélica Balabánova, *Impressions of Lenin*, cit., p. 5. Quando sua esposa, Nadiéjda Konstantínovna, em artigo de julho de 1924, acrescentou a frase muito citada, em relação a seu estudo da obra de Lênin – "não é preciso fazer de Lênin um ícone –", já era tarde demais. Ver Nadiéjda K. Krúpskaia, "Подготовка ленинца"/ "Podgotovka lenintsa" [A preparação do leninismo], em *Izbránnye proizvediénia*, cit., p. 125. Para uma das primeiras investigações do culto a Lênin, ver Nina Tumarkin, *Lenin Lives! The Lenin Cult in Soviet Russia* (Cambridge/Londres, Harvard University Press, 1983).

> *O que o professor burguês se propõe não é pôr a descoberto*
> *todo o mecanismo, não é desmascarar todas as artimanhas dos*
> *monopolistas bancários, mas embelezá-las.*
>
> Vladímir Ilitch Uliánov Lênin*

---

\* *O imperialismo, fase superior do capitalismo*, em OE6T, cit., t. 2, p. 321-2.

# 2
# CAPITALISMO RUSSO E REVOLUÇÃO

## Os desafios na virada do século

No início do século XX, 82% da população russa, de maioria camponesa, vivia nas *gubiérnias* europeias. Meros 13,4% da população total de 125,7 milhões estavam em cidades. A taxa de natalidade era bastante alta, e quase um quarto da população tinha menos de nove anos de idade. Por volta de 1914, apesar do célere investimento de capital, do desenvolvimento industrial e do significativo aumento da fatia urbana da população, a superpopulação agrária não tinha diminuído[1]. Até hoje, a profundidade da penetração capitalista continua sendo matéria de polêmica entre historiadores, em especial porque a Rússia era então um império continental, composto de 140 nações. Tal situação pode ser abordada mais facilmente após um exame cuidadoso das consequências filosófico-intelectuais contemporâneas do desenvolvimento econômico, sem o qual nenhum historiador apreende de modo analítico a história das revoluções russas.

A partir do último terço do século XIX – isto é, após a reforma emancipadora de 1861* –, a questão fundamental do discurso erudito na vida intelectual passou a ser a natureza do incipiente capitalismo russo, sustentado pela autocracia[2]. Escritores emigrados e locais – de Hérzen a Dostoiévski, de Kovalévski a Kliutchévski,

---

[1] Andrei Nikoláievitch Sákharov et al., *Россия в начале XX века/ Rossíia v natchale XX vieka* [A Rússia no começo do século XX] (Moscou, Nóvyi Khronograf, 2002), p. 20-2.

* Medida por meio da qual a servidão foi abolida na Rússia. (N. E.)

[2] Seria impossível conseguir compilar uma lista completa, então são oferecidas aqui apenas algumas publicações controversas, para consulta adicional. Andrei Nikoláievitch Sákharov et al., *Rossíia v natchale XX vieka*, cit.; V. S. Diákin, *Был ли шанс у Столыпина?/ Byl li chans u Stolypina?* [Haveria alguma chance para Stolypin?] (Moscou, Liss, 2002); A. Y. Avrekh, *Царизм накануне свержения/ Tsarism nakanúnie sverjiénia* [O tsarismo na véspera da derrubada]

de Marx ao jovem Lênin – se dedicaram a entender as particularidades da nova forma de desenvolvimento da Rússia, e cada um chegou a conclusões políticas alinhadas às próprias convicções.

Dos anos 1890 à primeira Revolução Russa, a pergunta fundamental pode ser resumida da seguinte maneira: quais são os parâmetros dos novos avanços do capitalismo, intermediados pelo investimento direto de capital estrangeiro? Embutida nessa pergunta, há outra: quais são as raízes do "capitalismo agrário"? O rápido crescimento da indústria pesada nas duas principais cidades russas e em suas extensas áreas circundantes, bem como nas prósperas e altamente lucrativas regiões mineradoras, proporcionava à intelectualidade nacional motivos para refletir sobre as perspectivas oferecidas pelo novo sistema. Afinal, o império multinacional russo rebentava-se pelas costuras, em um processo acelerado pelas aspirações nacionalistas que começavam a despertar em diferentes grupos étnicos.

Considerando as consequências naturais do crescimento capitalista – miséria urbana, transformação lenta, ainda que capitalista, da agricultura, diferenciação econômica e social, ampliação do desemprego, prostituição, pobreza e proliferação do crime –, inferem-se vários elementos. As animosidades já existentes na sociedade russa foram claramente exacerbadas pela primeira revolução, com suas metas de democracia burguesa e seus resultados parciais, que incluíram o aparecimento de partidos políticos legalizados, a "Constituição do Tsar", a Duma, o desejo de terras para os camponeses, e o temor de nobres e grandes proprietários de terras de perder posição social. A crise da autocracia reinante pode, assim, ser definida com base nos novos problemas gerados pela ascensão das classes médias e pelas atividades revolucionárias do movimento operário moderno. O curso da história exigia a resolução dessa tensão.

A primeira Revolução Russa mostrou todas as contradições fundamentais da nova forma de desenvolvimento: o fracasso da política imperialista, a derrota humilhante na Guerra Russo-Japonesa (que revelou a fraqueza militar do Império) e os crescentes e desesperadores problemas sociais que ameaçavam, de dentro, a unidade política e social. Houve formas tradicionais de resistência social, como rebeliões motivadas pela fome, apropriações de terra por parte de camponeses e greves. Ao mesmo tempo, houve o estabelecimento dos sovietes e um levante armado dos operários (em dezembro de 1905). Pode-se observar aí certo desenrolar dinâmico dos eventos. Com o enfraquecimento da estrutura autocrática, muitas alas do movimento social-democrata começaram a conceber maneiras de avançar ainda mais a revolução. Naquele momento,

---

(Moscou, Naúka, 1989); e I. V. Ostróvski, П. А. *Столыпин и его время/ P. A. Stolypin i evó vriémia* [P. A. Stolypin e seu tempo] (Novosibirsk, Naúka, 1992).

com a crescente radicalização revolucionária, a derrocada de todo o sistema capitalista parecia possível.

Após a derrota da primeira revolução, as contradições do desenvolvimento russo se agruparam em três problemas básicos: 1) o caráter e a direção do desenvolvimento da autocracia; 2) as alternativas apresentadas pela reforma agrária de Stolypin e pelo desenvolvimento econômico da Rússia; e 3) soluções políticas para a distribuição de terras agrícolas e o desenvolvimento industrial. Esta última questão definiu os conflitos internos da frente operária da revolução.

Apesar de a derrota total das metas revolucionárias em 1907 ter sugerido soluções burguesas e monarquistas constitucionais à sociedade instruída, a intelectualidade russa estava dividida em relação a tal "casamento". Intelectuais que recaíram na autocracia, como os conservadores liberais agrupados em torno dos volumes de *Bexul Vékhi* [Marcos] (Berdiáev, Struve, Bulgákov, Frank e outros), tentaram casar o desenvolvimento burguês, sob o disfarce de filosofia religiosa, com a estatalidade russa, hegemonia (*derjávnost*), ortodoxia cristã russa e monarquia. Os liberais ocidentalizados do Partido Constitucional-Democrata de Miliúkov (*kadets*) sustentavam a fantasia da monarquia constitucional. Os Cem-Negros, de extrema direita – cujos objetivos se perdiam em um passado distante –, desejavam a "renovação monarquista", apoiada em terror e violência. Isto é, pretendiam mobilizar as massas com ferramentas organizacionais inéditas e "exterminar completamente" a social-democracia. A assim chamada direita burguesa outubrista e conservadora, representando a natureza peculiar da burguesia russa, não se dispunha a abandonar o íntimo "pacto" com o tsar e a aristocracia latifundiária. Os membros do partido camponês, os SRs, também se encontravam divididos entre apoiadores do desenvolvimento burguês da Rússia e terroristas antimonárquicos.

Tais desdobramentos, discussões e batalhas se refletiram no duradouro conflito entre os sociais-democratas e os vários movimentos. Vladímir Ilitch Lênin foi figura decisiva nessas batalhas. No âmago de sua obra teórica, estava a conclusão cada vez mais diferenciada de que a Rússia se encontrava, de maneira inevitável, à beira de revoluções que moldariam o futuro do mundo.

As diretrizes do pensamento de Lênin, sua análise histórica e seus argumentos teóricos, ao lado de numerosos escritos e investigações do capitalismo russo, formam uma totalidade coesa em termos de metodologia, apesar de eventos e metas políticas pesarem de modo considerável em seu processo analítico. Preocupações políticas imediatas, no entanto, não afetaram negativamente a qualidade de seu pensamento nem de sua teoria; algumas vezes até lhe serviram de inspiração. A coerência teórica e metodológica de suas investigações é surpreendente, dado que Lênin ainda não terminara sua educação universitária ao concluir o primeiro estudo de Marx. Lênin empreendeu o estudo sistemático das conquistas do sistema capitalista russo em paralelo aos estudos marxistas, por volta de 1891-1892.

O que é o capital? De que se constitui sua essência? Existe alternativa razoável ao capital? É possível a restauração da sociedade tradicional? Essas perguntas tiveram de ser feitas na época em oposição aos *naródniki* e a todos os movimentos que viam o capitalismo como algo independente e alheio ao espírito russo e às condições históricas do país. Naquele momento, o marxismo se propagou pela Rússia, desencadeando uma revolução copernicana na história do pensamento científico nacional – em especial no modo de pensar da nova geração de intelectuais revoltados contra a autocracia.

As ideias de Lênin nos campos de organização e teoria política foram sendo formuladas organicamente, por meio do estudo histórico, econômico, teórico e político do capitalismo russo e, de maneira mais ampla, do sistema capitalista. Tais análises "abriram espaço" para o novo *movimento de massas* de tipo proletário e a cartografia da revolução vindoura.

A análise do *sistema* fez despontar o reconhecimento de que o inimigo não era a pessoa do tsar nem o proprietário capitalista, mas o tsarismo, o *sistema*, e o próprio capitalismo, com condições sociais impessoais, complexa rede de associações e a totalidade de suas diferenciadas estruturas e relações socioeconômicas[3]. Por extensão, tal reconhecimento levou à valorização do movimento operário e à rejeição das tradicionais ações terroristas na Rússia.

A questão que Lênin já havia formado na cabeça aos vinte anos de idade era: como enfrentar com sucesso o sistema, se as características e as regras de sua existência não forem reveladas, entendidas e debatidas em público? O jovem aceitava a máxima hegeliana de que escravos deixam de ser escravos ao tomar consciência de sua escravidão.

## Rompimento com o narodismo

Lênin não completara 23 anos quando terminou os primeiros esboços de sua obra sobre o desenvolvimento do capitalismo russo[4]. Esses escritos iniciais,

---

[3] Em seu conhecido livrinho sobre o imperialismo, escrito em 1916, Lênin ainda destaca esse tema da "impessoalidade" do sistema ao discutir a questão da violência de guerra: "Os capitalistas não partilham o mundo levados por uma particular perversidade, mas porque o grau de concentração a que se chegou os obriga a seguir esse caminho para obterem lucros". Ver LCW, cit., v. 22, p. 253.

[4] Os primeiros quatro trabalhos escritos por Lênin podem ser encontrados no primeiro volume dos LCW. Seu primeiro artigo foi "Novas orientações econômicas na vida camponesa", uma resenha sobre o livro *A economia camponesa da Rússia meridional* (1891), de V. E. Póstnikov.

RECONSTRUINDO LÊNIN    107

além de resenhas, artigos e palestras – entre eles o famoso panfleto *Quem são os "amigos do povo" e como lutam contra os sociais-democratas?* (1894)[5], que refutava conclusivamente a abordagem política e econômica dos *naródniki* –, foram todos, de acordo com declarações posteriores de Lênin, trabalhos preparatórios para *O desenvolvimento do capitalismo na Rússia* (1899)*. Esse livro, a obra mais importante dele sobre história econômica russa, é o único texto histórico desenvolvido por Lênin a partir de uma verdadeira abordagem científica especializada[6]. Essas investigações científicas tiveram uma importância excepcional na cristalização do pensamento teórico e político de Lênin[7] – basta lembrar que sua obra lhe ocupou todo o tempo passado na prisão, que os capítulos lhe surgiram completos e que ele solicitou à família, durante o exílio, livros especializados para utilizar como fonte[8].

---

Lênin registrou no papel sua observação na primavera de 1893; o texto foi publicado pela primeira vez em 1923.

[5] LCW, cit., v. 1, p. 129-332. Foi escrito em 1894 e publicado no mesmo ano – embora estivesse sendo preparado desde o verão de 1892-1893, quando Lênin lecionou o tema em círculos marxistas em Samara. No outono de 1894, o autor realizou leituras de seu livro no círculo marxista de São Petersburgo. Para mais informações sobre a distribuição e o destino do livro, ver idem, p. 517-8.

* Trad. José Paulo Netto, São Paulo, Abril Cultural, 1982. (N. E.)

[6] Até historiadores da economia e economistas, como Alec Nove, tinham o livro de Lênin em alta conta, embora ele naturalmente não fosse considerado economista. Ao mesmo tempo, Nove assinalou que o interesse de Lênin pela economia seria "unilateral", pois, embora fizesse uma excepcional interpretação de Marx e conhecesse bem Adam Smith e as teorias econômicas clássicas, não tratava em absoluto de microeconomia, na qual, como figura política, não tinha tempo de mergulhar. Ver Alec Nove, "Lenin as Economist", em Leonard Schapiro e Peter Reddaway (orgs.), *Lenin: The Man, the Theorist, the Leader* (Nova York, Praeger, 1967), p. 187-210.

[7] O tema de fato remonta a uma rigorosa tradição de pensamento teórico, como algumas das investigações de Attila Ágh, anteriores a 1989, em que ele buscava delinear a importância teórica do livro *O desenvolvimento do capitalismo na Rússia*. Ver Attila Ágh, *A politika világa* [O mundo da política] (Budapeste, Kossuth, 1984), p. 190. Outra obra que pode ser citada aqui é Ferenc Tőkei, *A szocializmus dialektikájáról* [Sobre a dialética do socialismo] (Budapeste, Kossuth, 1974).

[8] Carta a sua mãe, enviada de Krasnoiarsk e datada de 26 de março de 1896, em que Lênin solicitava literatura sobre história econômica: *Ежегодник Министерства финансов/ Ejegódnik Ministerstva fináns ov* [Relatório anual do Ministério das Finanças] (São Petersburgo, 1869); Comitê Central Estatístico do Ministério do Interior, *Статистический временник Российской империи/ Statistichesky vremennik Rossiiskoi imperii* [Estatística anual do Império Russo]; e I. Bock (org.), *Материалы для статистики фабрично-заводской промышленности в Европейской России за 1868 год/ Materialy dlya statistiki fabrichno-zavodskoi promyshlennosti v Yevropeiskoi Rossii za 1868 god* [Material para as estatísticas da indústria da Rússia europeia para 1868] (São Petersburgo, 1872), entre outros. Ver LCW, cit., v. 37, p. 98.

Lênin tinha diploma de direito e, com o passar dos anos, além de conduzir estudos sérios nos campos da agricultura e estatística, adquiriu conhecimentos de economia, história e metodologia científica. Em sua pesquisa, esforçou-se por unir metodologia e conhecimento científicos especializados ao método e à teoria econômicos e históricos empregados por Marx. Deixou para trás a antiga abordagem positivista e sociológica da história e da ciência. A partir dessa base criticou o provincianismo de certos acadêmicos da época, que tinham abordagens empíricas limitadas, distanciados de outras ciências e teorias, deixavam de considerar o sistema integral e elevavam a "segmentação" e a "singularidade" ao estatuto de absolutos.

A abordagem marxista do jovem Lênin já se mostrava em suas primeiras anotações sobre o livro de história agrária escrito por V. E. Póstnikov. Percebia que, se determinado assunto – a questão camponesa, por exemplo – fosse "artificialmente" extraído do sistema *completo* de referências, "perdia-se a integridade do quadro". Empregando uma abordagem mista de história econômica, teoria e economia política, Lênin incluía a natureza e o sistema de relações da agricultura camponesa no contexto geral do sistema capitalista florescente, de modo a capturar a essência conceitual do capitalismo[9]. Empenhava-se inteiramente em recriar o verdadeiro contexto histórico e sociológico das questões examinadas.

Seu conceito inicial de capitalismo também se engendrou a partir da produção de mercadorias e das formas *históricas* específicas da divisão do trabalho sobre as quais se fundava a particular diferenciação de tal produção. Abordava o capitalismo como sistema social, uma "economia social", na qual a relação com o capital, a produção de mais-valor, a maximização do lucro e a acumulação de capital constituíam a estrutura social dominante. Entendia o fato, peculiar e fundamental ao capitalismo, de que a concorrência de mercado transformava o próprio ser humano, seu trabalho, em mercadoria comum (trabalhador assalariado). Descreveu esse sistema, que ele já havia interpretado quando jovem, em uma grande variedade de formas históricas[10].

Lênin descobriu uma teoria geral econômica e histórica estabelecida pelo legado marxiano e utilizou seu coerente sistema de conceitos para apreender os fatores fundamentais da sociedade burguesa moderna e as tendências de

---

[9] LCW, cit., v. 1, p. 12-3.

[10] Ibidem, p. 69-70. Quanto a esse tema, na primavera de 1894 Lênin estudava *A origem da família, da propriedade privada e do Estado* [trad. Leandro Konder, Rio de Janeiro, BestBolso, 2016], de Engels. Ver G. N. Gólikov (org.), *Ленин: биографическая хроника/ Liénin: biografítcheskaia khrónika* [Lênin: crônica biográfica] (Moscou, Izdatelstvo Politicheskoy Literatura, 1970), v. 1, p. 87.

seu desenvolvimento universal[11]. Vários ramos políticos podiam, enfim, encontrar na abordagem de Lênin um elo, uma visão de mundo diferente da *naródnik*, que dominara por décadas o pensamento da oposição russa. Está claro que não foi somente Lênin que especulou sobre esses problemas, mas outros escritores revolucionários também.

Por exemplo, Mártov, que fora preso com Lênin, realizou uma crítica metódica do narodismo em 1896, quando se encontrava atrás das grades; o texto foi publicado no ano seguinte pelo primeiro periódico marxista legalizado, o *Новое Слово/ Nóvoie Slovo* [Nova Palavra][12]. Mártov considerava ideológica a diferença entre sua abordagem e a de Lênin, na medida em que Lênin comparava o "narodismo decadente dos anos 1890" ao narodismo revolucionário dos anos 1870, enquanto o próprio Mártov "traçava meticulosamente toda a evolução do narodismo legalista" e examinava de perto a contradição básica com a qual o "movimento revolucionário/utopista, rejeitando toda espécie de 'burguesia' e todo o modo de produção capitalista, criava tensão com o oportunismo adaptativo de suas tendências reformistas"[13]. No entanto, a diferença entre eles era que Lênin ocupava-se principalmente das concepções econômicas do narodismo.

*Quem são os "amigos do povo"* suscitou reações fortes não apenas em consequência do tempero político. Em oposição à sociologia positivista, enfatizava que a mera "coleta de material" e a "mera descrição de fenômenos" estavam entre os piores legados da antiga abordagem da ciência[14]. Na interpretação de Lênin, as perguntas mais próximas do âmago da nova concepção científica eram como se desenvolvia o sistema de mercadorias da economia social e como a agricultura russa se sujeitara ao sistema de mercado capitalista.

Até mesmo a introdução a *Quem são os "amigos do povo"* é extremamente interessante. Que motivos levaram Marx a falar em "sociedade moderna", se os economistas antes dele só falavam em sociedade de modo geral? Cumprindo que

---

[11] Nessa época, Lênin não teria como conhecer uma série de importantes obras de Marx, como os *Grundrisse*, que só foram descobertos em 1923 por David Riazánov, o diretor do Instituto Marx-Engels em Moscou, quando este trabalhava na primeira edição das obras completas de Marx e Engels. A famosa *Introdução* foi encontrada por Kautsky. Ver Marcello Musto, "Dissemination and Reception of the *Grundrisse* in the World: A Contribution to the History of Marxism", em *Karl Marx's "Grundrisse"* (Londres/Nova York, Routledge, 2008), p. 177-88.

[12] Július Mártov, *Общественные и умственные течения в России, 1870-1905/ Obschiéstvennye i umstviénnye tetchiénia v Rossíi* [Correntes sociais e intelectuais na Rússia] (Leningrado/Moscou, Kniga, 1924), p. 1.

[13] Idem.

[14] "É evidente que a ideia básica de Marx de que o desenvolvimento das formações socioeconômicas é um processo natural da história atinge a raiz dessa moralidade infantil que reivindica o título de sociologia." Ver LCW, cit., v. 1, p. 136-41.

função o conceito de "moderno" entra em jogo e segundo quais critérios Marx diferencia a sociedade moderna das demais?

Aqui Lênin esboçou os conceitos básicos da teoria marxista da forma social (formação social, modos de produção, relações de produção etc.) com ênfase na predeterminação econômica da estrutura social[15]. À parte as características universais do capitalismo, interessava-se pela transformação *concreta* da sociedade tradicional em capitalismo, em especial no sistema de mercadorias da economia capitalista russa. Contrariando os *naródniki*, Lênin demonstrou que a "Rússia *havia ingressado* no modelo capitalista"[16] e, ao mesmo tempo, tinha se unido à batalha contra a abordagem liberal (principalmente a de Mikhailóvski), que, então, ainda passava por narodismo e informava aos leitores contemporâneos que na Rússia "não havia proletariado", mas que um sistema *peculiar a ela* estava para nascer[17].

Lênin via como mais grave problema econômico e social – por uma perspectiva tanto teórica quanto científica – a diferenciação social e econômica do campesinato, que poderia ser associada diretamente à expansão do trabalho rural assalariado. Chamava-lhe a atenção o fato de que os camponeses russos, na maior parte, sequer faziam uso das terras que lhes eram distribuídas, localizadas em importantes zonas agrícolas ("suas propriedades" dentro da comuna rural). Em consequência da falta de ferramentas necessárias para cultivar a terra, os camponeses a alugavam ou dela se afastavam por qualquer outra razão. Lênin procurou as causas da ampla diferenciação do campesinato na concorrência e na produção capitalista de modo geral e também nos avanços tecnológicos: "O aparecimento de muitos domicílios não produtivos e o crescimento em número deles são determinados pelo conflito de interesses econômicos dentro do campesinato". O principal instrumento dessa batalha era a redução dos custos de produção, que acompanhava o crescimento da economia[18].

---

[15] "A análise de relações sociais materiais (ou seja, daquelas que tomam forma sem passar pela consciência humana: ao trocarem produtos as pessoas entram em relações de produção sem sequer perceber que há uma relação social de produção) tornou possível, ao mesmo tempo, a observação de recorrências e regularidades e a generalização dos sistemas dos vários países em um único conceito fundamental: *formação social*." Ibidem, p. 140.

[16] LCW, cit., v. 1, p. 195.

[17] "Na Rússia", ironizou Lênin diante das dúvidas de Mikhailóvski quanto à própria existência de um proletariado, "o único país onde podem ser encontradas tal pobreza desesperançosa das massas e tal exploração desavergonhada dos trabalhadores; que foi comparada (e com razão) à Inglaterra, no que diz respeito à condição dos pobres; e onde a fome de milhões de pessoas é algo permanente e convive, por exemplo, com um constante aumento na exportação de grãos: na Rússia não há proletariado!" LCW, cit., v. 1, p. 195-6.

[18] Ibidem, p. 63-4 e 72.

Ao estudar as causas da diferenciação camponesa, Lênin chegou à questão da economia de mercado: "A causa fundamental do conflito de interesses econômicos entre os camponeses é a existência de um sistema em que o mercado regula a produção social"[19]. Em sua segunda obra, *Sobre a assim chamada questão do mercado*[20], combinou o problema da diferenciação camponesa ao da formação da economia de mercado.

Foi nesse texto que Lênin discutiu, pela primeira vez, os aspectos gerais do capitalismo e os aspectos particulares do capitalismo russo, no contexto da dialética do geral e do particular. Expôs a questão da seguinte forma: "É necessário que o capitalismo se desenvolva na Rússia?". Por trás dessa pergunta, havia a convicção de que o narodismo não mais apoiava os pés sobre uma base histórica e os *naródniki* eram incapazes de entender por que os camponeses russos, apesar da privação de seu estrato social, se mantinham "em silêncio" – isto é, por que não davam atenção aos ideais salvadores da nação disseminados pelos "pregadores" *naródniki*, que se consideravam vocacionados.

Por uma perspectiva política e científica, Lênin acreditava que o mais danoso e ingênuo preconceito *naródnik* era opor a pobreza ao modo como funcionava o capitalismo[21]. A importância política de tal problema científico e teórico ficou imediatamente clara, pois, se o capitalismo não tivesse se enraizado no império do tsar, então Marx, o marxismo e a social-democracia não se aplicariam à Rússia. A obra acadêmica de Lênin dedicava-se completamente a refutar tal tese. Os *naródniki* viam o antigo sistema econômico natural como se ainda fosse alternativa viável na Rússia diante do capitalismo. Lênin considerava que o principal erro dos *naródniki* e dos primeiros marxistas tinha sido o de conceber o capitalismo – e sua característica essencial, a troca – como questão de acaso, "em vez de um sistema particular, definido dentro da economia"[22].

---

[19] Ibidem, p. 73.

[20] Antes de redigir esse estudo, Lênin apresentou suas ideias em um debate, como um treino (ligado à conferência de G. B. Krássin "A questão do mercado"), expondo-as como um comentário a essa conferência. O estudo foi escrito no outono de 1893 e publicado pela primeira vez em 1937. Ver G. N. Gólikov, *Liénin: biografítcheskaia khrónika*, cit., v. 1, p. 80-1; e LCW, cit., v. 1, p. 75-128.

[21] "O desenvolvimento do capitalismo certamente exige um amplo mercado interno; mas a ruína do campesinato solapa esse mercado, ameaça fechá-lo por completo e impossibilitar a própria organização da ordem capitalista. É verdade, dizem, que, ao transformar a economia natural de nossos produtores diretos em uma economia de mercadorias, o capitalismo está criando um mercado para si mesmo; mas é concebível que os restos miseráveis da economia natural para os camponeses indigentes possam formar uma base para o desenvolvimento, em nosso país, da pujante produção capitalista que vemos no Ocidente?" LCW, cit., v. 1, p. 79.

[22] Ibidem, p. 91-2.

Assim, de acordo com essa abordagem, Lênin não via a *pobreza* como anomalia do sistema; os *naródniki*, por sua vez, consideravam-na uma espécie de "acidente" remediável. Economia de mercado, acumulação de capital, concentração e concorrência de mercado, que permeiam tudo, além de avanço tecnológico, renovam constantemente o que está ultrapassado na estrutura capitalista de divisão do trabalho. Ao longo do processo, e em consequência das crises, de tempos em tempos o sistema depreciava a subsistência de milhões de pessoas vinculadas a tal estrutura. Quando os *naródniki* tratavam como problema moral os problemas de mercado, eles desviavam a atenção da verdadeira natureza do sistema. Contrariando isso, Lênin se concentrava na transformação estrutural e na proletarização de grandes massas dentro da sociedade. Esse processo – hoje denominado *reestruturação* – estava condicionado à dissolução da classe camponesa unida, da comuna rural, a *obschina*.

Nos primeiros escritos, ele já havia detectado a presença de componentes econômicos pré-capitalistas que "não pertenciam àquele contexto", o que considerou, mais tarde, um problema básico (*mnógoukladnosti*). Em *Quem são os "amigos do povo"*, escrito primariamente com objetivo político, Lênin tratou das peculiaridades históricas do capitalismo russo. Em *O desenvolvimento do capitalismo na Rússia*, a análise da combinação de corveia e economia capitalista após as reformas de 1861 representa uma parte totalmente madura da obra. O título já assinala que, com a ampliação do mercado interno, a indústria manufatureira eliminava o isolamento da Rússia rural pré-capitalista[23]. O camponês – tendo sido, por assim dizer, desterrado no rastro das reformas de 1861 – tornava-se um proletário que permanecia vinculado à agricultura[24], num fenômeno verdadeiramente russo de consequências sociais e políticas abrangentes. A crescente polêmica de Lênin contra o liberalismo contribuiu de maneira fundamental para a diferenciação de seu posicionamento. Os primeiros aliados do liberalismo – tanto das correntes eslavófilo-*naródniki* quanto das ocidentalizadas – emergiram nos círculos dos "marxistas legais".

## Rompimento com o liberalismo

O encontro de Lênin com Piotr Struve em 1894 marcou o início de seu debate com o liberalismo, que duraria quase três décadas. Na época, o movimento liberal

---

[23] Ver "The Development of Capitalism in Russia", em LCW, cit., v. 3, p. 25-6 e 193-8.

[24] "Com toda a infindável variedade de formas [...], a organização econômica da agricultura contemporânea de senhorio se resume a dois sistemas principais, nas mais variadas combinações – o sistema de *trabalho em serviços* e o sistema *capitalista*. O primeiro [...] é um resquício direto da economia de corveia." Ibidem, p. 194.

ainda "amadurecia" sob o disfarce do "marxismo legal"[25], do qual, em parte, se originara. O problema fundamental, teórico e político, era como se relacionar com o novo sistema capitalista e manter a postura crítica no que tangia à abordagem *naródnik* do capitalismo[26].

Lênin fez distinções entre as várias críticas não marxistas ao capitalismo. Por exemplo, escreveu uma crítica positiva sobre *A evolução do capitalismo moderno*, de Hobson, cuja tradução russa fora publicada em São Petersburgo, em 1898, quando Lênin ainda se encontrava em exílio. Considerou criticamente as obras de Hobson que descreviam o capitalismo e encontrou mérito em algumas de suas investigações estatísticas. Por exemplo, Hobson reconhecia o importante papel do trabalho feminino na indústria moderna e o considerava digno de estudos mais detalhados. Lênin, porém, problematizava a falta de clareza de Hobson no que se referia à teoria e aos conceitos básicos do capitalismo moderno, como a noção de capital ou o problema da "poupança". No entanto, estava seguro de que a pesquisa empírica de Hobson eventualmente encaminharia sua linha de raciocínio ao marxismo[27].

Ao mesmo tempo que interpretava o "reformismo" de Hobson como interessante em Marx, sustentava que o "bernsteinismo" de Struve o distanciava do marxismo. Nesse caso, o rompimento teórico precedeu o político. Já nessa época o bernsteinismo significava a rejeição de meios revolucionários para derrubar o

---

[25]  Em seu artigo decididamente antibernsteiniano (uma resenha ao livro *Bernstein und das Sozial-demokratische Program* [Bernstein e o programa social-democrata], de Karl Kautsky), escrito no fim de 1899, Lênin delineou as tendências liberais, "bernsteinianas", do "marxismo legal". LCW, cit., v. 4, p. 193-204.

[26]  LCW, cit., v. 1, em especial p. 400-508, em "The Economic Content of Narodism and the Criticism of It in Mr. Struve's Book: The Reflection of Marxism in Bourgeois Literature" [O conteúdo econômico do narodismo e sua crítica no livro do sr. Struve: o reflexo do marxismo na literatura burguesa], sua resenha do livro *Критические заметки к вопросу об экономическом развитии России/ Krititcheskie zamiétki k vopróssu ob ekonomítcheskom razvíti Rossíi* [Notas críticas sobre a questão do desenvolvimento econômico da Rússia], de Struve (São Petersburgo, I. N. Skorokhodova, 1894). Trata-se do primeiro documento teórico a esse respeito. O estudo data do fim de 1894 e começo de 1895. Ele apareceu pela primeira vez com o título "Материалы к характеристике нашего хозяйственного развития"/ "Materiali k kharakteristike nachego khoziaistvennogo razvitia" [Material para uma caracterização de nosso desenvolvimento econômico], assinado sob o pseudônimo K. Túlin em 1895.

[27]  "Рецензия на кн. Гобсон. 'Эволюция современного капитализма'"/ "Retsénzia na kn. Góbson 'Evoliútsia sovreménnogo kapitalizma'" [Resenha do livro de Hobson "A evolução do capitalismo moderno"]. Ver LCW, cit., v. 4, p. 100-4. Seu interesse em Hobson também encontrou expressão mais tarde. No dia 28 de agosto de 1904, ele escreveu de Genebra a sua mãe em Sablino (atual Uliánovka, perto de São Petersburgo): "Recebi agora o livro de Hobson sobre o imperialismo e comecei a traduzi-lo". Ver LCW, cit., v. 37, p. 365.

# 114 TAMÁS KRAUSZ

sistema, separação das lutas política e econômica da classe operária e restrição da "luta de classes" a um conflito econômico.

Os gestos amigáveis não influenciavam, em essência, as afirmações de Lênin quanto às opiniões de Struve, embora ele não forçasse os argumentos além de certos limites, a fim de não o ofender[28]. Por muito tempo, no entanto, Lênin e Struve estiveram de acordo, na medida em que acreditavam no avanço do capitalismo sob quaisquer circunstâncias, acrescentando que, quanto menor fosse a resistência oferecida ao capitalismo por parte das antigas formas e quanto mais completamente ele as suprimisse, melhores seriam as condições oferecidas ao movimento operário. Nessa época, Lênin expressou seu apreço pelo talento jornalístico de Struve. A colaboração entre ambos se estendeu ao *Iskra*, até Struve fundar na emigração o periódico liberal *Освобождение/ Osvobojdénie* [Libertação][29], na virada para 1901. Em certo momento, pareceu haver uma chance de tomarem uma posição antimonarquista em comum. Em cartas privadas, porém, Lênin começou a empregar os epítetos "traidor" e "Judas" para descrever a virada de Struve contra a social-democracia[30].

---

[28] LCW, cit., v. 37, p. 290. Mesmo em 1900, em carta à mãe (datada de 6 de abril), Lênin escreveu: "Não pretendo responder a P. Struve (enviei uma pequena nota contra ele para ser inserida em minha resposta a Skvortsov)". No entanto, o assunto era o próprio artigo de Struve "Основная антиномия теории трудовой ценности"/ "Osnovnaia antinomia teori trudovoi tsennosti" [A antinomia fundamental da teoria do valor-trabalho], *Жизнь/ Jizn* [Vida], n. 10, 1899, e a nota foi acrescentada ao artigo intitulado "Некритическая критика"/ "Nekrititcheskaia kritika" [Crítica acrítica]. Ver "Uncritical Criticism", em LCW, cit., v. 3, p. 632.

[29] Sobre as atividades desse círculo e o papel de Struve nele, ver Lajos Menyhárt, *Az orosz társadalmi-politikai gondolkodás a századfordulón (1895-1906)* [Pensamento sociopolítico russo na virada do século] (Budapeste, Akadémiai Kiadó, 1985).

[30] Lênin já havia começado a suspeitar da "intimidade" entre certos marxistas e os liberais quando recebeu o artigo "Кредо"/ "Kredo" [Credo], de Ekaterina Kuskova, em julho de 1899. O processo, essencialmente, foi idêntico à transformação intelectual de Struve, revestido de um verniz social-democrata liberal – isto é, recomendava-se uma "transformação gradual, democrática, da sociedade", em vez de uma revolução. Ver Serguei Belov, *История одной "дружбы": В. И. Ленин і П. Б. Струве/ Istória odnói "drújbi": V. I. Lénin i P. B. Struve* (São Petersburgo, SPbGU, 2005), p. 73-5 e 83-5. Mesmo em 1902, Lênin se mostrou um tanto contido na hora de criticar Struve em um prefácio (escrito em Genebra em dezembro de 1902) à segunda edição de seu panfleto *As tarefas dos sociais-democratas russos*, e apenas uma vez em todo o texto relativamente extenso "desmascarou-o", afirmando que devemos agradecer ao "partido constitucional dos *zemstvos*" da "aristocracia liberal proprietária de terras [...] por ter removido o sr. Struve da social-democracia russa e, com isso, ter completado sua metamorfose de um quase marxista para um liberal, ajudando-nos a demonstrar para todos, com um exemplo vivo, o real significado do bernsteinianismo em geral e do bernsteinianismo russo em particular". Ver LCW, cit., v. 6, p. 212-3.

RECONSTRUINDO LÊNIN    115

Naquele ponto, Lênin descartou de imediato a reformulação da emergência do capitalismo, que, em vez de analisar causas histórico-regionais, partia de uma distinção a-histórica entre "bom" capitalismo (ocidental) e "mau" capitalismo (russo). Em vez de permitir uma abordagem científica, esse ponto de vista abria as comportas para justificativas moralizantes do sistema. Lênin ridicularizou Struve, que falava em nome da burguesia russa e investia aquela classe de uma *vocação* e de características como a "meditação sobre o futuro"[31].

Crítica semelhante foi esboçada em suas anotações sobre *Капитализм и земледелие/ Kapitaliszm i zemlédelie* [Capitalismo e agricultura], de Serguei Bulgákov, publicado em 1900, embora, na opinião de Lênin, Bulgákov fosse "culpado" de equívocos mais próximos do "tipo *naródnik*". Lênin criticava principalmente as ilusões de Bulgákov a respeito de o desenvolvimento da agricultura russa poder "contornar" o capitalismo; a pequena agricultura camponesa, na condição de estrutura independente, poder "ressurgir" após uma crise no capitalismo[32].

A obra de maior importância no desenvolvimento intelectual de Lênin durante aquele período foi *A questão agrária*, de Kautsky[33]; Lênin estudou e fichou esse texto em fevereiro e março de 1899, enquanto esteve em Chúchenskoie. Literatura marxista sobre o tema da agricultura decerto era coisa rara naqueles tempos. Chamavam mais atenção as investigações eruditas realizadas por "socialistas de cátedra"[34]. Kautsky lançava um olhar mais atento às questões básicas, desde o

---

[31]  LCW, cit., v. 1, p. 349-54.

[32]  Vladímir I. Lênin, "Конспект и критические замечания на книгу С. Bulgákova"/ "Konspekt i kriticheskiye zamechaniya na knigu S. Bulgákova" [Sinopse e crítica sobre o livro de S. Bulgákov], em *Ленинский Сборник/ Leninskii Sbórnik* [Coletânea Lênin], v. 22 (Moscou, Gossudárstvennoie Izdátelstvo, 1933), especialmente p. 119. Anotações a esse volume também documentam amplamente a profundidade do conhecimento de Lênin sobre a literatura internacional. No curso de seus estudos sobre o capitalismo agrário, Lênin analisou as obras de Kautsky, David, Hertz e S. Bulgákov, entre outros, encaixando-os em sua concepção do desenvolvimento universal do capitalismo.

[33]  Karl Kautsky, *Die Agrarfrage. Eine Übersicht über die Tendenzen der modernen Landwirtschaft und die Agrarpolitik der Sozialdemokraten* (Stuttgart, Dietz, 1899) [ed. bras.: *A questão agrária*, trad. Otto Erich Walter Maas, São Paulo, Nova Cultural, 1986]. Esse volume impeliu Lênin a escrever seus comentários possivelmente mais extensos: 49 páginas de caderno escritas a mão. Ver "Конспект книги К. Каутского Аграрный вопрос"/ "Konspekt knigi K. Kautskogo Agrarnii vopros" [Conspecto sobre *A questão agrária*, de Karl Kautsky], em *Leninskii Sbórnik*, v. 19 (Moscou, Gossudárstvennoie Izdátelstvo, 1932), p. 27-83.

[34]  Os "socialistas de cátedra" alemães da segunda metade do século XIX – como Lujo Brentano e Werner Sombart – formularam teorias da "transição pacífica" do capitalismo ao socialismo, em contradição com as tendências revolucionárias do movimento operário.

arrendamento de terras até vários outros problemas do capitalismo agrário e a prepotência das grandes propriedades em relação às pequenas.

É interessante observar, naquele estágio, os paralelos entre as diferentes prioridades nas abordagens dos dois. Lênin, ao contrário de Kautsky, já se concentrava no campesinato mais pobre, ao qual a capitalização da agricultura causava mais dano. Lênin também se posicionava de modo diferente quanto à nacionalização das terras e não aceitava a tese de Kautsky de que o Estado seria pior que o capital privado no manejo da agricultura e pecuária. Rejeitava, da mesma maneira, a tese de Kautsky de que a nacionalização não beneficiaria as classes operárias, na medida em que serviria apenas para fortalecer o governo burguês[35].

Diferentemente de Lênin, Kautsky não previa uma revolução comunista, uma ditadura do proletariado, embora lhe tivesse revelado as características do trabalho assalariado na agricultura e indicado a relevância das lutas de autodefesa empreendidas pelo campesinato e pelos pequenos proprietários, o que Lênin apreciou muito. No entanto, Kautsky recomendava uma espécie de "neutralidade" do campesinato diante das classes operárias. A obra antiutópica, científica e teoricamente primorosa de Kautsky auxiliou muito a apresentação de Lênin das particularidades russas e europeias orientais do avanço do capitalismo. Além disso, Kautsky lhe inspirou a expor as ilusões russas quanto à agricultura camponesa de pequenas propriedades e dirigiu sua atenção aos pontos comuns entre *naródniki* e liberais.

Lênin percebia que o raciocínio *naródnik* e o argumento de Struve coincidiam em certo ponto:

> Essa questão é muito relevante, já que o sr. V. V. [V. P. Voróntsov] (e os *naródniki* em geral) sempre compararam a ordem das coisas na Rússia a uma "forma inglesa" de capitalismo, não aos traços básicos deste, que assumem aparências diferentes em cada país.

Em Struve, por exemplo, a peculiaridade nacional russa foi apresentada como característica que se incorpora no caráter logrador e distorcido do capitalismo. Em contraste, Lênin enfatizou a existência de um conceito teórico e geral do capitalismo que não se encontrava nem nas posições *naródniki* nem nas "semiliberais". Struve também indicava a "dominação da economia de troca", porém não considerava o outro traço do capitalismo: que o mais-valor era apropriado

---

[35] Sobre essa questão, ver S. V. Tiutiúkin, *Первая российская революция и Г. В. Плеханов/ Piérvaia Rossískaia revoliútsia i G. V. Plekhánov* [A primeira revolução russa e G. V. Plekhánov] (Moscou, Naúka, 1981), p. 134-6.

pelo "dono do dinheiro, o capital"[36]. Essa visão utópica *naródnik*-liberal significou muito para Lênin, o qual acreditava que seu oponente havia interpretado o capitalismo russo como algo que viria a existir, não como situação já presente; isto é, "não como algo estabelecido agora, de maneira definitiva", como se uma das características do capitalismo fosse a "prosperidade"[37]. Essas abordagens teóricas divergentes geravam implicações políticas muito diferentes[38].

Alguns dos aspectos da concepção *naródnik* do sistema capitalista, romântica e nostálgica, também se mostravam no outro "caminho errante": a "anomalia liberal". Lênin descobriu essas similaridades no argumento de Struve a respeito do Estado. De acordo com a interpretação de Lênin, não havia nada mais enganador que pensar o Estado, a "organização da ordem", como ponto de partida analítico, pois o traço mais característico do Estado, enfatizado por Engels, é que ele é "uma força pública que já não mais se identifica com o povo"*. Isso se tornara, na raiz, o instrumento sustentador do sistema de capital e do capitalismo em geral. Lênin argumentava que "o traço diferencial do Estado é a existência de uma classe específica de pessoas em cujas mãos está concentrado o poder"[39]. Concordando com Marx, Lênin acreditava que o Estado moderno estava corporificado na burocracia.

> Na sociedade moderna, a burocracia é o estrato particular em cujas mãos está o poder. A conexão íntima e direta entre esse órgão e a classe burguesa, que domina a sociedade moderna, está aparente tanto na história [...] quanto nas próprias condições de formação e recrutamento de tal classe.[40]

Uma das características particulares da "oposição" assumida pela burguesia russa e seus representantes político-ideológicos, ao final de 1903, era que a burguesia nacionalista deveria mostrar sua "bravura" e laços estreitos com o "solo pátrio" adicionando um "complemento *naródnik*" ao liberalismo. Lênin escreveu: "A burguesia russa brinca de narodismo (às vezes, com sinceridade) apenas porque está em oposição ao Estado, e não ainda ao leme dele". De maneira semelhante

---

[36] LCW, cit., v. 1, p. 493–5.

[37] Ibidem, p. 495.

[38] Depois da Revolução de 1905, avaliando a distância intelectual percorrida e o combate contra o narodismo, bem como a atuação nela de Struve, Bulgákov, Túgan-Baranóvski, Berdiáev e outros, Lênin escreveu: "Eles eram democratas burgueses, para quem a ruptura com o narodismo significava a transição de um socialismo pequeno-burguês (ou camponês) para o liberalismo burguês – e não para o socialismo proletário, como era nosso caso". LCW, cit., v. 13, p. 97.

* Friedrich Engels, *A origem da família, da propriedade privada e do Estado* (trad. Leandro Konder, Rio de Janeiro, Civilização Brasileira, 1984), p. 192. (N. E.)

[39] LCW, cit., v. 1, p. 419.

[40] Idem. Ele cita, como exemplo, a história francesa, na esteira de Marx.

às principais tendências do narodismo, Lênin explicava a unificação "bernsteinista" do liberalismo e do socialismo como fenômeno da "imitação lúdica de oposição política", isto é, como meras ferramentas para a expulsão ideológica da social-democracia revolucionária e da *oposição ao sistema*[41].

O rompimento verdadeiro e final entre marxismo e liberalismo se deu com a Revolução de 1905, que apresentou as seguintes questões à sociedade russa: de que modo lidar com a transformação da autocracia? Como estabelecer a república federal democrática e o que isso acarretaria (direitos e liberdades democráticas, congresso constituinte, jornada de trabalho de oito horas etc.)? Com a radicalização revolucionária, o problema da transição da "revolução democrática à revolução socialista" (revolução permanente) veio à baila. Questões sérias exigiam respostas. Como resolver o problema agrário, a questão do confisco e da redistribuição das propriedades das elites latifundiárias e os clamores por igualdade social e legal? Surgiram também dúvidas sobre o futuro mais distante, as quais se formularam assim: deveria haver autogoverno ou ditadura revolucionária[42]?

Esses problemas levaram a uma análise mais detalhada da formação das forças políticas da época e das relações entre elas, o que incluiu o papel dos partidos na revolução e o desenvolvimento dos social-democratas e do "bloco esquerdista" (união operário-camponesa). A criação da união operário-camponesa foi assim questionada na linguagem política da época: que lado defende a social-democracia na luta contra a autocracia – o da burguesia ou o dos camponeses pobres? Esse questionamento já apresentava as sementes do rompimento interno da social-democracia. O primeiro rompimento, na virada do século, se deu entre Lênin e Struve. Isto é, entre os marxistas e os assim chamados marxistas legais, diluídos pelo liberalismo[43].

---

[41] "Народничествующая буржуазия и растерянное народничество"/ "Narodnitchestvuiushtchaia burjuazia i rasteriannoie narodnitchestvo [A burguesia narodista e o narodismo perturbado], *Iskra*, n. 54, 1º dez. 1903. Ver "The Narodnik-like Bourgeoisie and Distraught Narodism", em LCW, cit., v. 7, p. 105.

[42] Essa última questão é tratada em detalhes nos capítulos 3 e 8 deste volume.

[43] Em 1907, fazendo um comentário retrospectivo para seu prefácio à coletânea *За 12 лет / Za 12 let* [Doze anos] (São Petersburgo, 1908), Lênin definiu da seguinte maneira o que estava em jogo politicamente na discussão lançada em meados da década de 1890: na opinião de Struve, o camponês russo não sofria por viver sob o regime e a exploração capitalista, mas pela "produtividade insatisfatória" de seu próprio trabalho, isto é, pela falta de integração ao sistema do capital, pelo capitalismo subdesenvolvido. "[A] velha e em muitos sentidos ultrapassada polêmica com Struve é importante como um exemplo instrutivo, na medida em que revela o valor prático e político de polêmicas teóricas irreconciliáveis." Ver "Preface to *Twelve Years*", em LCW, cit., v. 13, p. 97.

## A diferença russa e o sistema mundial

Lênin já tinha explorado a peculiaridade do desenvolvimento russo em *O desenvolvimento do capitalismo na Rússia*. O país encontrava-se inserido na economia global – empregava-se a frase "integração semiperiférica" – com suas formas pré--capitalistas preservadas em compartimentos sob o capitalismo, de maneira que se reforçava uma subordinação, entre outras coisas, bastante adequada aos interesses capitalistas do Ocidente. Lênin via uma relação orgânica entre a "união" de formas pré-capitalistas e capitalistas e o conceito tsarista de "colonização interna"; além disso, identificava tais fatores no processo no qual as regiões centrais da Rússia incorporavam as periféricas por meio do crescimento do mercado nacional.

Uma distinta relação "centro-periferia" evoluiu à luz dos fatos ditados pela "colonização interna" (as regiões fronteiriças, incluindo as estepes, tinham sido "colônias" das partes centrais da Rússia europeia, habitadas havia muito tempo)[44]. Lênin escreveu:

> O vasto desenvolvimento dos cultivos comerciais só foi possível em razão dos estreitos laços econômicos dessas colônias com a Rússia central*, de um lado, e os países europeus importadores de grãos, de outro. O desenvolvimento da indústria na Rússia central e o desenvolvimento da agricultura comercial nas regiões remotas são inseparáveis e criam um mercado mútuo.[45]

O capital se apropriava dos mercados de grãos e leite, tornando, assim, toda a agricultura russa subserviente a ele. Lênin, exagerando um pouco o nível e a extensão do desenvolvimento capitalista, identificava a ocorrência de tal fato na Rússia inteira. Ele demonstrou, em estágio muito precoce, que – e esta foi uma das descobertas que se tornariam pedras angulares de sua teoria do imperialismo –, nas impiedosas lutas concorrenciais por mercados externos, "o apoio do Estado e a utilização de seus poderes de execução conflagraram o período imperialista e se tornaram características definidoras do imperialismo"[46]. Em *Ainda sobre a questão da teoria da realização*, Lênin apresentou o problema do mercado como assunto de *economia mundial, sistema mundial*. Aconselhava os críticos do capitalismo a não cair "na separação tradicional de mercados domésticos e externos ao anali-

---

[44] Sobre isso, ver Attila Ágh, *A politika világa*, cit.

\* No contexto, "Rússia central" no sentido político e econômico, não geográfico. (N. E.)

[45] LCW, cit., v. 3, p. 258.

[46] Ver György Göncöl, "Rosa Luxemburg helye a marxizmus fejlődéstörténetében" [O lugar de Rosa Luxemburgo na história do marxismo], em Rosa Luxemburgo, *A tőkefelhalmozás* (Budapeste, Kossuth, 1979), p. 510-1. [ed. bras.: *A acumulação do capital*, trad. Marijane Vieira Lisboa e Otto Erich Walter Maas, São Paulo, Nova Cultural, 1988]

120  Tamás Krausz

sar a questão do capitalismo. Essa distinção, infundada sob um ponto de vista estritamente teórico, é de pouquíssima utilidade para países como a Rússia"[47].

Em 1913, quando morava em Poronin, Lênin retornou a essa questão nos extensos comentários sobre *A acumulação do capital*, de Rosa Luxemburgo[48]. Ainda que a teoria da acumulação de Luxemburgo postulasse de modo original o problema da realização do mais-valor no novo estágio de desenvolvimento do capitalismo, Lênin dava ênfase à recapitalização do mais-valor realizado. Esse viria a tornar-se o problema fundamental do "período do imperialismo" e encontrava-se profundamente interligado à "questão central da exploração internacional dentro do sistema imperialista mundial"[49]. Mercadorias, no capitalismo "puro", sempre são produzidas para o mercado mundial; por isso, o problema do mercado está vinculado ao processo de produção. A acumulação de capital e a exportação de mercadorias e capital são partes do mesmo processo, indivisível daquele que atrela os chamados países atrasados ao centro capitalista. Nesse ponto, Lênin e Luxemburgo compartilham a opinião de que a industrialização de "países e regiões atrasados", em si, subjuga ou "coloniza" tais territórios quando ocorre a "mediação"[50] de empréstimos. Mais tarde, ficaria claro que soluções políticas divergentes

---

[47] Ver idem e LCW, cit., v. 4, p. 91. Göncöl também forneceu um relato preciso do desenvolvimento das opiniões leninianas quando ressaltou que, no mencionado texto sobre a "questão do mercado", Lênin compartilhava da tese de Adam Smith sobre a conexão causal e linear entre divisão do trabalho e mercado e explicava a tendência do capital de crescer basicamente por meio do avanço tecnológico, ao passo que, em seu estudo posterior *Ainda sobre a questão da teoria da realização* (*Once More on the Theory of Realization*, em LCW, cit., v. 4, p. 74-93), Lênin já escreve sobre as tendências "horizontais" e "verticais" envolvidas na difusão do capitalismo, bem como suas balizas universais e locais "na criação das colônias, atraindo tribos selvagens para o turbilhão do capitalismo mundial" (ibidem, p. 77-8).

[48] *Lenínski Sbórnik*, cit., v. 22, p. 343-90, traduzido para o *Lenin Internet Archive* em 2010 por Steve Palmer, disponível em: <www.marxists.org/archive/lenin/works/1913/apr/rl-acc-capital-notes.htm>. Outra tradução, feita por James Lawler, também está disponível e incluída na tradução inglesa de Rosa Luxemburgo por Paul Zarembka como "Marginal Notes on Luxemburg's *Accumulation of Capital*", em *Research in Political Economy*, Nova York, Elsevier Science, v. 18, 2000, p. 225-35. Esses comentários deixam claro que Lênin era altamente cético quanto à correção da interpretação de Luxemburgo para a teoria marxista dos processos de recapitalização. Sua principal contestação à teoria de Luxemburgo da acumulação de capital era que, em sua opinião, como se sabe, não são necessários "setores" ou regiões não capitalistas para que haja acumulação de capital ou realização de valor.

[49] György Göncöl, "Rosa Luxemburg helye a marxizmus fejlődéstörténetében", cit., p. 513.

[50] A velocidade com que se afunda no endividamento "no caso de regiões atrasadas ultrapassa o ritmo de crescimento como uma regra matemática". Ver idem, e também literatura mais atual em húngaro: Ágnes Bernek e Péter Farkas (orgs.), *Globalizáció, tőkekoncentráció, térszerkezet* [Globalização, concentração de capital e estrutura espacial] (Budapeste, MTA Világgazdasági

nasceriam de visões teóricas díspares, na medida em que Lênin não partilhava a crença de Luxemburgo de que o sistema capitalista pudesse "colapsar"[51].

Em sua teorização, Lênin vinculava as características do mercado mundial – que hoje receberia o nome *globalização* – ao desaparecimento das formas tradicionais de comunidade rural. Por exemplo, referia-se à inundação do mercado pelos cereais baratos cultivados nas pradarias da América do Norte e nos pampas argentinos. Os camponeses se viam impotentes diante de tal concorrência, e disso resultava que a "produção de grãos em escala industrial" varria a agricultura patriarcal de imensas faixas de terra na Índia e na Rússia[52]. Uma conclusão fundamental a inferir da análise de Lênin é que a própria vitória contra as condições patriarcais de escravidão "certifica" a expansão do capitalismo. Embora os fatos inelutáveis da história tornem impossível o retorno a qualquer forma tradicional de sociedade, resquícios de formações sociais obsoletas com frequência se fundem ao sistema moderno.

A descoberta científica daquele amálgama de modos de produção e estruturas históricas divergentes fortaleceu em Lênin a convicção de que a Rússia era uma região de "contradições sobredeterminadas" (Althusser). Tais contradições se resolveriam somente ao trilhar-se a *via da revolução*. Lênin tornou-se consciente da rede de correspondências na qual se conjugavam as particularidades locais do capitalismo e a possibilidade de destronar a monarquia tsarista, ao longo de mais de uma década de pesquisa científica e luta política[53]. Essas investigações

---

Kutatóintézet, 2006); Péter Farkas, *A globalizáció és fenyegetései. A világgazdaság és a gazdaságelméletek zavarai* [A globalização e seus perigos: perturbações na economia global e na teoria econômica] (Budapeste, Aula, 2002).

51 Depois da morte de Lênin, já em fevereiro de 1924, Lukács foi o primeiro a apresentar este problema em sua plena magnitude, no citado estudo que escreveu em Viena, *Lenin: A Study on the Unity of His Thought* (Nova York, Verso Books, 2009), p. 41-3 [ed. bras.: *Lênin: um estudo sobre a unidade de seu pensamento*, trad. Rubens Enderle, São Paulo, Boitempo, 2012]. Embora, na época, Lukács não estivesse muito avançado em questões de economia, ele acreditava que a parte econômica da análise posterior de Lênin, sua teoria do imperialismo, não era tão profunda quanto a de Rosa Luxemburgo (teoria da acumulação, mercados coloniais, origens da guerra etc.); não obstante, ele fala da "superioridade teórica" de Lênin em um aspecto decisivo: a capacidade de "avaliar o processo como um todo", isto é, quando se trata de realmente examinar uma situação concreta no mundo, Lênin era capaz de considerar as mediações entre análise teórica e prática. Ibidem, p. 89-93. (O debate em torno da acumulação de capital é retomado posteriormente em um contexto diferente.)

52 LCW, cit., v. 3, p. 329.

53 Para mais sobre a história dessas lutas políticas e dos debates científicos e teórico-políticos, ver Tamás Krausz, *Pártviták és történettudomány. Viták "az orosz történelmi fejlődés sajátosságairól", különös tekintettel a 20-as évekre* [Conflitos intrapartidários e ciência histórica: debates sobre as "especificidades do desenvolvimento russo", especialmente nos anos 1920] (Budapeste,

o levaram a uma descoberta muito importante, resumida em sua tese sobre a Rússia como "o elo mais fraco na corrente do imperialismo"[54].

No princípio, foram abordadas questões que ligavam a *obschina* ao *Estado*. Alinhado a Plekhánov, Lênin escreveu a respeito da irreversível dissolução da *obschina* em *Quem são os "amigos" do povo* e rejeitou a condescendente suposição de Marx de que, no quadro de uma revolução europeia, a *obschina* poderia desempenhar função progressista, na condição de uma das estruturas da sociedade comunista. Os *naródniki* também flertaram com essa ideia marxista – e a adaptaram a sua visão de mundo –, embora, na prática, o que observaram em visitas às aldeias os tenha forçado a reconhecer "a ingenuidade da ideia de que os instintos dos mujiques fossem comunistas"[55].

Ao escrever a respeito das vantagens do *desenvolvimento burguês* na Rússia – no que tangia à sobreposição de formas antigas e novas de exploração –, Lênin declarou que a democracia burguesa proporcionava melhores condições à luta política dos sociais-democratas e mais liberdade de auto-organização. Porém, já concluíra que a corrente não possuía base social digna de nota. Ciente do modo peculiar como se estruturava a sociedade russa, ao determinar as metas da revolução, levou em consideração uma perspectiva de longo prazo para a classe operária ainda esparsa. Relacionava isso ao notável "entrelaçamento" das formas econômicas e políticas do desenvolvimento russo, ao espírito revolucionário característico do operariado russo como um todo e a uma completa falta de organização burocrática em moldes ocidentais. Além do mais, pôde examinar o fenômeno histórico do "pequeno capitalismo", incluindo em seus cálculos o efeito que ele exerce no pensamento das classes oprimidas e o papel que representa na formação do "socialismo da classe operária", que destituiria, no início do século XX, o "socialismo camponês" dos *naródniki* da Rússia.

> O rompimento, a retirada de nossos camponeses e artesãos do campo, que se pode retratar com clareza graças ao admirável material fornecido pelas estatísticas dos *zemstvos*, oferece prova factual de quão correta está a concepção social-democrata da realidade russa, a concepção de que os agricultores e os artesãos são pequenos produtores no sentido "categorial" do termo, isto é, são pequeno-burgueses. Pode-se considerar essa tese o ponto central da teoria do socialismo da classe operária, oposto ao antigo socialismo camponês, que nada

---

Akadémiai Kiadó, 1991). Um leque de importantes contiguidades com esse debate será tratado com muito mais detalhes adiante.

[54] Para uma contextualização histórica, ver idem, *A Szovjetúnió története* [A história da União Soviética] (Budapeste, Kossuth, 2008), cap. 1: "A gyenge láncszem" [O elo frágil].

[55] LCW, cit., v. 1, p. 277 e 320-1.

entendia nem das condições da economia de produção de mercadorias em que viviam os pequenos produtores nem de sua diferenciação capitalista decorrente de tais condições. [...] Essa massa de pequenos exploradores rurais representa uma força terrível, especialmente terrível porque oprime o trabalhador individual e isolado, porque acorrenta esse trabalhador e o despoja de qualquer esperança de libertação; terrível porque tal exploração, em vista do barbarismo no meio rural decorrente da característica baixa produtividade do trabalho no sistema descrito e da ausência de comunicação, constitui não apenas o roubo do trabalho, mas também o abuso asiático da dignidade humana que se encontra com frequência nas zonas rurais. Ora, se compararmos esse verdadeiro meio rural a nosso capitalismo, entenderemos por que os sociais-democratas consideram progressista o trabalho em nosso capitalismo, na medida em que absorve esses pequenos e esparsos mercados para formar um mercado nacional, que, em vez de uma legião de pequenos sanguessugas bem-intencionados, cria um punhado de grandes "pilares da pátria", que socializa o trabalho e lhe aumenta a produtividade, que destrói a subordinação do povo operário aos sanguessugas locais e o subordina ao capital de grande escala. Tal subordinação é progressista, se comparada àquela primeira – apesar de todos os horrores da opressão do trabalho, da gradual exaustão, embrutecimento e aleijamento do corpos de mulheres e crianças etc. –, porque desperta a mente do operário, converte insatisfação muda e incoerente em protesto consciente, converte revolta esparsa, mesquinha e irracional em luta organizada de classe pela emancipação de todo o povo operário, luta que obtém sua força das próprias condições de existência do capitalismo de grande escala e que, por isso, pode contar, sem nenhuma dúvida, com o sucesso inevitável.[56]

Já nesse estágio inicial Lênin conectava o inevitável desdobramento do socialismo russo à ideia marxista de "revolução mundial", embora estimasse que a revolução russa seria o primeiro impulso à revolução mundial[57]. Em termos intelectuais e teóricos, Lênin preparou o terreno para a nova onda de revoluções, iniciada em 1905; ele, porém, superestimou a universalidade e a profundidade

---

[56] Ibidem, p. 233-6.

[57] "Quando seus representantes avançados tiverem dominado as ideias do socialismo científico, a ideia do papel histórico do trabalhador russo, quando essas ideias se tornarem difundidas e quando organizações sólidas forem formadas entre os trabalhadores para transformar a presente guerra econômica esporádica em luta de classes consciente: aí então o trabalhador russo, elevando-se na dianteira de todos os elementos democráticos, irá derrubar o absolutismo e conduzir o proletariado russo (lado a lado com o proletariado de todos os países) através do estreito caminho da luta política aberta até A vitoriosa revolução comunista." Ibidem, p. 300.

124 Tamás Krausz

do movimento revolucionário, a vulnerabilidade do capitalismo central e a habilidade dos revolucionários de integrar antagonismos. Marx cometeu o mesmo "equívoco" meio século antes, em um período igualmente dominado por revoluções (chamado de a primeira revolução europeia por Eric J. Hobsbawm em *A era das revoluções*).

Deve ficar claro que Marx considerava possível realizar uma sociedade comunal a partir do sistema capitalista em sua totalidade, com sua própria base técnica e cultural. Lênin, na "Rússia semiperiférica", foi "impelido" por essa atitude "tradicional" a desenvolver um raciocínio que examinava as forças e os interesses sociopolíticos determinantes de deflagrações revolucionárias e contrarrevolucionárias no período da revolução.

Nos anos que se seguiram ao fracasso da Primeira Revolução Russa, Lênin fez das *particularidades das circunstâncias do desenvolvimento* do capitalismo russo objeto de um estudo ainda mais sistemático[58]. A derrota da revolução motivou-o a estudar mais de perto a natureza e o papel transformador do Estado (autocrático): como este se tornava relativamente independente, em uma separação "bonapartista" em relação às classes dirigentes (que, para Lênin, tornava impossível qualquer forma de colaboração séria entre as classes operárias e a burguesia); a forte concentração do capitalismo industrial que era acompanhada da concentração das mais importantes forças políticas. As principais alternativas para o desenvolvimento agrário foram delineadas em seu pensamento.

Em debates com amigos e camaradas, de 1901 a 1911, Lênin enfatizou que a monarquia do tsar havia arrancado alguma independência em relação às classes dirigentes e que, embora no rescaldo de 1905 "o tsarismo tenha dado alguns passos na direção de tornar-se uma monarquia burguesa", a máquina burocrática preservava seu sistema de interesses relativamente independente – sistema que se opunha à aristocracia latifundiária, porém ainda mais à burguesia. No início do século XX, o tsarismo desejava preservar sua própria existência e sua competitividade na cena internacional ao "solicitar a entrada" de capital estrangeiro na Rússia. No entanto, em 1905, ao enfrentar o campesinato e o insurgente proletariado, em sua maioria agrário, o tsarismo teve de aceitar o fato de que perdera sua base social[59].

---

[58] Em seu prefácio à segunda edição de *O desenvolvimento do capitalismo na Rússia*, de julho de 1907, ele claramente sugere que o balanço final da revolução não pode ser traçado, "portanto, o tempo ainda não chegou [...] para uma rigorosa revisão desse ensaio", embora se queixe de que, subjetivamente falando, sequer teria tempo para isso, na medida em que "as tarefas imediatas do partido para um participante do movimento da classe trabalhadora não deixam tempo de sobra para lazer". LCW, cit., v. 3, p. 34.

[59] Ver Tamás Krausz, *Pártviták és történettudomány*, cit., especialmente p. 60-2.

O aspecto da *particularidade* surgiu no pensamento de Lênin em relação não apenas ao desenvolvimento russo, como também ao desenvolvimento ocidental e à comparação entre ambos. Por exemplo, a interpretação teórica das relações centro-periferia aparece com frequência já nas obras iniciais de Lênin. A primeira investigação tomou forma em 1899, na introdução a *O desenvolvimento do capitalismo na Rússia*, que enfatizava quão palpáveis eram os principais e idênticos traços da expansão do capitalismo na Europa ocidental e na Rússia, "não obstante as tremendas peculiaridades deste último, tanto na esfera econômica quanto na não econômica"[60]. Referia-se à ampla utilização do trabalho assalariado na agricultura e ao trabalho livre assalariado de modo geral, à introdução da tecnologia e à crescente divisão do trabalho, que não contradiziam as peculiaridades previamente discutidas do capitalismo na Rússia, mas demarcavam um sistema de coordenadas universais para as peculiaridades. Ao mesmo tempo, a "desconexão" entre desenvolvimento social e econômico na literatura da época mostrou-se equivocada e, para quem estabelecia estratégias políticas, absolutamente desorientadora – basta considerar os mal-entendidos engendrados em certas alas dos mencheviques, e entre os liberais, quanto à natureza do processo revolucionário. Interpretavam erroneamente o desenvolvimento econômico, segundo os termos da experiência europeia ocidental[61].

Após a deflagração da Primeira Guerra Mundial, Lênin retornou, em seu livro sobre o imperialismo, à investigação metodológica da natureza do sistema mundial do capital[62], do qual discutiremos aqui alguns aspectos – ainda que fora de se-

---

[60]  LCW, cit., v. 3, p. 27.

[61]  A literatura hoje predominante sobre história (econômica) chega a uma conclusão não muito diferente da de Lênin no que diz respeito à estrutura básica do capitalismo russo, embora não assuma o ponto de vista carregado de consciência de classe de um levante revolucionário armado; em vez de se falar do "conflito entre o lugar do poder e a sociedade", ele é concebido em termos de "oposição entre o poder e os movimentos sociais esquerdistas extremistas". Andrei N. Sákharov, "Introdução", em Andrei N. Sákharov et al., *Rossíia v natchale XX vieka, cit.,* [A Rússia no começo do século XX] (Moscou, Nóvyi Khronograf, 2002), p. 52-3. O ponto de vista da história econômica também está mudando, como se percebe no balanço final do desenvolvimento econômico na década que antecede a Primeira Guerra Mundial esquadrinhado por I. A. Petrov no citado livro: "No início do século XX, a Rússia permaneceu um país com uma economia atrasada em relação aos padrões das nações desenvolvidas, mas adentrou a esfera do crescimento econômico saudável segundo os parâmetros do modelo de mercado". Ver I. A. Petrov, "Российская экономика в начале XX века"/ "Rossiiskaia ekonomika v natchale XX vieka" [A economia russa no início do século XX], em Andrei N. Sákharov et al., *Rossíia v natchale XX vieka*, cit., p. 219.

[62]  Na literatura de história, um fato muitas vezes não considerado de maneira adequada é que Lênin, ao escrever seu panfleto sobre o imperialismo, usou uma incrível bateria de estudos científicos e levantamentos estatísticos. Suas notas e fichas de pesquisa preencheram sozinhas

126 Tamás Krausz

quência em termos cronológicos. Lênin observara alguns dos marcantes elementos no processo do "novo capitalismo" ou "imperialismo", discutidos brevemente em seu artigo "O sistema de Taylor – escravização do homem pela máquina"[63].

Durante a Primeira Guerra Mundial, quando desenvolveu sua teoria do imperialismo[64], ao se concentrar em características econômicas e políticas, de certa maneira Lênin antecipou a linha de investigação moderna sobre um *sistema hierárquico mundial*[65]. Em uma era de conluio entre capital industrial e bancário, ele enfatizou a tendência de exportar capital em vez de mercadorias, o que tornava possível o acúmulo de lucros nos países ocidentais por meio do *desenvolvimento desigual*. Assim, destacou o sistema de dependência construído sobre a dívida, no qual a Grã-Bretanha, por exemplo, "faz empréstimos ao Egito, ao Japão, à China e à América do Sul", enquanto seu poderio político-militar a protege "da indignação de seus devedores", e "sua esquadra desempenha o papel de oficial de justiça", em caso de necessidade[66].

---

dois volumes inteiros, de, respectivamente, quatrocentas e quinhentas páginas impressas. Ver *Lenínski Sbórnik*, cit., v. 22 e v. 27, p. 489, cujo índice onomástico chega a 470 itens, em sua maior parte economistas, historiadores, filósofos, sociólogos, estatísticos e, é claro, políticos. De Carnegie a Sombart, de R. Hoeniger a E. Théry, de J. Lescure a Hishida, ou de J. Patouillet a Riesser, as páginas são todas preenchidas com as obras desses autores, além de dados e comentários a eles relacionados. Ver LCW, cit., v. 39.

[63] LCW, cit., v. 20, p. 152-4. O artigo apareceu na edição de 13 de março de 1914 do jornal *Путu Правды/ Púti Právdy* [Caminhos da Verdade]. O manuscrito do artigo em questão, que foi confiscado pela Okhrana – o Departamento Político – como indício da atividade antigovernista do *Pravda*, permaneceu oculto nos arquivos por muitas décadas.

[64] Em geral se reconhece que, além de Hobson, Hilferding foi a figura mais influente na teoria do imperialismo de Lênin, mas seria um erro superestimar o papel dos dois. Alec Nove, o primeiro estudioso ocidental a se debruçar seriamente sobre essa obra, não questionou sua importância, nem sequer em termos econômicos, embora fosse crítico de muitas de suas afirmações. Ver Alec Nove, "Lenin as Economist", em Leonard Schapiro e Peter Reddaway (orgs.), *Lenin: The Man, the Theorist, the Leader*, cit., p. 198-203. Em certo sentido, Lênin subestimava a habilidade técnica do sistema de capital para se renovar, bem como as consequências que isso traria para os países centrais em termos de manipulação de consciências. Ao mesmo tempo, é evidente que o imperialismo provou não ser o "suspiro final" do capitalismo. O custo à humanidade que a "sobrevida" do capitalismo implica é outra questão, na qual Nove não se estende. Lênin, no entanto, forneceu uma resposta efetiva a isso, de acordo com seu próprio sistema de pensamento político.

[65] As simplificações brutais e de orientação oposta à da teoria do imperialismo gestadas no período stalinista ganham vida até em obras profissionalmente maduras de nosso tempo. Ver O. V. Volobúiev, *Драма российской Истории: Большевики и революция/ Drama rossískoi istóri: bolcheviki i revoliútsia* [O drama da história russa: os bolcheviques e a revolução] (Moscou, Nóviy Khronograf, 2002), p. 154-9.

[66] *Imperialism, the Highest Stage of Capitalism*, em LCW, cit., v. 22, p. 278.

Lênin chegou à importante conclusão – que subsequentemente caracterizou seu posicionamento quanto à revolução como um todo – de que, com o novo nível de concentração de capital, a expansão universal do capital financeiro "tece uma densa rede de relações de dependência entre todas as instituições políticas e econômicas da sociedade burguesa contemporânea, sem exceção"[67]. Tal desenvolvimento se expressava na monopolização da política colonialista[68]. Os traços específicos do imperialismo, na condição de sistema econômico e político mundial, tornaram-se aparentes em todos os aspectos durante a Primeira Guerra Mundial. O fato de Lênin reconhecer a *extraordinária expansão do papel econômico do Estado* e sua *interconexão ao capital – capital financeiro, para sermos mais exatos*, que ganhou significado tão especial na organização hierárquica do sistema capitalista mundial e na guerra universal levada adiante para garantir a periferia colonial – foi fundamental em suas estimativas das possibilidades da Revolução de 1905 e da revolução em geral[69]. Em outra parte, Lênin reformulou

---

[67] Ibidem, p. 299. "Propriedade privada baseada no trabalho do pequeno proprietário, livre concorrência, democracia, todas essas palavras de ordem por meio das quais os capitalistas e a sua imprensa enganam os operários e os camponeses pertencem a um passado distante. O capitalismo transformou-se num sistema universal de subjugação colonial e de estrangulamento financeiro da imensa maioria da população do planeta por um punhado de países 'avançados' [...] que arrastam todo o planeta para sua guerra pela partilha do saque." Ibidem, p. 191.

[68] "Mas quando nove décimos da África já haviam sido tomados (cerca de 1900), quando o mundo inteiro já havia sido repartido, iniciava-se inevitavelmente a era da posse monopolista das colônias e, por conseguinte, de luta particularmente intensa pela divisão e pela nova partilha do mundo" (ibidem, p. 299-300). Aqui, Lênin não discutia o fato agora evidente de que essa "divisão" poderia ser de caráter permanente.

[69] Lênin polemizava com os "socialistas de Estado" que haviam "se apaixonado" pela organização monopolista. "Já é hora de nossos socialistas de Estado, que se deixam deslumbrar por princípios brilhantes, compreenderem finalmente que, na Alemanha, os monopólios nunca tiveram a intenção de beneficiar os consumidores, ou de pelo menos entregar ao Estado parte dos lucros patronais, tendo servido apenas para sanear, à custa do Estado, a indústria privada, que estava à beira da falência. [...] Vemos claramente aqui como, na era do capital financeiro, os monopólios privados e estatais se entrelaçam, formando um todo, e como tanto uns como outros não passam de diferentes elos da luta imperialista entre os grandes monopolistas pela partilha do mundo" (ibidem, p. 250-1). As limitações teóricas de Lênin são postas em evidência por Péter Szigeti em *Világrendszernézőben: globális "szabad verseny" – a világkapitalizmus jelenlegi stádiuma* [Panorama das ordens mundiais: a "livre competição" global – o atual estágio do capitalismo no mundo] (Budapeste, Napvilág, 2005), p. 37. Sem dúvida, Lênin não previa a possibilidade de uma criação posterior de "capitalismo de bem-estar social" (ou mesmo etapas posteriores do desenvolvimento do capitalismo) e suas consequências, assim como nenhum de seus contemporâneos teóricos pôde antecipar esses desdobramentos. Se alguém o fez parcialmente, este alguém foi Bernstein, que refletia sobre as possibilidades de um "capitalismo bom" sem antever nenhuma forma concreta dele. Nesse sentido, Lênin considerava os esforços de Bernstein expressão da ideologia da aristocracia

tudo isso da seguinte maneira: "Sempre que o capital financeiro se torna muito forte, isso também acontece com o Estado".

Levando em consideração os títulos acionários na posse dos maiores agentes econômicos do sistema capitalista mundial (Inglaterra, Estados Unidos, França e Alemanha), em 1910, Lênin demonstrou a existência de uma hierarquia que criava uma cadeia de dependência mútua.

> De um modo ou de outro, quase todo o restante do mundo é mais ou menos devedor ou tributário desses países banqueiros internacionais, esses quatro "pilares" do capital financeiro mundial. É particularmente importante examinar o papel representado pela exportação de capital na criação da rede internacional de dependência e conexões com o capital financeiro.[70]

Em artigo de outubro de 1913, "O capitalismo e a imigração dos operários"*, Lênin já apontava a expatriação em massa do povo, uma emigração em massa da força de trabalho, que ele considerava uma nova forma de exploração. Mapeou o desenvolvimento da crescente expatriação e da imigração internacional utilizando principalmente fontes dos Estados Unidos.

Entre 1905 e 1909, os Estados Unidos testemunharam a chegada de mais de 1 milhão de pessoas ao ano. Os reforços à oferta de mão de obra não mais provinham dos países de capitalismo avançado, e em grande parte saíam da Rússia. Uma porção significativa desses imigrantes "tinha conhecido toda a espécie de greves na Rússia [e] levou à América o espírito das greves de massas mais corajosas e mais ofensivas". Baseado na observação desse fenômeno migratório, Lênin teorizou que a meta básica dos países industriais em rápido desenvolvimento era minimizar o custo da força de trabalho ao atrair imigrantes com a promessa de melhores salários do que em seus países. Com isso, a concorrência entre operários assalariados incrementava-se em várias regiões do sistema mundial.

> O capitalismo deu lugar a uma forma especial de migração das nações. Os países industriais em rápido desenvolvimento, ao introduzir maquinário de grande escala e banir do mercado mundial os países atrasados, aumentam os salários domésticos acima da taxa média e, dessa forma, atraem operários de países atrasados.

---

dos trabalhadores. Apenas Keynes chegou a enfatizar, em *The Economic Consequences of the Peace*, de 1919 – com base especificamente na experiência da Revolução Bolchevique-Comunista –, que o mundo do capital teria de fornecer uma resposta social e econômica adequada diante do desafio posto pela provocação econômica e social do bolchevismo, e que talvez fosse capaz de fazê-lo.

[70] LCW, cit., v. 22, p. 240.

* Em OE6T, cit., v. 2, p. 119-22. (N. E.)

Assim, a concorrência entre operários assalariados é incrementada em várias regiões do sistema mundial (os exemplos "clássicos" ficam bastante evidentes no presente estágio de globalização).

> Emancipar-se do jugo do capital é impossível sem maior avanço do capitalismo e sem a luta de classes nele baseada. É em meio a essa luta que o capitalismo atrai as massas operárias do mundo *inteiro*, rompendo com os hábitos arcaicos e obsoletos da vida local, rompendo barreiras e preconceitos nacionais, unindo operários de todos os países em imensas fábricas e minas nos Estados Unidos, na Alemanha e assim por diante. Os Estados Unidos encabeçam a lista de países importadores de operários.[71]

Segundo uma perspectiva atual, deduzir a unificação internacional do trabalho a partir da globalização do capital parece bastante mecânico. No entanto, isso demonstrava surpreendente clareza de visão quanto ao potencial que os Estados Unidos tinham de se tornar o motor do desenvolvimento global no século XX.

Lênin expandiu tal análise no texto "Novos dados sobre as leis que governam o desenvolvimento da agricultura", escrito originalmente em 1915 e publicado em 1917. Também ofereceu repetidamente uma comparação histórica entre o desenvolvimento russo e o europeu.

> Os Estados Unidos são inigualáveis tanto na taxa de desenvolvimento do capitalismo na virada do século quanto no nível recorde de desenvolvimento capitalista já alcançado; inigualáveis também na vastidão do território desenvolvido com a utilização do maquinário mais avançado, adaptado à notável variedade de condições naturais e históricas, e ainda na extensão da liberdade política e do nível cultural da maior parte da população. Aquele país, de fato, é, em muitos aspectos, o modelo de nossa civilização burguesa – e seu ideal.[72]

Como Lênin percebeu, a integração das colônias na política mundial rearranjaria a própria natureza do sistema global. Na era moderna, o mecanismo

---

[71] LCW, cit., v. 19, p. 454. Ele examinou a questão da emigração à luz de dados muito detalhados, indicando que "as nações avançadas tomam, por assim dizer, as ocupações mais bem remuneradas para si mesmas e deixam as ocupações mais mal remuneradas aos países semibárbaros", enquanto "a burguesia incita os trabalhadores de uma nação contra os de outra". Esse fato por si só deveria ter levado Lênin a repensar a conclusão de seu artigo, que dizia que "os trabalhadores da Rússia [...] estão se juntando aos trabalhadores de todos os países e formando uma única força internacional pela emancipação". Ibidem, p. 456-7.

[72] LCW, cit., v. 22, p. 17.

universal de produção capitalista funcionava continuamente como pano de fundo daqueles processos, "integrando" de maneira inevitável os povos subjugados.

Lênin talvez tenha sido o primeiro entre os marxistas a delinear de maneira teoricamente clara o modo como as colônias, na era da livre iniciativa capitalista, eram

atraídas à bolsa de mercadorias, mas não à produção capitalista. O imperialismo mudou essa situação. Imperialismo é, entre outras coisas, exportação de capital. A produção capitalista é transplantada às colônias em taxa sempre crescente. Tais colônias não podem se libertar da dependência do capital financeiro europeu. Do ponto de vista militar, bem como do ponto de vista da expansão, a separação das colônias, como regra geral, pode ser praticada apenas no socialismo; no capitalismo, pode ser praticada somente por uma via de exceção ou à custa de uma série de revoltas e revoluções, tanto nas colônias quanto nos países metropolitanos.[73]

O fato de Lênin reconhecer que as "vítimas" da colonização estabeleciam *movimentos nacionais* independentes, somados ao movimento operário – fazendo com que a questão nacional ganhasse relevância em escala mundial, apontando para muito além da Europa –, será abordado adiante. Aqui se deve notar apenas que, em termos históricos, até mesmo nessa questão a Rússia vacilava "a meio caminho". Embora Lênin atribuísse grande importância à estrutura hierárquica do sistema mundial em outras partes, ele, ao considerar a unificação dos operários pelo capital, subestimava a força do sectarismo, os obstáculos linguísticos e culturais, as barreiras psicológicas e políticas e a potência econômica e social do capitalismo central

## Os fatores políticos determinantes do capitalismo russo em 1905

Por volta de 1901, Lênin já suspeitava, ou sabia bem, que a "classe dirigente" (a terminologia corrente diria dominante ou hegemônica) na revolução democrática burguesa russa seria o proletariado[74]. A razão mais evidente disso era a insignificância política da burguesia da época, dependente do tsarismo e sem nenhuma autonomia em relação tanto a ele quanto ao capital estrangeiro. Em consequência,

---

[73] Ibidem, p. 337-8.

[74] Não é coincidência que, após seu exílio, quando finalmente encontrou-se com Plekhánov, o primeiro desentendimento de natureza política entre os dois tenha surgido quanto à relação com a burguesia russa, a princípio como uma mera mudança de ênfase estratégico-política. Para uma análise bastante nuançada da relação e dos primeiros contatos entre Lênin e Plekhánov, ver Vladlen Lóguinov, *Владимир Ленин: выбор путu/ Vladímir Liénin: vybor púti* [Vladímir Lênin: escolhendo o caminho] (Moscou, Respublika, 2005), p. 356-428.

os membros do campesinato que haviam perdido seus meios de subsistência por causa do desenvolvimento capitalista se aliariam à classe operária (a política do bloco de esquerda)[75], substituindo a burguesia e a elite latifundiária. À época, tais noções eram consideradas por muitos um tipo de "heresia leninista", até mesmo nos círculos marxistas ocidentais, como se o campesinato russo ainda fosse uma espécie de massa reacionária.

Lênin via os interesses agrários dos camponeses como parte integrante da questão do poder e da economia na Rússia. Rejeitava a sugestão menchevique de que a questão agrária pudesse ser resolvida pela municipalização, ficando a terra como propriedade das administrações locais. Lênin e os bolcheviques pensavam em termos de *nacionalização* dos latifúndios, que acreditavam ser *o melhor meio de desapropriar* as terras e destronar a monarquia[76]. O conteúdo político direto dos debates abordava a questão de quem receberia o arrendamento: as administrações locais, controladas pela nobreza, ou o Estado. Após a derrota da Revolução de 1905, Lênin se expressou no seguinte tom, em relação ao problema agrário:

> Em teoria, a nacionalização é o desenvolvimento "idealmente" puro do capitalismo na agricultura. A questão de ocorrer ou não com frequência, no curso da história, tal combinação de condições e relação de forças que permitam a nacionalização na sociedade capitalista é outro problema.[77]

A rejeição das pequenas propriedades privadas não foi simples efeito de uma postura doutrinária social-democrata, mas baseava-se no antecedente histórico de que a forma prussiana de desenvolvimento agrário, com suas características internas específicas, não fora relevante à situação russa. Que os sociais-democratas

---

[75] O debate das questões políticas foi travado no Congresso do Partido em 1907, em Londres, durante o qual os bolcheviques e os mencheviques racharam irreversivelmente no que dizia respeito aos caminhos da revolução. Os mencheviques continuavam vendo o futuro do desenvolvimento revolucionário na cooperação com a burguesia, enquanto os bolcheviques estavam com o campesinato pobre. Para mais detalhes, ver Tamás Krausz, *Pártviták és történettudomány*, cit., p. 30-7 e 49-51, e "Az első orosz forradalom és az oroszországi szociáldemokrácia 'második' szakadása" [O segundo "racha" da primeira Revolução Russa e da social-democracia russa], *Századok*, 1983-1984, p. 840-70.

[76] Ao se preparar para sua conferência *Perspectivas marxistas sobre a questão agrária na Europa e na Rússia*, realizada em Paris no início de 1903, Lênin fez uma série de esboços que são importantes fontes a esse respeito. Ver *Leninskii Sbórnik*, cit., v. 19, p. 225-95 e LCW, cit., v. 40, p. 40-52.

[77] LCW, cit., v. 13, 319. Sobre o desenvolvimento das posições de Lênin sobre a questão agrária, ver, em húngaro, Lajos Varga, "Az Oroszországi Szociáldemokrata Munkáspárt első, 1903-as agrárprogramja" [O primeiro programa agrário do Partido Operário Social-Democrata Russo de 1903], *Párttörténeti Közlemények* [Publicações históricas do Partido], n. 3, 1978.

defendessem uma agricultura baseada em cooperativas e colaboração voluntária, que entendiam como única alternativa ao desenvolvimento agrário capitalista, era um problema completamente diferente.

As experiências de 1905 ajudaram a compreender o panorama geral. O campesinato – digamos, de forma eufemística – defendia a distribuição de terras agrárias. Em reação aos levantes camponeses de 1902-1903 e aos movimentos revolucionários rurais de 1905-1907, o governo do tsar (de Vitte a Stolypin) se esforçou por apressar o desaparecimento das comunas rurais ao encorajar uma camada camponesa próspera, assegurada por propriedades fundiárias privadas. Por iniciativa de Stolypin, o tsar não demorou a emitir um decreto, em 9 de novembro de 1906, que concedia a cada chefe de família proprietário de terras o direito de tomar sua herdade como propriedade privada e retirá-la da comuna. O proprietário também poderia exigir que o lote fosse seccionado em uma única faixa, e não em parcelas menores e não contíguas. Aproximadamente 2 milhões de camponeses abandonaram as comunas rurais durante os quase nove anos que precederam a Primeira Guerra Mundial.

Após o fracasso da revolução, Lênin escreveu *O programa agrário da social-democracia na primeira Revolução Russa, 1905-1907*; nesse texto, tomava, com competência acadêmica, posições diante de questões políticas básicas referentes às condições agrárias russas[78]. Mais uma vez, Lênin escolhia problemas centrais que seriam muito importantes no futuro. O "elo decisivo da corrente" era a luta camponesa por terras como determinante da vida aldeã russa.

> Dez milhões de lares camponeses possuem 73 milhões de *dessiatinas*\* de terras, enquanto 28 mil nobres e senhorios arrivistas possuem 62 milhões de *dessiatinas*. Essa é a arena principal em que acontece a luta camponesa por terras. Nesse contexto, são inevitáveis o incrível atraso técnico, a negligência na agricultura, a condição oprimida e espezinhada da massa camponesa, a corveia e uma variedade infinita de modos feudais de exploração. [...] O tamanho das propriedades por nós descritas não corresponde, de forma nenhuma, à escala da agricultura. Nas *gubiérnias* puramente russas, o cultivo capitalista de grande escala está definitivamente em segundo plano. Predomina nos latifúndios o cultivo de pequena escala, incluindo várias formas de arrendamento [...]. A grande maioria dos

---

[78] Publicado em 1908 como livro independente, em São Petersburgo, pela Zerno, mas acabou confiscado; uma única cópia foi preservada, como informa comentário do próprio Lênin, a partir da qual ele foi republicado em 1917. LCW, cit., v. 13, p. 217-428.

\* Medida agrária vigente na Rússia tsarista. Uma *dessiatina* corresponde a aproximadamente 10.925 metros quadrados. (N. T.)

RECONSTRUINDO LÊNIN 133

camponeses, esmagada pela exploração feudal, está arruinada, e alguns alugam seus lotes a fazendeiros "prósperos".[79]

De acordo com tais circunstâncias "semelhantes às medievais", Lênin estabeleceu – em contradição a todas as demais tendências – que o conflito político básico das aldeias russas se dava entre as grandes massas camponesas e os proprietários de terras apoiados pelo tsarismo. Esse conflito se resolveria somente quando, por fim, o campesinato tomasse as terras dos latifundiários.

Lênin foi acusado de assumir uma posição que ensejou a seguinte réplica a seus críticos: "Meu panorama [...] não lida, de modo nenhum, com os termos de transferência da terra aos camponeses [...]. Tratei apenas da transferência de terras em geral aos pequenos camponeses, e não pode haver dúvidas de que essa é a tendência de nossa luta agrária"[80]. Em outra parte, argumentou contra seus camaradas. Declarou que a reforma agrária não estava na agenda histórica daquele momento, pois sua formulação criaria equívocos. Especificamente, pareceria representar os interesses dos ricos, que eram os capitalistas aos olhos do campesinato pobre. Ainda não existiam relações políticas adequadas de classe e poder[81]. Mais tarde, Lênin investigou em exaustivos detalhes as condições sob as quais a nacionalização poderia levar à distribuição de terras e até que ponto ela poderia "'estimular o apetite' para a socialização de toda a produção social"[82].

Lênin já tinha entendido que a divisão de terras seria inevitável no futuro – talvez "não como propriedade privada, mas para utilização econômica"[83]. Isso prefigurou o decreto sobre a terra de outubro de 1917, que estabeleceu a reforma agrária por meio da nacionalização. Lênin considerava duas tendências possíveis: a transformação burguesa e capitalista dos latifúndios, que "substituiria os métodos de exploração feudais pelos burgueses"; e a transformação mais radical, verdadeiramente revolucionária, que abriria as portas à pequena agricultura camponesa e permitiria seu livre avanço "na trilha da economia capitalista"[84]. Este último caso significaria "a transformação do camponês patriarcal em fazendeiro burguês".

---

[79] LCW, cit., v. 13, p. 225.

[80] Ibidem, p. 229.

[81] Para sua discussão com M. Chánin, ver ibidem, p. 287-93. E, aqui, Lênin, fazendo de fato uma autocrítica, menciona que o programa para o II Congresso do POSDR exagerou o nível da capitalização da agricultura russa, fornecendo uma crítica a seu próprio trabalho histórico (*O desenvolvimento do capitalismo na Rússia*), embora estivesse certo ao afirmar que esse exagero coincidia com a principal linha de tendência histórica.

[82] Ibidem, p. 323.

[83] Ibidem, p. 237.

[84] Ibidem, p. 239.

Lênin considerava "progressistas" as reformas de Stolypin, porque destruíam os vínculos feudais e aceleravam a evolução do capitalismo. No entanto, ao contrário de Plekhánov e dos mencheviques, recusava toda e qualquer forma de apoio político a tais reformas e excluía todas as possibilidades de cooperação com a burguesia. Além disso, considerava o sanguinário Stolypin "modernizador" e favorável à "economia de mercado" um guardião da autocracia, não oponente a ela.

Lênin já havia travado esses debates políticos, táticos e estratégicos com os mencheviques quando a Rússia ainda se encaminhava à revolução, como fica evidente em seu *Duas táticas da social-democracia na revolução democrática**\* (publicado em 1905, em Genebra). Os bolcheviques enfatizavam o lado *operário* de uma revolução que era democrático-burguesa no que dizia respeito às metas e a participação dos sociais-democratas nos poderes de governo, enquanto os mencheviques relegavam à classe operária o papel de "extrema esquerda". De acordo com Lênin, uma revolução vitoriosa criaria o regime da "ditadura democrática do proletariado e do campesinato"[85]. Essa ditadura poderia conduzir o país, por intermédio de circunstâncias internas e externas benéficas ao desenvolvimento, a uma nova "fase socialista" da revolução, ao mesmo tempo que reprimiria as forças que buscassem restaurar a autocracia.

Mesmo naquele estágio, Lênin considerava a relação entre as duas fases da revolução.

> Todos nós contrapomos revolução burguesa à revolução socialista; todos nós insistimos na absoluta necessidade de uma diferenciação estrita entre elas; no entanto, pode-se negar que, no decurso da história individual, elementos particulares das duas revoluções se interliguem?[86]

A burguesia russa não se interessava de modo nenhum pela radicalização da revolução e em sua efetivação. Em vez disso, mantinha esperanças de que a revolução fosse refreada. Durante a Revolução de 1905 e, em especial, após a derrota desta, Lênin vergastou os liberais:

> Após outubro de 1905, tudo o que fizeram os liberais foi trair vergonhosamente a causa da liberdade do povo [...]. A revolução desmascarou muito rapidamente os liberais e mostrou suas verdadeiras cores contrarrevolucionárias [...]. Esperanças de que a autocracia fosse combinada à representação efetiva de massas populares mais ou menos amplas existiam não apenas entre ignorantes e espezinhados ha-

---

\*   Em OE6T, cit., v. 1, p. 169-276. (N. E.)
[85]   LCW, cit., v. 9, p. 59.
[86]   Ibidem, p. 85.

bitantes de várias localidades remotas. Tais esperanças se encontravam até mesmo em esferas dirigentes da autocracia[87].

Em janeiro de 1917, ao falar a uma plateia de jovens operários suíços – e recordar-se de 1905 às vésperas de uma nova revolução –, Lênin explicou a insignificância política da burguesia russa, sua sujeição ao tsar e à burguesia da Europa ocidental. A esse respeito, Lênin também discutia com Max Weber, referindo-se à natureza da revolução.

> Até mesmo nos países mais livres, nos países republicanos da Europa ocidental, a burguesia é capaz de combinar suas declarações hipócritas sobre as "atrocidades russas" às mais desavergonhadas transações financeiras[88], especialmente ao dar apoio financeiro ao tsarismo e à exploração da Rússia por meio da exportação de capital etc. [...] A burguesia prefere descrever o levante de Moscou como algo artificial e ridicularizá-lo. Por exemplo, na pretensa literatura "científica" alemã, *Herr Professor* Max Weber, em sua extensa pesquisa do desenvolvimento político russo, refere-se ao levante de Moscou como um *"putsch"*. "O grupo de Lênin", afirma o "muito erudito" *Herr Professor*, "e parte dos socialistas-revolucionários prepararam-se durante muito tempo para esse levante insensato." [...] Na realidade, a tendência inexorável da revolução russa era uma batalha armada e decisiva entre o governo tsarista e a vanguarda do consciente proletariado de classe.[89]

Ao mesmo tempo, Lênin atacava os membros de seu próprio partido por polêmicas internas. Muitos dos que acreditavam na luta contra o sistema achavam inútil até a mera formulação das exigências democráticas burguesas, pois sua realização era impossível sob condições capitalistas. Lênin, por outro lado, via a importância das exigências democráticas burguesas e sua especial adequação às condições do capitalismo russo. Não porque fosse possível realizá-las na "periferia" do sistema capitalista russo, mas por seu potencial para desestabilizar tal estrutura.

---

[87] LCW, cit., v. 13, p. 117-8. Ver também *Two Tactics of Social-Democracy in the Democratic Revolution*, em LCW, cit., v. 9, p. 106-7.

[88] A respeito, ver o artigo de Lênin "Russia's Finances", em LCW, cit., v. 41, p. 176, do período da Revolução de 1905, escrito depois de 1º (14) de outubro de 1905. Publicado originalmente em *Leninskii Sbórnik*, cit., v. 16, 1931. "Temos apontado repetidas vezes que o governo autocrático está cada vez mais confuso acerca de suas questões (artimanhas seria uma palavra mais adequada, eu diria) financeiras. Está cada vez mais evidente que um colapso financeiro é inevitável."

[89] *Sobre uma caricatura do marxismo e sobre o "economismo imperialista"*, em OE6T, cit., v. 3, p. 28.

136  TAMÁS KRAUSZ

Sabia bem, por exemplo, que a república democrática contradizia "logicamente" o capitalismo por colocar, de maneira oficial, ricos e pobres no mesmo
patamar e que essa igualdade perante a lei apenas mascarava as desigualdades
econômicas antagonizantes. Também estava consciente de que essa contradição
entre sistema econômico e estrutura política na era do imperialismo, quando
a livre concorrência era substituída pelo regime dos monopólios, tornava mais
difícil a obtenção de todos os direitos democráticos.

> Mas como é que o capitalismo se torna compatível com a democracia? Por meio
> da aplicação indireta da onipotência do capital! São dois os meios econômicos para
> isso: 1) o suborno direto; 2) a aliança do governo com a Bolsa. (Nas nossas teses
> isso é expresso pelas palavras: o capital financeiro "compra e suborna livremente
> quaisquer governo e funcionários" no sistema burguês.)[90]

Embora Lênin mantivesse a opinião de que "a 'riqueza' em geral é de todo
capaz de alcançar o domínio de qualquer república democrática, por intermédio
de subornos e da Bolsa de Valores", isso não significava, necessariamente, que se
devesse abandonar a luta pela democracia ao reivindicar o socialismo. Segundo
o pensamento político de Lênin, a condição prévia de qualquer ataque bem-sucedido ao capital seria a criação de um sustentáculo tão amplo quanto possível
por parte das massas (o "bloco de esquerda", isto é, "a aliança entre operários e
camponeses pobres, sem-terra"). Ele argumentava, entre os membros do partido,
a favor da importância da luta pela democracia, e ele mesmo se convenceu dessa
importância após as experiências de 1905. A *revolução operária*, como pré-requisito
do socialismo, parecia possível em um país só. Segundo a linha argumentativa de
Lênin, no entanto, o sistema socialista não poderia se concretizar sobre uma "base
russa", apenas. Sua discussão com Párvus e Trótski no que se referia à revolução
permanente dizia respeito, em grande parte, a esse problema, na medida em que
eles avaliavam de maneira diferente a "transição" entre as duas revoluções[91].

Lênin foi o primeiro, junto com Rosa Luxemburgo, a perceber que, em termos
históricos, um novo tipo de revolução havia ocorrido em 1905[92]. O evento havia

---

[90]  Ibidem, p. 47.

[91]  A extensa literatura a respeito torna desnecessária qualquer outra explicação – tratei disso em
outro lugar; ver *Pártviták és történettudomány*, cit. Além do trabalho de Béla Kirchner citado
anteriormente, ver Baruch Knei-Paz, *The Social and Political Thought of Leon Trotsky* (Oxford,
Clarendon, 1978).

[92]  LCW, cit., v. 23, p. 252. "A Revolução Russa engendrou um movimento que se espalhou por
toda a Ásia." Ele se referia ao fervor revolucionário que ocorria na Turquia, na Pérsia e na China. "Não se deve esquecer que, ao chegar a Viena no dia 30 de outubro de 1905, a notícia do

sido "proletário, em instrumentos e caráter" (em outras palavras, greves gerais políticas e levante armado), democrático burguês em suas metas e, ao mesmo tempo, aberto à revolução socialista. Lênin via de maneira precisa as limitações da revolução, aparentes com maior nitidez na "fraqueza" de seus vetores sociais: "súditos leais" ao tsar, "pessoas tementes a Deus – liderados pelo sacerdote Gapon, saídos de todas as partes da capital". Enquanto as massas russas, ingênuas e analfabetas, "aprendiam" com os eventos que se desenrolavam em velocidade tumultuosa, "os incultos operários da Rússia pré-revolucionária [também] provaram, por seus feitos, serem um povo franco, despertado à consciência política pela primeira vez"[93]. Ainda assim, a ação revolucionária radical de operários e camponeses russos não bastou para garantir que as estruturas de autogoverno (comitês de greve, sovietes, comitês de operários etc.) se mantivessem.

Na condição de revolução de "novo tipo", o evento finalmente elevou a Rússia ao estágio da história "moderna". Nas palavras de Lênin, "a Rússia adormecida foi transformada em uma Rússia do proletariado revolucionário e do povo revolucionário". Interligados a essa cena, estiveram o movimento camponês de apropriação de terras, em revolta contra as condições patriarcais; a revolução dos operários industriais; e as lutas por liberdade que eclodiram entre os povos oprimidos da Rússia. Tudo se desenrolou durante 1917, o que evidenciou que os revolucionários ainda não tinham obtido, da experiência em si, a necessária profundidade de compreensão dos eventos. Enquanto isso, ficava óbvio que Lênin poderia dar voz à urgência da revolução na Europa ocidental sob qualquer forma, exceto a de uma hipótese lógica, e que, para sustentá-la, não conseguiria traçar uma análise de profundidade nem minimamente próxima daquela que delineara sobre as possibilidades do desenvolvimento russo.

## O debate histórico: a natureza do Estado autocrático

À época da Revolução de 1905, a social-democracia russa estava totalmente envolvida em debates teóricos e científicos que apresentaram as particularidades do desenvolvimento histórico russo definidoras de eventos, limites e possibilidades da luta de classes política contemporânea, bem como as tendências mais importantes do avanço revolucionário. O debate sobre o Estado autocrático ocorreu em fases. O ponto de partida foi a abordagem eslavófila, que datava do início do século XIX e postulava uma "excepcionalidade russa" e um "Estado alheio ao espírito do povo", ou, até mesmo, a "onipotência do Estado" sob a forma "da

---

manifesto constitucional do tsar desempenhou um papel decisivo na vitória final do sufrágio universal na Áustria." (Enormes manifestações de rua começaram em Viena.)

[93] LCW, cit., v. 23, p. 236-7.

*obschina*, que preservava as virtudes russas"[94]. O grupo "ocidentalizador", ou *západniki*, foi formado em oposição aos eslavófilos. Não demorou a relegar as "peculiaridades russas", quando comparadas ao Ocidente, à categoria de *atraso*. No fim do século XIX, a controvérsia se transformou em polêmica entre liberais e marxistas. No início do século XX, após a primeira Revolução Russa, o tema da autocracia tornou-se fundamento de disputas cismáticas, até mesmo entre as várias alas do movimento social-democrata. As apostas políticas da análise histórica eram tão altas que até entre os bolcheviques surgiam discussões a respeito da natureza do Estado autocrático e das conclusões políticas corretas a ser inferidas de tal natureza.

Quando Lênin se juntou à liça, Plekhánov já havia redigido – com base em Hegel, Marx e Engels[95], e nos historiadores russos M. M. Kovalévski e Vassíli Ossipovitch Kliutchévski – uma posição marxista, de abordagem histórica liberal, sobre o Estado autocrático russo e a questão da *obschina*. Ela se opunha a Miliúkov e à chamada posição da doutrina do Estado, cujas principais influências eram Comte e Spencer[96]. Esse conjunto de questões foi assunto de discussões sérias nos círculos social-democratas durante a primeira Revolução Russa, quando foi preciso esclarecer sua relação com a burguesia e o campesinato.

Em abril de 1905, os bolcheviques convocaram em Londres o III Congresso do Partido, com o propósito de tomar posição em relação àqueles assuntos. Os mencheviques esclareceram seu ponto de vista em congresso rival, realizado em Genebra, após o que debateram com os bolcheviques nos IV e V Congressos de 1907, em Londres. Em paralelo a esses debates, o assunto foi abordado em numerosas obras políticas.

Absorto na polêmica do debate agrário com Lênin, Plekhánov mais uma vez enfatizou que a "estagnação asiática", a *kitáischina*, tinha um papel definidor no desenvolvimento do campesinato russo. Insistia que Lênin não entendia sua analogia histórica entre a Rússia do século XX e a China do século XI. Argumentava que "a história da agricultura russa se assemelha mais ao mundo do despotismo

---

[94] Ver, a respeito, Emil Niederhauser, "On the Slavophile Approach to History", *Acta Universitatis Debreciensis de L. K. Nominatae* (Debrecen, 1966, col. Historica), especialmente p. 27-41.

[95] Hegel, Marx e Engels comentaram as peculiaridades do desenvolvimento histórico russo inúmeras vezes; ver, por exemplo, G. W. F. Hegel, *Előadások a világtörténet fififilozófiájár* (Budapeste, Akadémiai Kiadó, 1966), p. 189-90 [ed. bras.: *Filosofia da história*, trad. Maria Rodrigues, 2. ed., Brasília, Editora da UnB, 1995]; Karl Marx, *Die Geschichte der Geheimdiplomatie des 18 Jahrhunderts* (Berlim, Olle und Wolter, 1977); e Friedrich Engels, *Az emigráns irodalom címü ciklus* [A literatura dos exilados], em MEM, v. 18, p. 493-554 e 651-61.

[96] Para uma pré e pós-história da extensa discussão, ver Tamás Krausz, *Pártviták és történettudomány*, cit.

RECONSTRUINDO LÊNIN    139

oriental, à Índia, ao Egito ou à China, que àquela da Europa ocidental"[97]. Em certo sentido, Plekhánov retirava sua opinião anterior, apresentada em *Haшu разногласия/ Nachi raznoglassia* [Nossas diferenças] (1885), de que a questão da comuna rural tributada – que remetia diretamente de Pedro, o Grande – deveria ser examinada em contexto comparativo entre a Rússia e o Ocidente, mas também apontava uma característica determinante na "linha oscilante do desenvolvimento" russo, entre Oriente e Ocidente. Em especial, enfatizava a força destrutiva do Ocidente no que tangia à servidão na Rússia[98].

Na conferência, Lênin lembrou Plekhánov de que, se a terra fora nacionalizada na época de Moscóvia, tinha sido no período em que os modos de produção asiáticos dominavam a economia. No entanto, no início do século XX, quando era preciso tratar do domínio dos modos de produção capitalistas na agricultura, quase nada sobrava do argumento de Plekhánov. Ele confundia os dois tipos de nacionalização – o que Lênin, não sem motivo, classificou como erro digno de uma comédia popular[99] – e considerara o "aspecto asiático" do modo de produção capitalista (em contraste com todas as outras historicizações) um fenômeno secundário. A baliza política desse debate teórico sobre formações econômicas foi a escolha entre o conceito bolchevique de *nacionalização* da terra e a ideia menchevique de *municipalização*. A avaliação histórica do Estado russo atingiu a maturidade no quadro de debates políticos nascidos da Revolução de 1905 e sua derrocada.

As reformas agrárias de Stolypin, que serviram para abrir as regiões rurais à expansão da propriedade privada capitalista, assinalavam mudanças tanto na política da autocracia quanto em sua própria natureza. Lênin interpretava isso como passos resolutos da autocracia "na direção de tornar-se uma democracia burguesa". Três questões polêmicas foram levantadas no processo.

A primeira era representada pela visão eslavófila e "estatista" do círculo dos *Vékhi*, que defendia a autocracia sob o disfarce de filosofia religiosa. O principal objetivo ideológico dos ensaios que compunham os *Vékhi* era, "a qualquer

---

[97] Ver *ИВ-и Объединительный съезд РСДРП. Апрель (апрель-май) 1906 года. Протоколы/ IV-y Obyedinitelny syezd RSDRP Aprel (aprel-mai) 1906 goda. Protokoly* [IV Congresso da Unificação do POSDR. Abril (abril-maio), 1906. Protocolos] (Moscou, 1959); e G. V. Plekhánov, "К аграрному вопросу в России"/ "K agrárnomu vopróssu v Rossíi" [Sobre a questão agrária na Rússia], em *Сочинения/ Sotchinénia* [Obras] (São Petersburgo/Leningrado, Gossudárstvennoie Izdátelstvo, 1923-1927), v.15, publicado originalmente no jornal *Дневник Социал-Демократа/ Dnévnik Sotsial-Demokrata* [Diário do Social-Democrata], n. 5, 1906.

[98] G. Plekhánov, "Our Differences", em *Selected Philosophical Works* (trad. R. Dixon, Moscou, Foreign Languages Publishing House, 1961), v. 1, p. 218.

[99] LCW, cit., v. 10, p. 331-3.

custo, salvar o Estado russo" da "apostasia intelectual"[100]. Na formulação de Struve, o socialismo de Estado justificava tanto as ambições da política exterior da autocracia quanto a mobilização patriótica da intelectualidade para defender o Estado autocrático[101]. Assim, tornava-se precursor da aceitação, pelos intelectuais, do engajamento russo na guerra como questão de sua responsabilidade. A ala miliukovista dos liberais opunha-se à difusão da filosofia religiosa vekhista em questões científicas, mas não se alinhava às conclusões dos revolucionários nem à derrubada da autocracia. Os marxistas russos viam no vekhismo o avanço do "Bismarck russo"[102], enquanto uma espécie de evolução ocidentalizada da autocracia parecia ter sido preconizada no vekhismo.

As análises dos marxistas russos se diferenciavam das abordagens liberais em duas características principais. A primeira era a extensão da teoria da luta de classes à análise histórica do Estado russo, na medida em que não falavam sobre Estado russo em geral, mas examinavam suas várias formas ao longo da história e suas características de classe. Em segundo lugar, levavam o desenvolvimento do Estado russo em correlação aos fatores econômicos existentes, com destaque para as especificidades do desenvolvimento do capitalismo na Rússia. Tanto os bolcheviques quanto os mencheviques se esforçavam por interpretar independentemente os processos históricos russos, segundo seus próprios planos políticos[103].

A análise de Trótski concluía que, ao contrário do Ocidente, onde um "equilíbrio das classes economicamente dominantes" fora alcançado, na Rússia a fraqueza social e a insignificância política das classes dirigentes "tornavam a autocracia burocrática uma organização autossuficiente (*Samodovleiuschi*)". Nesse sentido, Trótski posicionava o tsarismo russo pós-1907 em algum lugar entre o absolutismo europeu e o despotismo asiático. Na medida em que enfatizava o papel demiúrgico do Estado autocrático na vida econômica (e, ao mesmo tem-

---

[100] Para mais detalhes, ver Tamás Krausz, *Szovjet Thermidor: a sztálini fordulat szellemi előzményei 1917-1928* [O termidor soviético: as raízes intelectuais da viragem stalinista] (Budapeste, Napvilág, 1996), p. 83-91.

[101] Ver o amplamente citado texto de 1908 de Piotr B. Struve, "Великая Россия"/ "Velíkaia Rossíia" [Grande Rússia], em *Патриотика: политика, культура, религия, социализм-Сборник статей за пять лет*, 1905-1910/ *Patriótika: Politika, kultura, religuía, sotsializm-Sbórnik statiei zá piát let, 1905-1910* [Patriótica: coletânea socialistas de cinco anos de artigos sobre política, cultura, religião, 1905-1910] (São Petersburgo, 1911), p. 78.

[102] A análise de Liev Boríssovitch Kámenev a respeito desse assunto é interessante; ver "Вернисты: о тени Бисмарка"/ "Vekhisti: o teni Bismarcka" [Os vekhistas: a sombra de Bismarck], em *Между двумя революциями/ Mejdu dvumia revoliútsiami* [Entre duas revoluções] (Moscou, 1923), p. 291-316.

[103] Para mais detalhes, ver Tamás Krausz, *Pártviták és történettudomány*, cit., p. 40-57.

po, "profetizava" o papel colossal do Estado no caso de uma tomada do poder socialista), Trótski descobriu uma chave para o entendimento da evolução do Estado autocrático tsarista[104]. P. P. Máslov, principal economista menchevique, via a obstrução das reformas de Stolypin por parte da aristocracia latifundiária e o fato de a maior parte do capital estrangeiro que entrava no país em forma de títulos públicos não ser direcionada à modernização da produção como os maiores obstáculos à modernização[105]. Lênin concordava com essa análise.

Os mencheviques não haviam compreendido o fato de que o papel econômico do Estado russo começara a crescer assim que o desenvolvimento capitalista, de súbito, se acelerou. Essa peculiar contradição entre o arcaico e o moderno dentro do Estado autocrático refletiu-se de modo paradigmático e ganhou expressão no *alto nível de independência do Estado*, na fraqueza política e na falta de estrutura dos grupos sociais que lhe davam apoio.

O historiador bolchevique M. Aleksándrov Olmínski[106] – colega próximo de Lênin na publicação do *Pravda* e de outros periódicos bolcheviques –, colaborou com outro famoso historiador bolchevique, M. N. Pokróvski, em uma análise do papel histórico e da função do Estado russo que continha uma descrição vulgarizada da luta de classes[107]. Para Olmínski, o inimigo primordial era a concepção liberal de Estado formulada pelas ciências históricas. Ele tentava provar que, no Estado russo, absolutismo significava poder político da nobreza e que o Estado autocrático estava *diretamente* a serviço dos interesses econômicos da nobreza proprietária. Em consequência, todas as opiniões que discutiam oposição ao

---

[104] Leon Trótski, *1905* (Moscou, 1922), p. 15 e 19-22; ver especialmente o capítulo "Социальное развитие и царизм"/ "Sotsialnoye razvitiye i tsarism" [Desenvolvimento social e tsarismo].

[105] Os sociais-democratas mencheviques compilaram suas próprias análises históricas em um volume à parte. Ver especialmente *Общественное движение в начале XX века/ Obschiéstvennoie dvijiénie v natchale XX vieka* [Movimento popular no início do século XX] (São Petersburgo, 1909), v. 1, no qual se encontra também o estudo de P. P. Máslov, "Развитие народного хозяйства и std влияние на борьбу классов в 19 веке"/ "Razvítie narodnogo khoziaístva i std vlianie na borbu klassov v 19 vieka" [O desenvolvimento da economia nacional e a influência sobre a luta de classes no século XIX], p. 643-62; ver especialmente p. 649-57.

[106] Um panorama da vida de Olmínski pode ser encontrado em O. Lejava e N. Nelidov, *M. S. Ольминский: жизнь и деятельность/ M. S. Olminski: jizn i deiátelnost* [M. S. Olmínski: vida e obra] (Moscou, Politizdat, 1973). Olmínski pertencia ao círculo mais próximo de Lênin já em 1904 e participou do conselho de 22 bolcheviques que se reuniu entre o fim de julho e o começo de agosto de 1904. Ali se tomou a decisão de estabelecer um órgão periódico do partido, dando sinal verde para a criação da *Вперёд/ Vperiod* [Avante], que se tornaria famosa e cujo primeiro número saiu em 22 de dezembro do mesmo ano. Ver ibidem, p. 90.

[107] Ver M. Aleksándrov, *Абсолютист, государство и бюрократия/ Absoliutist, gosudarstvo i biurokrátia* [Absolutismo, Estado e burocracia] (Moscou, 1910).

Estado e à nobreza eram meramente expressão da doutrina liberal-miliukovista[108] de que o Estado estava *acima das classes*. Olmínski chegou a atacar *Triebkräfte und Aussichten der russischen Revolution* [As forças motrizes e as perspectivas da Revolução Russa], de Kautsky (1907), afirmando que o autor "subestimava o poder das massas populares". Kautsky conceberia a história não como história das massas, mas como história dos monarcas[109]. Olmínski tratava como absolutismo uma variedade de formas históricas do Estado, colocando no mesmo nível monarquia constitucional e república democrática, com base no fato de que todas elas "eram a organização política de uma ou mais classes".

O problema dessa abordagem vulgarizada do Estado e da luta de classes não é o fato de ser simplificada e anticientífica, o de que nenhuma política revolucionária de formato aceitável pode se construir sobre tal noção. Lênin teve de tomar posição contrária a essa visão e às deduções políticas que dela resultavam. Fez isso com certa relutância, pois Olmínski era membro valioso do partido bolchevique.

Para entender as circunstâncias históricas dessa abordagem, é necessário compreender que certos historiadores polemizaram com qualquer abordagem liberal da história por deseja r provar a qualquer custo que, ao longo de séculos, o capitalismo progredira na Rússia de maneira contígua aos desenvolvimentos do Ocidente. Consideravam Marx equivocado em suas alegadas "inclinações liberais". David Riazánov publicou uma tradução abreviada da famosa obra de Marx, *Enthüllungen zur Geschichte der Diplomatie im 18. Jahrhundert* [Revelações da história diplomática do século XVIII], e um exame crítico ao final de 1908, em alemão (publicado em russo em 1918). Riazánov não apreciava que Marx procurasse pelo "berço de Moscóvia" no "pântano sangrento da escravidão mongol", porque isso contradizia a tese do passado capitalista russo e presumia que tal tese pudesse ser empregada para justificar e fortalecer

---

[108] O conhecido historiador Piotr Miliúkov, que se tornou um dos fundadores do partido liberal KD, posteriormente seu líder e, finalmente, ministro de Relações Exteriores do governo provisório, já havia assinalado o papel "demiúrgico" do Estado na história russa. Embora tenha sem dúvida amplificado a independência do aparelho burocrático estatal em relação às classes dominantes, formulou questões históricas importantes em seu tempo, em particular sobre o desenvolvimento do Estado. Seguindo a trilha de V. O. Kliutchévski, levantou o problema da forma da influência ocidental no desenvolvimento russo. Ver L. P. N. Miliúkov, *Очерки по истории русской культуры/ Ótcherki po ístóri rússkoi kultúri* [Ensaios sobre a história da cultura russa] (Paris, 1937, ed. comemorativa), v. 1. Miliúkov desenvolveu sua abordagem da história sob a influência da filosofia positivista de Comte e da filosofia "sintética" de Spencer. A teoria de "linhas sociológicas" fornecia uma abordagem "orgânica" e "estadial" das "culturas" históricas. Com esse referencial o autor combatia a "unilateralidade" do marxismo.

[109] M. Aleksándrov, *Absoliutist, gosudarstvo i biurokrátia*, cit., p. 65-7.

a visão liberal do "papel demiúrgico" do Estado russo[110]. A imagem de Marx que resultava disso, um "ingênuo democrata ou liberal", não poderia contar com a aprovação de Lênin.

Por trás de erros históricos e teóricos de alguns ideólogos e historiadores bolcheviques, Lênin descobriu o movimento "de esquerda" *otzovista**, que surgira na própria facção bolchevique de Lênin. Esse movimento subestimava a importância política dos sociais-democratas na Duma e até mesmo desejava removê-los dali. À parte suas fraquezas teóricas e metodológicas, a posição assumida por Olmínski e outros tornava impossível, em termos políticos, preparar as *exigências de transição*, e a própria *transição*, com vistas à meta revolucionária. A abordagem questionava os fundamentos de toda a luta política pela república e os direitos humanos democráticos.

Por razões semelhantes, Lênin empreendeu uma batalha polêmica contra certa plataforma que viera à baila no *Pravda* de Trótski, que se opunha à resolução do POSDR, datada de dezembro de 1908. Tomando posição semelhante à de Olmínski, a primeira tese da plataforma declarava, segundo Lênin, que

> o regime estabelecido em 3 de junho de 1907 representava, "de fato, o domínio irrestrito da nobreza latifundiária de gênero feudal". Prosseguia apontando que se "disfarça a natureza burocrática e autocrática de seu domínio com a máscara pseudoconstitucional de uma Duma Federal que, na verdade, não possui quaisquer direitos". Se a Duma dos latifundiários, "na verdade, não possui quaisquer direitos" – e isso é verdade –, como, então, o domínio dos latifundiários poderia ser "irrestrito"? Os autores esqueceram que o caráter de classe da monarquia tsarista de modo nenhum militava contra as vastas independência e autossuficiência das autoridades tsaristas e da burocracia, desde Nicolau II até o mais subalterno oficial de polícia. O mesmo equívoco, de esquecer a autocracia e a monarquia, de reduzi-la diretamente à forma de domínio "puro" das classes superiores, foi cometido pelos otzovistas em 1908-1909 [...] por Larin em 1910 e comete-se agora pelos mesmos escritores individuais (por exemplo, M. Aleksándrov) e também por N. Rykov, que passou para o lado dos liquidacionistas.[111]

---

[110] Ver David Riazánov, *Англо-Русское отношения в оценке Марха: историко-критический этюд/ Anglo-Rússkoie otnochiénia v otsiénke Markha: istóriko-krititcheski etiud* [Relações anglo-russas na avaliação de Marx: estudo crítico-histórico] (São Petersburgo, Petrográdskovo Soviéta i Krestiánskikh Deputátov, 1918), p. 36 e 47-8; para uma discussão mais detalhada desse conjunto de questões, ver Tamás Krausz, *Pártviták és történettudomány*, cit., p. 52-9.

\* Do verbo "отозвать"/ "otozvat", que significa "retirar" (no caso, os representantes da Duma). (N. E.)

[111] LCW, cit., v. 17, p. 362-3.

Em seu *Projeto de resolução sobre o momento presente e as tarefas do partido*, Lênin captou a mudança causada pelo golpe de Estado de 3 de junho de 1907 e pelo estabelecimento da Terceira Duma. As classes superiores e a monarquia passaram a formar uma linha de defesa, embora continuassem em constante batalha entre si.

> A aliança do tsarismo com os latifundiários dos Cem-Negros e a mais alta burguesia comercial e industrial foi solidificada e reconhecida abertamente pelo golpe de Estado de 3 de junho e o estabelecimento da Terceira Duma. Havendo, afinal, por necessidade, seguido o caminho do desenvolvimento capitalista na Rússia e esforçando-se por manter uma trajetória que preserve o poder e os rendimentos dos latifundiários feudais, a autocracia manobra entre aquela classe e os representantes do capital. Suas disputas mesquinhas são utilizadas para a manutenção do absolutismo.[112]

Já em novembro de 1908, Lênin descrevia os traços bonapartistas do "novo" sistema em formação. Em seu artigo "Análise da situação presente", anteviu a inevitabilidade do "confisco de todos os latifúndios", caso o sistema estabelecido e as reformas de Stolypin, com seu objetivo compartilhado de transformar as terras das comunas rurais em propriedades privadas capitalistas, encontrassem oposição. Tanto os camponeses quanto a aristocracia latifundiária estavam insatisfeitos com sua parcela da barganha, e os interesses desta última levaram ao assassinato de Stolypin, em 1911. O mecanismo bonapartista de poder assentava-se sobre esses conflitos políticos e sociais[113].

Lênin estimava o máximo "índice de sucesso" das reformas de Stolypin na "emergência de um estrato de camponeses outubristas*, conscientemente contrarrevolucionários" (isto é, a facção politicamente conservadora da burguesia), enquanto a maioria decisiva do campesinato permaneceria no campo revolucionário. Tal equilíbrio de forças não encontraria expressão na Duma, mas "a falsa maioria de representantes dos Cem-Negros, somada aos outubristas", determinada pela legislação eleitoral vigente e alinhada às tendências bonapartistas, não conseguiria esconder a contradição cada vez mais óbvia entre "a autocracia dos Cem-Negros, que virtualmente reina suprema, e uma 'Constituição' burguesa de fachada"[114].

---

[112] LCW, cit., v. 15, p. 321.

[113] Ibidem, p. 271.

* Membros do partido contrarrevolucionário União 17 de Outubro, alinhado ao tsar Nicolau II. (N. E.)

[114] Ibidem, p. 271-2.

Lênin projetou em duas direções esse argumento contra seus oponentes: o problema da transformação do caráter social da monarquia e do bonapartismo, por um lado, e a questão da determinação do fluxo do desenvolvimento agrário na Rússia, por outro. Em artigo escrito em 1911, Lênin destacou o novo arranjo sociopolítico após a revolução e enfatizou as inter-relações entre "antigos e novos" temas de desenvolvimento. Quanto à evolução da monarquia, citou as reformas de Stolypin e propôs que as ligações entre os círculos dirigentes da burocracia autocrática e a burguesia industrial e mercantil seriam fator importante.

> Apenas aqueles que nunca refletiram sobre as modernas [inovações] geradas pela primeira década do século XX, que nada entendem da interdependência entre as relações políticas e econômicas na Rússia e da importância da Terceira Duma, podem negar a existência dessa ligação, negar que a atual política agrária possui caráter burguês, negar, em geral, que "um passo" foi dado "rumo à transformação em monarquia burguesa". [...] Embora "extraia forças" dos altos escalões burgueses, a burocracia não se recruta na burguesia, porém na antiga, muito antiga [...] nobreza latifundiária e detentora de cargos.[115]

Lênin chamou atenção ao efeito que a burocracia tinha sobre a burguesia russa. A burocracia emprestava à função da burguesia um caráter de todo feudal. De acordo com Lênin, também emprestava a essa relação uma nova definição:

> Se há diferença entre o caráter burguês do *junker* prussiano e do fazendeiro estadunidense (apesar de ambos serem inquestionavelmente burgueses), há diferença não menos evidente e igualmente grande entre o caráter burguês do *junker* prussiano e o "caráter burguês" de Márkov e Purichkiévitch. Comparado a este último, o *junker* prussiano é bastante "europeu".[116]

As visões diferenciadas de Lênin em relação ao desenvolvimento da monarquia causam maior surpresa àqueles que tratam como subsidiários os fundamentos e as referências históricas de seus escritos e que, deliberada ou inadvertidamente, ignoram a coerência de sua análise política e histórico-teórica. No entanto, por volta de 1902, Lênin havia resumido o peculiar desenvolvimento da autocracia como "força organizada de relativa independência" em relação aos interesses especiais "dos poderes plenipotenciários dos *tchinóvniki*". Essa tendência possui raízes seculares, que, no início do século XX, incluíam certos traços não apenas

---

[115] LCW, cit., v. 17, p. 389-90.
[116] Ibidem, p. 90.

do "despotismo asiático", mas também do que havia de mais moderno em termos de civilização europeia.

Ao pensar no desenvolvimento do capitalismo russo, além de que "fosse multissetorizado" (*mnógoukladnosti*) – existência estratificada e acúmulo de várias formas de produção e de sociedade –, Lênin levou em consideração a preponderância da exploração usurária comercial "outubrista-purichkievista" e "asiática"[117]. Interpretou as condições agrárias como outra forma de "desenvolvimento misto", caracterizada pelo novo "modo americano" combinado aos traços "asiáticos" ou turcos que haviam sobrevivido às reformas de Stolypin. Lênin abordou o desenvolvimento do capitalismo moderno na Rússia como fenômeno medieval. Referia-se a essa forma de capitalismo como "militar-burocrática" e localizou sua contradição básica ao longo das falhas sísmicas entre "o capitalismo financeiro progressista e industrial" e a "aldeia mais bárbara"[118].

Durante esse período, Lênin também empreendeu uma luta política contra os chamados liquidacionistas (conceito político e movimento em prol da liquidação de estruturas partidárias ilegais em benefício dos partidos legais). De modo um tanto simplificado, os liquidacionistas mencheviques só tinham a ganhar com o exagero político das linhas de desenvolvimento "europeias", na medida em que contavam com a repetição "tardia" do desenvolvimento ocidental na Rússia. Embora rejeitasse o liquidacionismo e se opusesse à concepção liberal da história, Plekhánov adotou a explicação de Miliúkov sobre a evolução histórica do Estado russo. Seu argumento aderia à convicção menchevique de que o capitalismo russo seria capaz de seguir o "modelo europeu", embora o próprio Plekhánov o contradissesse ao enfatizar a sobrevivência de modos de produção asiáticos no caso do desenvolvimento. Em antítese a Lênin, superestimou o papel de formas "não capitalistas" no desenvolvimento russo[119].

Durante os debates do primeiro programa do partido em 1902, Lênin considerara seu autor responsável pelas mesmas contradições marcantes: "Plekhánov falou de capitalismo apenas em termos gerais" e deixou no escuro a questão de uma "forma especificamente russa de capitalismo", pois esse tipo de análise "deve servir de guia à sublevação contra o capitalismo russo". Nas palavras de Lênin, "a declaração de guerra deve ser dirigida diretamente ao capitalismo russo", de

---

[117] É possível conferir as opiniões de Lênin a esse respeito em "A Letter to the Zemstvoists" e "The Draft of a New Law on Strikes", em LCW, cit., v. 6, e v. 34, p. 437-40.

[118] LCW, cit., v. 19, p. 195-6; v. 34, p. 407-8; v. 21, p. 246-7, 424 e 430-1; e v. 22, p. 81 e 146-7.

[119] Ver os fundamentos histórico-filosóficos de Plekhánov sobre a Rússia, em que ele descreve as características do jogo entre o desenvolvimento ocidental e o asiático, em sua famosa "Introdução" em Gueórgui Valentínovich Plekhánov, *Сочинения/ Sotchinénia* [Obras] (Moscou, Gossudárstvennoie Izdátelstvo, 1925), v. 20, p. 11-22.

maneira a amalgamar teoria e prática[120]. Como já se discutiu, essas diferenças teórico-metodológicas entre Lênin e Plekhánov se refletiam no exame dos modos de produção asiáticos. Plekhánov não abdicou de sua posição anterior, que presumia o conflito entre "asiaticismo" e "europeísmo" na história russa, e chegou a enquadrar nesse esquema fevereiro e outubro de 1917. Ao contrário de Lênin ou Trótski, Plekhánov não baseou sua abordagem em uma combinação ou acumulação das duas tendências de desenvolvimento; ele escolheu contrastá-las fortemente, transformando em absoluto as categorias históricas em suas formas puras. Isso equivalia ao capitalismo "puro" de Olmínski ou Pokróvski, que não ia além da identificação unilateral das linhas de desenvolvimento russa e europeia. De fato, a ideia de que a Revolução de Fevereiro se encaixaria na "europeização" política da Rússia, ao mesmo tempo que a de Outubro, muito pelo contrário, teria restabelecido o "oriental", "asiático" ou "peculiarmente russo", entrou outra vez em voga desde o colapso da União Soviética[121].

Com base em estudos históricos iniciais, Lênin esclareceu que interesses opostos e conflitos políticos entre as classes dirigentes e certos grupos nelas incluídos não deveriam ser subestimados, pois, como demonstraram os eventos de 1905 e 1917, o caminho até a revolução estava pavimentado, em parte, por esses conflitos. Lênin distinguia duas tendências no "campo latifundiário", definidas mais tarde por historiadores como movimentos "bonapartista" e "legitimista"[122]. Os "bonapartistas" aceitavam algumas consequências da revolução com Stolypin (ou antes, suas reformas) ao leme e estavam prontos a fazer concessões à burguesia conservadora e ao progresso do capitalismo. Lealdade à antiga monarquia

---

[120] Sobre isso, ver as investigações de uma das figuras excepcionais da primeira geração de historiadores soviéticos do partido nos anos 1920, A. Búbnov, em "Развитие роли Ленина в истории русского марксизма"/ "Razvítie róli Liénina v istóri rússkovo marksizma" [O desenvolvimento do papel de Lênin na história do marxismo russo], em *Основные вопросы истории РКП/ Osnovníe vopróssy istóri RKP* [Questões fundamentais da história do PCR] (Moscou, Sbórnik Statiei, 1925), p. 113-33.

[121] Ver Tamás Krausz, *Pártviták és történettudomány*, cit., p. 76-7. A análise comparativa das abordagens conceituais de Lênin e Plekhánov em relação à revolução foi completada por Tiutiúkin no período soviético, tomando a perspectiva de Lênin sobre os acontecimentos, é claro, mas enquadrada em análises objetivas. Ver S. V. Tiutiúkin, *Piérvaia Rossískaia revoliútsia i G. V. Plekhánov*, cit.

[122] Um debate controverso se estende da década de 1960 até hoje em torno dessa questão no campo da historiografia russa, com uma ramificação mais recente, em 1990, na polêmica de décadas entre Diákin e Avrekh. Ver V. S. Diákin, *Был ли шанс у Столыпина?/ Byl li chans u Stolypina?* [Haveria alguma chance para Stolypin?] (Moscou, Liss, 2002), em especial o capítulo "Проект ответа В. С. Дякина на критические замечания А. И. Авреха"/ "Proyekt otveta V. S. Dyakina na kriticheske zamechanyiya A. I. Avrekha" [Esboço de resposta de V. S. Diákin às críticas de A. I. Avrekh], p. 352-7, e A. I. Avrekh, *Tsarism nakanúnie sverjiénia*, cit.

era característica dos "legitimistas" latifundiários, cujos interesses políticos se expressavam na defesa da autocracia, até mesmo contra a própria monarquia, como haviam feito Purichkiévitch e Márkov, dos Cem-Negros.

Lênin não considerava extrassistêmico o modo como o liberalismo juntava-se à política econômica de Stolypin – isto é, o experimento de avançar a capitalização das aldeias –, pois (referindo-se às experiências do bonapartismo francês, elucidadas por Marx e Engels) as táticas defensivas da classe proprietária contra o proletariado não saíam da agenda nem mesmo se a burguesia mantivesse pressão sobre a nobreza. Há uma transição da monarquia absoluta à monarquia burguesa, que é o último estágio da revolução burguesa. Para proteger seus interesses econômicos, a burguesia abriria mão de um significativo poder político (em deferência à aristocracia latifundiária, à burocracia do tsar etc.). Os liberais preferiram partilhar o poder com os Cem-Negros a juntar-se aos conflitos da democracia – como Lênin escreveu no fim de 1911 e no início de 1912, na revista *Просвещение/ Prosveschénie* [Esclarecimento]. A "burguesia struveísta-vekhista e miliukovista" escolheria Purichkiévitch, em vez dos movimentos democráticos de massa. "A tarefa dos liberais é "ameaçar" Purichkiévitch, de modo que "se afaste um pouco" para dar mais espaço aos liberais, assegurando-se, ao mesmo tempo, que isso não elimine da face da Terra todas as bases políticas e econômicas do purichkievismo."[123]

A essência do bonapartismo bismarckiano-stolypinista reside não apenas na aliança com a burguesia e os proprietários de terra, mas no processo em que a monarquia assume traços burgueses, tendo a monarquia do tsar se conformado às necessidades do desenvolvimento capitalista[124]. Ao mesmo tempo, Lênin teve a clara percepção de que a autocracia russa, o tsarismo – em contraste direto com o sistema de Bismarck –, "em vista de sua impotência diante da concorrência mundial dos modernos Estados capitalistas e relegada cada vez mais ao segundo plano na Europa", aliara-se às forças mais reacionárias.

---

[123] LCW, cit., v. 17, p. 410.

[124] A historiografia recente oferece um abundante conjunto de dados sociais e culturais que tratam dessa "transformação burguesa". Ver, por exemplo, Boris N. Mirónov, *The Social History of Imperial Russia 1700-1917* (Boulder-CO, Westview Press, 2000), v. 1. Isso embora Mirónov por vezes use superlativos no que diz respeito à monarquia tsarista, o que teria deixado não só Lênin, como qualquer menchevique ou socialista-revolucionário muito desconfortável. Ver ibidem, p. 227. Em outro momento, o escritor fala, sem intenção humorística, em "monarquia constitucional" após 1906, embora a Duma não tivesse poderes legislativos, e sobre um "Estado de direito" (ibidem, p. 159), e, ao mesmo tempo, que os países centrais servem como "medida" para qualquer forma de progresso. Felizmente, o trabalho profissional do livro refuta sua própria ideologia básica, isto é, a utopia de uma "boa autocracia" com suas apologéticas lamentavelmente cruas, graças ao valioso levantamento de dados que ele revela.

Aliado à nobreza reacionária e à crescente burguesia industrial, [o tsarismo] agora pretende satisfazer seus interesses predatórios por intermédio de uma grosseira política "nacionalista", dirigida contra os habitantes das regiões fronteiriças, contra todas as nacionalidades oprimidas [...] e, por meio da conquista colonial, contra os povos da Ásia (Pérsia e China), que empreendem uma luta revolucionária pela liberdade.[125]

A análise de Lênin sobre o capitalismo russo se liga a seu esboço do sistema capitalista mundial. Essa análise – como será visto no Capítulo 4 – ganha profundidade e torna-se mais diferenciada no decurso de sua teorização do conceito e do fenômeno do imperialismo. Por fim, foi ela que determinou a estrutura intelectual da obra de Lênin dentro do movimento e definiu outras aplicações de sua prática teórica.

---

[125] LCW, cit., v. 17, p. 466.

Passaporte falso usado por Lênin para poder deslocar-se da Finlândia para Petrogrado em 1917.

*[O] "elemento espontâneo" não é mais do que a forma embrionária do consciente. E os motins primitivos já refletiam certo despertar da consciência. Os operários perdiam a crença tradicional na perenidade do regime que os oprimia [...]. Dissemos que os operários nem sequer podiam ter consciência social-democrata. Esta só podia ser introduzida de fora. A história de todos os países testemunha que a classe operária, exclusivamente com as próprias forças, só é capaz de desenvolver a consciência trade-unionista, isto é, a convicção de que é necessário agrupar-se em sindicatos, lutar contra os patrões [...]. Por sua vez, a doutrina do socialismo nasceu de teorias filosóficas, históricas e econômicas elaboradas por representantes instruídos das classes proprietárias, por intelectuais.*

Vladímir Ilitch Uliánov Lênin*

---

\* *Que fazer? Problemas candentes de nosso movimento*, em OE3T, cit., t. 1, p. 100-1.

# 3
## ORGANIZAÇÃO E REVOLUÇÃO

### O bolchevismo de Lênin: política e teoria[1]

O interesse teórico e acadêmico das investigações de Lênin sempre teve um caráter marcadamente prático. Nesse sentido, este capítulo faz parte do "contexto" da análise leninista do capitalismo até aqui esboçada. Lênin herdou de Marx a noção de que o capitalismo "pode ser derrubado por meio de revolução". Como vimos no Capítulo 1, a partir de 1890, Lênin quis entender de que maneira o sistema capitalista poderia ser derrubado – por quais meios, métodos e sob qual forma de organização. Neste capítulo, discutiremos suas posições em relação a como "tomar o poder" e "integrar as massas" ao partido. Essa questão ocupou os pensamentos de Lênin por muito tempo. Como ele "ligaria" a análise teórica às iniciativas prático-organizacionais? Durante exílio na Sibéria (1897-1900), Lênin começou a formular os planos de organização da classe operária e de organização revolucionária em geral.

---

[1] A literatura internacional – principalmente de inclinações marxistas – que trata da "questão organizacional" tal como posta por Lênin mostra que, no início do século XXI, em circunstâncias radicalmente diferentes, as polêmicas do século XX permanecem. Ver, por exemplo, Paul Blackledge, "Learning from Defeat: Reform, Revolution and the Problem of Organisation in the First New Left", *Contemporary Politics*, v. 10, n. 1, mar. 2004, p. 21-36; e, do mesmo autor, "'Anti-Leninist' Anti-Capitalism: A Critique", *Contemporary Politics*, v. 11, n. 2-3, jun.-set. 2005, p. 99-116. Ver também Neil Harding, *Leninism* (Basingstoke, Macmillan, 1996); Chris Harman, *Party and Class* (org. T. Cliff, Londres, Pluto Press, 1996); Paul Le Blanc, *Lenin and the Revolutionary Party* (intr. Ernest Mandel, Atlantic Highlands-NJ, Humanities Press, 1990); Tony Cliff, *Building the Party. Lenin, 1893-1914* (Londres/Chicago/Melbourne, Bookmarks, 1986); e Lars T. Lih, *Lenin Rediscovered: "What is to Be Done?" in Context* (Chicago, Haymarket Books, 2008).

## *Que fazer?* Partido e consciência de classe

Em 29 de janeiro (10 de fevereiro) de 1900, seis dias após ser libertado do exílio siberiano, Lênin instalou-se em Pskov. E, em julho, ele por fim pôde conhecer, na Suíça, Gueórgui Valentínovitch Plekhánov, "pai" do marxismo soviético. Também encontrou seus futuros coeditores, Potréssov e Akselrod, e seu amigo Mártov, igualmente recém-libertado do exílio. Em dezembro de 1900, eles lançaram o primeiro número do *Iskra*, o jornal clandestino da social-democracia russa[2].

Como representantes do marxismo, viram o jornal como fonte intelectual e publicação oficial da potencialmente revolucionária – e clandestina – social-democracia[3]. Embora o partido tivesse sido fundado durante o I Congresso, ocorrido em Minsk em 1898, sua verdadeira formação não se deu até o II Congresso, em Bruxelas, em 1903, e continuou em Londres, onde foram adotados os estatutos e o programa partidário[4].

Em meados da década de 1890, Lênin reconheceu que, sob condições capitalistas, círculos "intelectuais" e células revolucionárias – em outras palavras, as pequenas organizações que utilizavam métodos "artesanais" – tendiam a fenecer e ser absorvidos, como poças no deserto. Tornavam-se vítimas indefesas da Okhrana e, por certo, não representavam grandes desafios ao regime. Ainda assim, Lênin e os camaradas estavam plenamente cientes das consequências sociais do rápido avanço capitalista – entre elas, a ascensão do movimento operário russo.

A organização da social-democracia, baseada em vários agrupamentos revolucionários distintos, começara já em 1895 e foi uma tendência que assumiu forma mais concreta na clandestina Associação Militante pela Liberação da Classe Operária, em dezembro daquele ano. Os jovens marxistas eram cautelosos na abordagem das antigas tradições *naródniki* e dos narodovóletz e evitavam confronto ideológico direto. Por sua vez, os narodovóletz se abstinham de quaisquer

---

[2] G. N. Gólikov (org.), Ленин: биографическая хроника/ *Liénin: biografítcheskaia khrónika* [Lênin: crônica biográfica] (Moscou, Izdátelstvo Polititcheskoi Literatúry, 1985), v. 1, p. 241 e 259-61. A contribuição intelectual de Lênin para o *Iskra* foi analisada diversas vezes. Um livro característico a esse respeito saiu nos anos 1970; ver V. A. Maksímova, Ленинская "Искра" и литература/ *Lienínskaia "Iskra" i literatura* [O *Iskra* de Lênin e literatura] (Moscou, Naúka/ Iskra, 1975).

[3] Sobre o papel do *Iskra* "de Lênin" na social-democratização dos trabalhadores russos, ver A. I. Sereda, Ленинская "Искра" и становление местных организаций РСДРП/ *Lienínskaia "Iskra" i stanovliénie miéstnykh organizátsi RSDRP* [O *Iskra* de Lênin e a formação de organizações locais do POSDR] (Moscou, Misl, 1983).

[4] Para os documentos do congresso, ver: Второй съезд РСДРП, июль-август 1903 года/ *Vtorói siezd RSDRP, iiul-ávgust 1903 goda* [Atas do II Congresso do POSDR, julho-agosto 1903] (Moscou, Protokóli, 1959).

RECONSTRUINDO LÊNIN   155

ações terroristas e de propaganda referente às próprias opiniões sobre o desenvolvimento econômico russo[5].

Antes mesmo dos três anos de exílio – sentença que recebeu precisamente por seu papel na formação da associação –, Lênin contava com grande apoio público. Desde Zurique, Plekhánov e Akselrod haviam expressado estima por ele e por seus esforços em nome do movimento operário em São Petersburgo. Fica claro em suas respostas que Lênin já tinha entendido que a social-democracia só poderia firmar raízes na Rússia se os intelectuais marxistas estabelecessem contatos orgânicos com o espontâneo e promissor movimento operário, cujos representantes procuravam ativamente contato com aqueles jovens intelectuais revolucionários[6]. No exílio, Lênin estudou a história da economia russa, como vimos. Durante o período imediatamente posterior a sua libertação, na condição de militante do partido, ele exerceu principalmente as funções de organizador, editor e autor do *Iskra*.

Ao estabelecer-se no exterior, Lênin começou de imediato a esboçar os fatores e os processos que conduziriam a uma organização *centralizada* baseada em princípios *conspiratórios*: a criação de um partido *verdadeiramente* social-democrata, em meio à autocracia prevalente. Em *Que fazer?* (1902), Lênin confrontou a versão russa do reformismo de Bernstein ou, mais precisamente, o movimento "economicista", que se congregava em torno do *Рабочее Дело/ Rabótcheie Dielo* [A Causa Operária] (jornal dos sociais-democratas russos no exílio).

Esse panfleto, considerado durante décadas o documento básico do Partido Comunista, embora tenha fracassado em incluir uma filosofia partidária sistemática, serviu de fundamento ideológico a um até então inexistente partido social-democrata[7]. O próprio título indicava tanto continuação quanto ruptura com as tradições revolucionárias *naródniki* (ver *Que fazer?*, de Tchernychiévski)[8].

*Que fazer?* suscitou debates intensos entre os marxistas. Todos os editores do *Iskra* aceitaram as teses da obra, que delineava o quadro e a estrutura de funcionamento do partido. Não se pode culpar Lênin pelo fato de, durante o período stalinista, a obra ter sido essencialmente canonizada, de maneira a garantir o papel dominante do partido e consolidar a disciplina partidária. Retirados do

---

[5]  Ver Vladlen Lóguinov, *Владимир Ленин: выбор путu/ Vladímir Liénin: vybor púti* [Vladímir Lênin: escolhendo o caminho] (Moscou, Respublika, 2005), p. 230-9.

[6]  Ibidem, p. 235.

[7]  Na interpretação de Bustelo, o panfleto é desprovido de qualquer tipo de "segredo", que revolucionários e estudiosos tão intensivamente tentam desvendar há décadas. Ver Joaquin Bustelo, "Critical Comments on 'Democratic Centralism'" (Atlanta, 2005), disponível em: <www.marxmail.org/Democratic-Centralism.pdf>.

[8]  Robert Service, *Lenin: A Political Life* (Londres, Macmillan, 1985-1995), v. 3, p. 138-40. Service exagera a influência intelectual do narodismo em *Que fazer?*. Muito pelo contrário, as polêmicas levantadas contra o narodismo são a verdadeira força motriz da obra.

156    Tamás Krausz

contexto histórico, a intenção e o propósito do texto foram, em geral, falsificados. Os debates sobre esse panfleto continuam até hoje, pois todos os movimentos operários deparam com a "tradição" que ele parece constituir por direito próprio.

Um dos mais perspicazes estudiosos de tal problemática, Lars T. Lih identificou o motivo básico desse desdobramento[9]. Lênin aparece naquela interpretação como missionário moderno, pregador, protagonista da "Grande Ressurreição" do "Iluminismo", provido de fé no poder da palavra e capaz de transmitir sua fé aos operários – independentemente de fronteiras nacionais – e de "convertê-los". No entanto, essa interpretação, de acordo com a qual o "proselitista moderno" não passou de um intelectual elitista e megalomaníaco, não se baseia em análises históricas nem coloca Lênin em seu contexto, enquanto Lih principia com um relato das circunstâncias históricas de como a classe operária "ressuscita" e, por causa de seu ativismo – segundo reconheceu Lênin –, pode alcançar "hegemonia" entre os trabalhadores assalariados do mundo inteiro[10]. A premissa central de *Que fazer?* é bastante específica e histórica: um partido revolucionário capaz de destronar a autocracia requer uma organização clandestina, construída sobre ações voluntárias. Isso só pode acontecer se for um partido de "revolucionários profissionais", habituados às regras da conspiração, às consequências revolucionárias da teoria marxista, à história e à "lógica" das lutas política e armada, conhecedores dos meios à disposição do partido. O objetivo da organização partidária é o socialismo, mas apenas em longo prazo. Sua meta político-econômica imediata é a revolução social. O estágio que precede o socialismo, para usar a expressão de Marx, é a *ditadura do proletariado*. De acordo com Lênin, o papel histórico do partido é o de agir como líder e catalisador de um movimento já existente, como corporificação de uma tendência que molda o movimento revolucionário dos operários russos.

*Que fazer?* é subproduto do debate interno sobre economia nos círculos social-democratas do período. O ponto de partida teórico foi, primeira e mais sucintamente, identificado em *Кредо/ Kredo* [Credo], panfleto escrito por Ekaterina Kuskova e Serguei Prokopóvitch em 1899[11]. Segundo a avaliação de Lênin, *Kredo* enfatizava os conflitos econômicos da classe operária e diminuía

---

[9]    Ver o extenso trabalho de Lars T. Lih, que trata de modo abrangente do assunto tanto no âmbito histórico quanto no teórico: *Lenin Rediscovered*, cit.

[10]    Idem, "Lenin and the Great Awakening", em *Lenin Reloaded*, cit., p. 283-96.

[11]    O *Kredo*, que originalmente veio à tona sem o conhecimento de seus autores (Kuskova e Prokopóvitch) em "Протест российских социал-демократов"/ "Prótest rossiskikh sotsial-demokratov" [Um protesto de sociais-democratas russos] em 1899, refletia as posições do Comitê de Kiev do POSDR. Lênin reagiu de maneira rápida e muito crítica em seu artigo "По поводу 'profession de foi'"/ "Po povodu '*profession de foi*'" [A respeito da "*Profession de foi*"]. Condenava especialmente a separação entre lutas econômicas dos trabalhadores e luta política de classes, citando as conclusões adequadas do *Manifesto Comunista*, à luz das quais

suas lutas políticas diárias, passando assim o debate ao campo do revisionismo de Bernstein. De modo quase corriqueiro, a argumentação levava à questão da natureza revolucionária da classe operária.

A partir de 1902, a meta básica de Lênin foi definir "o papel da social--democracia em relação aos movimentos espontâneos de massa"[12]. Em outras palavras, como as "massas operárias alcançam suficiente maturidade para derrubar a autocracia tsarista?". Pontos de vista semelhantes surgiram entre os economistas social-democratas (em especial, o de Martynov), mas Lênin concentrava-se em rebater os argumentos econômicos vulgares que distinguiam as lutas econômicas e salariais da classe operária de suas reivindicações políticas. Esses economistas citavam, para substanciar o discurso, as diretrizes de Eduard Bernstein para a social-democracia alemã. Em nome da espontaneidade e da "autoinstrução", viam os operários meramente sob as formas de resistência e consciência sindicais.

Lênin, para quem a social-democracia era o partido da revolução social, identificava a essência do reformismo de Bernstein no preceito de que a social-democracia deveria se transformar de partido da revolução social em "partido democrático das reformas sociais". Bernstein negava que o "socialismo pudesse ser justificado cientificamente" e, assim, removeu dos planos a perspectiva de "revolução socialista". Como sabemos, essa tese ainda é o ponto de partida ideológico da moderna social-democracia e de seus sucessores.

Em *Que fazer?*, encontramos uma compreensão aguçada de que, por trás do confronto entre "partido revolucionário" e "partido das reformas", jaz outro conflito entre as relações de ambos com o *Estado* e a *revolução*, com a burguesia e o capitalismo. Marx já rejeitara o conceito de Vollmar de "socialismo de Estado"[13]. O "socialismo de Estado" de Bernstein (ou Vollmar) postulava a possibilidade de triunfo parlamentar da social-democracia como meta derradeira, em vez do socialismo ou da revolução socialista. Do mesmo modo, o campo dos economistas russos tentava extirpar a transição *revolucionária* que levaria ao socialismo. Subjacente ao conflito político, portanto, está o conflito a respeito das opiniões de Bernstein, que "negava as naturezas teoricamente antitéticas do liberalismo e do socialismo, negava a teoria da luta de classes"[14].

---

o *Kredo* representava uma ruptura com os princípios fundamentais, abandonando Marx por Bernstein. Ver LCW, cit., v. 4, p. 286-96.

[12] Ver o prefácio em *Que fazer?*, cit,, p. 81-3.

[13] Sobre isso, ver András György Szabó, "Marx és az államszocializmus" [Marx e o socialismo de Estado], *Eszmélet*, n. 4, mar. 1990, p. 103-14.

[14] LCW, cit., v. 5, p. 352-4. Com grande conhecimento, Lóguinov reconstrói o caminho de Lênin em direção a essas opiniões e a disputa inicial com o bernsteiniansmo na segunda metade da década de 1890; ver Vladlen Lóguinov, *Vladímir Liénin: vybor púti*, cit., p. 331-55.

No âmago da tese de construção partidária de Lênin estava o problema de como a classe operária poderia adquirir consciência de classe. Segundo sua análise, a classe operária estava sujeita à sociedade burguesa não só de modo geral, mas também concretamente, pois todas as noções preconcebidas associadas ao sistema capitalista penetravam de forma profunda na consciência dos operários. A classe operária era incapaz de livrar-se espontaneamente de tais noções preconcebidas. Durante os primeiros anos de exílio na Europa ocidental, Lênin descobriu que o regime impingia à consciência do operariado noções que sustentavam o capitalismo – por meio, por exemplo, de propaganda ou da mídia em geral. A partir daí, concluiu que "não poderá haver movimento revolucionário sem filosofia revolucionária". Isso deveria se converter em esforços diários de propaganda e teorias que embasassem a rebelião, considerando condições locais e nacionais. Lênin sabia bem que "a social-democracia russa tem tarefas como nunca teve nenhum outro partido socialista no mundo"[15].

Em relação às conexões a ser feitas entre "a espontaneidade das massas" e a "consciência da social-democracia", Lênin e o filósofo bolchevique Bogdánov reconheceram, cada um a seu modo, que os períodos preparatórios para a revolução – alguns mais curtos, outros mais longos – seriam essenciais quando a classe operária estivesse "capacitada". No entanto, aprender a "lógica" da luta política, a natureza das forças que dela participam, não é algo que ocorre de maneira espontânea. Como resultado dessa análise, Lênin chegou à conclusão de que, em geral, em um regime burguês, não era possível que os operários desenvolvessem consciência social-democrata. Algum tempo depois, em 1907, no rescaldo da experiência revolucionária, abandonou essa tese. De fato, admitiu que, sob circunstâncias modificadas, as massas proletárias poderiam ingressar no partido, juntando-se aos "revolucionários profissionais".

Em que medida o conceito do *Iskra* e de Lênin sobre o Partido Operário Social-Democrata Russo se adapta ao movimento operário é algo que se pode discernir de maneira inequívoca em seu panfleto *Um passo em frente, dois atrás (a crise em nosso partido)*, publicado em 1904. Ali, rejeitou a acusação, feita a ele, de que identificava a social-democracia a uma organização secreta conspiradora:

---

[15] "Em segundo lugar, o movimento social-democrata é, por sua própria natureza, internacional. Isto não significa apenas que devemos combater o chauvinismo. Significa também que um movimento incipiente num país jovem só pode se desenvolver com êxito caso aplique a experiência de outros países. E para isso não basta [...] copiar simplesmente as últimas resoluções: para isso, é preciso saber assumir uma atitude crítica perante essa experiência e comprová-la por si próprio." *Que fazer?*, cit., p. 97.

Esta passagem mostra quão despropositadamente o camarada Mártov me recordou de que amplas organizações operárias devem *envolver* a organização de revolucionários. Eu já tinha assinalado isso em *Que fazer?* e desenvolvi esta ideia de forma mais concreta na *Carta a um camarada*. [...] Cada fábrica deve ser uma fortaleza nossa.[16]

Está claro que Lênin argumentava que "conspiração" não passava de uma ferramenta especial a ser usada sob determinado conjunto de circunstâncias, não como alicerce de um partido[17]. Em *Um passo em frente, dois atrás*, Lênin delineava uma rede de organizações legais e clandestinas dedicada a alistar operários para o movimento social-democrata. O objetivo básico ao criar aquelas redes de agentes era facilitar a comunicação e a atividade política entre diferentes segmentos da sociedade oprimida[18]. De modo geral, acadêmicos ocidentais localizam as raízes da concepção de Lênin de organização social e socialismo em *Que fazer?*[19].

Lênin manteve suas opiniões sobre a importância do esclarecimento e da educação e jamais negou que a luta cotidiana servia a um propósito pelo menos tão "autoinstrutivo" quanto "ensinar e aprender". Isso era "consciência teórica", como depois formularia Lukács em *História e consciência de classe* (1919-1923)[20]. Em *Que fazer?*, no entanto, a "consciência atribuída" não está representada por um proletariado asséptico, como no texto de Lukács, "mas pela experiência histórica de cada país".

Como tal consciência tinha de ser injetada de fora, pois "a classe operária não poderia alcançar, por si, a consciência sindical", não surpreende que Lênin

---

[16] *Um passo em frente, dois atrás (a crise no nosso partido)*, em OE3T, cit., t. 1, p. 260.

[17] LCW, cit., v. 6, p. 241-2.

[18] George Caffentzis chama isso de "teoria comunicacional da revolução" de Lênin e alega que sua relevância continua tão grande quanto em 1902: embora não se considerem "leninistas", os ativistas que hoje organizam manifestações por meio da internet fazem uso do modelo comunicacional da organização revolucionária, originalmente postulado por Lênin. Citado por Paul Blackledge, "'Anti-Leninist' Anti-Capitalism: A Critique", *Contemporary Politics*, v. 11, n. 2-3, jun.-set. 2005, p. 105.

[19] Por exemplo: "Do 'sonho' de movimento de Lênin em 1902 a seu sonho pós-revolucionário de sociedade no movimento conduzido pelo partido em direção ao socialismo e ao comunismo há uma linha contínua". Em Robert C. Tucker, "Lenin's Bolshevism as a Culture in the Making", em Abbott Gleason, Peter Kenez e Richard Stittes (orgs.), *Bolshevik Culture. Experiment and Order in the Russian Revolution* (Bloomington, Indiana University Press, 1985), p. 37.

[20] Em estudo de 1924, Lukács afirma que o Partido Comunista é "a organização centralizada dos elementos mais conscientes do proletariado", uma formulação que ainda não havia incorporado teoricamente o papel das "estruturas" e "mediações organizacionais" alienadas. Ver György Lukács, *Lênin: um estudo sobre a unidade de seu pensamento* (trad. Rubens Enderle, São Paulo, Boitempo, 2012), p. 47.

imputasse um enorme papel à vanguarda revolucionária. Isso nem tanto como resultado da influência *naródnik*, mas da natureza específica e contraditória do capitalismo russo – por exemplo, a "juventude" da classe operária, seu radicalismo espontâneo e seu atraso cultural. O que parecia virtude aos olhos de Lukács era, para Lênin, problema. Ele sabia muito bem que,

> na Rússia, a doutrina teórica da social-democracia surgiu de forma completamente independente do crescimento espontâneo do movimento operário; surgiu como resultado natural e inevitável do desenvolvimento do pensamento entre os intelectuais revolucionários socialistas.[21]

Essa evolução também reflete o fato de que, ao construir o partido, Lênin começou pelas experiências do movimento operário russo, e o resultado lógico foi centralização e conspiração. Estava ciente do impacto negativo daquela situação, de seus "traços asiáticos"[22], quando – em discussões contra atitudes sectárias – exortava a inclusão das massas na política. Lênin via a "questão da relação entre a organização dos revolucionários profissionais e o movimento puramente operário" – sendo a greve geral o ponto de encontro entre partido e movimento – como uma das conquistas mais importantes do movimento. Não concebia a greve geral como ação "secreta", embora achasse que um pequeno número de organizadores profissionais fosse necessário para preparar tecnicamente a participação de milhares. No entanto, qualquer indivíduo de vocação revolucionária teria de organizar a luta a ser deflagrada levando em consideração "as regras da arte". Assim, Lênin combinava ou conectava, de maneira simultânea, várias relações: ofício ou ocupação do operário, organização profissional e conspiração, clarividência ideológica e política dentro da esfera da nova teoria política e do marxismo[23].

Do ponto de vista da "preparação profissional", Lênin examinou política e ideologicamente as duas antigas tendências revolucionárias: narodismo e anarquismo. Já em 1901, argumentava que essas abordagens não proporcionariam respostas aos desafios apresentados pela nova sociedade burguesa. Sua principal

---

[21] *Que fazer?*, cit, p. 101.

[22] Antonio Gramsci foi o primeiro a reconhecer, por sua própria importância filosófica, quão profundamente Lênin captara, com o tempo – particularmente em contraste com Trótski –, a diferença entre o desenvolvimento russo ("o caráter gelatinoso da sociedade burguesa") e o ocidental ("as fortificações da sociedade burguesa"), e as sérias consequências daí decorrentes. Ver Antonio Gramsci, "Political Struggle and Military War", em *Selections from the Prison Notebooks* (trad. Quintin Hoare e Geoffrey Nowell Smith, Nova York, International Publishers, 1971), p. 237-8 [ed. bras.: *Cadernos do cárcere*, trad. Carlos Nelson Coutinho, Rio de Janeiro, Civilização Brasileira, 6 v., 1999-2002].

[23] *Que fazer?*, cit., p. 155-7.

objeção era que o narodismo não entendia os traços do novo capitalismo russo e, por isso, recorria a utopias antigas, reacionárias e românticas na tentativa de transformar o regime vigente. Quanto ao anarquismo, que rejeitava de todo a política, Lênin argumentava que os adeptos não compreendiam a evolução histórica que poderia levar ao socialismo, não percebiam as "causas da exploração" nem tinham "compreensão da *luta de classes* como força criadora da realização do socialismo". Referia-se ao anarquismo como "negação absurda da política na sociedade burguesa" que culminaria, no longo prazo, na "subordinação da classe operária à política *burguesa* sob a aparência de negação da política"[24].

Na opinião de Lênin, nenhuma dessas abordagens – que chamaríamos, hoje, de soluções "pré-modernas" – levaria a resultado positivo na organização dos operários. À pergunta "o que há de comum entre economicismo e terrorismo?", respondia que as similaridades estavam arraigadas no "culto à espontaneidade". Escreveu: "Se há quem não se agita e não é agitável nem sequer pela arbitrariedade russa, não será evidente que continuará a contemplar, coçando a orelha, o duelo entre o governo e um punhado de terroristas?"[25].

Há uma discussão detalhada da consciência da luta de classes em *Que fazer?*. A participação dos operários na política diária depende primariamente da compreensão do desenvolvimento das forças políticas operantes nas relações de classe, sem a qual o proletariado permanece mera ferramenta do capital[26]. Lênin sem dúvida exagerou o papel da "compreensão" de teorias do conhecimento e da verdade científica em história e política; além disso, deu pouca atenção a resolver as complicadas ligações entre vários interesses. A razão disso era que estar "submerso em detalhes" poderia tornar-se obstáculo à organização revolucionária e conduzir à "morte da ação". Suas opiniões quanto à organização revolucionária também refletiam que o "núcleo revolucionário" deveria, antes de tudo, estar seguro desse fato. Ao mesmo tempo, sabia que os operários não se preocupavam

---

[24] "Anarquismo e socialismo" (1901), publicado originalmente em 1936, presumivelmente em conexão com a situação na Espanha. Em OE6T, t.1, p. 36-7.

[25] *Que fazer?*, cit., p. 131-4.

[26] "A consciência das massas não pode ser uma verdadeira consciência de classe se os operários não aprenderem, com base em fatos e acontecimentos políticos concretos e, necessariamente, atuais, a observar *cada uma* das outras classes sociais em *todas* as manifestações de sua vida intelectual, moral e política [...]. Para se tornar um social-democrata o operário deve ter uma ideia clara da natureza econômica e da fisionomia política e social do latifundiário e do padre, do alto oficial e do camponês, do estudante e do vagabundo, conhecer seus pontos fortes e seus pontos fracos, saber orientar-se nas frases mais correntes e sofismas de toda a espécie com que cada classe e cada camada encobre seus apetites egoístas e suas verdadeiras 'entranhas', saber distinguir que interesses refletem estas ou aquelas instituições e leis e como os refletem." Ibidem, p. 128-9.

com assuntos teóricos, pois dificuldades materiais os incitariam à ação revolucionária. Veremos adiante que Lênin permaneceu muito crítico aos movimentos anarquistas, mesmo depois – não por causa da concorrência (embora ela possa ter desempenhado certo papel), mas por questão de princípio e tática.

Lênin concebia uma organização clandestina dos revolucionários composta de "pessoas cuja profissão seja a atividade revolucionária (por isso falo de uma organização de *revolucionários*, pensando nos revolucionários social-democratas)"[27]. Isso não causa surpresa, pois a todo instante havia vidas em jogo. Sob um regime autocrático, apenas os "profissionais" podiam se distinguir – e, ainda assim, com pouca frequência. Considere, por exemplo, a máquina infelizmente bem lubrificada da Okhrana ou *As aventuras de Chipov*, de Bulat Okudjava, que expunha, de dentro, as operações da polícia secreta. Se quisesse ser bem-sucedido, o partido da organização revolucionária deveria não apenas se tornar sigiloso, como parecer, em certo sentido, uma alternativa à polícia secreta[28].

O profissionalismo de que dependia a vida de operários e revolucionários profissionais não permitia ingenuidade ou diletantismo[29]. Lênin escreveu, em relação ao partido, sobre esse senso de profissionalismo: "Por sua *forma*, tal organização revolucionária forte, em um país autocrático, pode também ser descrita como organização de 'conspiradores'"[30]. Considerava essa organização o mais importante instrumento da revolução antitsarista que "prepara" a grande transformação histórica e "resolve" a transição entre as lutas políticas e econômicas cotidianas e a meta revolucionária. Seguindo o raciocínio, escreveu sobre "rejeitar o *apelo* imediato ao ataque"[31]. Dessa maneira, o próprio partido se torna a organização mais importante nas mãos da classe operária durante a transição.

Como mencionamos, Lênin concebia as condições organizativas da fundação do partido e a conquista de suas metas em termos de uma "rede de agentes" que proporcionaria conexões entre vários tipos de movimentos operários. Acreditava que, sem essa rede, a insurreição não era possível[32]. Apenas aquelas formas de

---

[27] Ibidem, p. 158.

[28] Ibidem, p. 174-5.

[29] A defesa do "profissionalismo" tomou forma em diversas formulações: "demagogia que já não pode ser explicada apenas pela ingenuidade ou pelo caráter primitivo das concepções políticas" (ibidem, p. 190); "os demagogos são os piores inimigos da classe operária" (ibidem, p. 166); "deixe a pedagogia aos pedagogos, e não aos políticos e organizadores!" (ibidem, p. 172); e "o operário revolucionário deve converter-se também num revolucionário profissional" (ibidem, p. 172).

[30] Ibidem, p. 175.

[31] Ibidem, p. 201.

[32] Ibidem, p. 205. Isso foi confirmado não apenas por dezembro de 1905, como, mais ainda, por outubro de 1917.

contato "criariam a unidade *efetiva* do partido; pois, sem essas relações, não é possível discutir coletivamente um plano de insurreição nem tomar, às vésperas dela, as medidas preparatórias necessárias, medidas que devem ser mantidas no mais estrito sigilo".

Lênin via tudo em termos do planejamento e da execução da meta derradeira, a preparação da "insurreição armada de toda a nação". Não foi por acaso que, quanto ao *Iskra*, "o 'plano de um jornal político para toda a Rússia', longe de ser fruto de um trabalho de gabinete de pessoas contaminadas pelo dogmatismo e pela cultura livresca [...], é o plano mais prático para começar, em toda parte e imediatamente, a preparação para a insurreição"[33].

Já ficava aparente nos debates do congresso partidário (ver a seguir) que todos os princípios básicos, como centralismo democrático ou vanguarda – que se converteram, para as gerações posteriores, em meros conceitos de ciência política –, só se justificariam no sentido do crescimento do movimento. A Revolução de 1905 marcou uma virada súbita – ainda que decisiva – para o partido, que se transformou de partido construído sobre conspirações em verdadeiro movimento de massas, com mais de 160 mil membros.

O conceito de centralismo democrático como "lei" da burocracia do partido foi produto de um período histórico posterior – a combinação de poder, pragmatismo e uma "expectativa futura" messiânica. É bastante fácil definir o conceito básico do centralismo democrático: democracia ao tomar decisões e unidade ao implementá-las. A dificuldade está apenas em como aplicar esse princípio básico a pequenos grupos de propaganda que não têm relação orgânica com a classe trabalhadora. Isto é, grupos cujos conclaves não se formaram pelos membros mais conscientes de classe, por meio de um acirrado processo de seleção[34]. O Partido Operário Social-Democrata Russo e, mais tarde, o partido bolchevique se beneficiaram de respostas verdadeiras, graças às relações próximas com suas *bases sociais*. O POSDR, ao menos *potencialmente*, foi um partido de massas desde o princípio. Tinha, por exemplo, um programa ideológico e organizativo, reconhecido por membros politicamente conscientes da classe operária, em 1905 e 1917, como expressão válida da posição política daquela classe. Tal consciência, no entanto, não demorou a entrar em atrito com a posição oficial do partido, em vista das exigências praticamente impossíveis da autolibertação. *Que fazer?* não oferecia nenhuma orientação, pois seu autor não poderia haver pensado na perspectiva de um futuro "Estado partidário".

O partido como vanguarda significava apenas que a organização devia firmar raízes como parte da classe social e incorporar todos os elementos progressistas e

---

[33] Ibidem, p. 204-5.

[34] Joaquim Bustelo, "Critical Comments on 'Democratic Centralism'", cit.

revolucionários desta (isto é, a ala "que levantou as barricadas"), como menciona o *Manifesto Comunista*\*. Essa descrição de vanguarda, está claro, não possui parentesco com a estrutura que surgiu depois, a corporificação burocrática do "partido de Estado stalinista", apesar de este ter continuado a se referir a Lênin e a uma suposta origem em 1903. Sobre as próprias ideologia e política, esse partido afirmava que o bolchevismo surgira naquele ano.

Aqueles que compareceram ao II Congresso do POSDR estiveram movidos pela convicção partilhada de que a principal tarefa do congresso era elaborar uma plataforma e uma organização para os rumos do movimento operário – um partido que enfrentasse problemas táticos de maneira unitária. Para tanto, o comitê organizador elaborou regras de base. O 18º item das regras foi assim formulado:

> [Todas] as decisões do congresso e todas as eleições levadas a cabo serão decisões do partido e terão efeito vinculante sobre todas as organizações do partido. Não deverão ser contestadas por quem quer que seja, sob nenhum pretexto, e poderão ser revogadas ou retificadas apenas pelo próximo congresso do partido. [...] Esta cláusula de fato expressa a *livre vontade* de todos os revolucionários. [...] Equivale à *palavra de honra* mutuamente empenhada por todos os sociais-democratas russos.[35]

O manejo unificado dos assuntos táticos pelo partido se mostrou mais complicado que o estipulado pela cláusula. Os conflitos de poder e personalidade entre indivíduos – ainda que fossem revolucionários, não estamos falando de santos – com frequência se sobrepunham ao pacto da *palavra de honra*.

## A "ruptura do partido" em 1903

Em debates ocorridos no II Congresso, argumentou-se consistentemente que o partido do proletariado poderia se manter apenas sobre "interesses comuns". Assim como o Estado capitalista, em geral, expressa os interesses do capitalismo a expensas de interesses especiais, a missão do partido revolucionário – tendo em vista a eliminação de todas as desigualdades resultantes da classe – deverá ser a incorporação da totalidade, do interesse do movimento como um todo. Pela primeira vez no debate sobre organização, em 1903 os delegados definiram a meta final (a "ditadura do proletariado") com base na consciência de classe. Essa meta foi incluída no programa do partido por decisão conjunta de Plekhánov e Lênin.

---

\* Karl Marx e Friedrich Engels, *Manifesto Comunista* (trad. Álvaro Pina, São Paulo, Boitempo, 1998), p. 82.

[35] LCW, cit., v. 7, p. 208-9.

Párvus foi voz discordante. A principal divergência não foi o parecer sobre a conspiração; no entanto, Párvus – que se encontrava na periferia dos mencheviques – colocou esse assunto no centro de seus desacordos posteriores com Lênin[36]. Apesar de todas as correntes do II Congresso argumentarem em favor de um partido clandestino, Párvus descreveu Lênin como "escritor unilateral, que não admite nuanças", que "evoluiu em um anti-Struve político" e que "reconhecia apenas um estilo de movimento, a saber, para diante"[37]. No entanto, o próprio Párvus havia apresentado um modelo demasiado abstrato para explicar tudo o que se relacionasse à revolução permanente, abstração essa que marca a imagem histórica de Párvus até hoje.

Ele parecia ter em mente o modelo da Europa ocidental, dado que tentou aplicar ao caso russo a fórmula da revolução permanente que tomara emprestada, superficialmente, de Marx. Essa ideia, que atingiu a maturidade durante a Revolução de 1905, mostrou-se irrelevante para a realidade nacional, porque subestimava as considerações táticas sem as quais as ligações entre teoria e prática não seriam entendidas com clareza. Párvus escreveu: "De fato, Lênin considera as táticas do ponto de vista da derrubada da autocracia e da vitória imediata da revolução, enquanto meu ponto de vista é a organização do exército da revolução social, que faria da revolução um processo ininterrupto"[38].

O caráter abstrato do pensamento de Párvus torna-se ainda mais óbvio em uma carta aberta, endereçada a Lênin e datada de 2 de dezembro de 1904. Repreende Lênin, de um lado, porque este acreditava que um acordo com os liberais seria permissível em nome da derrocada da autocracia. Párvus temia que as massas revolucionárias pudessem recair sob a influência dos liberais e se tornar fracas, incapazes de perseguir a meta da revolução permanente. Por outro lado, criticava Lênin por ter rompido com os mencheviques[39].

---

[36] Comentando a ruptura do partido de 1903 e *Que fazer?*, ele escreveu: "Essencialmente não havia correntes políticas, somente diferenças nas tendências do pensamento político. Só é possível falar de leninismo em termos de como Lênin, em *Que fazer?* e nas resoluções do II Congresso [...], forneceu a expressão mais afiada do bem definido sistema de seus ideais políticos e organizacionais [...]. Isso, como Starover colocou em determinado ponto [...], distancia a organização das massas trabalhadoras. Trata-se de uma conspiração completamente diferente" (em relação à organização Vontade do Povo). Ver Aleksandr Párvus (Izráil Lázarevitch Guélfand), "После войны"/ "Posle voini" [Pós-guerra], em *Россия и Революция/ Rossíia i Revoliútsia* [A Rússia e a Revolução] (São Petersburgo, Glagolev, 1908), p. 188-9.

[37] Ibidem, p. 190-1.

[38] Idem, "С чем мы расходимся?"/ "S tchem my raskhodimsia?" [Do que discordamos?], em *Rossíia i Revoliútsia*, cit., p. 167.

[39] Idem, "Письмо Н. Ленину"/ "Pismo N. Liéninu" [Carta a N. Lênin], em *Rossíia i Revoliútsia*, cit., p. 177-81.

A extrema veemência de Lênin em todos os debates do partido exacerbava e polarizava as posições tomadas, com todas as consequências negativas resultantes. Desprezava as posições que considerasse inconsistentes, vagas, pouco claras, ambíguas, mal ponderadas, tratando-as como política e estruturalmente inaceitáveis. Tentava ajustar todo assunto importante, de modo simultâneo, na rede de teoria, organização e política. Párvus, contudo, não foi o oponente mais típico de Lênin e, durante algum tempo, influenciou as ideias de Trótski.

Um ano após o fatídico II Congresso, *Um passo em frente, dois atrás*, de Lênin, que refletia essa ocasião, foi publicado em Genebra[40]. Uma vez que se reconheça essa relação, a antiga noção de que o rompimento bolchevique-menchevique aconteceu em 1903 deve, por fim, ser descartada. Naquele ano, deu-se apenas o primeiro estágio de uma cisão que passou por longo processo. Na verdade, Lênin apresentava a "ruptura do partido" como somente um dos processos políticos que moldaram tendências políticas cada vez mais divergentes. Quando Lênin falava das origens do bolchevismo como "fluxo político de ideias", evitava deliberadamente o emprego do termo "organizativo"[41].

O tão famoso debate entre Mártov e Lênin (e seus respectivos discípulos) no II Congresso sobre a regra número um do partido – a saber, quem poderia ou não se qualificar como membro – nunca foi de fato uma questão importante. Sabemos que Lênin acreditava que os requisitos para afiliação deveriam ser mais estritos que aqueles defendidos por Mártov e deveriam exigir participação ativa na concretização do programa partidário. Até hoje, muitos não sabem que a ruptura aconteceu à época da nomeação do Comitê Central e da decisão quanto

---

[40] Para que essas experiências fossem levadas em conta, Lênin solicitou um estudo minucioso das atas do II Congresso do POSDR: "O autor destas linhas considerará que seu trabalho não terá sido em vão se conseguir ao menos dar um impulso ao estudo, amplo e individual, das atas do congresso do partido". *Um passo em frente*, cit., p. 219.

[41] A questão sobre o congresso foi assim abordada no panfleto: "Qual era, então, a essência da questão em disputa? Já disse no congresso, e mais de uma vez repeti, que 'não considero de modo nenhum nossa divergência (sobre o §1) tão essencial que dela dependa a vida ou a morte do partido. Se houver um artigo ruim nos estatutos, não vamos, de modo nenhum, morrer por isso!" (ibidem, p. 252); "Esta diferença em si mesma, ainda que revele matizes de princípio, não pôde de modo nenhum provocar a divergência (na realidade, para falar sem rodeios, a cisão) que se declarou depois do congresso. Mas qualquer *pequena* divergência pode tornar-se *grande* se insistirmos nela, se a colocarmos em primeiro plano, se *nos pusermos* a investigar todas as suas raízes e ramificações. Qualquer *pequena* divergência pode tomar uma *enorme* importância, se servir de ponto de partida para *uma guinada* rumo a determinadas concepções erradas [...]". O primeiro parágrafo ganhou tanta importância porque, durante a eleição do Comitê Central e dos corpos supervisores em geral, os seguidores de Lênin superavam em número os seguidores de Mártov, em virtude da distribuição de forças, só em parte casual, conforme admitiu Lênin, pois não foi de modo algum por acaso que os economistas favoráveis a Mártov abandonaram o congresso. Ibidem, p. 252-3.

aos cargos[42], quando os seguidores de Lênin – Krjijanóvski, Lengnik e Noskov – ingressaram no Comitê Central por votação majoritária. Isto é, os bolcheviques (*bolchinstvó*, "maioria") contra os mencheviques (*menchinstvó*, "minoria")[43]. Em consequência, Mártov perdeu o "equilíbrio" de tal forma que abdicou de seu "mandato" de editor eleito do *Iskra*.

Houve razões sociológicas e psicológicas para o rompimento da organização. Todavia, em *Um passo em frente, dois atrás*, Lênin entreteve uma digressão a respeito da "importância da mentalidade dos intelectuais". De acordo com ele, diferenças de mentalidade inevitavelmente estorvariam a consolidação, pelo menos até que os operários tomassem controle do partido. Explicou não ser apenas em função de fatores psicológicos que a minoria no congresso fora incapaz de aceitar o resultado da votação.

> A minoria era composta pelos elementos do partido *menos estáveis* no plano teórico, *menos consequentes* no campo dos princípios. A minoria foi formada justamente pela ala direita do partido. A divisão em maioria e minoria é a continuação direta e inevitável da divisão da social-democracia em revolucionária e oportunista [...], divisão que não data de ontem, que não existe só no partido operário russo, e que certamente não desaparecerá amanhã. [...] o erro do camarada Mártov foi pequeno (eu mesmo declarei isso no congresso, no calor da luta); mas este pequeno erro *poderia* causar (e *causou*) um grande dano, em virtude de o camarada Mártov se ter deixado atrair por delegados que tinham cometido toda uma *série de erros* e que, a propósito de uma série de questões, tinham evidenciado a sua inclinação para o oportunismo.[44]

Entre os que compareceram ao congresso, muitos discordavam da tendência representada pelo *Iskra*. Seus principais porta-vozes – incluindo Vladímir Petróvitch Akímov (Makhnóvets), Riazánov, os membros do Bund* – não po-

---

[42] Marcel Liebman destacou que a revolução transformou o antigo "partido de elite" em um partido democrático de massas, mas se equivocou ao descrever a querela bolchevique-menchevique no II Congresso como uma disputa em torno do apoio ou da oposição ao centralismo. Ver Marcel Liebman, *Leninism under Lenin* (trad. Brian Pearce, Londres, Jonathan Cape, 1975), originalmente publicado em francês como *Le Léninisme sous Lénine* (Paris, Éditions du Seuil, 1973), p. 38-45.

[43] A esse respeito, ver as atas do 31º encontro do congresso, realizado na manhã do dia 7 (20) de agosto de 1903, em que 36 delegados com 44 mandatos podiam votar, em *Vtorói siezd RSDRP, iiul-ávgust 1903 goda*, cit., p. 369-85.

[44] *Um passo em frente*, cit., p. 317-8.

* Nome pelo qual era conhecida a União Geral Operária Judaica da Lituânia, Polônia e Rússia, vinculada ao POSDR, porém com certa autonomia. (N. E.)

deriam ser aliados de Mártov, por questão de princípio[45]. Akímov, de tendências reformistas, foi quem observou que as opiniões de Lênin e Plekhánov divergiam quanto à questão da organização.

> Quem afirma que a social-democracia acelera o desenvolvimento da consciência proletária expressa, é claro, uma ideia diametralmente oposta à noção daquele cujo argumento é que a criação da consciência socialista entre o proletariado deva vir "de fora", por crer que a classe operária não poderá avançar, pelos próprios meios, além da doutrina sindicalista.[46]

Entre outros fatores, a reação pessoal de Mártov incitou Lênin a ponderar sobre "intelectuais pusilânimes" e os conflitos dentro do partido. A "psicologia da intelectualidade típica" – baseada no artigo de Kautsky a respeito de Franz Mehring – poderia ser antagonizada pela psicologia do proletário, formada e regida pela indústria pesada[47]. Por "intelectual médio", Kautsky entendia o profissional baseado na sociedade burguesa, que tomava emprestado à classe intelectual seu caráter e que, em grande medida, "antagonizava" com o proletariado.

Esse antagonismo é diferente daquele "entre trabalho e capital"; não é econômico, mas social. É uma questão de "sensibilidade e processo de pensamento" derivada do fato de que os dois grupos sociais operam sob diferentes divisões de trabalho. Consequentemente, "o proletário não é nada enquanto permanecer um indivíduo isolado", mas "sente-se grande e forte quando faz parte de um organismo grande e forte" e combate com o maior senso de autossacrifício, sem considerar a glória pessoal. O intelectual sente-se de todo diferente, pois o individualismo é consequência de suas relações laborais.

> A inteira liberdade de manifestar sua personalidade apresenta-se a ele, então, como a condição primeira de êxito em seu trabalho. Só com muita dificuldade se submete a um todo, como parte auxiliar desse todo, e submete-se a ele por

---

[45] Ver V. P. Akímov, *К вопросу о работах Второго Съезда РСДРП/ K vopróssu o rabótakh Vtorovo Siezda RSDRP* [Sobre o trabalho do II Congresso do POSDR] (Genebra, 1904); N. Riazánov, *Разбитые иллюзии: к вопросу о причинах кризисна в насей партии/ Razbítie illiúzi: k vopróssu o pritchináh krizisna v nachey párti* [Ilusões partidas: sobre as causas da crise em nosso partido] (Genebra, 1904).

[46] V. P. Akímov, *K voróssu o rabótakh Vtorovo Siezda RSDRP*, cit., p. 8-9, 14-5, 27 e 77; o autor finalizou, em conjunto com Péter Donáth, uma investigação detalhada dessas questões durante a década de 1980. O artigo resultante não foi publicado, mas o material é usado aqui com sua permissão.

[47] *Um passo em frente*, cit., p. 303. Ver o já citado artigo de Kautsky em *Die Neue Zeit*, v. 22, n. 4, abr. 1903, p. 99-101.

necessidade, e não por inclinação pessoal. A necessidade de uma disciplina, reconhece apenas para a massa, e não para os espíritos de elite. Ele próprio, é evidente, considera-se entre os espíritos de elite. [...]. A filosofia de Nietzsche, com seu culto do super-homem, para quem tudo se reduz a conseguir o pleno desenvolvimento de sua própria personalidade, para quem qualquer submissão de sua pessoa a qualquer grande objetivo social se apresenta vil e desprezível, esta filosofia é a verdadeira concepção do mundo do intelectual, ela torna-o totalmente incapaz de participar na luta de classe do proletariado. [...] O modelo ideal [de intelectual] de que o movimento socialista necessita é Liebknecht [...].[48]

*Um passo em frente, dois atrás* estimulou Trótski a preparar um ensaio – citado até hoje na literatura antileninista – em que descrevia o conceito daquela obra de Lênin como coleção de "preconceitos organizativos, burocráticos e jacobinos"[49]. Em meio ao progressivo conflito de tendências, um terceiro ramo surgia entre o economicismo (abordagem passiva, quietismo político conservador) e a tradição do velho *Iskra* (corrente intelectual isolada, sem contato com os operários). Ele via o partido como representante da "vontade da classe" e provedor de uma forma organizada à "consciência" da classe. Como resultado, formulou sua hoje famosa resolução, que interpretava a prática e a concepção de Lênin como "substituta da política proletária" (acrescentando adjetivos como "blanquista", "antidemocrático" etc.).

Trótski também rejeitava a noção de que à intelectualidade revolucionária coubesse levar, de fora, a consciência de classe ao proletariado[50]. Se dispensarmos o cunho político e todas as simplificações do argumento de Trótski, concluiremos que, para Lênin, o partido era uma instituição política estruturada, com hierarquia militar e burocrática. Em contraste, Trótski postula uma noção abstrata de "ação proletária autodirigida", que torna a ideia materialista militante o principal superintendente da história.

Em 1904, Trótski ainda era o Saul nas questões do partido. A ideologia comunitária e proletária enfatizada por ele desafiava os setores do POSDR que operavam sob a autocracia. Não foi por acaso que Trótski se revoltou contra a analogia da fábrica formulada por Lênin. Trótski integrava o indivíduo do par-

---

[48] Karl Kautsky, "Franz Mehring", citado em *Um passo em frente*, cit., p. 303-4.

[49] Leon Trótski, *Наши политические задачи/ Náchi polititcheskie zadátchi* [Nossas tarefas políticas] (Genebra, 1904); ed. ing.: *Our Political Tasks* (Londres, New Park, 1980).

[50] Ibidem, p. 9-12, 131-6, 140-2, 155-8 e 176. A última dessas questões foi tema de um debate sério entre os próprios trotskistas. Ver, por exemplo, a polêmica entre Krasso e Mandel em Ernest Mandel, "Trotsky's Marxism: A Rejoinder", *New Left Review*, n. 56, 1969, p. 69-96; para os antecedentes do debate, ver *New Left Review*, n. 44, 47 e 48.

tido à comunidade proletária ao reduzir a questão inteiramente às "necessidades existenciais gerais do proletariado"[51]. Ainda assim, desvincular o partido operário da estrutura do meio de produção específico leva o partido e sua própria organização ao colapso da organização, a percepções individualistas.

Posteriormente, Lênin pouco se referiu às experiências do congresso a partir de um ponto de vista psicológico, e o motivo disso pode ter sido o fato de que foi possível perceber muito mais claramente as contradições políticas durante a revolução e com a experiência do fracasso revolucionário. Uma avaliação das tendências políticas datada de setembro de 1907[52] explica como os mencheviques se tornaram uma facção política organizada: "Durante o período inicial da Revolução Russa (1905-1907), [eles] seguiram uma política distinta – política que, *na prática, subordinava o proletariado ao liberalismo burguês*"[53]. Foi precisamente com o objetivo de criar uma base própria para o movimento operário durante a revolução que Lênin se recusou a colaborar com o liberalismo burguês, que entrara em acordo com o regime tsarista[54].

Talvez a posição menchevique o tenha levado a exagerar os argumentos[55]. Foi durante o congresso que a noção de formar um bloco de esquerda com os

---

[51] Leon Trótski, *Náchi polititcheskie zadátchi*, cit., p. 90-107, 140-2, 181-208 e, para a citação a seguir, 102: "A fim de preparar a classe trabalhadora para o poder político, é necessário desenvolver e exercitar nela um espírito de iniciativa e a prática habitual de controle constante e ativo sobre todo o corpo executivo da revolução [...]. Mas para os 'jacobinos social-democratas', para os destemidos representantes do sistema de substitucionismo organizacional, essa imensa tarefa social e política, a preparação da classe para o governo do país, é suplantada por uma tarefa organizacional técnica, a preparação para o aparato de poder". Estas parecem ser reflexões importantes do ponto de vista dos desdobramentos posteriores – quando o próprio Trótski se viu em situação muito diferente e se tornou ele próprio um "jacobino".

[52] Ver *Preface to the Collection "Twelve Years"*, em LCW, cit., v. 13, p. 94-113.

[53] LCW, cit., v. 13, p. 112.

[54] Esse "acordo" logo encontrou expressão em um documento ideológico-filosófico de diversos autores; ver, de Nikolai A. Berdiáev et al., *Вехи: сборник статей о русской интеллигенции/ Vekhi: sbórnik státei o rússkoi intelliguéntsi* [Marcos: antologia de artigos da intelectualidade russa] (Moscou, 1909).

[55] Após a derrocada da revolução, avaliando o papel histórico do liberalismo russo, Mártov, por exemplo, chegou a uma conclusão muito semelhante à de Lênin ao examinar a formação vekhista de Struve. "O liberalismo busca rever seu próprio passado, romper com aquelas amarras que tradicionalmente o prenderam a ideologias revolucionárias e socialistas, e constitui um sistema ideológico que é adequado à classe *dominante* [...]. O liberalismo busca principalmente formar conceitos monarquistas, nacionalistas e antidemocráticos próprios, é por princípio contrarrevolucionário em seus pontos de vista jurídicos, estritamente individualista na esfera econômica, profundamente nacionalista na relação com o Estado e com a Igreja." Július Mártov, *Общественные и умственные течения в России, 1870-1905/ Obschiéstvennye i umstviénnye*

RECONSTRUINDO LÊNIN 171

camponeses sem-terra substituiu a de trabalhar com os liberais, embora a maioria dos mencheviques nunca a tenha aceitado. Por isso é possível se referir a esse congresso como a "segunda" cisão permanente dentro da social-democracia russa, embora Lênin continuasse tentando restaurar a colaboração com Plekhánov, e vice-versa. Nunca mais bolcheviques e mencheviques se reuniriam em um mesmo congresso. Os anos de 1905-1907 sinalizaram a ruptura final.

Enquanto isso, em debates com os anarquistas em novembro e dezembro de 1905, Lênin declarou que apenas aqueles que estivessem de acordo com o objetivo básico de uma organização militante seriam capazes de colaborar com ela. Consequentemente, deu a mesma resposta à resolução de 23 de novembro do Comitê Executivo do Soviete de Deputados Operários, que rejeitava o pedido dos anarquistas para que fossem incluídos no comitê, pois "anarquistas não reconhecem a luta política como método para atingir suas metas". Lênin concordava com que os anarquistas "não fossem admitidos naquele órgão, pois não é um parlamento operário nem um órgão autônomo do proletariado". Caso fosse um parlamento, não seria possível excluir os anarquistas[56].

Lênin considerava o soviete dos operários braço político do levante e instituição revolucionária. Os sovietes e organizações populares semelhantes (comitês de greve, soviete dos soldados, sindicato dos ferroviários etc.) foram produtos da agência autônoma dos operários. Como Lênin escreveu a respeito do levante de 1905, "não foi nenhuma teoria, apelos da parte de alguém, táticas por alguém inventadas nem doutrina do partido, mas a força das circunstâncias que levou esses órgãos de massa não partidários a concretizar a necessidade de um levante e os transformou em órgãos do levante"[57].

---

*tetchiénia v Rossí* [Correntes sociais e intelectuais na Rússia] (Leningrado/Moscou, Kniga, 1924), p. 118-9.

[56] "Se os anarquistas, ao rejeitarem a luta política, candidatarem-se a representação em uma instituição que está conduzindo tal luta, essa gritante inconsistência simplesmente demonstra mais uma vez quão completamente instáveis são a filosofia e a tática dos anarquistas. Mas, é claro, a instabilidade por si só não é motivo para excluir ninguém de um 'parlamento', ou de um 'órgão de autogoverno'. O Soviete de Deputados Operários não é um parlamento trabalhista, nem um órgão do autogoverno proletário, nem nenhum tipo de órgão de autogoverno, e sim uma organização lutando para alcançar determinados objetivos. [...] A exclusão dos anarquistas da frente de batalha que está levando a cabo nossa revolução democrática, por assim dizer, é um tanto necessária do ponto de vista dessa revolução e está dentro de seus interesses. Só pode haver lugar em uma frente de batalha para aqueles que lutam pelo objetivo daquela aliança." LCW, cit., v. 10, p. 72-3.

[57] Vladímir I. Lênin, *Роспуск Думы и задачи пролетариата/ Rospusk Dumy i zadátchi proletariata* [A dissolução da Duma e as tarefas do proletariado], publicado em forma de panfleto em agosto de 1906 por editores da *Новая Волна/ Nóvaia Volna* [Nova Onda], de Moscou. Ver *The Dissolution of the Duma and the Tasks of the Proletariat*, em LCW, cit., v. 11, p. 125.

A dissensão entre os sociais-democratas em torno da tese de Lênin levou à divisão e, por fim, à dissolução do Partido Operário Social-Democrata Russo, pois, "dentro de uma associação militante, há lugar apenas para aqueles que lutam pelos objetivos da associação". A questão da organização jamais poderia ser dissociada dos problemas políticos ou das atitudes e das posições associadas a tais problemas – nem mesmo após o colapso da revolução. Quando o Partido Social-Democrata se dividiu, tudo indicava que mergulharia no conflito de facções. De fato, a história do partido, entre 1907 e 1917, se constituiu de tentativas fracassadas de reunificação e de divisões subsequentes.

Já em 1906, no congresso de Estocolmo, delegados debateram a esperada reunificação. A isso se seguiu a "segunda" ruptura, no congresso de Londres. O colapso envolveu ainda outra cisão na ala dos mencheviques, entre os chamados liquidacionistas, defensores da legalidade absoluta, e o grupo de "construtores do partido", liderado por Plekhánov[58]. Os bolcheviques também se fracionaram em grupos dissidentes. Os assim chamados otzovistas se voltaram contra Lênin – foram eles que, sob liderança de Bogdánov, exigiram a remoção dos delegados social-democratas da Duma e insistiram na tática de boicotar as eleições. Na verdade, houve tentativas posteriores de reunificação e ainda mais divisões[59]. Esse tipo de sectarismo, de ostracismo organizativo, lembrava a intolerância de "denominações religiosas". Foi uma espécie de mecanismo de defesa contra o impacto da contrarrevolução, não uma "peculiaridade" russa.

No início de 1908, em sua obra intitulada *Die historische Leistung von Karl Marx* [A importância histórica de Karl Marx], Kautsky levantou a questão de

---

[58] De acordo com um relatório para o Congresso Internacional Social-Democrata de 1914, que seria realizado em Viena, preparado por um órgão do partido "liquidacionista" russo de São Petersburgo, a crescente distância entre o movimento operário e a social-democracia transpareceu nos dados de 1º de setembro de 1907, que mostravam que 9.494 membros do sindicato dos metalúrgicos haviam pago suas contribuições, sendo que as cifras de junho de 1911 acusavam um decréscimo de quase dois terços, enquanto o número de membros contribuintes do sindicato dos trabalhadores da indústria petrolífera de Baku caíra de 9 mil para quinhentos no mesmo período. Ver os arquivos da Hoover Institution, Coleção Boris Nikolaiévski, n. 9: *Отчет к предположавшемуся международному социал. дем. конгрессу в Венеl Otchot k predpologavchemussia mejdunaródnomu social.-dem. kongréssu v Vene* [Informe para o futuro Congresso Internacional Social-Democrata em Viena], 1914, p. 1-30, em especial 13-26.

[59] A literatura revelou há algum tempo que essa tampouco foi uma das peculiares "disputas sectárias" de Lênin, e sim uma típica fragmentação organizacional pós-revolução. O ano de 1905 "transformou" os bolcheviques – e os sociais-democratas russos em geral – em um partido com uma base popular – um movimento de massas a partir de um partido de elite. A revolução ampliou o partido, forçando a pauta pelo desenvolvimento da democracia no interior de sua organização. Ver Marcel Liebman, *Leninism under Lenin*, cit., p. 45.

RECONSTRUINDO LÊNIN 173

combinar o socialismo ao movimento operário, segundo as tradições marxistas, na "unidade de teoria e práxis"[60]. Isso não apenas impressionou Lênin; tratava-se de uma necessidade para que o proletariado destronasse o capitalismo e se autoliquidasse como classe social. Nesse ponto, Kautsky torna-se elemento-chave para a compreensão de Lênin. No texto em questão, Kautsky indicava que os objetivos socialistas haviam sido declarados antes mesmo de Marx, "embora isso tenha resultado apenas em estabelecer facções: o proletariado encontrava-se desunido, pois todos os socialistas enfatizavam suas maneiras particulares de resolver problemas sociais. Há tantas facções quanto há soluções"[61]. Fenômeno semelhante se observa após 1907.

A "desorganização" da social-democracia criou, no entanto, um subproduto positivo. A base do partido começou a espalhar-se no sentido da organização por ocupação, a qual, depois do desmonte contrarrevolucionário dos sovietes, permaneceu como única raiz da social-democracia entre as massas proletárias. De acordo com Kautsky, não foram as discussões teóricas que levaram ao "separatismo" na social-democracia, mesmo que o pano de fundo ideológico da ruptura final tenha se tornado claro e evidente depois.

> Jamais existiu marxista, ou grupo marxista, que iniciasse uma ruptura por mera divergência teórica. Onde ocorreu divisão, ela sempre foi tanto prática quanto teórica, sempre foi conflito tático ou organizativo, e o aspecto teórico foi sempre um bode expiatório sobre o qual se acumulavam todos os pecados.[62]

Um dos episódios mais interessantes e menos conhecidos da cisão entre os bolcheviques foi o debate entre Lênin e Bogdánov[63]. O assunto: o que aconteceria ao partido caso o movimento passasse por uma maré baixa.

---

[60] Karl Kautsky, *Die historische Leistung von Karl Marx* (Berlim, Singer, 1919), disponível em: <www.archive.org/details/diehistorischele00kaut>; e Ernő Garami (org.), *Marx Károly történelmi jelentősége* [O significado histórico de Karl Marx] (Budapeste, 1919), disponível para busca em: <www.arcanum.hu>.

[61] Karl Kautsky, *Die historische Leistung von Karl Marx*, cit., p. 45-6.

[62] Ibidem, p. 51.

[63] Péter Donáth escreveu sobre o assunto em *Elmélet és gyakorlat. A "baloldaliság" korai történetéhez: Gorkij, Lunacsarszkij, Bogdanov* [Teoria e prática: para uma história do início do "esquerdismo" – Górki, Lunacharski, Bogdánov] (Budapeste, Budapesti Tanítóképző Főiskola, 1990).

# Lênin e Bogdánov

## O conflito político-organizativo

A traição dos intelectuais após o fracasso da Revolução de 1905 envolveu mudanças de lado, conversões às fileiras do novo regime contrarrevolucionário e aquiescência. A própria existência dos vekhistas, intelectuais "marxistas legais" ex-esquerdistas, foi manifestação desse fenômeno. Pessoas instruídas abandonavam em bandos o que lhes parecia o navio a pique da revolução. "Recolhiam-se à esfera privada", formando pequenos círculos e sociedades, dando as costas à política e adaptando suas filosofias às oportunidades oferecidas pela contrarrevolução. O estado de coisas ficou claramente expresso no fato de o machianismo e o empiriocriticismo se tornarem filosofias em voga, no "amálgama" do marxismo e do idealismo e na busca e construção de uma divindade, que tinham à frente muitos dos camaradas da própria facção política de Lênin.

No processo de desintegração da social-democracia, a divisão no interior do bloco bolchevique veio da esquerda. Interpretando-se de outra maneira, pode-se dizer que Lênin rompeu com o grupo, ou grupos, a sua esquerda – os otzovistas e os ultimatistas –, que se deixaram influenciar pelas novas modas filosóficas. Ainda que tenha se tornado típico de outros círculos social-democratas desistir de todas as metas finais revolucionárias em favor de certas possibilidades oferecidas pela legalidade, em um grupo de bolcheviques (círculo que incluía Aleksandr Aleksándrovitch Bogdánov, Anatóli Vassílievitch Lunatchárski, Bazárov, Górki e outros) a dedicação às metas finais tornou-se ainda mais forte. Completa dedicação pessoal à meta implicou dar costas à realidade e encontrou expressão em experimentos filosóficos transcendentes. Tal quadro mental foi colorido, também, pelo assim chamado mal do imigrante, que, sob condições de isolamento, favorece divisões, autojustificação e conflitos internos. A reação não é incomum entre revolucionários quando a maré do fervor revolucionário, de súbito, baixa.

Em resposta a tudo isso, Lênin passou a se reorientar na direção das realidades políticas. "Converteu-se" – aceitando os fatos da nova situação – ao mundo dos conflitos parlamentares. Dedicou-se ao propósito de fazer com que os representantes social-democratas na Duma propagassem táticas revolucionárias até o advento de novo ímpeto revolucionário. A outra ala dos bolcheviques, representada por Bogdánov, rejeitava a "dissolução" da política revolucionária em política parlamentar. Não se tratava de, à maneira da "extrema-esquerda", entendendo-se o termo politicamente, incluir em seus planos imediatos a revolução socialista. Buscavam, em vez disso, preservar a visão socialista "pura" do futuro nas condições político-históricas existentes,

RECONSTRUINDO LÊNIN    175

sem permitir que fosse "contaminada" pela infame *realpolitik*[64]. Para eles, as discussões desprezíveis e triviais entre vários grupos social-democratas sobre a Duma e a própria desintegração organizativa pareciam pífios e desiludidos reflexos do período contrarrevolucionário, que se deviam entender como transitórios. No presente, continuar puro significava quase exclusivamente preparar-se para o *futuro*.

As duas diferentes atitudes no interior do bolchevismo eram aparentes até mesmo antes da revolução. A divisão interna dos bolcheviques em "leninistas" e membros do grupo Avante (Вперёд/ Vperiod), formado por Bogdánov e seguidores, fora, em certo sentido, delineada condicionalmente em termos organizativos já na chamada conferência dos 22 bolcheviques[65]. Dentro da facção bolchevique, o Avante de agosto de 1904 não parecia uma força a determinar o caminho adiante naquele período de revolução, durante o qual se precisava firmar a unidade do movimento. Caso recapitulemos os eventos da ruptura, o ponto de partida deverá ser 1904, indicando que, aparentemente, até mesmo os bolcheviques estavam em desacordo em relação às abordagens políticas.

Quase uma década depois, Lênin resumiu em um breve ensaio a evolução organizativa da social-democracia russa, do menchevismo e do bolchevismo. Delineou a história do bolchevismo da seguinte forma:

> As principais divergências práticas entre as duas tendências, no outono de 1905, ocorreram em torno de os bolcheviques defenderem o boicote da Duma de Bulíguin, enquanto os mencheviques eram a favor da participação. Na primavera de 1906, o mesmo aconteceu com a Duma de Vitte. Primeira Duma: os mencheviques defendiam a bandeira de um Ministério da Duma (*kadet*); os bolcheviques, a bandeira de um Comitê Executivo de Esquerda (social-democrata e trudovique), que organizaria a luta real das massas etc. No Congresso de Estocolmo (1906), os mencheviques prevaleceram; no de Londres (1907), foi a vez dos bolcheviques. Em 1908-1909, o grupo Avante (machianismo em filosofia e otzovismo, ou boicote à Terceira Duma, em política – Bogdánov, Aleksínski, Lunatchárski e outros) separou-se dos bolcheviques. Em 1909--1911, ao combater esse grupo[66] e também os liquidacionistas (mencheviques que negavam a necessidade de um partido clandestino), o bolchevismo se

---

[64]  Para mais detalhes, ver ibidem, p. 15-70.

[65]  Sobre esses eventos, ver John Biggart, "Antileninist Bolshevism. The Forward Group of the RSDRP", *Canadian Slavonic Papers*, n. 2, 1981, p. 141; e Robert Williams, *The Other Bolsheviks: Lenin and His Critics 1904-1914* (Bloomington, Indiana University Press, 1986).

[66]  Ver V. I. Lênin (à época assinando V. Ilin), *Materialismo e empiriocriticismo: notas críticas sobre uma filosofia reacionária* (Lisboa/Moscou, Avante!/Progresso, 1982).

aproximou dos mencheviques pró-partido (Plekhánov e outros), que haviam declarado guerra absoluta ao liquidacionismo.[67]

A ruptura entre as duas correntes do bolchevismo ocorreu a partir de questões de natureza muito prática. Bogdánov e seu grupo condenavam a participação na política parlamentar "burguesa". Lênin, por sua vez, colocou a luta por poder político como principal tarefa do partido. Não se ocupava em criar e implantar uma ideia a respeito do futuro do socialismo; pensava nisso mais como desenvolvimento a ser esperado no período seguinte à revolução. Preparava os fundamentos organizativos e político-intelectuais para uma revolução que derrubasse o tsarismo. Tal divergência de abordagem passou ao primeiro plano em várias discussões táticas.

O quadro histórico que Lênin ofereceu não foi inequívoco quanto a quem rompeu com o "antigo bolchevismo" e suas táticas "de boicote", se ele mesmo ou Bogdánov. A virada "antiboicote" de Lênin aconteceu em abril de 1906, durante o congresso de unificação em Estocolmo, no qual dezesseis representantes bolcheviques votaram pela participação nas eleições para a Duma. Essa foi a primeira aparição do – nas palavras dos bogdanovistas – "centrismo" bolchevique, pois os bolcheviques leninistas, na conferência de 1905 em Tampere, haviam votado contra a participação nas eleições, mantendo a política de boicote. O conflito entre as tendências políticas "parlamentares" e "revolucionárias" continuou no Congresso do Partido em Londres. A dissolução da Segunda Duma, em junho de 1907, a prisão de dezesseis representantes social-democratas e as restrições legais impostas à participação nas eleições exacerbaram o conflito. Quando o partido reexaminou sua política relativa à Duma, no Congresso do Partido de Toda a Rússia, em 21-23 de julho (3-5 de agosto) de 1907, em Kotka (Vyborg), Lênin e Bogdánov defenderam abordagens táticas bastante diferentes. Lênin considerava a tática do boicote adequada à ascensão revolucionária[68]. Uma situação que não beirasse a revolução requeria políticas diferentes.

---

[67] Vladímir I. Lênin, *On Bolshevism*, em LCW, cit., v. 18, p. 486.

[68] John Biggart, "'Антиленинский большевизм': группа РСДРП 'Вперёд!'"/ "'Antilieninski bolchevizm': gruppa RSDRP 'Vperiod!'" ["Bolchevismo antileninista": o grupo "Avante!" do POSDR], em Guennádi Arkádevitch Bordiúgov (org.), *Неизвестный Богданов/ Neizvestny Bogdánov* [Bogdánov desconhecido], v. 2: *А. А. Богданов и группа РСДРП "Вперёд!", 1908-1914/ A. A. Bogdanov i gruppa RSDRP "Vperiod"* [A. A. Bogdánov e o grupo "Avante" do POSDR, 1908-1914] (Moscou, Airo-XX, 1995), p. 6-7. No III Congresso Nacional do POSDR, uma das teses fundamentais formuladas por Lênin foi: "explicar às massas que o boicote à Duma não é por si só capaz de elevar o movimento da classe trabalhadora e o movimento revolucionário a um nível mais alto, e que a tática do boicote só seria apropriada se nossos esforços para converter a ascensão sindicalista em uma investida revolucionária fossem bem-sucedidos". LCW, cit., v. 13, p. 61.

RECONSTRUINDO LÊNIN    177

De acordo com a interpretação de Bogdánov sobre o período, Lênin era culpável pela mesma "cooperação de classe" de Plekhánov e Akselrod, que era consequência imediata da política parlamentar. Em 1909, quando seu projeto político-estratégico de consolidar um movimento social-democrata que englobasse política parlamentar – com todas as ferramentas desta – e propaganda revolucionária, mantendo a promessa de revolução, foi bloqueado pelos liquidacionistas à direita e pelos otzovistas à esquerda, Lênin retomou a colaboração com Plekhánov. Depois que Plekhánov se demitiu do quadro editorial do jornal menchevique *Голос Социал-Думократа/ Golos Sotsial-demokrata* [A voz social--democrata], em dezembro de 1908, a integração organizativa ao grupo de Lênin pareceu mais uma vez uma possibilidade realista.

O jornal do partido bolchevique, *Пролетарий/ Prolietári* [O Proletário], editado por Lênin, foi definitivamente um aspecto importante para que a balança de forças pesasse a favor deste. No entanto, na perspectiva de Bogdánov, a reaproximação com Plekhánov, sob qualquer forma, constituía "traição". Os debates ideológicos e políticos se exacerbaram em razão de desacordos financeiros que, de modo inevitável, passaram a ser tema de discussões ásperas durante o exílio. Mesmo que seja verdade que as duas facções bolcheviques competiam pelo controle do *Prolietári* e de seus recursos financeiros[69], não devemos exagerar seu impacto na ruptura bolchevique.

---

[69]   Uma encrenca de difícil solução envolvendo uma herança estava por trás da questão. O dono da fábrica de móveis de Presna, Nikolai Pávlovitch Schmidt – que havia participado dos eventos revolucionários de 1905 e morrera na prisão de Butyrka em 13 (26) de fevereiro de 1907 – deixara uma herança significativa aos bolcheviques. O testamento ficou aos cuidados de suas irmãs Ekaterina e Elizaveta. A primeira senhora entregou uma parte da herança ao centro bolchevique em 1908-1909; a segunda o fez em 1909-1911. Os fundos tornaram-se parte de complicadas disputas faccionais; depois da plenária de janeiro de 1910 do Comitê Central, os bolcheviques finalmente entregaram boa parte do montante aos cuidados dos ditos *dierjátiel* ("tesoureiros") Karl Kautsky, Clara Zetkin e August Bebel. O total de aproximadamente 300 mil rublos – valor que sobrou após uma série de subtrações, incluindo custos da transferência feita por Elizaveta – pertencia ao centro bolchevique, isto é, o conselho editorial estendido do *Prolietári*. Ver os seguintes documentos: doc. 13: "Расписки Ленина, Зиновьева и В. Л. Шанцева в хозяйственную комиссию большевистского центра о получении денег"/ "Raspiski Lenina, Zinovieva i V. L. Shantseva v hozyaystvennuyu komissiyu bolshevistskogo centra o poluchenii deneg" [Recibos de Lênin, Zinóviev e V. L. Chántser na comissão econômica do Centro Bolchevique para receber dinheiro], 4 (17) nov. 1908-2 (15) out. 1909; doc. 14: "Протокол передачи большевистскому центру части наследства Н. П. Шмидта"/ "Protokol peredátchi bolshevistskomu céntru tchásti nasliedstva N. P. Schmidta" [Protocolo da transferência para o centro bolchevique de uma parte da herança de N. P. Schmidt], Paris, 8 (21) fev. 1909; e doc. 17: "Постановление исполнительной комиссии большевистского центра о расчете с Эл. П. Шмидт"/ "Postanovlénie ispolnitelnoi komissii bolshevistskogo centra o ractchotye s El. P.

178 Tamás Krausz

O Centro Bolchevique (CB) nasceu no congresso de Londres. O "comitê financeiro e técnico" foi estabelecido por intermédio do "gabinete técnico militar", que incluía Bogdánov, Krássin e Lênin, entre outros membros[70]. Em 13 (25) de junho de 1907, um grupo liderado por Kamo – com participação de Stálin – roubou 241 mil rublos do banco de Tíflis. Em Kuokkala, entre julho e agosto, Kamo remeteu a Krássin 218 mil rublos de seu espólio. Em relação a isso, Biggart aventou o que teria acontecido se Lênin não contasse com aqueles recursos financeiros. De fato, a independência financeira permitiu a Lênin que rompesse com os camaradas[71]. Porém, as questões financeiras não foram o aspecto principal da ruptura.

Quando Lênin cedeu o *Prolietári* ao controle da facção da Duma, no final de 1907, e trabalhou com Dubrovínski contra Bogdánov, os desacordos políticos estavam claros. Apesar disso, Lênin não acreditava ser o momento de um rompimento político definitivo. O debate filosófico teria de dar lugar à conveniência política. Tudo aquilo não valia um debate prolongado, assim como o fato de

---

Schmidt" [Decisão do comitê executivo do centro bolchevique no cálculo com El. P. Schmidt], em Iúri Nikoláievitch Amiantov et al. (orgs.), *В. И. Ленин: неизвестные документы/ V. I. Liénin: neizvestnye dokumiénty* [V. I. Lênin: documentos desconhecidos] (Moscou, Rosspen, 1999), p. 29-32 e 37-9.

[70] O *Prolietári* saiu de circulação com base na decisão da plenária de janeiro de 1910. Sobre isso, ver doc. 31: "Письмо Заграничному Бюро ЦК РСДРП"/ "Pismo zagranitchnomu Biuro CK RSDRP" [Carta ao escritório no exterior do Comitê Central do POSDR], em *V. I. Liénin: neizvestnye dokumiénty*, cit., (31) jan. 1911, p. 61-2. Uma carta, escrita com a caligrafia de Lênin, assinada por Grigóri Zinóviev em nome de Lênin e Liev Kámenev, convocava uma nova plenária, que seguia, em todo caso, na esteira das decisões da plenária de janeiro. Como, na opinião dos bolcheviques, os mencheviques não haviam cumprido a condição até o final de 1910, a demanda pela devolução do dinheiro estaria na ordem do dia. Lênin, Kámenev e Zinóviev recorreram ao Escritório Exterior do Comitê Central no dia 5 de dezembro de 1910, em nome próprio e de I. P. Goldenberg (Mechkóvski), para que a plenária fosse convocada urgentemente sobre a questão da devolução dos fundos. Eles mais tarde recorreram a Kautsky, mas nunca se chegou a uma decisão. Para mais sobre o contexto histórico, ver Dietrich Geyer (org.), *Kautskys russisches dossier. Deutsche Sozialdemokraten als Treuhänder des russischen Parteivermögens 1910-1915* (Frankfurt/Nova York, Campus, 1981, col. Quellen und Studien zur Sozialgeschichte), v. 2.

[71] John Biggart, "'Antilieninski bolchevizm'", cit., p. 9. Para a mesma história narrada sob outra óptica, ver Péter Donáth, "A csak politikailag releváns Kanonizált Nagy Elbeszéléstől a tanulságos kis történetekig" [Das grandes narrativas politicamente relevantes e canônicas às pequenas histórias moralizantes], em Tamás Krausz e Erzsébet Schiller (orgs.), *1917 és ami utána következett: Előadások és tanulmányok az orosz forradalom történetéből* [1917 e o que veio depois: conferências e estudos sobre a história da Revolução Russa] (Budapeste, Magyar Ruszisztikai Intézet, 1998, col. Ruszisztikai Könyvek), v. 3, p. 80-4.

Bogdánov sujeitar suas famosas escolas do partido em Capri e Bolonha[72] – nas quais o foco do estudo era "o desenvolvimento cultural da classe operária" – aos interesses de sua própria facção.

Em vão, o *Prolietári* decidiu permanecer neutro quanto ao debate filosófico. Porém, em abril de 1908, ficou evidente que as duas abordagens não se poderiam conciliar. É claro, cada tendência se empenhava em promover sua própria abordagem[73]. Em vista do ensaio incluído no volume de Lênin sobre Karl Marx, "Marxismo e revisionismo"*, que atacava o empiriomonismo, o debate ideológico e político se degenerou de tal maneira que Bogdánov pediu demissão do cargo de editor. Acreditava que não houvesse contradição entre o empiriomonismo e a ideologia básica da facção bolchevique. Lênin, Dubrovínski e outros presumiram que Bogdánov tivesse criado "uma oposição oficial" no gabinete editorial[74]. Ao mesmo tempo, Lênin e companhia excluíram-no do Centro Bolchevique em junho de 1909. Os "bolcheviques de esquerda" reagiram com a criação do

---

[72] A história das escolas do partido foi estudada por Scherrer a partir da década de 1970; ver Jutta Scherrer, "The Relationship between the Intelligentsia and Workers: The Case of Party Schools in Capri and Bologna", em Reginald E. Zelnik (org.), *Workers and Intelligentsia in Late Imperial Russia: Realities, Representations, Reflections* (Berkeley, University of California, 1998), disponível em: <escholarship.org/uc/item/27p076zk>.

[73] Péter Donáth, "A csak politikailag releváns", cit. O pano de fundo filosófico e teórico desse problema é enfrentado de uma forma até hoje válida pelos estudos "complementares" de dois autores húngaros. Ver András György Szabó, *A proletárforradalom világnézete. A filozófi a bírálata* [A visão de mundo da revolução proletária: uma crítica de sua filosofia] (Budapeste, Magvető, 1977), cap. 2: "A leninizmus világnézeti nóvuma" [A novidade da visão de mundo do leninismo], p. 74-181; e László Sziklai, "A materializmus és empiriokriticizmus történelmi tanulságai" [As lições históricas do materialismo e do empiriocriticismo], em *Történelmi lecke haladóknak* [Lições avançadas de história] (Budapeste, Magvető, 1977), p. 197-224. Biggart acredita que, quando Lênin encontrou Bogdánov (e A. M. Ignátiev, que estava envolvido tanto na façanha de Kamo quanto na tratativa de Schmidt) em Capri, em abril de 1908 (entre os dias 10 e 17), ele já estava certo de que receberia 200 mil rublos e poderia se permitir, parcialmente com base nisso, romper com o grupo de Bogdánov e se aproximar do círculo de Plekhánov. É claro que isso pode ter influenciado, mas dificilmente teria tocado nas tendências fundamentais, pois o interesse de Lênin em Plekhánov era um problema anterior. Lênin sempre quis restabelecer boas relações com Plekhánov!

* Em OE6T, t. 1. (N. E).

[74] John Biggart, "'Antilieninski bolchevizm'", cit., p. 9. Chántser assumiu o lugar de Bogdánov no conselho editorial. Depois da conferência de dezembro, o núcleo "antiboicote" reduziu a influência "bolchevique de esquerda" também por meio de pressão financeira. Em fevereiro de 1909, renunciando a sua "neutralidade filosófica", o *Prolietári* publicou um artigo atacando Lunatchárski, escrito por Liev Kámenev, "Не подороже"/ "Ne podoroge" [Não é caro], que pode ser encontrado em seu *Между двумя революциями*/ *Mejdu dvumia revoliútsiami* [Entre duas revoluções] (Moscou, 1923). Ver também Péter Donáth, "A csak politikailag releváns", cit.

*Vperiod* em Capri, em dezembro daquele ano, remetendo, de maneira um tanto nostálgica, ao jornal de mesmo nome publicado em 1904 e, segundo o mesmo critério, sugerindo serem eles o verdadeiro repositório do bolchevismo[75].

## O contexto filosófico do debate político

Lênin preferia não misturar debates ideológicos e discordâncias táticas. De fato, por um ponto de vista metodológico, condenava expressamente esse procedimento. Algumas de suas cartas a Górki em fevereiro e março de 1908 asseveram tal condenação. Em 24 de novembro, escreveu:

> Atrasar a aplicação das táticas da social-democracia revolucionária no partido dos operários em favor de disputas sobre a questão do materialismo ou do machianismo seria, em minha opinião, tolice imperdoável. Devemos polemizar sobre filosofia de modo que o *Prolietári* e os bolcheviques, como facção do *partido, não sejam afetados*.[76]

Lênin sentiu-se compelido a ler muitos ensaios sobre tais temas, pois a luta interna entre facções continuava se acentuando. Com isso, não tardou a cometer a mesma tolice contra a qual alertara na carta a Górki. Formulou a tese filosófica pertinente com sua clareza costumeira: não se pode complementar Marx com Kant, argumentou, pois os conceitos filosóficos de Marx não possuem raízes "agnósticas" kantianas.

A adoção posterior de Hegel por Lênin explica sua posição em 1908, a saber, de que o complemento kantiano ao marxismo defendido desde a década de 1880 era a própria corporificação de um revisionismo filosófico e teórico, dos *naródniki* a Bernstein[77]. As fontes hegelianas de Marx adquiriram importância pelo emprego do método dialético, mas a problemática filosófica da dialética permaneceu em segundo plano no debate entre o "empirionismo" de Lênin, de um lado, e o "ateísmo religioso" de Lunatchárski e companheiros, de outro. Acontecia que Plekhánov – e, subsequentemente, Lênin – havia notado a discordância filosófica com Bogdánov e seus seguidores já em 1903-1904. Essas divergências se tornaram mais explícitas na ocasião em que Lênin conheceu Bogdánov pessoalmente[78].

---

[75] Ver documento datado de 28 de dezembro de 1909 em Guennádi Arkádevitch Bordiúgov (org.), *Neizvestny Bogdánov*, cit., p. 36.

[76] Carta de Lênin a Górki de 25 de novembro de 1908, em LCW, cit., v. 13, p. 454.

[77] Ibidem, p. 448.

[78] "Quando trabalhávamos juntos, Plekhánov e eu frequentemente discutíamos Bogdánov. Plekhánov me explicou a falácia das opiniões de Bogdánov, mas sem julgar que o desvio

Naquela altura, os conflitos táticos e faccionários no partido haviam se imbuído de discussões filosóficas[79]. Lênin acreditava que poderia matar dois coelhos com uma só cajadada: defender a posição filosófica materialista e, ao mesmo tempo, levar adiante ou, pelo menos, reforçar as opiniões políticas e ideológicas de sua facção. Contaria com o apoio de Plekhánov no projeto, pois se tratava de defender o "materialismo burguês" tradicional contra o machianismo[80]. Na verdade, o *materialismo prático* que encontramos em Marx e Engels – que vincula a filosofia à prática revolucionária, reconciliando dialética e perspectivas epistemológicas e ontológicas, e que por fim transformou a filosofia em uma "teoria", ligando-a ao movimento operário – não poderia ter importância nos debates sobre o machianismo[81]. Algo diferente estava em jogo.

A fim de defender o "materialismo burguês", Lênin abriu mão de suas restrições quanto a debates filosóficos. Em *Materialismo e empiriocriticismo*, Lênin mobilizava menos a tradição filosófica marxista e mais a tradição de Plekhánov, em que o materialismo se encontrava formulado em um referencial teórico de reflexão monista. Nessa obra, uma espécie de "determinismo biológico" relegava

---

fosse terrivelmente grave. Lembro-me perfeitamente bem de que, no verão de 1903, Plekhánov e eu, como representantes do conselho editorial do *Zariá*, tivemos uma conversa em Genebra [...] [e] Plekhánov colocou como *condição* de sua colaboração que ele escreveria contra Mach [...]. Na época, Plekhánov considerava Bogdánov um aliado na luta contra o revisionismo, mas um aliado que havia errado ao seguir Ostwald e, posteriormente, Mach." Ibidem, p. 499.

[79] László Sziklai é preciso na interpretação quando escreve que a resposta de Lênin à "questão fundamental da filosofia" em *Materialismo e empiriocriticismo* estava enraizada nos novos desenvolvimentos da própria época. Não apenas era uma questão de princípios religiosos vindo ao primeiro plano, mas de que aquelas "escolas filosóficas e tendências ideológicas cujos alicerces para as deduções teóricas são constituídos por incertezas sobre a percepção tradicional, física, do mundo" "escapam" em uma renúncia do "velho materialismo". A ênfase carregada na relação matéria-consciência e no lado epistemológico da questão era suscitada por tal tarefa ideológica. Ver László Sziklai, "A materializmus és empiriokriticizmus történelmi tanulságai", cit., p. 218-9.

[80] A respeito da coleção de escritos publicados na época sob o título *Очерки по философии Марксизма/ Ótcherki po filosófi marksizma* [Estudos da filosofia do marxismo], Lênin assinalou, na citada carta a Górki: "Li todos os artigos com exceção do de Suvorov (estou lendo-o agora), e todos os artigos me deixaram furiosamente indignado. Não, não, isso não é marxismo [...]. Tentar persuadir o leitor de que 'crença' na realidade do mundo exterior é 'misticismo' (Bazárov); confundir da forma mais vergonhosa materialismo com kantismo (Bazárov e Bogdánov); professar um misto de agnosticismo (empiriocriticismo) e idealismo (empiriomonismo); ensinar aos trabalhadores o 'ateísmo religioso' [e] a 'adoração' das potencialidades humanas mais elevadas (Lunatchárski)". LCW, cit., v. 13, p. 450.

[81] Ver András György Szabó, "Marx és az államszocializmus", cit., p. 22-6.

o materialismo histórico a segundo plano. Isso ficava claro também pela natureza política do debate filosófico[82].

Houve debates posteriores sobre a relevância filosófica da obra. Notáveis entre eles foram a interpretação de Gramsci e a crítica de Pannekoek, que "recorria à sociologia". Até mesmo em sua definição de matéria, Gramsci já se envolvia em polêmicas contra um enfoque metafísico estreito, desligado da realidade social.

> Claramente, segundo a filosofia da práxis, "matéria" não deve ser entendida com o significado que adquiriu no campo das ciências naturais [...] nem com quaisquer significados que se possam encontrar nas várias metafísicas materialistas. [...] Matéria em si, portanto, não é nosso tema, e sim como ela é organizada social e historicamente para a produção, e a ciência natural deve ser considerada, de modo semelhante, essencialmente uma categoria histórica, uma relação humana.[83]

Em *Materialismo e empiriocriticismo: notas críticas sobre uma filosofia reacionária*, de Lênin, publicado entre 29 de abril e 4 de maio de 1909 por Zveno, em Moscou, é difícil encontrar a linha divisória entre a polêmica política e a filosófica, assim como no debate Lênin-Bogdánov. A rigor, Lênin não escreveu uma obra filosófica – e não era essa sua intenção. Em vez disso, no contexto da polêmica ideológica, a obra se concentra na natureza da filosofia marxista e suas funções. Lênin revelou suas intenções políticas a Anna, em carta enviada de Paris, em 9 de março de 1909[84].

---

[82] Marcello Musto acertou ao se referir a Gramsci, para quem Bukhárin havia retornado a esse "conceito não dialético" em seu livro publicado em 1921, *A teoria do materialismo histórico: manual popular de sociologia marxista* (São Paulo, Caramuru, 1933, 4 v.), que já era rejeitado por Lênin. Bukhárin deu uma "inflexão sociológica" à filosofia marxista e substituiu a dialética por "evolucionismo vulgar" e "lei da causalidade". Ver Marcello Musto, "The Rediscovery of Karl Marx", *International Review of Social History*, n. 52, 2007, p. 477-98 [ed. bras.: "A redescoberta de Karl Marx", *Margem Esquerda*, n. 13, 2009, p. 51-73]; e Antonio Gramsci, *Selections from the Prison Notebooks*, cit., p. 415-7, 434 e 437.

[83] Antonio Gramsci, *Selections from the Prison Notebooks*, cit., p. 465-6. A crítica de Anton Pannekoek, escrita em 1938 e de um ponto de vista marxista, *Lenin as Philosopher: A Critical Examination of the Philosophical Basis of Leninism* (Nova York, New Essays, 1948) – obra cuja avaliação no campo de estudo se divide, para dizer o mínimo –, definiu a interpretação de Lênin da religião por meio de uma "perspectiva sociológica" peculiar como "materialismo de classe média" (?) por meio de uma forma de pensamento demasiadamente limitada, "sistematizante".

[84] As paixões político-ideológicas de Lênin estão muito bem condensadas em um de seus comentários acerca da censura em uma carta a Aniúta, escrita no dia 8 de novembro de 1908: "Incidentalmente, se calhar de o censor ser *muito* severo, a palavra '*popóvschina*' [clericalismo] pode ser trocada em todas as incidências por 'fideísmo' com uma nota de rodapé explicativa [...] para *explicar* a natureza das concessões que estou fazendo". LCW, cit., v. 37, p. 395. Ou em

Os bolcheviques que pretendiam romper com a política parlamentar "tradicional" experimentaram criar uma escola do partido, sob direção de Bogdánov, que deveria funcionar como uma espécie de quartel-general organizador, desafiando os bolcheviques que apoiavam Lênin. Foi isso que levou à "excomunhão" de Bogdánov[85]. Os empreendimentos políticos e filosóficos de Bogdánov representavam um tipo de "cultura" diferente, uma escola diferente de politicagem, para os sociais-democratas e sua própria facção bolchevique. Os adjetivos empregados com maior frequência para qualificar tais políticas foram *otzovismo* e *ultimatismo*. Seus esforços teórico-filosóficos foram descritos como *cultura proletária, ciência proletária* e *arte proletária*, que estavam arraigadas na tradição sindicalista e sorelista associada a Lunatchárski, a quem interessava, acima de tudo, a estética.

De fato, Lunatchárski iniciou uma nova experiência filosófica, que se manifesta em seu conceito de "construção de Deus". Em 1907, publicou um ensaio sobre "socialismo científico [...], a nova e mais elevada forma de religião". Sua intenção era utilizar o "ateísmo religioso" para ensinar ao proletariado fé no bem e na felicidade. Essa forma de "construção de Deus" em relação à cultura socialista considerava Lênin um "praticante tacanho" da Segunda Internacional, orientado para a política prática.

A "consciência revolucionária" de Lunatchárski, Górki e, até mesmo, Bogdánov, orientada para o futuro e hiperdesenvolvida, anunciava um novo gênero de comunitarismo. Essa "filosofia coletivista de ação" procurava ancorar a consciência do proletariado em um tipo de socialismo utópico e messiânico[86]. Em tal construção teórica, "cultura proletária" recende a "filosofia da esperança". A construção de Deus surge como anseio por harmonia, e o próprio socialismo se torna uma quase religião. Está claro que Lênin exagerou ao suspeitar de uma

---

uma carta a Górki, de 7 de fevereiro de 1908, em que esbravejou contra o grupo de Bogdánov: "e eles me fazem voltar *toda* minha compaixão *a Plekhánov*! É preciso força física para evitar ser levado pelo clima, como faz Plekhánov! Suas táticas são o cúmulo da inaptidão e do primarismo. Na filosofia, no entanto, ele sustenta a causa correta. Eu defendo o materialismo contra 'empirio-' etc.". LCW, cit., v. 34, 381. Em outra carta a Anna, ele escreveu o seguinte: "P. S.: Por favor não atenue os pontos contra Bogdánov e contra a *popóvschina* de Lunatchárski. Nós *rompemos completamente* com ambos. Não há motivo para atenuar nada, não vale o esforço". LCW, cit., v. 37, p. 416. Na carta seguinte a ela, Lênin basicamente se repete, falando da publicação do livro com grande satisfação: "Recebi o livro e considero que foi muito bem editado. [...] Todos reclamam do preço [2 rublos e 60 copeques] – e com razão". Ibidem, p. 430.

85 Péter Donáth, "A csak politikailag releváns", cit., p. 81-3. Bogdánov escreveu posteriormente um livro inteiro sobre a "história de sua excomunhão", que será tratada adiante.

86 Péter Donáth, *Elmélet és gyakorlat*, cit., p. 174-84 e 187-93; Jutta Scherrer, "Culture prolétarienne et religion socialiste entre deux révolutions: les Bolsheviks de gauche", *Europa*, v. 2, n. 2, 1979, p. 69-70.

espécie de religião doutrinária. O caso era apenas de instrumentalizar emoções e paixões estéticas para mobilizar o socialismo como ideologia.

Em seu ensaio de dezembro de 1905, "O socialismo e a religião", Lênin desconstruiu a relação entre proletariado e religião. Examinou as origens da religião em geral, suas funções sociais e o problema de trabalhar em associação com a religião. Defendeu a colaboração com sacerdotes que não atacassem os objetivos do movimento operário por "motivos cristãos". Argumentou:

> A impotência das classes exploradas em sua luta contra os exploradores gera a fé em uma vida melhor além-túmulo de modo tão inevitável quanto a impotência dos selvagens em sua luta contra a natureza gera a fé em deuses, diabos, milagres etc. [...] A religião é o ópio do povo.[87]

Para Lênin, a separação entre Igreja e Estado significava que o Estado deixaria de oferecer apoio à Igreja e de fiscalizar a religião dos cidadãos. A social-democracia luta contra o "emburrecimento religioso" do povo, baseada em seu ateísmo. Além da instrução científica dos operários, Lênin fez duas observações importantes que a literatura sobre ele se "esquece" de revelar. Uma é de que ele acreditava ser prejudicial qualquer tentativa de desfazer os preconceitos religiosos meramente com base no esclarecimento: estes só poderiam se desfazer após a derrota do próprio regime opressor. Até mesmo o programa oficial do partido se opunha a qualquer declaração de ateísmo. Além disso, a unidade prática da luta política dos operários transcendia toda ideologia, incluindo todas as manifestações de ateísmo.

> A unidade desta luta realmente revolucionária da classe oprimida pela criação do paraíso na Terra é mais importante para nós que unidade de opiniões dos proletários sobre o paraíso no céu. É por isso que não declaramos, nem devemos declarar, nosso ateísmo em nosso programa; é por isso que não proibimos, nem devemos proibir, de se aproximar de nosso partido os proletários que conservarem estes ou aqueles vestígios dos velhos preconceitos. [...]A burguesia reacionária se preocupou em toda parte, e agora também em nosso país, em atiçar o conflito religioso – de maneira a desviar para esse lado a atenção das massas em relação às questões econômicas e políticas realmente importantes e fundamentais [...].[88]

Ao mesmo tempo, Lênin continuava a debater contra a "construção de Deus" – e não apenas como problema de organização ou por motivos faccionários.

---

[87] Em OE6T, cit., t 1, p. 291-2.

[88] Ibidem, p. 294.

Nas cartas pessoais que escreveu a Górki em novembro de 1913, encontramos a estrutura de uma análise repleta de argumentos apaixonados quanto aos aspectos da religião em termos ontológicos, epistemológicos, de psicologia do poder e de propaganda política. Repreendia Górki e os "construtores de Deus" porque "integravam", ou absorviam, a mais potente – portanto, mais danosa – ideologia rival da social-democracia.

Tal ideologia nada mais era que a religião e o conceito de Deus. Esses conceitos se mostravam ferramentas importantes e eficientes para manter a população na ignorância, até mesmo em países burgueses democráticos, como Suíça e Estados Unidos.

> Nos países mais livres [...], emprega-se zelo particular em fazer obtusos o povo e os operários com essa ideia de um deus puro, espiritual, construído. Somente porque qualquer ideia religiosa, qualquer ideia de qualquer deus, até mesmo qualquer flerte com um deus, é a mais inominável imundície, mas é em particular aceita de modo tolerante (e mesmo favorável) pela burguesia *democrática* – por essa razão é a imundície mais perigosa, a mais vergonhosa "infecção".[89]

Lênin avaliava o impacto da religião sobre a consciência dos operários, acima de tudo, pela perspectiva da propaganda socialista e do esclarecimento universal. Assim, considerava esse impacto como a ferramenta ideológica mais importante da autocracia e da classe dominante[90].

Em termos sociológicos, a construção de Deus pode ser atribuída, em primeiro lugar, às circunstâncias existenciais da pequena burguesia: "Do ponto de vista não do indivíduo, mas da sociedade, a essência de *toda* a construção de Deus é o fato de que a ociosa pequena burguesia admira-se no espelho, enamorada de si mesma [...]". Esse estrato é idêntico em todas as partes, não é específico da Rússia. Como Lênin escreveu a Górki, "os espíritos judaico, italiano e inglês são todos o mesmo, o *horrendo* espírito da pequena burguesia é igualmente repulsivo em toda parte". Lênin sublinhou várias vezes as palavras para encorajar Górki a não dourar a pílula e adornar esse nauseante estado de espírito por intermédio de seus próprios escritos, rumo à "construção de Deus"[91].

---

[89] Carta de Lênin a Górki, escrita no dia 13 ou 14 de novembro de 1913. LCW, cit., v. 35, p. 122.

[90] "Um milhão de pecados *físicos*, truques sujos, atos de violência e infecções são muito mais facilmente descobertos pela multidão e, portanto, muito menos perigosos que a ideia *núbil*, espiritual, de Deus, revestida dos mais atraentes trajes 'ideológicos'. O sacerdote católico que corrompe jovens meninas (sobre quem eu por acaso acabo de ler em um jornal alemão) é *muito menos* perigoso, especificamente para a 'democracia', que um sacerdote sem seus trajes [...] pois é *fácil* expor, condenar e excomungar o primeiro sacerdote." Idem.

[91] Ibidem, p. 127-9.

Em outra carta, escrita em novembro de 1913, foi ainda mais severo com Górki, revelando de modo mais claro suas próprias percepções sobre religião. Reagia ao conceito de Deus de Górki, segundo o qual Deus era o "complexo de ideias formado por tribo, nação e humanidade que desperta e organiza os sentimentos sociais de tal maneira que liga o indivíduo à sociedade, refreia o individualismo animal". Lênin referiu-se a isso como o pior tipo de socialismo cristão e afirmou que Górki, apesar das boas intenções, havia degenerado até o ponto de repetir "os abracadabras dos padres", na medida em que

> exclui da ideia de Deus tudo aquilo que seja *histórico e baseado na vida real* (sujeira, preconceitos, ignorância santificada e degradação, de um lado, e servilismo e monarquia, de outro) e substitui a realidade da história e da vida, na ideia de Deus, por uma suave frase pequeno-burguesa (Deus = "ideias que despertam e organizam sentimentos sociais").[92]

Lênin contestava que "a muda impotência do homem intimidado pela opressão de classe" fosse responsável pela reprodução do conceito de Deus dia após dia e afirmava que seus amigos, daquele modo, "tornavam *perene* o medo impotente, *fazendo adormecer a luta de classes*". Para Lênin, não era possível imaginar, da parte de marxistas, crime pior. Além do mais, a ideia de Deus não vinculava o indivíduo à sociedade; ao contrário, "atava as mãos das classes oprimidas por intermédio de sua fé na natureza divina dos opressores".

Lênin enquadrava qualquer entendimento popular de religião nos conceitos de "estupidez", "ignorância", "inépcia", "opressão de classe" e "manipulação"[93]. Em termos filosóficos, rejeitava a noção de Górki de que o idealismo filosófico "'sempre tem em vista apenas os interesses do indivíduo'. Descartes tinha mais em mente os interesses do indivíduo que Gassendi? Ou Fichte e Hegel, se comparados a Feuerbach?". Chegou a dizer a Górki que sua investigação não satisfazia requisitos metodológicos básicos: "Sua definição é burguesa (não científica ou histórica), porque opera com concepções abrangentes, gerais, à moda 'Robinson Crusoé', não com *classes* definidas, em período histórico definido". A "sociologia" e a "teologia" de Górki decepcionavam Lênin grandemente – e não apenas pelo sectarismo. Ao contrário, acreditava serem evidências de degeneração da consciência de classe em seu próprio ambiente[94]. Se a tarefa do partido é sustentar a consciência de classe, então talvez possamos entender a irritação de Lênin: acreditava que o assunto teórico e ideológico tivesse um aspecto muito prático.

---

[92] Ibidem, p. 127.

[93] Ibidem, p. 127-9.

[94] Ibidem, p. 129.

Tal consciência pura, "esterilizada", quase estetizada, que buscava um caminho até o povo, até os operários, também permeava o "ideal divino" de Górki. Alcançou seu mais elevado nível conceitual no caso de Bogdánov. As leituras de sua *Tectologia*, ou de seu recentemente descoberto "Десятилетие отлучения от марксизма"/ "Dessiatiletie otlutchénia ot marksizma" [A década de minha excomunhão do marxismo], escrito em 1914, tornam-se interessantes em razão das soluções diletantes e dos fundamentos teóricos problemáticos de sua ciência proletária[95].

O empiriomonismo incitava a fúria de Lênin principalmente porque descartava o problema obrigatório para os marxistas – a saber, a necessidade de escolher entre materialismo e idealismo. Bogdánov oferecia como solução sua própria ciência de organização, que, no entanto, não se encaixava na história da filosofia marxista.

Muito da correspondência de Bogdánov revela que ele considerava os ataques filosóficos contra si, acima de tudo, políticos[96]. Em carta escrita para a redação do *Prolietári* no início de abril de 1909, protesta com indignação que o corpo editorial, com amplos recursos financeiros à disposição, "não tolera nuanças de ideias que não estejam em plena concordância com a linha oficial". Bogdánov acusava Lênin e companhia – não sem motivos – de impedir, por meios burocráticos, a fundação de escolas do partido, porque as viam como empreendimentos concorrentes[97].

As escolas do partido em Capri e Bolonha estiveram em operação entre agosto e dezembro de 1909 e, mais uma vez, de novembro de 1910 a março de 1911. Foram experiências, em parte, bem-sucedidas (quando havia verbas), na medida em que Bogdánov e seus seguidores difundiram entre ativistas da classe operária ideias relativas às chances do movimento operário na Rússia. No entanto, as lutas organizativas entre tendências concorrentes continuaram. Em janeiro de 1910, quando Bogdánov perdeu seu cargo no Comitê Central, o grupo Avante

---

[95] A. A. Bogdánov, *Десятилетие отлучения от марксизма: юбилейный сборник, 1904-1914 / Dessiatiletie otlutchénia ot marksizma: iubileiny sbórnik, 1904-1914* [A década de minha excomunhão do marxismo: coleção do jubileu, 1904-1914] (org. N. S. Antonova, Moscou, Airo-XX, 1995), v. 3, especialmente p. 66-86.

[96] Para citar apenas o fim dessa história, o próprio Lênin, como conclusão à disputa e batalha toda, por assim dizer, em um artigo no jornal bolchevique *Пути Правды/ Puti Právdy* [Caminho da Verdade] de 25 de fevereiro de 1914, reagiu ao protesto de treze "bolcheviques de esquerda" que se opuseram à retirada de Bogdánov do conselho editorial. Lênin explicou o "banimento" de Bogdánov do jornal puramente em termos de natureza filosófica e de princípio. Ver *Concerning A. Bogdanov*, em LCW, cit., v. 20, p. 121-4.

[97] Ver a carta ao conselho editorial do *Prolietári*, de 11 de abril de 1909, em Guennádi Arkádevitch Bordiúgov (org.), *Neizvestny Bogdánov*, cit., p. 159.

era reconhecido dentro do partido como "iniciativa editorial literária". Em carta endereçada a Rykov, na mesma época, Lênin admitia – não sem uma ponta de inveja – que Bogdánov e companhia constituíam uma força poderosa.

Em 1910, antigos seguidores de Bogdánov – Aleksínski, Pokróvski e Viatcheslav Rudólfovitch Menjínski – se uniram em oposição ao marxismo cultural de Bogdánov e Lunatchárski e publicaram no *Vperiod* um artigo que rotulava de revisionista a teoria da "ciência e cultura proletárias". Pokróvski, cansado de debates contínuos e inúteis, abandonou o grupo do *Vperiod*. Em janeiro de 1911, Bogdánov fez o mesmo. Desacordos ideológicos e organizativos dispersaram toda a sua facção[98].

Os conflitos organizativos não ocultam as causas mais profundas da divisão entre as fileiras da facção bolchevique. Não importava quanto Lênin e Bogdánov discutissem, este desistiu do conflito por vontade própria, ao admitir-se incapaz de ajustar-se às lutas diárias na política do partido para a concretização de suas ideias filosóficas. Em vão, o círculo de Genebra apelou para que retornasse ao *Vperiod*, em março de 1912. A isso, Bogdánov respondeu:

> Ultimamente, fica para mim cada vez mais claro, e reforçado de maneira direta por minha experiência de trabalho, que a tarefa cultural revolucionária possui enorme importância. Resolvi dedicar-me a ela. Quando o momento for maduro, quando houver pessoas e meios, devotarei toda minha força a criar "a aliança da cultura socialista", que, presumo, não se transformará em facção do partido e não competirá com organizações políticas.[99]

Em 17 de janeiro de 1914, em carta aos editores da *Новая рабочая Газета/ Novaia Rabótchaia Gazeta* [Nova Gazeta dos Trabalhadores], Bogdánov escreveu que já não trataria de assuntos de política partidária, apenas de tarefas de "divulgação científica".

As extensas publicações de Bogdánov sobre Marx e tectologia acabaram sendo experiências ideológicas sem aplicações práticas. Não surpreende, portanto, que ele jamais tenha retornado à política partidária. Ao resumir suas opiniões quanto à

---

[98] Ao mesmo tempo, uma série de "bolcheviques de esquerda" – embora não sem tensões – foram colaboradores permanentes do *Pravda*, criado por Lênin em 1912, entre eles: Aleksínski, Vólski, Liadov, que só posteriormente foram acompanhados por Lunatchárski e Manuílski. Bogdánov escreveu uma série de artigos sobre o sistema taylorista para o mesmo jornal a partir do início de 1913. Questão totalmente diversa foi Lênin, após os acontecimentos de Cracóvia e Poronin, ter passado a tentar afastar Bogdánov do conselho editorial, com esforços que surtiram efeito no fim de 1913. John Biggart, "'Antilienínski bolchevizm'", cit., p. 18-9.

[99] Guennádi Arkádevitch Bordiúgov (org.), *Neizvestny Bogdánov*, cit., p. 23.

questão da "hegemonia cultural da classe operária", afirmou que a tarefa imediata com que deparavam os bolcheviques, até mesmo no período da autocracia, era criar uma *cultura proletária*, mais livre e criativa que a cultura burguesa. Não podia conceber o socialismo sem aquela emancipação cultural. Bogdánov se opunha à reaproximação de Lênin a Plekhánov, a partir do mesmo ponto de vista, temendo que aquilo não passasse de "oportunismo menchevique". Presume-se que o grupo Avante tenha sido criado explicitamente para impedir essa reaproximação[100].

Apesar das diferenças políticas e ideológicas, tanto Lênin quanto Bogdánov acreditavam na perspectiva de um levante armado revolucionário. Bogdánov atribuía papel mais importante a uma consciência de classe *puramente socialista*, enquanto Lênin tendia a enfatizar as implicações práticas e "técnicas das ideias anticapitalistas e antiautocráticas". Enquanto Bogdánov destacava a importância de uma perspectiva puramente socialista, centrada na cultura proletária, Lênin rejeitava a possibilidade de uma cultura proletária independente. Argumentava – mesmo após outubro de 1917 – que a tarefa primeira era a apropriação das conquistas "adequadas" da civilização burguesa. Sendo o objetivo eliminar a sociedade de classes, o proletariado, quando pudesse desenvolver sua autêntica cultura de classe, talvez já não existisse como tal. É por isso que, para Lênin, os argumentos "antipolíticos" de Bogdánov pareciam inúteis em vista das circunstâncias, independentemente de suas considerações teóricas.

Em julho de 1909, Bogdánov se dirigiu aos camaradas bolcheviques em nome dos camaradas que haviam sido removidos do quadro editorial mais amplo do *Prolietári*. Expressou pesar quanto ao fato de que "não tenha evoluído um núcleo suficientemente forte e influente no proletariado, capaz de assimilar por completo a educação socialista e transmitir a consciência maior em cada ação vivida pelas massas operárias"[101]. Essa tese se encontrava na conclusão organizativa de Bogdánov: "Devemos elaborar um novo tipo de escola do partido, capaz de proporcionar educação partidária aos operários [...] e contribuir com líderes conscientes e confiáveis em todos os aspectos da luta proletária".

Em "Отчет товарищам большевикам устраненных членов расширенной редакции Пролетария"/ "Otchiet tovarischam bolshevíkam ustranénnikh tchlenov rachirrennoi redaktsi *Proletária*" [Relatório aos camaradas bolcheviques em nome dos membros expulsos do conselho editorial amplo do *Prolietári*], publicado em 3 de julho de 1909, Bogdánov escreveu: "O movimento das massas tinha de ser mantido no estrito rumo revolucionário"[102]. Aplicou-

---

[100] Ibidem, p. 16-7.
[101] Ibidem, p. 175.
[102] Ibidem, p. 21, doc. "Report to the Bolshevik Comrades on Behalf of the Expelled Members of the Expanded Editorial Board of the *Proletary*", 3 jul. 1909, p. 177-90. Da perspectiva a

-se a uma análise do "fenômeno Lênin" em várias ocasiões subsequentes. Em carta endereçada ao círculo de Genebra do Avante, datada de junho de 1912, expressava decepção por Lênin utilizar lemas da revolução, como faria um político (república democrática, confisco etc.), para "incrementar sua própria reputação revolucionária, mesmo que eu não tenha nenhuma dúvida de que os candidatos de Lênin [para a Duma] mantiveram os lemas em seus bolsos durante toda a campanha". Afirmava que os apoiadores do Avante faziam o mesmo, mas sem entender de fato o problema: "Em toda parte, a campanha eleitoral [...] é conduzida de maneira puramente menchevique". Nessa carta, Bogdánov empregava o termo *política* com total desprezo, sugerindo a pior mácula possível à pureza revolucionária[103].

Em carta de 11 de dezembro de 1912, Bogdánov expressava a crença de que, precisamente por causa daquela desprezada "politicagem", os intelectuais social-democratas na Rússia "se uniriam aos leninistas" de modo inevitável. "É inútil até mesmo mencionar o 'radicalismo' da massa geral de nossos intelectuais social-democratas. Não, isso não é pessimismo." Descrevia como oportunista tal rendição da social-democracia à política, "dominação dos modos de pensamento burgueses sobre a experiência proletária, dos meios burgueses de luta política sobre a defesa dos interesses proletários"[104]. Seu motivo declarado para se retirar do Avante foi não desejar "desperdiçar inutilmente suas energias". Além disso, não era ingênuo a ponto de acreditar que pudesse expressar livremente suas ideias. Rejeitava a ideia de trabalho conjunto, pois o grupo havia "irrevogavelmente abandonado o programa do Avante, de modo que o programa do grupo apoia-se por completo em intriga diplomática, primeiro com Plekhánov, depois com Trótski e, ainda, com os mencheviques"[105].

Em carta datada de 9 de junho de 1913, criticou a fusão de "vperiodistas e leninistas de esquerda":

> Por leninismo, não defino relações pessoais com Lênin, mas a ideia geral de política e métodos políticos que ele representa melhor que ninguém. Para o

---

que haviam chegado em 1909, já se podia conceber a participação nas eleições da Duma, embora rejeitassem isso como a principal frente de batalha. "Na conferência de julho de 1907, dos dez líderes bolcheviques, apenas Lênin assumiu uma posição favorável à participação na Duma." Em oposição ao boicote da Terceira Duma, Lênin publicou um longo estudo no fim de julho de 1907, *Против бойкота (из заметок с.-д. публициста)/ Prótiv boikota (iz zametok s.-d. publitsista)* [Contra o boicote (notas de um publicista social-democrata)]. Ver LCW, cit., v. 13, p. 15-49.

[103] Guennádi Arkádevitch Bordiúgov (org.), *Neizvestny Bogdánov*, cit., p. 218-20.

[104] Ibidem, p. 223-4, doc. 42, "Письмо"/ "Pismo" [Carta], 1º dez. 1912.

[105] Ibidem, p. 225.

vperiodista, a política da social-democracia expressa o processo organizativo que ocorre na classe operária. Para o leninista, mesmo os mais à esquerda (como estão muitos otzovistas), política é uma profissão separada, independente, sujeitas às próprias regras, capaz de evoluir de forma mais ou menos independente dos processos gerais de organização de classe. Para o vperiodista, [política é] um elemento da cultura revolucionária, que evoluiu mais cedo e mais amplamente que outros aspectos da cultura, dependendo das circunstâncias históricas. Para o vperiodista, política e seu significado são sempre medidos pela classe. [...] Para o leninista, política é fazer política, o que pode encontrar sucesso no nível do grupo, do círculo ou, até mesmo, do indivíduo; a arte da política é como a arte do bom enxadrista: coloca-se a peça certa no lugar certo, no momento certo, para que se vença a partida.[106]

Bogdánov fundamentava assim seu ataque à reaproximação entre Lênin e Plekhánov, apesar de ambos se distanciarem tanto da ala esquerda quanto da direita. Bogdánov preferiria que os vperiodistas rompessem com os leninistas de esquerda com base na incompatibilidade das duas correntes[107].

Há uma contradição peculiar na linha de raciocínio de Bogdánov. Ao mesmo tempo que rejeitava a "política como profissão", não mencionava a política abaixo do nível de classe, a política daqueles indivíduos no lado técnico e organizativo do movimento, que faziam dela profissão. Também não mencionava o problema daqueles que viam a política como ele, os que "desistiram" da revolução como prática na luta diária (que na época incluía levantes armados).

De que vale, então, afastar-se da "política suja", se, durante os preparativos especializados e profissionais para uma revolução ou um levante, os revolucionários não podem rejeitar as instituições de política de massa, incluindo o parlamento? Como rejeitar os mecanismos internos favoráveis, se são essenciais à realização do levante armado? Na condição de fundador da "ciência organizativa", parece estranho que Bogdánov não se perguntasse como pode o bolchevismo obter sucesso na Rússia hoje, se os operários não puderem estabelecer ligações cotidianas com a realidade, transições entre instintos, interesses e metas socialistas de longo prazo, a não ser em escolas do partido ou reuniões. Foram precisamente as conquistas organizativas dos leninistas que chamaram atenção para os problemas inevitáveis.

O conceito de Bogdánov da relação entre teoria e prática lembra-nos necessariamente do que Lukács dizia da "identidade entre objeto e sujeito, ou 'consciência imposta de classe', que ocorre apenas em momentos históricos específicos,

---

[106] Ibidem, p. 231-2.
[107] Ibidem, p. 231-3.

durante os breves períodos de revolução"*. Lukács aceitava conscientemente interpretações unilaterais, em favor da ação. Isso derivava da opinião de que a vanguarda tem o direito, na política burguesa, de agir em nome do proletariado. Depois, a revolução tomaria conta das coisas.

Em outras palavras, o problema real não era a aceitação da especialização nem a participação na política burguesa, mas a contradição – descrita de maneira quase inadvertida – que viria a mostrar-se quase insolúvel: a dominação dos especialistas sobre o aparato do movimento como um todo. À luz disso, nem *Materialismo e empiriocriticismo* de Lênin nem a filosofia de Bogdánov contribuíram para o desenvolvimento da teoria e da política marxistas.

Em 1912, os mencheviques levantaram a questão do porquê da organização política de Lênin, e dos bolcheviques a ele alinhados, ter prevalecido em São Petersburgo, capital da Rússia. Apenas mais tarde Mártov entendeu por que Lênin e seus seguidores foram capazes de controlar muitas das estruturas e organizações da social-democracia[108]. Em 1912, os eleitores operários da Duma elegeram seis bolcheviques e nem um único menchevique. Tempos depois, Mártov observou, em carta a Potréssov, que a derrota dos mencheviques nas eleições para as "cortes dos operários [...] demonstra mais uma vez que os mencheviques tardaram em se dar conta da ameaça leninista e superestimaram seu declínio temporário"[109]. Além do *Pravda*, 29 mil exemplares do jornal bolchevique Звезда/ *Zvezdá* [Estrela] foram impressos em abril de 1912. Os mencheviques puderam apenas manter o semanário *Живое Дело/ Jívoie Dielo* [Causa Viva], embora em maio tenham tornado diário o *Невский Голос/ Niévski Golos* [Voz do Neva]. O *Pravda* vendeu duas vezes o número de exemplares do jornal menchevique, entre 1913 e 1914.

A série de derrotas mencheviques continuou em 1913 durante as eleições do sindicato dos metalúrgicos em São Petersburgo, quando mais uma vez os bolcheviques tiveram maioria. Pode-se entender o sucesso dos bolcheviques não por causa das conquistas organizativas mencionadas por Mártov, mas porque os bolcheviques procuravam conectar as exigências de curto prazo – e até mesmo cotidianas – dos operários à perspectiva da "ditadura do proletariado". Seu

---

\* Ver György Lukács, *Geschichte und Klassenbewußtsein: Studien über marxistische Dialektik* (Berlim, Der Malik, 1923) [ed. bras.: *História e consciência de classe: estudos de dialética marxista* (trad. Rodnei Nascimento, São Paulo, WMF Martins Fontes, 2003). (N. E.)

[108] Quando os bolcheviques, liderados por Manuílski, romperam com os mencheviques na Duma (essa independência de ação era exatamente o que Lênin havia almejado), o grupo de Mártov recorreu à Internacional, para que ela os reunificasse com os bolcheviques. Ver Israel Getzler, *Martov. A Political Biography of a Russian Social Democrat* (Cambridge/Melbourne, Cambridge University Press/Melbourne University Press, 1967), p. 137.

[109] Para mais detalhes, ver ibidem, p. 134-5.

RECONSTRUINDO LÊNIN    193

sucesso residia na habilidade de interligar "trabalho de massa" dentro da lei e organização clandestina.

Uma renovada sublevação do movimento operário foi interrompida pela explosão da Grande Guerra e pela onda nacionalista, o que, a partir de 1916, "reabilitou" o bolchevismo de Lênin. A Revolução de Fevereiro de 1917, a análise de suas consequências e a justificação histórica e empírica do pensamento organizativo de Lênin coadunaram-se na Revolução de Outubro. Os "clubes de debates intelectuais" de Bogdánov não desempenharam nenhum papel histórico justamente quando a situação histórica parecia ser mais favorável a eles[110].

**O fim da "redenção ideológica"**

Quando ocorreu a "ruptura do partido" de 1903, Trótski entrou imediatamente em ação para "reunificá-lo"[111]. A tentativa fracassou, apesar de seus esforços e de todos pretenderem permanecer unidos. Talvez Lênin tenha sido o primeiro a perceber que o Partido Operário Social-Democrata Russo não poderia ser reconstituído em sua forma original. Em 1908, Trótski criou seu "jornal dos operários", o *Pravda*, órgão da União (*Spilka*) ucraniana. O diário era tão bem editado que Lênin, "invejoso" de seu sucesso, decidiu dar ao jornal bolchevique o mesmo nome. Trótski, pressentindo uma importante peculiaridade da evolução social-democrata na Rússia – a saber, seu caráter intelectual e a predominância de intelectuais entre seus líderes –, anunciou que "os trabalhadores tinham de assumir o controle total de seu partido", pois "os representantes dos operários nos sovietes e, em especial, nos sindicatos trabalhistas haviam adquirido experiência inestimável em estrutura organizativa e autogoverno"[112]. Depois, no mesmo jornal, publicou-se que a "disputa entre mencheviques e bolcheviques, sem falar do rompimento, é incompreensível para as massas"[113].

É óbvio que Lênin desejaria reconciliar as várias tendências somente se o poder decisório, a iniciativa, permanecesse com ele. Deve-se notar que, durante

---

[110] Por meio dos artigos que Bogdánov publicou na *Новая Жизнь/ Nóvaia Jizn* [Nova Vida] ao longo de janeiro de 1918, sua avaliação a respeito da Revolução de Outubro fica claramente delineada. Neles, postula que deveria ter sido a Assembleia Constituinte, e não os sovietes, a realizar a criação das instituições políticas da Rússia. Ver John Biggart, "'Antilieninski bolchevizm'", cit., p. 24.

[111] Trótski, que, para começar (e para dissabor de Lênin), se juntou aos mencheviques, foi "acusado" já em 1904 de querer aplacar os grupos em disputa – o que o ofendeu, conforme registrado em carta a Mártov. Ademais, foi posto sob suspeita de querer criar um terceiro partido. Ver os arquivos do Hoover Institution, coleção Boris Nikolaiévski, caixa 1, n. 17, p. 51-9, item 3-4.

[112] *Pravda*, n. 1, 3 (16) out. 1908, p. 1.

[113] *Pravda*, n. 2, 17 (30) dez. 1908, p. 10.

aqueles debates, Lênin recebeu apoio político e literário significativo, em especial de Kámenev e Zinóviev (não podemos dar espaço aqui às análises deles)[114]. Trótski via Lênin no contexto dos objetivos "ditatoriais" e das motivações pessoais deste – e assim interpretou a conferência do partido ocorrida em janeiro de 1912. Foi nela que se formou o primeiro Comitê Central Bolchevique, que Trótski considerava o passo inicial para criar um partido "de cima para baixo". Referiu-se a isso como "ruptura do partido" no registro da conferência de agosto de 1912 organizada por ele (que se mostrou um fracasso total)[115].

Em março de 1912, o *Pravda* de Trótski anunciou a criação do "Comitê de Organização do POSDR", que serviria de ponto de convergência a todas as formações social-democratas viáveis[116]. Identificava a facção de Lênin como um dos grupos que constituíam obstáculo à unificação, pois Lênin convocara, para

---

[114] Ver, por exemplo, Grigóri Zinóviev, "Борьба за большевизм из эпохи Звезды и Правды (1913-1914)"/ "Borba za bolchevizm iz épokhi *Zvezdi* i *Právdi* (1913-1914)", em *Сочинения/ Sotchinénia* [Obras] (Leningrado, Gossudárstvennoie Izdátelstvo, 1926), v. 4; consultar ainda o v. 3 (Leningrado, Gossudárstvennoie Izdátelstvo, 1924).

[115] Ver os arquivos do Hoover Institution, coleção Boris Nikolaiévski, caixa 1, n. 17. O conselho da facção "pró-partido" (plekhanovistas) entre os mencheviques e os vperiodistas, em dezembro de 1911, recorreram ao conselho editorial do *Pravda* vienense, encabeçado por Trótski, para debater a proposta de uma possível união entre todos os blocos e as tendências do partido. Adolf Ioffe, secretário do escritório do *Pravda* sob Trótski, acolheu a proposta como uma grande causa. Mais tarde, o grupo Avante apoiou o Comitê de Organização formado pelos mencheviques, pelo Comitê Central do Partido Social-Democrata da Letônia, pelo *Pravda* de Trótski e por representantes do Bund, mas por fim enviou um único representante à conferência, G. Aleksínski, e somente com direito consultivo, pois o desempenho de Trótski não havia sido verificado. Nem sequer um único grupo central da Rússia enviou delegados. Mesmo Aleksínski não podia aceitar que uma "Conferência do POSDR" havia sido convocada e de fato abandonou a conferência em agosto antes de seu término, pois não queria assumir responsabilidade política pelo evento. Ver John Biggart, "Antilieninski bolchevizm'", p. 256.

[116] Um aspecto típico nesse contexto é que a iniciativa de Trótski pela unificação, o chamado Bloco de Agosto de 1912, foi rejeitada até pelos mais ávidos adeptos da unificação do partido, com a justificativa de que isso iria contra a própria *unidade partidária* (concebida). Além do mais, "Mark" (Liubímov) – convidado e representante do jornal chamado *За Партию/ Za Pártiu* [Pelo Partido], que apoiava a conferência – escreveu uma carta a S. Semkóvski, de 31 de agosto de 1912, que já capturava a essência do problema: "Sob tais condições [por exemplo, nem todas as alas estavam representadas no corpo organizacional], sua conferência, no limite, não é uma conferência do partido, muito menos uma conferência de todo o partido, mas somente mais um passo, organizacionalmente falando, no caminho da cisão iniciada por Lênin, seja qual for a extensão do discurso do Comitê de Organização sobre seus desejos de unificar o partido. O conselho editorial do *Za Pártiu* não deseja participar de nenhum experimento que divida o partido". Ver os arquivos do Hoover Institution, coleção Boris Nikolaiévski, n. 119.

janeiro, uma reunião de sua própria facção[117]. Já naquela altura era impossível estar acima das facções. Havia tantas correntes, dos vperiodistas aos liquidacionistas, que se apresentavam pelo menos três partidos em potencial. No "boletim" da conferência, Trótski escreveu o seguinte: "O Comitê Central desmoronou com o impacto de discussões internas, o grupo leninista desfraldou a bandeira de 'dois partidos' e mobilizou os elementos mais dissensuais e intransigentes da facção bolchevista sob tal bandeira"[118]. Trótski reconhecia não ter deixado para trás nenhum resquício de realização organizativa, ao passo que a conferência de Lênin, que parecera tão inconsequente, viria a se tornar histórica. Isso ficou claro cinco anos depois, quando até mesmo Trótski uniu forças com Lênin, diferentemente da maioria dos líderes mencheviques, que nunca foram além do mote de uma república democrática burguesa.

Para Lênin, a mais importante das atividades clandestinas era a preservação de uma organização clandestina, cuja meta política seria administrar a "transição" à revolução democrática e proletária. O partido clandestino (ou melhor, seu núcleo) tornava-se um ponto de cristalização do movimento operário russo, que, por fim, integraria as tendências revolucionárias em uma organização maior quando o regime vigente sofresse uma crise e entrasse em colapso. Em agosto de 1917, a organização clandestina provisória "encontrou seu caminho" até o partido bolchevique; isso significou, pelo menos de forma simbólica, um novo partido de massas, nascido da revolução.

Não obstante, a verdadeira crítica prática da concepção partidária de Lênin e dos bolcheviques foi a explosão revolucionária europeia. Mais tarde, os revolucionários – Lênin entre eles, é claro – notariam, desapontados, que a radicalização do proletariado europeu ocidental não havia acontecido ou acontecera apenas parcialmente. Não bastava suscitar a revolução. De acordo com o jovem Lukács, em *História e consciência de classe*, as "razões da *surpreendente crise ideológica*" do proletariado são o menchevismo da classe operária, seu "economicismo", o papel dos "operários-aristocratas" e seu "aburguesamento". Isso não atingia suficientemente a "raiz do problema". Ciente dos limites da "espontaneidade revolucionária", Lukács encontrou a solução no Partido Comunista, no incremento do "papel decisivo" da organização leninista[119].

---

[117] *Pravda*, n. 24, 14 (27) mar. 1912, p. 1.

[118] Ver o documento do Comitê de Organização (Организационного Комитета/ Organizatsionnogo komiteta), *Извещение о конференции организации РСДРП/ Izveschiénie o konferiéntsi organizátsi RSDRP* [Relatório da conferência de organização do POSDR], 3 set. 1912, p. 16.

[119] György Lukács, *History and Class Consciousness* (trad. Rodney Livingstone, Cambridge-MA, MIT Press, 1971), p. 284-5 [ed. bras.: *História e consciência de classe*, cit.]; grifos do original.

Entre 1902 e 1922, o problema básico, em vários aspectos, era a extensão possível do "papel formador de decisões" do partido. O problema ficou claro apenas em anos posteriores, após o período stalinista, quando o velho Lukács procurou o "ponto débil" de Lênin (bem como os de sua posição anterior)[120]. O velho Lukács, em contraste com o jovem, não localizou o problema básico no atraso da "ideologia proletária", mas no caráter mutável da economia capitalista e em seu impacto sobre mentalidade e consciência.

> [...] essa generosa concepção de Lênin, que trazia Marx para o presente de maneira realmente revolucionária [...] *se concentra muito exclusiva e incondicionalmente na transformação da ideologia*, e por isso não orienta esta última de modo concreto o bastante para a mudança do objeto a ser transformado, isto é, a economia capitalista.[121]

Ainda não desvelamos as origens econômicas da consciência sindical trabalhista nem da consciência política do proletariado como classe revolucionária. A natureza histórica e econômica da diferença entre ambas permanece oculta, na maior parte. Aparentemente, a "redenção ideológica" seria a própria revolução. No entanto, o fracasso da revolução europeia em materializar-se e o isolamento da Revolução Russa levaram a "redenção ideológica" dos operários a uma nova posição histórica.

---

[120] Idem, *Prolegômenos para uma ontologia do ser social* (trad. Lya Luft e Rodnei Antônio do Nascimento, São Paulo, Boitempo, 2010), p. 287.

[121] Idem; grifos da edição húngara.

*A revolução social não pode ocorrer senão na forma de uma época que combine a guerra civil do proletariado contra a burguesia nos países avançados com toda uma série de movimentos democráticos e revolucionários, incluindo os de libertação nacional, nas nações não desenvolvidas, atrasadas e oprimidas.*
*Por quê? Porque o capitalismo se desenvolve de maneira desigual, e a realidade objetiva nos mostra, ao lado de nações capitalistas altamente desenvolvidas, toda uma série de nações muito fracamente desenvolvidas ou completamente não desenvolvidas no plano econômico.*

Vladímir Ilitch Uliánov Lênin*

---

\* *Sobre uma caricatura do marxismo e sobre o "economismo imperialista"*, OE6T, cit., t. 3, p. 40.

# 4

# A GUERRA E A QUESTÃO NACIONAL

## Desintegração e dialética

Após 1907, Lênin aprendeu uma lição prática com o fracasso total da Revolução de 1905: o regime autocrático só se abalaria por meios *revolucionários*. A revolução como possibilidade permeava as bases que ele lançou em sua teoria econômica destinada *ao fim, à "desintegração" do capitalismo*. No entanto, essa teoria, que parece bastante determinista à primeira vista, foi formulada no mais alto nível científico possível no famoso livro de Rosa Luxemburgo, *A acumulação do capital* (1913). Uma das noções subjacentes é a de que a acumulação e a expansão global do capital encontram obstáculos em decorrência da redução no número de economias ainda não capitalizadas no mundo. Como resultado, todo o sistema se torna insustentável e desmorona. Luxemburgo presume que, durante o processo de desintegração, o "proletariado revolucionário" reconhecerá os próprios interesses instintiva e espontaneamente, e estes se expressarão em uma ressurreição de solidariedade internacionalista e revolução.

Sem dúvida, a Primeira Guerra Mundial impôs urgência ao problema, independentemente de quão equivocada estivesse a tese teórica inicial, pois a desintegração foi experiência diária durante a guerra. Luxemburgo havia se ocupado do problema em debate anterior com Bernstein, ao exagerar a teoria da crise de Marx. Ela encontrou uma "solução" para a correspondência entre desenvolvimento do sistema de crédito capitalista e crise na inevitável destruição do próprio capitalismo: "O crédito reproduz todos os antagonismos fundamentais do mundo capitalista. Acentua-os. Precipita-lhes o desenvolvimento e, assim, empurra o mundo capitalista à própria destruição"[1]. No entanto, Luxemburgo

---

[1] Rosa Luxemburgo, *The Essential Rosa Luxemburg* (Chicago, Haymarket, 2008), p. 49. [ed. al.: *Gesammelte Werke* (Berlim, Dietz, 1970), v. 1, p. 380]. Sobre o assunto, ver também a

## 200 TAMÁS KRAUSZ

subestimou a percepção de Bernstein de que o capitalista que está acima de todos, o próprio Estado, poderia ao menos mitigar a crise.

Desde o princípio, Lênin esteve em desacordo com o modo como Luxemburgo concebia a desintegração. Em janeiro de 1913, antes de ler o livro dela, enviou um pedido ao editor do *Bremer Bürger-Zeitung* para que lhe mandasse, em Cracóvia, uma cópia da resenha do livro. Prosseguiu expressando seu contentamento com o ponto de vista do jornal quanto à questão de as partes não capitalistas do mundo necessariamente gerarem mais-valor[2].

Anos depois, no começo da década de 1920, os círculos marxistas ainda se dedicavam ao debate a respeito da existência ou não do ponto de desenvolvimento para além do qual o capitalismo inevitável e automaticamente desmoronaria[3]. Muitos concordavam com Luxemburgo ao crer que as perspectivas da acumulação de capital se explicariam pela expansão imperialista e por suas restrições. Essa proposição teórica se manifestava na noção política de que, uma vez finda a expansão, haveria menos oportunidades de acumulação, e forças opostas ao sistema surgiriam espontaneamente no mundo inteiro. Em contraste, a teoria do imperialismo segundo Lênin afirmava que a acumulação de capital não conhecia limites, pois o capital sempre criava as condições para um novo ciclo de acumulação, graças a sua própria natureza destrutiva (guerras, transformações tecnológicas etc.).

Aqueles que aceitavam a teoria da acumulação de Luxemburgo e contavam com a inevitável desintegração do sistema capitalista pareciam subestimar o papel da *organização* e de seu elemento imanente, a *consciência de classe*. Até mesmo o panfleto *Lênin* (1924), de György Lukács, apoiava-se na teoria da desintegração do capitalismo. Lênin, no entanto, falava em "derrubada" do capitalismo, não em desintegração, enfatizando, assim, o elemento ativo e consciente do processo[4]. Baseava sua teoria do imperialismo na *consciência de classe* mais concreta

---

análise de Géza Ripp, muito anterior à presente, *Imperializmus és reformizmus* [Imperialismo e reformismo] (Budapeste, Kossuth, 1982), p. 46-56.

[2] "Fico muito feliz de ver que, sobre o ponto central, você chega à mesma conclusão a que cheguei na polêmica com Túgan-Baranóvski e *Volkstümler* [os *naródniki*] catorze anos atrás – a saber, de que a realização do mais-valor também é possível em uma sociedade 'puramente capitalista'." *Lenin Collected Works* (Moscou, Progress, 1960-1970, 45 v.), v. 43, p. 332-3.

[3] Ver debates contemporâneos em, por exemplo, I. A. Pilétski, *Две теории империализма: Марксистская легенда и Возврат к Марксу/ Dve teori imperializma: Marksistskaia leguenda i Vozvrat k Marksu* [Duas teorias do imperialismo: a legenda marxista e o retorno a Marx] (Kharkiv, Kooperatívnoie izd-vo Proletári, 1924); e também o comentário de P. Aleksándrov sobre essa obra no *большевик/ Bolshevik* [Bolchevique], n. 1, 1924, p. 15-6.

[4] Nesse sentido, a ênfase não é nem em "derrubar", mas em tomar de assalto, visto que há tantas formas de derrubada imagináveis quanto há formas historicamente específicas de

Reconstruindo Lênin    201

e essencial, algo que resultaria das novas características do desenvolvimento capitalista e da organização superior de seu funcionamento. Isso serve apenas para aprofundar a compreensão de por que, durante a época imperialista, toda a questão do "oportunismo" desembocou no tema da "consciência revolucionária"[5].

A pesquisa e a obra teórica de Lênin sobre o problema da organização permaneceram, em certo sentido, "livrescas", limitadas ao academicismo, até a Revolução de 1905 – na visão de alguns autores, até 1917[6]. De fato, a relevância prática de seu marxismo "obsoletamente livresco" viu-se justificada durante a primeira Revolução Russa e a subsequente guerra mundial e provou seu real valor apenas mais tarde.

A Revolução de 1905 transformou o pensamento e as ações de Lênin, principalmente pelo fato de ele ter entrado em contato imediato com verdadeiros operários e com o movimento de massas. Embora seus escritos do período ainda demonstrem excessos de minúcia teórica ao discutir questões objetivas – por exemplo, seu modelo baseado na "ditadura democrática operário-camponesa do proletariado" –, ele foi um dos primeiros a reagir à eclosão da guerra em 1914[7]. Desse modo, seu marxismo "de antiquário" serviria como pré-requisito para a

---

desenvolvimento nacional-regional. Posteriormente, Gramsci deu a esse problema uma forma concreta. Ver Antonio Gramsci, *Selections from the "Prison Notebooks"* (trad. Quintin Hoare e Geoffrey Nowell Smith, Londres, ElecBook, 1999), p. 185-6 [ed. bras.: *Cadernos do cárcere*, trad. Carlos Nelson Coutinho, Rio de Janeiro Civilização Brasileira, 6 v., 1999-2002].

[5]    Com base em Lênin, András György Szabó chegou às seguintes conclusões a respeito da teoria de Luxemburgo: "A ação efetiva da teoria e da organização revolucionárias é, nesse caso, em última instância, trazida à tona pelo automatismo espontâneo do desenvolvimento capitalista, e o ato de tomada de consciência entra em cena como um *deus ex machina* para transformar as necessidades econômicas latentes nas relações espontâneas em liberdade da ação consciente [...] o proletariado [...] não deveria esperar que o momento revolucionário emerja *apenas* das crises do sistema capitalista, pois o momento revolucionário postula não só que os 'de cima' não podem mais viver da mesma forma que antes, mas também que os 'de baixo' não o *querem*". András György Szabó, *A proletárforradalom világnézete: A filozófia bírálata* [Uma visão global da revolução proletária: crítica filosófica] (Budapeste, Magvető, 1977), p. 173 e 316-7.

[6]    Neil Harding, *Leninism* (Londres, Macmillan, 1996), p. 51. Como um dos intérpretes do legado teórico de Lênin assinalou: "Até 1917 ele não provocou nenhum impacto real sobre a configuração geral do socialismo europeu. Sua voz era a de um doutrinário fora de moda. Seu marxismo era acadêmico e, precisamente *porque* derivava de uma leitura rigorosa dos textos clássicos, remetia a tempos e temas em larga medida esquecidos pelos socialistas europeus".

[7]    As obras mais "bem-sucedidas" da historiografia contemporânea também confirmam que a Primeira Guerra Mundial teve importância decisiva para a deflagração da revolução. Essa verdade aparentemente evidente é documentada com base nos eventos na região do rio Don por Peter Holquist, em *Making War, Forging Revolution: Russia's Continuum of Crisis 1914-1921* (Cambridge-MA, Harvard University Press, 2002).

## 202  TAMÁS KRAUSZ

ascensão dos bolcheviques à liderança durante a segunda Revolução Russa, em 1917-1918.

Nos anos anteriores e posteriores à guerra, Lênin escreveu análises excelentes dos novos traços do desenvolvimento capitalista. Após sua morte, os responsáveis pelo legado de Lênin trabalharam durante décadas para categorizar seus papéis por áreas de especialidade e sistematizar um arquivo com seus escritos de acordo com suas inflexões políticas[8], incluindo aqueles anos que não fizeram parte de sua guinada hegeliana. O período por ela inaugurado começou com as anotações que ele fez enquanto lia *Ciência da lógica*, de Hegel, em 1914-1915[9].

Independentemente da importância atribuída a tal guinada, sua qualidade, sua profundidade e até sua própria existência ainda são temas de debate entre marxistas e não marxistas. Pode-se dizer que ela amadureceu ao longo de vários anos de desdobramentos políticos globais, e de desenvolvimento da social-democracia – os quais incluíram a carreira política e intelectual de Lênin – e encontrou expressão, de forma concentrada, durante a Primeira Guerra Mundial. Embora periodizações artificiais da obra e dos feitos de Lênin possam ser consideradas perda de tempo, não restam dúvidas de que ele foi o primeiro a reconhecer a importância prática da *metodologia* na herança teórica marxista e a conscientemente colocá-la a serviço da ação aplicada[10].

---

[8]  Embora o cânone marxista-leninista soviético sustentasse como evidente a realização da "unidade entre teoria e prática" na trajetória de Lênin, um exame efetivo da questão nunca foi realizado. O motivo básico para esse "hiato" nos estudos (além da falta de materiais importantes nas fontes de arquivo) foi o retrato de Lênin como um herói histórico solitário, que moldara a história e sua interpretação sozinho, por assim dizer, com sua "infalibilidade".

[9]  Vladímir Ilitch Lênin, "Конспект книги Гегеля: Наука Логики"/ "Konspekt knigui Gueguélia: Naúka Loguiki" (1914), publicado integralmente pela primeira vez em *Ленинский Сборник/ Lienínski Sbórnik* [Coletânea *Lênin*] (Moscou, Sotseguiz, 1931), v. 9, p. 300 [ed. bras.: "Conspecto do livro de Hegel *A ciência da lógica*", em *Cadernos filosóficos*, trad. Edições Avante! e Paula Almeida, São Paulo, Boitempo, no prelo]. Foi nessa época que ele releu muitas obras de Aristóteles, Kant, Clausewitz e Plekhánov.

[10]  Até mesmo a instigante obra de Neil Harding trabalha com delimitações intelectuais rígidas demais ao estruturar a obra de Lênin, embora certamente esteja correto quando afirma que Lênin foi o primeiro a introduzir a metodologia de Marx no pensamento e na ação socialistas. Ver Neil Harding, *Leninism* (Durham-NC, Duke University Press, 1996), p. 14. Ademais, isso está documentado pelo muito citado artigo de Lênin sobre Marx para o *Энциклопедический словарь Гранат/ Entsiklopéditcheski slovar Granat* [Dicionário enciclopédico Granat] (org. Aleksandr e Ignáti Granat, Moscou, 1910-1948, 58 v.). Esse estudo, escrito entre julho e novembro de 1914, atribui importância fundamental a toda a questão do método dialético. Ver *Karl Marx (Breve nota biográfica com uma exposição do marxismo)*, em OE6T, cit., v. 2, p. 177-207. O assunto também foi explorado com rigor por estudos acadêmicos recentes, como em Kevin B. Anderson, "The Rediscovery and Persistence of the Dialectic in Philosophy and

Haja vista que a irrupção da Primeira Guerra Mundial trouxe à superfície o bernsteinismo amplamente aceito e antimarxista e levou a sua expansão dentro da Internacional, uma mudança na social-democracia certamente aconteceu. Foi algo que Lênin identificou e denunciou ainda em estágio bastante inicial, revelando, ao mesmo tempo, a estratégia política não revolucionária e a visão de mundo evolucionista de seu "ídolo" alemão, Karl Kautsky.

No caso de Kautsky, Lênin se dispunha, em geral, a fazer vista grossa. Em primeiro lugar, não desejava ingressar em debates políticos de escala internacional, pois, para uma série de questões, a autoridade de Kautsky seria vantajosa aos bolcheviques. Em segundo lugar, ainda não reconhecia os próprios aliados na Internacional, embora as críticas de Rosa Luxemburgo, Karl Rádek e Anton Pannekoek a respeito de Kautsky precedessem as dele, como Lênin apontou depois em *O Estado e a revolução*[11]. A atitude de Kautsky quanto à guerra ofereceu a Lênin uma imagem clara de como o papa da social-democracia encontrava-se perdido para a causa da política revolucionária. Isso tornou inevitável o embate com Kautsky.

O confronto com o bernsteinismo e a decadência oportunista da Internacional foram inspirados pela "redescoberta" de Hegel por Lênin[12]. Suas anotações mostram que o afastamento em relação ao marxismo, sob a forma de bernsteinismo, estava filosoficamente interligado à mudança de direção kantiana/neokantiana do final do século[13]. Sua reabilitação de Hegel, no entanto, fazia parte de um afastamento em relação à Segunda Internacional rumo ao ímpeto revolucionário. A leitura de Hegel feita por Lênin, alinhada à nova situação, se

---

in World Politics", e Stathis Kouvelakis, "Lenin as Reader of Hegel: Hypotheses for a Reading of Lenin's Notebooks on Hegel's *The Science of Logic*", ambos em Sebastian Budgen, Stathis Kouvelakis e Slavoj Žižek (orgs.), *Lenin Reloaded: Toward a Politics of Truth* (Durham-NC/ Londres, Duke University Press, 2007), p. 120-204.

[11] Sobre isso, ver Tibor Hajdu, *Közép-Európa forradalma 1917-1921* [A revolução da Europa Central 1917-1921] (Budapeste, Gondolat, 1989); e Robert Service, *Lenin: A Political Life*, v. 2: *Worlds in Collision* (Londres, Macmillan, 1991), p. 219-20.

[12] Para o mais recente conspecto escrito por um dos velhos representantes da ideia de "descoberta", ver Kevin B. Anderson, "The Rediscovery and Persistence of the Dialectic in Philosophy and in World Politics", cit., p. 120-47. O conceito de "descoberta" talvez tenha aparecido pela primeira vez no estudo de Henri Lefebvre, *La Pensée de Lénine* (Paris, Bordas, 1957, col. Pour Connaître), p. 138. Os bolcheviques já disputavam, após a morte de Lênin, a importância da dialética em sua obra. Para mais, ver Tamás Krausz e Miklós Mesterházi, *Mű és történelem*: *Viták Lukács György műveiről a húszas években* [A palavra escrita e a história: controvérsias acerca da obra de Lukács nos anos 1920] (Budapeste, Gondolat, 1985), em especial o capítulo "A lenini hagyatékról" [Sobre o legado de Lênin], p. 101-29.

[13] Lênin reconheceu plenamente as raízes filosóficas neokantianas dessa nova tendência e o lema da "volta a Kant", conforme documenta farta série de notas nos célebres *Cadernos filosóficos*, cit. Ver, por exemplo, seus comentários sobre os escritos filosóficos de J. Dietzgen.

baseava na "dinamização" teórica e política de Marx em favor do embasamento dialético das conclusões revolucionárias. O debate entre Lênin e Plekhánov fez parte do mesmo processo. A influência da crítica de Plekhánov ao idealismo de Hegel instituiu uma desvalorização do significado da dialética, a qual seria um "materialismo burguês ('mecanicista', 'contemplativo')", e esse pode ter sido um elo filosófico entre Bernstein e Plekhánov.

Embora muito do que foi apresentado até aqui mal tenha sido discutido na União Soviética, durante décadas Lênin foi retratado como um pensador em constante evolução, como alguém que, em unidade com a história, e vice-versa, jamais foi "surpreendido" por ela. Apenas no rescaldo de 1968 surgiu uma imagem mais matizada de Lênin, principalmente na Europa ocidental, embora estivesse enquadrada, de maneira contraditória, em uma nova abordagem reducionista[14]. Muito mais tarde, antes e depois da mudança de regime na Europa oriental, um dos referenciais interpretativos do feito teórico de Lênin foi determinado pela oposição "de-hegelianização *versus* hegelianização".

Outro retrato seu, posterior à mudança de regime, apresenta um político puramente pragmático, alguém que, talvez de forma consciente, tenha combatido os escritores marxistas ao enfatizar a importância da "virada hegeliana" como seu mais alto legado teórico[15]. Por um lado, Lênin foi sublimado como teórico dialético e estrategista do "salto" revolucionário; por outro, retratado como pensador e político "gradualista-evolucionista"[16]. Há até autores que

---

[14] A noção de que a leitura que Lênin fez de Hegel possui falhas epistemológicas ou "teórico--políticas" ocultas surge – embora em argumentos contraditórios – nas obras de autores do calibre de Roger Garaudy, *Lenin* (Paris, PUF, 1968), e Lucio Colletti, *Il marxismo e Hegel* (Roma/ Bari, Laterza, 1976). De acordo com este último, Lênin simplesmente recai no hegelianismo de 1914 em diante. O autor húngaro que escreveu sobre o assunto, adotou o caminho de mostrar Lênin como um filósofo de acordo com a definição tradicional, cientificamente aceita; ver Ádám Wirth, *Lenin a filozófus* [Lênin, o filósofo] (Budapeste, Kossuth, 1971). Embora Wirth cite os comentários de Lênin sobre o tema, em que ele nega ser filósofo, o autor os toma como meros exemplos de "humildade". Por outro lado, fez bem em assinalar que as interpretações reducionistas, estreitas, de Lênin abrem caminho para um campo de especulação teórica. Ver ibidem, p. 30-1.

[15] Em termos cronológicos, "o leninismo nasceu", de acordo com Harding, no momento dessa virada hegeliana. Ver Neil Harding, *Leninism*, cit., p. 234-42.

[16] Kevin Anderson, *Lenin, Hegel and Western Marxism: A Critical Study* (Urbana, University of Illinois Press, 1995); Neil Harding, *Leninism*, cit. Uma controvérsia interessante foi deflagrada em torno do citado volume "hegelianizante" de Anderson – que seguiu a tendência iniciada por Raia Dunaiévskaia –, com a participação de Paul Le Blanc, Neil Harding, Michael Löwy e, é claro, o próprio Anderson em meados da década de 1990. Paradoxalmente, a abordagem de Anderson ao separar o lado "bom" do lado "mau" de Lênin fez com que o próprio método dialético, para o qual tanto atentava, sofresse. Ver um resumo do debate em "Lenin, Hegel and

o consideram simultaneamente sectário-dogmático e pragmatista voltado ao poder[17].

Verdade filosófica à parte, a posição "hegeliana" de Kevin Anderson sintetizou a perspectiva histórica da "virada" filosófico-teórica de Lênin. Anderson escreveu: "Precisamos celebrar o fato de que o principal líder da Revolução Russa, Lênin, foi o primeiro marxista após Marx a pôr a dialética em seu devido lugar, o centro da teoria marxista"[18]. Por fim, quer Lênin seja classificado como dogmático, pelo modo como deduziu sua política a partir de princípios filosóficos abstratos, quer como pragmático, pelas manobras políticas que preparou sobre fundamentos filosóficos, essas categorizações resultam de abordagens esquemáticas e datadas[19].

Robert Mayer chama atenção para o fato de que existiu para Lênin um princípio tático imutável: os interesses da classe operária. Isso definiu todo o pensamento estratégico dele. Lênin declarou isso no famoso artigo em que lembra o trigésimo aniversário da morte de Marx, "Os destinos históricos da doutrina de Karl Marx", publicado no *Pravda* em 1º de março de 1913.

Não obstante, o conceito de Lênin a respeito do proletariado é homogêneo demais nesse contexto. Embora abordasse teoricamente a importância metodo-lógica da dialética, não havia estudado por completo o "sistema complexo" dos interesses proletários na Europa ocidental, fato que não se explica apenas por seu desprezo pela sociologia burguesa. Trata-se, isso sim, de uma falha sua em aplicar de modo mais preciso as ferramentas marxistas. Sua meta efetiva era levar a "unidade anticapitalista do proletariado" ao primeiro plano, não dando interesse à estratificação interna da classe e aos interesses que competiam em seu interior. No entanto, tampouco a sociologia da época dava atenção às características sociais e psicológicas da classe trabalhadora. Quando se referia aos trabalhadores, em geral tinha em mente segmentos politicamente mais experientes e instruídos, embora soubesse que a maior parte da classe trabalhadora russa seguia ligada à terra.

Lênin formulou a essência do "ensinamento marxista" na primeira frase desse artigo: "O principal na doutrina de Marx é ter posto em evidência o papel

---

Western Marxism: Critical Responses", *News & Letters*, v. 42, n. 9, nov. 1997, p. 5; disponível em <www.newsandletters.org/Issues/1997/Nov/1197pd.htm>.

[17] Essa linha de pensamento domina os dois últimos dos três volumes da obra de Robert Service, repetidamente citada aqui.

[18] Ver o debate em torno do livro de Anderson, "Lenin, Hegel and Western Marxism: Critical Responses", cit.

[19] Uma excelente descrição dessas abordagens e suas contradições internas pode ser encontrada em Robert Mayer, "Lenin and the Practice of Dialectical Thinking", *Science and Society*, v. 63, n. 1, 1999, p. 40-62.

histórico mundial do proletariado como criador da sociedade socialista"[20]. Com isso, distanciava-se efetivamente tanto do "socialismo nacional" *naródnik*, voltado ao passado, quanto do liberalismo burguês. Adeptos da escola de pensamento *naródnik* eram caracterizados por

> incompreensão da base materialista do movimento histórico, incapacidade de distinguir o papel e a importância de cada classe da sociedade capitalista, ocultamento da essência burguesa das reformas democráticas com diferentes frases pseudossocialistas sobre "o povo", "a justiça", "o direito" etc.

Junto a essas forças políticas incapazes de romper com o passado, Lênin definia o *liberalismo*, que reforçava sua presença entre as fileiras da social-democracia na condição de movimento que pregava a "renúncia à luta de classes" em nome da "paz social". Rotulava tal política de "paz com o escravismo": "O liberalismo, podre por dentro, tenta reanimar-se sob a forma de oportunismo socialista".

Lênin também chamou atenção para o fato de que não era fácil enxergar a verdade por trás daquele movimento oportunista, pois nenhum de seus membros tomava a iniciativa de romper abertamente com o marxismo, o que seria idêntico à negação pura e simples dos interesses proletários[21]. Não esqueçamos a "banalidade" com que os mencheviques ainda se consideravam os marxistas ortodoxos da Rússia. O argumento de Lênin ficou um tanto enfraquecido pelo fato de, com frequência, ele deixar de diferenciar social-democracia direitista ("oportunismo bernsteinista") de liberalismo ou negligenciar as fronteiras que os separavam.

Seu objetivo era ver a dialética, como método de ação, "enxertada" na atividade política e organizativa da "luta diária das massas". Ao fazê-lo, esperava evitar o destino que tiveram muitos dos grupos revoltosos que não se prepararam para aquelas batalhas e foram levados, pela falta de experiência nas lutas de massa, "ao desespero e ao anarquismo". Foi Lênin quem levou de volta ao marxismo a "unidade e a interação" da práxis política. Abordava a dialética como instrumento ou método filosófico-teórico, em termos sociais e históricos, para derrotar o sistema capitalista.

Um estudo mais extenso, "As três fontes e as três partes constitutivas do marxismo"[22], foi publicado no diário bolchevique *Prosveschénie* em março de 1913.

---

[20] "Os destinos históricos da doutrina de Karl Marx", em OE6T, cit., v. 2, p. 86-9.

[21] "A dialética da histórica é tal que a vitória teórica do marxismo obriga seus inimigos a se *disfarçar* de marxistas." Idem. Sem dúvida, o momento histórico para a ala bernsteinista tornar o Partido Social-Democrata em partido da "classe média" ainda não chegara. Não nos esqueçamos de que na Rússia de 1913 estavam em curso o crescimento do movimento grevista e o florescimento do movimento dos trabalhadores, postos de lado por alguns anos com a eclosão da guerra.

[22] Em OE6T, cit., v. 2, p. 90-5.

No início de 1914, Lênin o publicou também no verbete "Marx" do dicionário enciclopédico *Granat*. Ali a dialética era discutida nem tanto por sua significação política prática, mas principalmente por sua relevância científica.

Citando fontes hegelianas, via o lugar de Marx na história da filosofia com base em seu desenvolvimento da dialética materialista, que era "a doutrina do desenvolvimento em sua forma mais completa, mais profunda e mais isenta de unilateralidade, a doutrina da relatividade do conhecimento humano, que nos dá um reflexo da matéria em constante desenvolvimento". Considerava o materialismo histórico de Marx outra grande realização nesse campo:

> Ao caos e à arbitrariedade que até então imperavam nas concepções da história e da política sucedeu uma teoria científica notavelmente íntegra e harmoniosa, que mostra como, em consequência do crescimento das forças produtivas, desenvolve-se, de uma forma de vida social, outra mais elevada.[23]

Em tais escritos, Lênin resumiu a essência sociofilosófica e político-econômica do marxismo de maneira clara e popular, além das consequências da teoria do mais-valor para a política prática e a "doutrina da luta de classes". Afirmou, por exemplo:

> Só o materialismo filosófico de Marx indicou ao proletariado a saída da escravidão espiritual em que vegetaram, até hoje, todas as classes oprimidas. Só a teoria econômica de Marx explicou a verdadeira situação do proletariado no conjunto do regime capitalista.[24]

Lênin abordava o marxismo como formação histórica, avaliada como verdadeira revolução na história do pensamento do século XIX, que continha todas as conquistas importantes daquele século: a filosofia alemã, a escola inglesa de economia política e o socialismo francês. Considerava Marx o "ápice da civilização" e esteve entre os primeiros a perceber que o marxismo seria uma das principais correntes do pensamento científico do século XX.

Também em 1913, Lênin estudou a correspondência de Marx e Engels e concluiu que a publicação alemã, em quatro volumes, deixava muito a desejar. Seus editores – à frente deles, Eduard Bernstein – seguiram seus próprios objetivos políticos da época, e não aqueles dos autores. As 1.386 cartas contidas nos volumes foram, em grande parte, condensadas, e faltavam-lhes notas acadêmicas. Lênin elaborou notas para aproximadamente cem delas. Resumiu suas descobertas

---

[23] Ibidem, p. 92.
[24] Ibidem, p. 95.

em extenso artigo publicado em novembro de 1920, no *Pravda*. Mais uma vez, chamou atenção para a dialética.

> Se tentarmos definir em uma palavra o fulcro, por assim dizer, de toda a correspondência – esse ponto central a que se reduz toda a rede de ideias expressas e discutidas –, essa palavra seria "dialética". A aplicação da dialética materialista à transformação de toda a economia política desde seus fundamentos, sua aplicação à história, às ciências da natureza, à filosofia, à política e à tática da classe operária – é isso que mais interessou a Marx e Engels, é nisso que eles contribuem com que é mais essencial e novo, é nisso que consiste seu genial passo em frente na história do pensamento revolucionário.[25]

De acordo com as considerações ditadas pela obra, Lênin – diferentemente do que ocorria em *Materialismo e empiriocriticismo* – enfatizava a superioridade do materialismo dialético sobre a abordagem mecanicista, "evolucionista". De fato, tal artigo foi um precursor intelectual de seu estudo da dialética hegeliana.

Isso indica que não há barreiras mecânicas no desenvolvimento do pensamento de Lênin. Embora não exista ruptura, e a continuidade deva ser considerada a tendência definitiva de seu interesse em dialética, há claras mudanças de ênfase, e alguns problemas passam a receber, de maneira evidente, maior proeminência – não se pode subestimar a importância disso. Esses pontos são fundamentais para o entendimento das realizações político-teóricas de Lênin durante a guerra.

Seus esforços para adquirir a "abordagem dialética", a partir de 1890, estão completamente documentados na literatura histórica e teórica da União Soviética. Curioso é que uma reiteração desse debate tenha surgido nos anos 1990, cem anos depois dessa aproximação intelectual. O debate se ocupa da relação entre Lênin e Hegel, tal qual décadas atrás.

Lênin não apreendeu e interpretou a dialética apenas por meio de Marx. Também foi educado na "dura escola" das circunstâncias russas, por Tchernychiévski, em certo sentido, e ainda mais por Plekhánov, pois ambos tinham as próprias maneiras de interpretar a dialética, embora jamais hajam atribuído a ela a importância prática que lhe atribuía Lênin. Este concebia a dialética não apenas como instrumento de "contemplação científica", mas como componente orgânico da "transformação do mundo".

Ao comentar sobre o legado filosófico de Plekhánov em *Cadernos filosóficos* – especificamente, sua crítica a Kant –, Lênin rotulou como "materialismo vulgar" tudo o que se seguiu mais próximo da linha de interpretação de Feuerbach do materialismo do que do materialismo dialético marxista.

---

[25] "A correspondência entre Marx e Engels", em OE6T, cit., v. 2,, p. 125.

1) Plekhánov critica o kantismo (e o agnosticismo em geral) mais de um ponto de vista materialista vulgar que materialista dialético, *na medida em que* apenas *a limine* [de antemão] rejeita seus raciocínios, mas não os corrige (como Hegel corrigiu Kant), aprofundando-os, generalizando-os, alargando-os, demonstrando a *conexão* e as *transições* de todo e qualquer conceito. 2) Os marxistas criticaram (no início do século XX) os kantianos e os humistas mais à maneira de Feuerbach (e Büchner) que de Hegel.[26]

Desnecessário dizer que a tradição revolucionária russa era guiada por motivos pragmáticos e organizativos explícitos. Seria possível dizer, no entanto, que, Plekhánov à parte, a Rússia não tinha nenhum grande pensador marxista na virada do século XIX, o que resultava – com alguma simplificação – das particularidades históricas da região. (Organizadores revolucionários notáveis, ideólogos-historiadores, sociólogos e até mesmo economistas portadores da ideologia do movimento foram, por sua vez, proporcionalmente numerosos: basta pensarmos em Mártov e Máslov, Stálin e Iaroslávski, Martynov e Bogdánov, Pokróvski e Olmínski, Trótski e Rádek, Preobrajénski e Bukhárin etc.) O interesse inicial de Lênin pela dialética foi, ao mesmo tempo, teórico e ativista. Não obstante, ele rejeitava categoricamente o domínio da filosofia e da moralidade sobre a prática. Sua atitude diante da filosofia se expressava melhor pela tese de Marx a respeito de Feuerbach: "Os filósofos apenas *interpretaram* o mundo de diferentes maneiras; o que importa é transformá-lo"*. Para Lênin, a dialética era uma "contribuição" ao problema da "mudança".

Sempre que essas questões teórico-metodológicas passaram ao primeiro plano na obra de Lênin, alguma grande mudança histórica estava a caminho. Isso o fez procurar ações, mediações e transições práticas que conduziriam à revolução socialista. Lênin acreditava que a política – por exemplo, aquela baseada na teoria da revolução permanente desenvolvida por Párvus e Trótski ou a dedicação desmedida dos anarquistas a finalidades extremas – era deduzida de princípios abstratos. Assumia posição crítica contra todas as teorias que limitavam ou bloqueavam a esfera de atividade do movimento revolucionário ou incrementavam o isolamento do movimento operário por intermédio de danosas ações individualistas. No mesmo espírito, rejeitava o terrorismo, forma abstrata de ser revolucionário de maneira independente de qualquer situação, que operava sob o credo especulativo de "sempre e em toda parte ser mais revolucionário que todos os demais".

---

[26] Vladímir Ilitch Lênin, *Cadernos filosóficos*, cit. (ver também OE6T, cit., t. 6, p. 163).

* Karl Marx, "Ad Feuerbach" (1845), em Karl Marx e Friedrich Engels, *A ideologia alemã* (trad. Luciano Cavini Martorano, Nélio Schneider e Rubens Enderle, São Paulo, Boitempo, 2007), p. 535. (N. E.)

Portanto, Lênin não escolheu "do nada" a *Ciência da lógica* de Hegel, em setembro de 1914[27], após retornar de Poronin a Berna. Leu todo o livro na biblioteca municipal da universidade, concluindo-o em 17 de dezembro de 1914. Durante esses quatro meses, produziu numerosas anotações. Não houve livro por ele anotado tão exaustivamente, fichado continuamente, página após página, da 1ª à 115ª[28].

Havia muito sobre o que ponderar teoricamente, pois, como já vimos, a Primeira Guerra Mundial mostrou-se uma reviravolta catastrófica para boa parte do século XX[29]. A "digressão hegeliana" de Lênin pode ser considerada, portanto, uma preparação para aquela reviravolta e para as tarefas prático-políticas que dela derivariam. A *Lógica* de Hegel, sem dúvida, estimulou Lênin – na medida em que suas anotações dão testemunho – a analisar e capturar conceitualmente a nova situação histórica e se adaptar politicamente à nova conjuntura. Uma mudança essencial em seu pensamento ocorreu e encontrou expressão principalmente na complementação – e, em certa medida, na contradição – da abordagem epistemológica pelo exame histórico, ontológico e "funcional" dos problemas de importância em relação à política e ao movimento[30].

---

[27] Ver Ádám Wirth, *Lenin a filozófus*, cit., p. 23. Em carta escrita por Nadiéjda Krúpskaia a Maria Aleksándrovna Uliánova no dia 20 de junho de 1899, fica claro que Lênin realizou um sério estudo de filosofia mesmo no exílio: "Estamos iguais a sempre. Volódia está ocupado, lendo todo tipo de filosofia (agora essa é sua ocupação oficial) – Holbach, Helvetius etc. Eu brinco que logo será perigoso falar com ele, porque terá absorvido filosofia demais". Ver LCW, cit., v. 37, p. 579-80. As memórias de Lepechínski também reforçam que ele estaria lendo a *Lógica* de Hegel no exílio: "No fim do dia, Vladímir Ilitch normalmente lia livros de filosofia – Hegel, Kant e os materialistas franceses". Ver *Воспоминания об Ильиче/ Vospominánia ob Ilitche* [Memórias de Ilitch], em *Ленин и книга/ Liénin i kniga* (Moscou, Izdátelstvo Polititícheskoi Literatúry, 1964), v. 1, p. 87, e *Találkozások Leninnel* [Encontros com Lênin] (Budapeste, Kossuth, 1970), p. 30.

[28] Ver *Lieninski sbórnik*, cit., v. 9, p. 3 [ed. ing.: LCW, cit., v. 38, p. 85-241].

[29] Eric Hobsbawm, *The Age of Extremes: The Short Twentieth Century, 1914-1991* (Nova York, Pantheon Books, 1994), p. 1-10 [ed. bras.: *Era dos extremos: o breve século XX, 1914-1991*, trad. Marcos Santarrita, São Paulo, Companhia das Letras, 1996].

[30] Ver *Cadernos filosóficos*, em OE6T, cit., t. 6, p. 162 e 164-5. Suas anotações de leitura de Hegel expõem bem a investigação cuidadosa das "transições" do "geral para o individual" e do "individual para o geral", bem como reflexões aprofundadas sobre as correlações entre "forma e conteúdo", "método e ciência", "percepção e realidade", "teoria e prática". Lênin examina ainda a importância e a relevância prática da dialética por mais de um ponto de vista, por exemplo: "Não é possível compreender plenamente *O capital* de Marx, particularmente seu primeiro capítulo, sem ter estudado a fundo e compreendido *toda* a *Lógica* de Hegel. Consequentemente, meio século depois, nenhum marxista compreendeu Marx!!" e "Hegel de fato *demonstrou* que formas e leis lógicas não são uma casca vazia, mas *reflexo* do mundo objetivo. Ou melhor, ele

Ao contrário da maioria de seus intérpretes posteriores, Lênin nunca entendeu a dialética como "coleção de leis e princípios abstratos eternamente válidos". Para ele, a dialética era, na verdade, uma "crítica da razão abstrata" que o ajudava a extrair, do campo das relações políticas, sabedoria prática. Esse também foi o espírito com que se havia voltado antes a Aristóteles, o qual talvez tenha exercido influência maior que a de Hegel no pensamento de Lênin[31].

O estudo de Lênin a respeito da dialética do *objetivo* e do *subjetivo* resultou na análise mais exata possível das relações políticas, e isso permitiu que sua abordagem epistemológica fosse suplementada por uma perspectiva ontológica[32]. Em seu famoso artigo sobre Karl Marx escrito em 1914, Lênin revela que, além de Labriola, entre suas fontes destaca-se o "livro de um idealista hegeliano, Giovanni Gentile, *La filosofia di Marx*. O autor lida com alguns aspectos importantes do materialismo dialético de Marx que costumam escapar à atenção de kantianos, positivistas etc."[33]

Antonio Gramsci interpretava a reconstrução dialética de Lênin da "correlação entre teoria e práxis" como "o princípio teórico-prático da hegemonia", que era "a maior contribuição teórica de Ilitch à filosofia da práxis", na medida em que postulava "a realização de um aparato hegemônico, pois cria um novo terreno ideológico"[34]. A diferenciação e a cristalização "tranquilas" daquela nova visão revolucionária de mundo foram mantidas durante os anos de guerra. A flexibilidade prático-tática de Lênin se manifestou nas famosas discussões que empreendeu com Luxemburgo, Bukhárin e Piátakov, principalmente sobre a questão nacional, a estratégia revolucionária e a política de alianças da social-democracia. Caso o legado teórico de Lênin seja visto no contexto histórico do século XX, pode-se dizer que cada evento crítico posterior no decurso do socialismo de Estado remontou a ele (por exemplo, o XX e o XXII congressos do Partido Comunista da União Soviética – PCUS –, a *perestroika*) – não apenas porque aqueles no poder ou aqueles que buscavam mudanças usavam Lênin para legitimar o que desejavam fazer.

---

não demonstrou, mas *adivinhou genialmente*". A respeito de seu comentário sobre a correlação entre conceitos *abstratos* e *concretos* no contexto do problema de como formular conceitos, ver *Lieninski sbórnik*, cit., v. 9, p. 183 e 185; OE6T, cit., t. 6, p. 164.

[31] Convincentemente enfatizado por Robert Mayer em "Lenin and the Practice of Dialectical Thinking", cit., p. 42.

[32] Ver *Lieninski sbórnik*, cit., v. 9, p. 187-9, 219, 253, 271 e 287.

[33] Vladímir I. Lenin, *Karl Marx*, em LCW, cit., v. 21, p. 88. [Na edição portuguesa do texto, presente em OE6T, cit., v. 2, o trecho – que aparece na bibliografia do verbete – foi suprimido – N. E.].

[34] Antonio Gramsci, "Hegemony, Relations of Force, Historical Bloc", em David Forgacs (org.), *The Gramsci Reader: Selected Writings, 1916-1935* (Nova York, NYU Press, 2000), p. 192.

De fato, no fim dos anos 1960 – em relação antinômica a maio de 1968, à invasão soviética de Praga, às reformas econômicas húngaras e ao centésimo aniversário do nascimento de Lênin –, as questões contemplativo-metodológicas da "transformação revolucionária" no conjunto da obra de Lênin se tornaram ponto focal para os teóricos marxistas. Além disso, a obra teórico-filosófica de György Lukács, dos anos 1920 e 1960, exerceu alguma influência em reconstruções experimentais da dialética de Lênin, especialmente por tornar central o conceito de *totalidade*, a reflexão sobre o todo.

Em 1971, ano da morte de Lukács, István Hermann empreendeu uma leitura antistalinista de Lênin, com base em "instruções" de Lukács. Fez isso sem manter as enfadonhas justificativas do sistema, típicas do período, embora se opusesse à condenação de Lukács da intervenção soviética. Não foi por acidente que o *Demokratisierung Heute und Morgen* [Democratização hoje e amanhã], de Lukács (1968), hoje bem conhecido, não foi publicado até 1988. Hermann tinha compreensão genuína de certos elos entre o pensamento de Hegel e Lênin.

A categoria hegeliana do momento oniabrangente, se transposta à práxis, nada mais é que a expressão teórica da categoria de Lênin do *próximo elo* [...]; indo mais longe, Lênin, sem dúvida parcialmente influenciado por Hegel, concentrou-se no *todo*, na *totalidade*, em seu pensamento, atividade política e teórica, conectando a teoria e a prática da consciência e a mutabilidade do mundo.[35]

Lênin de fato havia ponderado, como possibilidade histórica, a derrubada do capitalismo e a libertação de *toda a humanidade*. Por isso, ganhou prestígio como teórico da ação, como a pessoa que, após Marx, recolocou a práxis no centro.

## Lênin e a Primeira Guerra Mundial

O próprio Lênin proporcionou a chave para o entendimento de sua atitude diante da Primeira Guerra Mundial. Ele percebia os eventos como um sistema coerente, que não poderia ser desmembrado sem prejuízo aos padrões científicos. O ponto de partida político de Lênin foi, como sempre, um exame da oportunidade para a revolução. Para ele, a guerra era a corporificação universal e simultânea de "infinitos horrores" e do colapso do sistema. Lênin considerava aquela rara conjuntura na história mundial favorável à revolução, pois estava convencido de que a guerra na Europa – especificamente na Rússia – poderia incitar de modo direto o advento da revolução e varrer a autocracia tsarista. Obviamente, pode-

---

[35] Ver István Hermann, "Marxizmus és totalitás" [Marxismo e totalidade], em *A gondolat hatalma* [O poder do pensamento] (Budapeste, Szépirodalmi, 1978), p. 172-3 e 182.

ria acontecer de a guerra – ao contrário da previsão prática de Lênin, mas em consonância com sua descoberta teórica – implicar desdobramentos "desiguais" na evolução da revolução. Porém, tratou-se apenas de pressuposição infundada da parte dele; adiante, retornaremos a esse problema de Lênin correlacionar o efeito revolucionário da guerra e o amadurecimento do proletariado europeu para a revolução mundial. Ele abandonou tal convicção, pelo menos em sua forma mais rígida, em 1918.

A possibilidade de se falar em situação revolucionária no início da guerra, quando as tropas entoavam canções em sua marcha à batalha "para defender suas respectivas nações", já recebeu grande atenção de historiadores[36]. No entanto, foi apenas o gênio, ou a premonição, de Lênin que sinalizou a revolução – e, na verdade, ele teve seus momentos de dúvida, como em dezembro de 1916. Podemos incluir Piotr Nikoláievitch Durnovó, ex-ministro da polícia do tsar, entre os que tiveram a mesma premonição. Em fevereiro de 1914, em memorando ao tsar, Durnovó descreveu a participação da Rússia na guerra iminente como fator que conduziria de maneira inevitável ao colapso da monarquia e sua derrubada pela revolução[37].

A principal frente de ataque contra Lênin, a partir de qualquer direção política (até mesmo hoje), alega que os líderes bolcheviques tendiam a relacionar o

---

[36] Robert Service vira do avesso a posição teórica de Lênin e reduz todo o coerente sistema do pensamento deste a sua própria posição empiricista quando mede o conceito do "momento revolucionário" de acordo com sua própria lógica, interpretando-o como um estado desestruturado e revelando pouco interesse pela real posição de Lênin. Ver Robert Service, *Lenin: A Political Life*, cit., v. 2, p. 83-4. A verdadeira descoberta de Lênin não foi a "proclamação" da situação revolucionária sobre a qual Service escreve, mas que a guerra cria uma situação revolucionária porque dizima milhões de pessoas, provoca instabilidade, arma o proletariado etc. Lênin não se deixou enganar pela cantoria dos soldados quando marchavam para a guerra; a desilusão deles inevitavelmente viria em seguida. Por fim, como sabemos, revoluções irromperam em muitos países depois da guerra.

[37] Esse documento fora apresentado ao público já em 1922, pelo célebre historiador russo E. V. Tarle, no artigo "Германская ориентация и П. Н. Дурново"/ "Guermánskaia orientátsiia i P. N. Durnovó" [A orientação alemã e P. N. Durnovó], *Былое*/ *Byloie* [Passado], n. 19, 1922, p. 161-2. Tarle de fato sugeriu que Durnovó, similarmente a Engels em seu tempo, equacionava a derrota na guerra com a inevitável investida da revolução. Para mais detalhes, ver R. S. Ganiélin e M. F. Florínski, "Российская государственность и Первая Мировая Война"/ "Rossískaia gosudarstvennost i piérvaia mirovaia vóina" [O caráter do Estado russo e a Primeira Guerra Mundial] em P. V. Volobúiev (org.), *1917 год в судьбах России и мира: Февральская Революция, от новых источников ко новому осмыслению*/ *1917 god v sudbah Rossíi i mira Fevrálskaia revoliútsi: Ot nóvykh istótchnikov k nóvomu osmisliéniu* [O ano 1917 na história russa e mundial: a Revolução de Fevereiro, das novas fontes para uma nova interpretação] (Moscou, RAN, 1997), p. 7 e 31.

advento da revolução à vitória militar da Alemanha guilhermista[38]. Embora, ao fim, se tenha provado que Lênin estava certo, incluir no programa da época a política revolucionária e o colapso do regime tsarista não era realista de acordo com a *realpolitik* tradicional. Foi precisamente em oposição a isso que Lênin elaborou seu parecer quanto à teoria e à organização.

No começo da guerra e durante as fases iniciais dela, criou palavras de ordem específicas – muito citadas e, com a mesma frequência, distorcidas –, as quais repetiria até a vitória da Revolução de Outubro. A saber, instava soldados, operários e camponeses a pegar em armas não contra os próprios irmãos, escravos assalariados de outras nações, mas contra os governos e os partidos reacionários e burgueses do mundo[39]. Em relação à Rússia, Lênin acreditava que a base organizativa no partido bolchevique fosse sólida, mas admitia haver "socialistas honestos" em outras partes da Europa. Por exemplo, os socialistas sérvios, que nunca desistiram de sua posição antiguerra. Havia, é claro, grupos antiguerra dentro de muitos partidos socialistas ou social-democratas, porém o mais influente se encontrava na Duma Russa, formado pela facção bolchevique. Suas primeiras declarações se referiam a uma "guerra de depredação", insistindo no fato de que se desembocaria em revolução. À época em que Lênin escapou da Polônia e seguiu para a Suíça, no início de setembro de 1914, advogava o retorno a um plano revolucionário, oposto ao "social-chauvinismo". Escreveu que "a conversão da presente guerra imperialista em guerra civil é a única bandeira proletária correta"[40].

Lênin fazia questão de demonstrar duas coisas, dia após dia. Em primeiro lugar, que as contradições da monarquia tsarista levariam à revolução em con-

---

[38] Por exemplo, em documento em que fazia uma proclamação sobre a guerra, Lênin escreveu: "Os servos (conscientes ou involuntários) da burguesia mentem quando desejam persuadir o povo de que a derrubada revolucionária da monarquia tsarista só pode levar a vitórias para a monarquia reacionária alemã e a burguesia alemã, e para sua consolidação". Indica em seguida que a ala esquerda dos sociais-democratas alemães compartilhava seu ponto de vista – a saber, o de que a luta revolucionária contra "suas próprias burguesias" iria levar à derrota de ambas as monarquias. Ver "Appeal on the War", em LCW, cit., v. 21, 367-8.

[39] Uma denúncia clara da guerra apareceu precocemente no documento do partido escrito por Lênin no dia 24 de agosto (6 de setembro) de 1914, "Задачи революционной социал-демократии в европейской войне"/ *"Zadátchi revoliútsionnoi sotsial-demokráti v evropeiskoi voine"* [As tarefas da social-democracia revolucionária na guerra europeia] [ed. ingl. em LCW, cit., v. 21, p. 15-9]. O primeiro panfleto completo de um ponto de vista teórico, político e organizacional, rigorosamente embasado em pesquisas, foi *O socialismo e a guerra*, publicado em agosto de 1915, virtualmente ao mesmo tempo que sua conclusão como um documento do partido. Ver OE6T, cit., t. 2, p. 227-67.

[40] LCW, cit., v. 21, p. 19, 32-3 e 160.

sequência da derrota militar. Ele argumentava que a Revolução Russa poderia ser a pré-condição para um levante revolucionário europeu. Em ensaio inédito datado do começo de setembro de 1915, intitulado "Поражение россии и революционный кризис"/ "Porajiénie róssii i revoliútsionni krízis" [A derrota da Rússia e a crise revolucionária], escreveu:

> A situação está quase como aquela do verão de 1905, antes da Duma de Bulíguin, ou a do verão de 1906, após a dissolução da Primeira Duma. Há, no entanto, uma enorme diferença, a saber, que esta guerra envolveu toda a Europa, todos os países mais avançados com movimentos socialistas massivos e poderosos. A guerra imperialista vinculou a crise revolucionária russa, nascida de uma revolução democrático-burguesa, à crise da revolução proletária socialista no Ocidente. [...] *A revolução democrático-burguesa agora não é somente um prólogo da revolução socialista no Ocidente, mas parte integral e indivisível dela.*[41]

Em segundo lugar, vinha o fato de que os blocos militares em confronto não lutavam uma "guerra defensiva"; o pretexto de "defender a pátria" não passava de justificativa para uma guerra imperialista[42]. No artigo "О двух линиях революции"/ "O dvukh liniakh revoliútsi" [Das duas linhas da revolução], publicado na edição do *Социал-демократа/ Sotsial-Demokrata* [O Social-Democrata] de 20 de novembro de 1915, Lênin delineou a evolução dos conceitos mencheviques e bolcheviques desde 1905. No texto, destacava a libertação decisiva das imensas massas camponesas em relação à influência dominante do espírito monárquico. Também concluiu que as condições para a aceleração da tendência revolucionária dependiam do sucesso da social-democracia em neutralizar o impacto psicológico e político do chauvinismo do período de guerra[43].

Após os parlamentos aprovarem os créditos de guerra – mas ainda durante as primeiras semanas do conflito –, Lênin rompeu formalmente com as tendências "social-chauvinistas" e "centristas" da social-democracia. Formulou a respeito disso uma posição bastante coerente, explicando tanto política quanto teorica-

---

[41] LCW, cit., v. 21, p. 378-9. Em outros escritos da época, ele fala de como as "condições *objetivas* na Europa ocidental estão maduras para a revolução socialista", embora não enfatizasse a direta maturidade "subjetiva" da revolução. Ibidem, p. 419; grifos do original.

[42] A questão surgiu logo no início da guerra em um discurso sobre a apresentação de Plekhánov no conselho local dos mencheviques em Lausanne no dia 28 de setembro de 1914. Ibidem, p. 34.

[43] "Por toda parte, a burguesia derrotou o proletariado por um tempo e o varreu para dentro da densa torrente do nacionalismo e do chauvinismo. [...] Esse estado de coisas indica patentemente a tarefa do proletariado [...] uma luta que irá arrastar em seu alvorecer todas as massas democráticas, i.e., principalmente o campesinato." LCW, cit., v. 21, p. 418.

mente as razões de seu rompimento com a social-democracia oficial. Tinha firme convicção de que não poderia haver acordos com a "administração" da guerra. Como observamos em outras ocasiões, desde o começo da guerra a estratégia revolucionária de Lênin não permitia nenhuma concessão às facções pró-guerra ou a "meias soluções pacifistas". Estava convencido de que o movimento operário social-democrata por toda a Europa tinha de tomar novo pé. Como a "social-democracia oficial" mostrava-se surda a essa proposta, Lênin dirigiu suas palavras diretamente às multidões de soldados tratados como buchas de canhão, na tentativa de dar voz às preocupações deles.

Lênin concebia aqueles escritos, que se aproximavam do gênero "manifesto", como parte do avanço revolucionário em *sentido subjetivo*. O rompimento organizativo com os "centristas" e seu chamado à criação de uma nova Internacional podem-se considerar elementos novos e importantes naquela linha política. Seu comportamento político é descrito por alguns pensadores marxistas – Anderson e Hermann, por exemplo – como sua elaboração do conceito radical de subjetividade, que derivou de Hegel, no início da guerra.

Ao deflagrar-se a guerra, Lênin se deu conta das condições históricas favoráveis ao despertar da consciência do indivíduo e das massas, que formariam a base de uma "súbita" virada na política revolucionária. Expressou a convicção – em termos tanto práticos quanto teóricos – de que as condições objetivas seriam passíveis de alteração, no sentido de que até mesmo dez pessoas poderiam confrontar a guerra, porque a possibilidade de milhões se juntarem a elas já existia naquelas condições. Tal virada levou, em setembro de 1915, à Conferência de Zimmerwald dos socialistas antiguerra. Isto é, à intimação da ideia de uma Terceira Internacional. Embora a esquerda revolucionária estivesse em minoria diante dos "centristas", ela foi capaz de prevalecer na conferência de Zimmerwald, rotulando como *guerra imperialista* o banho de sangue que exterminou milhões e esclarecendo as causas e os objetivos básicos dela.

A formação da Comissão Socialista Internacional assinalou ao mundo que se preparava uma alternativa à dominação social-chauvinista da Internacional por toda a Europa[44]. Devemos recordar que o "rompimento" gerou sérias consequências, pois enfraqueceu as forças pacifistas dentro da Internacional. Assim, a

---

[44] Ver a história da conferência em János Jemnitz, "Nemzetközi szocialista kongresszus Churban", em János Jemnitz et al., *A nemzetközi munkásmozgalomtörténetéből. Évkönyv 1981* [Através da história do movimento internacional dos trabalhadores. Anuário de 1981] (Budapeste, Kossuth, 1980), p. 334-58; para mais detalhes sobre a Conferência de Zimmerwald e o papel desempenhado por Lênin, ver Sándor Vadász, *Lenin és a zimmerwaldi baloldal* [Lênin e a esquerda de Zimmerwald] (Budapeste, Akadémiai, 1971).

ruptura organizativa pareceu tomar uma posição sectária[45], opinião que surgiu na literatura histórica desde então. Muitos não entenderam por que Lênin adotou posicionamento tão "intransigente".

Ao examinarmos seus escritos posteriores à deflagração da guerra, não devemos pensar em termos da lógica bélica ou pacifista do pensamento tradicional socialista ou social-democrata, tampouco de suas facções menores e maiores, pois nada disso demonstra uma saída para a guerra. Ao contrário, devemos procurar pela estratégia política direta da revolução, que incluía o problema básico de "persuadir" as multidões de soldados, operários e camponeses armados. A antiga social-democracia já não era adequada ao propósito, e Lênin acreditava que chegara o momento de se preparar a revolução em *escala internacional*. Isso envolvia determinar uma nova política e um novo quadro organizativo, de abrangência internacional, até mesmo em termos de palavras de ordem específicas. O outro requisito era criar um ponto focal de prática e organização em torno do qual uma tendência revolucionária de toda a Europa pudesse se cristalizar.

Ao avaliar a conferência de Zimmerwald[46], Lênin deixou claro que a organização correta era aquela que estivesse total e completamente convencida de que "a guerra cria na Europa uma situação revolucionária e de que todas as circunstâncias econômicas e sociopolíticas do período imperialista levam a uma revolução do proletariado". Em outras palavras, pensava no esclarecimento do proletariado e o destacava como parte da formação de uma situação revolucionária. Referia-se à Revolução de 1905, ou melhor, ao fato de ter sido *"prevista"* a aurora de uma nova situação revolucionária. Fora essencial à pré-história da própria revolução: *"Antes* da revolução, os revolucionários a preveem, percebem sua inevitabilidade, fazem com que as massas entendam sua necessidade e explicam a elas o curso e os métodos da revolução"[47].

---

[45] A irreconciabilidade de Lênin não se estendia, é claro, aos bolcheviques que ignoravam Zimmerwald. Muito pelo contrário, as opiniões de Lênin estiveram no foco dos debates, ainda que menos de doze dos trinta delegados social-democratas europeus estivessem a seu lado em setembro de 1915. Rosa Luxemburgo e Karl Liebknecht estavam presos à época.

[46] Vladímir I. Lênin, "Revolutionary Marxists at the International Socialist Conference, September 5-8, 1915", *Sotsial-Demokrat*, 11 out. 1915, em LCW, cit., v. 21, p. 389-93.

[47] Ibidem, p. 390 e 392. Posteriormente, foi Gramsci que, nas prisões de Mussolini, discutiu a gama de problemas suscitados pela noção de previsão, em seus escritos tratando do legado de Lênin. Gramsci forneceu uma formulação rigorosa de "previsão" segundo a qual a "previsão se revela, portanto, não como ato científico do saber, mas como expressão abstrata do esforço feito, forma prática de criar uma vontade coletiva". Antonio Gramsci, *Selections from Prison Notebooks*, cit., p. 438 [ver também Guido Liguori e Pasquale Voza (orgs.), *Dicionário gramsciano*, São Paulo, Boitempo, 2017, especialmente p. 649 – N. E.]. A "previsão" é, portanto, um ato "unicamente ideológico" e, como tal, desempenha um papel importante na história.

Em debates com Kautsky, Mártov e Akselrod, no outono de 1915, Lênin mencionou todos esses aspectos. A julgar por sua linguagem, até poderiam representar o internacionalismo, como no caso de Mártov e Akselrod; o internacionalismo verdadeiro – o assim chamado internacionalismo de Basileia – assumia uma orientação proletária revolucionária no que dizia respeito à guerra. Os "centristas", no entanto, não consideravam as conotações político-organizacionais da questão. Em outras palavras, o rompimento com a Segunda Internacional não havia ocorrido[48].

Já em 1914, Lênin avaliara os eventos que levaram à eclosão da guerra como atestado da bancarrota de todas as formas da Internacional e do oportunismo[49]. Foi então que ele formulou sua tese relativa à transformação da guerra em guerra civil, de modo a conformar-se à resolução de Basileia. Portanto, a abordagem da *realpolitik* não se adaptava à posição de Lênin – nem naquela época nem em nenhuma outra. Os mencheviques costumavam acusá-lo de ignorar o verdadeiro ânimo da classe operária na Europa ocidental e a "fé" da classe "na vitória da guerra"[50].

De acordo com a análise de Lênin, os argumentos da frouxa coalizão de forças pacifistas antiguerra não continham nada de progressista, pois as forças verdadeiramente revolucionárias e antiguerra "não os entenderiam". Para ele, havia uma única alternativa: deixar perecer a velha Internacional. Nas palavras de Rosa Luxemburgo, ao receber notícia da aprovação dos créditos de guerra, "a social-democracia alemã é um cadáver malcheiroso". Declarada, então, tal morte, a reunião das forças revolucionárias poderia começar.

Evitar problemas básicos era o mais grave pecado aos olhos de Lênin – maior até, talvez, que a aceitação do social-chauvinismo. Formulou pela primeira vez essa opinião em resposta escrita a Vladímir Kossóvski, a qual não foi publicada na época; Kossóvski propusera, em um jornal bundista, formar a nova Internacional a partir dos elementos de oposição nos vários jornais dos partidos socialistas. Lênin não quis nem saber de colaboração internacional tão desestruturada, segundo explicou em um de seus escritos, que refletia sobre como "o oportunismo tem

---

Eric Hobsbawm desenvolveu pensamentos semelhantes, que certamente valem ser ponderados, em Eric John Hobsbawm, "The Present as History", em *On History* (Nova York, New Press, 1997), p. 228-40 [ed. bras.: *Sobre história* (trad. Cid Knipel Moreira, São Paulo, Companhia de Bolso, 2013)].

[48] Ver Vladímir I. Lênin, *Kautsky, Axelrod and Martov: True Internationalists*, em LCW, cit., v. 21, p. 394-400.

[49] Ver idem, *The War and Russian Social-Democracy*, em LCW, cit., v. 21, p. 25-34.

[50] Ibidem, p. 32-3; ver ainda *The Collapse of the Second International*, em LCW, cit., v. 21, p. 205-59.

pairado na Europa nas últimas décadas"[51]. Essa forte orientação ideológica – particular do marxismo e, mais ainda, do marxismo russo – foi de fato importante sob as circunstâncias e viria a propelir os eventos e resultar em ação.

Como já vimos, o próprio Lênin presumia a possibilidade de um cataclismo vindouro, muito antes da eclosão da guerra. Apesar disso, foi pego de surpresa em janeiro de 1914 – e, com ele, o mundo inteiro, incluindo o movimento operário. Maiores surpresa e decepção causou-lhe a facilidade com que os grupos mais importantes da social-democracia, de Plekhánov a Vandervelde, renderam-se à política pró-guerra. Até os anarquistas foram afetados pelo "ânimo bélico". Teóricos destacados como Kropótkin, Cornelissen e Malato se puseram a serviço da guerra antigermânica[52]. É claro que aquela "degeneração nacionalista e chauvinista" de muitas tendências socialistas apenas aparentava ser súbita e "infundada". Basta mencionar os casos de Piłsudski ou Mussolini, que proporcionam exemplos óbvios de como a política de classe operária e a solidariedade internacionalista puderam ser substituídas por ideologias nacionalistas e patrióticas, como resultado dos anseios dos Estados-nação.

O objetivo político de Lênin era aguçar as contradições, tornar ainda mais fácil a percepção da nova guinada revolucionária. Ele acreditava que a análise das "operações" dos conflitos de interesses econômicos, particularmente nos patamares global e nacionais, era de importância decisiva, pois sem ela a análise da natureza e das perspectivas da guerra não poderia ser feita. Tal análise traz em si todas as teses ideológicas e políticas de Lênin.

É digno de nota que, no prefácio a *O imperialismo e a economia mundial*[53], de Bukhárin, Lênin escreveu extensamente sobre a teoria do ultraimperialismo de Kautsky, a qual enfraquecia as perspectivas da revolução. Como sabemos, Kautsky discutia a perspectiva de que, com a formação dos trustes capitalistas, os grandes monopólios do capitalismo financeiro se unissem em um único truste. Lênin detectou nessa análise as ideias dos seguidores de Struve e o "economicismo" dos apologistas do sistema vigente, os quais se encontravam prontos a "se render ao capitalismo" ou a "se reconciliar" com ele. Lênin classificava o ultraimperialismo de Kautsky – união internacional de "imperialismos, diferenciados por nação", que

---

[51] Vladímir I. Lênin, *We Are Thankful for Such Frankness*, em LCW, cit., v. 21, p. 370-1.

[52] Ver János Jemnitz, "Nemzetközi szocialista kongresszus Churban", cit., p. 15, 17, 34 e 38. Esse trabalho de Jemnitz é, até onde sei, a melhor e mais detalhada discussão sobre o tema. Ver também S. V. Tiutiúkin, *Война, мир, революция/ Voina, mir, revoliútsia* [Guerra, paz, revolução] (Moscou, Misl, 1972).

[53] Nikolai Bukhárin, *Imperialism and World Economy* (Nova York, International Publishers, 1929) [ed. bras.: *O imperialismo e a economia mundial*, trad. Aurélia Sampaio Leite, Rio de Janeiro, Laemmert, 1969]. Ver, a respeito, Géza Ripp, *Imperializmus és reformizmus*, cit., p. 185-204.

praticamente eliminaria guerras e conflitos políticos severos – como utopia ingênua, em que o próprio Kautsky não poderia ter acreditado verdadeiramente, acima de tudo porque já se avizinhava a Primeira Guerra Mundial. Sob as circunstâncias, a teoria não significava nada além do conforto àqueles que acreditavam na possibilidade de um "capitalismo pacífico". De fato, Kautsky acreditava que o imperialismo pudesse ser "aperfeiçoado" e reconstruído em "forma mais pacífica"[54]. Tal "teoria, discrepante de qualquer senso de realidade", de acordo com Lênin, não tinha lugar entre as profecias com chance de realização, pois as contradições internas do capitalismo, em alguns períodos, conduziam inevitavelmente ao próprio colapso, sendo a guerra o exemplo mais óbvio. Lênin criticava duramente o conceito de Kautsky do imperialismo, descrevendo-o como uma espécie de expansionismo.

Lênin acreditava que o imperialismo era uma transformação estrutural da sociedade e da política. A visão de Kautsky, segundo Lênin, era "apenas *exortação* pequeno-burguesa aos financistas para que deixassem de fazer o mal"[55]. Assim, a guerra lhe parecia um estágio importante naquele colapso[56]. Com base em raciocínio metodológico semelhante, Lênin via com séria apreensão a palavra de ordem dos Estados Unidos Europeus, proposta por Trótski e outros, ainda mais se a nova estrutura federal se fundamentasse não em princípios socialistas e comunitários, mas na sujeição do fraco pelo forte, como nova forma de concentração de capital. A nova evolução imperialista e destrutiva do sistema capitalista seria incapaz de libertar-se das contradições (opressão socioeconômica e nacional, extrema pobreza, concorrência monopolista pelos mercados etc.), e estas impediriam qualquer união de Estados que resultasse da superação dos Estados-nação: "A desigualdade do desenvolvimento econômico e político é uma lei absoluta do capitalismo"[57].

---

[54] Ver Géza Ripp, *Imperializmus és reformizmus*, cit., p. 185-204.

[55] LCW, cit., v. 21, p. 229.

[56] Vladímir I. Lênin, *Preface to N. Bukharin's Pamphlet, Imperialism and the World Economy*, em LCW, cit., v. 22, p. 103, 105 e 106 [ed. bras.: "Prefácio", em *O imperialismo e a economia mundial*, cit.]. "Inevitavelmente, o imperialismo irá estourar e o capitalismo será transformado em seu oposto *muito antes* de um truste mundial se materializar, antes de o amálgama mundial, 'ultraimperialista', dos capitais financeiros nacionais se formar." Ibidem, p. 107.

[57] "Mas se a palavra de ordem dos Estados Unidos da Europa republicanos, formulada em ligação com a derrubada revolucionária das três monarquias mais reacionárias da Europa, com a russa à frente, é completamente invulnerável como palavra de ordem política, resta ainda a importantíssima questão do conteúdo e do significado econômicos desta palavra de ordem. Do ponto de vista das condições econômicas do imperialismo, isto é, da exportação de capital e da partilha do mundo pelas potências coloniais 'avançadas' e 'civilizadas' – os Estados Unidos da Europa, sob o capitalismo, ou são impossíveis, ou são reacionários." Vladímir I. Lênin, "Sobre a palavra de ordem dos Estados Unidos da Europa", em OE6T, cit., t. 2, p. 268-71.

Deve-se notar que, à época, os bolcheviques se engajavam em ferozes debates sobre a natureza do imperialismo, como se pode ver em carta de Bukhárin a Lênin, do verão de 1915. Bukhárin opôs-se severamente à publicação de um artigo de Pokróvski em *Коммунист/ Kommunist* [O Comunista], no qual, segundo sua avaliação, esse historiador demonstrava não entender a inovação representada pelo imperialismo no desenvolvimento histórico do capitalismo. Também criticou o argumento de Zinóviev pelo fato de o autor parecer desatento às novas direções históricas da política colonialista[58].

Lênin marcou pontos políticos decisivos no debate com Piátakov, colaborador próximo de Bukhárin. Rejeitou discutir o aspecto da política externa do imperialismo, na medida em que tal aspecto punha demasiada ênfase na expansão. Em vez disso, concluiu que o novo estágio de desenvolvimento nascia da substituição da concorrência pelo capitalismo monopolista. De acordo com sua formulação, a "democracia corresponde à livre concorrência. A reação política corresponde ao monopólio. 'O capital financeiro tende para a dominação, não para a liberdade', diz, com razão, Rudolf Hilferding em seu *O capital financeiro*"[59]. Lênin argumentava que a política não se podia dissociar da economia. Ainda que as duas áreas fossem governadas pelo mesmo conjunto de leis, era necessário fazer distinções; do contrário, não seria possível travar lutas políticas.

De acordo com o parecer de Lênin e Hilferding, após a guinada imperialista, o rumo do desenvolvimento deveria ser "*da* democracia à reação política". De fato, Lênin fala até de uma tentativa de "substituir a democracia, em geral, por oligarquia"[60]. Mas a eliminação radical da "autorregulamentação liberal" em favor do aumento das taxas de lucro só se pode garantir com dificuldade, caso seja possível.

A presunção de identidade entre economia e política – pecado cometido com frequência pelos "internacionalistas abstratos" – tornava-se deficiência metodológica inaceitável. Lênin enfatizava que a completa "anexação econômica" poderia ocorrer até mesmo sem anexação política e que havia muitos casos de tal ocorrência no desenvolvimento econômico mundial, indicando, por exemplo, a Argentina como "colônia comercial" *de facto* do Reino Unido. Acontecia frequentemente, já naquele período, que um Estado-nação independente se tornasse

---

58 Российсцкии Государственный Архив Социально-политической Исцтории/ Rossíski Gosudárstvenny Arkhiv Sotsialno-polititcheskoi Istóri (RGASPI) [Arquivo Estatal Russo de História Política e Social], fundo 2, op. 5, doc. 596, p. 1-2.

59 Rudolf Hilferding, *Finance Capital: A Study of the Latest Phase of Capitalist Development* (org. Tom Bottomore, Londres, Routledge & Kegan Paul, 1981), p. 334 [ed. bras: *O capital financeiro*, trad. Reinaldo Mestrinel, São Paulo, Nova Cultural, 1985].

60 *Sobre uma caricatura do marxismo e sobre o "economismo imperialista"*, cit., p. 25.

vassalo econômico de um Estado mais forte. Assim, ficava óbvio para Lênin que o capital financeiro de uma grande potência poderia suplantar a concorrência até em países politicamente independentes[61].

Igualmente significativo, do ponto de vista metodológico, foi o entendimento de Lênin a respeito do aspecto "nacional" da guerra.

> Esta é uma guerra entre dois grupos de grandes potências predatórias, e luta-se em nome da repartição das colônias, da escravização de outras nações e das vantagens e dos privilégios do mercado mundial. [...] Vença a Rússia, a Alemanha ou haja "empate", a guerra trará à humanidade renovada opressão de centenas e mais centenas de milhões de pessoas nas colônias, na Pérsia, na Turquia e na China, renovada escravização de nações e novos grilhões à classe operária de todos os países. [...] A guerra faz enriquecer os capitalistas, para dentro de cujos bolsos flui o ouro dos tesouros das grandes potências. A guerra provoca amargura cega contra o inimigo, e a burguesia faz o possível para direcionar a indignação do povo a tais canais, desviar-lhe a atenção do *principal* inimigo – o governo e as classes dominantes de seus próprios países.[62]

A despeito do tom patético, agitador e "populista" – idêntico ao de praticamente todos os escritos políticos de Lênin –, esse documento apresenta fundamentos puramente teóricos, manifestos na abordagem econômica e classista da guerra. Até mesmo análises modernas da Primeira Guerra Mundial tentam desconstruir a análise dupla de Lênin por intermédio de uma "filosofia" que explica a guerra com base em interesses políticos (dinásticos ou, ocasionalmente, "democráticos")[63].

A interpretação da Primeira Guerra Mundial como "democrática" ressurgiu na historiografia contemporânea. Em sua forma clássica, foi precisamente um ex-marxista "renegado", o historiador François Furet, que desenvolveu o conceito com mais detalhes. Em longo ensaio, que obscurece em vez de esclarecer a "mudança de paradigma" de Kautsky, Furet dispensa a narrativa "leninista" ou "marxista". Acima de tudo, rompe o elo intelectual que, por décadas, ligara o liberalismo e o "comunismo", apesar de todas as contradições básicas entre eles. Furet combina conservadorismo e liberalismo sob a bandeira do primeiro, de maneira a levar uma "frente única" contra a ameaça da "ditadura totalitária"– isto é, a ameaça do fascismo e do comunismo. No retrato pintado por Furet,

---

61 Ibidem, p. 25-9.

62 Vladímir I. Lênin, *Appeal on the War*, em LCW, cit., v. 21, p. 367-9.

63 Ver François Furet, *The Passing of an Illusion: The Idea of Communism in the Twentieth Century* (Chicago, University of Illinois Press, 1999) [ed. bras.: *O passado de uma ilusão: ensaios sobre a ideia comunista no século XX*, trad. Roberto Leal Ferreira, São Paulo, Siciliano, 1995].

a história contemporânea surge como luta entre democracia e ditadura. Uma ferramenta ideológica desse processo é disfarçar a Primeira Guerra Mundial com trajes democráticos. A mensagem política e teórica dessa conceituação é que a burguesia tornou-se vítima da "paixão revolucionária".

O texto argumenta que devemos descartar a simplificação demasiada da Primeira Guerra Mundial, simplificação que remonta a Hilferding, Rosa Luxemburgo e Lênin. Na análise de Furet, o líder bolchevique considerava o sistema capitalista motivo da guerra. Isto é, considerava que a guerra tivesse advindo de coisas comuns e "primitivas", como a busca de lucro e mais-valor, a luta por acumulação e a redistribuição de mercados – sendo os elementos mais básicos dessa luta os monopólios e as grandes potências. Se dispensarmos essa "simplificação grosseira" do "economicismo", contornamos dois problemas básicos: as verdadeiras razões da explosão de paixões e a questão da responsabilidade sobre a guerra. Furet culpa, primeira e derradeiramente, o povo e a opinião pública pela guerra. Até então a historiografia tradicional descrevera o povo como vítima. A centelha que causou o fatídico conflito, escreve Furet, "até mesmo tecnicamente, pode-se atribuir à atividade diplomática, e essencialmente ao acordo comum do povo, algo com que os governos vinham contando". O "consenso social" de que dependiam os governos aconteceu de modo quase automático[64].

É claro que a "descoberta" da natureza democrática da guerra não pode ser reivindicada por Furet, e sim – como Lênin já havia indicado – atribuída a Kautsky. Citando uma obra de Kautsky datada de 1910, Lênin alertara sobre uma possível "interpretação burguesa" da guerra, consistindo de sua "democratização". O lema de "defesa da pátria" e o mito de uma guerra democrática são complementares. De acordo com Lênin, tais palavras de ordem "serviam apenas para justificar o roubo".

> "Em caso de guerra entre Alemanha e Inglaterra, o que está em questão não é a democracia, mas a dominação mundial, isto é, a exploração do mundo. Não é uma questão em que os sociais-democratas devessem se aliar aos exploradores de sua nação" [...]; fazê-la passar por democrática significa enganar os operários, passar para o lado da burguesia reacionária.[65]

---

[64] Para saber mais sobre o livro de Furet, ver uma detalhada crítica escrita por Gizella Horváth, "A fasizmus és a kommunizmus összefüggéséről: François Furet titkai" [Sobre a correlação entre fascismo e comunismo: os segredos de François Furet], *Eszmélet*, n. 47, p. 33-44. Furet resolve o quebra-cabeça do "modo leninista de discursar" sem examinar as obras de Lênin. Isso se aplica também à análise leniniana da guerra. São "motivos sem importância" que não se encaixam na narrativa do *terror*. Portanto, uma "mudança narrativa" é necessária.

[65] Lênin cita texto de Kautsky em *Die Neue Zeit*, v. 28, n. 2, 1910, p. 776, citado em *Sobre uma caricatura do marxismo e sobre o "economismo imperialista"*, cit., p. 17.

Escrito no fim de 1915, o ensaio de Lênin "Oportunismo e a falência da Segunda Internacional" contém uma análise teórica plenamente desenvolvida da "defesa da pátria". É uma importante contribuição à metodologia, pois Lênin rejeitava as explicações subjetivas da traição pela Internacional. Acreditava ser "absurdo", "ridículo e anticientífico" atribuir o colapso da Internacional às políticas pessoais de Kautsky, Guesde ou Plekhánov. Em vez disso, o evento autorizava o exame do "significado econômico" da política vigente[66].

De acordo com Lênin, o pano de fundo da ideologia de "defesa da pátria" também deriva de "fatos econômicos".

> Em que consiste a essência *econômica* da "defesa da pátria" durante a guerra de 1914-1915? A resposta a essa pergunta foi dada no Manifesto de Basileia. A burguesia de todas as grandes potências trava a guerra com o fim de partilhar e explorar o mundo, com o fim de oprimir os povos. À burguesia isso gera lucros maiores; um pequeno círculo da burocracia operária, da aristocracia operária e de companheiros de jornada pequeno-burgueses (a intelectualidade etc.) pode receber algumas *migalhas* dos grandes lucros da burguesia. A causa de classe profunda do social-chauvinismo (termo mais preciso que "social-patriotismo", pois este adorna o mal) e do oportunismo é a mesma: a aliança de uma pequena camada de operários privilegiados com "sua" burguesia nacional contra as massas da classe operária.[67]

Além de fatores econômicos, Lênin atribui o impacto da "ideologia patriótica" sobre as massas a ilusões da guerra, servidão e intimidação. Também se referiu à posição anterior de Kautsky – na época ainda marxista – apresentada em *O caminho do poder* (1909). Esse texto se tornou fundamento da resolução antibélica e internacionalista de Basileia, de acordo com a qual "a era do capitalismo 'pacífico' ficara para trás e estava iminente a época de guerras e revoluções"[68].

Quando a guerra eclodiu, análise e teoria marxistas foram deixadas de lado e substituídas pela ideologia de "defesa da pátria", na tentativa de "prostituir" a classe operária. Àqueles que o acusavam de sectarismo, Lênin respondeu com uma referência irônica aos protestos antiguerra: "Será que essas más camaradas de Berlim foram desviadas do bom caminho pelo 'bakuninista', 'sectário' (ver Kolb e companhia) e 'irresponsável' manifesto do Comitê Central do Partido Russo, datado de 1º de novembro"[69]. Reiterou que o lema da "defesa da pátria"

---

[66] "O oportunismo e a falência da II Internacional", em OE6T, cit., v.2, p. 282-3.
[67] Ibidem, p. 283.
[68] Ibidem, p. 448.
[69] Ibidem, p. 453.

era somente uma justificativa imperialista para a guerra[70]. Apesar disso, seu escrito não nos permite reconstruir a linha de argumentação quanto ao tamanho da massa do proletariado ocidental que poderia se desvincular de "influências políticas e ideológicas oportunistas". Foi uma contradição peculiar, no caso de Lênin, que seus argumentos políticos e suas observações econômicas e sociológicas a respeito de revolucionar a classe operária tenham fracassado em reforçar uns aos outros – e, ao contrário, tenham se enfraquecido. Infelizmente, Lênin nunca levou tal contradição à luz.

No outono de 1916, seus argumentos teóricos quanto à *natureza da guerra*, suas causas, suas motivações e suas consequências foram enunciados de forma completa. Houve debates sobre a posição oficial adotada pela Internacional envolvendo nacionalistas de vários matizes, inclusive nacionalistas russos e os próprios camaradas "internacionalistas abstratos". Com base em sua crítica das visões "nacional" e "global", Lênin tentou demonstrar a Bukhárin, Piátakov e Luxemburgo que o argumento de "defesa da pátria"[71] não deveria ser atacado de maneira geral, que "o foco deveria ser sobre o uso desse lema como cosmético a fim de embelezar a atual guerra imperialista"[72].

No caso dos levantes nacionais anti-imperialistas, o lema da "defesa da pátria" é apropriado e mostra as relações em tempos de guerra entre nações opressoras e oprimidas, a partir da posição destas últimas. Como escreveu o próprio Lênin, "P. Kiévski [Piátakov] não notou que a insurreição nacional também é 'defesa da pátria'! [...] cada 'nação insurreta' se 'defende' da nação opressora, defende sua língua, seu território, sua pátria". Lênin delineou o conteúdo de classe do lema: nos casos em que "a burguesia das nações oprimidas [...] entra em acordos reacionários com a burguesia da nação opressora, pelas costas e *contra* seu próprio povo [...], a crítica dos revolucionários marxistas deve se dirigir não contra o movimento nacional, mas contra seu aviltamento, sua deturpação, que o transforma em uma disputa mesquinha"[73]. Em debates com os socialistas

---

[70] Lênin levantou esse problema com particular frequência em 1916, a fim de combater os efeitos da propaganda nacional oficial, indicando o teor nacionalista, "social-chauvinista", do lema. Ver, a esse respeito, sua resposta a P. Kiévski (I. Piátakov), escrita entre agosto e setembro de 1916, incluída em LCW, cit., v. 23, p. 22-7, bem como o citado *Sobre uma caricatura do marxismo e sobre o "economismo imperialista"*, p. 10-56.

[71] Ver as resoluções do Partido em LCW, cit., v. 21, p. 59-60.

[72] LCW, cit., v. 23, p. 13-21, especialmente p. 18. "A atual guerra unifica e 'funde' nações em coalizões por meio da violência e da dependência financeira. Em nossa guerra civil contra a burguesia, *nós* unificaremos e fundiremos as nações *não* por meio da força do rublo, não por meio da força do cassetete, não por meio de violência, mas por meio de um acordo *voluntário* e por meio da solidariedade dos trabalhadores contra os exploradores." Ibidem, p. 27.

[73] Ver *Sobre uma caricatura do marxismo e sobre o "economismo imperialista"*, cit., p. 41.

internacionalistas poloneses, formulou posição semelhante: "Uma guerra *entre* potências imperialistas, ou grupos de potências, na qual *ambos* os beligerantes não apenas oprimem 'povos estrangeiros', mas lutam para *decidir* quem terá a *maior parcela* da opressão dos povos estrangeiros!"[74].

O conceito de que a criação e a destruição dos Estados-nação fosse um problema de relações de poder econômicas e políticas específicas, de guerras e conflitos envolvendo muitos fatores políticos e econômicos, derivou da perspectiva histórica de Lênin. Isso é verdadeiro a despeito de, na era do imperialismo, as disputas e os cismas das grandes potências e empresas serem fator determinante da formação e, por fim, do destino de Estados-nação menores. A reivindicação pelo direito de autodeterminação das nações, na condição de doutrina política básica, deriva, quase automaticamente, da teoria anti-imperialista de Lênin.

## A questão nacional e a autodeterminação nacional: "duas culturas"

*Quanto mais democrático for o regime estatal, mais claro será para os operários que a raiz do mal é o capitalismo, não a falta de direitos. Quanto mais completa for a igualdade nacional (ela não é completa sem liberdade de separação), mais claro será para os operários da nação oprimida que a questão reside no capitalismo, não na falta de direitos etc.*

Vladímir Ilitch Uliánov Lênin[75]

Não há fundamento para declarar que o interesse de Lênin na questão nacional estivesse arraigado em qualquer tipo de compromisso pessoal. Não se podem descartar as experiências pessoais, pois seria difícil encontrar uma única reminiscência revolucionária, ou obra literária relevante, desde o início do século, que não mencione as várias manifestações de desprezo por outros povos, absolutismo nacional e opressão chauvinista que marcaram o império do tsar, seja na vida diária, seja nas zonas obscuras da política. Lênin, naturalmente, também sabia do caráter repressor da autocracia em relação às minorias nacionais. A Rússia se encontrava em um estado tal que um intelectual do período não poderia nem mesmo tangenciar a *questão nacional*. A literatura russa, como um todo, dá testemunho disso – de Dostoiévski a Tolstói, de Saltykov-Schédrin a Korolienko, de Bábel a Chólokhov. Os impérios multinacionais russo, austro-húngaro e turco depararam com iniciativas variadas e cada vez mais resolutas dos movimentos nacionais redivivos[76].

---

[74] LCW, cit., v. 22, p. 331. Ver ainda seu panfleto *O socialismo e a guerra*, cit., p. 227-267.

[75] *Sobre uma caricatura do marxismo e sobre o "economismo imperialista"*, cit., p. 53.

[76] Há abundante literatura disponível para análise do assunto; ver, por exemplo, Emil Niederhauser, *A nemzeti megújúlási mozgalmak Kelet-Európában* [Os movimentos pela renovação nacional no

De acordo com o censo de 1897, na virada do século o Império Russo, incomparavelmente multinacional, abrigava 128.924.289 pessoas. O povo que vivia nas regiões asiáticas compunha aproximadamente 10% da população total do império. Isso significa que a soma da população da Ásia central e dos caucasianos constituía número menor na virada do século (e mais tarde) que a população urbana do império em 1913 (que perfazia 18% da população total)[77]. É típico da mistura de etnias das cidades que, por exemplo, houvesse registro de 45 nacionalidades em Kharkiv e que a população de Odessa falasse 50 idiomas diferentes[78]. Evidentemente, a organização revolucionária nas metrópoles deparava com um emaranhado de problemas e conflitos étnicos e sociais. A repressão étnica, inseparável das tendências "russificadoras" do tsarismo, não deixava "incólumes" os operários.

Enquanto isso, Lênin notou que, no âmbito internacional, a social-democracia demonstrava algum interesse na questão nacional no início do século, dado que a Internacional estava ciente da pressão exercida pelos movimentos nacionais e pelo nacionalismo sobre a formação e o fortalecimento dos Estados-nação. Em 1896, o Congresso de Londres da Segunda Internacional reconheceu o *direito das nações à autodeterminação* e vinculou essa resolução às metas da revolução proletária. Deixou, no entanto, de destacar as especificidades e a complexidade da questão nacional no Leste Europeu. No início do século, essa questão não poderia ser evitada também pelo movimento operário russo.

---

Leste Europeu] (Budapeste, Akadémiai Kiadó, 1977), p. 385, e, do mesmo autor, *Kelet-Európa története* [A história da Europa oriental] (Budapeste, MTA Történettudományi Intézete, 2001); ver ainda Eric Hobsbawm, *Nations and Nationalism since 1780: Programme, Myth, Reality* (Cambridge, Cambridge University Press, 1990).

[77] O contexto dessa questão foi objeto de análise mais detida em meu livro *Bolsevizmus és nemzeti kérdés: Adalékok a nemzeti kérdés bolsevik felfogásának történetéhez* [O bolchevismo e a questão nacional: para uma história da abordagem da questão nacional pelos bolcheviques] (Budapeste, Akadémiai Kiadó, 1989). Os russos não apenas eram o povo mais numeroso, mas também a nacionalidade mais "amplamente disseminada". Cidadãos de nacionalidade russa compunham mais de 50% da população total, e isso correspondia a quase 10% a mais do que na virada do século. O segundo maior grupo nacional, os ucranianos, diminuiu em proporção no interior da população total. O sétimo maior grupo nacional, depois ainda dos bielorrussos, dos uzbeques, dos cazaques e dos tártaros, era formado pelos judeus. (No último ano de paz antes da Primeira Guerra Mundial, a população total da Rússia chegava a 139,3 milhões de pessoas.)

[78] István Dolmányos, *A nemzetiségi politika története a Szovjetunióban* [A história da política étnica na União Soviética] (Budapeste, Kossuth, 1964), p. 17. Em Vilna, no final do século XIX, a nacionalidade "original" – lituana – compunha uma minoria insignificante. O autor húngaro registra 3.231 lituanos vivendo ao lado de 61.844 judeus, 47.641 poloneses e 30.919 bielorrussos.

228    TAMÁS KRAUSZ

A questão nacional interessava a Lênin somente como problema básico de organização e política partidária, embora gradualmente tenha reconhecido seu alcance mais amplo. Quase cem estudos e artigos – muitos dos quais polêmicos[79] – específicos sobre a questão nacional antes da Revolução de Outubro demonstram sua grande dedicação ao assunto e a importância dele. Um exame cuidadoso de suas obras a respeito da questão nacional mereceria um estudo à parte. No entanto, pode-se indicar aqui, com certeza, que o legado de Lênin sobre a questão, entre 1912 e 1916, demonstra interesse e profundidade científicos. Em 1912, ele já argumentava que a *questão nacional* seria de excepcional importância no período seguinte e contava, acima de tudo, com a união dos movimentos nacionais e revolucionários sociais.

A questão nacional e, mais especificamente, o direito de autodeterminação das nações tiveram afirmação e definição políticas articuladas pela primeira vez no II Congresso do Partido Operário Social-Democrata Russo, em 1903[80]. Marcaram presença 46 delegados de todos os cantos do império e de 26 organizações social-democratas. A relação entre partido e nacionalidades, bem como o papel da associação dos operários judeus (Bund), também foi motivo de debate no POSDR. Por iniciativa de Lênin, Plekhánov, Mártov e outros intelectuais importantes do partido, passou-se uma resolução no II Congresso do Partido que tomava posição firme sobre a questão do Bund[81]. A resolução rejeitava a reestruturação federativa do partido baseada em nacionalidades, segundo o princípio de que o partido da classe operária *russa* – sendo baseado em classe – não se poderia dividir em seções nacionais.

O partido, de acordo com a nona cláusula do programa, declarava – e foi o primeiro a fazê-lo entre os sociais-democratas da Europa oriental – reconhecer *o direito das nações à autodeterminação*[82]. Escritos de Lênin e documentos

---

[79]  Emil Niederhauser, "Lenin és a nemzeti kérdés" [Lênin e a questão nacional], em *Nemzet és kisebbség* [Nação e minorias] (Budapeste, Lucidus, 2001), p. 65-83.

[80]  Uma investigação do princípio do direito das nações à autodeterminação da Revolução Francesa de 1789 até a Revolução de Outubro. O princípio já havia sido incluso no programa da Primeira Internacional (em 1865) após o levante polonês de 1863, uma expressão de protesto contra a política (étnica) do tsar. Ver Edward Hallett Carr, *The Bolshevik Revolution, 1917-1923* (Londres, Macmillan, 1960), v. 1, p. 411-7.

[81]  Na Rússia e na Polônia, a União Geral Operária Judaica se posicionou com os austro-marxistas a favor da autonomia cultural. Para o debate no Congresso, ver *Второй съезд РСДРП, июль-август 1903 года/ Vtorói siezd RSDRP, iiul-ávgust 1903 goda* [Atas do II Congresso do POSDR, julho-agosto de 1903] (Moscou, Protokóli, 1959), p. 50-107.

[82]  *Az SZKP kongresszusainak, konferenciáinak és KB plénumainak határozatai I. rész* [Resoluções dos congressos, conferências e reuniões de plenária do Comitê Central do Partido Comunista da União Soviética, parte 1] (Budapeste, Szikra, 1954), p. 51 e 64.

relacionados do partido afirmam, não obstante, que o reconhecimento do direito à autodeterminação e à secessão não deve ser confundido com o fato de ser oportuno ou não que dada nação se torne Estado soberano. Segundo essa postura, o reconhecimento do direito à autodeterminação de criar um Estado--nação soberano – isto é, secessão do Império e qualquer outra formação institucional de Estado – é, em geral, um direito civil democrático e fundamental que "qualquer social-democrata deve reconhecer". No âmbito político, esse é o único meio de autodefesa das minorias étnicas oprimidas contra o chauvinismo da Grande Rússia.

O reconhecimento do direito das nações à autodeterminação somou-se à tendência de desenvolvimento capitalista – ou talvez à oportunidade histórica de desenvolvimento capitalista – em levar à dissolução dos impérios europeus orientais, sob a pressão de suas contradições internas, em Estados-nação. A rápida expansão do capitalismo e a transformação burguesa minaram e destruíram economicamente os tradicionais impérios feudais e, com o fortalecimento dos mercados nacionais, despertaram várias formas de nacionalismo. Para os movimentos formados em torno dessa perspectiva,, a dispersão de antigas estruturas de Estado e a dissolução dos conflitos de classe em "unidade nacional" foram as metas mais importantes. Por isso, o programa do partido enfatizava que, sob condições capitalistas, o desenvolvimento interno do movimento operário exigia uma pauta que estabelecesse a unidade do movimento operário sem restrições nacionais.

Lênin expressou sua solução teórica para essa contradição aparentemente complexa em escritos do final de 1913 ao começo de 1914. Esboçou a tese, hoje famosa, de que, no desenvolvimento capitalista, duas tendências simultâneas estavam em evidência quanto à questão do nacionalismo. A primeira envolvia o "despertar da atividade nacional e dos movimentos nacionais", a "luta contra todas as formas de opressão nacional" e, para os Estados-nação, os mercados nacionais. A segunda tendência histórica era o desenvolvimento de elos econômicos, comerciais, científicos e outros entre nações, e a derrubada de fronteiras nacionais de acordo com a integração dos interesses globais e a expansão do capital internacional[83]. Embora Lênin acreditasse que ambas fossem "leis universais do capitalismo", contava com a ampliação das tendências integracionistas ao desenvolvimento do sistema capitalista e registrou a "confirmação" disso em seu livro sobre o imperialismo. Apenas durante a guerra depararia com a importância

---

[83] Vladímir I. Lênin, "Критические заметки по национальному вопросу"/ "Krititcheskie zametki po natsionalnomu voprosu" [Comentários críticos sobre a questão nacional], out.-dez. 1913. O artigo foi precedido por palestras de Lênin sobre a questão nacional em uma série de cidades suíças no verão de 1913 e, é claro, pelo relatório de outono da conferência de agosto (verão) do Comitê Central do POSDR.

capital do problema de que o capitalismo se dirigia a uma nova fase destrutiva. No contexto da luta de classes revolucionária, aquilo tornava a questão nacional vital à "política de alianças da classe operária". Lênin pretendia que o programa político dos sociais-democratas levasse em consideração ambas as tendências do desenvolvimento capitalista. Defendia "a igualdade das nações e idiomas e a proibição de quaisquer *privilégios* a esse respeito", em conjunto com uma "luta intransigente contra a contaminação do proletariado pelo nacionalismo burguês, mesmo aquele do gênero mais refinado"[84].

Todo o seu conceito teórico-econômico e político da questão nacional foi determinado por um pensamento já examinado em relação ao imperialismo, nascido de sua identificação da *subdivisão hierárquica tripartida do sistema mundial*, com base na "lei" do desenvolvimento desigual. Ao estudar a questão nacional e o problema do direito das nações à autodeterminação, Lênin delineou a estrutura básica do sistema mundial da seguinte maneira:

> A este respeito, devem-se dividir os países em três tipos principais: primeiro, os países capitalistas avançados da Europa ocidental e os Estados Unidos da América. Neles, os movimentos nacionais progressistas e burgueses terminaram há muito [...]. Segundo, Europa oriental: a Áustria, os Bálcãs e, particularmente, a Rússia. Aqui, foi especialmente o século XX que desenvolveu os movimentos nacionais democrático-burgueses e intensificou a luta nacional.

Os países coloniais foram incluídos no terceiro grupo, que abrigava nações cuja formação ainda estava em andamento[85]. Lênin alcançou a compreensão da "lei" do desenvolvimento desigual com base na variação de épocas e regiões históricas, diferenças básicas dos modos de produção e dos sistemas econômicos.

Durante o processo de, mais uma vez, "revisar" Marx, Lênin chegou a uma conclusão definitiva, a partir do ponto de vista da revolução:

> A revolução social não pode ser a ação unida dos proletários de todos os países pela simples razão de que a maior parte dos países e a maioria da população mundial nem mesmo atingiu, ou apenas acabou de atingir, o estágio capitalista de desenvolvimento [...]. Somente os países avançados da Europa ocidental e da América do Norte amadureceram para o socialismo.[86]

---

[84]  Ver "Critical Remarks on the National Question", LCW, cit., v. 20, p. 27.

[85]  Ver as teses em LCW, cit., v. 22, p. 150-1.

[86]  Em *Sobre uma caricatura do marxismo e sobre o "economismo imperialista"*, cit., p. 39, Lênin sugere que P. Kiévski (Piátakov) teria lido na carta de Engels a Kautsky de 12 de setembro de 1882 que "sonhar com a 'ação unificada dos proletários de *todos* os países' significa adiar o

Lênin considerava desdobramento importante que bancos e grandes monopólios "libertassem" de suas variedades nacionais de produção e opressão capitalista os pequenos Estados e colônias que não faziam parte do centro. Embora a luta pela liberdade nas colônias tivesse acabado de começar, Lênin já previa que, de certo modo, elas seriam empurradas de volta às circunstâncias do período colonial, na medida em que aquelas instituições capitalistas organizadas internacionalmente incorporariam o Estado-nação como instituição econômica sua e o transformariam em uma das funções do capital globalizado e de suas instituições.

O Império Russo sob domínio dos tsares parecia uma mistura de periferia e semiperiferia. A Rússia autocrática se encontrava em posição subsidiária diante do centro capitalista, mas também era potência colonialista, ainda que as colônias estivessem integradas ao Estado. A energia centrífuga dos movimentos nacionais em avanço, ao fim do século XIX, no Império Russo, impeliu os sociais-democratas, desde o começo, a buscar a unificação do movimento operário, desembaraçada de questões de origem nacional. Esse foi o mais alto objetivo no que se referia às metas revolucionárias.

A "posição estratégica de proeminência" de Lênin incorporava o reconhecimento da autodeterminação das nações como uma das circunstâncias especiais na via revolucionária, a célebre aliança "crítica" com os movimentos nacionais[87]. A novidade de sua abordagem do internacionalismo, em oposição àquela da social-democracia tradicional – que inclui Luxemburgo, entre outros teóricos –, foi que ele construiu exigências pela eliminação da opressão nacional, incluindo a opressão linguística e cultural, dentro do conceito "universalista" de luta de classes, na condição de conjunto diverso de problemas[88].

Em estudo sobre o direito das nações à autodeterminação, escrito na primavera de 1914 – mais uma vez polêmico quanto à posição de Luxemburgo[89] –, Lênin fustigou as considerações políticas que rejeitavam a autodeterminação nacional derivadas de princípios abstratos. Um conceito-chave da social-democracia estava

---

socialismo às calendas gregas, ou seja, para sempre". Ver "Reply to P. Kievsky (Y. Pyatakov)", em LCW, v. 23, p. 22-7. Para a carta de Engels a Kautsky, ver *Marx/Engels Collected Works* (MECW) (trad. Richard Dixon et al., Moscou/Nova York/Londres, Progress/International Publishers/Lawrence & Wishart, 1975-2005, 50 v.), v. 46, p. 320-3.

[87] "O princípio da nacionalidade é historicamente inevitável na sociedade burguesa e, levando essa sociedade em conta, o marxista reconhece plenamente a legitimidade histórica de movimentos nacionais. Mas para evitar que esse reconhecimento se torne uma apologia do nacionalismo, ele deve ser rigorosamente limitado ao que é progressivo em tais movimentos." LCW, cit., v. 20, p. 34.

[88] Vladímir I. Lênin, "Acerca da Brochura de Junius", em OE6T, cit., t. 2, p. 405-18.

[89] Lênin polemizou com um estudo de Rosa Luxemburgo que aparecera em polonês em 1908-1909, no qual ela rejeitava o direito das nações à autodeterminação por ser uma categoria "burguesa".

232  TAMÁS KRAUSZ

em jogo; desde as minorias nacionais locais até os participantes dos movimentos coloniais em meio a seus conflitos nacionais, virtualmente todos os oponentes do tsarismo iriam se beneficiar da autodeterminação[90].

Naqueles escritos, Lênin correlacionou as exigências nacionais, "purgadas" de nacionalismo, à cultura; seu objetivo era delinear, tão claramente quanto possível, as duas formas de abordar a "cultura nacional"[91]: a "marxista", "democrática" e "socialista" de um lado; a burguesa de outro. No outono de 1913, escreveu sobre como funcionava a "cultura nacional" burguesa.

> A cultura nacional da burguesia é fato (e, repito, a burguesia em toda parte celebra acordos com latifundiários e clero). Nacionalismo burguês agressivo, que entorpece a mente dos operários, debilita-os e desune-os para que a burguesia possa levá-los a cabresto – esse é o ponto fundamental desta época.[92]

Palavras de Lênin, ao deflagrar-se a guerra mundial: "O liberalismo russo degenerou em *nacional*-liberalismo. Ele rivaliza em 'patriotismo' com os Cem-Negros; vota sempre de bom grado pelo militarismo"[93]. Todos os matizes desaparecem à medida que as realidades da guerra polarizam as "duas culturas".

Seu estudo *Acerca do orgulho nacional dos grão-russos*, lançado após o início da guerra em dezembro de 1914, foi uma refutação das acusações liberais e conservadoras de que a social-democracia fosse desenraizada e antipatriótica. Demarcava bem a cultura nacional socialmente progressista. Para Lênin, aquilo significava uma dedicação, em ampla escala social, à cultura humanista russa, da qual o povo poderia ter verdadeiro orgulho. Tal cultura se encontrava em oposição a todas as realizações históricas e todos os interesses do tsarismo e da burguesia russa, da elite proprietária e do clero. Na concepção de Lênin, o "orgulho nacional" estava relacionado ao conceito de *liberdade*, a capacidade que a maioria do povo tinha de se emancipar da servidão.

> Estamos imbuídos do sentimento de orgulho nacional, e justamente por isso odiamos *em particular* nosso passado de escravos (quando os latifundiários nobres levavam para a guerra os mujiques para estrangular a liberdade da Hungria, da

---

[90]  Ver *Sobre o direito das nações à autodeterminação*, em OE3T, cit., v. 1, p. 509-556.

[91]  "Há a cultura da Grande Rússia dos Purichkiévitch, Gútchkovs e Struves – mas há também a cultura da Grande Rússia tipificada nos nomes de Tchernychiévski e Plekhánov. Há as mesmas duas culturas na Ucrânia, assim como na Alemanha, na França e na Inglaterra, entre os judeus, e assim por diante." *Critical Remarks on the National Question*, em LCW, cit., v. 20, p. 32.

[92]  Ibidem, p. 25.

[93]  Idem, *O socialismo e a guerra*, cit., p. 247.

Polônia, da Pérsia, da China) e nosso presente de escravos, quando os mesmos latifundiários, apoiados pelos capitalistas, nos levam à guerra [...]. Ninguém é culpado de ter nascido escravo; mas o escravo que não só evita aspirar a conquistar sua liberdade, mas também justifica e embeleza sua escravidão [...] é um lacaio e um estúpido, que causa um sentimento legítimo de indignação, desprezo e repulsa. [...] os grão-russos não podem "defender a pátria" de outra maneira que não seja desejando em qualquer guerra a derrota do tsarismo, como mal menor para nove décimos da população da Grande Rússia. Pois o tsarismo não apenas oprime economica e politicamente esses nove décimos da população, como os desmoraliza, humilha, desonra e prostitui ao habituá-los a oprimir outros povos, ao habituá-los a encobrir sua vergonha com frases hipócritas, pretensamente patrióticas.[94]

Uma carta escrita por Lênin em resposta a Stepan Chaumian, datada de dezembro de 1913[95], elucida seu compromisso com o cultivo do idioma e da cultura russos. Defende a ideia do Estado centralizado (continuaria a fazer isso até 1918) em consequência mais da necessidade de manter coeso o movimento operário. No entanto, no que se refere à questão nacional, Lênin volta-se à Suíça com único exemplo bem-sucedido e democrático de descentralização sob condições capitalistas. Dirige a Chaumian a seguinte pergunta: "Avançamos um programa nacional, do ponto de vista proletário; desde quando se recomenda que os piores exemplos, e não os melhores, sejam tomados como modelo?"[96].

Lênin mantinha a firme convicção de que a liberdade linguística ou cultural de um povo não deveria ser infringida nem mesmo minimamente e via o problema como parte do quadro de direitos democráticos fundamentais. Por essa razão, não aceitava nenhum idioma oficial do Estado, pois isso fortaleceria o chauvinismo da "grande nação" – as políticas russificadoras do tsar, naquela situação – e exacerbava as desigualdades e as subjugações já desenfreadas na vida diária. Foi orientado principalmente pela ponderação teórica e política de que considerações democráticas deveriam ser levadas em conta no que tangia à questão nacional[97].

---

[94] Idem, "Acerca do orgulho nacional dos grão-russos", em OE3T, cit., v. 1, p. 107.

[95] Carta de Lênin de 6 de dezembro de 1913 a S. G. Chaumian. Lênin gostava muito de Chaumian, cuja carta anterior ele descrevera como "especialmente agradável", porque "é possível se sentir menos isolado ao receber cartas assim". Ver LCW, cit., v. 19, p. 499-502.

[96] LCW, cit., v. 20, p. 41.

[97] Chaumian defendeu que a língua oficial do Estado deveria ser o russo. Lênin assumiu posição contrária à demanda por uma "língua estatal", reconhecendo que "a língua *russa* teve sem dúvida uma importância progressista para as várias nações pequenas e atrasadas. Mas você há de admitir que ela *teria tido* uma importância progressista muito maior se não tivesse havido compulsão". Lenin destacou o papel do fator *psicológico* em sua argumentação, pois qualquer forma de compulsão ou força apenas aprofunda o ódio. Admitia: "A economia ainda é mais

Lênin via o conceito político e ideológico austro-marxista de *autonomia cultural-nacional* como concessão ao nacionalismo que reprimia os esforços democráticos dos movimentos nacionais. Argumentava que o conceito expunha os movimentos à Igreja e a seus sacerdotes e, ao mesmo tempo, restringia a organização dos operários, incluindo os princípios e a práxis internacionalistas do movimento operário. Seja qual for a opinião sobre o argumento de Lênin contra o conceito de autonomia cultural de Otto Bauer, é certo que chame atenção para preconceitos, na medida em que, até 1918, os sociais-democratas austríacos não reconheceram o direito à autodeterminação nem dos povos nem das nações no território do Império Austro-Húngaro[98].

Lênin sempre abordou o papel e o caráter dos movimentos nacionais a partir de uma perspectiva *histórica* e de *classe*. Não apoiava a luta de todo e qualquer pequeno país contra as grandes potências imperialistas. Além disso, impunha uma condição estrita: não se deve apoiar o levante de nenhuma classe mais reacionária que a burguesia dos países capitalistas centrais[99].

Seguindo essa abordagem, descrevia a opressão nacional como forma específica de opressão de classe, com raízes econômicas e socioculturais próprias. A questão nacional era um problema de emancipação sociopolítica e econômico-cultural. Uma solução à questão nacional – escreveu – era que, mesmo no socialismo,

> a possibilidade torna-se *realidade* "apenas" – "apenas!" – com o estabelecimento da plena democracia em todas as esferas, incluindo o traçado de fronteiras do Estado de acordo com as "simpatias" da população e a completa liberdade de secessão. E [...] uma acelerada reunião e fusão de nações que será completa quando o Estado *definhar*.[100]

---

importante que a psicologia: na Rússia, nós *já* temos uma economia *capitalista*, o que torna a língua *russa* essencial". Interpretava, porém, a proposta de instituir sua obrigatoriedade como querer "sustentá-la [a economia] com as muletas do putrefato regime policial. [...] O colapso do miserável regime policial não multiplicaria dez vezes (até mil vezes) o número de associações voluntárias pela proteção e difusão da língua russa?". Ver LCW, cit., v. 19, p. 499-500.

[98] A resolução do Conselho de Poronin do Comitê Central bolchevique de agosto de 1913, preparada por Lênin, enfatizava que a "repartição da educação conforme nacionalidades é reacionária, do ponto de vista da democracia em geral e especialmente do ponto de vista da luta de classes do proletariado". *Az SZKP kongresszusainak, konferenciáinak és központi bizottsági plénumának határozatai 1. köt. 1898-1924*, cit., p. 363.

[99] "Se não quisermos trair o socialismo, *precisamos* apoiar toda revolta contra nosso principal inimigo, a burguesia dos grandes Estados, contanto que não seja a revolta de uma classe reacionária." LCW, cit., v. 22, p. 333.

[100] Ver "The Discussion on Self-Determination Summed Up", em LCW, cit., v. 22, p. 320-60, especialmente p. 325.

O quadro não estaria completo caso não se percebesse que Lênin tentava alcançar o entendimento do comportamento político das classes operárias ocidentais. Ao tentar compreender as razões da "prostituição" da social-democracia ocidental, Lênin também observou os fatores econômicos, políticos e intelectuais das relações entre países opressores e oprimidos.

Estudou a situação da classe operária nos Estados Unidos por intermédio do livro de Isaac Hourwich *Immigration and Labor* [Imigração e trabalho] (1912). No contexto de nações "dominantes" e "oprimidas", explicou a mudança de lado oportunista por parte da maioria das massas operárias da seguinte forma:

1) *Economicamente*, a diferença é que há partes da classe operária dos países opressores que recebem migalhas dos *sobrelucros* que os burgueses das nações opressoras obtêm explorando duplamente os operários das nações oprimidas. Além disso, os dados econômicos demonstram que entre os operários das nações opressoras é *maior* a porcentagem dos que chegam a "mestres" do que entre operários das nações oprimidas, *maior* a porcentagem dos que ascendem à *aristocracia* da classe operária. Isso é fato. Os operários da nação opressora são, *até certo ponto*, parceiros de *sua* burguesia na pilhagem dos operários (e da massa da população) da nação oprimida. 2) *Politicamente*, a diferença é que os operários das nações opressoras ocupam uma situação *privilegiada* em uma série de domínios da vida política, em comparação com os operários da nação oprimida. 3) *Ideologicamente*, ou espiritualmente, a diferença é que os operários das nações opressoras são sempre educados, tanto pela escola como pela vida, no espírito do desprezo ou do desdém em relação aos operários das nações oprimidas. Por exemplo, todo grão-russo que tenha sido educado ou tenha vivido entre grão-russos *experimentou* isso.[101]

Lênin esteve entre os primeiros marxistas e sociais-democratas a entender a verdadeira importância histórica da questão colonial. Sua conclusão política mais importante foi a de que os movimentos nacionais e coloniais acabam por se interligar, inevitavelmente – um ao outro e ao movimento trabalhista europeu –, caso a opressão imperialista crie interesses comuns no sistema mundial. No processo dessa percepção, ele parece ter subestimado sua observação anterior sobre como "a aristocracia operária" e o movimento operário dos países capitalistas centrais da Europa, em geral, alcançaram uma posição relativamente privilegiada como resultado da exploração das colônias. Tal privilégio assegurava o apoio dos operários à conservação do sistema capitalista. Lênin também demonstrou que as grandes potências imperialistas recrutavam grupos "adeptos

---

[101] *Sobre uma caricatura do marxismo e sobre o "economismo imperialista"*, cit., p. 36-7.

do sistema" entre os principais círculos dos movimentos nacional-coloniais e os prostituíam[102].

Em relação às fronteiras indistintas entre movimentos coloniais e nacionais na Rússia, Lênin denunciou o "colonialismo interno russo".

> E na Rússia? Sua particularidade consiste precisamente em que entre "nossas" "colônias" e "nossas" nações oprimidas a diferença não é clara, não é concreta, não é viva! [...] Para um socialista russo que queira não simplesmente *repetir*, mas *pensar*, deveria ser claro que no caso da Rússia é particularmente absurdo tentar estabelecer alguma diferença séria entre nações oprimidas e colônias.[103]

Entre os aliados da social-democracia revolucionária, o papel da autodeterminação nacional, tanto como princípio político quanto como ideologia, havia crescido. Essa questão desencadeou grandes disputas entre os mais próximos de Lênin. Ele polemizou com amigos bolcheviques que partilhavam de seus princípios (os "internacionalistas abstratos" Piátakov, Bukhárin, Rádek e Luxemburgo), pois estes subestimavam a pesquisa e a exploração necessárias das "mediações" e "transições" à meta final revolucionária e das possibilidades do momento.

Na interpretação de Lênin, tal movimento demonstrava uma distorção dúplice, semelhante à do "economicismo": uma distorção "tendente à direita" que rejeitava a "libertação dos povos oprimidos, a luta contra as anexações", e uma "tendente à esquerda" que se revelava no abandono da "luta pela reforma e pela democracia", um recuo em relação aos movimentos de massa e um fracionamento sectário do grupo[104]. Esses debates se repetiram com os socialistas

---

[102] "Nós *não* apoiaremos uma das classes reacionárias contra o imperialismo; nós *não* apoiaremos uma insurreição das classes reacionárias contra o imperialismo e o capitalismo." Ibidem, p. 43. Em oposição a Kiévski (Piátakov), Lênin chamava atenção aqui para o fato de que onde não há movimento trabalhista, é preciso que as palavras de ordem do movimento trabalhista sejam reformuladas para os "milhões de trabalhadores". Essa era a ruptura de Lênin com o sectarismo do "internacionalismo abstrato" que, no que dizia respeito às colônias, era incapaz de atentar para as forças sociais que poderiam alcançar o direito das nações à autodeterminação em benefício da luta anti-imperialista progressista.

[103] Ibidem, p. 48-9.

[104] "Sobre a tendência nascente do 'economismo imperialista'", em OE3T, cit., t. 1, p. 59-67; ver também *Sobre uma caricatura do marxismo e sobre o "economismo imperialista"*, cit. Esse grupo (Bukhárin, Piátakov e Boch, entre outros) foi formado durante esforços para fundar o jornal – de breve vida – *Kommunist*. Os editores do *Sotsial-Demokrat* deram início à publicação e ao financiamento do jornal na primavera de 1915. Além do artigo de Piátakov, Lênin também alinhou a essa tendência o artigo de Rádek, "Четверть века развития империализма"/ "Tchetvertveka razvitia imperializma" [Um quarto de século de desenvolvimento do imperialismo].

internacionalistas poloneses, com Lênin rotulando a rejeição do direito das nações à autodeterminação como "traição ao socialismo"[105]. Rejeitar esse princípio era apoiar "uma *forma de opressão política*".

Lênin considerava a autodeterminação nacional uma questão fundamental da democracia, a qual os revolucionários "não poderiam baratear!". Acreditava que, ao opor-se ao realinhamento imperialista das fronteiras feito à força, um socialismo que mais tarde ascenderia ao poder deveria retornar às tradições democráticas que regem o estabelecimento de fronteiras. Não fica claro se tal tradição alguma vez existiu no sistema capitalista, mas é certo que o "retorno" a essa tradição não era uma alternativa para a Rússia.

Quando Lênin encontrou correlação entre democracia e socialismo, ele estava bem ciente de que o capitalismo funciona *democraticamente* apenas sob condições históricas específicas: "Em geral, democracia política é apenas uma das *formas* possíveis de superestrutura *acima* do capitalismo (embora seja, em teoria, a costumeira do capitalismo 'puro')". Prossegue, de fato, sublinhando de forma enfática que o capitalismo e o imperialismo "se desenvolvem no contexto de *qualquer* forma política e subordinam a *todas*. É, portanto, erro teórico elementar falar da 'impraticabilidade' de *uma* das formas e de *uma* das exigências da democracia"[106].

Sobre esse assunto, mantinha a convicção de que os requisitos internos ao capitalismo central (capitalismo "puro") devessem se aplicar como requisitos também na periferia do sistema, independentemente de poderem ser concretizados ou não. É de algum interesse que ele visse as exigências de autodeterminação e autogoverno feitas pelos Estados como parte do "movimento democrático *mundial*, em geral".

> Em moldes individuais concretos, a parte *pode* contradizer o todo; nesse caso, deve ser rejeitada. É possível que o movimento republicano em um país seja apenas instrumento das intrigas clericais ou financeiro-monarquistas de outros países; caso assim seja, *não* devemos apoiar esse movimento concreto específico, mas seria ridículo eliminar, por tal motivo, do programa da social-democracia internacional a reivindicação por uma república.[107]

---

Por fim, Piátakov, Bogróvski, Bukhárin e Boch anunciaram o término do jornal, bem como do grupo que se havia formado ao redor dele, em uma carta a Lênin e Zinóviev enviada de Estocolmo, em 3 de dezembro de 1915. Ver RGASPI, cit., fundo 2, op. 5, doc. 620, p. 1.

[105] Vladímir I. Lênin, *The Discussion on Self-Determination Summed Up*, cit., p. 320-60.

[106] Ibidem, p. 326. Da mesma forma, se, assim como muitas outras demandas por democracia, o direito nacional de autodeterminação é impossível de se conquistar sob o regime capitalista, isso não significa que os sociais-democratas devam cessar sua luta por essa extensão da democracia.

[107] Ibidem, p. 341.

Pode-se, portanto, dizer que, na opinião de Lênin, a democracia burguesa era produto da exportação de relações e instituições de poder que representavam os interesses de determinada potência mundial. Ao mesmo tempo, ele acreditava que se deveria lutar pela transformação de autocracias em democracias.

Ao estudar os pontos de vista de Marx e Engels expressos em relação à Rebelião Húngara de 1848 e avaliar as experiências de 1848-1894, Lênin concluiu que a única razão para Marx e Engels terem se oposto aos movimentos nacionais dos tchecos e dos eslavos meridionais foi a posição destes contra "a libertação nacional húngara e a rebelião democrático-revolucionária", alinhando-se ao tsar. Lênin escreveu: "Marx e Engels, *na época*, fizeram clara e definitiva *distinção* entre 'nações inteiras reacionárias' que serviam de 'postos avançados da Rússia' na Europa e 'nações revolucionárias', a saber, alemães, poloneses e magiares". A lição daí extraída por Lênin não foi que Marx desejasse que alguns povos simplesmente desaparecessem da história, como tentariam demonstrar alguns intérpretes posteriores, mas que tivesse vislumbrado que

os interesses de libertação de algumas nações grandes e muito grandes da Europa superam os interesses do movimento pela libertação de pequenas nações; que a exigência de democracia *não se deve considerar de maneira isolada*, mas em *escala europeia — hoje deveríamos dizer mundial.*[108]

Essa linha de raciocínio "significa que os interesses democráticos de um país devem se subordinar aos interesses democráticos de *muitos e todos os países*", de modo que, em favor do sucesso do movimento mundial em geral, possam superar os interesses de uma fração, permitindo que, por fim, prevaleçam os interesses universais do socialismo[109].

Esta última percepção foi uma das ideias que levou ao estabelecimento da nova Internacional, enquanto a guerra mundial cumulava exemplos de situações em que interesses parciais dominavam o todo. A fraqueza da posição de Lênin foi o fato de não ter ainda alcançado uma solução analítica para determinar quem poderia "subordinar" os interesses bastante heterogêneos que surgiriam em uma "democracia" aos interesses mais amplos dos grupos e dos movimentos revolucionários nas nações maiores.

Além do reconhecimento da secessão, foi capaz de propor, no campo da prática, a "educação internacionalista da classe operária"[110]. Não é difícil imaginar quão limitado era o escopo de uma "educação internacionalista" no verão de

---

[108] Idem; grifos do original.
[109] Ibidem, p. 345.
[110] Ibidem, p. 346.

1916. Ainda assim, um conceito desse campo já se encontrava posicionado para quando a social-democracia obtivesse "acesso" direto aos operários e aos camponeses rebeldes, os quais, então, já odiavam a guerra.

Tomando Irlanda e Polônia como exemplos das contradições encontradas no provincianismo das pequenas nações, Lênin indicou onde deveriam ser apoiadas, ou não, as reivindicações do direito de secessão. De acordo com sua lógica, a social-democracia, no caso da Polônia, não precisaria erguer o estandarte da secessão nacional em verdadeira reivindicação, porque poderia tornar-se "lacaia de uma das monarquias imperialistas". No caso da Irlanda, Lênin chegou a uma conclusão exatamente oposta. Referindo-se à rebelião irlandesa, então em andamento, disse que a revolução social não poderia ser concebida sem as rebeliões das pequenas nações europeias e dos povos colonizados, que são, em termos sociais, inerentemente anti-imperialistas, como foi a revolta irlandesa de 1916. Tais rebeliões auxiliavam a "luta do proletariado socialista contra o imperialismo", pois solapavam a estabilidade sociopolítica interna das potências colonialistas imperialistas. Portanto, podem se tornar aliadas próximas do movimento trabalhista em sua luta revolucionária: "Um golpe desferido contra o poder da burguesia imperialista inglesa pela rebelião na Irlanda é cem vezes mais importante politicamente que um golpe de igual força desferido na Ásia ou na África"[111].

O empenho de Lênin em tal "redenção revolucionária" sugere que ele não tinha considerado adequadamente o peso das consequências políticas do sentimento antirrusso acumulado pelo povo polonês. Isso não significa que seus camaradas tenham se mostrado mais "sensíveis" ao problema. Afinal, em seus escritos, Lênin se opunha aos internacionalistas russos – como Trótski e Mártov – quanto à questão nacional, pelo fato de que as posições destes eram muito inflexíveis no que dizia respeito àqueles tipos de expectativa política. No que tangia ao reconhecimento por parte deles do direito à autodeterminação, por exemplo, Lênin escreveu:

> Veja-se o artigo de Trótski, "A nação e a economia", no *Наше слово/ Nache Slovo* [Nossa palavra]; ali se encontra seu ecletismo costumeiro: de um lado, a economia une as nações; de outro, a opressão nacional as divide. A conclusão? A conclusão é a de que a hipocrisia dominante ainda não foi desmascarada, a agitação é enfadonha e não atinge o que é mais importante, básico, significativo

---

[111] Ibidem, p. 356-7. "É um infortúnio dos irlandeses que eles tenham se levantado prematuramente, antes que a revolta europeia do proletariado tivesse tempo de maturar. O capitalismo não é construído de forma tão harmoniosa a ponto de as diversas fontes de rebelião imediatamente se fundirem por conta própria, sem reveses e derrotas." Ibidem, p. 358.

240 TAMÁS KRAUSZ

e estreitamente vinculado à prática – a atitude que se apresenta *diante* da nação oprimida por "nossa própria" nação.[112]

Lênin antevia uma relação proativa por parte dos operários da nação opressora, em apoio à secessão, à "libertação" do povo dependente, oprimido e colonizado.

Sob as condições de liberdade política que se seguiram à Revolução de Fevereiro, ele e os bolcheviques logo depararam com toda a gama de problemas práticos envolvidos na questão nacional. Pável Miliúkov, ministro das Relações Exteriores do governo provisório e figura de proa no Partido KD, afirmou claramente durante o VIII Congresso de seu partido, em maio de 1917, que a "divisão do país em unidades independentes e soberanas é absolutamente inadmissível pelo partido". E acrescentou: "No presente momento, o Partido da Liberdade do Povo* não considera que a criação de organizações estatal-territoriais seja a solução adequada"[113]. Posição radicalmente oposta foi esboçada no famoso Congresso do Partido Bolchevique de abril de 1917; no entanto, uma federação, como possibilidade histórica realista, não veio à baila[114].

O congresso enfatizou que a real concretização da secessão e da propaganda que a ela conduziria não era meta da revolução operária. Ao contrário, o objetivo básico da revolução socialista era, derradeiramente, "estabelecer o Estado soviético socialista universal" – no espírito da Resolução de Poronin, formulada por Lênin e adotada pelo Comitê Central em setembro de 1913. Baseada em proposta de Stálin, a resolução da conferência declarava o reconhecimento do direito do povo à secessão; da autonomia territorial aos povos que desejassem permanecer dentro das fronteiras de determinado Estado; de leis separadas para minorias nacionais

---

[112] Ibidem, p. 359.

\* Uma das denominações usadas pelo Partido Constitucional-Democrata (KD). (N. E.)

[113] Robert Paul Browder e Aleksandr Fiódorovitch Keriénski (orgs.), *The Russian Provisional Government, 1917: Documents* (Stanford- CA, Stanford University Press, 1961), p. 317.

[114] A estrutura organizacional do novo Estado foi conceitualizada de muitas formas diferentes. Stálin, que junto a Chaumian e Zinóviev fortalecia seu nome entre os bolcheviques no que dizia respeito à questão nacional, após seu artigo "O marxismo e o problema nacional", de 1913 (embora Lênin jamais tenha citado o artigo que ele próprio incentivara Stálin a escrever), rejeitou resolutamente o conceito federal em "Abolição das incapacidades nacionais", na edição n. 17 do *Pravda*, de março de 1917, e defendeu a causa da autonomia: "É, portanto, necessário proclamar: 1) autonomia política (não federação!) para regiões representando territórios econômicos integrais que possuem uma forma específica de vida e populações de uma composição nacional específica, com o direito de conduzir 'negociações' e 'educação' em suas próprias línguas; 2) o direito de autodeterminação para tais nações, que não pode, por uma ou outra razão, se dar no interior do quadro do Estado integral. Esse é o caminho em direção à verdadeira abolição da opressão nacional".

Recon struindo Lênin    241

a fim de que se garantisse seu livre desenvolvimento; e do partido indivisível e unificado a serviço do proletariado de todas as nacionalidades[115].

Ao mesmo tempo, o grupo internacionalista abstrato de Piátakov, Dzerjínski e Bukhárin ainda pensava em termos de uma revolução internacional indivisível por limites nacionais. Ao conceito faltava apreciação histórico-política mais completa das especificidades russas (e europeias orientais). Piátakov explicava tal universalismo da seguinte maneira:

A partir da análise do novo período do imperialismo, podemos afirmar que não há luta pelo socialismo, exceto aquela sob o estandarte que declara *abaixo todas as fronteiras*, toda luta para eliminar fronteiras, até mesmo a ideia de qualquer outra luta não se deve sequer entreter.[116]

Lênin se distanciava de todos os aspectos dessa posição, que, na prática, mostrava-se completamente inadequada. Segundo estimativa de Lênin, a ela faltavam demandas de transição e havia negligência em relação aos movimentos camponeses e étnicos da Rússia.

O camarada Piátakov simplesmente rejeita nosso lema, afirmando que ele significa a ausência de um lema para a revolução socialista, mas o próprio Piátakov não oferece alternativa apropriada. O método da revolução socialista sob o lema "abaixo as fronteiras" está de todo confuso. Não conseguimos publicar o artigo em que chamei essa visão de "economicismo imperialista". O que significa o "método" da revolução socialista sob o lema "abaixo as fronteiras"? Sustentamos que o Estado é necessário, e o Estado pressupõe fronteiras. O Estado, está claro, pode conter um governo burguês; no entanto, precisamos dos sovietes. Até mesmo os sovietes se confrontam com a questão das fronteiras. O que significa "abaixo as fronteiras"? É o início da anarquia. [...] O "método" da revolução socialista sob o lema "abaixo as fronteiras" é simplesmente bagunça. [...] Se Finlândia, Polônia ou Ucrânia se separarem da Rússia, não haverá nada de mau nisso. O que há de errado nisso? Qualquer um que afirme o contrário é chauvinista. Deve-se estar louco para continuar a política do tsar Nicolau.[117]

No quarto artigo de sua plataforma, os "internacionalistas abstratos" afirmavam o seguinte: "O lema da 'autodeterminação nacional' é, acima de

---

[115] *Сүедьмая (Апрельская) Всероссийская конференция РСДРП (большевиков): протоколы/ Sedmáia (Apriélskaia) Vssierossíiskaia konferiéntsia RSDRP (bolchevikov): protokóly* [A Conferência (abril) de Toda a Rússia do POSDR (bolcheviques): protocolos] (Moscou, 1958), p. 212.

[116] Ibidem, p. 215; grifos do original.

[117] LCW, cit., v. 24, p. 299-300.

tudo, utópico (impossível de realizar-se sob as condições do capitalismo) e danoso, pois inculca ilusões". *A posição neutra como regra geral* em relação aos movimentos nacionais, aqui indicada, era defendida por Piátakov, Bukhárin e Boch sobre fundamentos puramente teóricos. O resultado era verdadeiramente sectário: "A social-democracia não pode estabelecer exigências *mínimas* no campo da atual política externa"[118]. Tal debate não foi obstáculo, porém, à cooperação próxima entre Bukhárin e Lênin no fim de 1916 e no início de 1917, quando Bukhárin organizou o grupo internacionalista de imigrantes russos nos Estados Unidos[119]

Um dos pupilos políticos de Lênin, Liev Boríssovitch Kámenev, enfatizava, ao falar do direito à autodeterminação, que não pode haver partido socialista nem democrata sem o reconhecimento do direito das nações à autodeterminação. Qualquer outra posição serve apenas para santificar as divisões imperialistas atuantes antes e após a guerra. Kámenev notou que "a história tomou tal direção que, para qualquer partido democrático, rejeitar essa palavra de ordem seria suicídio"[120].

Os mencheviques assumiram um posicionamento relativamente positivo. Em artigo para a edição de 16 de junho de 1917 do *Единство/ Edinstvo* [Unidade], Plekhánov criticava o governo provisório e incitava o reconhecimento absoluto do "direito da Ucrânia à autonomia". Nesse caso, o reconhecimento do direito das nações à autodeterminação em princípio e a oferta de "autonomia" na prática serviam ao propósito de a Rússia "construir com a Ucrânia a mais forte unidade possível, diante do militarismo alemão, ao fazer com que a Rada Ucraniana abandone sua meta de secessão do Estado russo"[121].

---

[118] Ver mais sobre essa plataforma em Mikhail Pokróvski (org.), *Очерки по истории Октябрьской Революции/ Otchérki po istórii Oktuabrskoi Revoliútsi* [Ensaios sobre a história da Revolução de Outubro] (Moscou, Gossudárstvennoie Izdátelstvo, 1927), 2 v. Diz uma versão resumida do texto: "A luta contra a opressão nacional não pode ser diferente [...] da luta contra o capitalismo em geral". A plataforma continuou não considerando um possível papel progressista para os movimentos nacionais. Em relação ao opressor e à nação oprimida, "nossa tarefa – nossa prioridade – é mobilizar as forças do proletariado das duas nações (juntas) sob a bandeira da guerra civil de classe e em apoio à propaganda socialista, para contrariar as forças que atualmente se aglutinam em torno do lema 'direito das nações à autodeterminação'". Robert Paul Browder e Aleksandr Fiódorovitch Keriénski (orgs.), *The Russian Provisional Government*, cit., p. 30.

[119] Ver a carta de Bukhárin a Lênin: "Caro Vladímir Ilitch, apesar de todas as nossas opiniões conflitantes etc. etc., penso que de modo geral continuaremos a trabalhar juntos". RGASPI, cit., fundo 2, op. 5, doc. 721, p. 1.

[120] Liev Kámenev, "Плоды просвещения"/ "Plody prosveschíeniia" [Os frutos da educação], *Pravda*, 14 jun. 1917.

[121] Robert Paul Browder e Aleksandr Fiódorovitch Keriénski (orgs.), *The Russian Provisional Government*, cit., p. 91-3.

Por fim, a resolução aceita no congresso unificado do POSDR (mencheviques) em agosto de 1917 declarava – divergindo da posição de Plekhánov – que o partido punha-se ao lado do "princípio da autonomia cultural-nacional" e rejeitava uma federação. A plataforma aprovada no conselho de maio/junho de 1917, dos assim chamados partidos nacionais socialistas, ainda mantinha a mesma posição[122]. Aparentemente, a dissolução da estrutura tradicional sobre a qual a Rússia se construíra foi bastante impopular – independentemente de identidade nacional – também entre os mencheviques. A meta de preservar a república burguesa, impedir maior radicalização da revolução, isolar a tendência revolucionária do proletariado, inspirada pelos bolcheviques, e deter o colapso das estruturas imperiais uniu quase todos os grupos do campo menchevique.

A dissolução do Império Russo fortaleceu os objetivos naturais da revolução para os bolcheviques. Eles rejeitavam a preservação das antigas estruturas, considerando-as impossíveis de ser reformadas. Depois de Outubro, Lênin se baseou nesses argumentos para passar do apoio à centralização a um acordo com a criação de uma estrutura de Estado federativo sobre as ruínas do velho império[123].

O grau em que o ponto de vista teórico abstrato penetrou a mentalidade de muitos líderes do partido demonstra-se claramente pelo fato de que sete dos nove membros que tomaram posição sobre a questão nacional apoiaram a proposta de resolução de Piátakov, embora, por fim, tenham votado contra ela na conferência[124]. Depois de Outubro, o problema étnico-nacional, sobrecarregado de novos conflitos, desempenhou papel central no trabalho de Lênin de construir o Estado, e a criação do Estado federativo soviético tornou-se sua principal e exclusiva missão.

---

[122] Ibidem, p. 96 e 451-5.

[123] Para detalhes sobre essa controvérsia, ver Tamás Krausz, *Bolsevizmus és nemzeti kérdés*, cit., p. 22-8.

[124] Por fim, a resolução formulada por Stálin e apoiada por Lênin e Zinóviev ganhou a votação na conferência (56 a favor, 6 contra e 18 abstenções). Onze delegados votaram pela proposta de Piátakov, 48 contra e 19 abstenções. Ibidem, p. 210-2, 214 e 227.

Книгоиздательство „ЖИЗНЬ и ЗНАНІЕ".
Петроградъ, Поварской пер., д. 2, кв. 9 и 10. Телефонъ 227-42.

Библіотека Обществовѣдѣнія. Кн. 40-я.

В. ИЛЬИНЪ (Н. Ленинъ).

# ГОСУДАРСТВО
# и
# РЕВОЛЮЦІЯ

Ученіе марксизма о государствѣ и задачи пролетаріата въ революціи.

ВЫПУСКЪ I.

ПЕТРОГРАДЪ.
1918.

Folha de rosto da primeira edição de *O Estado e a revolução*, publicada na Rússia em 1918.

*A onipotência da "riqueza" funciona, portanto, melhor em uma república democrática, uma vez que não depende de determinados defeitos do mecanismo político, do mau invólucro político do capitalismo. A república democrática é o melhor invólucro político possível para o capitalismo; por isso, o capital, tendo se apoderado [...] desse melhor invólucro, fundamenta seu poder de modo tão sólido, tão seguro, que nenhuma substituição na república democrática burguesa, nem de pessoas nem de instituições, tampouco de partidos, abala esse poder.*

Vladímir Ilitch Uliánov Lênin*

---

\*   *O Estado e a revolução: a doutrina do marxismo sobre o Estado e as tarefas do proletariado na revolução* (trad. Edições Avante! e Paula Almeida, São Paulo, Boitempo, 2017), p. 36.

# 5

# O ESTADO E A REVOLUÇÃO

## O impacto de *O Estado e a revolução*, de Lênin, e seu contexto histórico

*O Estado e a revolução: a doutrina do marxismo sobre o Estado e as tarefas do proletariado na revolução*, de Lênin, foi escrito entre agosto e setembro de 1917 e publicado pela primeira vez no ano seguinte. Talvez seja sua obra mais influente, mais lida e mais altamente valorizada[1]. A relevância desse curto livro é inquestionável até mesmo para biógrafos e analistas que o consideram, do ponto de vista teórico, insignificante e rudimentar[2]. Nem mesmo os críticos que o examinam a-historicamente, isolando-o como uma espécie de obra especializada ou que "não foi validada pela história e, portanto, é desprovida de interesse", podem passar ao largo dele. O assunto fundamental da obra e sua área de interesse abrangem a *intersecção de Estado e as relações de classe na teoria marxista*.

Em 1970, Tibor Hadju afirmou que a importância de *O Estado e a revolução* era indiscutível. Seu autor havia "desenterrado, em parte por si mesmo e em parte seguindo os passos de outros eruditos marxistas, as ideias esquecidas de Marx", de modo a melhor capturar teoricamente os prognósticos da revolução

---

[1]    Essa era a opinião de Louis Fischer no fim dos anos 1960 em seu *The Life of Lenin* (Nova York/ Evenston/Londres, Harper & Row Publisher, 1964), p. 113.

[2]    Há autores que professam que o principal objetivo dessa obra de Lênin, mesmo tendo sido escrita em profunda clandestinidade, é uma espécie de ambição pessoal por poder. "Entre os principais objetivos de Lênin como marxista, estava provar a correção de sua própria ideologia." Essa afirmação sustenta que considerações de manejo de poder eram a força motriz por trás também da escrita desse livro. Ver Robert Service, *Lenin: A Political Life*, v. 2: *Worlds in Collision* (Londres, Macmillan, 1991), p. 216-7.

## 248 TAMÁS KRAUSZ

socialista[3]. A mesma descoberta havia sido feita nos anos 1920 por Bukhárin – que anteriormente fora criticado a esse respeito pelo próprio Lênin – em uma palestra sobre comunismo[4].

O século XX testemunhou, no mundo inteiro[5], movimentos políticos construídos sobre essa obra inacabada de Lênin. Não apenas os comunistas leram o volume como uma bíblia – até que Stálin o arrancasse de suas mãos, baseado em sua convicção estatista –, mas partidos e movimentos antiestatistas e antica-

---

[3] Tibor Hajdu tentou restaurar as percepções teóricas e históricas dessa obra. *O Estado e a revolução* apareceu como um tipo de literatura "desnecessário" ou "fora de moda" na prática da ideologia socialista de Estado stalinista. Tibor Hajdu, "A szocialista állam elméletének történetéhez" [Sobre a história do Estado socialista], *Magyar Filozófiai Szemle*, v. 2, 1970, p. 205-33. Para o "viés" contrário, ver Ottó Bihari, *A szocialista államszervezet alkotmányos modelljei* [Os modelos constitucionais de estrutura estatal socialista] (Budapeste, Közgazdasági és Jogi Könyvkiadó, 1969). Fica claro, com Bihari, que a obra de Lênin não era apropriada para as reformas de mercado de 1968. Hajdu acertou ao assinalar em sua reconstrução que "a sociologia burguesa prefere examinar a estrutura, a eficiência e as funções administrativas do Estado, em vez daquilo que é crucial para o marxismo: a relação entre o Estado e as classes". Permita-nos acrescentar que é disso que *O Estado e a revolução* de fato trata.

[4] Nessa conferência, Bukhárin – àquela altura já um excelente discípulo de Lênin – reconheceu o papel histórico de Lênin ao discutir a questão do Estado, afirmando que "ele foi o primeiro a conduzir explorações arqueológicas das teorias de Marx, limpando-as das camadas de poeira deixadas por seus intérpretes e comentadores, como Kautsky e Plekhánov". Ver "Лекция Н. Бухарина: развитие коммунизма от Маркса до Ленина"/ "Lektsia N. Bukhárina: razvitijie kommunizma ot Marksza do Liénina" [Palestra de N. Bukhárin: o desenvolvimento do comunismo, de Marx a Lênin], em Российцкии Государственный Архив Социально-политической Исцтории/ Rossíski Gossudárstvenny Arkhiv Sotsialno-polititcheskoi Istóri (RGASPI) [Arquivo Estatal Russo de História Política e Social], fundo 329, op. 1, doc. 40, p. 2-3.

[5] Lênin prestou muita atenção ao destino de seu panfleto após a Revolução de Outubro. O posfácio de 30 de novembro de 1917 indica que a publicação ainda não estava finalizada: "O presente texto foi escrito em agosto e setembro de 1917. Eu já tinha estabelecido o plano do capítulo seguinte, o sétimo: 'A experiência das revoluções russas de 1905 e 1917'. Mas, além do título, não tive tempo para escrever uma única linha desse capítulo – 'impediu-me' uma crise política, a véspera da Revolução de Outubro de 1917. [...] É mais agradável, é mais útil viver a 'experiência da revolução' do que escrever sobre ela". Ver *O Estado e a revolução*, cit., p. 149. O "Caderno azul", cujo nascimento Kazakévitch relata em um belo livrinho, continha as anotações que Lênin havia preparado no início de março em Zurique. Na época, Ian Biérzin, o emissário da Rússia soviética na Suíça, desempenhou um papel central na difusão da obra em terras estrangeiras – em uma carta datada de 1º de novembro de 1918, Lênin expressa sua gratidão por uma edição alemã. No pós-escrito da mesma carta, solicitou a Biérzin que criticasse tanto Kautsky quanto Vandervelde no prefácio do editor quando ficasse pronta a tradução francesa de *O Estado e a revolução*, pois ele próprio estava prestes a fazê-lo; para finalizar, deu instruções a respeito da distribuição do livro em Berlim. Ver LCW, cit., v. 44, p. 160-1. Por fim, a edição francesa foi publicada em Moscou em 1919.

pitalistas em geral consideraram que a obra merecia estudos aprofundados. Isso aconteceu, em primeiro lugar, porque ela esboçava um futuro socialista atraente, que levava à esfera política elevados valores sociocomunais.

É óbvio que deve haver um "segredo" para o sucesso do livrinho, pois sua influência histórica vai muito além da de qualquer outra obra sobre o mesmo tema, embora outras possam ter sido mais bem executadas. O livro é fácil de ler, e sua lógica é claramente exposta. Cobre os requisitos de uma explicação científico-teórica, bem como aqueles de um panfleto político. É uma obra apaixonada, plenamente imersa no espírito da luta, soa tanto como chamado ao estabelecimento da revolução proletária quanto como resumo clássico das metas fundamentais da revolução. Além disso, delineia um conceito de revolução do Estado que reconstrói os escritos mais importantes de Marx e Engels, abordando a questão de maneira a mobilizar a *tradição* com a finalidade de realizar o Estado comunal. Não por acaso, foi utilizada como "manual" pelos movimentos revolucionários. Afinal, o subtítulo do livro mostra a intenção prática de tornar-se guia dos operários revolucionários: "A doutrina marxista sobre o Estado e as tarefas do proletariado na revolução".

A relevância do livro para a história mundial é ter se tornado – em mais de um sentido – *a filosofia da Revolução de Outubro*. A revolução é apresentada por intermédio de seu objetivo imediato (tomar o poder) e sua meta final (parceria voluntária de comunidades livres) e mostra a revolução política como ímpeto inicial da revolução social. Embora preceda a revolução, sua perspectiva tornou-se parte integral da teoria crítica por meio da qual se abordariam os desdobramentos políticos desta; mais tarde, foi vulgarizada à maneira utópica, especialmente pela propaganda marxista-leninista durante o período do socialismo de Estado. Décadas depois, dentro da "narrativa" ideológica dominante no mundo antiutópico da mudança de regime, essa obra de Lênin acabou sublimada sob o disfarce de sonhos vagos de fantasia doutrinária, os quais todas as tendências intelectuais "sérias" deveriam (e devem) ridicularizar.

Duas tendências principais são observadas entre as análises mais notáveis. Uma abordagem entende o livro como obra teórica intrinsecamente coerente e consistente (por exemplo, Neil Harding e Kevin Anderson), fundamentada em ideais e princípios libertários. A outra abordagem toma as circunstâncias e as consequências históricas do período após a revolução e as historiciza, como se *O Estado e a revolução* tivesse sido inspiração – e expressão de uma guinada – para desdobramentos autoritários (por exemplo, A. J. Polan e Robert Service)[6].

---

[6] Por um lado, ver Neil Harding, *Lenin's Political Thought*, v. 2 (Nova York, St. Martin's Press, 1981), e Kevin Anderson, *Lenin, Hegel and Western Marxism* (Urbana, University of Illinois Press, 1995); por outro, ver A. J. Polan, *Lenin and the End of Politics* (Londres, Methuen, 1984),

250 Tamás Krausz

Entre todas as obras de Lênin, *O Estado e a revolução* foi a que sobreviveu de modo mais interessante. O flanco marxista e, na verdade, quase todos os movimentos anticapitalistas e críticos do Estado a tomaram para si. O texto pode se aplicar em oposição tanto aos conceitos capitalistas quanto aos stalinistas do Estado, na medida em que a meta marxista, a da extinção do Estado, era (e é) objetivo declarado da Revolução Russa e da revolução socialista universal.

A ideia de transpor *O Estado e a revolução* para contextos históricos diferentes surgiu durante a última fase do socialismo de Estado, especialmente na análise weberiana, liberal, com o objetivo de firmar o livro como precursor histórico do período stalinista e da interpretação stalinista. A conclusão dessa linha de raciocínio foi que o Estado soviético e suas instituições foram cristalizados por Lênin nessa obra, na condição de sustentáculo ideológico do monopólio comunista do poder. Assim, o texto de Lênin tornou-se "agente e componente ativo na realização do futuro vindouro". Veio a postular-se uma relação causal entre a obra de Lênin e o desdobramento que se seguiu à revolução. Isto é, entre *O Estado e a revolução* e o *gulag* de Stálin. Essa posição pretende eliminar a diferença entre o Lênin "autocrático" de *Que fazer?* e o Lênin "libertário" de *O Estado e a revolução*, comprovando que as mesmas filosofia e política "autoritárias" estão no âmago de ambos os textos[7].

Críticas marxistas posteriores revelaram os traços ideológicos a-históricos e "presentistas" que caracterizaram a abordagem endossada por A. J. Polan. Demonstrou-se também que a análise weberiana explica a unificação em "um órgão de trabalho, Executivo e Legislativo ao mesmo tempo" como conceito autoritário, pois pavimenta o caminho para críticas teóricas e políticas da democracia burguesa.

Fato é que essa tese é o ponto em que começa e termina qualquer liquidação das estruturas burocráticas independentes, caso se busque transcender os limites da democracia burguesa ou qualquer tipo de poder ditatorial[8]. *O Estado e a revolução* emprega linguagem clara. Afirma com franqueza sua aliança partidária e seu compromisso de classe, fato que causou calafrios ao oficialismo científico, já desde aquela época. Isso encontrou expressão em uma formulação de Lênin, citada com frequência, a respeito da essência da política:

---

e Robert Service, *Lenin: A Political Life*, v. 3: *The Iron Ring* (Londres, McMillan, 1994), p. 379-80. Essa última obra crítica, mediante uma distorção nada pequena de fatos, "contextualizou" *O Estado e a revolução* com base nos escritos de Kautsky (*A ditadura do proletariado*) e de Mártov de 1918-1919, e apresentou uma justificação essencialmente literária da guerra civil e do terror.

[7] A. J. Polan, *Lenin and the End of Politics*, cit., p. 49.

[8] Uma análise crítica competente por Jules Townshend, "Lenin's *The State and Revolution*: An Innocent Reading", *Science & Society*, v. 63, n. 1, 1999, p. 63-82.

Os homens sempre foram em política vítimas ingênuas do engano dos outros e do próprio e continuarão a sê-lo enquanto não aprenderem a descobrir por trás de todas as frases, declarações e promessas morais, religiosas, políticas e sociais, os *interesses* de uma ou de outra classe.[9]

Os mais "modernos" analistas concentram sua crítica no fato de que Lênin "ampliou o alcance de sua interpretação dos conflitos internos então existentes no partido para fazer deles princípios globais"[10].

A costumeira questão da "neutralidade axiológica" nas ciências sociais, originada do pensamento weberiano, aqui se mostra problemática. E a formulação científica dessa crítica esconde duas distorções. Em primeiro lugar, inverte as implicações de causa e efeito. No caso de Lênin, sua interpretação dos "conflitos internos do partido" e do aspecto de classe originou-se de princípios explicativos do mundo. Em segundo lugar, esses cientistas sociais em geral se apresentam como se estivessem acima das perspectivas de classe e do sistema estabelecido e veem a si mesmos no papel de juízes que, diferentemente de Lênin, não representam linha partidária a favor da justiça social, mas expõem verdades científicas objetivas.

No caso de Lênin, seria a quintessência da a-historicidade caso ignorássemos o fato de que a personalidade em discussão foi um político revolucionário para quem ciência e teoria eram *ferramentas* da realização de metas políticas e sociais. Lênin, com frequência, citava Marx ao dizer que a "teoria é apenas a guia da ação" e, à diferença de muitos eruditos clandestinos da época, expunha as premissas de sua visão de mundo, apesar das consequências. Não deve constituir surpresa que desafiasse elementos de tal campo científico, caso fossem apologéticos do sistema.

A abordagem de Marx ou a de Lênin, construída sobre aquela, não podem ser classificadas – ao contrário da leitura weberiana – como teorias normativas. Além disso, nenhuma das duas abordagens independe de suas condições históricas. De acordo com *O Estado e a revolução*, Lênin nunca acreditou que o socialismo, "autogoverno democrático dos trabalhadores, democracia de comunas, se pudesse

---

[9]  Vladímir I. Lênin, *As três fontes e as três partes constitutivas do marxismo*, em OE6T, cit., t. 2, p. 94.

[10]  Ver Márton Szabó, *Politikai idegen* [O político estranho] (Budapeste, L'Harmattan, 2006), p. 129. É quase de esperar que em nenhum lugar desse volume substancial o autor seja capaz de refutar – nem sequer contestar – a observação concreta de Lênin a respeito da política. É um traço típico de nossos tempos que a principal preocupação de um cientista político e seu livro didático "isento de valoração", estranhamente, seja a de distanciar-se de uma visão de mundo e da atitude política de um partido, com Lênin emergindo meramente como uma ferramenta para esse objetivo.

introduzir com facilidade na Rússia". Segundo sua estimativa, isso seria tarefa de toda uma era.

Em termos puramente filosóficos, a obra não tratava da subordinação da sociedade ao Estado. Ao contrário, "subordinava" o Estado à sociedade. O que não se alterou tanto pelo que aconteceu na Rússia após outubro de 1917 quanto pelo modo de se avaliar tais acontecimentos. A seguinte observação de Jules Townshend está correta:

> Claramente, Lênin não abordou inteiramente o problema da relação Estado/ sociedade civil [...]. Lukács e Gramsci se inspiraram na noção de que os sovietes superariam a distinção Estado/sociedade civil inscrita na democracia liberal, que separava o domínio público do privado, o político do econômico.[11]

A separação de "privado" e "político" é natural do pensamento burguês; afinal, sua base e sua fonte é o mercado, são as relações de capital. Esse foi o problema que Lênin aventou em termos teóricos e práticos.

A "morte do Estado", como problema teórico e político, sempre surgiu na tradição do pensamento marxista sob a forma do processo de "eliminação das classes". Lênin identificava na dissolução, em tempos de guerra, da estrutura mundial de acumulação de capital o fracasso funcional de *todo o sistema*. A Primeira Guerra Mundial causou impactos muito diferentes no desenvolvimento político e intelectual da classe operária de cada nação. Lênin ignorou o fato de que a guerra também trouxera à superfície certas possibilidades de renovação do sistema capitalista. Em curto prazo, isso fortaleceu uma orientação revolucionária, mas, em longo prazo, retardou uma consideração mais completa das possibilidades realistas.

Partindo desse aspecto, uma interessante contradição caracteriza *O Estado e a revolução*. Ao deflagrar-se a guerra, Lênin registrou que, em comparação a eras históricas prévias, o papel do Estado havia crescido em quase todas as esferas da vida social, por toda a parte do sistema capitalista mundial, principalmente em seu centro. Naquela fase de crescente complexidade burocrática, ele postulou que o proletariado poderia substituir o sistema burocrático por seu próprio e proativo aparato, organizado de baixo para cima. Todavia, imaginou de maneira tão fácil e desembaraçada a substituição daquele "monstro", daquele "colosso de Estado", pelo "Estado dos operários" que deve ter presumido que a crise do poder do regime russo fosse típica do mundo inteiro.

Lênin parecia haver colocado entre parênteses o problema do *desenvolvimento desigual*, descoberto por ele mesmo. O modo como imaginava a substituição

---

[11] Jules Townshend, "Lenin's *The State and Revolution*", cit., p. 72.

Reconstruindo Lênin 253

do antigo aparato de Estado por um novo, ainda que libertador, era demasiado mecanicista. Isso fica claro no artigo que escreveu logo antes da Revolução de Outubro, "Conservarão os bolcheviques o poder estatal?". Deixando de lado a linguagem simples, necessária em razão do uso do material como propaganda política, a própria ideia é problemática se comparada a *O Estado e a revolução*, pois ali a direção do Estado estava definida como tarefa de toda a população e aqui ela se propõe como tarefa fundamentalmente política, no sentido da tomada do poder.

> Em "Conservarão os bolcheviques os poderes de Estado?", Lênin afirma: Nós não somos utopistas. Sabemos que um operário não qualificado e uma cozinheira não são capazes, neste momento, de começar a dirigir o Estado. Nisso estamos de acordo [...] com os democratas-constitucionalistas [...]. Mas diferenciamo--nos desses cidadãos porque exigimos a ruptura imediata com o preconceito de que *administrar* o Estado [...] é algo que só ricos ou funcionários provenientes de famílias ricas podem fazer.[12]

Deixou absolutamente claro em *O Estado e a revolução* que "uma cozinheira", como mencionou, não poderia empreender, de imediato, a complexa função de liderar o Estado, mas poderia empreender sua preparação para isso. Durante muitas décadas, todavia, críticos do livro de Lênin demonstraram uma atitude de desprezo à proposta de que "cozinheiras" viessem a exercer um papel em assuntos políticos. No entanto, a essência do livro certamente não está nessa formulação simbólica que o próprio Lênin retirou, em vista das experiências pós-Outubro na Rússia.

**Utopia antiutópica?**

Esqueceu-se, na maior parte, de que *O Estado e a revolução* surgiu não apenas por causa da luta contra a chamada *realpolitik*, mas também contra a utopia. Era notório entre os mais próximos de Lênin que, durante 1915-1916, ele teve diferenças de opinião com alguns camaradas, entre os quais Bukhárin[13], sobre

---

[12] "Conservarão os bolcheviques os poderes do Estado?", em OE3T, cit., t. 2, p. 347.

[13] Havia anos que se sabia no partido do interesse de Bukhárin pela teoria. Esse fato foi evidenciado por sua resenha do Livro I de *O capital*, de Marx, que foi publicada em Stuttgart, em 1914, sob a editoria "popular" de Kautsky, depois que "os direitos autorais das obras de Marx expiraram" no dia 1º de janeiro de 1914. Ver RGASPI, cit., fundo 329, op. 1, doc. 2. O domínio na abordagem da obra (tanto no sentido teórico quanto no literário) e as análises dos indicadores e anexos de Riázanov revelaram a competência de Bukhárin, que à época tinha apenas vinte e poucos anos.

a negação *abstrata* do Estado e da democracia[14]. No outono de 1915, Bukhárin propôs uma questão a Lênin: "Se suas perspectivas residem em transformar a revolução democrática burguesa em revolução socialista, como chegarão, caso cheguem, à declaração da ditadura proletária?"[15].

No final de 1916, ou no início de 1917, em extensa carta endereçada a Lênin, Bukhárin explicou sua posição ideológica em relação à estrutura da revolução vindoura. A fim de evitar quaisquer acusações de anarquismo, aceitou as duas palavras de ordem progressistas do desenvolvimento revolucionário na Rússia, a "convocação da Assembleia Constituinte" e o estabelecimento do "governo provisório da revolução". Havia algo de artificial em sua abordagem política, como se as circunstâncias inevitáveis que alguém inventou diante de uma escrivaninha pudessem ser antevistas na prática.

Bukhárin reduzia a questão da Revolução Russa a mera instância, fração, espécie de extensão da revolução europeia[16]. Considerava até mesmo o papel das massas camponesas, que se contavam em milhões, um "elemento" da influência europeia ocidental. No âmago do verdadeiro conflito, portanto, jazia a autonomia da Revolução Russa, fato do qual Bukhárin estava perfeitamente ciente. Nesse ponto da carta, observa: "Uma questão interessante virá a seguir, pela qual estou certo de que irá me repreender. A questão agora é *o socialismo na Rússia*".

A intenção constante de construir uma ponte entre teoria e prática e de explorar completamente a passagem de uma para outra foi traço particular do pensamento político e teórico de Lênin. Foi sua "prática teórica". No entanto, a abordagem era bastante estranha a Bukhárin, para quem possibilidades e objetivos práticos sempre apareciam de forma teórica, como exemplifica a carta citada. Na abordagem de Bukhárin, não importa como se estruturam as circunstâncias locais nem quanto influem na formação da situação. Ele se concentra na exten-

---

[14] Ver a carta, datada do outono de 1915, que Bukhárin escreveu a Lênin e Zinóviev sob o pseudônimo V. S. Dovgalévski, de Estocolmo a Berna. Esse documento reflete brilhantemente as ideias "confusas" sobre o Estado que circulavam até mesmo no círculo próximo a Lênin. Ver Россзийский Государственный Архив Новейсэй Истории/ Rossíski Gossudárstvenny Arkhiv Sotsialno-polititcheskoi Istóri (RGANI) [Arquivo Estatal Russo de História Moderna], fundo 2, op. 573, doc. 4. Ver a carta de Lênin a Chliápnikov, de setembro de 1916. O primeiro estudo historiográfico sério a tratar de vida e obra de Bukhárin foi feito por S. F. Cohen, *Bukharin and the Bolshevik Revolution: A Political Biography, 1888-1938* (Nova York, Oxford University Press, 1973). Ver também Neil Harding, *Lenin's Political Thought*, v. 2, cit., p. 83-141.

[15] Ver RGANI, cit., fundo 2, op. 573, doc. 4.

[16] Idem. "3º ponto: A 'defesa da revolução'. Anteriormente, eu pensava que no lugar da palavra 'defesa', deveria ser empregado o termo 'propagação' [*распространение/ rasprostranénie*] [...], mas transcrevi essa palavra com cautela."

são ideológica de tendências globais na Rússia, as quais ditariam que os dias do Estado-nação haviam terminado.

A seguinte passagem da carta de Bukhárin merece ser revista aqui, pois precede a Revolução de Fevereiro em apenas algumas semanas:

> Por que fomos sempre contra a Revolução Russa? Porque as "precondições objetivas" – país de economia agrária, imensa população camponesa, difusão da manufatura caseira (*remeslo*) etc. – não a permitem. *E isso era absolutamente verdadeiro.* Porém, em minha opinião (que ainda não posso declarar positivamente, mas me sinto cada vez mais inclinado a tal "anarquismo"), *esse estado de coisas vai se estender enquanto entendermos a Rússia como Estado e economia isolados.* Durante a Revolução de 1905, não havia maior esperança de uma revolução *europeia*. A situação agora é completamente diferente. Desta vez – senão hoje, amanhã –, uma chama pan-europeia, senão mundial, está para arder. Mas a revolução social, a revolução do Ocidente, *derrubará* todas as fronteiras entre Estados-nação. E, nesse contexto, *devemos* apoiá-la. Por que deveríamos manter a existência de uma Rússia limitada por fronteiras? Para quê? Ao contrário, estamos ocupados em centralizar, amalgamar [...] toda a Europa (na primeira fase). Se esse for o caso, por que teríamos de preservar as "particularidades locais" e o poder da burguesia, que será um *perigo* maior amanhã (pois líder = imperialismo) para o Ocidente do que um tsarismo deteriorado?

Após extrapolar a integração, por toda a Europa, do capital do setor bancário e da indústria, Bukhárin prossegue:

> Devem-se tornar independentes os camponeses, por meio da industrialização da economia. Eles não se voltarão contra *nós* [...]. Com nosso socialismo sufocaríamos as raízes do imperialismo russo. [...] Não consigo perceber nisso uma só gota de "anarquismo".[17]

Está claro que Bukhárin não era capaz do anarquismo de que Lênin e outros o acusaram, porém atribuía grande importância a estruturas e desenvolvimentos burgueses, ocidentais e modernos – e nenhuma às estruturas atrasadas típicas do Oriente. Subestimava "certezas" históricas, em contraste com as certezas da lógica (formal) da teoria. Em termos mais concretos, subestimava o papel do Estado-nação na economia moderna e no sistema mundial em geral. Não é coincidência que, alguns anos depois, em 1919, quando Kautsky atacou a teoria de Estado de Lênin, Bukhárin fosse o defensor mais ativo deste e, talvez,

---

[17] Ibidem, p. 2-3.

o mais capaz no nível do esquema teórico, embora se desviasse em direção ao centralismo burocrático[18].

*O Estado e a revolução* integra-se à história de numerosas maneiras. Foi denominado "obra utópica" pelos ideólogos de esquerda moderados que surgiram com a mudança de regime na Europa oriental, em 1989[19]. Resolveram utilizar o texto de Lênin como reconstrução do pensamento de Marx e Engels, os quais construíram sua "imagem do futuro" com base na *Crítica do Programa de Gotha*. No entanto, em linha com a tradição marxista, Lênin não acreditava que a obra tivesse inclinações utópicas. De fato, propôs a questão:

> Em que *fatos* podemos nos basear para apresentar a questão do desenvolvimento futuro do comunismo futuro? No fato de que ele é resultado do capitalismo, um desenvolvimento histórico do capitalismo, que é obra da força social *engendrada* pelo capitalismo. Em Marx, não há sequer o vestígio de um intento que leve à utopia, a procura inútil por adivinhar aquilo que não se pode saber.[20]

A exposição de Lênin deste problema central, do "definhamento e morte do Estado", estava fundamentada nas explicações críticas de Engels, que censuravam a "tagarelice social-democrata". Em carta datada de 28 de março de 1875, a Bebel, Engels sugeria que a palavra *Estado* fosse apagada e substituída por *comunidade**. Lênin voltou-se mais uma vez para Marx e Engels em relação a esse problema ao propor a eliminação da noção de Estado no contexto socialista e sua substituição pela palavra *comuna*.

De fato, a palavra finalmente entrou para o vocabulário russo como *kommuna*[21]. Sua primeira aparição talvez tenha sido em nota tomada por Lênin no encontro do Comitê do Partido de Petrogrado, em 14 (1º) de novembro de 1917.

---

[18] Ver Nikolai Bukhárin, "Теория пролетарской диктатуры"/ "Teória proletárskoi diktatúry" [Teoria da ditadura do proletariado], em *Атака/ Ataka* [Ataque] (Moscou, Gossudárstvennoie, 1924), p. 91-114.

[19] Ver, por exemplo, József Bayer, *A politikai gondolkodás története* [A história do pensamento político] (Budapeste, Osiris, 1998), p. 321.

[20] *O Estado e a revolução*, cit., p. 110.

* *Gemeinwesen* [comunidade], palavra sugerida como equivalente ao francês *commune* [comuna]. Ver "Carta de Friedrich Engels a August Bebel de 18-28 de março de 1875", em *Crítica do Programa de Gotha* (trad. Rubens Enderle, São Paulo, Boitempo, 2012), p. 56. (N. E.)

[21] Lênin assinalou: "Difícil será, talvez, apenas no termo. Em alemão, existem duas palavras para "comunidade" ('*община*'/ *obschina*), das quais Engels escolheu aquela que designa não uma comunidade separada, mas um conjunto delas, um sistema de comunidades. Tal palavra não existe em russo, e será preciso talvez escolher a palavra 'comuna', apesar de isso também apresentar seus inconvenientes." *O Estado e a revolução*, cit., p. 89.

Evitou intencionalmente empregar, em *O Estado e a revolução*, o termo *soviet* (conselho), advindo do crescente movimento dos sovietes, por razões políticas (embora o usasse muito em suas anotações sobre 1905!), pois na época em que escreveu o livro não tinha como saber se os sovietes seriam capazes de tomar o poder por meios revolucionários ou se manteriam a posição majoritária dos mencheviques e socialistas-revolucionários (SRs).

De acordo com a opinião de Lênin, nem mesmo a Comuna de Paris "era um Estado, no sentido verdadeiro da palavra". O Estado em declínio (comuna), que surge durante o período da revolução, foi apresentado como instituição fundamental do *período de transição política* ou da *ditadura do proletariado*. Isso criaria, em princípio, as condições para o socialismo.

Na fundamentação teórica, o socialismo foi apresentado como primeira fase do comunismo, e o próprio comunismo surgiu como *possível* resultado de um longo curso de desenvolvimento histórico. Toda opressão de Estado cessaria de existir na estrutura socialista, porém a raça humana civilizada apenas se transformaria, de modo completo e final, em "associação livre de produtores" sob o comunismo[22]. Lênin chegou a essas conclusões após sondar os diferentes fundamentos econômicos do Estado e do Estado em definhamento e as relações díspares entre produtor e proprietário, inerentes àqueles fundamentos.

Críticas da obra que levam em conta a "ingenuidade" de Lênin não são completamente infundadas. Lênin reconhecia, ou acreditava reconhecer, no "democratismo primitivo" (conceito de Bernstein), nas primeiras formas de democracia direta, "elementos do capitalismo e da cultura capitalista". Referia-se não apenas ao alto nível em que se encontrava a socialização da produção, mas também à antiga tradição operária de organização comunitária. Factualmente, ele estava correto, mas parece, não obstante, que havia superestimado as experiências culturais da comunidade já acumuladas sob o sistema capitalista. A tradição comunal das *obschina* (comunas rurais russas), que Lênin estudara em seus anos de juventude, encontrava-se em decadência na época. A indústria de grande escala, o serviço postal e outras instituições da organização capitalista pareciam-lhe veículos perfeitos para a "democracia de comunas", "democracia soviética" e "democracia trabalhista", submetidas às relações hierárquicas sobreviventes na fase de transição. Não é necessário alongar-se sobre o tanto que as tradições autoritárias e autocráticas da Rússia amplificavam tal hierarquia.

O mecanismo cada vez mais refinado da opressão capitalista e sua "penetração" surgiam com pouca frequência nas análises de Lênin; o homem "criado pela cultura capitalista" não aparece no contexto da *totalidade de suas relações*. Em vez

---

[22] Ibidem, p. 37.

disso, aparece como possuidor daquela autoconsciência que apenas um pequeno grupo do proletariado verdadeiramente revolucionário poderia ter.

Por outro lado, o pensamento de Lênin estava orientado fundamentalmente para uma Rússia cuja população era, na maioria, analfabeta. Apesar disso – ou, talvez, por causa disso –, antes do verão de 1918, ele parece ter ignorado os problemas sociológicos e de consciência de massa originados da estrutura da divisão do trabalho. A relevância e o processo formativo das habilidades exigidas para dirigir a complicada estrutura econômico-social não são, de fato, abordados em *O Estado e a revolução*, e não há nenhum sinal de interesse em tais assuntos em suas copiosas anotações do período[23]. É claro, isso não era tarefa fundamental da obra; esta era provar a realização da nova estrutura de poder, o "semiestado" de tipo comunal, uma possibilidade histórica realista. O livro foi escrito com o propósito de proporcionar uma teoria da *revolução europeia*, apresentando certo requisito de abstração como ponto de partida.

Como em tantos campos da luta política, sobre a questão do socialismo, as visões de Lênin se cristalizaram por meio de discussões travadas com o antigo narodismo, o novo bernsteinismo, o "marxismo legal", o anarquismo e outros movimentos políticos. Em períodos históricos diferentes, ele mediu forças com diversos movimentos. A *teoria do socialismo* de Lênin originou-se de uma posição crítica concreta diante do sistema capitalista estabelecido. Era-lhe estranha uma percepção romântica do futuro. Foi característica definidora de seu processo de raciocínio e de sua atividade prático-política que – em nome de um compromisso com a ciência – ele descartasse todas as abordagens especulativas no que diz respeito a princípios e metodologia. Procurava consistentemente denunciar todas as construções utópicas, mas não liquidar todas as utopias, pois, na ausência delas, todo o pensamento que se voltasse para além do sistema, em direção ao futuro, seria eliminado.

---

[23] As numerosas notas de Lênin sobre as obras de Marx, Engels e Kautsky indicam que a burocracia – a qual, como traço do capitalismo moderno, havia crescido tanto quantitativamente quanto em termos de influência institucional durante a guerra – lhe interessava essencialmente como uma questão de política e poder. Lênin aborda essa problemática em relação aos escritos de Marx *O 18 de brumário de Luís Bonaparte*, *A guerra civil na França* e *Revolução e contrarrevolução na Alemanha*, ou a carta que Marx escreveu a Kugelmann em 1871, durante os dias da Comuna. Ver "Марксизм о Государстве. Материáлы по подготовке брошюры Государство и Революция"/ "Marksizm o Gossudártstve. Materiály po podgotovke brochiúry *Gossudárstvo i revoliútsia*" [O marxismo sobre o Estado: materiais para a preparação da brochura *O Estado e a revolução*], jan.-fev. 1917, em *Ленинский сборник/ Lenínski sbórnik* [Coletânea *Lênin*], v. 14 (Moscou/Leningrado, Gossudárstvennoie Izdátelstvo, 1930), p. 210-385.

## O *Estado e a revolução*: fundamento teórico

O *Estado e a revolução* é parte orgânica e consequência da obra teórica prévia de Lênin. Quanto à forma da exposição – como se revela no primeiro plano que escreveu para o livro –, pensou profundamente em utilizar a ordem "histórico--dogmática, ou lógica"[24]. Por fim, decidiu buscar uma combinação dos dois métodos, enfatizando a cronologia histórica. Suas fontes desempenharam papel decisivo nisso. Além de Marx e Engels, Lênin utilizou argumentos tematicamente relevantes e escritos de Bernstein, Plekhánov, Kautsky e Pannekoek. O campo de que desponta o livro inclui a luta política e intelectual russa dos anos 1890 até 1917. Já em sua publicação *Quem são os "amigos do povo"*, em 1894, Lênin tentara definir o conceito de *desenvolvimento histórico-social* – isso continuou no livro agora em questão.

Lênin percebeu em estágio bastante inicial da trajetória que na Rússia de capitalismo semiperiférico, especialmente no contexto do legado *naródnik*, instalara-se um "socialismo camponês" – isto é, uma forma utópica de socialismo. Dissolveu-se nos anos 1870 de tal modo que deu à luz um "liberalismo superficial pequeno-burguês" que "sonhava com uma revolução camponesa". Por fim, despertou de seu sonho utópico para se encontrar – alinhado aos desdobramentos – envolvido na expropriação indiscriminada dos camponeses.

O socialismo liberal de Mikhailóvski e seus seguidores – que então compunha oposição determinada a Marx e aos marxistas russos – ocupava-se da "defesa dos economicamente mais expostos" e da revitalização de velhos e antiquados modelos comunais. Era o "inocente pequeno-burguês", a quem Lênin considerava representante de um movimento irremediavelmente aferrado ao passado[25], em específico no que tangia à "revolução social". Identificou o ecletismo dos *naródniki* liberais ("tomar emprestado, de qualquer lugar, o que houver de 'melhor'", desde formas medievais de vida comunal até ideais iluministas modernos de liberdade e igualdade) com a metodologia subjetiva da ainda imatura ciência da sociologia, que se inaugurou com a utopia e acabou em companhia dos preconceitos liberais mais comuns – nas palavras de Lênin[26]).

Meditando sobre o destino das comunidades camponesas em sua época, Marx e Engels também observaram que as questões do socialismo e da revolução estavam interligadas na história do pensamento revolucionário russo[27]. Enquanto

---

[24] *O Estado e a revolução*, cit., p. 153.

[25] *What the "Friends of the People" Are and How They Fight the Social-Democrats*, em LCW, cit., v. 1, p. 177.

[26] Ibidem, p. 180.

[27] Para mais a respeito, ver Tamás Krausz, *Pártviták és történettudomány: Viták "az orosz történelmi fejlődés sajátosságairól", különös tekintettel a 20-as évekre* [Conflitos intrapartidários e ciência

Marx via uma tênue chance de que a *obschina* se tornasse o ponto de partida do socialismo, a primeira geração de marxistas russos, com Plekhánov à frente, relacionava-se com a revolução na condição de teóricos acadêmicos, que não a percebiam como tarefa prática imediata. Estavam, além disso, convencidos de que as comunidades aldeãs encontravam-se no estágio final de dissolução e não poderiam de maneira nenhuma cumprir um papel histórico positivo. Seus predecessores, os chamados democratas revolucionários – tais como Hérzen, Tchernytchiévski e Dobroliúbov, sem mencionar os jacobinos russos, Tkátchov e Netcháiev, ou o blanquismo russo –, vincularam seu próprio "socialismo camponês" diretamente à necessidade prática da revolução. Dessa forma, expressavam a ideia de derrubar o regime autocrático com um golpe de Estado que tomaria as rédeas do poder baseado em um grupo minoritário de revolucionários.

No Capítulo 3 deste livro, demonstrou-se como Lênin se esforçou para combinar elementos positivos de ambos os movimentos a sua noção do movimento social-democrata e às formas organizativas deste. Em contraste com Plekhánov, na virada do século Lênin abordou a realidade russa por uma perspectiva de urgência revolucionária. Diferentemente dos "socialistas camponeses", Lênin pensava apenas em termos de movimentos de trabalhadores. A partir de 1903, elaborou a ideia de um tipo de bloco de trabalhadores e camponeses pobres, em seu conceito de socialismo. As circunstâncias da Europa ocidental foram consideradas a verdadeira expressão da maturidade.

As novas perspectivas surgidas no movimento trabalhista na Rússia da virada do século tornaram-se palpáveis até mesmo na social-democracia alemã (notavelmente nos escritos de Kautsky e Luxemburgo). Bernstein havia, em parte, herdado o "Estado popular" de Lassalle, inventado para o capitalismo juntamente com sua proposta de "Estado social". Em oposição, os marxistas revolucionários não desistiram da tradição, dos ideais nem da práxis da democracia direta e da economia comunitária/associativa/coletiva[28]. Em termos políticos e metodológicos, esta última tornou-se divisora de águas entre os "autogestionários" seguidores de Marx e Lênin, de um lado, e os sociais-democratas e também os comunistas oficiais estatistas stalinistas e pós-stalinistas, de outro. Até hoje existe essa divisão – *mutatis mutandis* – em movimentos de esquerda no mundo inteiro[29].

---

histórica: debates sobre as "especificidades do desenvolvimento histórico russo", especialmente nos anos 1920] (Budapeste, Akadémiai Kiadó, 1991), cap. 2 e 3.

[28] Em suas anotações sobre os escritos de Marx no "Caderno azul", nas notas de margem, Lênin se refere repetidas vezes à "fé supersticiosa" das pessoas "no Estado", mencionando a "fé cega, tacanha" com a qual as pessoas se relacionam com o poder estatal. LCW, cit., v. 31, p. 182-3.

[29] Na Hungria, László Tütő descreveu em maior detalhe uma série de teorias econômicas a partir desse divisor, assinalando que tanto Bernstein quanto Stálin abordaram o socialismo a partir da

Nos debates que precederam a adoção do programa do partido no II Congresso do POSDR em 1903, Lênin e Plekhánov partilharam de uma única plataforma – quanto ao Estado e à revolução – ao exigir, utilizando a terminologia da época, a "ditadura do proletariado". No entanto, com o passar dos anos, a revolução, "cujas conquistas a ditadura do proletariado defenderia", tornou-se cada vez mais insignificante para Plekhánov, e até mesmo irrelevante, durante os anos da guerra em especial, pois abandonou a perspectiva do imperativo revolucionário[30]. Quanto mais se aproximava a revolução, mais Plekhánov distanciava-se dela. O caso de Kautsky não foi diferente, embora o conflito com ele tenha sido adiado até a deflagração da guerra.

Nos anos que se seguiram a 1905, houve uma guinada no movimento trabalhista europeu, a qual estabeleceu claramente na Rússia o epicentro da agitação revolucionária. Em parte pela influência teórica do politicamente cauteloso Plekhánov, Lênin entendeu a Rússia como possível iniciadora da revolução no contexto pan-europeu e chamou atenção para tal possibilidade.

## A experiência de 1905: os sovietes

Mesmo em suas análises políticas diárias durante o período da primeira Revolução Russa, Lênin traçava um claro limite entre os problemas práticos da revolução e do socialismo como teoria e perspectiva. Em outras palavras, dissociava conscientemente as implicações dos períodos revolucionário e pós-revolucionário. Ele via os órgãos públicos auto-organizados que se formaram durante a revolução – especialmente, os traços "profissional-sistêmicos" e as funções políticas gerados pela totalidade dos sovietes – como elemento especial de coesão da revolução. À luz disso, os sovietes eram os órgãos de autodefesa da revolução, seus agentes de poder, e as fases de desenvolvimento e as tarefas peculiares de cada um eram consideradas separadamente.

Após a derrota do levante armado de Moscou em dezembro de 1905, a autodefesa da revolução ganhou proeminência. Adaptando-se àquelas circunstâncias, Lênin considerou as "promessas" irrealistas e semiconcretas do governo

---

dimensão das relações de distribuição; ambos, por assim dizer, identificaram o socialismo com a distribuição estatal, de forma que deixaram de ter como ponto de partida a produção e a divisão do trabalho. Ver László Tütő, "Gramsci és a gazdasági demokrácia kérdése" [Gramsci e a questão da democracia econômica], em *Tanulmányok Gramsciról* [Estudos gramscianos] (org. József Banyár, Budapeste, MKKE Társadalomelméleti Kollégium, 1987), p. 85-111, especialmente p. 85-90.

[30] Ver, a respeito, G. Volkova, "Историческкий выбор"/ "Istorítcheski vybor" [Escolha histórica], em *Ленинская концепция социализма/ Lienínskaia kontseptsia sotsializma* [O conceito leniniano de stalinismo] (Moscou, Politítcheskoi Literature, 1990), p. 69-70.

popular para o período *pós-revolucionário* (sociedade futura) tendências utópicas, danosas ao movimento em geral. Afirmava que elas desviavam atenção e energia para longe da tarefa imediata de defender a revolução. Todavia, sinais do futuro surgiram, de fato, em 1905, pois as organizações de autogoverno e autodefesa dos trabalhadores, os sovietes, foram criadas e assumiram funções de poder econômico, social e político. Em alguns lugares, assumiram até mesmo funções militares, de São Petersburgo a Ivanovo-Voznessensk*.

Nos primeiros dias de novembro de 1905, antes mesmo de chegar à Rússia, Lênin escreveu o artigo "Наши задачи и Совет рабочих депутатов"/ "Náchi zadátchi i Soviet rabótchikh deputátov" [Nossas tarefas e o soviete dos representantes operários][31]. Rejeitava diretamente a questão de "partido ou soviete" e tomava a posição de que os sovietes deveriam se considerar a auto-organização de toda a classe operária, inclusive a totalidade das massas antimonarquistas da população. Os sovietes haviam sido criados para a função de órgãos "profissionais" do proletariado, dos quais nenhum partido poderia apropriar-se. Esse argumento sustentava que as tarefas dos partidos trabalhistas e socialistas eram diferentes daquelas dos sovietes – e também de base social distinta. Naquela época, Lênin acreditava que as organizações dos sovietes pertenciam expressamente à revolução, não ao socialismo. "Posso estar errado, mas creio (baseado na informação incompleta e 'de papel' de que disponho) que, politicamente, o soviete dos representantes operários deve-se considerar embrião de um *governo provisório revolucionário*."[32]

Em outras palavras, Lênin via aquela organização popular como centro político nacional que abrangia a sociedade como um todo. Nos sovietes, viu a comprovação de que os sociais-democratas desejavam deixar a direção do país firmemente nas mãos das alianças populares: "Não tentamos impor ao povo inovações criadas por nós; apenas tomamos a iniciativa de trazer à baila aquilo sem o que é impossível continuar vivendo na Rússia [...]. Confiamos plena e unicamente na iniciativa das próprias massas operárias"[33].

O *Iskra* menchevique sugeriu, para defender sua tática de boicote das eleições para a Duma, que o "autogoverno revolucionário" pudesse ser um prólogo ao

---

\* Atual Ivánovo. (N. E.)

[31] LCW, cit., v. 10, p. 17-28. Lênin definiu sua própria posição como a de um *outsider*, aludindo ao fato de não ter participado de forma imediata nos acontecimentos – deixou, assim, em aberto a possibilidade de mudar de postura política em momento posterior. Sua abordagem, no entanto, revelava características metodológicas e teóricas que demonstram tendências analíticas de longo prazo, aplicáveis também a períodos posteriores, assim como sua independência diante de "eventualidades" políticas.

[32] Ibidem, p. 21.

[33] Ibidem, p. 26-7.

levante. Lênin via o problema de maneira diferente. Argumentava que somente o levante revolucionário poderia criar circunstâncias adequadas ao autogoverno:

> A organização do autogoverno revolucionário, a eleição pelo povo de seus próprios representantes, não é o *prólogo* de uma insurreição, mas o *epílogo* [...]. É, acima de tudo, necessário obter vitória em uma insurreição (ainda que em uma só cidade) e estabelecer um governo provisório revolucionário, de modo que este último, órgão do levante e líder reconhecido do povo revolucionário, seja capaz de dedicar-se à organização do autogoverno revolucionário.[34]

Como Lênin enfatizou muitas vezes entre 1905 e 1906, o autogoverno dos trabalhadores não poderia existir na estrutura do antigo sistema. Para aqueles que eram ingênuos quanto à questão, indicou:

> Enquanto o tsar mantiver o poder, o autogoverno revolucionário poderá ser apenas fragmento da revolução [...]. Em propósito, modo ou origem, e caráter, a organização de um levante armado, de um exército revolucionário, é *bastante diferente* da organização do autogoverno revolucionário.[35]

*O Estado e a revolução* não surgiu tão abruptamente quanto se costuma imaginar. Lênin delineou um exame abrangente das experiências da Comuna de Paris e da primeira Revolução Russa em seu discurso "Уроки Коммуны"/ "Uróki Kommúny" [Lições da Comuna], em 1908[36]. Explicou dois erros cometidos pela

---

[34] Vladímir I. Lênin, "Бойкот булыгинской думы и восстание"/ "Boíkot bulyguinskoi dúmy i vosstánie" [O boicote da Duma de Bulíguin e a insurreição], *Prolietári*, n. 12, 3 (16) ago. 1905, incluído em LCW, cit., v. 9, p. 184. Algumas semanas depois, em outro artigo, ele levantou a questão novamente: "Na medida em que o Conselho Municipal de Kerch escolheu, por livre e espontânea vontade, estender o escopo dos poderes a que tem direito por lei e na medida em que está participando da vida revolucionária do país inteiro, ele está embarcando em um verdadeiro 'autogoverno revolucionário'. Mas onde estão as *garantias* de que o autogoverno vai se tornar um governo comandado pelo *povo*? E devemos nós, sociais-democratas, sublinhar esse 'pedaço de revolução' como palavra de ordem principal de agitação, ou falar de uma completa e decisiva vitória da revolução, que é impossível sem uma insurreição?". *Prolietári*, n. 18, 13 (26) set. 1905, incluído em LCW, cit., v. 9, p. 287.

[35] Idem, "Земский съезд"/ "Zémski sized", *Prolietári*, n. 19, 20 set. (3 out.) 1905, incluído em LCW, cit., v. 9, p. 306.

[36] O artigo foi originalmente escrito a partir de um registro do discurso de Lênin e apareceu na *Заграничная Газета/ Zagranitchnaia Gazeta* [Gazeta Estrangeira], n. 2, 23 mar. 1908. Lênin proferiu esse discurso no dia 18 de março, no encontro internacional dos sociais-democratas, convocado por ocasião do aniversário da Comuna. Ver LCW, cit., v. 13, p. 475-8.

classe operária durante a Comuna de Paris, os quais, de acordo com sua visão, indicavam que o proletariado havia ficado aquém de "expropriar os expropriadores". Em espírito proudhonista, declarou da seguinte forma o primeiro erro: "Desorientado por sonhos de estabelecer uma justiça superior [...], instituições tais como bancos, por exemplo, não foram tomadas". Prosseguiu: "O segundo erro foi magnanimidade excessiva por parte do proletariado – em vez de destruir seus inimigos, procurou exercer sobre eles influência moral; subestimou a importância de operações militares diretas na guerra civil"[37].

Se a burguesia francesa, deixando de lado quaisquer considerações morais, mergulhou em um frenesi de matanças após a derrota da Comuna de Paris, é compreensível que, durante as represálias da contrarrevolução, Lênin tenha refletido sobre as medidas de autodefesa, prováveis e esperadas, a ser tomadas pela futura revolução proletária. Ao mesmo tempo, percebia que a Revolução Russa exortaria a já iniciada revolução internacional:

> Agitou o movimento socialista por toda a Europa, demonstrou a força da guerra civil, desfez ilusões patrióticas e destruiu a crença ingênua em quaisquer esforços da burguesia na direção de metas nacionais comuns. A Comuna de Paris ensinou o proletariado europeu a estabelecer concretamente as tarefas da revolução socialista.[38]

Lênin, como de costume, mostrou com sua percepção que as necessidades inescapáveis e as experiências históricas formavam a experiência comum do proletariado, embora a maioria significativa dos trabalhadores russos, em 1908, não se lembrasse da Comuna de Paris[39].

Tendo em vista 1905 ao ler, em 1917, uma passagem de *A guerra civil na França*, na qual Marx escreve sobre a Comuna de Paris e apresenta um argumento em favor do decréscimo de horas de trabalho, para que "*todos* estejam empenhados em trabalho produtivo e *todos* participem, ao mesmo tempo, do 'governo' do Estado", Lênin deixou na margem a seguinte nota:

---

[37] Ibidem, p. 476.

[38] Ibidem, p. 477.

[39] Escrevendo sobre a revolução, Lênin menciona que o proletariado russo "era cioso das lições da Comuna [de Paris]". Teria sido mais preciso dizer que ele as havia redescoberto. Lênin de fato tinha certa razão em dizer que os trabalhadores russos puseram em ação os resultados de seus movimentos demonstrativos anteriores ao realizar o levante armado (de Krásnaia Présnia). Em outra ocasião, Lênin faz uma longa exposição para enfatizar a desenvoltura e a engenhosidade do proletariado russo em reabilitar formas de vida comunal. LCW, cit., v. 13, p. 477-8.

RECONSTRUINDO LÊNIN   265

A Revolução Russa, isto é, o proletariado, aplicou o mesmo procedimento de modo mais fraco (tímido) que a Comuna de Paris, por um lado; e sobre base mais ampla, por outro lado – sovietes dos "representantes dos operários", "representantes dos ferroviários", "representantes dos marinheiros e dos soldados", "representantes dos camponeses". Adiciono isso *nota bene*.[40]

Pode-se perceber que o problema prático de manter o Estado político e as possíveis tarefas do Estado comunal já estavam presentes na obra de Lênin em 1907 e 1908.

## A filosofia da Revolução de Outubro: análise crítica do Estado moderno e do parlamentarismo

Um dos alicerces da teoria de revolução de Lênin, bem como da de Marx, foi a primeira fase da revolução social, a *derrubada* e a liquidação do *Estado político*. A questão do Estado como "problema central de todas as revoluções" ocupara Lênin desde seus anos de estudante e estivera arraigada no pensamento revolucionário pré-marxista russo, assumindo uma variedade de formatos históricos (principalmente aqueles propostos pelos bakuninistas e outros anarquistas)[41]. Lênin, no entanto, enfatizava as *características de classe*, bem como os sustentáculos *sociais* e universais da revolução, confrontando, em especial, as noções utópicas "camponesas" e "nacionalistas".

Július Mártov examinou o legado de Bakúnin mais detidamente que Lênin, levantando argumentos mais "minuciosos" contra o anarquismo. Em estudo de 1910, Mártov reconhecia que, muitos anos após ter sido derrotado por Marx na polêmica dos anos 1860, Bakúnin aceitou as opiniões de Marx sobre economia e a conclusão de *O capital*, "a expropriação dos expropriadores". O impasse metodológico-teórico e prático-político foi atingido porque, de modo semelhante a Proudhon, Bakúnin "contrapunha a organização econômica da sociedade à organização política": igualdade e justiça para o povo deveriam ser obtidas

---

[40] Vladímir I. Lênin, *Марксизм о государстве/ Marksizm o gossudárstve* [Marxismo sobre o Estado], *Lenínski sbórnik*, v. 14, cit., p. 222; LCW, cit., v. 39, p. 602-4.

[41] Uma forma de anarquismo (a mais bem resolvida em termos teóricos), vinculada a Kropótkin, não pôde ganhar influência sobre o movimento trabalhista social-democrático envolvido na luta de classes – e muito menos sobre Lênin –, principalmente por causa de sua orientação moral. Kropótkin contrapôs "assistência mútua" a "luta mútua" e deixou de considerar a política, entendida como um campo relativamente amoral de ação, dado que em sua opinião a "inclinação", a necessidade moral por solidariedade e associação que havia sido desenvolvida entre trabalhadores, só tomaria forma em organizações "civis". Ver P. Kropótkin, *Mutual Aid: A Factor of Evolution* (org. Paul Avrich, Nova York, New York University Press, 1972), p. 246-51.

no campo econômico, enquanto a raiz do problema da desigualdade social se encontraria no campo político – no qual, de certa forma, impera a força bruta. Por isso, o anarquismo e Bakúnin consideravam o Estado o principal inimigo e viam sua completa destruição como condição para a libertação social. Em outras palavras, Mártov demonstrou que se haviam confundido causa e efeito. Essa descoberta lançou as bases da convicção de que o marxismo deveria suplantar o anarquismo no campo da organização revolucionária[42].

Sem dúvida, a abordagem anarquista do mundo em geral e da política em particular firmou raízes na Rússia, especialmente na Ucrânia, entre certas camadas camponesas que rejeitavam a coerção do Estado. Dessa maneira, refletiu peculiaridades regionais do desenvolvimento histórico e, não obstante, fez incursões no movimento trabalhista. A principal questão é que seu entendimento da possibilidade reconhecida e da necessidade da revolução socialista era puramente aquele da "revolta popular", não o do trabalho de Sísifo necessário para que se estabeleçam os fundamentos organizativo-intelectuais exigidos pela revolução[43]. A partir do final do século XIX, no entanto, tornou-se cada vez mais claro que o anarquismo russo não enfrentava o novo problema da *sociedade moderna*, mas preparava o terreno para outros movimentos anticapitalistas revolucionários e, ao mesmo tempo, despertava estratos sociais relativamente amplos de seu estado letárgico.

O que mais interessava a Lênin na história das revoluções era como os trabalhadores adquiriam a capacidade de tomar o controle de suas vidas, ainda que apenas por uma semana ou um mês. Aprofundou-se no assunto de maneira científica, especialmente no que tangia às particularidades do desenvolvimento do Estado na Rússia. Questões relacionadas ao funcionamento do Estado burguês, à sociologia institucional dos partidos e aos mecanismos burocráticos não lhe interessavam. A ciência da sociologia do Estado burguês servia, na opinião de Lênin, como defesa do Estado, proporcionando uma justificativa cientificamente embasada.

Lênin investigou o Estado burguês moderno na condição de exploração econômica e intelectual da mais alta ordem. Concluiu que o parlamentarismo burguês estava ligado às formas mais modernas de produção capitalista, à organização do capital, e era criado por elas. Para dar contexto histórico, deve-se acrescentar que

---

[42] Július Mártov, *Общественные и умственные течения в России, 1870-1905/ Obschiéstvennye i umstviénnye tetchiénia v Rossíi* [Correntes sociais e intelectuais na Rússia] (Leningrado/Moscou, Kniga, 1924), p. 23-5.

[43] Pántin foi o primeiro na União Soviética a situar o legado bakuniniano no interior da história do pensamento socialista europeu e russo e a dar os primeiros passos sérios entre desvelar o assunto e processá-lo cientificamente. Ver Ígor K. Pántin, *Социалистическая мысль в России: переход от утопии к науке/ Sotsialistítcheskaia mysl v Rossíi: periekhod ot utópi k naúke* [O pensamento socialista na Rússia: a transição da utopia para a ciência] (Moscou, Polit. Izdát, 1973), p. 240-4.

RECONSTRUINDO LÊNIN    267

o sistema parlamentar dos anos 1910 e 1920 pouco tinha em comum com sua forma atual, e era marcado por traços expressamente antidemocráticos, como o censo e outras limitações ao direito de voto – basta lembrar que as mulheres apenas tiveram acesso ao sufrágio na Inglaterra em 1928. No Capítulo 2 deste volume, discutiu-se que, no decurso de seus estudos, Lênin chamou atenção para os conflitos inevitáveis e constantes entre capitalismo e democracia, os quais se estendiam a conflitos entre igualdade jurídica e desigualdade socioeconômica. O sistema capitalista tentava resolver essas contradições com a teia oniabrangente de procedimentos que tipificavam "corrupção" e "suborno"[44].

Na opinião de Lênin, a diferença básica entre imperialismo e capitalismo pré-monopolista era que, no primeiro, "o poder da Bolsa se reforça"[*], pois os bancos se fundem ao mercado financeiro e o engolem. O capital coloca a esfera política sob sua supervisão, como se esta fosse outro item à venda, uma espécie de fenômeno de mercado. É claro que Lênin sabia que a prostituição e a corrupção da democracia burguesa estavam regulamentadas por lei e, por isso, não eram irrestritas. Ao mesmo tempo, no entanto, enfatizava que tais processos de corrupção legalizada encontravam-se arraigados na riqueza, porque para a *riqueza* "a dominação sobre qualquer república burguesa se revela em geral plenamente realizável por meio de suborno e da Bolsa [...], isto é, [sobre uma] república politicamente independente". A principal ideia de Lênin aqui é que a democracia burguesa não é liberdade, mas "liberdade de compra". Em setembro de 1917, formulou o problema da seguinte maneira:

> Os capitalistas (seguidos, devido à estupidez ou à inércia, por muitos SRs e mencheviques) denominam "liberdade de imprensa" uma situação em que a censura é abolida e todos os grupos publicam livremente todos os tipos de periódicos. Na verdade, não se trata de liberdade de imprensa, mas liberdade dos ricos, da burguesia, para que enganem a massa oprimida e explorada do povo.[45]

---

[44]  LCW, cit., v. 23, p. 45-6.

[*]  *Sobre a caricatura do marxismo e sobre o "economismo imperialista"*, em OE6T, cit., t. 3, p. 28. (N. E.)

[45]  "Как обеспечить успех учредительного собрания. (о свободе печати)" / "Kak obespétchit uspekh utchredítelnogo sobránia (O svobode petchati)" [Como garantir o sucesso da Assembleia Constituinte: sobre a liberdade de imprensa], *Рабочий Путь/ Rabótchi Púty* [O Caminho Operário], n. 11, 15 (28) set. 1917; LCW, cit., v. 25, p. 375-6. "Pegue, digamos, os jornais de Petrogrado e Moscou. Você verá imediatamente que são os jornais burgueses [...] que têm, de longe, os maiores índices de circulação. O que explica essa prevalência? Não é de forma alguma a vontade da maioria, pois as eleições demonstraram que, nas duas capitais, a maioria (uma esmagadora maioria, aliás) prefere os democratas, isto é, os SRs, os mencheviques e os bolcheviques. Esses três partidos representam de três quartos a quatro quintos dos votos, ao passo que a circulação

Lênin via a democracia burguesa como forma de dominação capitalista da mais alta ordem. De fato, a única necessidade (que, por ser única, é ainda mais necessária) de se exaltarem as vantagens do "parlamentarismo corrupto e apodrecido da sociedade burguesa" está no fato de que ele proporciona ao movimento trabalhista maior amplitude de desenvolvimento dentro de seus limites e lhe dá maior espaço de manobra que o encontrado nas circunstâncias impostas por regimes autocráticos, abertamente ditatoriais. Nesse sentido, o parlamentarismo burguês despertava em Lênin apenas "interesse histórico", de fundamento científico especializado, mas não tinha futuro. O imperador estava nu.

No período da revolução, as questões científicas especializadas, particularmente, estiveram longe de ter importância central no pensamento de Lênin. Além do mais, a experiência da Primeira Guerra Mundial apenas ressaltou o fato de que a tarefa mais importante era expor politicamente as democracias parlamentares como regimes responsáveis pela carnificina da guerra[46]. Com seu pensamento fundamentalmente orientado para o futuro, *O Estado e a revolução* não fica restrito a sonhos vagos, mas compõe uma crítica objetiva do parlamentarismo que, desde 1917, não se deixou varrer da pauta de debates[47].

---

dos jornais que eles publicam é certamente menor do que um quarto, ou até mesmo menos de um quinto, de toda a imprensa burguesa. [...] Como isso acontece? Todos sabem muito bem por quê." Visando reduzir essa dominância, Lênin propôs "o monopólio estatal sobre os anúncios privados na imprensa" após a tomada do poder: "O poder estatal na forma dos sovietes toma *todas* as gráficas e *todos* os jornais e os distribui *equitativamente*: o Estado deveria vir primeiro – em benefício dos interesses da maioria das pessoas, a maioria dos pobres, particularmente a maioria dos camponeses, que por séculos foram atormentados, esmagados e embrutecidos pelos proprietários de terras e pelos capitalistas". LCW, cit., v. 25, p. 377-8.

[46] A saída da guerra não era uma opção preferível do lado burguês quando se tratava de política de poder. Em 1917, de Miliúkov (o líder do partido liberal burguês) a Max Weber, e em toda Europa, era forte a noção de que a guerra era uma força de estabilização, na medida em que "cimentava o fervor patriótico" que une a sociedade sob a liderança de governos burgueses. (A continuidade da guerra também ajudava a manter os camponeses longe de casa e dos movimentos de ocupação de terras.) Ver N. G. Dumova, *Кадетская партия в период первой мировой войны и Февральской революции*/ *Kadiétskaia pártia v periód piérvoi mirovói vóini i Fevrálskoi revoliútsi* [O Partido KD durante a Primeira Guerra Mundial e a Revolução de Fevereiro] (Moscou, Naúka, 1988), p. 147-8.

[47] A literatura histórica hegemônica desvia-se dessa crítica ao qualificar a obra de "utópica". Isso é uma distorção tanto da metodologia quanto do conteúdo, pois a historiografia hegemônica compara a forma pela qual a democracia parlamentarista veio a funcionar e a se consolidar no Ocidente ao longo dos séculos, seus mecanismos e teorias cristalizados, com as premissas teórico-morais e orientadas para o futuro da obra de Lênin – por exemplo, a forma inovadora de associar e "supervisionar socialmente" as instituições legislativas, executivas e legais. Ver David Shub, *Lenin: A Biography* (Baltimore, Penguin, 1967), p. 189-90 e 195-6.

Em 1917, "globalização" ainda não era assunto de discussão. Em vez disso, os temas populares da época eram *imperialismo e o primado de monopólios e do capital financeiro*. É amplamente reconhecido que o Estado adequado àquela nova ordem assumiu seu novo conjunto de tarefas na época da Primeira Guerra Mundial: tornou-se o maior organizador e investidor da economia nacional. Foi uma espécie de "monstro" disposta a destruir qualquer coisa. A última frase da obra é importante em relação a isso, pois apresenta o raciocínio que conduziu ao chamado final à revolução:

A deturpação e o silenciamento sobre a questão da relação da revolução proletária com o Estado não podiam deixar de desempenhar um papel enorme no momento em que os Estados, com um aparelho militar reforçado em consequência da competição imperialista, converteram-se em monstros guerreiros que exterminaram milhões de pessoas para resolver o litígio de quem – Inglaterra, Alemanha ou outro capital financeiro qualquer – terá domínio sobre o mundo.[48]

Lênin criticou não apenas a crise geral do sistema capitalista, mas também as áreas concretas da disfunção na democracia burguesa (burocrática, corrupta, parasita etc.), as quais, em sua interpretação, aventavam a possibilidade de uma guinada revolucionária. Sua posição explicava a variedade de tipos de Estado, e o propagandista revolucionário e teórico procurava pelos pontos em comum entre eles: "As formas dos Estados burgueses são extraordinariamente variadas, mas sua essência é apenas uma: em última análise, todos esses Estados são, de uma maneira ou de outra, obrigatoriamente, uma ditadura da burguesia"[49], que exclui a possibilidade de se "restabelecer" o modo comunal de propriedade, em vez da propriedade privada capitalista e exploradora ou em paralelo a ela. Segundo essa interpretação, o "poder parlamentar" é somente a batalha de alas concorrentes do poder pela "presa" (cargos, posições econômicas etc.). O sistema fica acima de qualquer contestação em termos jurídicos e políticos. Também por essa razão as democracias burguesas ainda são – enfaticamente – ditaduras, de acordo com a teoria de Lênin e, portanto, não se podem corrigir sem revolução e sem "destruição da máquina burocrático-militar de Estado".

Lênin formou uma opinião ainda mais nefasta da democracia parlamentar após suas experiências de guerra, pois viu nela apenas uma expressão institucional dos interesses do capital financeiro. Aquele era um sistema dedicado ao engano e manipulação, que servia para refrear a resistência dos trabalhadores assalariados em favor da produção capitalista de lucros. Esse foi um dos argumentos decisivos

---

[48] *O Estado e a revolução*, cit., p. 148.

[49] Ibidem, p. 58.

para a exigência de que sessões parlamentares e "tagarelices" incompreensíveis para o povo fossem substituídas por órgãos de operários eleitos com "mandatos revogáveis", com base nas experiências da Comuna de Paris: "As instituições representativas permanecem, mas o parlamentarismo como sistema especial, como divisão do trabalho legislativo e executivo, como situação privilegiada para os deputados, *não* existe aqui"[50].

Lênin chegou à conclusão de que a pobreza e a indigência tornavam impossível o verdadeiro recurso às cláusulas legais oferecidas pela democracia. Não apenas porque os pobres não teriam chance de "comprar as indulgências" da democracia, mas porque

> Os escravos assalariados de hoje, em consequência da exploração capitalista, vivem de tal maneira acabrunhados pelas necessidades e pela miséria que nem tempo têm para se ocupar de "democracia" ou de "política"; no curso normal e pacífico das coisas, a maioria da população encontra-se afastada da vida sociopolítica.[51]

No programa revolucionário de liquidar o Estado como entidade política, a eliminação do "Estado parasita" era argumento importante, precondição política da "libertação econômica do trabalho". Para Lênin, Estado e liberdade poderiam ser interpretados como noções diametralmente opostas.

*O Estado e a revolução*, de Lênin, dedicou-se essencialmente, em termos metodológicos e políticos, a eliminar as "ilusões oportunistas" vinculadas ao parlamentarismo e ao revisionismo bernsteinista, bem como a abordagem anarquista utópica, todas ao mesmo tempo. De acordo com seu argumento, parlamentaristas e bernsteinistas haviam abandonado Marx em favor do "estatismo de mercado", enquanto aqueles últimos "apenas" haviam perdido de vista suas perspectivas imediatas. Os sociais-democratas oficiais da Segunda Internacional substituíram a "derrubada" e a "destruição total" do Estado burguês pelo democrático e compassivo "Estado popular". Aquele "Estado popular" servia de corretivo à "democracia burguesa" (Bernstein, Kautsky, Scheidemann), um Estado burguês sujeito à lei (*Rechtsstaat*) e regido por um governo social-democrata[52].

---

[50] Ibidem, p. 71.

[51] Ibidem, p. 113.

[52] "Foi exatamente por meio do exemplo da Comuna que Marx mostrou que no socialismo os que ocupam funções públicas deixam de ser 'burocratas', de ser 'funcionários', deixam de sê-lo à medida que, além da elegibilidade, introduz-se ainda a revogabilidade a qualquer momento, e ainda a redução dos vencimentos ao nível operário médio, e ainda a substituição das instituições parlamentares por instituições '[que formem um corpo de trabalho], isto é, executivo e legislativo ao mesmo tempo'. No fundo, toda a argumentação de Kautsky contra Pannekoek

Lênin via a social-democracia como o tipo de noção elástica sustentada por Engels, que, em 1894, notou, a respeito de seus artigos datados dos anos 1870, ter "empregado o termo 'comunista' em vez de 'social-democrata' em todos os artigos, pois até mesmo os adeptos de Lassalle se autodenominavam sociais-democratas na época". Em contraste com o conceito burguês de Estado, representativo da época, a abordagem de Lênin não tratava o Estado meramente no sentido sociopolítico ou formal-legal. Com frequência, aludia ao fato de que os apologistas do Estado deixavam oculta a função "financeira", "onicapitalista", "onilatifundiária", isto é, a função econômica do Estado. No entanto, com exceção dos anarquistas, ninguém no campo revolucionário– nem mesmo a ala camponesa dos SRs, por exemplo – entendia que combater o Estado seria de todo improdutivo sem que se liquidasse sua base econômica. Assim sendo, Lênin declarou que, em razão de suas funções econômicas e classistas, o Estado somente seria totalmente eliminado "depois da extinção das classes pela revolução socialista, como resultado da instauração do socialismo, que leva ao definhamento do Estado"[53].

Lênin mantinha uma posição comum com os anarquistas quanto à revolução como "acontecimento", questão de "necessidade política e teórica". Não obstante, considerou a tese anarquista – que exigia a "destruição total e final" do Estado – a aniquilação das defesas da revolução, no item dedicado a revelar os meandros do raciocínio anarquista[54]. No que se referia a Engels, enfatizou que, com o desaparecimento do fator político, a autoridade do Estado e a subordinação a ele não cessariam de imediato. Afinal, caso se tome o exemplo de

uma fábrica, uma estrada de ferro, um navio no alto-mar, diz Engels, não é claro que, sem certa subordinação – portanto, sem certa autoridade ou poder –, é impossível o funcionamento de qualquer dessas empresas técnicas com-

---

[...] mostra que Kautsky repete o velho 'argumento' de Bernstein contra o marxismo em geral. Em seu livro de renegado *As premissas do socialismo*, Bernstein combate as ideias de democracia 'primitiva', aquilo que chama o 'democratismo doutrinário' – mandatos imperativos, funcionários não remunerados, representação central impotente etc." Ibidem, p. 143.

[53] Ibidem, p. 140.

[54] Ibidem, p. 84-5. Em outro momento, Lênin polemiza com os anarquistas da seguinte forma: "Em Marx não existe nem uma gota de utopismo, no sentido de ter inventado, imaginado, uma sociedade 'nova'. [Ele] 'Aprende' com a Comuna [...]. Não se trata de extinguir de uma só vez, por toda parte, até ao fim, o funcionalismo. Isso é utopia. [...] Não somos utopistas. Não 'sonhamos' com dispensar *de uma só vez* toda administração, toda subordinação; esses sonhos anarquistas, baseados na incompreensão das tarefas da ditadura do proletariado, são fundamentalmente estranhos ao marxismo e só servem na realidade para protelar a revolução socialista até o momento em que as pessoas forem diferentes". Ibidem, p. 72.

plicadas, baseadas no emprego de máquinas e na colaboração planificada de muitas pessoas?[55]

Lênin compartilhava a dificuldade de Engels em relação à intenção anarquista declarada de "extinção completa do Estado, de um dia para outro"[56]. Os anarquistas russos jamais entenderam que a "destruição do Estado" tem de começar com a produção e a economia. Em geral, os anarquistas russos nunca chegaram a uma percepção de Marx que não fosse reducionista. Não somente foram incapazes de apreender tal teoria econômica, como tacharam o pensamento marxista quanto às relações em história e teoria políticas de "teoria estatista" ou simplesmente o negligenciaram. Em outro aspecto, delinearam uma contradição entre as metas comunistas de Marx e sua teoria política e social.

A obra de Lênin foi tratada de maneira semelhante pelos anarquistas russos. Em vão, bolcheviques e anarquistas concordaram quanto à meta "antiestatal" ou, mais tarde, quanto ao pacto armado e os feitos heroicos das tropas makhnovistas em combate contra Deníkin. Assim que surgiram os problemas de uma nova organização estatal, uma nova hierarquia burocrática, a instituição da produção centralizada e uma distribuição tradicional do trabalho, os bolcheviques pareceram "traidores" aos olhos dos anarquistas, e os anarquistas, "celerados" aos olhos dos bolcheviques. Sua liquidação armada relacionou-se ao fato de não aceitarem a autoridade do Estado nas regiões por eles supervisionadas[57].

Com base em Marx e Engels, Lênin esboçou, então, uma espécie de princípio do *terceiro incluído* (*tertium datur*) entre sociais-democratas reformistas e anarquistas, na medida em que conectou as questões de revolução e Estado. Um entendimento político de grande importância a que chegou Lênin foi que a burguesia russa e a "vacilante" classe média não poderiam estabilizar o antigo sistema "semiparlamentar" (com ou sem o tsar) nem o sistema democrático burguês. Em sua opinião, as tentativas de estabilização abririam caminho a ditaduras contrarrevolucionárias caso a solução revolucionária fosse postergada ou derrotada.

O fato de Lênin escrever *O Estado e a revolução* na clandestinidade, em consequência de uma ordem de prisão contra ele emitida pelo governo provisório

---

[55] Ibidem, p. 85. Lênin comentou a opinião crítica de Engels em relação aos anarquistas, conforme expressa em seu artigo "Da autoridade". Os anarquistas "reivindicam que o Estado político seja abolido num só golpe, antes mesmo que as relações sociais que deram luz a ele estejam destruídas". Ver MECW, cit., v. 22, p. 422-5.

[56] *O Estado e a revolução*, cit., p. 140.

[57] Para uma perspectiva anarquista, ver a introdução de Volin (V. M. Eikhembaum) a Piotr Arsinov, *The History of the Makhnovist Movement: 1918-1921* (Londres, Freedom Press, 1987), p. 7-24; Nestor Makhno, "My Interview with Lenin", em *My Visit to the Kremlin* (Berkeley-CA, Kate Sharply Library, 1993).

depois das "Jornadas de Julho", tem significado simbólico. Na época, a democracia burguesa mal tomara forma e já se encontrava em crise. Não causa surpresa, então, que a questão a preocupar Lênin em sua cabana em Razliv fosse qual sistema institucional a classe revolucionária deveria utilizar para "substituir a máquina quebrada do Estado", que jazia em ruínas por toda a Rússia. Por essa razão, não deu ênfase ao modelo russo, o soviete; usou a Comuna de Paris como "protótipo" para sugerir, na prática, a meta da revolução proletária. A meta e o objeto fundamental do novo *autogoverno* "de comunas", como organização comunitária e econômica, eram eliminar, em um momento final, as desigualdades econômicas e sociais.

Não é coincidência que a palavra *partido* não apareça como conceito em *O Estado e a revolução*. Essa omissão explica-se, com frequência, de modo pouco claro, embora seja bastante simples. Para Lênin, classes e partidos não mais existiriam dentro do socialismo autogestionário. É bastante anticientífico afirmar – com base no volume de Kautsky, *A ditadura do proletariado*, escrito em 1918, e em vários argumentos propostos por Mártov em escritos mais tardios – que *O Estado e a revolução*, de Lênin, tenha sido criticado por apresentar o sistema unipartidário em sua época. Tais críticas desfavoráveis são dirigidas às realidades da Rússia soviética pós-1917, extraindo argumentos contrários das primeiras obras de Lênin e nelas projetando a situação recém-formada, como se ele já defendesse o sistema unipartidário em 1917[58].

O raciocínio de Lênin evoluiu naturalmente, ao longo dos anos, em relação a numerosos assuntos, nas esferas tanto políticas quanto teóricas. Porém, contrabandear a *O Estado e a revolução* o sistema unipartidário é uma falsificação da história ou uma completa falta de entendimento da época. Tanto em princípio quanto na prática, é fato que a Revolução de Outubro reposicionou o soviete como alternativa prática ao parlamentarismo, apesar de, em 1918, o soviete, como órgão do autogoverno dos trabalhadores, ter começado a infiltrar-se nas estruturas do poder central, e a nova hierarquia que se desenvolveu gradualmente ter sido definida por ele.

Aliás, o sistema unipartidário jamais foi introduzido de forma legal. Se existe argumento contrário, este deriva da Constituição de 1977, sob o governo de Brejniev, que declarou, *pela primeira vez*, que o sistema soviético era unipartidário. Nos tempos de Lênin, partidos políticos foram perseguidos em conformidade com ações administrativas fundamentadas na guerra ou em ações contrarrevolucionárias, porém não foram banidos legalmente, sob determinação constitucional. Aquilo que foi *efetivamente* um sistema unipartidário de plena formação, em 1921, assumiu a posição "oficial" – representada também por Lênin – de que a própria revolução legitimava a *ditadura dos sovietes*, a "ditadura da maioria

---

[58] Um exemplo de tal projeção para o período anterior também pode ser encontrado em David Shub, *Lenin: A Biography*, cit., p. 195.

(ditadura do proletariado) diante da minoria". As contradições que operavam naquele momento não demorariam a fazer-se sentir.

## Revolução e Estado: a alternativa funcional

*O Estado e a revolução* não é um resumo da filosofia do partido ou da teoria bolchevique. É a "autodefinição" teórica de um arranjo de forças sociopolíticas organizadas no quadro dos sovietes e outras organizações sociais espontâneas com base de apoio na maioria operário-camponesa, os quais participaram da Revolução de Outubro. Organizaram-se tendo em mente não apenas o destino da Rússia, mas o de toda Europa.

Em 1917, o partido bolchevique, com poucos milhares de membros, tornou--se égide de muitas centenas de milhares. Já em 1919, o "comunismo" se constituiu como movimento das massas europeias, um "partido global" (da Terceira Internacional Comunista). É verdade trivial que a Revolução de Outubro foi resultado de um movimento de massas muito mais amplo que o bolchevismo. Podemos até afirmar que a Revolução de Outubro certamente não foi uma revolução *bolchevique*, em termos de forças motrizes – ao contrário do que expressa a mensagem do título do volume de E. H. Carr. Tornou-se "revolução bolchevique" no decurso das lutas políticas, quando, por razões práticas, Lênin e os bolcheviques começaram a apropriar-se da ideologia e da organização da própria revolução.

Seus aliados anteriores, que haviam sofrido derrotas e encontravam-se, consequentemente, em processo de fragmentação, apoiaram-nos em tal apropriação de modo geral. Não foram simplesmente "ejetados" pelos bolcheviques da história da revolução, pois mais tarde eles mesmos se declararam opositores categóricos da Revolução de Outubro. Além do mais, aos olhos dos adversários dos bolcheviques – dada uma variedade de razões e argumentos –, a própria revolução fora ponto de partida de toda a violência.

De acordo com certa opinião em voga, encontrada com frequência na literatura histórica – na obra de Robert Service, biógrafo de Lênin, por exemplo –, existe algum tipo de coerência profunda entre *O Estado e a revolução* e a carnificina que se seguiu à Revolução de Outubro. A explicação de Service deriva da real contradição que Lênin não percebeu: os "vislumbres de iniciativa de massas, por um lado, e ordem e hierarquia estritas, por outro", eram rumos divergentes de desenvolvimento, em pensamento e ação[59]. Considerada à luz dessa contradição, a obra de Lênin parece uma "estranha mistura" da "expressão utópica de uma

---

[59]  Ibidem, p. 197.

mente utópica" em determinado momento, incluindo a carnificina; em outro, não obstante, isso "talvez não tenha acontecido por intenção consciente do autor"[60]. Tal linha de raciocínio é duplamente insatisfatória. Service postula, no mesmo escrito, que *O Estado e a revolução* teria sido "um experimento na construção de uma grande teoria", porém não projetado para a Rússia, em primeiro lugar. De acordo com esse raciocínio, não seria qualquer pensamento revolucionário, ou qualquer revolução, responsável pelo derramamento de sangue que acontece após a vitória, em razão da resistência contrarrevolucionária? Não teriam se confundido causa e efeito, nesse caso? Esse raciocínio não anula as transições e a progressão entre "grande teoria" e situação histórica imprevisível? Essas são perguntas retóricas, é claro.

Conceituações mecânicas desse tipo não levam em consideração as bases aparentes dos desdobramentos da Revolução Russa nem o panorama imprevisível desta. *O Estado e a revolução* discutiu, todavia, como se superaria a resistência das classes governantes anteriores, considerando essa questão central no que tangia ao "definhamento do Estado", ou, até mesmo, à precondição de tal definhamento. As duas metas eram obviamente contraditórias, na medida em que, até naquela obra "etereamente estéril" de Lênin, a erradicação de "*todas as formas de opressão*" pressupõe o uso da violência revolucionária caso se depare com resistência armada. No entanto, à época ninguém sabia, nem mesmo Lênin, que o grande problema a enfrentar seria a impossibilidade de traçar, na prática, fronteiras claras e inequívocas no contexto da "violência revolucionária". Ainda assim, toda a história das revoluções demonstra que os grupos detentores de poder político, que com frequência encontram oposição, são os menos competentes para "controlar" a violência. Sem mencionar o problema de que lutas inesperadas ocorrem entre as forças mais improváveis no decurso das revoluções, com resultados imprevisíveis.

A Revolução de Fevereiro não tem história independente porque os desdobramentos na Rússia não tomaram um rumo democrático burguês[61]. Apesar

---

[60] Idem.

[61] Levantando uma série de razões para cada ponto de vista, a historiografia recente tende a interpretar que a Revolução de Fevereiro teria assinalado o início de um novo *processo* revolucionário, um processo que não poderia ser interrompido "artificialmente". Ver, por exemplo, C. Hashegava, "Февральская революция: консенсус у исследователей?" / "Fevrálskaia revoliútsia: kontsensus s isledovatelei?" [A Revolução de Fevereiro: consenso entre pesquisadores?], e V. P. Buldakov, "Истоки и последствия солдатского бунта: к вопросу о психологии 'человека с ружьём'" / "Istoki i posledstviia soldátskogo bunta: k vopróssu o psikhologuii 'tcheloveka s rujiem'" [Origens e consequências da rebelião do soldado: questões psicológicas de um "homem com uma arma na mão"], ambos em P. V. Volobúiev (org.), *1917 год в судьбах России и мира. Февральская революция: От новых источников к новому осмыслению/ 1917 god v sudbakh Rossíi i mira: Fevrálskaia revoliútsia. Ot nóvykh istótchnikov ko nóvomu osmysliéniu* [O ano de

disso, houve muito derramamento de sangue por ocasião de sua conflagração – em contraste, a propósito, com os eventos revolucionários de outubro em São Petersburgo –, com contínua crise política, da qual as "Jornadas de Julho", que levaram o partido bolchevique à clandestinidade, foram o ponto de transformação.

E como *O Estado e a revolução* entra em cena no papel de instigador da violência? É um simples caso – já detalhado aqui em contexto diferente – de planos para reposicionar essa obra de Lênin, transformando-a de "interpretação libertária" livre-pensante em "narrativa autoritária"[62].

Em uma série de ensaios e palestras, Eric Hobsbawm refuta os escritores que interpretam as ações e as considerações de Lênin e dos bolcheviques com base em suas próprias visões políticas, não das alternativas históricas determinadas. É como se derivassem a história do movimento autogerado das ideologias. Esse tipo de "presentismo" traz à baila as distorções costumeiras, fingindo, até mesmo hoje, que os eventos e as encruzilhadas da revolução foram inteiramente previsíveis, que apenas tomaram o caminho "errado" por vontade de Lênin[63].

Outra abordagem frequente de *O Estado e a revolução* como livro baseado em princípios autoritários deixa propositalmente de levar em conta certas inconsistências de Lênin na utilização dos conceitos. Em meio à liça política, no calor da batalha, ocasionalmente ele conectava fenômenos específicos que teria separado em outra ocasião.

Um exemplo dessa intersecção inadvertida de conceitos em *O Estado e a revolução* é o emprego de *fase de transição* e *socialismo* na "analogia da empresa de correios". A "conjugação" dessas duas fases encontrou, depois, uma interpretação duplamente distorcida. Por um lado, foi possível provar, durante o período de Stálin, que, segundo Lênin, o socialismo e a rigorosa centralização do Estado se pressupunham mutuamente. Por outro, ofereceu bases, a partir dos anos 1980, para a imagem de Lênin como pensador estatista que enfatizava a coerção do Estado até mesmo sob o socialismo. Na verdade, a centralização estatal é um

---

1917 na história russa e mundial: A Revolução de Fevereiro, de novas fontes para uma nova interpretação] (Moscou, RAN, 1997), p. 107-8 e 208-17. O organizador do volume avaliou que ambos os estudos "erraram" ao exagerar o "aspecto militar". A literatura moderna sobre Lênin também é sensível ao fato de que está em jogo aqui um processo unificado. *O Estado e a revolução* documenta como Lênin abandonou seu conceito anterior de uma revolução de "múltiplas fases" em virtude desse processo. Ver Statkis Kouvelakis, "Lenin as Reader of Hegel: Hypotheses for a Reading of Lenin's Notebooks on Hegel's The Science of Logic", em Sebastian Budgen, Stathis Kouvelakis e Slavoj Žižek (orgs.), *Lenin Reloaded: Toward a Politics of Truth* (Durham-NC/Londres, Duke University Press, 2007), p. 195.

[62] David Shub, *Lenin: A Biography*, cit., p. 197-8.

[63] Ver Eric Hobsbawm, "Looking Forward: History and the Future" e "Can We Write the History of the Russian Revolution?", em *On History*, p. 37-55 e 241-52.

problema típico da fase de transição; isto é, o *período imediatamente subsequente* à revolução. Deve-se notar que as principais causas de noções equivocadas em tal campo de especialidade ignoram as coerências internas do pensamento de Lênin e dissociam sequências inteiras de seu raciocínio.

Em 1917, o entendimento de Lênin acerca do desenvolvimento interno das fases da Revolução Russa passou por uma evolução. Sua ideia de que os "estágios" burguês e socialista da revolução cresciam separadamente no curso do desenvolvimento não se mostrou – e não poderia ter se mostrado – verdadeira. Até mesmo no início da primavera de 1917, quando a radicalização das massas sociais que deu forma aos eventos se encontrava em plena força, houve uma inaudita proliferação de organizações revolucionárias. Lênin entendeu apenas aos poucos sua importância prática e intrínseca. Elas desempenhariam um papel importante em outubro, por exemplo: os comitês das fábricas integraram os poderes administrativos locais; restabeleceram-se os antigos sindicatos trabalhistas; emergiu espontaneamente, e assumiu o poder, o órgão soviete, o Comitê Militar Revolucionário; emergiu também uma rede de comitês revolucionários[64].

Como o governo provisório não fora capaz nem de resolver a questão agrária – que era problema de vida e morte para dezenas de milhões –, nem de retirar-se da guerra mundial desde março de 1917, o mês de outubro testemunhou o levante simultâneo de uma grande variedade de forças insurgentes, formando um campo revolucionário composto de vários estratos sociais.

O primeiro consistia dos trabalhadores industriais de Moscou e São Petersburgo. Foram, funcionalmente, produto da coexistência de condições arcaicas e modernas, tendo preservado inúmeros elementos de seu passado de comunidade aldeã no que tangia a origens, condições de vida e modos de pensar. Sua rebelião encontrou expressão no funcionamento independente e na estrutura interna dos sovietes e dos conselhos operários espontaneamente estabelecidos e levou-os à integração ao mais moderno e bem organizado movimento operário social-democrata[65].

O segundo estrato do campo revolucionário era composto do campesinato anticapitalista "vinculado ao passado", essencialmente conservador. As *obschinas*

---

[64] Tamás Krausz, *A cártól a komisszárokig* [Do tsar aos comissários] (Budapeste, Kossuth, 1987), p. 164-222.

[65] Sobre o assunto, ver Dmítri Tchurakov, "A munkásönkormányzatok közösségi aspektusai az 1917-es orosz forradalomban" [Comunidade nos governos locais dos trabalhadores da Revolução Russa de 1917], em Tamás Krausz (org.), *1917 és ami utána következett* [1917 e o que se seguiu] (Budapeste, Magyar Ruszisztikai Intézet, 1998), p. 53-67; conferir também Vladímir Bukharáiev, "1917: az obscsinaforradalom pirruszi győzelme" [1917: A vitória de Pirro da revolução das *obschinas*], em ibidem, p. 37-52.

278 TAMÁS KRAUSZ

pretendiam garantir terras ao proibir a venda delas, a fim de impedir a pobreza futura. Suas metas rebeldes encontraram voz nos famosos decretos agrários da Revolução de Outubro.

Aqueles dois estratos se conectaram ainda mais por meio do terceiro "estrato social" da revolução, uma massa de soldados armados que somava milhões, de ascendência camponesa na maioria, mas que havia "conhecido o mundo". Em termos históricos, os problemas práticos do período posterior à Revolução de Outubro pouco tiveram em comum com a teoria do socialismo; tiveram mais a ver com tudo o que fora dito nas *Teses de abril* e com a concepção e prática pós-Outubro de uma – para empregar uma expressão moderna – "economia de mercado mista" no começo de 1918. Włodzimierz Brus e László Szamuely, seguidos por historiadores soviéticos, estabeleceram isso há décadas e tornaram-se os primeiros a fundamentar teoricamente o *período de transição* e a considerá-lo socialismo, segundo as premissas da "economia de mercado socialista" – nos passos de Stálin[66]. O exagero de base ideológica da "analogia dos correios" como "parte do socialismo" também pavimentou o caminho para uma interpretação de *O Estado e a revolução* como obra autoritária.

Ao lermos as *Teses de abril*[67], percebemos que o ponto de vista de Lênin tornou-se mais diferenciado sob a influência dos eventos do decurso da revolução. Anteriormente, ele esclarecera que, na Rússia, a revolução burguesa deveria ser também operária, pois não existia burguesia democrática revolucionária. Assim, a "força motriz" da base social trabalhadora e camponesa pobre inevitavelmente radicalizava a revolução burguesa, empurrando-a a uma fase em que os sovietes pudessem representar papel decisivo. Como o governo provisório nem sequer aventara a possibilidade de abandonar a guerra, e não havia sinais de que a participação dos sovietes dominados por uma maioria SR/menchevique pudesse

---

[66] Włodzimierz Brus, *The General Problems of the Functioning of the Socialist Economy* (Londres, Oxford University Press, 1961); László Szamuely, *Az első szocialista gazdasági mechanizmusok* [Os primeiros mecanismos econômicos socialistas] (Budapeste, Közgazdasági és Jogi Könyvkiadó, 1971); E. G. Guimpelson, *Военный коммунизм: политика, практика, идеология/ Voienny kommunizm: politika, praktika, ideologuiia* [Comunismo militar: política, prática, ideologia] (Moscou, 1973). Na obituário que escreveu para Brus ("Wlodzimierz Brus: Economist Committed to Market Reforms and Democracy in Poland", *The Guardian*, 13 nov. 2007), Jan Toporowski assinalou que, em 1951-1952, Brus falara muito bem do livro de Stálin, *Problemas econômicos do socialismo na União Soviética*, em que se delineia o pensamento do socialismo de mercado pela primeira vez – ideia reconhecida por Ferenc Tőkei em sua época. Para mais a respeito, ver Tamás Krausz, "A 'sztálini szocializmus'" [O "socialismo stalinista"], em *Lenintől Putyinig* [De Lênin a Putin] (Budapeste, La Ventana, 2003), p. 98-9.

[67] Vladímir Ilitch Lênin, *Teses de abril*, em Tariq Ali (org.), *Manifesto Comunista/ Teses de abril* (São Paulo, Boitempo, 2017), p. 69-74.

modificar as políticas governamentais "para melhor", Lênin criou um lema que, no início, encontrou oposição até em seu próprio partido: "Nenhum apoio ao governo provisório". A posição de Lênin quanto – parafraseando Trótski – à "permanência" da revolução ganhou bases teóricas com sua exploração do entrelaçamento das "fases" democrática e socialista à luz de condições determinadas e concretas.

Um novo elemento relacionado à guerra mundial se encontrava sob consideração. A exigência do governo provisório de "defensivismo revolucionário" foi descartada por Lênin, embora, durante o processo, ele tenha delineado as possibilidades concretas do lema de transformar o processo revolucionário, o que ganhou importância mais tarde, por ocasião das intervenções armadas no exterior:

> O proletariado consciente só pode dar seu assentimento a uma guerra revolucionária que justifique verdadeiramente o defensismo revolucionário nas seguintes condições: a) passagem do poder para as mãos do proletariado e dos setores pobres do campesinato que a ele aderem; b) renúncia de fato, e não em palavras, a todas as anexações; c) ruptura completa de fato com todos os interesses do capital. [...] A peculiaridade do momento atual na Rússia consiste na *transição* da primeira etapa da revolução, que deu poder à burguesia por faltar ao proletariado o grau necessário de consciência e organização, para sua *segunda* etapa, que deve colocar o poder nas mãos do proletariado e das camadas pobres do campesinato.[68]

Enquanto impelia a revolução a tal rumo, Lênin denominava o Soviete dos Deputados Operários (SDO) "a única forma possível de governo revolucionário". Isso foi postulado na tese número 5 das *Teses de abril* como alternativa à república burguesa:

> Não uma república parlamentar – regressar dos SDO a ela seria um passo atrás, mas uma república dos sovietes de deputados operários, assalariados agrícolas e camponeses de todo o país, de baixo para cima.[69]

Nenhuma interpretação que sugira ou declare que o pensamento e as ações políticas de Lênin em 1917 foram ditados por alguma conceituação autoritária do poder se apoiará em provas documentais. Lênin não apenas falou sobre as formas diretas de governo operário, diferentes da república burguesa, mas também se distanciou da tradição do *socialismo de Estado*, isto é, da "introdução do socialismo" por intermédio do poder do Estado. Falou sobre o "Estado-comuna"

---

[68] Ibidem, p. 70-1.
[69] Ibidem, p. 73.

280  TAMÁS KRAUSZ

e, na tese número 8, disse que não é "tarefa *imediata*" a "'introdução' do socialismo [...], mas apenas passar imediatamente ao controle da produção social e da distribuição dos produtos por parte dos SDO". Entre as principais tarefas desse programa, Lênin mencionou a unificação de todos os bancos "num banco nacional único e introdução do controle por parte dos SDO"[70]. (A "analogia dos correios" adapta-se a esse contexto.) De modo a assegurar que o poder permanecesse firmemente nas mãos dos sovietes e ganhasse o apoio dos camponeses pobres e do proletariado agrário sem-terra, planejou o confisco das terras da elite latifundiária por intermédio de nacionalização imediata para que pudessem ser redistribuídas sob a supervisão dos sovietes camponeses. Isso se registrou por escrito no decreto sobre a terra, em outubro.

A ênfase das *Teses de abril* já se encontrava na agricultura cooperativa[71]. Essa obra foi um ponto de transformação na carreira de Lênin e sinalizou uma reviravolta na história da revolução. Mostrou-se um exemplo tão raro de antevisão que constitui um modelo verdadeiramente orgânico de análise teórica e prática política – um raro momento histórico, que igualmente teve seu papel no contexto histórico de *O Estado e a revolução*.

As *Teses de abril* definiram os traços fundamentais do programa econômico da supervisão das plantas industriais pelos trabalhadores, do controle dos trustes pelos sovietes e dos impostos progressivos sobre renda e propriedade[72]. Aparentemente, Lênin – em contraste com as afirmações rotineiras de boa parte da literatura histórica atual – não se preparou para a Revolução de Outubro com nenhum conceito nacionalizador ou estatista. A noção de *supervisão operária*, emprestada dos anarquistas, por si só encerra a questão.

---

[70]  Ibidem, p. 72.

[71]  Ibidem, p. 72-4. Com a mudança do nome do partido para Partido Comunista, surge um novo aspecto do programa revolucionário: distanciar-se dos apoiadores da guerra e da defesa nacional reunidos na social-democracia "centrista", que "havia ficado do lado da burguesia". Ao mesmo tempo, Lênin propôs a fundação de uma nova "Internacional Revolucionária". Dentre seus aliados revolucionários internacionais, menciona, nas *Teses de abril*, apenas Rosa Luxemburgo, que "no dia 4 de agosto de 1914, chamou a social-democracia alemã de 'cadáver malcheiroso'". O novo regime revolucionário, que seria capaz de realizar essa política revolucionária antiguerra, embarcaria numa "guerra revolucionária" – como ele supunha na época –, caso a proposta de paz democrática viesse a ser rejeitada internacionalmente: "E que se porventura capitalistas alemães, britânicos, franceses e de outras nacionalidades declinarem de tal paz, nós próprios nos incumbiremos de iniciar uma guerra revolucionária e convocar os trabalhadores de todos os países a se juntarem a nós". LCW, cit., v. 24, p. 165. Posteriormente, em Brest-Litovsk, a tese de uma guerra revolucionária teria de ser substituída pela implementação prática da "guerra defensiva".

[72]  Ibidem, p. 327-9.

Um sistema postal centralizado e a reestruturação hierárquica dos trustes em geral devem ser vistos como métodos "capitalistas de Estado" do período de *transição*, não da nacionalização instantânea – a qual, de fato, não ocorreu até o verão de 1918, com as medidas militares comunistas. É nesse sentido que Lênin se refere à "operação planejada" e aos métodos de "contabilidade" nas instituições econômicas do sistema capitalista como exemplos a ser seguidos, pois são levados, organizativamente, à alçada da autoridade operária, de maneira que os interesses da comunidade ganhem proeminência[73]. Não poderia haver concebido, em nenhuma época anterior, ideias mais concretas a respeito de política econômica dirigida a situações histórico-políticas "indetermináveis".

## O contexto social da revolução

Lênin e os bolcheviques não poderiam ter tomado a frente das massas revolucionárias em outubro de 1917 se não conhecessem o contexto social da revolução. Isso também explica muito sobre as causas imediatas do rumo dos eventos em outubro. Em geral, enfatiza-se o gênio de Lênin quanto ao fato de haver tomado as rédeas do poder, como se tivesse habilidades especiais relativas à "tecnocracia" do poder. A imagem é unilateral, pois sugere que Lênin "agarrou" o poder que desejava havia muito, motivado por alguma ideia megalomaníaca de vocação.

Essa apresentação simplista negligencia o fato de que ele trabalhou na teoria sobre o difícil problema de uma revolução em andamento não poder ser alterada à medida que a luta política de classes se radicaliza. No entanto, Lênin também sabia que seu ímpeto histórico desata o *processo revolucionário*. Isto é, mesmo que os bolcheviques fossem excluídos, outros grupos políticos radicais tomariam a liderança, com consequências diferentes.

Ao fim de agosto de 1917, Lênin havia esboçado a estrutura do Decreto sobre a Terra, adotado em outubro pelo II Congresso dos Sovietes de Toda a Rússia. O decreto lembrava o programa agrário socialista-revolucionário, na medida em que mostrava que a esmagadora maioria dos camponeses opunha-se tanto à posse capitalista das terras quanto aos latifúndios feudais. Em termos plenamente inteligíveis por todos, o decreto pretendia unificar as revoluções dos operários e dos camponeses no combate às antigas classes dominantes:

> De acordo com a suma, as reivindicações camponesas quanto a terras são, primariamente, a abolição da propriedade privada de todos os tipos de terras, incluindo as camponesas, sem indenização; transferência de terras em que se pratica agricultura científica de altos padrões ao Estado ou às comunas; confisco

---

[73] Ibidem, p. 329.

de todos os rebanhos e os implementos das terras confiscadas (pequenos proprietários camponeses estão excluídos) e sua transferência ao Estado ou às comunas; proibição do trabalho assalariado; distribuição igualitária de terras entre o povo trabalhador, com redistribuições periódicas; e assim por diante. No período de transição, pendente a convocação da Assembleia Constituinte, os camponeses exigem a *imediata* promulgação de leis que proíbam a compra e a venda de terras, a abolição das leis relativas à separação da comuna, das herdades etc. [...] Não é necessário ponderar demais sobre tais exigências para perceber que é absolutamente impossível satisfazê-las mantendo aliança com os capitalistas, sem com eles romper completamente, sem travar a luta mais impiedosa e determinada contra a classe capitalista, sem destronar seu governo.[74]

Essa foi provavelmente a expressão mais sucinta e a atuação prática do fato de que se desdobrava uma combinação de duas revoluções: a revolução do soviete urbano e a da *obschina* camponesa. Lênin não denominou a Revolução de Outubro "operário-camponesa" por acaso. Apontava não apenas os confiscos espontâneos de terras pelos camponeses no verão e no outono de 1917, mas também o fato de que significativas massas de camponeses por todo o país haviam se organizado em sovietes próprios, sedes de autoridade da oposição. A "revolução das comunidades aldeãs camponesas", unida à revolução proletária das cidades, em outubro, não mostrou sinais de conflito, fortalecendo, portanto, o aspecto anticapitalista da revolução.

No verão de 1917, os delegados do I Congresso dos Sovietes de Toda a Rússia representavam mais de 20,3 milhões de pessoas, número vinte vezes maior que o de membros do partido. Entre os mais de 20 milhões de pessoas, quase 6 milhões eram operários, por volta de 5 milhões eram camponeses, e mais de 9 milhões eram soldados (dos quais dois terços haviam sido camponeses e proletários agrários, lavradores contratados). Os delegados dos sovietes foram eleitos por essa população[75]. Milhões estavam organizados no que hoje se denominaria organizações da sociedade civil. O povo, despertado para a consciência de sua liberdade, reunia-se em grupos

---

[74] LCW, cit., v. 25, p. 275-6. Ele resumiu a unificação dos diversos estratos da revolução da seguinte forma: "Um movimento de massa de trabalhadores social-democratas existiu na Rússia por mais de vinte anos (se começarmos pelas grandes greves de 1896). Ao longo desse extenso período de tempo, que atravessa duas grandes revoluções e toda a história política da Rússia, perpassa a questão de a classe trabalhadora liderar os camponeses adiante, para o socialismo, ou a burguesia liberal arrastá-los para trás, em direção à conciliação com o capitalismo".

[75] Víktor I. Miller, "Революция в России, 1917-1918"/ "Revoliútsiia v Róssii, 1917-1918" [A Revolução na Rússia, 1917-1918], uma conferência baseada na tese de doutorado do autor, em *Осторожно: история!/ Ostorojno: istória!* [Cuidado: história!] (Moscou, ETC, 1997), p. 47-8. Um volume com seus escritos foi publicado postumamente.

categorizados pela maior variedade possível de profissões e interesses. Diferentemente dos partidos, membros das organizações civis apresentavam uma constituição de todo heterogênea, em termos tanto sociais quanto ideológicos. Essas organizações reuniam pessoas dos mais diversos propósitos, as quais mais tarde viram-se em campos políticos bastante diferentes conforme progrediu o processo revolucionário.

O partido com o maior número de membros era o dos socialistas-revolucionários, com 600 mil membros no verão de 1917. Os bolcheviques não excediam 350 mil, mesmo em outubro de 1917[76]. Quando Lênin apontava quão inabalável era a base de apoio dos bolcheviques, fazia do modo característico do período revolucionário, falando do apoio da maioria absoluta da população *politicamente ativa*, que, então, precisava arrastar consigo a maioria silenciosa.

Em artigo de setembro (agosto) de 1917, "Do diário de um publicista: os erros de nosso partido"[77], enfatizou: "Referir-se à maioria do povo nada decide quanto ao que se relaciona aos problemas específicos da revolução". Trabalhadores da indústria de grande escala sempre tiveram papel decisivo em moldar a "maioria" política na revolução. Lênin empregava a terminologia *proletariado, trabalho* e *operários* com três significados: primeiro, no sentido mais estrito do termo, como força de trabalho das grandes usinas e fábricas; segundo, como aqueles que compunham o proletariado, incluindo todos os trabalhadores assalariados; terceiro, estendia o termo aos "semiproletários", compostos de trabalhadores agrários, criados e desempregados. A última dessas definições teria elevado o número de operários, na Rússia pré-Primeira Guerra Mundial, a 20 milhões[78].

---

[76] Víktor I. Miller, *Ostorojno: istória!*, cit., p. 33-7. Na Rússia, pesquisas históricas recentes estimam entre 10 mil e 24 mil os membros do partido na véspera da Revolução de Fevereiro. O número de membros na época da Conferência de Abril (ver documento *Седьмая (Апрельская), 1934. Всероссийская конференция РСДРП (большевиков): протоколы/ Sedmaia (Aprelskaia), 1934. Vserossískaia i Petrogradskaia obschegorodskaia konferéntsi RSDRP(B.). Aprel 1917* [VII Conferência (abril) de Toda a Rússia do POSDR (bolcheviques): atas], Moscou, 1934, p. 149) pode ser fixado em torno de 50 mil; em maio, o número de membros mencheviques havia atingido 100 mil. No VI Congresso do Partido, em agosto de 1917, o número de membros bolcheviques era 200 mil e subiu para 350 mil na véspera de outubro. A quantidade de membros mencheviques estagnou ao final de 1917, em torno de 200 mil, e depois começou a decrescer.

[77] Essa obra polêmica de Lênin registra um debate com Sukhánov, um intelectual menchevique, "um dos melhores, não piores, representantes da democracia pequeno-burguesa", que escrevia para o *Nóvaia Jizn* e que, aliás, cedeu seu apartamento algumas semanas depois para o decisivo encontro do Comitê Central Bolchevique, pois sua esposa era bolchevique. Originalmente publicado em *Rabótchi*, n. 10, 1º (14) set. 1917. Ver "Do diário de um publicista: os erros do nosso partido", em OE3T, t. 2, p. 313-7.

[78] Para mais sobre isso, ver a reconstrução de Guimpelson feita anos atrás. Efim Guílevitch Guimpelson, *Советский рабочий класс, 1918-1920/ Soviétskii rabótchii klass, 1918-1920*

O número dos empregados na indústria de grande escala em 1913, incluindo transporte ferroviário e hidroviário, era 4.253.000[79]. Isso não passava de 10% a 12% da população, mesmo contando os familiares dos trabalhadores. Lênin estava ciente de tal fato. Caso se incluíssem as centenas de milhares de trabalhadores das indústrias menores (e suas famílias), ainda assim o número não excederia 7,2 milhões – dos quais 48,4% eram mulheres e crianças – em 1917. Se todas as categorias de trabalhadores urbanos também fossem incluídas, a contagem total do proletariado em 1917 era aproximadamente 10,7 milhões de pessoas[80]. Desse modo, o número de pessoas receptivas aos princípios social-democratas, como Lênin apontaria várias vezes nos anos seguintes, era um estrato bastante limitado, mesmo muito depois de tomarem as rédeas da revolução. Porém, o alto nível de organização desse estrato, como provariam os eventos futuros, não poderia ser superestimado.

A "revolução do Exército" deveria ser considerada um contingente especial da revolução operária e camponesa, pois, a partir de fevereiro, milhões de camponeses e operários armados atacaram a velha ordem em todas as suas formas – as prerrogativas feudais, as instituições do antigo Estado, os privilégios das classes latifundiárias e a casta dos oficiais. Lênin acreditava que "a flor das forças populares" se encontrava no Exército e que, "por volta de outubro-novembro de 1917, as Forças Armadas eram *meio bolcheviques*"[81]. O fervor revolucionário que percorreu a Rússia manteve a unidade social dos diferentes estratos revolucionários contra a velha ordem até a primavera de 1918[82]. A tomada do regime na Rússia continuou como "prevista"

---

[A classe trabalhadora soviética, 1918-1920] (Moscou, Naúka, 1974), p. 14-20 e 26-7. Esse panorama historiográfico mostra quão amplo era o escopo da pesquisa realizada sobre o assunto no período soviético, apesar das restrições ideológicas.

[79] Ver Víktor I. Miller, *Ostorojno: istória!*, cit., p. 7-67; P. Volobúiev, *Пролетариат и буржуазия России в 1917/ Proletariat i burjuaziia Rossii v 1917* [O proletariado e a burguesia da Rússia em 1917] (Moscou, Nóvyi Khronograf, 1964), p. 15.

[80] Ver L. S. Gaponenko, *Рабочий Класс России в 1917/ Rabótchii Klass Róssii v 1917* [A classe trabalhadora da Rússia em 1917] (Moscou, 1970), p. 43 e 71-2.

[81] LCW, cit., v. 30, p. 260-1. Aproximadamente 11 milhões de pessoas serviram no Exército e na Marinha, isto é, cerca de 7,2% da população, da qual os camponeses representavam quase dois terços e os trabalhadores e a classe média, por volta de um quinto cada. Dos 11 milhões empregados pelo Exército, 53% (isto é, 5,8 milhões) eram russos. É certo que a batalha política que eclodiu no interior do Exército dizia respeito ao destino da *totalidade* da sociedade. O nível organizacional das massas militares era muito alto, e dos 20,3 milhões de pessoas representadas no Congresso do Partido de Toda a Rússia, 5,1 milhões eram trabalhadores, 4,24 milhões eram camponeses e 8,15 milhões eram soldados. Ademais, os soldados representavam mais da metade do número de membros dos socialistas-revolucionários, um terço do partido bolchevique e um quinto do partido menchevique. Ver Viktor I. Miller, *Ostorojno: istória!*, cit., p. 20-1 e 23.

[82] Nikolai Berdiáev, por exemplo, registrou corretamente que os marxistas bolcheviques estavam mais ligados à velha tradição revolucionária russa do que os mencheviques, que eram mais

RECONSTRUINDO LÊNIN    285

porque o antigo sistema sofria de paralisia em quase todas as facetas de sua vida social. As forças revolucionárias entraram em ação em um momento durante o qual qualquer tipo de alternativa teria sido psicologicamente devastador para dezenas de milhões de pessoas. Ainda assim, a despeito dos óbvios sintomas de colapso do sistema capitalista, as chances de uma revolução internacional pareciam insustentáveis na primavera de 1918[83].

## Assumindo o poder

Linguagem, palavras-chave, retórica e características teóricas de *O Estado e a revolução* instilam-se nas cartas que Lênin escreveu aos membros do Comitê Central enquanto esteve escondido. Eram análises e instruções de natureza política e organizativa, que encorajavam o estabelecimento de um levante armado e a tomada do poder. A obra de Lênin, dessa forma, esteve vinculada ao estabelecimento prático da revolução política – e foi parte orgânica desta.

De fato, a obra resumia os fundamentos conceituais do pensamento de Lênin em relação ao futuro; ao mesmo tempo, deixava marcas profundas em seus documentos e artigos, bem como na coerência de suas instruções. Os conceitos teóricos de *O Estado e a revolução* permaneceram parte ativa do vocabulário de Lênin até muito tempo depois. Tudo isso – talvez surpreendentemente – não desafiou sua flexibilidade tática e prática.

Duas noções básicas interligavam-se na análise política de Lênin e em suas recomendações políticas práticas, o que se reflete em seu artigo de 16 de setembro, "A Revolução Russa e a guerra civil: tentam amedrontar-nos com a guerra civil". Em primeiro lugar, argumentava que a *polarização política* continuava incessantemente, como demonstraram os surtos revolucionários das "Jornadas de Julho". Com a revolta de Kornílov "apoiada por latifundiários e capitalistas liderados pelo Partido KD", a guerra civil "começara de fato". A outra ideia era que a liderança

---

intelectuais em seu marxismo. A mentalidade popular apoiava os bolcheviques mais do que os outros partidos socialistas, que queriam experimentar mais com o capitalismo. Ver Nikolai Berdiáev, *Истоки и смысл русского коммунизма/ Istóki i smysl rússkovo kommunizma* [As origens e o significado do comunismo russo] (Moscou, 1990), p. 86.

[83] Lênin já havia sublinhado o desenvolvimento internacional do processo revolucionário em seu relatório político do Comitê Central no VII Congresso Extraordinário do PCR(B) no dia 7 de março de 1918: "A revolução não virá tão rapidamente quanto esperávamos. A história já deu provas e nós devemos ser capazes de aceitar isso como um dado, perceber que a revolução socialista mundial não pode começar tão facilmente nos países avançados como começou na Rússia – na terra de Nicolau e Raspútin –, a terra em que uma parcela enorme da população era absolutamente indiferente às pessoas que viviam nas regiões distantes e ao que estava acontecendo lá. Em tal país era razoavelmente fácil deflagrar uma revolução, tão fácil quanto erguer uma pena". LCW, cit., v. 27, p. 98-9 e 102.

socialista-revolucionária e menchevique, que procurou acordo com a burguesia, destinava-se a continuar vacilante. Isso significava que a velha máquina do Estado permaneceria, nenhuma paz seria oferecida e os latifúndios não seriam confiscados.

Lênin especulava que a "vacilação" dos mencheviques e dos socialistas--revolucionários apenas os isolaria ainda mais das massas, e aquela indignação aumentaria e resultaria em um "tremendo crescimento da simpatia pelo proletariado revolucionário, pelos bolcheviques". No entanto, o *desenvolvimento pacífico*" da revolução, como Lênin o entendia, dependia da possibilidade de mencheviques e socialistas-revolucionários "vacilantes" se unirem de maneira a levar adiante a revolução. Apenas quando se desfizeram suas esperanças de tal possibilidade, Lênin decidiu "incrementar" a revolução e tomar o poder para atrair também alguns dos vacilantes.

> Se o proletariado obtiver o poder, terá todas as chances de mantê-lo e liderar a Rússia até que aconteça uma revolução vitoriosa no Ocidente [...]. A história não nos perdoará se não assumirmos o poder agora. Não há aparato? *Há* um aparato – os sovietes e as organizações democráticas. A situação internacional *agora mesmo*, às *vésperas* da conclusão de um tratado de paz separado entre britânicos e alemães, encontra-se *a nosso favor*. Agora mesmo, propor paz às nações é *vencer*. Ao tomar o poder em Moscou e Petrogrado *de imediato* (não importa qual venha primeiro, talvez se comece por Moscou), venceremos *absoluta e inquestionavelmente*.[84]

Lênin tinha um projeto completo do levante armado ao final de setembro, o qual ele distinguia – e durante o processo, distanciava – da abordagem putschista, blanquista, por dois atributos fundamentais: 1) insurreição é uma arte e "não deve basear-se nem em conspiração nem no partido, mas na classe avançada" e suas organizações espontâneas, como se expressava pelo lema "Todo poder aos sovietes!"; 2) a insurreição deve ser executada "quando a atividade das fileiras avançadas do povo estiver no auge e quando as vacilações nas fileiras do inimigo e nas fileiras dos amigos fracos, de coração vacilante e incertos da revolução, estiverem mais fortes". A revolução pode, então, ser realizada com sucesso[85].

---

[84]  LCW, cit., v. 26, p. 21 e 40-1.

[85]  "Proposta discutida e adotada na reunião do Comitê Central no dia 15 (28) de setembro. Ver LCW, cit., v. 26, p. 22-3. Conferir também "Letter to I. T. Smilga, Chairman of the Regional Committee of the Army, Navy and Workers of Finland", de 27 de setembro (10 de outubro) de 1917. Essa não era uma carta para ser lida pelo público em geral e só foi publicada em 1925. Nela, nota-se que Lênin estava envolvido com a organização de um encontro conspiratório, com planos para sua volta a Petrogrado a fim de participar do começo imediato das preparações para insurreição armada. Ibidem, p. 72-3.

As cartas de Lênin ao Comitê Central instam o início imediato da revolução a partir do reconhecimento da natureza excepcional da situação histórica:

> Somados aos socialistas-revolucionários de esquerda, temos uma óbvia maioria *no país* [...]. Os bolcheviques não têm o direito de esperar pelo Congresso dos Sovietes; eles devem *tomar o poder imediatamente*. Ao fazer isso, salvarão a revolução mundial [...] a revolução russa (caso contrário, uma onda de anarquia real pode se tornar mais forte *que nós*) [...]. A palavra de ordem é: poder aos sovietes, terra aos camponeses, paz às nações, pão aos famintos! A vitória é certa, e as chances de vitória sem sangue são de dez para uma. Esperar seria um crime contra a revolução.[86]

Essas cartas, que foram chamadas a iluminar o gênio político de Lênin nos velhos tempos e que hoje alguns usam para evidenciar uma espécie de sede maníaca por poder[87], não tratam, de fato, apenas da insurreição. Lênin situou a tomada do poder não apenas no contexto das realidades sociopolíticas vigentes ou do estado político concreto que inviabilizou os experimentos liberais na gestão do poder entre fevereiro e outubro de 1917, mas também numa dimensão histórica e teórica. As formas soviéticas de autogoverno descritas em *O Estado e a revolução* e o sistema institucional de democracia direta com uma base de poder espontaneamente organizada, "reconhecido" pelos bolcheviques, estavam prontos para defender a revolução após uma conclusão vitoriosa da insurreição.

---

[86] Lênin até ofereceu abandonar a política caso o começo imediato da insurreição fracassasse: "Estou compelido a *oferecer a minha saída do Comitê Central*, que por meio desta oficializo, reservando a mim mesmo a liberdade de me candidatar entre os *militantes de base* do partido e no congresso do partido". Em LCW, cit., v. p. 26 e 84. Estas célebres palavras foram escritas em uma carta após a decisiva reunião do Comitê Central em 10 de outubro; ver "Letter to the Central Committee, The Moscou and Petrograd Committees and the Bolshevik Members of the Petrograd and Moscou Soviets", 1º (14) out. 1917, em ibidem, p. 140-1.

[87] É habitual se referir nesse ponto ao documento em que ele descreve o papel do partido bolchevique no que diz respeito à questão da tomada de poder. Ver "Conservarão os bolcheviques os poderes do Estado", cit., escrito entre o fim de setembro e 4 de outubro de 1917: "Mas para começar duas palavras acerca da primeira das questões apontadas, a saber: decidir-se-ão os bolcheviques a tomar sozinhos todo o poder de Estado? Já tive ocasião, no Congresso dos Sovietes de Toda a Rússia, de responder com uma afirmação categórica a esta questão numa observação que fui levado a fazer aos gritos durante um dos discursos ministeriais de Tseretéli [4 (17) jun. 1917]. E não encontrei nem na imprensa nem oralmente declaração da parte dos bolcheviques de que não devamos tomar sozinhos o poder. Continuo a manter o ponto de vista de que um partido político em geral – e em particular o partido da classe avançada – não teria direito a existir, seria indigno de se considerar um partido, seria um triste zero em todos os sentidos se renunciasse ao poder uma vez que tivesse a possibilidade de obter o poder".

O argumento das *Cartas de outubro* foi construído a partir do reconhecimento da correlação histórica de que as estruturas e as instituições de auto-organização dos trabalhadores só seriam capazes de realizar seu "propósito histórico" se uma força política organizacionalmente focalizada dessa forma às vontades díspares representadas até que – conforme presumido – o sistema institucional da democracia dos trabalhadores estivesse consolidado. Na realidade, quanto maior o papel do partido, menos o papel dos autogovernos dos trabalhadores importava. Lênin era sensível ao fato de que as organizações de trabalhadores seriam limitadas no escopo de suas funções e de que a importância dessas limitações estava conectada à extensão em que a experiência revolucionária russa permanecesse solitária no contexto internacional.

Não obstante, parecia não haver volta, pois a linha de desenvolvimento liberal ou anarquista da revolução parecia um beco sem saída; tampouco seria capaz de defender a si mesma e à revolução diante da contrarrevolução. Portanto, a condição política do sucesso era a habilidade do bolchevismo de preservar sua base social. Sem o apoio de milhões de trabalhadores massificados e camponeses pobres, sua estratégia seria em vão. O inimigo a ser combatido era a "contrarrevolução militarmente bem organizada", e não havia outra opção para a defesa da revolução[88].

Sem dúvida, quaisquer que fossem as alternativas políticas reais no dia que se seguiu ao sucesso da insurgência, não foi mais a questão "filosófica" principal de *O Estado e a revolução* que – essencialmente – a colocou na agenda *efetiva*. Nenhum debate sobre o que deveria ser o sistema de autogoverno de um socialismo futuro *poderia ser* seguido. A principal questão prática na ordem do dia era a autodefesa militar e política da "ditadura do proletariado", pois a restauração do "capitalismo despótico" tinha de ser evitada a todo custo.

---

[88] Lênin considerava as alternativas: "Nós não sabemos se nossa vitória virá amanhã ou um pouco depois. (Eu, pessoalmente, tendo a pensar que ela virá amanhã – estou escrevendo no dia 6 de outubro de 1917 – e que talvez haja um atraso em nossa tomada do poder; ainda assim, amanhã é amanhã, e não hoje.) Nós não sabemos quão cedo após nossa vitória a revolução irá atingir o Ocidente. Não sabemos se nossa vitória irá ou não ser seguida por períodos temporários de reação e da vitória da contrarrevolução – não há nada de impossível nisso – e, portanto, após nossa vitória, nós deveremos construir uma 'frente triplicada de trincheiras' contra tal contingência". LCW, cit., v. 26, p. 171.

Família Uliánov. Da esquerda para a direita: Maria Aleksándrovna, Iliá Nikoláievitch e os filhos Olga, Maria, Aleksandr, Dmítri, Anna e Vladímir. Simbirsk, 1879.

Vladímir Lênin, aos 4 anos de idade.

Lênin, cerca de 1887.

Aleksandr Ilitch, o mais velho dos irmãos Uliánov.

Vladímir Lênin, 1891.

Lênin junto aos integrantes da União de Luta pela Emancipação da Classe Operária, São Petersburgo, 1895. De pé, Maltchenko, Zaporójets e Vanéiev. Sentados, Stárkov, Krjijanóvski, Lênin e Mártov.

Inessa Armand em 1895.

Nadiéjda Krúpskaia, cerca de 1885.

Rosa Luxemburgo, cerca de 1895.

Aleksandra Mikháilovna Kollontai, em data desconhecida.

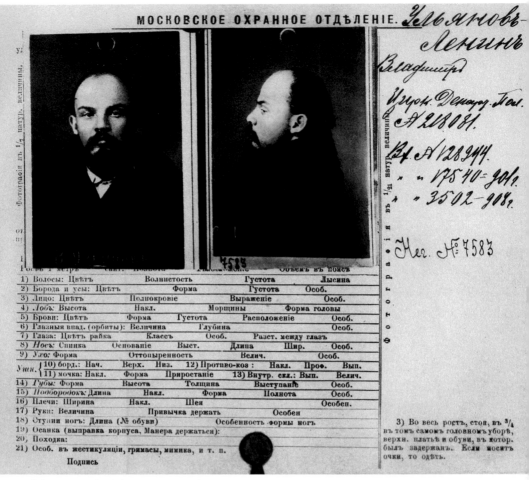

Lênin fichado entre final de 1895 e início de 1896.

Ficha policial de Zinóviev, 1908.

Encouraçado Potemkin, em Odessa (Ucrânia), 15 de junho de 1905.

Lênin joga xadrez com Bogdánov em visita a Górki na ilha de Capri, abril de 1908.

Retrato de Lênin em Paris, 1910.

Maria Spiridónova, revolucionária russa.

Július Mártov, líder menchevique.

Karl e Luise Kautsky, em 1902.

Aleksandr Keriénski, advogado e político, em 1917.

Os Románov: o tsar Nicolau II, a tsarina Aleksandra Fiódorovna e os cinco filhos do casal, em 1914.

Grigóri Raspútin, conselheiro de Aleksandra Fiódorovna.

Manifestação nas ruas de Petrogrado em fevereiro de 1917.

Enterro das vítimas da revolução de fevereiro no Campo de Marte, Petrogrado, em 23 de março de 1917.

Lênin de boné, peruca e sem barba, em foto para passaporte falso, julho de 1917.

Soldados revolucionários nas ruas de Petrogrado em março de 1917, no momento em que a notícia da abdicação do tsar se disseminava.

Após deixar o exílio na Suíça, Lênin passa por Estocolmo antes de regressar a Petrogrado, em 31 de março de 1917.

Manifestação de operários de fábrica de armamentos em Petrogrado, julho de 1917.

Manifestação em Petrogrado, julho de 1917.

Batalhão Feminino da Morte, em foto de 1917.

Entre fevereiro e outubro de 1917, os soldados e os trabalhadores armados mudam a paisagem urbana.

Integrantes da Guarda Vermelha sob uma faixa com os dizeres "Pela força dos cidadãos armados, acima de tudo os trabalhadores".

Em 1917, pessoas observam fogueira em que ardem brasões do antigo regime.

O cruzador Aurora, em 7 de novembro de 1917, diante do Palácio de Inverno de Petrogrado.

Pintura que retrata a tomada do Palácio de Inverno, em 1917, de autoria desconhecida, s/d.

Lênin em seu escritório no Krêmlin. Moscou, 16 de outubro de 1918.

Lênin com um grupo de colaboradores no Krêmlin. Moscou, outubro de 1918.

Lênin discursa na inauguração do monumento a Marx e Engels na praça da Revolução. Moscou, 7 de novembro de 1918.

Membros da delegação soviética que firmou o acordo de Brest-Litovsk, em março de 1918. Em pé, terceiro da esquerda para a direita, Leon Trótski.

N. P. Agapov/ RGASPI – f. 393, op. 1, d. 134.

Lênin na Praça Vermelha, durante inauguração do Memorial Stepan Rázin. Moscou, 1º de maio de 1919.

Josef Stálin, Lênin e Mikhail Kalínin no VIII Congresso do Partido Comunista Russo, em 1919.

Lênin em manifestação na Praça Vermelha, 1º de maio de 1919.

Lênin e Krúpskaia entre os camponeses da aldeia de Káchino, 1920.

Ao lado, trabalhadores da fábrica de metalurgia e maquinário Putílov, em eleição para o Soviete de Petrogrado, junho de 1920.

Lênin com a família em Moscou, outono de 1920.

Lênin e Kámenev em Górki, 1922.

Vladímir Lênin e Nadiéjda Krúpskaia com o sobrinho Víktor e Vera, filha de um operário, em 1922.

Lênin com delegados do II Congresso da Internacional Comunista. Moscou, julho-agosto de 1920.

Sessão do Conselho do Comissariado do Povo no Krêmlin. Moscou, 3 de outubro de 1922.

Lênin em Górki, entre agosto e setembro de 1922.

*O dia da morte de Lênin*, óleo sobre tela de Iaroslav Serguéievitch Nikoláiev, 1957.

Acampamento de verão de uma das seções do Exército Vermelho, 1927.

Josef Stálin esboçado por N. I. Bukhárin. 20 de fevereiro de 1928.

Stálin em desenho de N. I. Bukhárin. Abril de 1929.

Krúpskaia no traço de V. I. Mejlauk. 1º de junho de 1933.

Kámenev desenhado por N. I. Bukhárin, 25 de junho de 1923.

Trótski, por V. I. Mejlauk. sem data

Zinóviev, por N. I. Bukhárin, 3 de março de 1926.

N. I. Bukhárin, autorretrato, 17 de fevereiro de 1927.

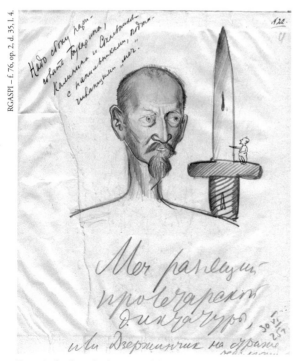

Dzerjínski desenhado por Bukhárin, 30 de junho de 1925.

G. K. Ordjonikidze em desenho de N. I. Bukhárin, 17 de fevereiro de 1927.

Esboços de Smilga, Zinóviev, Kámenev,
Trótski e Stálin atribuídos a Krjijanóvski.

Kaganóvitch esboçado por V. I. Mejlauk,
20 de fevereiro de 1934.

F. E. Dzerjínski e G.K. Ordjonikidze desenhados por V. I. Mejlauk (c. 1931).

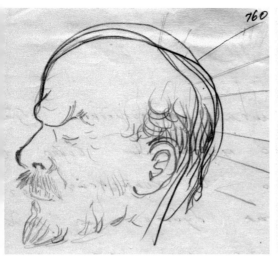
Lênin por autor desconhecido, sem data.

Lênin em desenho de N. I. Bukhárin, 31 de março de 1927.

Lênin por N. I. Bukhárin, 15 de junho de 1927.

Traslado do corpo de Lênin, falecido no dia 21 de janeiro de 1924, de Górki para Moscou. Milhões de pessoas enfrentaram o frio de -30°C para acompanhar o cortejo do líder bolchevique.

Cartaz de Zeiler, 1918.

"União Soviética, a república fraterna", artista desconhecido, 1944-1947.

Cartaz-bandeira dos delegados do XVI Congresso Provincial dos Sovietes, artista desconhecido, 1927.

Cartaz-bandeira "De K. Marx a Lênin", de Ivánovo-Voznessénsk, 1919.

*Emissários camponeses visitam Lênin*, pintura de Vladímir Serov.

Réplica da famosa pintura *Lênin no Smólnyi*, de Isaak I. Bródski, de 1930.

*É muito mais provável, naturalmente, que também nos pequenos Estados o socialismo não se realize sem guerra civil; por isso o único programa da social-democracia internacional deve ser o reconhecimento dessa guerra, embora no nosso ideal não haja lugar para a violência sobre as pessoas.*

Vladímir Ilitch Uliánov Lênin*

*Chamamos de ilusões constitucionalistas o erro político pelo qual as pessoas acreditam na existência de um sistema normal, jurídico, ordenado e legal – em suma, "constitucional" –, embora ele não exista de fato. À primeira vista, pode parecer que na Rússia de hoje, em julho de 1917, quando nenhuma Constituição foi ainda redigida, não há espaço para ilusões constitucionalistas. Mas seria muito equivocado pensar assim. Na verdade, a característica essencial da situação política atual no país é que um número extremamente grande de pessoas mantém ilusões constitucionalistas.*

Vladímir Ilitch Uliánov Lênin**

---

\* *Sobre uma caricatura do marxismo e sobre o "economismo imperialista"*. OE6T, cit., t. 3, p. 49.

\*\* "Constitutional Illusions", em LCW, cit., v. 25, p. 196 [ed. bras.: "Sobre as ilusões constitucionalistas", em *Ilusões constitucionalistas*, São Paulo, Kairós, 1985].

# 6

## DITADURA E DEMOCRACIA NA PRÁTICA

### A dissolução da Assembleia Constituinte de Toda a Rússia

**Ilusão democrática ou realidade histórica?**

O POSDR e Lênin sempre reconheceram a necessidade de convocar a Assembleia Constituinte como parte do que seria o programa mínimo para as reformas democrático-burguesas. No entanto, as circunstâncias históricas ultrapassaram rapidamente a "fase democrática" na sequência da Revolução de Fevereiro, e a posição política de Lênin mudou em conformidade com esse fator. Apesar disso, a convocação da Assembleia Constituinte não foi expressamente rejeitada nem mesmo em *O Estado e a revolução*, uma vez que se esperavam objeções dos demais partidos políticos. Contudo, bem antes de outubro, ele tinha sérias reservas sobre essa convenção. Como demonstra a segunda epígrafe deste capítulo, sua avaliação política da Assembleia Constituinte foi de que a possibilidade de instaurar um sistema democrático burguês na Rússia era ilusória. Após fevereiro de 1917, em vez de pensar em termos de um regime democrático burguês que tinha degenerado em bonapartismo, Lênin tinha em mente um "autogoverno proletário" (comuna) que se seguiria ao período revolucionário. Por fim, Lênin tentou reconciliar as eleições da Assembleia Constituinte e os objetivos declarados da revolução socialista em um plano moral e político[1]. Diferentemente da maioria dos mencheviques, após

---

[1]   Service escreve que "os bolcheviques prometeram um governo eleito pelo povo, mas dissolveram a Assembleia Constituinte". Ver Robert Service, *Lenin: A Political Life*, v. 3: *The Iron Ring* (Londres, Mcmillian, 1994), p. 1. As questões eram mais complexas e poderiam ser discutidas em diversos níveis; uma análise mais acurada, que visse os acontecimentos no contexto da luta de classes, demonstraria isso. Por exemplo, Service nem sequer alude a um fato há muito já havia se evidenciado: documentos encontrados nos arquivos do partido SR mostram claramente que, na época da campanha eleitoral, no fim de dezembro de 1917, os líderes da ala direita do SR

as Jornadas de Julho, Lênin considerava a Assembleia Constituinte uma espécie de convenção dos sovietes que ao fim encarnaria o poder destes, tornando-se talvez o soviete supremo. Ao mesmo tempo, não supunha nem por um momento que, sem uma revolução, a Assembleia Constituinte pudesse evitar o destino das "conversas de salão à Frankfurt"[2] da Primeira Duma. Para ser uma convenção, ela "deve ter a coragem, a capacidade e a força para golpear impiedosamente os contrarrevolucionários, em vez de se comprometer com eles". Em seu artigo "Sobre as ilusões constitucionalistas", enviado à imprensa no fim de julho, enquanto estava escondido, definiu as posições políticas presentes na Assembleia Constituinte como "pequeno-burguesa SR-menchevique", "bolchevique proletária" e "burguesa", enfocando, assim, toda a questão da luta de classes política concreta.

> Desde o início da revolução, houve duas visões sobre a Assembleia Constituinte. Os socialistas-revolucionários e os mencheviques, totalmente influenciados por ilusões constitucionalistas, viam a questão com a credulidade da pequena burguesia que não quer ouvir falar da luta de classes: a Assembleia Constituinte foi proclamada, haverá Assembleia Constituinte, e isso é tudo! Todo o restante é obra do diabo. Ao mesmo tempo, os bolcheviques diziam: só a força e a autoridade crescentes dos sovietes podem garantir a convocação e o sucesso da Assembleia Constituinte. Os mencheviques e os socialistas-revolucionários enfatizaram o decreto legislativo: a proclamação, a promessa, a declaração de convocação de uma Assembleia Constituinte. Os bolcheviques enfatizaram a luta de classes: se os sovietes vencessem, a Assembleia Constituinte certamente ocorreria; caso

---

já planejavam, na eventualidade de uma vitória, provocar uma guinada contrarrevolucionária, em aliança com a Rada de Kiev, com Kaliédin na região do Don e com organizações e grupos nacionalistas nas regiões do Cáucaso e do Volga. Em paralelo, havia também as sabidas atividades dos *kadets* e a contrarrevolução armada. Ver E. N. Gorodétski, *Рождение советского государства, 1917-1918/ Rojdenie soviétskovo gossudarstva, 1917-1918* [O nascimento do Estado soviético] (Moscou, Naúka, 1987), p. 273-81.

[2] Vladímir Ilitch Lênin, "О конституционных иллюзиях"/ "O konstitútsionnykh illiúziiakh" [Sobre as ilusões constitucionais]", *Рабочий и Солдат/ Rabótchi i Soldat* [Trabalhador e Soldado], n. 11 e 12, 29 jul. (5 ago.) 1917, incluído em LCW, cit., v. 25, p. 198. Em seu artigo "За деревьями не видят леса"/ "Za déreviami ne vidiat lesa" [As árvores não deixam ver o bosque], Lênin polemizava com Mártov, que mudou sua avaliação das Jornadas de Julho quando se discutia a tomada de poder pelos sovietes. Mártov justificou sua mudança com o argumento de que agora isso só poderia ocorrer "no decurso de uma guerra civil". Lênin refutou dizendo que a guerra civil já tinha de fato começado, durante as Jornadas de Julho. Lênin também traçou uma distinção entre a contrarrevolução monarquista e a contrarrevolução burguesa, afirmando que o "governo bonapartista que constitui um governo da burguesia contrarrevolucionária" estava de fato contemplado nas medidas tomadas pelo governo provisório para forçar a marginalização dos bolcheviques. Ver, assinado como N. Kárpov, *Prolietáry*, n. 6, 19 ago. (1º set.) 1917, em ibidem, p. 252.

RECONSTRUINDO LÊNIN    325

contrário, não haveria tal certeza. Foi exatamente isso que aconteceu. A burguesia tem travado uma luta ao mesmo tempo aberta e secreta, uma luta contínua e implacável contra a convocação de uma Assembleia Constituinte.[3]

Na perspectiva de Lênin, o aspecto moral, político e jurídico de cada assunto tinha uma implicação diferente da questão como um todo. E outubro não mudou sua posição: o poder soviético exigia a Assembleia Constituinte como princípio. Apenas a situação política, o equilíbrio de forças na luta política e de classes, havia mudado. Nem mesmo em janeiro de 1918 se poderia dizer que o "poder dos sovietes tinha sido consolidado"; assim, sem surpresa, no verão de 1917, essa era a questão crucial.

Quando o equilíbrio de forças mudou em favor dos bolcheviques no fim de agosto, Lênin mais uma vez presumiu que esse era um meio para o "desenvolvimento pacífico" da revolução e declarou a palavra de ordem: "Todo poder aos sovietes!". Esse curso ainda teria espaço para a Assembleia Constituinte, pois Lênin ainda poderia considerar algum tipo de compromisso com a "democracia pequeno-burguesa": "O compromisso de nossa parte é nosso retorno à demanda anterior a julho, de todo o poder aos sovietes e um governo de SRs e mencheviques responsáveis perante os sovietes"[4].

Essa possibilidade de compromisso não se materializou, e a "democracia pequeno-burguesa" não conseguiu se manter. No chamado pré-Parlamento (instituição que Lênin denominou, em referência livre a Marx, "puro cretinismo parlamentar"), os partidos rejeitaram categoricamente o compromisso ofertado por Lênin. Como escreveu em carta a Ívar Smilga, pouco antes do início da insurreição, com a esperança de uma tomada de poder bem-sucedida, Lênin estava realmente otimista com relação às eleições para a Assembleia Constituinte – uma vez que presumia na época que, junto com os SRs, a maioria poderia ser alcançada:

> Sua situação é excepcionalmente boa, porque você está em uma posição de começar de imediato a formar esse bloco com os socialistas-revolucionários de esquerda, que em si podem nos dar um poder estável na Rússia e a maioria na Assembleia Constituinte.[5]

---

[3]   Ibidem, p. 196-7.
[4]   Ibidem, p. 306. Originalmente "О компромиссах"/ "O kcompromíssakh", Рабочий Путь/ *Rabótchi Púty* [O Caminho Operário], n. 3, 6 (19) set. 1917.
[5]   LCW, cit., v. 26, p. 71. Lênin repete a tese no documento "Letter to the Central Committee the Moscou and Petrograd Committees and the Bolshevik Members of the Petrograd and Moscou Soviets" do dia 1º (14) out. 1917: "Junto aos socialistas-revolucionários de esquerda, temos uma óbvia maioria *no campo*. [...] Os bolcheviques não têm o direito de esperar pelo

326 TAMÁS KRAUSZ

Esse é o contexto para a posição de Lênin a respeito da Assembleia Constituinte, mesmo após a insurreição de outubro. No decurso da análise, torna-se claro que nenhuma ruptura radical, nenhuma mudança de princípio, está em evidência no que tange a seu julgamento da questão.

## Debates e falsos debates na nova e na velha historiografias

Deve-se notar que a maneira como o assunto é abordado sofreu uma transformação na literatura dos estudos históricos modernos. Desde o colapso da União Soviética, em 1991, a tendência entre os historiadores ex-soviéticos, agora leais ao Ocidente, é uma mudança de curso "presentista" ao procurar retratar a história da Assembleia Constituinte como condição de (re)adesão ao parlamentarismo ocidental, a única civilização (política) progressista[6]. O oficialismo conservador nacionalista-patriótico de inspiração eslavófila proclamou um retorno aos "valores originais russos", ao "nacionalismo orgânico" e ao "desenvolvimento nacional orgânico da Rússia". Assim, as análises históricas liberais optaram por exagerar a possibilidade de um parlamentarismo de tipo ocidental no período anterior à Revolução de Outubro, enquanto os conservadores eslavófilos consideravam a Constituinte uma manifestação das características distintivas da Rússia. A tendência do campo "comunista nacional" linha-dura, por outro lado, viu a dispersão da Assembleia Constituinte como meio de conter a propagação da doença da ocidentalização, como parte do caminho natural da Revolução Russa[7].

---

Congresso dos Sovietes, eles precisam *tomar o poder de uma vez*". Ibidem, p. 140-1. Ver também os discursos em minutas de discussão "Meeting of the Central Committee of the RSDLP(b)", 16 (29) out. 1917, em ibidem, p. 192-3. Quanto mais próximo Lênin chegava da insurreição, menos otimista ficava diante das eleições, embora não negasse a necessidade de realizá-las: "Não faz sentido esperar pela Assembleia Constituinte, que obviamente não estará do nosso lado, pois isso só tornaria nossa tarefa mais complexa". Ibidem, p. 189. Seu "tom" mais pessimista (realista) era porque ele considerava difícil converter os SRs de esquerda, uma vez que àquela altura eles nem sequer formavam um partido.

6   Dentre outros russos, L. G. Protássov, em sua obra que explora a Assembleia Constituinte de Toda a Rússia de 5 de janeiro de 1918, *Всероссийское Учредительное Собрание: история, рождения и гибели/ Vssierossíiskoie Utchreditelnoie Sobranie: istoriia, rojdeniia i gibeli* [A Assembleia Constituinte de Toda a Rússia: história, formação e derrocada] (Moscou, Rosspen, 1997), defende que a Assembleia Constituinte foi uma precursora da "ocidentalização" de 1991 e que ambas eram parte da progressiva "guinada civilizatória" na história. O autor, leal ao Ocidente, foi tão longe em sua admiração que chegou a proclamar a própria Assembleia Constituinte como um axioma, o mais alto degrau na escada da democracia, como se uma instituição pudesse ser idêntica à rede de relações vigentes.

7   Ver I. Froianova, Октябрь семнадцатого (Глядя из настоящего)/ *Oktiabr' semnadtsatovo (Gliadia iz nastoiaschego)* [Outubro de 1917 (de uma perspectiva atual)] (São Petersburgo, S. P. Univesiteta, 1997).

RECONSTRUINDO LÊNIN    327

Na verdade, esta última interpretação representa a conceituação tradicional da historiografia soviética, encoberta por uma ideologia estatista particularmente romântica-nacionalista. Talvez o excelente historiador soviético Oleg N. Známienski[8], que faleceu em 1993, apenas tenha atribuído interesse histórico à Assembleia Constituinte em seus trabalhos de 1970-1980[9] porque as raízes da democracia burguesa se provaram fracas e insustentáveis, e a revolução tinha somente dado forma a essas forças latentes. A dispersão da Assembleia não foi dissonante com essa circunstância.

Duas questões se misturaram: *as razões por que os bolcheviques dispersaram a Assembleia Constituinte* confundiram-se com *por que eles foram capazes de fazer isso*, em primeiro lugar. Embora a distinção entre elementos objetivos e subjetivos seja talvez a tarefa teórica mais difícil da historiografia, seria aconselhável prestar atenção a essa exigência metodológica na composição textual. Citar o desenvolvimento histórico orgânico no contexto dado é pura generalização ideológica. Sem dúvida, os ideais eternos de transformar a história mundial têm muitas vidas e aparecem em todas as regiões da terra em que (no interior de círculos de forças sociais bastante contrastantes) surge a possibilidade real ou latente de sua realização. A ideia de constitucionalismo não tinha necessidade de ser introduzida na Rússia, pois suas versões medievais e posteriores – do *zémski sobor* à Duma – são amplamente conhecidas. Mas quais seriam, ou teriam sido, os meios para que essa linha de desenvolvimento se ajustasse ao conceito burguês de assembleia constitucional da Europa ocidental? Que processo orgânico e que linearidade poderiam ser presumidos de tal desenvolvimento? Essa abordagem simplesmente não leva em conta as diferenças fundamentais entre a

---

[8]  A publicação comemorativa preparada por alunos e colegas para o 70º aniversário de seu nascimento, referiu-se a Známienski como um historiador da Rússia: Историк и революция/ *Istórik i revoliútsia* [O historiador e a revolução] (São Petersburgo/Dmítri Bulánin, 1999). Ver também E. N. Gorodétski, *Rozhdeniye sovetskogo gosudarstva*, cit.

[9]  Oleg N. Známienski, *Всероссийское учредительное собрание: история созыва и политического крушения/ Vserossíiskoe Utchreditelnoe Sobranie: Istóriia soziva i polititcheskogo kruchéniia* [A Assembleia Constituinte de Toda a Rússia: história de sua convocação e colapso político] (Leningrado, 1976). Do mesmo autor, ver *Интеллигенция накануне Великого Октября (февраль-октябрь 1917)/ Intelliguéntsia na kanune Velikogo Oktiábria (fevral-oktyabr 1917)* [A intelectualidade na véspera do grande Outubro] (Leningrado, 1988). Após a mudança de regime, a questão foi debatida de maneira acalorada entre ele e L. G. Protássov, que descrevia a Assembleia Constituinte como "o princípio central do credo da nacionalidade russa" e que todo partido, desde sua fundação – isto é, desde virada do século, ou no mais tardar a primeira Revolução Russa – estava comprometido com, ou ao menos exigia, sua convocação. O único "pequeno" problema era que quase todos os partidos e organizações políticas concebiam de forma diversa tanto a função quanto a natureza dessa assembleia.

história social e cultural dessas duas tradições constitucionais. Depois de tudo, o movimento de construção constitucional no interior das classes dominantes da Rússia significa algo totalmente diferente (como outro tipo de monarquia) das "modernas" assembleias constituintes e dos parlamentos criados pelo voto geral e secreto nas revoluções francesa e estadunidense ou amadurecido pelo desenvolvimento capitalista da Inglaterra. Seria difícil encontrar um único grupo social na Rússia que tivesse representado tal forma de construção de uma constituição revolucionária. Como se argumentou repetidamente, mesmo no período sob exame, muitos russos tinham reconhecido que o desenvolvimento de seu país estava em uma posição radicalmente diferente da ocupada pela França ou pelos Estados Unidos, em termos de bases sócio-históricas e políticas concretas, bem como de estrutura da sociedade. Isso tem um significado peculiar hoje, quando as ciências sociais são tão duramente empurradas a satisfazer exigências de universalidade e sistematicidade[10] – algo com que, aliás, Lênin tinha uma curiosa afinidade.

Permanece a questão de qual sistema social e político a Assembleia Constituinte de Toda a Rússia seria parte integrante. A vida da assembleia foi curta e miserável: convocada na tarde de 5 de janeiro no Palácio de Táurida, em Petrogrado, ela foi dispersada pelo capitão da guarda, o marinheiro Jelezniákov – por ordem de Lênin e da direção bolchevique –, ao amanhecer de 6 de janeiro de 1918, com a explicação de que a guarda estava cansada. Seu significado não é marginal no que tange à nova ordem. A definição do tipo de sistema que seria proveniente dali não era totalmente clara à época. Nem mesmo os próprios líderes revolucionários acreditavam que o controle revolucionário do poder apenas na Rússia poderia durar mais que alguns meses. Quando uma definição foi necessária, eles compararam o sistema até então constituído com a Comuna de Paris. Era moda da historiografia marxista da Europa ocidental (talvez mais proeminentemente na Hungria, na Alemanha Oriental e na União Soviética) dar periodicamente definições exatas dos sistemas econômicos e políticos e, em seguida, travar longos debates sobre essas definições. Embora os furiosos debates sobre a natureza do sistema stalinista tenham se tornado comuns, isso não era um traço especificamente russo; não é preciso ir até muito depois da Hungria para descobrir que historiadores têm debatido o caráter do sistema de Horthy por mais de quatro décadas, sem vislumbrar um fim. Sejam quais forem as razões, é certo que os limites das novas pesquisas estão uma vez mais se expandindo, em

---

[10] Consultar o relatório de 1994 da Comissão Gulbenkian, presidida por Immanuel Wallerstein. *Open the Social Sciences: Report of the Gulbenkian Commission on the Restructuring of the Social Sciences* (Stanford-CA, Stanford University Press, 1996).

virtude da aplicação do método comparativo[11]. A historiografia húngara também segue em sua polêmica em relação aos precedents históricos do parlamentarismo vigente na Europa oriental, e particularmente em relação ao caráter histórico do sistema de Horthy.[12].

A renovação do interesse pelo problema do parlamentarismo não pode ser desassociada da grande transformação política de 1989. Esse movimento situou o parlamento, e a instituição do parlamentarismo, no centro do funcionamento do sistema político. Portanto, não é de estranhar que agora o papel histórico do parlamentarismo seja exagerado de maneira presentista. Essa abordagem altamente simplista – e, portanto, popularmente aceita – e anticientífica serve a reivindicações políticas legitimistas. Ela vê como existentes apenas dois sistemas políticos: parlamentarismo (democracia) e ditadura (sistema de partido único).

---

[11] Iván Harsányi toca no problema das definições dos sistemas na historiografia em seu exame do liberalismo espanhol, "A spanyol liberalizmus történeti útja" [A trajetória histórica do liberalismo espanhol], *Múltunk*, n. 3-4, 1998, p. 299-343. Parece válido afirmar, de forma geral, que em países semiperiféricos, da Rússia à Espanha, em situações históricas críticas e períodos de guerra civil, o liberalismo perde completamente o chão. Ele deixa de existir como força política independente e passa a depender em larga medida das democracias burguesas dos países capitalistas centrais, do papel que elas desempenham e dos interesses que elas têm na periferia.

[12] Alguns anos atrás, as velhas questões características da região surgiram na sessão anual do Politikatörténeti Intézet [Instituto de História Política] a partir de conceitos e argumentos historiográficos contemporâneos. Uma versão editada das atas dessa sessão foram publicadas por Levente Sipos, "A huszadik század az 1945 utáni történetírásban" [O século XX na historiografia pós-1945], *Múltunk*, n. 2, 1999, p. 223-57. Para o assunto em questão, as contribuições de Péter Sipos e Ignác Romsics são relevantes; ver ibidem, p. 244-57. Romsics sublinhou o fato de que, desconsiderando seu "início e fim", o sistema de Horthy não podia ser considerado um sistema repressivo baseado no terror. A questão que se colocava (p. 256) era justamente a de quando delimitar o "início" e o "fim" do período. Já Sipos preocupava-se com o excesso de simplificação. Iriam o domínio da gendarmeria na Hungria rural – que mantinha os "3 milhões de pedintes" da nação sob o controle para as classes dirigentes –, a execução de Sallai e Fürst, as leis antijudaicas, a agressão contra a Iugoslávia, a agressão à União Soviética e os assassinatos na Ucrânia, o holocausto de Körösmező etc., se enquadrar no interior da definição de um "sistema repressivo de terror" ou não? É verdade, o sistema de Horthy não era uma ditadura fascista, mas facilmente se enquadra na definição de uma "ditadura parlamentar", em que o parlamento é mais ou menos uma caricatura de um parlamento europeu ocidental. A ditadura fascista italiana funcionava no interior de um quadro com um parlamento "pluripartidário" até 1926 e, no entanto, isso não afetou quase nada a verdadeira natureza do sistema. O número de partidos, portanto, não pesa muito no quesito democracia ou ditadura, especialmente quando se tem em mente a variedade de formas assumidas por ditaduras e democracias – isso sem falar que democracias também possuem traços ditatoriais não apenas na esfera política, mas também na econômica e na social.

Um véu parece ter sido lançado sobre o fato de que os sistemas ditatorial e parlamentar assumiram várias formas históricas (com ampla variedade de conteúdos e funções políticas e sociais) e que, além de democracias e ditaduras, existiram outros sistemas políticos, em especial na Europa oriental. Em outras palavras, esquece-se com frequência que os parlamentos podem operar nos marcos de variadas formas de ditaduras e que podem existir Estados que não se afiguram como democracias nem como ditaduras[13]. (Como se vê nas páginas de *O Estado e a revolução*, Lênin estava enfastiado de ouvir falar de "democracia" e "ditadura" em geral, com tais termos sendo considerados separados de seu conteúdo político concreto ou de fatores sociais, sociológicos e econômicos determinantes.)

A história da Revolução Russa também fornece um exemplo empírico de como, com o ressurgimento dos sovietes, em 1905, ao menos por um curto período, um regime de democracia direta foi além da oposição tradicional entre democracia e ditadura – tanto em princípio como na prática. No entanto, é totalmente anistórico avaliar o regime dos sovietes que chegou ao poder em 1917, as ações tomadas pelas forças políticas revolucionárias e os representantes que as encarnaram com base nos padrões estabelecidos por uma Assembleia Constituinte burguesa. Seria igualmente equivocado acreditar que o povo queria o governo bolchevique[14]. Em princípio, o sistema revolucionário funcionava como forma de autogoverno dos trabalhadores, lidando com problemas fundamentais e doutrinários, bem como operacionais, que a democracia revolucionária do período enfrentava resolutamente. O fenômeno em questão precisa, portanto, ser analisado por uma perspectiva baseada em sua própria lógica, estrutura, op-

---

[13] Aqui, uma referência pode ser feita ao sistema sob Iéltsin, que destruiu o parlamento legitimo por meio de ataques armados, o que pode ser visto como uma combinação particular de autoritarismo e parlamentarismo elitista, cujos traços característicos pipocaram em variados níveis em outros arranjos para a mudança de regime no Leste europeu. Ver, a respeito, Tamás Krausz, "A jelcinizmus" [O que é o ieltsinismo], em Tamás Krausz e Ákos Szilágyi (orgs.), *Jelcin és a Jelcinizmus* [Iéltsin e ieltsinismo] (Budapeste, Magyar Russzisztikai Intézet, 1993), p. 67-92.

[14] Esse aspecto do momento histórico é descrito de forma mais competente por Alexander Rabinowitch em sua excelente história da revolução: "Pois vale repetir que, se as massas de Petrogrado apoiaram os bolcheviques na derrubada do governo provisório, não o fizeram por qualquer simpatia pela direção estritamente bolchevique, mas porque acreditavam que a Revolução e o Congresso corriam perigo iminente. Somente a criação de um governo exclusivamente socialista e amplamente representativo pelo Congresso de Sovietes – que é o que eles acreditavam que os bolcheviques representavam – parecia oferecer a esperança de garantir que não haveria um retorno às odiosas práticas do antigo regime, de evitar a morte no *front* e conquistar uma vida melhor, além de dar um fim célere à participação da Rússia na guerra." Alexander Rabinowitch, *The Bolsheviks Come to Power: The Revolution of 1917 in Petrograd* (Nova York, W. W. Norton, 1976), p. 314.

RECONSTRUINDO LÊNIN 331

ções, funções, conceitos e objetivos. Tal análise crítica foi concluída ainda em 1918 por Rosa Luxemburgo em seu famoso trabalho sobre a Revolução Russa, que foi prontamente enterrado pelo sistema stalinista (a primeira publicação em húngaro só apareceu na década de 1980)[15]. Estando certa ou errada em qualquer aspecto particular, a análise de Luxemburgo é interessante porque sua crítica é histórica: ela tentou avaliar e julgar a revolução e os bolcheviques no contexto de suas premissas e seus objetivos.

## O cenário histórico

O "Conselho Judicial", autorizado pelo governo provisório, iniciou seu trabalho na primavera de 1917 e ficou conhecido pelas contribuições de muitos cientistas liberais famosos, entre eles N. I. Lazariévski, Vladímir Matvéievitch Guéssen, V. F. Deriujínski, e Boris Emmanuílovitch Nolde. Esse comitê pôs em prática os preparativos legislativos para a Assembleia Constituinte, durante os quais ficou amplamente claro que a regulação pelo direito era considerada decisiva pelos "poderes democrático-burgueses" como legitimação legal de sua autoridade[16]. Isso também se refletiu no texto que decretou a abertura da Assembleia Constituinte, que a tratou como o "organizador do mais alto corpo executivo", evidentemente, como se o Comitê Executivo Central dos Sovietes não existisse[17]. Na elaboração das leis, a subdivisão dos assuntos também que todos os poderes estavam concentrados nas mãos da Assembleia Constituinte, e os sovietes nem sequer foram mencionados como possível fonte de poder. Os documentos consideravam apenas termos representativos para a gestão do poder e não se referiam à possibilidade da democracia direta. É verdade, no entanto, que eles não planejavam deixar a terra em mãos privadas. A maioria apoiou a concepção dos SR, que regulava a distribuição de terras – por recomendação da Assembleia

---

[15] Rosa Luxemburgo, *The Russian Revolution* (trad. Bertram David Wolfe, Nova York, Workers Age, 1940) [ed. bras.: *A Revolução Russa*, trad. Isabel Maria Loureiro, Petrópolis, Vozes, 1991]. O estudo de Luxemburgo será discutido em maior detalhe adiante; aqui, ressalto apenas que sua crítica foi sentida. As instituições da ditadura revolucionária (a ditadura do partido bolchevique) e o autogoverno dos trabalhadores já existiam em paralelo, um complementando o poder do outro, entrelaçando-se, mas ao mesmo tempo também em oposição.

[16] Para mais a respeito, consultar os documentos de setembro na coletânea Учредительное собрание: Россия, 1918/ *Utchreditelnoie sobranie: Rossíia, 1918* [A Assembleia Constituinte: Rússia, 1918] (Moscou, Nedra, 1991), p. 25-7.

[17] Idem. Ver também "Запись особой комиссии по составлению проекта основных законов при временном правительстве"/ "Zapis osoboy komissii po sostavleniyu proyekta osnovnih zakonov pri vremennom pravitelstve" [Memorando do Comitê Especial para a coleção das leis fundamentais supervisionadas pelo governo provisório], Заседание 14 октября 1917 года/ *Zasedaniye 14 oktyabrya 1917 goda* [Reunião de 14 de outubro de 1917], n. 2, p. 35-6.

Constituinte –, mas não regulava sua capitalização. (A concepção dos SR foi adotada também pelos bolcheviques, que procederam sua implementação.) No entanto, uma saída imediata da guerra não foi mencionada na proposta, embora o mais alto cargo de autoridade, o II Congresso dos Sovietes, tivesse declarado isso em um decreto individual.

No entanto, as eleições foram realizadas normalmente, mesmo que a massa de eleitores não tivesse clareza sobre o poder em jogo em suas cédulas. Um mau agouro se deu sob a forma de tiros disparados por assassinos não identificados contra Lênin no dia 1º de janeiro de 1918. Embora os culpados nunca tenham sido apreendidos, havia a suspeita de que alguns membros do Partido SR, que tinha maioria na Assembleia Constituinte, estivessem por trás da tentativa de assassinato. Lênin fez tudo o que pode – motivado por considerações táticas – para evitar qualquer confronto violento com os delegados. Evidência disso pode ser encontrada em um despacho que ele enviou ao Quartel-General da Guarda Vermelha em 3 (16) de janeiro de 1918, no qual "o Conselho de Comissários do Povo ordena que o corpo do Quartel-General da Guarda Vermelha envie 30 (trinta) revólveres especialmente para a defesa do Palácio de Táurida", necessária também porque os SRs estavam organizando uma manifestação na cidade. Tchernov, líder do partido, disse mais tarde que a manifestação pretendia constranger moralmente os bolcheviques[18] – olhando em retrospecto, decisão não muito sábia. As razões para que se tenha aberto fogo contra os manifestantes que iam em direção ao Palácio de Táurida são contraditórias, e as circunstâncias não são determináveis[19]. Múltiplas fontes confirmam doze mortes no decorrer dos eventos. Uma ordem enviada por Lênin na noite de 5 para 6 de janeiro, quando a Assembleia Constituinte estava em sessão (ou seja, ordem enviada pelo presidente do Conselho do Comissariado do Povo) demonstrava sua intenção de evitar mais violência:

---

[18] Protássov explorou o dia em questão extensivamente, em especial em seu *Vssierossíiskoie utchreditelnoie sobranie*, cit., p. 305-8.

[19] Não há provas de que a autoridade central dos bolcheviques tenha ordenado esse ato, que não estava dentro de seus interesses, na medida em que, durante o período de assembleia, o governo soviético estava buscando demonstrar suas intenções pacíficas, não violentas. De acordo com os documentos contemporâneos de protesto compostos pelos mencheviques e pelos SRs, a manifestação de 5 de janeiro foi abatida por guardas vermelhos "fratricidas"; fala-se de dezenas de vítimas e coloca-se a responsabilidade pela violência diretamente sobre Lênin. Ver "Меньшевики в Большевистской России 1918-1924"/ "Menchieviki v Bolchevístskoi Rossíi" [Mencheviques na Rússia bolchevique], em *Меньшевики в 1918 году. Документальное наследие/ Menchieviki v 1918 godu. Dokumentalnoie nasliédiie* [Os mencheviques em 1918. Patrimônio documentado] (Moscou, Rosspen, 1999), p. 92-102.

RECONSTRUINDO LÊNIN    333

O soldado e o marinheiro, nossos camaradas, que estão de guarda no interior do Palácio de Táurida, foram instruídos a não permitir violência contra a parte contrarrevolucionária da Assembleia Constituinte e, embora devam permitir que todos saiam livremente do palácio, não devem deixar ninguém entrar, senão por ordens especiais.[20]

Uma mensagem telefônica que Lênin enviou ao Comissariado do Povo para a Justiça em 7 de janeiro (que apareceu no *Pravda* em 8 de janeiro) dá voz à indignação de Lênin pelo assassinato de dois ministros do governo provisório:

Acabo de receber um relatório dizendo que na noite passada marinheiros entraram no hospital de Mariinskaya e mataram Chingariov e Kokóchkin. Eu ordeno-lhe imediatamente: primeiro, abra uma investigação rigorosa; segundo, prenda os marinheiros culpados desse assassinato.[21]

Foi por razões táticas que Lênin e os líderes bolcheviques destruíram a manifestação – eles tentavam prevenir a propagação da violência, que estava ligada a vários fatores que sinalizavam agravamento da amplitude e da intensidade da situação de emergência.

Durante esses dias, Lênin queria resolver um problema fundamental: como Petrogrado poderia evitar a fome. O governo provisório não poderia abordar essa questão pelos meios "democráticos" à disposição. O governo soviético e o Conselho do Comissariado do Povo partiram do mesmo lugar em que o governo anterior estava: governar por decretos, já que as medidas de emergência pareciam mais efetivas. Simplesmente não havia tempo, por exemplo, para regular e elaborar termos legais para a distribuição de armas de fogo, e talvez o assunto não tenha recebido muita importância, à medida que a Guarda Vermelha armada foi necessária para a defesa dos trens que transportavam trigo[22]. Esse tipo de contexto social não apenas aceitava o uso violento da força, como a utilizou em defesa da revolução; isso sempre foi compreendido como resposta ao passado, a um sofrimento verdadeiramente grave ou a uma violência contrarrevolucionária[23].

---

[20] LCW, cit., v. 44, p. 53b-54a.

[21] Ibidem, p. 54b.

[22] Ibidem, p. 54c-59c.

[23] A respeito do pano de fundo sobcial da guerra civil, ver D. P. Koenker, W. G. Rosenberg e R. G. Suny (orgs.), *Party, State and Society in the Russian Civil War: Explorations in Social History* (Bloomington, Indiana University Press, 1992). Um retrato expressivo com rico material sobre as tendências e origens da enxurrada de violência em larga escala entre a gama completa de povos pode ser consultado em Vladímir Buldakov, Красная смута/ *Krásnaia smuta* [Tormenta vermelha], (Moscou, Rosspen, 1997).

Ao contrário das considerações em voga hoje, o papel de Lênin e do Conselho do Comissariado do Povo na explosão da violência não deve ser superestimado; as condições posteriores não devem ser projetadas retroativamente sobre o período de 1917-1918. O fato de os líderes bolcheviques (e, claro, os líderes das organizações contrarrevolucionárias) não terem informações satisfatórias sobre as tendências reais dos eventos e dos processos desempenhou um papel decisivo na proliferação da violência.

A grande ideia nacional, a demanda pela Assembleia Constituinte, capturou quase todas as forças políticas relevantes em algum momento (sempre durante períodos revolucionários, ou ao menos períodos de crise), embora especulassem sobre diferentes desdobramentos. Uma proporção significativa de camponeses desejava a criação de uma constituição no espírito da tradição comunitária das aldeias, diretamente promulgada pelas pessoas e desviando o Estado, cujas manifestações podem ser observadas nas ocupações camponesas de terras. A esquerda da social-democracia lhe atribuiu o papel de convenção revolucionária, como no caso de Lênin, enquanto outros a perceberam como instrumento de transformação, de tipo burguês ou socialista; SRs e mencheviques, além disso, dividiram-se internamente sobre a questão da assembleia. Assim, por exemplo, na virada de 1917 para 1918, os mencheviques viam na Assembleia Constituinte a maior forma de autoridade, e Július Mártov foi da opinião de que os sovietes não deveriam se enrijecer em oposição à Assembleia Constituinte[24]. Ele também estava consciente de que o único papel que a Assembleia Constituinte poderia cumprir naquele momento era o de instituição democrática burguesa, que não tinha lançado raízes mais profundas no pensamento (nem no comportamento) social. Poucos conseguiam entender sua função: para a maioria do povo, ela remetia aos antigos cavalheiros do velho regime – em contraste com os sovietes, que eram vistos como organizações do povo.

Antes de outubro, todas as forças políticas importantes – talvez com a única exceção dos Cem-Negros – reivindicavam eleições para a Assembleia Constituinte[25]. Cada uma delas a compreendia de modo diferente em termos táticos, mas por fim foi alcançado um entendimento[26]. Curiosamente, as eleições cau-

---

[24] Ver A. Nenarokov, D. Pávlov e U. Rozenberg, "В условиях официальной и неофициальной легальности. Январь–декабрь 1918 г"/ "V usloviyah ofi tsialnoy i poluofi tsialnoy legalnosti. Yanvar–dekabr 1918 g" [Nas condições de legalidade oficial e não oficial. Janeiro-dezembro de 1918], em *Mensheviki v 1918 godu*, cit., p. 25.

[25] L. G. Protássov, *Vssierossíiskoie Utchreditelnoie Sobranie*, cit., p. 12-20.

[26] A posição tática era, no período de inquietação revolucionária, determinada por qual força seria capaz de mobilizar a Assembleia Constituinte em benefício de seus próprios interesses. Pois era evidente que uma Assembleia Constituinte, na medida em que representava uma república, não poderia ser convocada sob o domínio tsarista, uma vez que isso significaria o fim do regime

Reconstruindo Lênin     335

saram a maior surpresa entre os sociais-democratas. Os mencheviques sofreram a maior decepção, recebendo apenas 2% dos votos, o que significou vinte dos 765 delegados. Os bolcheviques ficaram ainda mais desapontados, talvez porque não pensassem em termos de compartilhamento de poder. Ao mesmo tempo, estavam em uma posição vantajosa do ponto de vista da manutenção do poder e da dissolução da assembleia, porque tinham uma maioria substancial nas principais cidades e controlavam os serviços armados[27]. Os bolcheviques obtiveram 24% (quase 11 milhões) dos votos, mas os SRs venceram confortavelmente com mais de 19 milhões de votos e boas perspectivas de alianças, pois além dos bolcheviques, nenhum outro partido aceitou o conceito e a prática da "ditadura do proletariado".

Em setembro de 1917, no interesse de um desenvolvimento pacífico da revolução, Lênin ainda era a favor de uma aliança política tão ampla quanto possível em face da alternativa burguesa de direita. Cinquenta e dois dias antes da Revolução de Outubro, ele fez uma proposta para a criação dessa coalizão:

> O compromisso de nossa parte é retornar às reivindicações pré-julho de todo o poder aos sovietes e um governo de SRs e mencheviques responsáveis perante os sovietes. [...] Com toda a probabilidade, isso poderia garantir um avanço pacífico de toda a Revolução Russa e fornecer chances excepcionalmente boas para grandes avanços no movimento mundial rumo à paz e à vitória do socialismo. Em minha opinião, os bolcheviques, que são partidários da revolução mundial e dos métodos revolucionários, podem e devem consentir com esse compromisso apenas em favor do desenvolvimento pacífico da revolução – uma oportunidade extremamente rara na história e extremamente valiosa, uma oportunidade que se apresenta apenas em casos peculiares. O compromisso equivaleria ao seguinte: os bolcheviques, sem fazer nenhuma reivindicação de participação no governo [...], se absteriam de exigir a transferência imediata do poder ao proletariado e aos camponeses pobres e de empregar métodos revolucionários de luta por tais reivindicações.[28]

O artigo mal fora finalizado quando Lênin admitiu que sua proposta de compromisso tinha perdido o sentido. Depois de ler o jornal do fim de semana,

---

autocrático. É claro que utopistas que defendiam o ideal liberal de monarquia constitucional assinalavam sua possibilidade na Rússia, agindo como se o processo de desenvolvimento inglês pudesse ser transplantado para a Rússia. O mais influente representante dessa forma de pensar era Miliúkov, o ministro de Relações Exteriores do governo provisório e conhecido historiador.

[27] Para dados e respectiva análise, consultar, por exemplo, E. N. Gorodétski, *Rojdenie soviétskovo gossudarstva, 1917-1918*, cit., p. 268-9.

[28] Vladímir I. Lênin, "On Compromises", em LCW, cit., v. 25, p. 306-7.

ele declarou que a proposta estava atrasada, uma vez que Keriénski havia deixado o Partido SR e associado a democracia pequeno-burguesa à burguesia. "Tudo o que resta é enviar essas notas ao editor com o pedido de que as intitule: 'Reflexões atrasadas'. Talvez até as reflexões tardias guardem algum interesse às vezes"[29]. No entanto, as negociações sobre tal aliança – a formação de um "governo socialista homogêneo" – começaram tarde. Logo ficou claro que, mesmo depois de outubro de 1917, o campo SR-menchevique, com a participação do Vikjel – o Sindicato dos Ferroviários, sob cuja égide as negociações foram conduzidas –, não tinha aceitado o que era então a plataforma revolucionária, composta pelos decretos fundamentais do governo soviético de paz e terra e reforma agrária (anexação sem indenização)[30]. No momento da criação do novo governo, o Conselho do Comissariado do Povo, Lênin era implacável em matéria de alianças, apesar dos protestos de uma parcela dos líderes bolcheviques (entre eles, Kámenev e Nóguin). Lênin disse que um governo revolucionário que não pudesse dar passos coletivamente, mesmo nas questões mais básicas, estava condenado ao fracasso.

Somente os bolcheviques e os SRs de esquerda admitiram na Assembleia Constituinte que não encontraram saída para a situação dada sem recorrer à ditadura. Entre 1918 e 1921, não havia força política na Rússia que não tivesse tentado estabilizar a situação e sua posição por meio de medidas ditatoriais, fosse subindo ao poder, fosse fazendo algo equivalente a isso, na tentativa de criar a ordem apropriada para as diferentes abordagens[31]. Cada força política que era

---

[29] Ibidem, p. 310.

[30] Ver o convincente argumento de Víktor Miller em "Гражданская война: исторические параллели"/ "Grajdánskaia vóina: istorítcheskie paralliéli" [A guerra civil: paralelos históricos], em Осторожно: история!/ Ostorojno: istória! [Cuidado: história!] (Moscou, ETC, 1997), p. 143-52.

[31] O ilustre historiador desse campo, Guennádi Bordiúgov, descreveu a falta de alternativa nessa encruzilhada histórica: em 1917, "duas formas legais alternativas de democracia entraram em cena: o tipo soviético, até então desconhecido, e o tipo 'constituinte', que remetia às tradições enraizadas na Duma e que pode ser encontrada em outros exemplos europeus. [...] A história deu a ambos os lados – aos bolcheviques e a seus oponentes políticos – uma chance de provar a verdade de sua própria posição. Pode-se observar que os ideais democráticos logo perderam o apoio das massas. Na medida em que eles não conseguiam chegar a um acordo, tanto a forma soviética quanto a 'constituinte' adentraram uma crise e tiveram de ceder o lugar a formas que todos há muito consideravam datadas. O resultado foi que, em vez de escolher entre a forma soviética ou a 'constituinte' de democracia, o país teve de escolher entre uma ditadura 'vermelha' ou 'branca'. A democracia soviética havia subordinado seus princípios à ditadura do partido único, permeada de militarismo. Os adeptos da Assembleia Constituinte cooperaram com os generais brancos e depois subordinaram suas ideias irrevogavelmente ao ímpeto por restauração". Ver Guennádi Bordiúgov, "A 'különleges rendszabályok és a rendkívüli állapot' a Szovjet Köztársaságban és a többi államalakulatban Oroszország területén 1918-1920-ban"

RECONSTRUINDO LÊNIN    337

empurrada à oposição protestava imediatamente contra a ditadura, revelando a lógica objetiva de preservação do poder: "Os círculos no poder introduziram o estado de emergência não por fundamentos sociais, mas como medida altamente consciente de manutenção de seus poderes"[32]. Não se deve esquecer que a rápida polarização das forças políticas havia começado cedo, depois da Revolução de Fevereiro de 1917, e que, durante o verão e o outono, quase toda fonte de notícias profetizava a guerra civil e a ditadura. Em abril, a direita, incluindo o Partido KD – e, a sua direita, o corpo de oficiais do Exército – começou sua "busca pelo ditador" com o objetivo de disciplinar o "caos revolucionário" (na verdade, a partir do início de abril, de acordo com as memórias de Deníkin, Очерки русской смуты/ Ótcherki rússkoi smúty [Ensaios sobre o turbilhão russo]). Por fim, o círculo dos financistas se alinhou ao general Kornílov, embora o nome de Koltchak, ditador siberiano, ainda estivesse no rol dos possíveis candidatos[33].

### Os pontos de vista de Lênin e dos bolcheviques

O II Congresso dos Sovietes de Toda a Rússia, realizado em 25 de outubro de 1917 – e acompanhado pela retirada dos mencheviques – concentrou os mais altos poderes nas mãos do Congresso dos Sovietes e do Comitê Executivo Central eleito por ele, que eram as instituições a que o novo governo soviético, o Conselho do Comissariado do Povo, se reportaria e responderia. Logo após a tomada do poder em outubro, um atributo essencial da democracia direta, o direito de revogar o mandato de delegados, foi legalizado[34]; isso pretendia radicalizar a democracia representativa como preparativo para as eleições. Embora considerassem a questão do poder decisiva, isso derivou não apenas de suas posições teóricas e morais, mas

---

["Regulações especiais e o estado de emergência" na República Soviética e outras formações estatais no território da Rússia em 1918-1920], em Tamás Krausz (org.), *1917 és ami utána következett* [1917 e o que se seguiu] (Budapeste, Magyar Ruszisztikai Intézet, 1998), p. 19.

[32] Ibidem, p. 19-20. Ver a história das ditaduras dos generais sistematizada por Iván Halász, *A tábornokok diktatúrái, a diktatúrák tábornokai: Fehérgárdista rezsimek az oroszországi polgárháborúban, 1917-1920* [As ditaduras dos generais, os generais das ditaduras: os regimes de Guarda Branca durante a guerra civil russa, 1917-1920] (Budapeste, Magyar Ruszisztikai Intézet, 2005).

[33] Para mais a respeito, ver G. I. Zlokazov e G. Z. Ioffe, *Из истории борьбы за власть в 1917 году: Сборник документов/ Iz istorii borbi za vlasty v 1917 godu: Sbornik dokumentov* [Excertos históricos da luta por poder em 1917: documentos] (Moscou, IRI-RAN, 2002), p. 44-6. Ver também a introdução, para mais detalhes.

[34] Depois de o governo soviético, em 27 de outubro, fixar a data da eleição para o dia 12 de novembro, como que na pressa de tirá-la da frente, o Comitê Executivo Central proclamou, em nome da verdadeira democracia e representação das pessoas, num decreto de 21 de novembro, que "os eleitores têm o direito de revogar seus delegados", que é uma "tese fundamental da democracia". Ver *Utchreditelnoye sobranie: Rossíia 1918*, cit., p. 54 e 56.

338  TAMÁS KRAUSZ

também da situação histórica concreta, que, em grande medida, determinou a abertura, os procedimentos e o destino da Assembleia Constituinte. Essas questões foram expressas inequivocamente no anúncio do Conselho do Comissariado do Povo de 28 de novembro, no qual se afirmou que "em toda a região dos Urais e de Don, Kornílov, Kaliédin e Dútov levantaram-se as bandeiras da guerra civil contra os sovietes"[35]. O Partido KD, sob a liderança de Miliúkov, foi considerado – não sem razão – a principal força politicamente organizada da contrarrevolução; o partido foi declarado "inimigo do povo" e tornado ilegal, sob o argumento de que se tratava de uma situação de emergência[36]. (A contrarrevolução armada e a política tinham se juntado ainda antes de outubro, e não vale a pena retomar item por item as diferenças jurídicas de sua separação, sobretudo porque os assuntos mais importantes ainda não podiam ser regulados juridicamente.)

À luz desses fatos, é evidente que a dissolução da Assembleia Constituinte estava no ar, prefigurada pela resolução do Comitê Executivo Central dos Sovietes, publicada em 22 de dezembro. Por um lado, subsumiu todos os grupos da oposição política e, por outro, convocou o III Congresso dos Sovietes de Toda a Rússia para praticamente a mesma data da Assembleia Constituinte.

> O dia 5 de janeiro é a data designada para a abertura da Assembleia Constituinte. Os partidos aberta ou secretamente contrarrevolucionários, os *kadets*, os mencheviques, os SRs de direita, os kornilovistas e os sabotadores chinovniques esperam transformar a Assembleia Constituinte em um forte dos ricos contra os pobres, um bastião das classes proprietárias contra o poder dos trabalhadores e dos camponeses.[37]

Enquanto isso, as condições estabelecidas para a Assembleia Constituinte eram tais que não poderiam ter sido cumpridas; basicamente, foram definidas para atender às funções exercidas pelos sovietes.

> Os elementos contrarrevolucionários, sem exceção, alinham-se todos com a palavra de ordem "todo poder à Assembleia Constituinte" [...]. A Assembleia

---

[35] Ibidem, p. 57.

[36] "Os inimigos do povo, os proprietários de terras e os capitalistas, não devem receber cadeiras na Assembleia Constituinte. Apenas uma Assembleia Constituinte composta de representantes das classes trabalhadoras e exploradas é capaz de salvar o país." Ibidem, p. 59. No fim de 1917, foi passado um decreto que determinava a prisão dos líderes cadetes do Partido Constitucional-Democrata e os escriturários grevistas. Ver *Декреты советской власти/ Dekréti sovietskoi vlásti* [Decretos do governo soviético], t. 1 (Moscou, 1957), p. 161-2 e 540.

[37] *Utchreditelnoie sobraniie: Rossíia*, cit., p. 61.

Constituinte só pode desempenhar um papel benéfico no desenvolvimento da Revolução Russa se ela, categoricamente e sem qualquer compunção, assumir o lado das classes trabalhadoras em oposição aos proprietários de terras e burgueses, se ela afirmar o poder dos sovietes, os decretos relativos à terra, à supervisão pelos trabalhadores e à nacionalização dos bancos e apoiar a política externa dos sovietes, que procura alcançar a paz democrática o quanto antes.[38]

Tudo isso foi dito na *Declaração de direitos do povo trabalhador e explorado*, escrita por Lênin e adotada pelo Comitê Executivo Central em 3 de janeiro e pelo Congresso dos Sovietes em 8 de janeiro (embora o documento – que mais tarde ganhou status constitucional – tenha sido originalmente preparado para a Assembleia Constituinte)[39].

Na verdade, o Conselho Judicial nomeado pelo governo provisório previa que a questão do poder não seria contornada. Em princípio, eles também deviam ter consciência de que os bolcheviques não eram os primeiros a amarrar as mãos da Assembleia Constituinte; o governo provisório já tinha assumido suas funções em setembro de 1917, quando declarou a Rússia uma república[40].

O conflito de poder mostrou-se na abertura da Assembleia Constituinte[41]. Quando o membro dos SR Lordkipanidze dirigiu-se aos membros da assembleia de seu assento, indicando que eram quatro horas e, portanto, hora de o delegado mais antigo, seu camarada SR, Serguei Porfírevitch Chvétsov, abrir os procedimentos, os delegados de esquerda e o público influenciado pelos bolcheviques manifestaram com grande alarde sua insatisfação. Shvetson mal tinha subido ao púlpito e aberto a assembleia e o membro atrasado da facção bolchevique, Iákov Mikháilovitch Svérdlov, chegou e aproveitou a oportunidade de falar em primeiro lugar, como presidente do Comitê Executivo Central dos Sovietes. Em seu discurso, expressou esperança de que a assembleia reconhecesse o poder dos sovietes, bem como todos os decretos, e ajudasse os sovietes a varrer todos os privilégios de classe de uma vez por todas. Ele prosseguiu listando, em cinco tópicos, os mais importantes decretos e objetivos da revolução. Só depois disso ele deixou Lordkipanidze falar, uma introdução que apresentava uma posição oposta: "Não existe outro poder senão o poder da Assembleia Constituinte"[42].

---

[38] Ibidem, p. 62.
[39] Idem. Ver ainda LCW, cit., v. 26, p. 423-5.
[40] Ver Edward Hallett Carr, *The Bolshevik Revolution*, v. 1: *1917-1923* (Londres, Macmillan, 1960), cap. 5.
[41] Para uma documentação apropriada do acontecimento no memorando, ver *Utchreditelnoie sobraniie*, cit., p. 68-9.
[42] Ibidem, p. 69.

O destino da Assembleia Constituinte já estava selado após esses eventos. Nenhum compromisso foi ofertado. Antes da suspensão da Assembleia Constituinte, a facção bolchevique confiou a F. Raskolnikov (e Lobov) apresentar a seguinte declaração:

A esmagadora maioria dos trabalhadores da Rússia – operários, camponeses, soldados – exige que a Assembleia Constituinte reconheça os triunfos da grande Revolução de Outubro, isto é, os decretos relativos à terra, à paz e à supervisão pelos trabalhadores e, acima de tudo, o poder dos sovietes delegado pelos trabalhadores e pelos soldados.[43]

Com essas exigências não atendidas, a guarda do palácio dissolveu a assembleia no amanhecer de 6 de janeiro[44].

O pronunciamento que dissolveu a assembleia enfatizou novamente a posição de princípio de Lênin e dos bolcheviques, que postulava que "o antigo parlamentarismo burguês havia sobrevivido a seu propósito e era absolutamente incompatível com o objetivo de alcançar o socialismo"[45]. Em outras palavras, os princípios do parlamentarismo burguês eram irreconciliáveis com o sistema que veio após a revolução, refletindo uma realidade do poder e da política. A partir desse momento, os instrumentos do parlamentarismo burguês sempre surgiram como a ferramenta da contrarrevolução, sua "tecnologia para o poder", um sistema que na verdade lhes proporcionaria oportunidades. Para dar essa forma concreta, Lênin, no terceiro item de seu "Projeto de decreto de dissolução da Assembleia Constituinte", escreveu:

Nenhuma instituição nacional, mas apenas instituições de classe (como os sovietes), foi capaz de superar a resistência das classes proprietárias e de lançar os alicerces da sociedade socialista. Renunciar ao poder soberano dos sovietes, renunciar à república soviética conquistada pelo povo, por causa do sistema parlamentar burguês e da Assembleia Constituinte, seria agora dar um passo para trás e causaria o colapso da Revolução de Outubro dos operários e dos camponeses.[46]

O projeto de decreto nomeou a Assembleia Constituinte responsável, com argumento de que ela havia defendido as classes proprietárias sem reconhecer a

---

[43] Ibidem, p. 140-1.
[44] O decreto do Comitê Central dos Sovietes forneceu os fundamentos jurídicos para a dissolução. Ibidem, p. 66.
[45] Ibidem, p. 67.
[46] LCW, cit., v. 26, p. 435.

*Declaração dos direitos dos trabalhadores e explorados*, e, assim, "cortou todos os laços com a República Soviética da Rússia"[47]. Claramente, a única Assembleia Constituinte que os bolcheviques poderiam tolerar era aquela que se conformava à estrutura de poder do governo soviético[48].

## O caráter antirregime dos protestos dos trabalhadores

Lênin examinou gradualmente as experiências da situação histórica de uma perspectiva teórica e socialista, "caso a caso". Mas uma contradição irresolúvel emergiu o mais cedo possível, e ele inicialmente não reagiu a ela. Enquanto a democracia direta de *O Estado e a revolução* se expressava em documentos do partido[49], um segmento significativo dos trabalhadores sentia-se vitimado pela centralização do poder à medida que as condições do dia a dia se deterioravam e as organizações locais e autônomas eram enfraquecidas pela administração central.

---

[47] Ibidem, p. 437-9. "Quando escuto os inimigos da Revolução de Outubro proclamar que os ideais do socialismo são impraticáveis e utópicos, geralmente lhes apresento uma questão simples e objetiva. O que, na opinião deles, são os sovietes? O que provocou o surgimento dessas organizações de pessoas que não possui precedente na história do desenvolvimento da revolução mundial?" Ibidem, p. 437-8. "Estamos agora 'dissolvendo' a Assembleia Constituinte, embora ao mesmo tempo a defendamos. [...] Mas enquanto Kaliédin existir, enquanto o lema 'Todo o poder à Assembleia Constituinte' ocultar em si o lema 'Abaixo o poder soviético', a guerra civil será inevitável. Pois nada neste mundo nos fará abrir mão do poder soviético!". Ver "Speech on the Dissolution of the Constituent Assembly Delivered to the All-Russia Central Executive Committee", 6 (19) jan. 1918, em ibidem, p. 439-41.

[48] Lênin tinha várias explanações para o desempenho relativamente ruim dos bolcheviques nas eleições, interpretando a maioria SR como resultado de listas eleitorais baseadas em relações políticas que precediam a revolução, o que significava que os SRs de esquerda nem sequer seguiam constando nelas. Seja qual for, o poder soviético e o parlamentarismo democrático burguês eram regimes irreconciliáveis para Lênin e os bolcheviques – e assim permaneceriam no futuro.

[49] O resumo mais amplamente conhecido dessa posição pode ser encontrado em seu debate com Kautsky, em que essa contradição é apresentada de maneira quase paradigmática. Ver Vladímir I. Lênin, *The Proletarian Revolution and the Renegade Kautsky*, incluído nos LCW, cit., v. 28, p. 227-325. Essa disputa política era uma resposta ao panfleto de Kautsky *A ditadura do proletariado* [ed. bras.: Karl Kautsky/Vladímir Lênin, *A ditadura do proletariado/A revolução proletária e o renegado Kautsky*, Rio de Janeiro, Livraria Ciências Humanas, 1979], que apontava as contradições da opressão política. Em sua resposta, citando *O Estado e a revolução*, Lênin condena a "degeneração" liberal burguesa de Kautsky e dos líderes da Segunda Internacional, embora defendesse a repressão às manifestações trabalhistas na Rússia, como se a ditadura do proletariado pudesse ser usada contra o próprio proletariado, e se referia historicamente a como "a dialética é concreta e revolucionária e distingue entre a 'transição' da ditadura de uma classe à ditadura de outra, e a 'transição' do Estado democrático proletário ao não Estado ('o definhamento do Estado')." Mas pode a transição a um "não Estado" ser feita contra a resistência de boa parte do proletariado? Ibidem, p. 323.

342 TAMÁS KRAUSZ

Mesmo assim, eles consideravam os sovietes dos operários e dos camponeses suas próprias organizações, desde o início, e não os tomaram como "farsa da classe alta" comum à política[50]. No Krêmlin, Lênin pensou que seria possível atender a dois mestres de uma só vez: o autogoverno dos sovietes e as tendências de centralização mostradas pelos poderes centrais. A contradição óbvia foi também precipitada por esforços dirigidos a limitar a ameaça da fome por meio do carregamento de grãos às principais cidades, mesmo que nessa época tal centralização possa ter parecido resultado de medidas temporárias necessárias para realizá-la.

Essas circunstâncias foram o pano de fundo para as crescentes manifestações de trabalhadores na capital da revolução. Lênin e o partido bolchevique tiveram que determinar de que modo abordariam essas manifestações. O problema da provisão de alimentos – que, obviamente, os mencheviques e os SRs tentaram usar para obter vantagens políticas – também forneceu os principais motivos de protesto contra os bolcheviques[51]. As forças alinhadas contra o governo bolchevique e o Conselho do Comissariado do Povo reconheceram o papel-chave de "supervisionar a distribuição de grãos", o que simplificou a luta política: "quem tem grãos tem poder", como se tornaria dito popular.

Nem mesmo as escassas demonstrações de solidariedade com a Assembleia Constituinte eram sinal de qualquer grande devoção à democracia burguesa. Na verdade, manifestações emocionais de nostalgia pela monarquia foram mais frequentes[52]. Os protestos espontâneos de trabalhadores nas principais cidades,

---

[50] Para mais sobre as tradições antirregime de auto-organização trabalhista, ver Dmítri Tchurakov, "Протестное движение рабочих в период складывания советского государства"/ "Protiéstnoie dvijiénie rabótchikh v periód skladyvánia soviétskovo gossudarstva" [Protestos e movimentos operários na formação do Estado soviético], *Alternativi*, n. 2, 1999, p. 98-101.

[51] Os fatos da vida cotidiana e a natureza social, econômica e política da fome são explorados em A. A. Iliukhov, *Жизни в эпоху перемен: Материальное положение городских жителей в годы революции и гражданской войны/ Jízni v épokhu peremién: Materiálnoie polojiénie goródskikh v gódy revoliútsi i grajdánskoi vóiny* [A vida em uma era de mudanças: a situação financeira dos residentes urbanos durante os anos da revolução e da guerra civil] (Moscou, Rosspen, 2007). A riqueza inaudita dos dados citados por Iliukhov não é comprometida pelo veemente anticomunismo, típico de hoje, que com frequência ressoa na superfície do texto, no sentido de que ele é facilmente identificável como parte da "deriva ideológica" compulsória nas interpretações do período soviético.

[52] Ainda nessa época, a modalidade específica de palavra de ordem que tipificava essa nostalgia havia sido posta em palavras como "Abaixo os bolcheviques e a carne de cavalo, viva o tsar e o filé". Antes de Outubro, é verdade, uma maioria dos trabalhadores se alinhava de fato ao lema da Assembleia Constituinte, concebendo-a como algo que salvaria a Rússia do absolutismo e das privações e distribuiria terra entre os camponeses etc., embora não colocasse a Assembleia Constituinte em oposição aos sovietes e a encarasse como um tipo de "centro revolucionário do povo". Como a reforma agrária acabou sendo feita pelo governo soviético, e não pela Assembleia

especialmente São Petersburgo – ao contrário das manifestações influenciadas pelos sindicados mencheviques que reivindicavam uma república democrática –, em geral não repetiam a palavra de ordem da Assembleia Constituinte, mas demandavam liberdade operacional para o autogoverno dos trabalhadores, que era frequentemente violada no processo da concentração gradual de poder do regime revolucionário. Na primavera de 1918, uma série de plantas em São Petersburgo se envolveu no "movimento delegado", que resistiu aos esforços centralizadores dos bolcheviques, que não tinham tempo para encontrar um consenso democrático com os operários[53]. Rapidamente os operários se viram lutando contra "seu próprio Estado"[54].

Não é coincidência que nenhum dos conflitos de trabalhadores antirregime tenha sido dirigido aos sovietes (em vez disso, os bolcheviques eram o alvo principal), e isso inclui a Rebelião Anticomunista do Kronstadt, em março de 1921. O documento assinado pelo presidente Petrítchenko e pelo secretário Túkin do Comitê Revolucionário Provisório (que representou a guarnição) fez um apelo expresso em apoio ao poder dos sovietes[55] e alegou que, em um país levado à crise pelo Partido Comunista, uma solução política poderia ser encontrada para os sovietes após uma votação secreta: "Não escute os estúpidos rumores de que o poder do Kronstadt cairá nas mãos dos generais e dos brancos"[56]. A propaganda da Guarda Branca também levou em conta esses eventos enquanto a guerra civil estava em andamento e dirigiu sua campanha ideológica não contra os sovietes

---

Constituinte, isso retirou parte considerável da disposição positiva do povo em relação a esta, mesmo em nível rural; afinal, a maior parte da população rural não havia sequer se deslocado para registrar voto.

[53] Ver Dmítri Tchurakov, "Protiéstnoie dvijiénie rabótchikh v periód skladyvánia soviétskovo gossudarstva", cit.

[54] Idem.

[55] Por décadas, a historiografia soviética retratou a rebelião como se a Guarda Branca ou a "contrarrevolução menchevique-SR" estivesse por trás de sua organização. Tanto a premissa quanto a conclusão dessa historiografia defendiam que o sucesso da rebelião teria levado à "vitória da contrarrevolução". Ver, por exemplo, I. A. Setinov, "Мелкобуржуазные партии в Кронштадтском мятеже 1921 года"/ "Melkoburjuáznye párti v Kronchtadtskom miatiejié 1921 goda" [Os partidos pequeno-burgueses na revolta de Kronstadt de 1921], *Вестник Московского Университета/ Vestnik Moskovskogo Universiteta* [Boletim da Universidade de Moscou] n. 3, 1974, p. 28. De acordo com os dados disponíveis, havia 27 mil marinheiros e 30 mil residentes civis da ilha de Kótlin, dos quais 2.200 eram membros do Partido Comunista.

[56] "Call of the Provisional Revolutionary Committee to the Peasants, Workers and Red Guard Soldiers", em Vladímir Pávlovitch Naúmov e Aleksandr Albértovich Kossakóvski (orgs.), *Кронштадт, 1921: документы о событиях в Кронштадте весной 1921 года/ Kronstadt, 1921: Dokumenti o sobitiyah v Kronstatye vesnoy 1921 goda* [Kronstadt 1921: documentos dos eventos da primavera de 1921] (Moscou, Demokratiia, 1997), p. 55-6.

como organizações dos trabalhadores, mas principalmente contra o partido bolchevique – o regime dos sem-teto, sem deus, estrangeiros e judeus. Deve-se notar que, mesmo em 1921, os protestos de trabalhadores que se desenrolaram no período da introdução da NEP raramente reivindicaram a convocação da Assembleia Constituinte, pois ela pertencia ao recinto da "alta política", e as massas instintivamente desconfiavam disso[57].

Todos esses fatos apoiaram os desenvolvimentos que Rosa Luxemburgo havia previsto por escrito no outono de 1918 em sua avaliação crítica[58], que o domínio do sistema institucional destacado, formado sobre a cabeça das massas trabalhadoras, estava se solidificando. O Programa do Partido Bolchevique de 1919, elaborado essencialmente por Lênin, concebeu o destacamento do aparelho de poder sobre a sociedade como ameaça catastrófica tanto para a democracia direta quanto para a perspectiva do socialismo e, por isso, deveria ser evitado a todo custo[59]. De modo característico, Fiódor Dan, uma das principais figuras do partido menchevique em São Petersburgo, argumentou dessa maneira quando foi preso em abril de 1921, após a derrota da rebelião do Kronstadt. Em confissão pública de 19 de abril, destinada a interessados em política, sua declaração sobre a Assembleia Constituinte dizia:

> Eu a considero prejudicial como palavra de ordem política; devido ao humor das vastas massas de camponeses, que resultou principalmente das políticas do governo bolchevique, ela está investida de sentimentos antirrevolucionários, antissocialistas e antitrabalhador e está apta a carregar todas as forças da contrar-revolução sob sua bandeira.

A alternativa traçada por Dan em resposta às perguntas de seu interrogador apresentou a reinstituição do governo autônomo dos trabalhadores, como se nenhum outro conceito socialista existisse.

> Na situação atual, penso que no interesse dos trabalhadores e especialmente do proletariado é importante preservar o sistema soviético, mas assegurando que esse

---

[57] Com base em fontes de arquivo, ver S. V. Iárov, "Рабочие и Учредительное собрание: 1921"/ "Rabótchie i Utchreditelnoie sobraniie: 1921" [Trabalhadores e a Assembleia Constituinte: 1921], em *Историк и революция/ Istórik i revoliútsiia* [O historiador e a revolução] (São Petersburgo, 1999), p. 201-14.

[58] Rosa Luxemburgo, *The Russian Revolution* (Ann Arbor, University of Michigan Press, 1961).

[59] Para uma exposição histórica do problemático campo em questão, ver Tamás Krausz, *Szovjet thermidor: A sztálini fordulat szellemi előzményei 1917-1928* [O termidor soviético: as raízes intelectuais da viragem stalinista] (Budapeste, Napvilág, 1996).

sistema, de acordo com sua teoria e a Constituição, seja verdadeiramente o autogoverno dos trabalhadores e não sirva apenas como escudo da ditadura do partido.[60]

No fim das contas, mesmo aquela ala dos mencheviques que manteve uma perspectiva socialista não foi capaz, em princípio, de apontar um curso futuro como alternativa à ditadura do partido que havia surgido, além daquilo que os próprios bolcheviques formularam teoricamente (ou seja, no programa do partido mencionado) e em um nível constitucional-legislativo. A despeito disso, Dan advertiu Lênin e os bolcheviques, obviamente com razão, sobre os "perigos de deposição".

Rosa Luxemburgo representou uma "terceira via" nessa questão, entre Lênin, Trótski e os bolcheviques de um lado e Kautsky, juntamente com os sociais-democratas e os mencheviques, de outro – embora ela estivesse um pouco mais próxima dos bolcheviques. Se de um lado a "ditadura do proletariado" foi posta em oposição à democracia operária na política real dos bolcheviques, toda a questão da dominação de classe foi simplesmente deixada de fora da abordagem kautskista da democracia. Luxemburgo formulou sua própria posição crítica entre essas duas soluções ruins. Em sua opinião, "os bolcheviques [...] conquistaram por si mesmos a imperecível distinção histórica de ter proclamado pela primeira vez o objetivo final do socialismo como o programa direto de política prática", e eles também

> não queriam nem deveriam confiar o destino da revolução a uma assembleia que refletia a Rússia kerenskiana de ontem, do período das vacilações e das alianças com a burguesia. Por isso, não havia mais nada a fazer senão convocar a assembleia que surgisse da Rússia renovada que avançara até então.

Contudo, Luxemburgo pensou que, a partir dos princípios e da política corretos, os bolcheviques recorreram, na política cotidiana, a medidas que os contrariavam, especialmente Lênin e Trótski, que, "partindo da insuficiência da Assembleia Constituinte que se reuniu em outubro", tiraram "uma conclusão geral com respeito a qualquer representação popular que possa vir de eleições populares universais durante a revolução". E essa posição política, de acordo com Luxemburgo, foi

> expressamente contraditada pela experiência histórica de cada época revolucionária. De acordo com a teoria de Trótski, toda assembleia eleita reflete tão somente

---

[60] Registros da interrogação de Dan em Vladímir Pávlovitch Naúmov e Aleksandr Albértovitch Kossakóvski (orgs.), *Kronstadt, 1921*, cit., p. 266-7.

a composição mental, maturidade política e o humor de seu eleitorado apenas no momento em que o último vai à urna.[61]

Em outras palavras, os bolcheviques subestimaram a democracia representativa em um período em que o funcionamento da própria democracia direta se deparou com barreiras práticas. No entanto, também deve-se notar que a análise de Luxemburgo subestimou tanto a forma como o sistema de medidas extraordinárias (*tchrezvytcháischina*) foi inevitavelmente ditado pela situação de emergência do período da guerra civil, bem como pela frágil tradição democrática na Rússia, que era apenas exacerbada pela instabilidade dos governos soviéticos e da ditadura do partido diante da guerra civil que se desdobrava. O que os bolcheviques fizeram poderia muito bem ter sido necessário para a defesa de qualquer forma de poder.

Do mesmo modo, os limites entre medidas extraordinárias e política socialista foram apagados na política dos bolcheviques, como Luxemburgo apontou por meio do ótimo exemplo de como os direitos eleitorais da burguesia e dos antigos servos foram reduzidos:

> De acordo com a interpretação da ditadura que Lênin e Trótski representam, o direito ao voto é garantido apenas àqueles que vivem do próprio trabalho e é negado a todos os restantes. Agora está claro que tal direito ao voto tem significado somente em uma sociedade que tenha condições de possibilitar a todos que desejam trabalhar uma vida civilizada adequada com base no próprio trabalho. [...] Sob as terríveis dificuldades com que a Rússia tem que lidar, apartada como está do mercado internacional e de sua fonte mais importante de matérias-primas, e sob circunstâncias envolvendo um extraordinário desenraizamento geral da vida econômica e uma rude reviravolta das relações de produção como resultado da transformação das relações da propriedade na terra, na indústria e no comércio – sob tais circunstâncias, é claro que inúmeras existências são repentinamente desenraizadas, descarriladas sem nenhuma possibilidade objetiva de encontrar emprego para sua força de trabalho no interior do mecanismo econômico. Isso se aplica não só às massas capitalistas e de proprietários de terras, mas também à ampla camada da classe média e até à própria classe trabalhadora. [...] Sob tais circunstâncias, um direito político de sufrágio baseado na obrigação geral de trabalhar é uma medida bastante incompreensível.[62]

Rosa Luxemburgo indicou uma contradição mais potente e oculta quando previu o problema do período da NEP. Ao mesmo tempo que os bolcheviques

---

[61] Rosa Luxemburgo, *The Russian Revolution*, cit., p. 15 e 36.
[62] Ibidem, p. 40.

RECONSTRUINDO LÊNIN 347

estavam despojando a classe capitalista de seus direitos, eles queriam alugar as indústrias nacionais, como havia sido elaborado pela primeira vez na primavera de 1918, para a mesma classe – que eram seus proprietários anteriores[63]! Nesse sentido, o modo como os bolcheviques se relacionavam com os remanescentes da classe burguesa influenciava a maneira como eles se relacionavam com o resto do povo, na medida em que não compreenderam o efeito das várias medidas que tomaram e na medida em que elas eram contraditórias entre si e com seus próprios princípios. "É um fato bem conhecido e indiscutível", escreveu Luxemburgo, "que, sem uma imprensa livre e sem interferências, sem o direito ilimitado de associação e assembleia, o governo das grandes massas do povo é totalmente impensável". Esse era o contexto das palavras frequentemente citadas e aforísticas da teórica revolucionária alemã: "A liberdade é sempre e exclusivamente liberdade para quem pensa de forma diferente"[64].

Naturalmente, não foi a vontade de Lênin nem a de Trótski que decidiu os acontecimentos afinal, mas a guerra civil, o isolamento econômico, a fragilidade do impulso democrático, a desintegração da classe trabalhadora já baixa numericamente (e sua ascensão a posições no aparato de poder, bem como sua "militarização") e a devoção a soluções violentas tanto no topo como nas bases. O poder de curta duração da assembleia despareceu finalmente sob a supervisão de Koltchak no verão de 1918 com o início da guerra civil, embora tenha jurado lealdade a uma política antibolchevique[65]. As ruínas da Assembleia Constituinte, agindo sob os termos ideológicos da democracia pura, foram finalmente liquidadas pelas forças marciais da ditadura dos generais com ferramentas drásticas que incluem a guerra civil[66].

---

[63] Ibidem, p. 38-9. As questões econômicas serão abordadas no Capítulo 8 deste volume.

[64] Ibidem, p. 45.

[65] Para detalhes, ver G. Z. Ioffe, *Колчаковская авантюра и ее крах/ Koltchakóvskaia avantiúra i ieio krakh* [A aventura de Koltchak e seu colapso] (Moscou, Misl, 1983), p. 56-63; e Tamás Krausz, "Az Összoszországi Alkotmányozó Gyűlés és a bolsevikok" [A Assembleia Constituinte de Toda a Rússia e os bolcheviques], em *Dél-Európa vonzásában. Tanulmányok Harsányi Iván 70: Születésnapjára* (Pécs, University Press Pécs, 2000), p. 1-15.

[66] G. Z. Ioffe, *Koltchakóvskaia avantiúra i ieio krakh*, cit., p. 60-3. Quando o poder soviético foi derrotado, vários grupos da Assembleia Constituinte se aglutinaram em diversos lugares pela Sibéria (Ural, Omsk etc.), seguindo o exemplo da cidade de Samara, e governos SRs acabaram se formando em outros lugares. No entanto, apenas o "governo" de Samara tinha demandas de toda a Rússia, uma vez que essas formações em larga medida rapidamente se tornaram periféricas e fragmentadas, incapazes de abarcar qualquer tipo de meio-termo entre a extrema-direita e a esquerda. Ver Susan Zayer Rupp, "The Struggle in the East: Opposition Politics in Siberia, 1918", em *Carl Beck Papers*, Pittsburgh, Center for Russian and East European Studies, n. 1.304, 1998.

Alguns autores magnificam amplamente o papel da Assembleia Constituinte de 1918 e, em veia romântica, lhe dão um giro positivo[67]. Se os bolcheviques fossem avaliados com base em seus programas e seus princípios revolucionários fundamentais, toda a humanidade teria marchado pelos portões do "céu comunista" (igualdade, justiça e uma sociedade não hierárquica livre de toda exploração e opressão, repousando sob a base de uma democracia direta etc.)[68]. A análise é complicada pelo desafio de separar tendências subjetivas e objetivas, dilema apresentado por Rosa Luxemburgo em 1918, quando considerou a dificuldade de estabelecer onde a história da gradual independência institucional da ditadura começava e onde a concentração do poder ditada pelo imperativo histórico terminava. Não deve haver dúvidas de que o destino da revolução estava por um fio aos olhos dos revolucionários da época, que não se davam ao luxo de excluir a possibilidade de uma regressão histórica. Em março de 1918, quando Lênin fez a proposta de mudar o nome para Partido Comunista, ele acrescentou à agenda a reformulação do programa do partido:

> A definição mais precisa e abrangente possível do novo tipo de Estado, a república soviética. [...] O programa deve mostrar que nosso partido não rejeita nem mesmo o uso do parlamentarismo burguês, se o curso da luta nos forçar de volta, por um tempo, a esse estágio histórico hoje já ultrapassado por nossa revolução.[69]

Na época, ele delineou para os sovietes um conceito que era harmônico, em parte, com a visão expressa em *O Estado e a revolução*, mas ainda não levara em conta o fato de que a força motriz (dezenas de milhões de pessoas, alfabetizadas e cultas), que poderia ter operado um sistema eleitoral construído de baixo para cima, estava exaurida. Em vez disso, os recursos das pessoas foram gastos principalmente na luta contra a fome. Para avaliar a realidade histórica da situação, deve-se considerar que o treinamento político e organizacional de dezenas de milhares de delegados, na maioria camponeses, eleitos nos sovietes rurais, era muito básico: o número de membros do Partido Comunista entre eles não chegou

---

[67] Protássov leva a sério o futuro da produção democrática entre os objetivos democráticos da Assembleia Constituinte, apesar de ela originalmente ser parte integrante do programa teórico bolchevique em *O Estado e a revolução*. Ver L. G. Protássov, *Vssierossíiskoie Utchreditelnoie Sobranie*, cit., p. 324. Esse autor parece não compreender que nenhuma forma de produção democrática pode ser concebida sob o domínio da propriedade capitalista.

[68] Ver, por exemplo, o documento adotado em 3 de janeiro para fazer as vezes de uma constituição, "Declaração dos Direitos do Povo Trabalhador e Explorado", elaborado em nome do Comitê Executivo Central e rejeitado pela Assembleia Constituinte.

[69] LCW, cit., v. 27, p. 140.

RECONSTRUINDO LÊNIN    349

a 1%. Uma situação de guerra civil cada vez mais carregada não promoveu uma democracia de sovietes mais enraizada[70].

A escalada da guerra civil, desde o verão de 1918, acarretava não só um apoio popular significativo, como inerentemente incentivava a ditadura do partido comunista. Esse é o período em que foi escrito o artigo inacabado de Lênin "O democratismo e a natureza do poder soviético". Ao repetir seus pensamentos bem conhecidos sobre a elegibilidade e a revogabilidade dos delegados dos sovietes, ele novamente reformulou a noção de que

> os sovietes concentram nas mãos não só o poder legislativo e a supervisão da aplicação das leis, mas a aplicação direta das leis por todos os membros dos sovietes com vista a uma transição gradual para o desempenho de funções legislativas e da administração do Estado por toda a população trabalhadora.[71]

O papel de Lênin nesse processo e o modo como ele "processou" a experiência também têm significado teórico. É inequivocamente claro que, em termos de poder e política, a situação de emergência exigiu uma centralização estabilizadora que expressasse "vontade de classe" e – em princípio (!) – um impulso de baixo para cima. Lênin era, é claro, sensível ao problema, mas ele também se lembrou das lições empíricas da história, que lhe ensinaram que a partilha democrática do poder no caso da burguesia só entrou em jogo após ela ter consolidado sua dominação de classe – à época, apenas nos Estados centrais da Europa. No caso do poder soviético, contudo, o Estado como uma espécie de comuna foi construído – teoricamente falando – não sobre a separação dos ramos do poder, mas da supervisão do poder pelas pessoas, integrada nas instituições "cívicas" da sociedade. As iniciativas "civis" autônomas continuaram a conflitar com os imperativos político-militares da centralização de diversas maneiras, tornando-se, então, uma barreira para a centralização burocrática[72].

---

[70] Um bom material sobre essa questão histórica pode ser encontrado em E. G. Guimpelson, *Советы в годы интервенции и гражданской войны/ Soviéty v gódy intervéntsi i grajdánskoi vóiny* [Os sovietes nos anos de intervenção e guerra civil] (Moscou, Naúka, 1968).

[71] LCW, cit., v. 42, p. 100b.

[72] A história do stalinismo e a derrocada da democracia direta não são temas deste volume. Busquei lançar luz sobre esses desdobramentos uma série de vezes – por exemplo, em Tamás Krausz e Péter Szigeti (orgs.), *Államszocializmus: Értelmezések-viták-tanulságok* [Socialismo de Estado: interpretações, debates, lições] (Budapeste, L'Harmattan/Eszmélet Alapítvány, 2007).

## Qual forma de ditadura?

O jornalismo político atual e a literatura em ciência política consideram no geral a visão de que Lênin introduziu, ou ao menos pretendia introduzir, uma ditadura pessoal ilimitada. Tal hipótese decorre de uma séria simplificação ou de uma falta de entendimento de tudo o que aconteceu. Uma dissecação detalhada da história política relevante é muito mais uma digressão do que qualquer outra coisa, mas basta para indicar que, mesmo que quisesse introduzir uma ditadura pessoal, Lênin não teria conseguido, pois as condições políticas necessárias para isso não estavam presentes. Ele foi mais bem aconselhado sobre isso que a maioria dos "pensadores dissidentes" da época. Alguns documentos que os censores eliminaram de suas *Obras escolhidas* são de extrema importância a esse respeito.

Em janeiro de 1919, o famoso historiador Nikolai Rójkov[73] dirigiu-se a Lênin em uma carta particular. Os dois tinham rompido politicamente no momento da primeira Revolução Russa. Rójkov, que originalmente era bolchevique, juntou-se aos mencheviques em 1908, o que gerou muitos pontos de diferença entre ele e Lênin, até 1914[74]. A carta não foi enviada pelo correio, mas entregue pessoalmente e com o apoio de Górki[75]. Trata-se de um documento raro desse tipo, que esclarece bem o modo como as pessoas pensavam naqueles dias e prova que a introdução da ditadura era popular mesmo entre os pensadores políticos de esquerda que se opunham a Lênin. Rójkov achava a fome cada vez mais generalizada tão trágica que propôs a introdução da ditadura de uma pessoa, deixando de lado os canais normais de uso do poder; ele via a ditadura marcial contrarrevolucionária como única outra possibilidade realista e pensava que isso deveria ser evitado a todo custo.

> Vladímir Ilitch, não escrevo esta carta para você com a esperança de que chame sua atenção e o torne simpático à causa, mas porque eu não posso ficar em silêncio

---

[73] Abordei a questão do conceito de história russa de Rójkov há alguns anos, em Tamáz Krausz, *Pártviták és történettudomány: Viták "az orosz történelmi fejlődés sajátosságairól", különös tekintettel a 20-as évekre* [Conflitos intrapartidários e ciência histórica: debates sobre as "especificidades do desenvolvimento histórico russo", especialmente nos anos 1920] (Budapeste, Akadémiai Kiadó, 1991), p. 113, 62-5, 119 e 143-5; mas o fato de Rójkov, como menchevique, ter sido ativo na política depois de 1917 não foi amplamente comentado.

[74] Rójkov foi deportado de Petrogrado a Pskov por sugestão de Lênin em 1922, onde trabalhou como professor até sua morte em 1927. Ver a carta de Lênin a Stálin sobre essa questão, que também permaneceu não publicada durante o período soviético, em Iúri Nikoláievtch Amiantov et al. (orgs.), *В. И. Ленин: неизвестные документы, 1891-1922 / V. I. Liénin: neizvestnyeye dokumenty. 1891-1922* [V. I. Lênin: documentos desconhecidos] (Moscou, Rosspen, 1999), p. 545 e 579-80.

[75] Ibidem, p. 268-9. Ver também a carta de Rójkov de Petrogrado, 11 jan. 1919, em *Mensheviki v bolshevistkoy Rossii*, cit., p. 78-9.

diante da situação que vivemos, que me parece trágica, e devo fazer tudo o que estiver a meu alcance para interromper o desastre em questão [...]; a situação econômica e alimentar da Rússia soviética está no limite, piorando a cada dia. A catástrofe final e terrível se aproxima. [...] A situação aqui é que metade da população de Petrogrado está condenada a morrer de fome. Em tais condições, você não será capaz de manter o poder, mesmo que não houvesse a ameaça imperialista e da Guarda Branca.[76]

Um fator registrado com precisão por todo historiador russo era central para o argumento de Rójkov. Em períodos de penúria, as forças do caos e do terror frequentemente causaram estragos, levando à dissolução do império, do país, e à fragmentação em unidades menores; alternadamente, levou ao exato oposto: centralização desenfreada. As forças históricas do terror atuavam nas aldeias russas; o caos e a desorganização apareceram sob o pretexto do choque entre o antigo modo de pensar e o novo conjunto de estipulações[77]. Rójkov concebeu a introdução da ditadura pessoal combinada com uma interrupção imediata do comunismo de guerra, que tinha acabado de se consolidar. Em outras palavras, o confisco forçado de grãos, o monopólio estatal sobre o comércio – sobretudo, o monopólio sobre os grãos cessaria – e um mercado livre seria introduzido.

> Suas ameaças de enviar as patrulhas de confisco não vão ajudar agora: a anarquia assumiu o país, e ninguém tem medo de você, ninguém vai atender. Mesmo se eles ouvissem, o assunto não seria resolvido, pois a essência da situação é que toda a sua política alimentar está construída sobre premissas erradas. Quem argumentaria contra o monopólio estatal dos bens básicos se o Estado fosse capaz de abastecer a população com quantidades suficientes deles?[78]

Rójkov deu voz à demanda mais importante da Nova Política Econômica ao recomendar um mercado livre para artigos alimentares básicos, a organização

---

[76] Iúri Nikoláievitch Amiantov et al. (orgs.), *V. I. Liénin: neizvestnyeye dokumiénty*, cit., p. 268.

[77] Enorme quantia de material de arquivo documenta esse conjunto de fenômenos: *Общество и власть: российская провинция/ Obschiéstvo i vlást': Rossiískaia províntsia* [Sociedade e poder: a província russa], v. 1: *1917-середина 30-х годов/ 1917-seredina 30-h godov* [De 1917 a meados dos anos 1930] (Moscou/Paris, Níjni Nóvgorod, 2002). Um bom exemplo das dificuldades enfrentadas pelo novo regime, no que diz respeito às solicitações por apoio armado para lidar com caos, banditismo e "a luta contra os *kulaks*", pode ser encontrado no relatório dos *communards* da cidade de Voskressensk, no dia 30 de setembro de 1918. Ibidem, p. 65-9.

[78] Idem.

de um mercado de toda a Rússia e o encerramento das patrulhas de confisco[79]. O período estava cheio de ideias ditatoriais tanto na esquerda quanto na direita, mas a única contribuição de Rójkov foi exigir o restabelecimento da economia de mercado e a introdução da ditadura de uma pessoa, medida para prevenir que um ditador contrarrevolucionário assumisse o poder.

> Nos tornamos muito distantes um do outro [...]. Provavelmente ou, melhor, com toda a probabilidade, não nos entenderemos. Mas, em minha opinião, a situação é tal que somente a ditadura de uma pessoa pode ficar no caminho de um ditador contrarrevolucionário arrancar-lhe o poder. Esse ditador contrarrevolucionário não será tão estúpido quanto os generais do tsar e dos *kadets*, que tiraram as terras os camponeses. Tal ditador inteligente ainda não existe. Mas não demorará muito. [...] Neste ponto, só você pode impedir que isso aconteça; isso demandaria autoridade e energia. E se devem tomar medidas urgentemente, em especial no que diz respeito à distribuição de alimentos. De outro modo, a ruína é inevitável. Mas é claro que as mudanças não devem se limitar a isso. A política econômica como um todo deve ser reconstruída – com finalidades socialistas em mente. Mais uma vez, isso exigirá uma ditadura. Deixe o Congresso dos Sovietes lhe conceder os mandatos extraordinários necessários. [...] É sua tarefa decidir se existe essa necessidade.[80]

Embora Lênin – na medida em que sua resposta à carta é uma indicação – não tenha vacilado nem por um momento sequer ao lê-lo, o documento não pode ser ignorado, em relação quer à percepção teórica da situação, quer a seu conteúdo político concreto. E apesar de dizer respeito a um indivíduo que está distante do fulcro da vida política, na verdade ainda carrega mais peso que uma iniciativa privada. Líderes mencheviques como Dan ou Mártov estabeleceram a possibilidade de uma "ditadura antissemita dos Cem-Negros" – que eles denunciaram – como alternativa à tomada de poder bolchevique e proibiram membros do partido de organizar luta armada contra os bolcheviques e o poder soviético – mesmo que muitos mencheviques suspeitassem que a base social da revolução bolchevique incluía "elementos do lúmpen" e "soldados reacionários"[81]. Nesse sentido, o surgimento de um ditador da Guarda Branca não era apenas uma

---

[79] "Mantenha seu aparato de distribuição operando e o proteja, mas não monopolize o comércio de nenhum produto, nem mesmo grão. [...] Se você não o fizer, seus inimigos o farão. [...] É impossível no século XX transformar o país em conglomerados de mercado fechados, locais: no interior das atuais fronteiras da Rússia Soviética, isso era natural no período medieval, quando a população tinha um vigésimo de seu tamanho atual. É a maior estupidez tentar fazer isso hoje." Idem.

[80] Idem.

[81] Para mais detalhes, ver Tamás Krausz, *Szovjet Thermidor*, cit., p. 52-3.

obsessão do menchevique Rójkov e dos bolcheviques, pois, de fato, a figura fora logo encarnada por Koltchak e Deníkin.

Por que Lênin era avesso à ideia de uma ditadura de uma pessoa só é ainda mais interessante quando se trata de teoria e história políticas. Ele abordou essa questão como uma questão completamente livre de ideologia em sua resposta a Rójkov[82]. O fato de Lênin ter respondido (ele desprezava os "renegados" de modo particular) sugere que ele achou que a carta colocava algumas questões essenciais de natureza prática[83]. Algumas semanas depois, em 13 de março de 1919, Lênin voltou ao conteúdo da carta em um discurso feito na Casa do Povo em Petrogrado, sem mencionar nomes, é claro – esse discurso também foi suprimido em seu tempo[84].

Lênin esperava que o historiador-economista Rójkov levasse em consideração as consequências sociais da política econômica que ele propunha. Em outras palavras, convidou Rójkov a voltar sua atenção para ajudar o segmento empobrecido da sociedade a atrair os círculos educados a sua causa, ao apoiar a propagação da auto-organização. O restabelecimento de uma economia de mercado só seria vantajoso para os ricos com a profundidade do caos e da miséria que criaria, minando os próprios fundamentos do sistema.

> Você não deveria pensar em livre-comércio – para um economista, de todas as pessoas, deveria estar claro que o livre-comércio, dada a absoluta falta de produtos essenciais, é equivalente a especulações frenéticas e brutais e o triunfo dos que têm sobre os que não têm. Não devemos recuar por meio do livre-comércio, mas avançar por meio da melhoria do monopólio estatal, em direção ao socialismo. Trata-se de uma transição difícil, mas o desespero é inadmissível e imprudente. Se, em vez de serenar o livre-comércio, a intelectualidade de fora do partido ou

---

[82] "Document 33, Letter to N. A. Rozhkov", 29 jan. 1919, em Richard Pipes (org.), *The Unknown Lenin: From the Secret Archive* (New Haven/Londres, Yale University Press, 1996), p. 62-3; o original russo encontra-se em Iúri Nikoláievitch Amiantov et al. (org.), *V. I. Liénin: neizvestnyeye dokumiénty*, cit., p. 266-7.

[83] Lênin respondeu às propostas de Rójkov em um tom muito cortês: "Nikolai Aleksándrovich! Fiquei muito feliz de ter recebido sua carta – não por conta do conteúdo, mas porque quero uma reaproximação da base factual geral do trabalho soviético." Richard Pipes (orgs.), *The Unknown Lenin*, cit., p. 62, e Iúri Nikoláievitch Amiantov et al. (orgs.), *V. I. Liénin: neizvestnyeye dokumiénty*, cit., p. 266.

[84] "Speech Delivered at a Meeting in the People's House", Petrogrado, 13 mar. 1919, em LCW, cit., v. 29, p. 47-53; "Речь на митинге в железном зале народного дома в Петрограде"/ "Rech na mitinge v zheleznom zale narodnogo doma v Petrograde" [Discurso em reunião no Salão de Ferro da Casa do Povo em Petrogrado], em Iúri Nikoláievitch Amiantov et al. (orgs.), *V. I. Liénin: neizvestnyeye dokumiénty*, cit., p. 270-6.

a intelectualidade próxima ao partido formasse grupos de emergência, pequenos grupos, e organizações para assistência geral ao suprimento de alimentos, isso ajudaria seriamente a causa e diminuiria a fome.[85]

Lênin não via a ditadura de uma pessoa como forma de governo que justificasse séria consideração, porque em termos organizacionais ela significaria a destruição do aparelho já estabelecido. Não se deve esquecer que foi exatamente o momento em que a expansão do método econômico do comunismo de guerra atingiu seu pico. O Conselho do Comissariado do Povo tomou uma série de decisões em janeiro-fevereiro de 1919. No mesmo dia em que a carta de Rójkov foi datada, 11 de janeiro, eles adotaram o decreto do confisco forçado de grãos.

Além disso, a introdução da ditadura pessoal significaria que os sovietes teriam que abandonar sua forma de estrutura de poder como alternativa à democracia burguesa e ao jogo constituinte, ou seja, como perspectiva de outra forma de democracia. A ditadura do partido, como a manifestação concreta da ditadura do proletariado, pode ter sido defensável na situação de emergência que sobreveio, mas uma ditadura pessoal não poderia ser encontrada no vocabulário político, nas invenções conceituais nem nas tradições teóricas do bolchevismo até aquele tempo. (É por isso que, quando Stálin introduziu efetivamente a ditadura pessoal, dez anos depois, ele popularizou seu sistema como democracia!) Nas palavras de Lênin, escritas a Rójkov:

> Quanto à "ditadura pessoal", desculpe pela expressão, mas é totalmente absurda. O aparelho de Estado já se tornou gigantesco – em alguns lugares, até excessivamente; sob tais condições uma "ditadura pessoal" é totalmente irrealizável e tentar realizá-la seria apenas prejudicial. Ocorreu uma reviravolta na intelectualidade. A guerra civil na Alemanha e a luta precisamente no interior das linhas do poder soviético contra "o sufrágio universal, direto, igualitário e secreto, isto é, contra a assembleia constituinte contrarrevolucionária", estão avançando até mesmo nas mentes mais inteligentes da intelectualidade e serão bem-sucedidas nesse avanço. [...] Em casa, na Rússia, eles veem isso "meramente" como "selvageria" do bolchevismo. Mas agora a história está mostrando o colapso mundial da democracia burguesa e do parlamentarismo burguês, que não se pode ir a lugar nenhum sem uma guerra civil. [...] A intelectualidade terá que se pôr em situação de ajudar os trabalhadores precisamente numa plataforma soviética.[86]

---

[85] Richard Pipes (org.), *The Unknown Lenin*, cit., p. 62; Iúri Nikoláievitch Amiantov et al. (orgs.), *V. I. Liénin: neizvestnyeye dokumiénty*, cit., p. 267.

[86] Richard Pipes (org.), *The Unknown Lenin*, cit., p. 62-3; Iúri Nikoláievitch Amiantov et al. (orgs.), *V. I. Liénin: neizvestnyeye dokumiénty*, cit., p. 267.

Górki anexou uma carta própria à de Rójkov, na qual ele também defendeu a introdução de uma ditadura pessoal; no entanto, ao contrário de Rójkov, ele encorajou Lênin a introduzir a ditadura pessoal apenas em dadas circunstâncias de guerra civil, juntamente com uma proibição estrita do mercado privado, isto é, sobre a base de um monopólio estatal do comércio[87]. Lênin respondeu a essas questões no discurso de 13 de março. Um ponto provocativo do discurso, que nunca foi publicado durante o período soviético, foi quando apontou a conexão entre os eventos atuais na batalha contra a fome e a guerra civil e a contrarrevolução interna.

Deveria ser óbvio que os bolcheviques não foram os inventores do confisco forçado nem do monopólio estatal do mercado. O governo do tsar tinha introduzido o confisco forçado em 29 de novembro de 1916, e o monopólio dos grãos foi legalmente garantido pelo governo provisório em seus primeiros dias, em 25 de março de 1917. O governo posterior enviou forças armadas às aldeias para a coleta de alimentos no outono – embora a eficácia dessas medidas seja outra questão. No entanto, as medidas que Lênin tomou para aliviar a fome não foram a continuação mecânica dessas decisões. Vladlen Lóguinov – em sintonia com a pesquisa de Brus e alguns outros historiadores soviéticos das décadas de 1960 e 1970 – ressalta com razão que, em abril de 1918, Lênin estava pensando em possibilidades pacíficas de levar os grãos das aldeias para as cidades por meio de permutas de produtos. Poucos dias depois, de acordo com o Conselho do Comissariado do Povo, decidiu-se por uma ditadura sobre a distribuição de alimentos. O que aconteceu foi que, de abril a maio, todas as regiões tradicionais de cultivo de grãos foram desanexadas da região central. As forças de ocupação alemãs haviam levado o *hetman*\* Pavel Petrovitch Skoropádski ao poder na Ucrânia. A revolta dos prisioneiros de guerra tchecos em maio desanexou a Sibéria e parte da região do Volga, e até mesmo o contato de Moscou com o Cáucaso do Norte foi parcialmente interrompido em junho. Não é preciso dizer que esse isolamento não era bom[88].

É importante considerar nessa discussão que a série de medidas do comunismo de guerra, baseadas em restrições às liberdades democráticas, afetaram fundamentalmente campos da vida cotidiana, como transporte e viagens. Toda a cadeia de medidas compulsórias apontou para a realização de uma economia de comando, e isso, naturalmente, não serviu como base firme para a construção de um governo democrático estável. A "ditadura soviética", cuja forma política foi dada pelo Partido Comunista, tornou-se conveniente para a pulverização

---

[87] Iúri Nikoláievitch Amiantov et al. (orgs.), *V. I. Liénin: neizvestnyeye dokumiénty*, cit., p. 269.

\* Posto militar análogo ao de general, comum na Europa oriental a partir do século XVIII. (N. E.)

[88] Ver Vladlen Lóguinov, *Posle voyne*, cit., p. 584.

da contrarrevolução militar e das ditaduras dos generais da Guarda Branca nos *fronts* da guerra civil[89]. A crescente burocratização e o fortalecimento do aparato do Estado e do partido forçaram Lênin e os bolcheviques a observar um novo conjunto de problemas: quais meios estavam disponíveis para manter os grupos de protesto de "pensamento diferente" dentro de sua própria base social? Até onde a opressão poderia ser validada e quando a revolução começa a se converter em seu oposto?

Nesse momento, a única pessoa tentando realizar uma crítica interna, de cunho marxista, da Revolução Russa, a certa distância (da prisão na Alemanha, mais precisamente) de onde os eventos se desenrolavam, era Rosa Luxemburgo. Sem surpresa, os mencheviques também viram uma afirmação de seus pontos de vista na crítica do bolchevismo presente no panfleto de Luxembrugo. Mártov chegou a ponto de, em uma carta a Samuil Davídovitch Schupak, de Berlim, datada de 23 de dezembro de 1921, retirar uma validação de Kautsky disso:

> Aqui – a sensação de que você deve ter ouvido falar é que Paul Levi finalmente publicou o panfleto de Rosa (escrito em setembro de 1918), que os comunistas mantiveram escondido por três anos. Ela os censura não apenas pelo Tratado de Brest-Litovsk, mas pela dissolução da Assembleia Constituinte. Ela coincide com Kautsky na forma como expõe a questão da ditadura e da democracia, letra a letra, por isso o efeito dessa publicação é colossal.[90]

É claro que um documento como o de Rosa Luxemburgo pode ter muitas leituras e interpretações. Mesmo assim, a associação que Mártov fez entre a posição de Luxemburgo e a de Kautsky é mais que um mal-entendido. Ela tem motivação psicológica, cujas fontes são bastante mundanas: ele apenas buscava validações mecânicas para sua própria posição política. Afinal, Kautsky ou Mártov, no decorrer de toda a Revolução Russa, alguma vez, mesmo que por um momento, aceitaram as notas frequentemente citadas de Luxemburgo, escritas na prisão em 1918?

---

[89] Não é de surpreender que Lênin retorne ao assunto: em 1919, ele escreve um extenso texto disputando a questão da Assembleia Constituinte para a edição de dezembro do *Коммунистический Интернационал/ Kommunístitcheski Internatsional*, na qual explicava as razões para a vitória dos bolcheviques à luz de dados eleitorais. O que Lênin sem dúvida tinha razão em afirmar era que o destino da revolução fora decidido não pelas eleições, mas pelo desfecho da guerra civil. Ver Vladímir I. Lênin, "The Constituent Assembly Elections and the Dictatorship of the Proletariat", em LCW, cit., v. 30, p. 253-75.

[90] Carta de I. O. Mártov a S. D. Schupak, Berlim, 23 dez. 1921, na coletânea *Меньшевики в 1921-1922 гг./ Menchieviki v 1921-1922 gg.* (Moscou, Rosspen, 2002), p. 393.

Deixe o governo socialista alemão chorar que o governo dos bolcheviques na Rússia é uma expressão distorcida da ditadura do proletariado. Se ele foi ou é isso, é apenas porque ele é um produto do comportamento do proletariado alemão, em si mesmo uma expressão distorcida da luta de classes socialista. Todos nós estamos sujeitos às leis da história, e é apenas internacionalmente que a ordem socialista da sociedade pode ser realizada. Os bolcheviques demonstraram que são capazes de tudo com que um partido genuinamente revolucionário pode contribuir dentro dos limites das possibilidades históricas. Eles não devem operar milagres. Para uma revolução proletária exemplar e sem falhas em uma terra isolada, exaurida pela guerra mundial, estrangulada pelo imperialismo, traída pelo proletariado internacional, seria um milagre. [...] Nesse sentido, Lênin e Trótski e seus amigos foram os primeiros, aqueles que tomaram a frente como um exemplo ao proletariado do mundo; eles ainda são os únicos que podem chorar com Hutten: "Eu ousei!".[91]

> Esse é o contexto em que a verdadeira mensagem do julgamento e da crítica de Luxemburgo ao terror se encaixa: "A liberdade é sempre e exclusivamente a liberdade para quem pensa de forma diferente". O principal problema prático e teórico real aqui, mesmo hoje, é se existia alguma possibilidade de resolução da contradição apresentada.

## Violência e terror: causas e consequências

Desde o colapso da União Soviética, tendências historiográficas muito diversas visaram a forçar o legado de Lênin em uma caixa narrativa de terror e violência, por meio da "desconstrução" da estrutura do "relato histórico".

Lênin não tinha uma teoria especial que tratasse da violência e do terror, embora suas opiniões e seus fundamentos para ações possam ser reconstruídos satisfatoriamente nesta área. No fim do século XIX e no início do XX, os revolucionários em geral não contestavam a inevitabilidade da violência no decurso da mudança revolucionária. Lênin conhecia as famosas incursões teóricas de Engels sobre a violência em suas polêmicas com Dühring, embora mesmo *Herr* Dühring admitisse algum papel para a violência, ainda que em sua maneira cautelosa, o que provocou ira palpável de Engels.

> Só muito a contragosto ele admite a possibilidade de que, para derrubar a economia de espoliação, talvez o uso da força seja necessário – infelizmente! Porque

---

[91] Rosa Luxemburgo, *The Russian Revolution*, cit., p. 79-80.

todo uso da força desmoraliza aquele que faz uso dela. E isso é dito apesar do forte impulso moral e espiritual resultante de cada revolução vitoriosa![92]

Esses foram os fundamentos conceituais que Lênin herdou, os quais deduziam as fontes históricas da violência das contradições econômicas, dos interesses opostos e da opressão de classes da sociedade moderna. Com o conhecimento da história do século XX, no entanto, vem o reconhecimento da enorme diferença entre uma abordagem teórica da violência e sua aplicação real. De modo decisivo, nesse contexto, o vórtice da luta pelo poder na guerra civil russa viu interesses políticos e socioeconômicos irreconciliáveis, tradições teóricas e culturais e "lógicas" colidirem, e isso gerou uma variedade de formas horríveis de violência concentrada à existência. No entanto, não só a revolução não pôs fim à violência e ao terror, como a implementou mais amplamente, por meio de uma variedade de formas e com diversos objetivos – sem mencionar todos os desenvolvimentos históricos posteriores, ao mesmo tempo angustiantes e complicados, que se seguiram desses precedentes[93].

Em seu trabalho não finalizado, *A vida de Lênin: sua juventude*, Trótski chamou atenção corretamente para o fato de que Lênin formou sua posição mais diferenciada em relação ao terror durante um período que durou anos[94], cuja essência pode ser resumida na noção de que o terror seria uma ferramenta secundária na luta política e armada, a ser usada apenas no momento mais extremo. Após a derrota do levante de 1905, Lênin via o terror e as ações de guerrilha como instrumento do levante revolucionário e relacionado à tirania estatal. Seu trabalho clássico sobre o assunto foi publicado como "Eventos do dia" em agosto de 1906, e o título resume o essencial do texto. Ele tratou do terrorismo como técnica política e de combate com base em uma série de atos terroristas em cidades polonesas – contra Stolypin, bem como o assassinato do general G. A. Min pelo revolucionário do SR, Zinaida Vassílievna Konopliánnikova, que havia suprimido com violência o levante armado de Moscou. A avaliação de se essa ação é exigida politicamente depende de ela ter influenciado a "opinião pública" a favor ou contra os socialistas. Ele postulou a legitimidade dos atos de guerrilha

---

[92] Friedrich Engels, *Anti-Dühring: a revolução da ciência segundo o senhor Eugen Dühring* (trad. Nélio Schneider, São Paulo, Boitempo, 2015), p. 212.

[93] Para um maior desenvolvimento sobre esse último tema, consultar o extenso volume organizado por Tamás Krausz, *Gulag: A szovjet táborrenmdszer története – Tanulmányok és dokumentumok* [Gulag: a história do sistema de campos soviético – ensaios e documentos] (Budapeste, Pannonica, 2001).

[94] Ver Leon Trótski, *The Young Lenin* (Garden City-NY, Doubleday, 1972); posteriormente publicado em russo, após a mudança de regimes. Do mesmo autor, ver também *Дневники и письма/ Dnevniki i pisma* [Diários e cartas] (org. Iúri Felchtínski, Harvard, Houghton Library/ Hermitage, 1986), p. 190-1.

RECONSTRUINDO LÊNIN    359

armada contra a autocracia e o despotismo estatal como tática possível da luta revolucionária, mas os rejeitou como meio de "expropriação da propriedade privada", porque as forças revolucionárias não estão em guerra contra indivíduos, e sim contra o sistema. Portanto, Lênin observou que o Congresso do Partido decidiu corretamente quando "repudia a expropriação da propriedade privada" enquanto "luta ativa contra o terror do governo e a violência dos Cem-Negros é inevitável" e reconhece o "assassinato de perpetradores de violência" e que "armas e insumos militares pertencentes ao governo devem ser tomados"[95].

Um ano depois, tendo apreendido com a experiência de chegada da contrarrevolução ao poder, ações terroristas em resposta ao terror do regime apenas teriam exacerbado a medida da derrota. Lênin considerou que os resultados do terrorismo eram prejudiciais do ponto de vista da luta revolucionária e do movimento de massas nos assim chamados tempos de paz. Na III Conferência do Partido (21 a 23 de julho de 1907), em Kotka, Finlândia, a reunião da facção bolchevique fechou a conferência com resolução denunciando o terror, estabelecendo que rejeitava antecipadamente o terror como método. A situação dada era proibitiva do terror, e "o único método adequado para a luta no momento é a propaganda científica e a Duma estatal como fórum de agitação". A facção até levantou a possibilidade de se separar do partido caso seus companheiros rejeitassem essa resolução[96].

### Espontaneidade e organização

Historiadores recentes chamaram atenção para o fato de que o processo transformador da Revolução de 1917 ocorreu em vários níveis sociais, com diferentes traços definidores e meios, bem como persuasões culturais e psicológicas. Um particular culto à violência assentou posição em importantes grupos sociais de 1914 em diante[97]. Sem negligenciar que a tradição russa era um solo fértil para o uso da violência[98], a principal fonte moderna de violência era a guerra mundial imperialista. Ela destruiu as já enfraquecidas instituições e as estruturas de solidariedade social, quebrando os obstáculos morais aos instintos assassinos e permitindo que a "revolução das *obschinas*" se espalhasse rapidamente, mediada pelo soldado armado camponês nas fileiras[99].

---

[95]  LCW, cit., v. 11, p. 167-9.

[96]  Iúri Nikoláievitch Amiantov et al. (orgs.), *V. I. Liénin: neizvestnyeye dokumiénty*, cit., p. 27.

[97]  Para mais a respeito, ver Vladímir P. Buldakov, *Красная смута/ Kransnaya smuta* [Tormenta vermelha] (Moscou, Rosspen, 1997).

[98]  Consultar como documento histórico N. Ievréinov, *История телесных наказаний в России/ Istóriia telesnykh nakazani v Rossíi* [A história da disciplina física na Rússia] (Moscou, 1911).

[99]  Ver Vladímir Bukháraiev, "1917 – Az obscsina-forradalom pirruszi győzelme" [1917 – A vitória de Pirro da revolução das *obschinas*], em Tamás Krausz (org.), *1917 és ami utána következett*

360  TAMÁS KRAUSZ

Em outras palavras, no período da guerra civil o governo soviético não recebeu nenhum impulso de baixo – de seu aparelho e sua base social imediatos – que impedisse a violência. As ações organizadas da contrarrevolução militar monarquista apenas reforçaram os laços do novo regime com o uso da força como ferramenta de sobrevivência. A contrarrevolução é, na verdade, parte da revolução, em sentido histórico. Batalhas de rua eclodiram em várias cidades importantes entre fevereiro e maio de 1917, seguidas pelos Jornadas de Julho, a revolta de Kornílov e as revoluções espontâneas de camponeses nas vilas; em outubro, houve a tomada do poder em Petrogrado e Moscou. A revolução, então, varreu toda a Rússia. No entanto, o estado psicológico de guerra civil não começou com os conflitos armados de 1918 nem com as greves intervencionistas do exterior, mas com o sistema secular de opressão tsarista e com a maré de sangue da Primeira Guerra Mundial. A violência e o terror do pós-outubro, equipada com suas próprias ferramentas e instituições, surgiu do rico caldo cultural de opressão violenta, mais que de qualquer outra razão. Em outras palavras, a revolução não era a causa, mas a consequência da violência[100]. A guerra também desempenhou um papel decisivo entre as causas da revolução.

Seja como for, Lênin baseou sua abordagem teórica e política na visão de que qualquer fraqueza e descontrole nervoso por parte do novo aparelho de Estado só aumentaria a capacidade e as chances das antigas classes dominantes e da resistência contrarrevolucionária. Ele considerou ridículo que, nas semanas e nos meses que se seguiram à revolução, os bolcheviques tenham anistiado não só alguns ministros do governo provisório e participantes da revolta *junker* de 29 de outubro, com base em sua palavra de honra, mas também Piotr Nikoláievitch

---

[1917 e o que se seguiu] (Budapeste, Magyar Ruszisztikai Intézet, 1998), p. 47-8. Escrevendo sobre as raízes do modo de vida tradicional dos camponeses, o autor afirma que, em 1917, "eram válidas as considerações éticas acerca da subsistência: seus 'próprios' senhores, é claro, não eram poupados. A aldeia da *obschina* era impiedosa com qualquer um que não usasse a terra para seus fins tradicionais, naturais, e esperasse rendimentos dela, fossem comerciantes, bancários ou aqueles que não cultivavam sua terra por conta própria". No entanto, pode-se acrescentar que, embora fosse impiedosa, não era mais impiedoso do que a classe dominante proprietária de terras fora com o mujique russo durante séculos de dominação.

[100] Iúri Felchtínski, historiador que ganhou fama nos anos 1980 e que era afiliado aos Arquivos Trótski na Houghton Library, rastreou as origens do Terror Vermelho na revolução e a alguma forma de inexplicável e patológica mania de poder – ou simplesmente maldade – demonstrada por Lênin e pelo partido bolchevique. Ver Iúri Felchtínski, "О терроре и амнистиях первых революционных лет"/ "O terrórie i amnistiakh piérvykh revoliutsiónnykh let" [Sobre terror e anistia nos primeiros anos da revolução], em Iúri Felchtínski (org.), *ВЧК-ГПУ: документы и материалы/ VCHK-GPU: dokumenty i materialy* [Tcheká-GPU: documentos e materiais] (Moscou, Gumanitarnoy Leteraturi, 1995), p. 3-25.

Krásnov, o general cossaco mais impiedoso (e, depois, apoiador ativo dos nazistas), que imediatamente se juntou a outros *junkers* e continuou a luta armada contra o poder dos sovietes.

A realidade russa tinha três fatores potenciais de terror, dos quais Lênin estava bem ciente: o legado de violência deixado pela Primeira Guerra Mundial, a escalada da luta de classes interna e o vírus da guerra civil, a ser travada até a aniquilação mútua – um sentimento que tinha se tornado palpável na Rússia de 1917. Em obediência ao novo cânone reinante, hoje isso é frequentemente esquecido quando se fala da evolução do terror após a revolução. Em janeiro de 1918, o monarquista general Kornílov já havia dado a ordem de "não fazer prisioneiros"[101]. A voz desse terror sinalizou o horror do que estava prestes a se tornar lugar-comum durante a guerra civil, o ciclo de violência crescente[102]. O processo pelo qual a violência e o terror escalaram não fora determinado por nenhuma teoria preconcebida e não poderia ter sido previsto em sua singularidade e instrumentos quase inigualáveis. Somente as circunstâncias concretas nessa situação poderiam determinar as "combinações" que uniram componentes particulares da tradição revolucionária russa, como a "Pugatchovschina", e da teoria marxista, como a "ditadura do proletariado".

Vale a pena retomar aqui a abordagem de Bakúnin, do modo como ela reapareceu sob uma ou outra forma no sistema de valores de uma série de tendências revolucionárias, incluindo a de Lênin. Um panfleto escrito por Mikhail Bakúnin durante seu exílio em Genebra em 1870, ano do nascimento de Lênin (embora Lênin parecesse conhecer o documento), *Aos oficiais do Exército russo*, declarava que, apesar dos imensuráveis sofrimentos do povo, o derramamento de sangue poderia ser evitado no curso de uma luta por libertação se o Exército aderisse à "causa sagrada do povo". Não haveria sangria nesse caso, e os opressores, os "parasitas", os "ociosos", seriam simplesmente "expulsos do território da Rússia". Bakunin continuou: "Stienka Rázin, que se colocará à frente das massas durante a destruição, tão claramente à mão, do Império Russo, não será mais um herói individual, mas um Stienka Rázin coletivo"[103]. Esse "Rázin coletivo" estava encar-

---

[101] Ver G. Z. Ioffe, *Белое дело: генеральная Корнилов/ Beloie Dielo: General Kornílov* [Problema Branco: general Kornílov] (São Petersburgo, Naúka, 1989), p. 233.

[102] Miller assinalou, em sua citada obra, que a violência e o terror deitaram raízes tão profundas durante a guerra civil que os "efeitos posteriores" da guerra ainda podiam ser sentidos décadas depois, em acontecimentos como o massacre de Katyn, ou vários eventos da Grande Guerra – por exemplo, os atos de Krásnov ou das unidades de Vlassov lutando para a Wehrmacht. Ver V. Miller, "Grajdanskaia voina: istorítcheskiie paralleli", em *Ostorojno: istória!*, cit., p. 62.

[103] Mikhail Bakúnin, К офицерам Русской армии/ "K ofitseram Russkoi armii" [Aos oficiais do exército russo], em *Революционный радикализм в России: век девятнадцатый/ Revoliutsiónni radikalizm v Rossíi: vek deviatnádtsaty* [Radicalismo revolucionário na Rússia: o século XIX]

362 Tamás Krausz

nado na rebelião camponesa, em Lênin e no Exército Vermelho e na Tcheká de 1917. É claro que a teoria que Lênin usou para justificar a opressão praticada pela revolução não remonta a fontes bakuninianas. A ditadura do proletariado como forma específica de exercício de poder surgiu e se tornou uma "força material" sob a esfera de influência da democracia de massas, com o propósito de quebrar a resistência das classes dominantes e estabelecer o regime de democracia direta. Em última instância, o problema foi causado pelo fato de que a opressão, enquanto tarefa, passou a ser aplicada não apenas contra as classes dominantes, mas contra todos os que contradiziam os decretos do novo regime, por qualquer motivo. Em paralelo ao aprofundamento do terror e da violência, o alargamento do escopo da democracia direta foi gradualmente retirado da agenda – ele se "suavizou" como uma questão de legislação constitucional, uma questão teórica. Embora Lênin não desejasse se afundar completamente no pântano do poder autossustentado, o perigo de os objetivos visados serem banidos do quadro geral de referência era muito real desde o início. Desde o primeiro dia da revolução, Lênin estava envolvido no que se poderia chamar de serviço militar no Krêmlin. Ele aprendeu o "estilo de comando militar" apropriado para a situação de emergência de forma gradual, embora fosse, claro, plenamente versado no uso inevitável e na função do terror a partir de sua leitura das histórias da Revolução Francesa e da guerra civil estadunidense. Dois despachos do período inicial são reveladores em relação à situação histórica que sobreveio:

TELEGRAMA A KHARKIV E MOSCOU, 13 (26) DE JANEIRO DE 1918.

ORJONIKIDZE, SECRETARIADO DO POVO, ESCRITÓRIO DE ANTÓNOV, COMANDANTE EM CHEFE DE KHARKIV MURÁLOV, PRESIDÊNCIA DO SOVIETE DOS DEPUTADOS, MOSCOU RECEBEMOS NOTÍCIAS DE UM ENGARRAFAMENTO ENTRE OREL E KURSK IMPEDINDO A PASSAGEM DE TRENS COM CARVÃO E GRÃOS. UM ATAQUE ARMADO AMEAÇA FOME E PARADA DA INDÚSTRIA. SUSPEITAMOS DE SABOTAGEM PELOS FUNCIONÁRIOS DA ESTRADA DE FERRO NESTA LOCALIDADE, POIS TEM HAVIDO VÁRIOS CASOS DE SABOTAGEM LÁ. SOLICITAMOS URGENTEMENTE QUE TOMEM AS MEDIDAS REVOLUCIONÁRIAS MAIS IMPLACÁVEIS. PEDIMOS QUE ENVIEM UM DESTACAMENTO DE PESSOAS ABSOUTAMENTE CONFIÁVEIS. USEM TODOS OS MEIOS PARA ASSEGURAR O MOVIMENTO DE CAMINHÕES COM GRÃOS A PETROGRADO, POIS HÁ AMEAÇA DE FOME. ALOQUEM VÁRIOS MARINHEIROS OU SOLDADOS DA GUARDA VERMELHA EM CADA LOCOMOTIVA. LEMBREM-SE QUE DEPENDE DE VOCÊS SALVAR PETROGRADO DA FOME.

LÊNIN

---

(Moscou, 1997), p. 280. Excertos em inglês podem ser encontrados na coletânea *The Hague Congress of the First International, September 2-7, 1872* (Moscou, Progress Publishers, 1976), p. 64.

Ele repetiu seus "apelos" em outro telegrama para Antónov e Orjonikidze, dois dias depois:

PELO AMOR DE DEUS, TOMEM AS MEDIDAS MAIS ENÉRGICAS E REVOLUCIONÁRIAS PARA ENVIAR GRÁOS, GRÁOS E MAIS GRÁOS!!! DO CONTRÁRIO, PETROGRADO PODE PERECER. TRENS E DESTACAMENTOS ESPECIAIS. COLETA E ENTREGA DE GRÁOS. ESCOLTEM OS TRENS. RELATÓRIO DIÁRIO.
PELO AMOR DE DEUS!

LÊNIN[104]

Questões elementares, como o problema do controle e do transporte de grãos, só poderiam ser resolvidas pela utilização das Forças Armadas, mas sem recorrer à força militar. Esses problemas não poderiam ser "manejados" naquela situação, então Lênin começou a agir "conforme necessário" sob a pressão das condições dos tempos de guerra e, inevitavelmente, teve de improvisar. Suas decisões foram determinadas em grande medida por fatores alheios a sua teoria, como a falta de informação, o medo da derrota, o desmascaramento de conspirações reais ou imaginadas, a formação da contrarrevolução armada etc.[105]. Um arranjo entre instituições populares espontâneas coexistia com o Comitê Militar Revolucionário (a partir do qual, em parte, a Tcheká logo se formou), os sovietes locais em estreita proximidade com os poderes centralizados e o Conselho do Comissariado do Povo acima, que por sua vez se reportava, e se submetia em princípio, ao Comitê Executivo Central (ou Congresso de Sovietes de Toda a Rússia, para ser exato). No entanto, a relação fortemente paternalista sobreviveu, servindo de suporte não apenas aos poderes centrais, mas também ao poder pessoal de Lênin. Esses diferentes níveis de poder criaram uma forma peculiar de caos. Por exemplo, as primeiras decisões de Lênin mostram que ele foi forçado a agir a respeito de situações que dificilmente teria imaginado antes. Entre as dificuldades que enfrentou nos primeiros dias da revolução, estava o alcoolismo, que lançou algumas das unidades da Guarda Vermelha em desordem. Ele propôs vender vinhos e destilados de qualidade disponíveis, para não

---

[104] LCW, cit., v. 44, p. 56c-57a e 57c-58a.

[105] Uma vasta quantia de recursos e documentos de arquivo está hoje disponível para comprovar isso. Para as publicações mais recentes, ver "Совершенно секретно": *Лубянка-Сталину о положении в стране/ "Soverchenno sekretno": Lubianka-Stálinu o polojiéni v stranié (1922-1934 gg.)* ["Ultrassecreto": de Lubianka para Stálin sobre a situação da nação, 1922-1934], v. 1 (Lewiston-NY, Edwin Mellen Press/Institute of Russian History, 2000), cap. 1. Lênin recebeu uma cópia dos primeiros relatórios de síntese do Tcheká-OGPU, os quais davam uma impressão de que largas fatias da população se caracterizavam pela resistência contra o poder soviético, descontentes por conta da fome, do caos e da falta de segurança.

"envenenar" nem desmoralizar a população local[106]. A prática de fazer reféns[107], bem como a de internar o inimigo em campos de concentração, como meio de "isolá-lo temporariamente da sociedade", foi desenvolvida, embora já tivesse sido muito usada na Primeira Guerra Mundial e ainda antes na Guerra dos Bôeres.

Fenômenos de outros tipos também sinalizaram o crescimento selvagem da violência e do terror. Uma série de atos terroristas contra os funcionários do poder soviético exasperaram o estado emocional. Entre os mais espetaculares estava o assassinato de um dos principais líderes bolcheviques de Petrogrado, Volodárski, por um SR; em seguida, também por um SR, o assassinato de Urítski, o chefe da Tcheká de Petrogrado em 30 de agosto – mesmo dia em que outra fanática SR, Fanni Kaplan, realizou seu famoso atentado contra a vida de Lênin. Reagindo ao "terror branco contrarrevolucionário", o Comitê Executivo de Toda a Rússia promulgou um decreto para a introdução do Terror Vermelho, em 2 de setembro. O *Pravda* publicou o texto do decreto em 3 de setembro, estabelecendo que "trabalhadores e camponeses respondam aos agentes da burguesia com o Terror Vermelho das massas". Lênin argumentou em nível tanto teórico quanto prático sobre a forma estatal de um terror de massas intimidatório. Ao mesmo tempo, continuou a rejeitar a forma privada de terror enraizada na vingança pessoal, considerando-a inútil. O caso da sra. Pershikova, funcionária de uma repartição de habitação em uma cidade pequena, presa em março de 1919 por desfigurar um retrato de Lênin que retirou de um panfleto enquanto estava entediada, pode ser tomado como simbólico. A atenção de Lênin estava voltada à libertação da senhora em questão por um dos capitães da milícia de Caricin, V. S. Usachev, e o soldado da Guarda Vermelha Minin. A nota de Lênin no documento dizia: "Entregue toda a documentação na mão dos colunistas". Em 8 de março de 1919, Myshkin, presidente da Comissão Extraordinária de Gubernia, Tsaritsyn. Você

---

[106] "Carta ao Comitê Revolucionário Militar: Houve uma nota do Comitê Revolucionário Militar estabelecendo que vinhos e destilados não devem ser abertos, mas imediatamente vendidos na Escandinávia? É preciso redigir uma imediatamente. 9 (22) nov. 1917. Ass.: *Lênin.*" Passou-se uma resolução no mesmo dia pelo Comitê Revolucionário Militar: "O vinho confiscado (30 mil baldes) deve ser levado imediatamente para o exterior". Ver Andrei Búbnov, *Voprosi. Istorii KPSS*, 1960, p. 3.

[107] Despacho de Lênin ao comissário do Povo para a Alimentação, A. D. Tsiurupa, no dia 10 de agosto de 1918: "Proponho que não façamos 'reféns', mas que os designemos por nome para cada *volost*. O intuito de designá-los: são os camponeses ricos que, da mesma forma que eles respondem por contribuição, responderão com suas vidas pela pronta coleta e entrega de excedentes de grãos. Uma instrução com essa finalidade (de designar 'reféns') a ser dada (a) aos Comitês de Campesinos Pobres, (b) a todos os destacamentos alimentares". LCW, cit., v. 44, p. 127.

Reconstruindo Lênin 365

não pode prender pessoas por desfigurar um retrato. Liberte Valentina Pershikova de uma vez e, se ela for uma contrarrevolucionária, fique de olho nela[108].

Uma infinidade de documentos indica que o líder da revolução frequentemente tomou medidas, mesmo no auge da guerra civil, contra abusos de poder burocráticos ou da Tcheká. Por exemplo, em um documento se lê:

> Ao comitê executivo do governo de Tcherepoviéts, 29 de março de 1919. Verificar a queixa Efrossínia Efímova, esposa do soldado da aldeia Novosselo, *volost* de Pokrovsk, *uyezd* de Belozersk, referente ao confisco de grãos para o celeiro comum, embora seu marido tenha sido prisioneiro de guerra por quatro anos e ela tenha uma família de três sem ajuda na fazenda. Relate-me os resultados da investigação e suas providências.[109]

Para Lênin, o terror de massas era o instrumento mais extremo de luta contra o inimigo e deveria ser aplicado (e muitas vezes demandado por ele em vão) caso a caso[110]. Tanto que em outras situações ele censurou o terror motivado por razões de poder político, bem como fatores sociais e de classe, além de uso da violência. Ele frequentemente exigia limitações no uso do terror e a eliminação de abusos de poder

---

[108] Ibidem, p. 200c-201a.

[109] *Ленинский сборник/ Lienínskii sbórnik* [Coletânea Lênin], v. 24 (Moscou, Gossudárstvennoie Izdátelstvo, 1933), p. 173; citado por Nadiéjda Krúpskaia em Anna I. Uliánova-Elizárova et al. (orgs.), *Reminiscences of Lenin by his Relatives* (Nova York, International Publishers, 1970).

[110] Carta a G. E. Zinóviev, também a Lachevitch e a outros membros do Comitê Central, 26 jun. 1918: "Camarada Zinóviev: Apenas hoje ficamos sabendo aqui no CC que em Petrogrado os trabalhadores queriam responder ao assassinato de Volodárski com terror em massa e que você (não você pessoalmente, mas os membros do Comitê Central de Petrogrado, ou os membros do Comitê de Petrogrado) os conteve. Eu protesto muito enfaticamente! Estamos nos desacreditando: ameaçamos terror em massa, mesmo em resoluções do Soviete de Deputados, mas quando chega o momento da ação, obstruímos a iniciativa revolucionária das massas – e uma bastante acertada, no caso. Não pode ser! Os terroristas passarão a nos ver como senhorinhas. Estes são, sobretudo, tempos de guerra. Devemos encorajar a energia e o caráter de massas do terror contra os contrarrevolucionários, particularmente em Petrogrado, cujo exemplo é decisivo". LCW, cit., v. 35, p. 336. Tsarítsyn ao comissário do Povo Stálin, 7 jul. 1918: "Hoje por volta das três da tarde um socialista-revolucionário de esquerda matou Mirbach com uma bomba. Esse assassinato está evidentemente nos interesses dos monarquistas ou dos capitalistas anglo-franceses. Os SRs de esquerda, não querendo entregar o assassino, prenderam Dzerjínski e Latsis e deram início a um levante contra nós. Estamos liquidando-o sem piedade nesta exata noite e contaremos ao povo toda a verdade: estamos a um triz da guerra. Temos centenas de SRs de esquerda como reféns. Por toda parte é essencial esmagar sem piedade esses deploráveis e histéricos aventureiros que se tornaram instrumentos nas mãos dos contrarrevolucionários". LCW, cit., v. 27, p. 523.

concretos e defendeu a punição de funcionários da Tcheká. Por exemplo, protestou com horror contra a "maldade" de alguns representantes ucranianos da Tcheká:

> Kámenev diz – e declara que vários outros homens proeminentes da Tcheká o confirmam – que as Tchekás na Ucrânia acarretaram uma série de males, tendo sido constituídas muito cedo e permitido que uma massa de parasitas entrasse. [...] É necessário a todo custo disciplinar os homens da Tcheka e botar para fora os elementos alienígenas.[111]

Ele sabia que os jovens analfabetos e semianalfabetos, a juventude não escolarizada politicamente, estavam em sua maioria na Tcheká, incluindo o tipo de "pessoas carreiristas sem quaisquer ideais" que se apresentavam onde quer que o poder oferecesse oportunidade de dominação e vida boa.

Assim, a violência não foi apenas o produto do passado, da guerra e das condições criadas pela guerra civil[112], mas parte inalienável do novo sistema que se enraizava, mais bem expressa no fato de que as ameaças de violência pareciam o único meio para limitar os excessos da nova burocracia, uma vez que a formação de uma nova ordem jurídica demorava anos para estar completa. Em abril de 1919, alguns camponeses em certas partes do interior do país seriam forçados a aderir a coletivos, em vez de fazê-lo por vontade própria – comportamento categoricamente proibido por Lênin em nome do Conselho do Comissariado do Povo. A base camponesa formou a espinha dorsal do Exército Vermelho, e "medidas compulsórias de qualquer tipo para que os camponeses passem ao cultivo comunal dos campos são inadmissíveis. A não observância disso será punida com toda a severidade da legislação revolucionária". Em 10 de abril, Lênin e Sereda, comissário do Povo para a Agricultura, publicaram uma carta circular no *Izviéstia* protestando contra o despotismo das autoridades locais:

> O Comissariado do Povo para a Agricultura foi informado de que, com o propósito de organizar fazendas estatais, comunas e outras associações coletivas,

---

[111] LCW, cit., v. 44, p. 245b. Ver também Iúri Felchtínski (org.), *VCHK-GPU: Dokumenti i materiali*, cit., p. 19.

[112] Na situação histórica extrema, o terror em massa chegou a usar ferramentas "cristalizadas" no decurso da Primeira Guerra Mundial, tais como o campo de concentração (que, é claro, difere dos campos stalinistas e dos de Hitler), desenvolvido para isolar prisioneiros de guerra: "É essencial para organizar uma guarda reforçada de pessoas selecionadas e confiáveis, para realizar uma campanha implacável de terror em massa contra os *kulaks*, sacerdotes e guardas brancos; suspeitos, a serem calados em um campo de detenção fora da cidade. Bote o escritório para funcionar". LCW, cit., v. 36, p. 489.

os departamentos de terras e os conselhos de fazendas estatais, contrariamente ao disposto no nono artigo do Regulamento sobre a Organização Socialista da Agricultura, estão tomando dos camponeses as terras dos antigos latifundiários que lhes tinham sido concedidas. A inadmissibilidade de tais práticas é reiterada aqui. As terras trabalhadas pelos camponeses no momento da publicação do Regulamento sobre a Organização Socialista da Agricultura, que foram postas a sua disposição com base em decisões ou instruções dos departamentos de terras do *uyezd* ou da *gubiérnia*, não podem sob nenhuma circunstância ser alienadas à força com o propósito de organização de fazendas estatais, comunas ou outras associações coletivas. A alienação de terras dos camponeses por causa das organizações mencionadas é permissível apenas mediante consentimento voluntário por meio de regulamentação da posse da terra. Medidas coercitivas para que os camponeses adiram ao cultivo e às comunas e outros tipos de agricultura coletiva são inadmissíveis. A transição para formas coletivas deve ser realizada apenas em estrita conformidade com o regulamento, sem nenhuma compulsão por parte das autoridades. O descumprimento da presente instrução será punido de acordo com as leis do período revolucionário. Informe a população da presente instrução o mais amplamente possível.[113]

Sob a pressão do crescente terror, Lênin foi forçado – embora historiadores como Volkógonov, Pipes e Felchtínski silenciem sobre este ponto – a tomar medidas corretivas contra a Tcheká e os tribunais, à medida que eles não cumpriam adequadamente as leis nem os regulamentos. Durante a guerra civil, nenhuma evidência era necessária para que se prendesse alguém, apenas uma denúncia das autoridades. Em vez de listar os numerosos documentos que ilustram a ira de Lênin diante da desumanidade nua do ministério interno e dos poderes do governo de Estado que ele havia ajudado a construir[114], é mais útil discutir as medidas que ele tomou para restringir a onda de terror e a maneira como pensou a respeito disso, o que pode se revelar instrutivo em termos teóricos.

Com a reorganização da Tcheká no início de 1922, que a partir de então foi denominada GPU [Direção Política Estatal], sua tarefa básica foi definida como a defesa do poder soviético e do Partido Comunista e a dissuasão, a expulsão e a liquidação administrativa da oposição política[115]. O quadro jurídico, garantindo

---

[113] LCW, cit., v. 44, p. 209a e 504.

[114] Para exemplos, é possível consultar suas cartas a N. P. Briukhánov, escritas em 1919, incluídas em LCW, cit., v. 44, p. 195b, bem como sua carta ao Comitê Executivo da *gubiérnia* de Iároslav, em *Lienínskii sbórnik*, v. 24, cit., p. 171-2.

[115] Ver os documentos do partido sobre a organização do OGPU em A. N. Iákovlev (org.), *Лубянка: Сталин и ВЧК-ГПУ-ОГПУ-НКВД, Январь 1922-декабрь 1936/ Lubyanka. Stalin*

368  TAMÁS KRAUSZ

balizas para a aplicação do terror, foi colocado na agenda, e esse ato pode ser interpretado como uma forma de síntese jurídica derivada das experiências da guerra civil e da nova situação. Ao acabar com a repressão econômica do comunismo de guerra, Lênin procurava maneiras de restringir a oposição política e a nova burguesia e de eliminar sua influência. Ele encontrou uma solução incomum, em maio de 1922, com as novas normas jurídicas revolucionárias que eliminavam todo o despotismo e estabeleciam uma forma de "terror legalizado". Ele explicou isso em suas notas ao projeto de lei, que pôs em vigor o Código Penal da República Federativa Socialista Soviética da Rússia: "Publicar uma tese correta em princípio e politicamente (não apenas estritamente jurídica), que explique a substância do terror, sua necessidade e seus limites e lhe forneça justificação". Fica claro a partir desses comentários que Lênin também orquestrou uma repressão contra a oposição política (em especial, no exterior, em relação à burguesia internacional) com a extensão da pena de morte, ao mesmo tempo que torna as medidas repressivas relativas: "Adicionar o direito, por decisão da presidência do Comitê Executivo Central de Toda a Rússia, de converter a sentença de morte em deportação (por um período ou perpétua)"[116]. O principal objetivo das ações de Lênin pode ser observado à luz dessas afirmações. Suas formulações mostram inequivocamente que o amplo ataque ao clero, a igrejas e à intelectualidade burguesa em 1922 era uma espécie de encerramento da guerra civil e visava a isolar e a expulsar aqueles que haviam apoiado a Guarda Branca, a contrarrevolução monarquista e o campo antissoviético do interior do país durante a guerra civil e que ainda ocupavam posições significativas na vida política e intelectual da sociedade soviética após sua derrota militar. A formação desse complexo catastrófico de pontos de vista, que poderia atrelar toda forma de oposição política ao campo contrarrevolucionário, tornou-se evidente ao longo desse processo.

A principal mensagem do relatório do Diretório Político Unificado do Estado (OGPU) não era, como escreveu Terence Martin, uma "profunda desconfiança das massas e o medo de sua capacidade instintiva de se rebelar que caracterizava a liderança soviética"[117]. Em vez disso, os documentos refletem como Lênin e os outros líderes soviéticos queriam cumprir os objetivos que eles estabeleceram para si mesmos, mas não foram capazes por causa de condições históricas e sociais prévias das quais a própria revolução surgiu[118].

---

*i VCHK-GPU-OGPU-NKVD. Yanvar 1922-dekabr 1936* [Lubianka: Stálin e Tcheká-GPU--OGPU-NKVD, janeiro de 1922 a dezembro de 1936] (Moscou, Rosspen, 2003), p. 10-27.

[116] LCW, cit., v. 42, p. 419.

[117] Ver a introdução de Terence Martin a *"Soverchenno sekretno"*, v. 1, cit., p. 22.

[118] O relatório mensal que informava a liderança soviética sobre o clima da nação era uma nova forma de informação econômica e política fornecida pelos serviços estatais de segurança da

## A onda de repressão de 1922: terminando a guerra civil

É crucial saber que, a partir do verão de 1918, Lênin via a intervenção militar estrangeira como principal causa do terror. Ele deu grande ênfase à questão do terror em resposta às críticas ocidentais que retratavam o governo soviético como terrorista. Segundo um relatório do Conselho do Comissariado do Povo ao VII Congresso dos Sovietes de Toda a Rússia,

> a principal acusação feita contra nós pela pequena-burguesia europeia diz respeito a nosso terrorismo, nossa bruta supressão da intelectualidade e da pequena burguesia. "Vocês e seus governos nos obrigaram a tudo isso", dizemos em resposta. [...] O verdadeiro terrorismo ocorre quando todos os poderes se unem contra um país que era um dos mais atrasados e mais enfraquecidos pela guerra. [...] A razão para nosso terrorismo é que fomos atacados por forças armadas contra as quais devemos dobrar nossos esforços.

Por outro lado, ele aludiu ao fato de que a pequena burguesia e a camada média da sociedade, a intelectualidade, encaravam os desafios da guerra civil com muito mais dificuldade, porque "têm sido privilegiadas há décadas, mas pelo interesse da revolução social temos que colocar esse peso sobre seus ombros também". Além disso, suportar tais encargos para assegurar a vitória na guerra requer "disciplina militar rigorosa"[119].

Por trás dessa onda de repressão estava o medo das consequências da NEP, tanto no contexto do isolamento internacional quanto das recentes experiências de intervenção armada estrangeira. O restabelecimento de certos elementos da

---

segunda metade de 1921. Ele era preparado a partir de relatórios de imprensa e de informações de operadores em instituições do Estado, do partido, dos sindicatos, dos governos locais e das *gubiérnias*, bem como do GPU e da polícia. Esses relatórios (*svódki*) também eram regularmente enviados ao endereço de Lênin, e uma coleção em ordem cronológica encontra-se em seus arquivos. A III Conferência de Comitês Executivos de Toda a Rússia, em junho de 1919, assumiu a responsabilidade de coletar informações politicamente sensíveis acerca do departamento secreto da Tcheká. O Departamento de Informação (Info, na sigla original) foi estabelecido no interior do Departamento de Operações Secretas em dezembro de 1921. Posteriormente, esse sistema foi ainda refinado na criação do GPU: "O temperamento de todos os grupos da sociedade tinha de estar refletido, em especial fatores que guardavam relação com as medidas tomadas pelo governo soviético". Ver V. K. Vinogradov, "Об особенностях информационных материалов ОГПУ как источника по истории советского общества"/ "Ob ossobennostiakh informatsionnikh materiaov OGPU kak istotchnika po istórii sovetskogo obschestva" [Sobre as peculiaridades dos materiais de informação da OGPU como fonte sobre a história da sociedade soviética], em *"Soverchenno sekretno"*, v. 1, cit., p. 31, 33, 43 e 45.

[119] LCW, cit., v. 30, p. 180-2.

nova burguesia, do mercado e do capitalismo em geral – e dos conflitos sociais, culturais e ideológicos que isso envolvia – encheu os líderes, os membros e os apoiadores do partido bolchevique de medo e incertezas. Esse medo veio à tona na ideia de que as forças díspares de oposição ao governo soviético poderiam se unir, em parte porque a NEP lhes oferecia mais oportunidades políticas, em parte porque ela fez surgir atores sociais que se viam como capazes de derrubar o governo soviético[120]. É difícil de compreender esses medos de uma perspectiva do presente, mas uma abordagem histórica pode ajudar. Além disso, o medo quase psicótico que os bolcheviques tinham de perder o poder foi acelerado por novos impulsos no momento histórico que se seguiu a sua vitória na guerra civil[121]. Nas frentes da guerra civil, eles aniquilaram os exércitos brancos e os intervencionistas, mas eles ainda sentiam que a derrota militar da contrarrevolução não

---

[120] Lênin e Trótski se referiam com frequência em seus escritos e documentos oficiais ao fato de que a NEP, de forma absolutamente objetiva, estabelecera os "novos" oponentes sociais e políticos ao sistema soviético. A carta posterior de Trótski da época revela um reconhecimento dessa relação entre o partido e o Estado. Ver "Пометка на письме Л. Д. Т членам Политбюро ЦК РКП(в) Троцкого"/ "Pometka na pisme L. D. T tchlenam Politbiuro CK RKP(b) Trótskogo" [Nota sobre a carta aos membros do Politburo do Comitê Central do PCR(b) de Trótski], em Iúri Nikoláievitch Amiantov et al. (orgs.), *V. I. Liénin: neizvestnyeye dokumiénty*, cit., p. 513-4. No mesmo volume, ver também, com relação a assuntos da igreja, os documentos de número 369 e 370, às p. 516-23; com relação à expatriação de grupos de intelectuais, ver ibidem, p. 544-7 e 550-9.

[121] A introdução do Terror Vermelho no verão de 1918 também estava ligada a determinados eventos, uma particular "psicose", refletida nos destinos da família do tsar. Afinal, isso não correra como o esperado, visto que fatores espontâneos desempenharam papel bastante importante. A execução da família do tsar em 17 de julho de 1918 é geralmente usada como evidência de um "Lênin vingativo", embora ele e outros líderes soviéticos quisessem expor os crimes do tsar em um julgamento legal e público. A falta de um julgamento é explicada pelas circunstâncias políticas de então. Além disso, não há evidência de que Lênin tenha ordenado pessoalmente a execução da família do tsar. A decisão foi feita com base na própria situação política-militar, pois havia o perigo de que o tsar e seus herdeiros pudessem ser libertados e, assim, se tornarem figuras emblemáticas da contrarrevolução. Não muito depois, os brancos de fato invadiram Ecaterimburgo. O documento da execução foi assinado por Beloboródov, o presidente do Comitê Executivo do Soviete de Ural em Ecaterimburgo, onde a família estava detida. Nele, informava-se ao público que "o antigo tsar e governante autocrático havia sido morto a tiros no dia 17 de julho de 1918, por ordem do Comitê Executivo da Seção Revolucionária do Soviete dos Trabalhadores, Camponeses e Militares dos Urais". Palavras referindo-se à família do tsar foram riscadas do documento, o que indica que os bolcheviques dos Urais, envergonhados do ato, também consideravam a execução das crianças uma informação a ser retida e que o assunto jamais deveria ser discutido na historiografia soviética. O documento da execução, porém, é amplamente conhecido há um bom tempo, pois a foto muito legível fora publicada décadas atrás. Ver *Bildung der Russischen Revolution* (Berlim/Frankfurt, 1978), p. 179.

levava necessariamente a sua derrota política – ou, se tanto, em termos limitados. Eles sentiam que a Igreja Ortodoxa Oriental (juntamente com sua estrutura e influência política e intelectual) tinha sido um pilar do sistema monarquista por um milênio, mas permanecia virtualmente intocada. Os partidos contrarrevolucionários sobreviveram e estavam prontos para derrubar o governo soviético liderado pelos bolcheviques.

O fator mais desestabilizador que contribuiu para a psicose dos bolcheviques foi a terrível fome de 1921-1922, que afetou aproximadamente 20 milhões de pessoas. Alguns dos dados disponíveis indicam 5 milhões de mortes de fome como resultado da seca extrema, tendo sido a região do Volga a mais afetada. Esse desenvolvimento poderia facilmente deslegitimar o domínio do Partido Comunista e seus objetivos sociais, separando o poder dos sovietes de sua base social. Essa última catástrofe natural após anos de fome tornou óbvio para a liderança política soviética, bem como para Lênin, que a fome e a privação prolongadas tinham transformado a constituição psicológica do povo, sua visão de mundo, o modo como se relacionavam com o poder e suas habilidades intelectuais e seu temperamento. Uma característica experimentada de maneira abrangente foi a degradação da personalidade, levada à atenção pública pelo neurologista e psicólogo de renome mundial, professor V. M. Békhteriev. A luta contra a desnutrição, o sofrimento e a "ocorrência comum de mortes por fome" gerou desespero, e isso levava tanto ao crime quanto a doenças, epidemias e a redução da capacidade das pessoas para o trabalho[122].

Além disso, a fome era um problema agudo enfrentado por todos os poderes em 1916, que se intensificou com o conflito internacional em 1919. A formação do assim chamado Comitê de Nansen na primavera de 1919, sob a égide da Cruz Vermelha, sinalizou que a fome na Rússia era uma catástrofe de proporções europeias. Lênin deu as boas-vindas à abordagem de apoio do explorador Fridtjof Nansen, mas apontou como os Estados intervencionistas queriam voltar seus objetivos humanitários contra o governo soviético. Nansen redigiu a resposta dos chefes de Estado, que condicionou a ajuda à suspensão de todas as ações armadas. O que a resposta não disse, contudo, é que parte significativa das operações de guerra – ou poderia ser dito, uma medida decisiva delas – foi "um favor" dos poderes aliados. Lênin propôs que uma resposta fosse escrita de modo a expor tal hipocrisia, mas aceitou com gratidão a ajuda internacional providenciada por Nansen[123].

A fome representou uma questão diferente em 1921. Os intelectuais antibolcheviques fundaram o Comitê de Primeiros Socorros em julho de 1921,

---

[122] Sobre a questão da fome, consultar A. Iliukhov, *Jízni v épokhu peremién*, cit., p. 184-5.

[123] LCW, cit., v. 44, p. 224-6a.

em cooperação com as autoridades soviéticas. Como em 1919, Lênin estava perfeitamente ciente de que a catástrofe poderia "deslegitimar" o governo recém--estabelecido. Da perspectiva da disputa pelo poder, novamente a solução para a fome da Rússia era procurada pelos mesmos grandes poderes que estiveram em guerra com a Rússia soviética e financiavam os generais brancos e que, portanto, eram culpados também pela fome[124].

Por fim, para entender o contexto da repressão, pode-se dizer que, em certo sentido, a Revolução Russa não é exceção na história das revoluções: as batalhas políticas não cessaram, até que a influência das camadas sociais que sustentavam o antigo regime fosse eliminada. Nas revoluções francesa, inglesa e estadunidense, o acerto de contas com aqueles comprometidos com o antigo sistema ocorreu nas circunstâncias particulares oferecidas por cada nação. A situação na Rússia tornou-se ainda mais cruel pelo poder social que assentava o novo sistema; os trabalhadores urbanos ficaram crescentemente fatigados à medida que a guerra civil se estendia, e isso se refletia na fragilidade do novo regime político e na vulnerabilidade de sua base social.

## Fome e expropriação dos tesouros da Igreja

Uma onda de repressão varreu grupos sociais e instituições ligados ao antigo sistema. Sob a pressão de graves circunstâncias e em defesa de seu domínio político e ideológico, o Partido Comunista queria livrar-se das figuras-chave da oposição política, que o partido presumia não terem interesse em compromissos políticos (e ideológicos) ou que não estavam dispostas a se envolver em um. Em última análise, a onda de repressão foi uma mensagem para todas as formas de oposição interna, bem como para o Ocidente, para não retomarem a estrada anterior: o Partido Comunista manteria seu monopólio no poder[125].

---

[124] I. A. Biérzin, secretário do Comitê Executivo do Comintern e representante da Federação Soviética na Inglaterra, era crítico à prisão dos membros do comitê, pois almejava uma visão internacional mais positiva da Rússia Soviética. Lênin reagiu duramente em uma carta pessoal, assinalando que Noulens, o embaixador francês em Moscou e presidente do "Comitê Internacional de Mitigação da Fome", tinha de tomar um tapa na cara, expressamente, para fortalecer a "posição internacional". Ver a carta de Lênin de 8 de setembro de 1921, em Iúri Nikoláievitch Amiantov et al. (orgs.), *V. I. Liénin: neizvestnyeye dokumiénty*, cit., p. 468.

[125] Uma vasta gama de documentos sobre a expropriação de tesouros da Igreja encontra-se disponível graças ao trabalho de organização de A. N. Artizov e seus colegas em *Очистим Россию надолго: Ленин (Ульянов) Репрессии против инакомыслящих Конец, 1921-1923 / Otchistim Rossíu nadolgo: Liénin (Uliánov) Représsi prótiv inakómysliaschikh Konets, 1921-1923* [Limpemos a Rússia por muito tempo: a repressão de Lênin (Uliánov) contra dissidentes, 1921-1923] (Moscou, Rosspen, 2008). As mais de oitocentas páginas apresenta uma documentação abrangente de expropriação e inclui 377 documentos de arquivo. Ver, também de Artizov, "'Очистим Россию

A Igreja Ortodoxa Russa era vista como a oposição mais significativa pelos bolcheviques. Estudiosos ex-soviéticos, como Nikolai Nikoláievitch Pokróvski[126], geralmente abordam o processo por meio do qual o governo soviético se apropriou – "expropriou", confiscou – dos tesouros da Igreja e do modo como os bolcheviques em geral e Lênin se relacionavam com a Igreja, em termos de um problema moral e jurídico. Pokróvski admite que um decreto de 1918 declarou todos os tesouros da Igreja que não eram utilizados para fins religiosos como propriedade estatal. Mas ele cai em uma discussão moral com os políticos soviéticos do período revolucionário, como se Lênin e os bolcheviques não tivessem encampado, também eles, uma série de argumentos morais em favor da liquidação da Igreja ortodoxa russa. Os documentos que estão disponíveis hoje mostram o progresso de Lênin como político e ideólogo em relação a essas questões, colorindo de algum modo os conceitos estabelecidos em tempos anteriores.

Dessa discussão, vimos que todas as decisões políticas importantes dele foram também consideradas em uma perspectiva histórica, e isso se aplica às medidas repressivas. Não é amplamente conhecido que a Revolução de Fevereiro não divorciou o Estado da Igreja. Embora um profundo senso de antipatia tenha se construído contra a religião estatal e a Igreja nacional ao longo dos anos, em vastas áreas da sociedade russa ela ainda tinha apoio, especialmente com as gerações mais velhas. A Igreja sobreviveu à guerra civil como um oponente notável. O número de sacerdotes que geralmente apoiavam os brancos e os Cem-Negros, em 1917, era superior a 200 mil. O decreto sobre a liberdade de consciência, que era também uma declaração de liberdade da Igreja, foi promulgado em 20 de janeiro de 1918 e assinado por Lênin. Ele significou que as escolas não teriam mais aulas bíblicas, o casamento civil substituiu o casamento religioso, e as propriedades da Igreja foram declaradas "propriedade do povo". O Patriarca de Toda a Rússia, Tíkhon, escolhido para liderar a Igreja ortodoxa russa depois da Revolução de Outubro, rejeitou e denunciou as teses fundamentais do decreto.

---

надолго': к истории высылке интеллигенции в 1922 г."/ "'Otchistim Rossíu nadolgo': k istórii vissilki intelliguiéntsii v 1922 g." ["Limpemos a Rússia por muito tempo": para a história da expulsão da intelectualidade em 1922], em *Отечественные Архивы/ Otechestvennie Archivi* [Arquivos Domésticos], n. 1, 2003, p. 65-97.

[126] N. N. Pokróvski examina as circunstâncias da expropriação dos tesouros da Igreja na introdução de seu *Политбюро и церковь, 1922-1925/ Politbiuro i tsiérkov, 1922-1925* [O Politburo e a igreja, 1922-1925] (Moscou, Rosspen, 1997); ver também, do mesmo autor, "Источниковедение советского периода: документы Политбюро первой половины 1920-х годов"/ "Istótchnikovedenie soviétskovo perióda: dokumenty Politbiuro piérvoi poloviny 1920-kh godov" [Estudos de origem do período soviético: documentos do Politburo da primeira metade da década de 1920], em *Археографический Ежегодник за 1994/ Arkheografitcheski Ejegodnik za 1994* [Anuário Arqueográfico de 1994] (Moscou, Instituta Slavianovedeniia -RAN, 1996), p. 18-46.

Além disso, escreveu uma carta aberta no primeiro aniversário da Revolução de Outubro, endereçada ao Conselho do Comissariado do Povo, condenando as políticas bolcheviques, o Tratado de Paz de Brest-Litovsk, bem como o fim do domínio da propriedade privada. Mas o patriarca, em janeiro de 1918, havia excomungado todos aqueles envolvidos no "vigilantismo revolucionário". Assim sendo, Lênin já estava entre os excomungados, embora seu nome não constasse no documento. Aleksandra Kollontai, lutadora pelos direitos das mulheres, era mencionada nominalmente; Lênin notou que ela, revolucionária bolchevique, tinha encontrado boa companhia entre os excomungados, junto de Stienka Rázin e Liev Tolstói. Era bem sabido também que Lênin considerava a Igreja ortodoxa russa o suporte mais fiel da autocracia tsarista. No entanto, ele nunca identificou Igreja com religião, tampouco o contrário. Sua visão sobre "a religião ter características opiáceas" foi abordada em capítulo anterior, mas é um fato menos conhecido o de que ele não quis banir nem inviabilizar a Igreja nem as práticas religiosas e que até tomou medidas contra as violações durante a guerra civil[127]. Por outro lado, tratou as questões partidárias de maneira diferente. Ele era contra a participação de membros do partido em cerimônias religiosas por princípio e considerava intolerável que alguém praticasse uma religião. Em nota ao Comitê Central, datada de 30 de maio de 1919, escreveu: "Defendo a expulsão do partido de pessoas que participem de cerimônias religiosas"[128].

Após o banho de sangue da Primeira Guerra Mundial, Lênin queria relegar o estabelecimento da Igreja, que ele descrevia como "medieval", às periferias da vida político-intelectual. Não era apenas o caso de a Igreja ter pego em armas contra o governo soviético, mas também a questão de os bolcheviques quererem criar sua própria hegemonia cultural na sociedade, em oposição ao monopólio ideológico anterior, a "velha cultura", da Igreja ortodoxa russa. Os primeiros passos que os bolcheviques estavam determinados a dar eram uma rápida eliminação do analfabetismo, a civilização e a elevação das massas por meio da cultura, além da ampla "distribuição da nova cultura socialista"[129].

---

[127] Apesar de todas as suas diferenças com a Igreja e com a religião, Lênin assumiu uma posição vocal contra intrusões locais uma série de vezes, como na carta de 2 de abril de 1919 que escreveu a V. Balakhov, um delegado dos construtores de templo de Tcherepoviéts, no distrito de Iaganov, quando os camponeses pediram permissão para finalizar a igreja, que haviam começado a construir em 1915. "A conclusão da construção da igreja está autorizada, é claro; favor entrar em contato com o comissário do Povo para a Justiça, o camarada Kúrski, a quem telefonei, para instruções." LCW, cit., v. 50, p. 273; citado em A. Barmenkov, *Freedom of Conscience in the USSR* (Moscou, Progress Publishers, 1983), p. 57, disponível online.

[128] LCW, cit., v. 44, p. 239a.

[129] Lênin, aliás, pensava na instituição do teatro como um substituto para a igreja – sendo o teatro um lugar que poderia fornecer "renovação" intelectual e moral, "crescimento" e esclarecimento

Lênin, com um espírito de "agora ou nunca", sentiu que o momento de enfrentar a Igreja ortodoxa russa e Tíkhon tinha chegado no inverno-primavera de 1922[130]. Por iniciativa dele, o Conselho do Comissariado do Povo e os mais altos órgãos soviéticos realizaram uma arrecadação em auxílio das vítimas da fome em 1921-1922 na região do Volga[131] e ordenaram o confisco das propriedades e colheitas da Igreja. Em sua resposta, em 28 de fevereiro, Tíkhon proclamou resistência aberta e falou em "profanação". O comitê de confisco e a polícia montada foram espancados pelos fiéis em Chuia. Os militares entraram em confronto com os manifestantes e quarenta indivíduos ficaram feridos – dezesseis partidários da Igreja e 24 soldados do Exército Vermelho. Isso serviu de ocasião para Lênin escrever seu documento secreto anti-Igreja.

A "carta secreta" de Lênin[132] a Mólotov – e, por ele, aos membros do Comitê Executivo Central, que foi posteriormente suprimido pelo governo soviético –

---

ateísta do indivíduo e da sociedade. Via de maneira semelhante também o cinema, que em sua visão deveria servir para além de sua função de agitação – sonhava que ele pudesse desempenhar um papel que eventualmente a televisão realizaria no sentido da educação social e da "autoeducação".

[130] Ver a carta "ultrassecreta" de Lênin a Mólotov de 19 de março de 1922, em Iúri Nikoláievitch Amiantov et al. (orgs.), *V. I. Liénin: neizvestnyeye dokumiénty*, cit., p. 518-9. O destino do patriarca Tíkhon logo teve uma guinada brusca e, em vez de excomungar o governo soviético, ele reconheceu algo que causou uma polêmica e tanto na época. A entrada de 11 de julho de 1923 do diário do grande escritor M. Bulgákov reflete isso perfeitamente: "O patriarca Tíkhon deu uma declaração inesperada, dizendo que revoga suas antigas e errôneas opiniões sobre o governo soviético e declara que não é mais seu inimigo etc. E então ele é liberado. Toda sorte de conjectura é feita em Moscou, os jornais brancos no exterior estão completamente desalinhados quanto a isso. [...] Trocando em miúdos: o patriarca é agora um amigo do governo soviético. Nenhuma reforma eclesiástica é necessária, apenas a nova gramática e o uso da linguagem". Mikhail A. Bulgákov, *Sárba taposva: Naplók, levelek 1917-1940* [Carimbado na lama: Diários, cartas 1917-1940] (Budapeste, Magvető, 2004), p. 13.

[131] Ver "Телеграмма В. И. Ленина и В. М. Молотова всем губернским и областным комитетам РКП(в)"/ "Telegramma V. I. Lenina i V. M. Molotova vsem gubernskim i oblastnim komitetam RKP(b)" [O telegrama de V. I. Lênin e V. M. Mólotov a todos os comitês provinciais e regionais do PCR(b)], 30 jul. 1921, em Iúri Nikoláievitch Amiantov et al. (orgs.), *V. I. Liénin: neizvestnyeye dokumiénty*, cit., p. 463-4, também incluído, em inglês, em Richard Pipes (org.), *The Unknown Lenin*, cit., p. 130-1. A seca afetou áreas tão extensas que inevitavelmente teria levado a uma catástrofe, mesmo se a economia estivesse plenamente funcional – isso sem contar as condições caóticas de uma guerra civil recém-terminada.

[132] Original russo em "Письмо В. М. Молотову для членов ЦК Политбюро ЦК РКП"/ "Pismo V. M. Molotovu dlia tchlenov CK Politbiuro CK RKP" [Carta a V. M. Mólotov, para membros do do CC do Politburo do CC do PCR], 19 mar. 1922; documento confidencial n. 370, em Iúri Nikoláievitch Amiantov et al. (orgs.), *V. I. Liénin: neizvestnyeye dokumiénty*, cit., p. 516-9. Também incluído, em inglês, em *Revelations from the Russian Archives*, da Library of Congress,

delineou as ações do GPU relacionadas à estratégia política indicada na carta[133]. Publicamente e em termos oficiais, Lênin encarregou Mikhail Kalínin, o presidente dos sovietes, da ação, com Lênin como única fonte de informações para a imprensa. Ele confiou a direção de fato a Trótski, deixando todos saberem que isso deveria ser mantido em segredo devido às origens judaicas de Trótski, que só serviriam de combustível à propaganda antissemita da Guarda Branca e da Igreja[134]. (A ascendência judaica de Trótski tinha se tornado obstáculo mesmo no que tange à nomeação como comissário do Povo.) O documento fornece uma série de explicações para esse acerto de contas com a Igreja. Duas considerações principais prevaleceram sobre a resistência antecipada à expropriação: graças a Trótski, Lênin superestimou em muito a quantidade e o valor dos tesouros[135], e os reflexos defensivos da Igreja foram subestimados. A superestimação ocorreu devido ao fato de que os tesouros mais significativos da Igreja foram levados a locais seguros muito antes. Contudo, embora Lênin considerasse a Igreja ortodoxa russa o "último bastião da contrarrevolução da Guarda Branca e dos

---

disponível em: <www.loc.gov/exhibits/archives/>, e em Richard Pipes (org.), *The Unknown Lenin*, cit., p. 152-5.

[133] O principal motivador da ação organizacional foi Trótski, com o apoio imediato de Lênin, sobretudo, mas também de Stálin. Mólotov tentou mitigar os planos de Lênin e de Trótski, que essencialmente visavam à total eliminação da igreja em termos políticos. Para detalhes, ver N. N. Pokróvski, "Istótchnikovedenie soviétskogo perioda", cit., p. 28-31.

[134] Ver Iúri Nikoláievitch Amiantov et al. (orgs.), *V. I. Liénin: neizvestnyeye dokumiénty*, cit., p. 518-9. Lênin considerava desnecessária a detenção do patriarca Tíkhon, "embora sem dúvida ele tenha encabeçado toda essa revolta entre os proprietários de escravos". Ver também Joseph Nedava, *Trotsky and the Jews* (Filadélfia, Jewish Publication Society of America, 1971), p. 120, e Tamás Krausz, "Kutatás közben. Megjegyzések a Lenintematikához az 'új' dokumentumok fényében" [No decurso da pesquisa. Comentários acerca da questão Lênin à luz de "novos" documentos], em *Lenintől Putyinig* [De Lênin a Putin] (Budapeste, La Ventana, 2003), p. 15-27.

[135] De acordo com fontes oficiais, o valor dos tesouros confiscados até o dia 1º de novembro de 1922 chegou a 33 *puds* [antiga medida de peso russa, equivalente a 16,3 quilos – N. E.] e 32 libras russas de ouro, 23.997 *puds* e 23 libras russas de prata, 35.670 diamantes etc., bem como 964 "antiguidades" não levadas em conta, que somavam 4.650.810 rublos dourados. Isso estava muito abaixo das expectativas de Trótski, que havia estimado o valor dos tesouros da Igreja em vários bilhões de rublos. A explicação que encontrou para tal déficit era que, durante os anos da guerra civil, os brancos – em colaboração com o sacerdócio – já haviam contrabandeado a maior parte do tesouro para fora do país. N. N. Pokróvski afirma que de fato houve muita pilhagem por parte dos partidos durante a guerra. Com isso, o historiador russo contradiz sua própria tese, segundo a qual a expropriação dos tesouros havia sido uma grande pechincha da Velha Rússia. Conforme sugeriu Trótski, desse total, um milhão foi gasto em grãos para a fome e uma quantia significativa foi consumida pela própria campanha. Ver, de N. N. Pokróvski, *Politbiuro i tsiérkov*, cit., documentos de número 23-54, e "Istótchnikovedenie soviétskogo perioda", cit., p. 12-4 e 80.

Cem-Negros", a "expropriação dos tesouros" aplicava-se igualmente a todas as denominações e as igrejas.

O estilo militar da carta de Lênin e o uso de expressões como "vanguarda" mostram que ele de fato se preparava para uma campanha decisiva. Além disso, levou em consideração que, contraditoriamente a suas expectativas originais, a população em geral estava demorando muito mais para dar apoio ativo ao novo sistema, e ele suspeitava que a Igreja desempenhasse certo papel nisso. Os camponeses médios e os grupos com mais posses entre os camponeses tinham se tornado de algum modo alienados dos bolcheviques por causa do comunismo de guerra e dos regulamentos da guerra civil. A Igreja estava predisposta a ser o aliado dessa camada particular. A seguinte frase do documento, crua e ameaçadora, foi motivada principalmente por esses fatores, embora um senso de vingança, mesmo que com frequência exagerado nas interpretações correntes, possa também ter desempenhado um papel importante:

> Quanto maior o número de representantes do clero reacionário e da burguesia reacionária conseguirmos balear nessa ocasião, melhor, porque precisamos ensinar a essa "audiência", com precisão, uma lição, de modo que eles não se atrevam mais a pensar em nenhuma resistência por várias décadas.[136]

Na realidade, essa era uma questão de converter as vitórias alcançadas na guerra civil em vantagem política, o que não poderia ser alcançado sem a aplicação do terror. Sem dúvida, Lênin ainda estava sob a influência da psicologia do "quem derrota quem" da guerra civil, que deve ser levada em conta para que se entenda a repressão de 1922. A leitura dos relatórios do GPU dá uma impressão de que o novo aparato de poder era ele mesmo caracterizado por essa psicose terrorista.

Lênin recebeu uma série de relatórios sobre as várias formas pelas quais a Igreja demonstrou resistência nas cidades maiores. Em algumas partes do país, até mesmo os trabalhadores estavam resistindo, embora obter comando organizacional da Igreja no caso não teria sido fácil. Em carta, ele se referiu a uma informação da Agência de Telégrafos Russa[137], segundo a qual "os Cem-Negros

---

[136] Iúri Nikoláievitch Amiantov et al. (orgs.), *V. I. Liénin: neizvestnyeye dokumiénty*, cit., p. 518-9.

[137] Havia cidades, *gubiérnias* e até fábricas onde os trabalhadores eram contra a expropriação. Em diversas fábricas em Moscou e em Petrogrado os trabalhadores protestaram contra o confisco dos tesouros da Igreja. "Após a convenção de fiéis de 28 de março no Teatro de Variedades Revolucionário, a multidão desceu até a avenida Litiéiny cantando salmos e convidando quem encontrassem a reuniões, em protesto contra a requisição dos tesouros da Igreja." Ver "Госинформ Сводка за 1 и 2 апреля т. 29/293"/ "Gossinformsvodka za 1 i 2 aprelja t. 29/293" [Relatório do Gossinform para 1º e 2 de abril, v. 29/293], em *"Soverchenno sekretno"*, v. 1, cit., p. 132.

estão se preparando para uma demonstração de resistência" contra o decreto sobre o confisco da propriedade da Igreja (23 de fevereiro de 1922). A liderança soviética pensou que uma ação planejada pelo "sacerdócio dos Cem-Negros" estava sendo realizada, o que a Igreja estava tentando levar a cabo em um momento bastante adverso para sua efetivação, "caindo, assim, em um erro estratégico". Contudo, não há motivos para acreditar que os eventos violentos em Chuia[138] tenham sido o ponto de partida para algum tipo de resistência. Em retrospectiva, e à luz dos documentos, a resistência local pode ser presumida.

Foi avaliando os eventos que poderiam ser esperados que Lênin reforçou o aspecto policial secreto da "campanha de confisco"[139]. A manifestação em Chuia se deu em momento oportuno:

> Para nós, por outro lado, precisamente no momento presente, somos apresentados a uma oportunidade excepcionalmente favorável, mesmo única, e temos chances de 99 em cem de derrotar totalmente nosso inimigo com sucesso completo e garantir a posição que desejamos por décadas. Agora e só agora, quando as pessoas estão sendo comidas em áreas famintas, e centenas, senão milhares de

---

[138] O comitê estabelecido por meio de um decreto do Comitê Executivo Central passado no dia 23 de fevereiro anunciava a expropriação dos tesouros no dia 13 de março. No entanto, em razão dos protestos levados a cabo por fiéis enraivecidos, a requisição foi adiada para o dia 15 de março. Um dia antes, os bens da sinagoga haviam sido expropriados em condições tranquilas. Uma enorme multidão se juntou na praça em frente à basílica no dia 15 de março e recebeu a polícia com ameaças e pedras – na retaguarda policial, contudo, somou-se aproximadamente meia companhia da infantaria do Exército Vermelho. A multidão acabou dissipada quando, após disparos a esmo, os soldados começaram a atirar de volta. Embora o comandante tenha alegado que orientou os soldados a atirar para cima, quatro manifestantes foram assassinados e outros dez ficaram feridos. No decurso de uma investigação central, dez *puds* de prata, gemas, pérolas e outros tesouros foram coletados. Um grupo de oficiais de alto escalão foi enviado a Chuia para formar um comitê de investigação, que reportou no dia 23 de março que todas as ações expropriatórias foram legais, convocando as autoridades locais a encontrar os responsáveis e o Tribunal Revolucionário a impor encargos formais sobre eles.

[139] Depois disso, Lênin validou o telegrama do Politburo que interrompia temporariamente a expropriação. Defendia que deixassem o inimigo pensar "que estamos vacilando [...], que conseguiram nos assustar". Enquanto isso, estabeleceu punições rigorosas para as pessoas responsáveis pelos eventos de Chuia. "Penso ser oportuno para nós não tocar no próprio patriarca Tíkhon, embora ele esteja sem dúvida encabeçando toda essa rebelião de proprietários de escravos. No que diz respeito a ele, uma diretiva secreta deve ser emitida ao GPU de forma que todas as ligações dessa figura sejam cuidadosa e escrupulosamente observadas e expostas, neste exato momento. Dzerjínski e Únchlikht devem ser pautados pessoalmente para se reportarem a respeito ao Politburo semanalmente." Ver Richard Pipes (org.), *The Unknown Lenin*, cit., p. 154, e Iúri Nikoláievitch Amiantov et al. (orgs.), *V. I. Liénin: neizvestnyeye dokumiénty*, cit., p. 518.

RECONSTRUINDO LÊNIN    379

cadáveres estão pelas estradas, podemos (portanto, devemos) perseguir a remoção da propriedade da Igreja com a mais frenética e implacável energia e não hesitar em destruir até a menor oposição.[140]

Aparentemente, Lênin estava certo de que, nessa junção, a massa crítica de camponeses não apoiaria os sacerdotes se eles entrassem em luta contra o decreto soviético. Lênin aludiu a "um escritor inteligente", Maquiavel (embora não tenha sido mencionado o nome), para dizer que as pessoas só podem suportar brutalidades por um curto período de tempo, então essas coisas deviam ser manejadas de forma enérgica e rápida.

Lênin estava contando com a arrecadação de alguns milhões de rublos de ouro[141] e pretendia investir parte disso no fim da fome, sendo que o restante seria alocado num fundo estatal para ajudar a financiar o Estado e estimular a economia. Em um período de preparação para a Conferência de Gênova, que mantinha a promessa de restabelecer as relações econômicas ocidentais, Lênin considerou erroneamente essa expropriação importante do ponto de vista político, embora seus colegas dos serviços estrangeiros não pensassem que medidas tão radicais contra a Igreja fossem oportunas. Ao contrário deles, Lênin pensava na campanha como uma espécie de demonstração de força, uma vez que os grandes poderes só entendiam a força.

Sem dúvida, subestimou as raízes sociais da Igreja, na medida em que a considerava mera extensão dos brancos e dos Cem-Negros. A parte que desempenhou na guerra civil fez com que sua influência social se reduzisse drasticamente, sua autoridade moral perdesse seus pés e seu papel político fosse desacreditado. Por outro lado, as ideias de Lênin de "erradicação" da Igreja devem ser comparadas

---

[140] Iúri Nikoláievitch Amiantov et al. (orgs.), *V. I. Liénin: neizvestnyeye dokumiénty*, cit., p. 517.

[141] Krássin, o comissário do Povo para o Comércio Exterior, tentou tomar a dianteira na venda ilegal dos tesouros para o exterior e criticou Trótski por suas expectativas exageradas acerca dos lucros previstos. Até membros do Comintern estiveram envolvidos nessas vendas e usavam tais rendimentos para apoiar o movimento revolucionário internacional. A avaliação de Pokróvski, em seu extremismo, chega a afirmar que, com isso, "os líderes bolcheviques se mostraram dispostos a destruir completamente seu próprio país, com fé absoluta no espírito da revolução mundial permanente". Ver N. N. Pokróvski, *Politbiuro i tsiérkov*, cit., p. 12-4. Na realidade, tesouros de valor museal jamais foram entregues ao mercado. Um decreto especial ordenou que bens religiosos de valor histórico e artístico deviam ser protegidos: conforme as "regulações controlando a expropriação dos tesouros da Igreja usados por congregações religiosas", aqueles artigos "que fossem de valor museal inequívoco eram entregues aos cuidados de város departamentos em museus e aqueles artigos a ser expropriados que, no entanto, também fossem necessários para a prática da fé eram substituídos por outros menos valiosos". Ver Nina Dmítrieva, "Lenin és az orosz értelmiség: 1922" [Lenin e a *intelligentsia* russa: 1922], *Eszmélet*, v. 19, n. 76, 2007.

## 380  Tamás Krausz

com a realidade. A situação seria mal compreendida se fosse interpretada como eliminação física de fato ou mesmo como intenção de atingir tal objetivo[142]. As ações tomadas contra a Igreja não levaram a protestos violentos de camadas mais amplas da sociedade, de acordo com o resumo do relatório do GPU à alta liderança. Do ponto de vista ditado pela lógica dos aparatos de poder, as medidas de dissuasão pareciam, por assim dizer, bem-sucedidas[143].

### A deportação de intelectuais

Considerada uma das medidas pelas quais Lênin demonstrou "não conhecer limites morais" e mais uma manifestação de suas políticas terroristas anti-humanistas, em 1922 ele iniciou a expulsão da Rússia Soviética de 228 intelectuais renomados, de Nikolai Berdiáev, passando por Pitirim Sorókin, até os editores do jornal *Экономист/ Ekonomist* [O Economista][144]. O banimento e o exílio,

---

[142] Pesquisadores referenciam diversas obras. N. N. Pokróvski, por exemplo, menciona L. Reguelson, *Traguedia Rússkoi Tsiérkvi, 1917-1945* (Paris, YMCA Press, 1977), p. 285, e V. A. Alekséiev, *Иллюзии и догмы/ Illiuzi i dogmi* [Ilusões e dogma] (Moscou, Politizdat, 1991), p. 204. Em 1922, estimavam-se 1.414 incidentes sangrentos ligados à expropriação e presume-se que 8.100 pessoas foram vítimas da campanha nacional durante os confrontos e sentenças judiciais. Em outras fontes, como D. V. Pospiélovski, *Русская Православная церковь в XX веке/ Russkaia Pravoslavnaia tsiérkov v XX veke* [Igreja Ortodoxa Russa no século XX] (Moscou, Respublika, 1995), p. 106, são mencionados 231 processos judiciais em que 732 pessoas foram consideradas culpadas. No dia 8 de maio de 1922, o Tribunal de Moscou impôs sentenças de morte a onze pessoas (sacerdotes, oficiais religiosos, leigos) entre os organizadores das manifestações; além disso, quatro receberam pena de cinco anos de prisão, treze foram sentenciadas a três anos e dez a um ano. Aqueles que foram condenados à morte recorreram à Suprema Corte, que encaminhou o apelo ao Comitê Executivo Central com uma recomendação para mitigação. A sentença sobre cinco sacerdotes permaneceu inalterada e, no caso das outras seis, foi amenizada para cinco anos de encarceramento. Desde o início Kámenev tentou encaminhar as decisões no sentido de mitigá-las, mas prevaleceu uma posição intermediária. Ver Iúri Nikoláievitch Amiantov et al. (orgs.), *V. I. Liénin: neizvestnyeye dokumiénty*, cit., p. 522-3.

[143] "Gossinfsvodka za 4 aprelja n. 31/296", em *"Soverchenno sekretno"*, v. 1, cit., cap. 1, p. 148. No *gubiérnia* de Ivánovo-Voznessensk, "Chuia não viu mais protestos por parte do sacerdócio ou de fiéis contra a expropriação de tesouros da igreja depois dos eventos de 14 de março". Ver "Gossinformsvodka za 1 i 2 aprelja n. 29/293", em ibidem, p. 132-3. Conforme dados ligados à expropriação de tesouros da Igreja nas *gubiérnias* do norte, "o trabalho dos comitês procede tranquilamente". Na *gubiérnia* de Pskov: "O trabalho do comitê encarregado de encaminhar a expropriação dos tesouros da Igreja prossegue sem maiores conflitos. A maior parte dos sacerdotes tem uma postura passiva no que diz respeito às requisições. Alguns sacerdotes e indivíduos antissoviéticos mantêm propaganda escondida entre grandes grupos, o que significa que a maioria da população não vê com bons olhos as expropriações". Idem.

[144] Ver o prefácio de V. G. Makárov e V. S. Khristóforov em *Высылка вместо расстрела: депортация интеллигенции в документах ВЧК-ГПУ, 1921-1923/ Vyssylka vmiesto rasstriela:*

RECONSTRUINDO LÊNIN 381

que eram uma parte tradicional da política russa, não foram deixados de lado da "tradição" que Lênin estabeleceu depois. Como no caso dos sacerdotes, Lênin não procurou argumento teórico especial, fundamento nem justificativa para a expulsão dos intelectuais, mas o caso fornece uma janela para o funcionamento "secreto" de sua mente política.

O desejo de Lênin de reforçar as chances de sobrevivência do governo soviético com medidas ditatoriais emerge claramente nas últimas pesquisas históricas. O objetivo era alcançar a sobrevivência ao "custo do mínimo possível de vítimas", o que significava "expatriação em vez de fuzilamento". Como iniciador e estrategista da operação, Lênin trabalhou no mesmo detalhe que no ataque à Igreja.

Lênin discutiu abertamente a possibilidade e as circunstâncias concretas do exílio em seu artigo de 12 de março de 1922, "О значении воинствующего материализма"/ "O znatchéni voínstvuiuschego materializma" [Sobre a importância do materialismo militante][145]. A operação em si foi detalhada em sua carta secreta a Félix Dzerjínski escrita em 19 de maio. O Politburo do Comitê Central apoiou as propostas concretas de Lênin por unanimidade em suas reuniões de 24 de maio e 8 de junho. A implementação dessas medidas repressivas foi planejada – nitidamente – para ser promulgada durante a conclusão do julgamento dos socialistas-revolucionários. A compilação da lista final daqueles a ser banidos foi confiada a um comitê de três membros (Liev Borissóvitch Kámenev, Dmítri Ivánovitch Kúrski, e Ióssif Stanislávovitch Únchlikht)[146]. Os aspectos técnicos e organizacionais da operação realizada pela Tcheká-GPU são irrelevantes aqui, mas as circunstâncias que levaram Lênin a empreender a operação precisam ser discutidas.

Uma investigação cuidadosa enfatiza a sobreposição da natureza e conexões entre razões de vários tipos que são encontradas separadas em sua cronologia histórica e sua localização. A antipatia dos revolucionários em relação a um segmento dos grupos de intelectuais russos rebeldes, resistentes ou simplesmente insatisfeitos se baseou em outros precedentes históricos. No mínimo, as raízes da antipatia remontam à publicação em 1909 do famoso volume de Vékhi e aos conhecidos escritores "vekhistas" (Berdiáev, Guerchenzon, Serguei Bulgákov, Frank, Struve e outros), que apresentaram visões alinhadas com valores "antibolchevistas-antissocialistas-antimaterialistas" mesmo durante a guerra civil e após a introdução da NEP, com a fome também desempenhando um papel. Outro grupo de intelectuais que combatiam a fome, o Pomgol (Comitê Público

---

deportátsia intelliguiéntsi v dokumiéntakh VTchSK-GPU, 1921-1923 [Expulsão em vez de execução: deportação da intelectualidade nos documentos da Tcheká-GPU, 1921-1923] (Moscou, Rússki Put, 2005), p. 41.

[145] LCW, cit., v. 33, p. 227-36.

[146] A. N. Artizov (org.), Otchistim Rossiiu nadolgo, cit., p. 65-7.

da Aliança de Todos para a Mitigação da Fome), não cooperava com o governo soviético, mas interpretava toda a situação como sinal de sua incompetência e, por isso, começou a desacreditá-lo no exterior. A intenção do comitê de enviar uma delegação ao Ocidente levou a uma séria ruptura e ao conflito com o Comitê Executivo Central dos Sovietes, que culminou em prisões e no desaparecimento do Comitê da Aliança de Todos em 27 de agosto.

A cooperação com a "antiga" intelectualidade – "conquistar os especialistas", ideia fortemente apoiada por Lênin após a introdução da NEP – enfrentou a resistência de um grupo de intelectuais de destaque, que não queriam prestar serviços ao governo bolchevique. Um extenso volume, publicado na década de 1970, "sobre o envolvimento dos 'antigos' intelectuais na construção do socialismo", que descreveu a "operação", não escondeu o fato de que os jornais burgueses mais importantes, incluindo o *Ekonomist*, o *Economitcheskoe Vozrojdenie* [Retomada Econômica] e o *Мысль/ Mysl* [Pensamento], foram fechados com base no artigo 57 do Código Penal, por "propaganda e agitação contrarrevolucionária". Embora de modo inexato, o livro mencionou que "160 dos mais ativos ideólogos burgueses (Ekaterina Dmítrievna Kuskova, Serguei Nikoláievitch Prokopóvitch, Aleksandr Solomónovitch Izgóiev e outros) foram exilados em territórios do norte"[147]. Mas não revelou a rede em que a luta pelo poder ocorreu, que foi seguida pelos "banimentos".

Entre os fatores que contribuíram para o ataque aos intelectuais mais antigos da velha estrutura, estava a disputa de poder pelos cargos mais importantes que haviam surgido nas instituições de ensino superior. Aqueles do lado dos sovietes não tinham chance de assegurar nenhuma influência significativa dentro das universidades nem dos conselhos editoriais das publicações acadêmicas sem o apoio direto do regime. Além disso, ao fim de 1921 e no começo de 1922, as greves nas universidades estavam a todo vapor, sendo impedidas com o uso de violência[148].

Sete membros do Pomgol foram exilados para cidades e assentamentos menores da Rússia, por sugestão de Lênin. Mais tarde – a fim de minorar o sofrimento – foi-lhes dada a escolha de se mudar para qualquer capital de província,

---

[147] S. A. Fedúkin, *Великий Октябрь и интеллигенция: Из истории вовлечения старой интеллигенции в строителььтство социализма/ Velíki Oktiabr i intelliguiéntsia: Iz istóri vovletchénia stároi intelliguiéntsi v stróiteltstvo sotsializma* [O Grande Outubro e a intelectualidade: o envolvimento da velha intelectualidade na construção do socialismo] (Moscou, Naúka, 1972), p. 286-8. É evidente que Fedúkin só poderia ter conhecido uma fração dos documentos inclusos no volume editado por Artizov, portanto seus dados e, consequentemente, seu ponto de vista estão desatualizados.

[148] Uma nota do GPU para o Politburo "On the Anti-Soviet Groups Forming among the Intellectuals", publicada em A. N. Artizov, *Otétchestvennie Arkhivi*, cit., p. 76. Ver ainda Nina Dmitrieva, "Lenin és az orosz értelmiség: 1922", cit.

excetuando-se Petrogrado, Moscou, Kiev, Odessa ou Kharkiv, ou para o exterior "às próprias custas"[149].

Durante todo esse tempo, a intelectualidade comunista passara a se dedicar à elaboração de uma avaliação crítica do pensamento burguês, preparando os fundamentos ideológicos para pressionar e expulsar seus representantes. Lênin chegou a sugerir aos membros do Politburo que deveriam "dedicar de duas a três horas por semana ao estudo atento de determinada quantidade de matérias de imprensa e livros e *metodicamente* reunir dados sobre o tempo devotado por professores e escritores ao serviço político, seu trabalho e suas realizações literárias"[150]. Bem antes dos eventos de 1922, Lênin esteve ocupado com a noção de mandar a "velha" intelectualidade ao exterior. Lincoln Steffens, jornalista estadunidense que chegara à Rússia com William Bullit (então diplomata favorável às relações dos Estados Unidos com a União Soviética e, mais tarde, primeiro embaixador dos Estados Unidos na União Soviética), entrevistou Lênin em abril de 1919. Perguntado a respeito do Terror Vermelho, Lênin disse:

O Terror Vermelho mina a revolução tanto pelo lado de dentro quanto pelo lado de fora, e precisamos descobrir como evitá-lo, controlá-lo ou dirigi-lo. Mas precisamos saber mais sobre psicologia do que sabemos agora para navegarmos por essa loucura. E ele serve a um propósito que precisa ser servido. [...] Temos de encontrar alguma maneira de nos livrarmos da burguesia, das classes superiores. Elas não permitem mudanças econômicas durante a revolução, tampouco após; então, precisam ser expulsas. Não vejo, pessoalmente, por que não podemos afugentá-las sem as matar. É claro, elas são uma ameaça tanto fora quanto dentro da Rússia, mas os emigrados não são tão ruins. A única solução que vejo é fazer com que a ameaça do Terror Vermelho dissemine o medo e as faça fugir. [...] A oposição instintiva, absoluta dos antigos conservadores, e mesmo a dos liberais estabelecidos, tem de ser silenciada.[151]

---

[149] B. N. Losski, "О депортации "людей мысли" в 1922 году/ "O deportátsii 'liúdei mysli" v 1922 godu [Sobre a deportação de "homens do pensamento" em 1922], *Ступени: Философский Журнал/ Stupiéni: Filosófski Jurnal* [Passos: Jornal Filosófico], v. 1, n. 4, São Petersburgo, 1992, p. 62, citado por Nina Dmitrieva, "Lenin és az orosz értelmiség: 1922", cit.

[150] "'Cleaning up the Country for a Long While': Toward a History of the Intellectuals Sent into Exile in 1922", comentários e introdução, bem como preparação dos documentos para publicação, de A. N. Artizov, em *Otétchestvennie Arkhivy*, n. 1, 2003, p. 75. Ver também a Introdução escrita por A. N. Artizov, V. G. Makárov e V. S. Khristóforov ao já citado volume de documentos organizado por Artizov, *Otchistim Rossiiu nadolgo*, cit., p. 6-7.

[151] Lincoln Steffens, *The Autobiography of Lincoln Steffens* (Nova York, Harcourt, Brace, 1931), p. 797-8, citado em Nina Dmitiriyeva, "Lenin és az orosz értelmiség: 1922", cit., p. 166-7.

Os argumentos de Trótski para justificar o terror também cimentaram esse preconceito. Suas declarações foram tão francas quanto as de Lênin. Ao informar o público internacional em sua entrevista à Anne Louise Strong, publicada nas edições de 22 de agosto de 1922 do *Известия/ Izviéstia* [Noticiário], Trótski declarou que o que estava em discussão era uma "manifestação bolchevique de humanismo".

> Aqueles elementos que enviamos ou enviaremos para o exílio são politicamente insignificantes. Mas são ferramentas potenciais nas mãos de nossos oponentes. No caso de uma situação renovada de guerra [...], todos esses elementos implacáveis e incorrigíveis mostram-se agentes militares e políticos do inimigo. Então, seremos forçados a executá-los, como exige a lei da guerra. Portanto, neste período de trégua, nosso curso de ação preferido é deportá-los de antemão.[152]

A própria operação revelou a contradição inevitável e fatídica, a saber, quem e baseado em que deve julgar "quem é amigo e quem é inimigo". Isso causou sérias complicações já em agosto de 1922, quando alguns dos 230 exilados encontraram defensores entre os mais conhecidos bolcheviques próximos de Lênin, incluindo Lunatchárski, Krjijanóvski, Kámenev e Vorónski, que lutaram pela causa do escritor Evguiéni Ivánovitch Zamiátin – ou o famoso economista Ossínski, que defendeu Nikolai Dmítrievitch Kondrátiev. Basearam suas defesas nos interesses científico, econômico e político do Estado que se encontram no cerne da NEP[153]. O que os representantes do governo soviético queriam desses intelectuais não estava inequivocamente claro. A expectativa não era apoio ideológico ao regime, mas o reconhecimento e a conformidade a ele, embora no que diz respeito à literatura acadêmica, parece ser o caso de que Lênin e seus companheiros esperassem louvor. Tal período viria em uma era diferente. Todavia, nem mesmo a expulsão dos "pensadores divergentes" pode toldar o fato de que parte do grupo de intelectuais antissoviéticos que foram expulsos era categórica em intensificar os conflitos internos da Rússia, em especial no campo intelectual, e outra parte relacionava-se positivamente, de certa maneira, com a Rússia soviética.

Uma carta de junho de 1922, de Górki para Bukhárin, serve como documento de suas experiências entre os intelectuais imigrantes russos de Berlim:

> Alguns estão convencidos de que o governo soviético é historicamente legítimo. [...] Ouvi falar de que os imigrantes mais decentes dizem: o artigo pacifica o leitor em relação ao governo soviético, ao aceitar como verdade que apenas o

---

[152] Ver A. N. Artizov, *Otétchestvennie Arkhivy*, cit., p. 66-7.

[153] Ver a Introdução assinada por Artizov, Makárov e Khristóforov em A. N. Artizov (org.), *Otchistim Rossiiu nadolgo*, cit., p. 11.

bolchevismo poderia revigorar o campesinato. A questão da brutalidade – essa é minha própria questão – tortura-me sem descanso. Por toda parte, observo a brutalidade sem sentido – observe, agora caluniam Aleksei Tolstói (*traviat*) e provavelmente organizarão um escândalo público hoje. Com que ódio eles escrevem a respeito dele no *Руль/ Rul* [Direção] e no *Голос/ Golos* [A Voz].[154]

O banimento administrativo – deportação ou exílio sem sentença judicial – não foi invenção dos bolcheviques. Era usado amplamente no sistema tsarista contra os representantes da oposição. O governo soviético deu continuidade a uma série de expedientes da administração estatal anterior, e essa prática não foi exceção. Além disso, as ilhas Slovolets, juntamente com o monastério, haviam sido entregues ao GPU já em 1922, com o intuito de estabelecer campos de concentração para prisioneiros políticos. Se necessário, os ocupantes do navio dos filósofos poderiam ser enviados para lá, não para a Alemanha. Menos de um ano depois, em carta de 27 de março, Dzerjínski escreveu a Únchlikht expressando dúvidas a respeito da eficiência das deportações em massa. A prática das deportações cessou naquele ponto e deu lugar a processos criminais muito mais impiedosos[155].

**A mensagem do julgamento dos SR**

Os planos para o assim chamado julgamento dos SR ganharam a atenção do público em fevereiro de 1922, praticamente ao mesmo tempo que a campanha contra a Igreja foi decidida. O julgamento em si foi conduzido em 1922, entre os dias 8 de junho e 7 de agosto. Foi o exemplo mais típico de liquidação da oposição política; um componente do encerramento político da guerra civil; uma demonstração das "perversidades" do passado e do presente em prol da sociedade, a fim de convencer o povo de que qualquer um que se voltasse contra o governo soviético seria inevitavelmente varrido ao campo contrarrevolucionário e eliminado.

É necessário lembrar que a "atividade política" enfatizada anteriormente como fonte do terror havia se interligado ao papel da "democracia pequeno-burguesa" na revolução e na guerra civil, desde o início. Lênin enfatizou a importância dessa questão em seu famoso discurso na assembleia de operários do partido de

---

[154] Carta de Górki a N. I. Bukhárin, 22 de junho de 1922, incluída no Российсцкии Государственный Архив Социально-политической Исцтории/ Rossíski Gossudárstvenny Arkhiv Sotsialno-politítcheskoi Istóri (RGASPI) [Arquivo Estatal Russo de História Política e Social, antes conhecido como Arquivo do Instituto de Marxismo-Leninismo do Partido Central], fundo 329, op. 2. doc. 4.9.

[155] Nina Dmítrieva, "Lenin és az orosz értelmiség: 1922", cit., p. 94.

Moscou, no dia 27 de novembro de 1918. Ao resumir as experiências da guerra civil, observou:

> Os senhores sabem que durante o ataque tcheco, quando este estava no auge de seu sucesso, revoltas de *kulaks* irromperam por toda a Rússia. Somente os laços estreitos formados entre os operários urbanos e os camponeses puderam consolidar nosso governo. [...] A esmagadora maioria tanto dos mencheviques quanto dos SRs colocou-se ao lado dos tchecos, os bandos de Dútov e Krásnov. Essa situação forçou-nos a travar uma luta implacável e a empregar métodos terroristas de combate. Não importa quantas pessoas possam ter condenado esse terrorismo, segundo diferentes pontos de vista – e fomos condenados por todos os sociais-democratas vacilantes –, sabíamos perfeitamente que a intensa guerra civil assim exigiu. Foi necessário porque todos os democratas pequeno-burgueses voltaram-se contra nós. Utilizaram contra nós todos os tipos de métodos: guerra civil, suborno e sabotagem. Essas condições exigiram o terror. Portanto, não devemos nos arrepender dele nem renunciar a ele.[156]

Suas experiências até 1922 não suavizaram a atitude de Lênin em relação à democracia pequeno-burguesa. É de conhecimento geral que, durante os julgamentos, os líderes SRs foram sentenciados por "atividade contrarrevolucionária, antissoviética". A preparação para os julgamentos foi realizada diante do olhar público. Ataques SR anteriores aos representantes do governo soviético e conspirações políticas mais recentes contra o regime foram trazidos ao primeiro plano com o propósito não muito dissimulado de encaixar, à força, a "oposição socialista" no escaninho de "intelectualidade antissoviética e contrarrevolucionária". Isso não foi ocasionado por algum sentimento anti-intelectual, embora certo grau de preconceito anti-intelectual fosse característico da disposição política de Lênin. Provinha de sua abordagem à classe (os interesses de intelectuais eram diferentes daqueles da classe operária), e estava claro que sua desconfiança era produto de suas experiências políticas, de acordo com as quais, devido aos traços "individualistas", uma maioria significativa da intelectualidade não se sujeitaria à "ordem social e disciplina" do sistema soviético. O objetivo era o reforço do sistema institucional político soviético, e todas as questões precedentes ficavam subordinadas a isso.

O processo, de qualquer forma, minou de maneira permanente a força do partido SR, que outrora havia sido o mais numeroso. Uma porção de seus membros havia se juntado aos bolcheviques, de modo similar aos segmentos significativos de outras formações políticas (como o Bund), o que pode ser atribuído, em parte, ao efeito de sifonagem do poder, mas também foi resultado

---

[156] LCW, cit., v. 28, p. 207-8.

das vitórias do governo soviético na guerra civil. Se for dada credibilidade aos relatórios do GPU da época, os julgamentos – apesar da oposição interna que os repudiava e dos protestos no exterior – foram recebidos de modo positivo por amplos círculos da sociedade. O desejo por ordem mostrou-se ainda maior que a exigência por democracia política. Não houve aprofundamento a respeito da qualidade e da importância da escolha entre um sistema unipartidário e um multipartidário, já que apatia e desapontamento significavam que se deixara de estimular o desenvolvimento da sensibilidade legal e teórica em escala social. Aqueles do lado do regime que não levara essa questão em consideração apoiaram o bolchevismo como o "guardião do poder soviético".

Todos os líderes soviéticos, de Lunatchárski a Lênin, assumiram posições a respeito da legitimidade e da importância política do julgamento e jamais negaram de maneira nenhuma a natureza política deste. Chegaram a formular eles mesmos seu "julgamento", pois havia necessidade expressa, pois socialistas se sentavam nos bancos dos réus. No entanto, não se desperdiçou demasiada atenção com a preparação de fundamentos legais.

No longo prazo, as represálias contra os SRs e os mencheviques se deram por parte da decisão do regime de fazer com que os líderes partidários viajassem "voluntariamente" ao exterior ou que fossem isolados em províncias distantes dentro do país[157]. Documentos publicados do "julgamento dos SRs de direita" mostram que Lênin e os líderes bolcheviques exigiam dos políticos SRs incriminados – à luz de sua resistência político-militar durante a guerra civil – confissões de crimes, assim como juramentos de que jamais se oporiam novamente às instituições do governo soviético ou às formas de seu governo, militar ou politicamente. Tais metas fracassaram, mesmo com a presença de líderes bolcheviques da estatura de Bukhárin, Lunatchárski e Piátakov na promotoria. Todos eles haviam analisado o papel político e teórico dos SRs na guerra civil, incluindo sua organização da Assembleia Constituinte de Samara e seus conflitos armados com o Exército Vermelho. A acusação era "traição", visto que os SRs de direita haviam "pego em armas contra a ditadura do proletariado". Piátakov apresentou a questão, relatada pela imprensa à época, de como os réus se comportariam caso se encontrassem em liberdade. Continuariam a luta armada contra o governo soviético? "O camarada Piátakov destacou que essa era uma questão importante para o tribunal certificar-se antes de chegar ao veredicto"[158]. Dadas as corajosas respos-

---

[157] Esses objetivos do Tcheká-GPU eram evidentemente compreendidos pelos mencheviques, tanto os que estavam presos quanto os que protestavam. Vários documentos comprovam isso, como os incluídos no RGASPI e os compilados em *Menchieviki v 1921-1922 gg.*, cit., p. 386-91.

[158] *Судебный процесс над социалистами-революционерами (июнь-август 1922) / Sudiébny protsess nad sotsialístami-revoliutsioniérami (iúny-ávgust 1922)* [O julgamento dos socialistas-

388 TAMÁS KRAUSZ

tas às acusações, os líderes SR (e outros como Ielena Ivánova-Iránova) deixaram inequivocamente claro que não abriam mão de pontos de vista anteriores: "Se eu fosse liberta, entraria em ação como ditado a mim pelo ódio que sinto pelos senhores desde outubro de 1917"[159]. No fim de seu discurso, A. R. Gots – talvez o mais respeitável e mais conhecido líder do partido – ofereceu uma crítica polêmica de Bukhárin:

> Devemos reconhecê-lo por nos proporcionar a oportunidade de dar voz a nossas respostas em sua inteireza e, se o destino nos reservar que nossa confissão se torne nossa última vontade e testamento, ainda acreditamos, e continuaremos a acreditar, que estamos cumprindo nosso dever, até o fim, como devem fazer os revolucionários. Qualquer que seja o veredicto dado, morreremos como revolucionários, enfrentando a morte com bravura. Se, no fim das contas, nos deixarem viver, viveremos como socialistas, trabalhando em nome do socialismo como trabalhamos até agora e como compreendemos o socialismo.[160]

Sob pressão social democrática internacional, as sentenças de morte foram comutadas para penas de prisão. No entanto, Lênin e os líderes bolcheviques documentaram que a oposição política não faria as pazes com a ditadura do partido bolchevique. O que estava verdadeiramente em jogo no julgamento era uma mensagem demonstrativa de que os bolcheviques liquidariam administrativamente "partidos políticos antissoviéticos"[161].

Em retrospectiva, é inegável que livrar-se de opositores políticos e ideológicos dessa maneira não era apenas uma "mensagem ruim" em termos do futuro, como também abria caminho para o isolamento de opositores políticos sem supervisão. Lênin e os líderes bolcheviques haviam estabelecido mecanismos de controle sobre o livre pensamento de seus opositores – e mais tarde qualquer indivíduo, oponente político ou não – sem criar um mecanismo dentro do sistema para remover esses controles. Para Lênin, a questão que ainda se sobrepujava a todas

---

-revolucionários (junho-agosto de 1922)], compilado e introduzido por S. A. Krassilnikov, K. N. Morozov e I. V. Tchubikin (Moscou, Rosspen, 2002), p. 512.

[159] Ibidem, p. 513.

[160] Ibidem, p. 778.

[161] Lênin aceitou a revogação das sentenças de morte, mas não achava que a continuidade de três Internacionais deveria estar subordinada ao julgamento. Por fim, como assinalado, sentenças de morte foram decretadas, mas não chegaram a ser levadas a cabo. A propósito, observadores social-democratas da Europa ocidental foram convidados a participarem do julgamento. Ver o artigo de Lênin no *Pravda* de 11 de abril incluído em inglês com o título de "We Have Paid Too Much" no LCW, cit., v. 33, p. 330-4.

RECONSTRUINDO LÊNIN    389

as outras seguia sendo aquela postulada em outubro de 1917: "Conservarão os bolcheviques o poder estatal?".

Até esse ponto, a maneira complicada com que Lênin se relacionava com a opressão política, a violência e o terror, foi abordada pela lógica de determinada série de eventos. No entanto, a exploração dessa questão e a atitude de Lênin certamente seriam menos tendenciosas em um processo mais amplo de diferente natureza, afetando massas maiores de pessoas. A fim de capturar a questão da violência e do terror nos princípios da história soviética e da Revolução Russa, é interessante examinarmos o destino do povo judeu, que é um tema ainda deixado de lado pelas histórias mais recentes da revolução[162]. O próprio conflito de Lênin com o terror e a violência, o antissemitismo e o racismo em geral, assim como os motivos de suas políticas e seu pensamento em relação a essas questões, torna-se mais enfaticamente delineado por meio de uma exploração da "questão judaica".

## Lênin e os *pogroms*

*"Ah, seu iíd sujo!", vociferou o sargento furioso. "Veremos você ser executado! Vou lhe ensinar a se esconder nos cantos escuros. Vou lhe mostrar! O que você estava fazendo atrás daquelas pilhas de madeira? Espião!"*
*Mas o homem ensanguentado não respondeu ao sargento cossaco. Então o sargento avançou correndo, e os dois homens saltaram para o lado para escapar do bastão em movimento com sua ponta pesada de bronze reluzente. Sem calcular a força do golpe, o sargento atingiu como um raio a cabeça do homem com o bastão. Algo se quebrou dentro dela, e o homem de preto não chegou nem a gemer.*
Mikhail Bulgákov, *A Guarda Branca*[163]

### A questão judaica: no cerne do problema

Entre os primeiros camaradas e amigos de Lênin, assim com aqueles no conselho editorial do *Iskra*, havia uma série de revolucionários de formação ou origem judaica. Mártov e Trótski eram nomeados como os mais famosos entre eles, mas algum tempo depois poderíamos acrescentar os pupilos políticos mais próximos de

---

[162] Tudo o que o tomo histórico e representativo *Drama rossiskoy istorii* contém sobre a história dos *pogroms* é que as memórias posteriores do general Deníkin – chefe do Exército Voluntário e responsável por parte significativa dos massacres – mencionam "os *pogroms* contra a população judaica" como uma causa de sua derrota. O. V. Volobúiev et al. (orgs.), *Драма российской Истории: Большевики и революция/ Drama rossískoi istóri: bolcheviki i revoliútsia* [O drama da história russa: os bolcheviques e a revolução] (Moscou, Nóvyi Khronograf, 2002), p. 333.

[163] Mikhail Bulgakov, *The White Guard* (trad. Michael Glenny, Nova York, McGraw-Hill, 1971), p. 289.

Lênin, Kámenev e Zinóviev, as ativistas de partido ilegal Olga Taratuta e Rozália Zemliátchka, Iákov Svérdlov e Urítski, Litvínov, o historiador Iaroslávski, e a lista não para por aí[164]. Ao mesmo tempo, um bom número de seus inimigos também era judeu – o primeiro que surge à mente é sua pretensa assassina Fanni Kaplan. Embora houvesse menos revolucionários judeus no partido bolchevique que entre os mencheviques, Lênin tinha ampla familiaridade com as capacidades, os hábitos, o estilo de vida e a maneira de pensar dos intelectuais revolucionários judeus.

Embora Lênin não tivesse levado adiante qualquer pesquisa independente no "campo da vida judaica", uma postura política e teórica complexa pode ser delineada a partir de suas inúmeras reflexões sobre o tema. Ainda jovem, conheceu a literatura sobre o povo judeu que se encontrava disponível para as classes educadas; não há dúvida disso quando analisamos alguns de seus primeiros escritos. Anuários estatísticos eram uma fonte básica para a pesquisa científica de Lênin a partir dos anos 1890. Ele estava absolutamente familiarizado com os dados do censo de 1897, que apontavam para algumas especificidades do desenvolvimento do povo judeu russo, como a estrutura peculiar da distribuição de trabalho. Além disso, mantinha-se informado a respeito por meio dos principais jornais do período, sem falar em seu conhecimento dos trabalhos marxistas significativos dedicados à questão judaica, especialmente de Kautsky. Mesmo assim, não demonstrou particular interesse nos escritos de Marx sobre o assunto, embora fizesse parte do discurso social-democrático russo e Lunatchárski tivesse falado dele de maneira entusiasmada[165]. Enquanto isso, a tradição messiânico-religiosa e filosófica judaica e suas tendências explicitamente marxistas o deixaram bem indiferente[166].

Como é bem reconhecido, um componente importante da questão judaica como problema teórico, político e histórico russo era que os judeus eram o único grande grupo étnico na Rússia pré e pós-revolução que poderia ser considerado

---

[164] Pinkus assinala que, entre os revolucionários judeus que se juntaram ao partido, a absoluta maioria fazia parte da intelectualidade, pois geralmente encontravam no partido centralizado uma comunidade internacionalista que os aceitava completamente, em linha com a ideologia da emancipação universal. Ver Benjamin Pinkus, *The Jews of the Soviet Union: The History of a National Minority* (Cambridge/Nova York/Sidney, Cambridge University Press, 1989), p. 77-9.

[165] Ver Joseph Nedava, *Trotsky and the Jews* (Filadélfia, Jewish Publication Society of America, 1971), p. 69.

[166] Um estudo interessante sobre como o messianismo judaico e o pensamento revolucionário se uniram é o artigo de Michael Löwy, "Messianisme juif et utopies libertaires en Europe centrale (1905-1923)", *Archives de Sciences Sociales des Religions*, v. 51, n. 1, 1981, p. 5-47. Ver também, do mesmo autor, o livro *Redemption and Utopia: Jewish Libertarian Thought in Central Europe* (Stanford-CA, Stanford University Press, 1992).

RECONSTRUINDO LÊNIN    391

nacionalidade extraterritorial[167]. No fim do século, metade dos judeus do mundo (totalizando 10 milhões a 11 milhões) vivia no império do tsar. Uma vasta maioria residia na chamada zona de assentamento na fronteira oeste do império[168], o que era resultado de inúmeros banimentos antissemitas e restrições normativas[169]. Para Lênin, o fato de que às vésperas da guerra mundial, em 1914, quase um terço (600 mil indivíduos) da parte economicamente ativa da população judia pertencesse à classe trabalhadora era uma questão a ser levada a sério[170].

Lênin deparou-se com a questão dos judeus em um estágio relativamente inicial de sua carreira política. No círculo editorial do *Iskra*, Plekhánov já havia assumido uma posição oposta ao Bund – "chauvinismo dos judeus" – em setembro de 1900 e fez uma moção para sua retirada do POSDR. Lênin, que a princípio também se posicionou em oposição ao "separatismo" do Bund, rejeitou firmemente a atitude intolerante de Plekhánov e, por um ponto de vista organizacional, sua abordagem fútil e insensível[171]. Foi no *Iskra*, em fevereiro de 1903, que Lênin publicou pela primeira vez um artigo lidando especificamente com os judeus, relativo à luta contra o antissemitismo e às circunstâncias da luta contra o antissemitismo no contexto da disputa entre o Comitê do Partido (da

---

[167] Tratei dessa questão em detalhes no meu livro *Bolsevizmus és nemzeti kérdés: Adalékok a nemzeti kérdés bolsevik felfogásának történetéhez* [Bolchevismo e a questão nacional: para uma história da abordagem bolchevique à questão nacional] (Budapeste, Akadémiai Kiadó, 1989), esp. p. 49-80.

[168] De acordo com os dados do censo de 1897, 5.215.805 pessoas de origem judaica residiam no Império tsarista. Para um panorama mais detalhado do assunto, ver Tamás Krausz, "Lenin és a zsidók" [Lênin e os judeus], em Tamás Krausz (org.), *Kelet-Európa: történelem és sorsközösség* [Europa Oriental: história e destino comum] (Budapeste, Elte Kelet-Európa Története Tanszék, 2007), p. 149-87.

[169] Na profusão de literatura disponível, ver primeiro o trabalho abrangente de Iúri I. Guéssen, *История еврейского народа в России/ Istória evréiskovo naroda v Rossíi* [História do povo judeu na Rússia] (Leningrado, 1925), reimpresso em Moscou e Jerusalém em 1993; sobre a literatura, ver V. Kelner, "Русская интеллигенция и "еврейский вопрос" в начале XX века"/ "Rússkaia intelliguéntsia i "evréiski viprós" v natchale XX vieka" [A intelectualidade russa e a "questão judaica" no início do século XX], em *Русско еврейский и историко-еврейский литературный и библиографы ческий альманах/ Rússko evréiski i istóriko-evréiski literatúrny i bibliografy tcheski almanakh* [Almanaque literário e bibliográfico judeu-russo], v. 4-5, 2004, e J. Klier, *Imperial Russia's Jewish Question, 1855-1881* (Cambridge, Cambridge University Press, 1995).

[170] Ver I. P. Trainin, *СССР и национальная проблема: по национальным республикам и областям Советского Союза/ SSSR i natsionálnaia probliema: po natsionálnym respúblikam i óblastiam Soviétskovo Soiúza* [A URSS e o problema nacional: sobre os as repúblicas e regiões da União Soviética] (Moscou, 1924), p. 5-6, e O. V. Budnítski, *Российские евреи: между красными и белыми, 1917-1920/ Rossískie evréi: miéjdu krásnymi i biélymi, 1917-1920* [Judeus russos: entre o vermelho e o branco, 1917-1920] (Moscou, Rosspen, 2005), p. 30-3.

[171] Para uma explicação do episódio, ver Joseph Nedava, *Trotsky and the Jews*, cit., p. 51.

gubiérnia) de Ekaterinoslav e o Bund. Essas páginas já mostravam que ele só podia conceber uma luta efetiva contra o antissemitismo dentro de um enquadramento de cooperação com os operários russos e, portanto, que rejeitava os projetos separatistas do Bund, que se apresentava como o representante exclusivo dos operários judeus[172]. Em retrospectiva, Lênin pode ter subestimado a importância dos operários russos infectados pelo preconceito antissemita; entretanto, nenhum argumento de fato convincente pode ser apresentado contra os operários "judeus" e "cristãos" aliando-se em uma luta comum contra o antissemitismo, sem subdivisões nacionais. A segunda vez que Lênin se pronunciou sobre esse assunto, também no *Iskra*, foi em relação ao infame *pogrom* de Chisinau, no início de junho de 1903. Baseado na maneira como os *pogroms* desenvolveram-se, "sua rica história" e o curso assumido pelo *pogrom* de Chisinau (6 e 7 de abril de 1903), ele enfatizou o papel "proeminente" de determinados grupos na intelectualidade russa e de membros do governo, sentindo sua cooperação com os *pogroms*. A "epidemia de *pogroms*" de 1881 já havia apresentado uma questão a respeito da atividade coletiva da "intelectualidade e do governo no poder" no desenvolvimento dos *pogroms*. Mesmo assim, a "sociedade educada", um segmento da intelectualidade, teve um papel importante ao assumir para si a preparação emocional-intelectual e a justificação dos *pogroms*. Chisinau apresentou provas mais inequívocas disso[173].

Nesses *pogroms* – e isso é muito importante à luz de sua história posterior –, Lênin viu uma expressão da "autocracia se desfazendo", uma desintegração e um enfraquecimento da "ordem estatal". Ele atribuiu tendências similares ao desenvolvimento do "socialismo policial do [chefe de polícia] Zubátov", que foi usado para manipular o movimento trabalhista em prol dos interesses do regime por meio de métodos policiais secretos:

---

[172] Vladímir I. Lênin, "Does the Jewish Proletariat Need an Independent Political Party?", em LCW, cit., v. 6, p. 330-6. O Bund se juntou ao POSDR em 1898, mas preservou sua estrutura organizacional, ancorada nacionalmente.

[173] A intensificação do antissemitismo no início do século XX nas *gubiérnias* do sul estava ligada às medidas tomadas pelo governo para elevar o número de assentamentos não urbanos, com o objetivo de reassentar os judeus mais pobres, reduzindo assim essa concentração em centros urbanos. As medidas não surtiram o efeito de tornar os judeus mais esquerdistas, tampouco de amenizar o conflito social; além disso, ou talvez exatamente com base nisso, os mais implacáveis pogroms aconteceram aí (principalmente nas *gubiérnias* de Kiev e de Bessarábia). Para um exame recente desse problemático campo, ver L. S. Gatagova, "Межэтнические отношения"/ "Mejetnitcheskie otnochenia", em A. N. Jakovleva (org.), *Россия в начале XX века/ Rossíia v natchale XX vieka* [A Rússia no começo do século XX] (Moscou, Novyï Khrnograf, 2002), esp. p. 146-52.

RECONSTRUINDO LÊNIN    393

Sem pensar duas vezes e completamente conscientes do que estão fazendo, eles acendem as chamas das guerras tribais e religiosas de maneira friamente calculada, buscando levar as massas de pessoas para longe do protesto social e político, caminho esse que somente recentemente elas tomaram.[174]

Ele grifou que o ministro do Interior Plehve, a polícia e oficiais do exército basearam deliberadamente suas políticas tanto no *pogrom* de Chisinau quanto nos *pogroms* que o seguiram. Eles trabalharam sobre os "instintos" das massas e as colocaram contra o movimento revolucionário.

Eles estão organizando comerciantes, escriturários e vagabundos descalços reacionários sob uma bandeira que lê: "Derrote o judeu!", complementando naturalmente a organização de operários ignorantes que foi reunida com tamanha facilidade sob o regime de Zubátov, seguida por padres, polícia e "nacionalistas" oriundos da sociedade. Uma vez passadas as fronteiras da zona de assentamento, os druzhinas militantes estabelecidos para surrar os judeus tornaram-se gangues de cocheiros e açougueiros, prontos para surrar "estudantes" e manifestantes trabalhadores como em Saratov no dia 5 de maio de 1902 e em Tomsk em 19 de fevereiro de 1903.[175]

Entretanto, Lênin repetidamente destacou que a independência organizacional do Bund em relação ao POSDR era, em última análise, escolha errada para o operário judeu diante de uma autocracia antissemita e pogromista – o sionismo mais ainda, "à medida que ele repele as forças cultas do proletariado judeu" para longe da luta revolucionária, a fim de juntar-se a uma causa com um objetivo utópico. Mas Lênin acreditava que os projetos antissemitas do governo, "chamando as forças de reação para a batalha, também contribuíam para agitar as forças da revolução". Essa posição um tanto mecanicista encontra formulação exagerada:

A organização de classes do proletariado está sob ameaça imediata muito maior do movimento sionista que do antissemitismo, e tendo em vista que para nós, sociais-democratas, não existe "povo escolhido" nem "povo não escolhido", não podemos,

---

[174] Vladímir I. Lênin, "Мобилизация реакционных сил и наши задачи"/ "Mobilizatsiya reaktsionnih sil i náchi zadátchi" [A mobilização de forças por parte dos reacionários e as nossas tarefas], publicado originalmente no *Iskra*, v. 3, n. 41, 1º jun. 1903, e citado na coletânea *Н. Ленин: о еврейском вопросе в России/ N. Liénin: o evréiskom vopróssie v Rossíi* [N. Lênin: sobre a questão judaica na Rússia] (Tel Aviv, Aticot, 1970)

[175] *N. Liénin: o evréiskom vopróssie v Rossíi*, cit., p. 11.

de maneira nenhuma, ser distraídos da "luta com os preconceitos das massas judias".
O Bund obviamente acredita que tem monopólio exclusivo nessa luta.[176]

Na visão de Lênin, portanto, o sucesso da luta contra o antissemitismo e os *pogroms* dependia de o "proletariado russo" sair em defesa dos "judeus em estado de pânico" como resultado dos *pogroms*. Os organizadores judeus consideraram a posição de Lênin mera conjetura, não estratégia coerente. Ao mesmo tempo, Dimanstein, um dos primeiros especialistas no assunto e, depois, líder da seção judaica do partido bolchevique, observou que Lênin via uma espécie de competição entre seu partido e as forças políticas interessadas na organização em separado dos judeus, particularmente no Bund[177]. Inquestionavelmente, o movimento trabalhista russo sofria de um sério déficit de quadros, e Lênin assumiu a luta com o Bund de maneira secundária, com o propósito de atrair os bundistas, que tinham inclinação internacional, para seu lado[178].

Por fim, Lênin "tropeçou" na questão judaica no período em que o partido foi fundado, isto é, no II Congresso, quando o objetivo era estabelecer um partido social-democrata centralizado e desagrilhoado de questões relativas a pertencimento étnico. Contrários a isso, os sindicatos judeus da Rússia, da Polônia e da Lituânia, assim como o Bund, propuseram um POSDR com organização partidária federativa baseada na autonomia nacional. Essa proposta partia da premissa de que os judeus na Rússia eram uma "nacionalidade" (o IV Congresso do Bund já havia formulado essa ideia) e, além disso, que o proletariado judeu só poderia ser completamente representado pelo Bund.

Embora a maioria do II Congresso no verão de 1903 tenha rejeitado o separatismo do Bund – após um debate demorado e veemente em que Plekhánov, Lênin e Mártov assumiram a liderança[179] –, eles não se provaram excessivamente sensíveis às especiais condições e estilo de vida dos judeus. Em outras palavras, a unidade organizacional do partido posicionou-se acima da liberdade para formar

---

[176] Ibidem, p. 34-6. Ver também LCW, cit., v. 6, p. 332-3, 322-33 e 518-21.

[177] Os fundamentos sociais do alto nível de desenvolvimento organizacional no interior do Bund eram determinados primariamente pelo fator de que, nas cidades multiétnicas da Rússia, o proletariado judeu havia feito desde o início as próprias "técnicas" da luta de classes, embora centros urbanos puramente judaicos jamais tenham chegado a existir. Conforme dados posteriores, após a vitória da revolução, a população de etnia judaica nas cidades da Ucrânia fixava-se em 22,7% do total urbano e a da Bielorrússia, em 40,2%. L. Zinger, *Dos banayte folk* [A origem de um povo] (Moscou, 1941).

[178] Ver a introdução de S. Dimanstein para *N. Lienin: o evréiskom vopróssie v Rossíi*, cit.

[179] Para o debate no interior do partido a respeito, ver *Второй съезд РСДРП, июль-август 1903 года/ Vtorói siezd RSDRP, iiul-ávgust 1903 goda* [Atas do II Congresso do POSDR, julho-agosto 1903] (Moscou, Protokóli, 1959), p. 51 e 60-107.

coletivos nacionais independentes, razão pela qual a resolução do congresso, formulada por Lênin, declarou que a situação na época simplesmente significava a retirada do Bund do POSDR[180]. O que parecia simples em termos da lógica organizacional de um partido revolucionário era considerado ambíguo pelo Bund, especialmente segundo a perspectiva dos interesses presumidos do proletariado judeu. Não deveria ser esquecido que em uma época de rápido aumento nos *pogroms* ocorreu uma rara situação, expressa em um documento da sede de Odessa do Bund em abril de 1903. A essência desse documento era de que o povo judeu representava o povo mais perseguido do império, com acusações de assassinato lançadas contra eles como parte cotidiana da propaganda do clero[181].

Após a conclusão do congresso em Londres e já ciente das experiências dos *pogroms*, Lênin devotou um artigo inteiro à relação problemática entre Bund, POSDR e os judeus na Rússia[182]. As fontes desse pensamento teórico eram compostas de literatura marxista e esquerdista contemporânea, fundamentalmente da Alemanha, da França e da Áustria. Uma tendência no argumento do Bund chamou mais sua atenção: o "apelo ao ideal de uma nação judaica". Baseando-se na autoridade de Kautsky, ele tratou as consequências políticas do separatismo judeu e os objetivos da extrema direita antissemita como virtualmente idênticos: ambos chegavam à mesma conclusão em sua rejeição da assimilação judaica.

Infelizmente, no entanto, essa ideia sionista é falsa e, em essência, reacionária. "Os judeus cessaram de ser uma nação, pois uma nação sem território é impensável", diz um dos teóricos marxistas mais proeminentes, Karl Kautsky[183]. Tudo o que resta para os bundistas é desenvolver a teoria de uma nação judaico--russa, cuja língua seja o ídiche e seu território seja a zona de assentamento... Poderíamos atribuir ao acaso o fato de que são as forças reacionárias por toda a Europa, especialmente na Rússia, que se opõem à assimilação dos judeus e tentam perpetuar seu isolamento? A ideia de uma nacionalidade judaica vai contra os interesses do proletariado judeu, pois ela estimula entre eles, direta ou indiretamente, um espírito hostil à assimilação, o espírito do "gueto". A assimilação "é

---

[180] Ibidem, p. 89-90; ver ainda LCW, cit., v. 6, p. 479. Eles rejeitaram a formulação do Bund submetida à consideração do Congresso (estatuto organizacional n. 2), que fora apresentada da seguinte forma: "O Bund é uma organização social-democrata do proletariado judeu que não é limitada por nenhuma forma de confinamento territorial em sua atividade e integra o partido como único representante do proletariado judeu". Ibidem, p. 473.

[181] *Всеобщий Еврейский Рабочий Союз в Литве, Пульсе и Poccuul Vseobschi Evréiski Rabótchi Soyuz v Litve, Polse i Róssii* [A União Geral dos Trabalhadores Judeus na Lituânia, em Puls e na Rússia], incluído nos Bund Archives, em Nova York.

[182] "The Position of the Bund in the Party", publicado originalmente em russo no *Iskra*, n. 51, 22 out. 1903, e incluído em inglês no LCW, cit., v. 7, p. 92-103.

[183] Ver *Iskra*, n. 42, e a reimpressão à parte *The Kishinev Massacre and the Jewish Question*, n. 3.

a única solução possível para o problema judeu, e deveríamos apoiar tudo *o que promova o fim do isolamento judeu*"[184].

Uma perspectiva atual, após o Holocausto, mostra claramente que Lênin e, é óbvio, Mártov, Kautsky – e mesmo Marx – haviam superestimado a inclinação, a boa vontade e a "capacidade" de a sociedade russa (e europeia) acomodar os judeus. Diferentemente de Lênin, Plekhánov havia pensado por uma perspectiva sionista de maneira realista, mas descobriu que ela era ainda pior que a da assimilação europeia. Ele comparou a fundação de um Estado judeu com a criação da Libéria, chamando atenção para o fato de que mesmo aquilo não havia solucionado o problema para os negros estadunidenses. Em outubro de 1905, em uma entrevista (*Хроника Еврейской Жизни/ Khronika Evreiskoi Jizni* [Crônica da Vida Judaica]) que ele deu a Vladímir Jabotínski, líder do sionismo russo, sua opinião foi de que,

> se você me perguntar, eu não acredito no sionismo, mas não por ele não ser re-alizável. Eu não acredito no sionismo como instrumento de salvação das massas judias. [...] Vamos presumir que já exista um Estado judeu na Palestina com uma população de 2 milhões a 3 milhões. Um Estado dessa natureza não seria capaz de receber toda a massa do povo judeu. E ele também não seria capaz de proteger o povo judeu do antissemitismo. [...] A solução completa para a questão judia não é possível sob as condições oferecidas pela ordem social atual [...], e chamei repetidamente a atenção dos bundistas para o fato de que eles são o tipo de sionista que teme sofrer de enjoo no mar.[185]

A história logo validou o ponto de vista cético de Plekhánov: o ano 1905 provou-se uma virada decisiva.

## A revolução de 1905 e os judeus na Rússia

Os artigos de Lênin durante a Revolução de 1905 mostraram a disseminação do antissemitismo e dos *pogroms* como processo organizado a partir de cima, e essa visão foi aplicada quando os métodos da polícia secreta se tornaram públicos nos dias da revolução. O governo do tsar e as autoridades encobriram sua participação nos *pogroms* apresentando o fenômeno como surto natural de ira do povo contra os "rebeldes judeus" e os "revolucionários judeus". Lênin deu uma descrição precisa de como os *pogroms* foram parte constituinte orgânica dos componentes e das técnicas de controle da contrarrevolução. Em um artigo escrito quase no dia da eclosão da revolução, Lênin associou o enfraquecimento do Estado a seus

---

[184] LCW, cit., v. 7, p. 99-101; grifos do original.
[185] Joseph Nedava, *Trotsky and the Jews*, cit., p. 194 e 272.

esforços para alimentar hostilidades entre os grupos étnicos. A fim de alcançar isso, o Estado reorganizou os Cem-Negros, nova organização de extrema direita que buscava preservar a autocracia, pois as engrenagens da máquina policial estavam desgastadas, e as forças armadas não eram mais suficientes. Com o intuito de alimentar as tensões étnicas, os Cem-Negros eram recrutados "das seções menos desenvolvidas politicamente da pequena burguesia urbana (*seguindo isso, naturalmente da pequena burguesia rural*)"; eles "reuniriam para a defesa do trono todos os elementos reacionários" dentro da sociedade, transformando as ações da polícia em defesa do Estado na luta de uma parte do povo contra a outra.

> Contra a revolução do povo, contra a luta de classes, você não pode contar com a polícia; você precisa do apoio do povo também, o apoio das classes. [...] Isso é precisamente o que o governo está fazendo quando coloca tártaros contra armênios em Baku; quando busca provocar novos *pogroms* contra os judeus; quando organiza gangues dos Cem-Negros contra o povo dos *zemstvos*, estudantes e jovens ginasianos rebeldes; e quando apela para os nobres leais e para os elementos conservadores entre os camponeses. Ah, bem! Nós, sociais-democratas, não ficamos surpresos com essas táticas da autocracia; tampouco ficaremos assustados com elas. Nós sabemos que promover a animosidade racial não vai mais ajudar o governo, tendo em vista que os operários começaram a organizar a resistência armada contra os bandidos do *pogrom*.[186]

Lênin não somente escreveu sobre a "promoção das hostilidades raciais", como sobre de que maneira ela foi conscientemente dirigida e cuidadosamente planejada e, em última análise, tinha a intenção de levar à eclosão da guerra civil e, portanto, à derrota da revolução. Lênin viu uma possibilidade de evitar a vitória da contrarrevolução por meio de uma "guerra civil" contra ela. Como ele imaginou, a "contraguerra civil" (na realidade, ele já estava discutindo uma guerra civil preventiva a essa altura) daria poder aos milhões de oprimidos, colocando um fim a todas as formas de opressão, incluindo a opressão racial e nacional. Lênin tinha um pressentimento surpreendentemente à frente dos outros da importância da "questão judia" no que dizia respeito ao alcance da revolução e da contrarrevolução. No prefácio ao relatório sobre o III Congresso do POSDR, publicado em ídiche, Lênin continuou a conclamar os sindicatos de várias etnias a se livrarem de sua condição étnica como condição fundamental da resistência revolucionária contra o tsarismo[187].

---

[186] Vladímir I. Lênin, "Preface to the *Pamphlet Memorandum of Police Department Superintendent Lopukhin*", em LCW, cit., v. 8, p. 202-5.
[187] Ver idem, "To the Jewish Workers", em LCW, cit., v. 8, p. 495-8.

De acordo com essa postura, Lênin quase gritou de alegria ao saber que operários judeus e russos estavam tomando medidas conjuntas contra os *pogroms*. Cada evento em que os próprios operários enfrentavam os pogromistas era de especial importância para ele, à medida que alguns operários também haviam se juntado aos destacamentos dos Cem-Negros quando eles foram formados[188]. Esses operários "errantes" normalmente não eram oriundos das massas industriais, e sim dos focos atrasados da contrarrevolução. Da Suíça, Lênin havia informado seus leitores em agosto que "um acordo foi concluído entre os bolcheviques, os mencheviques e o Bund [...]. 'Arrecadação conjunta de dinheiro para a compra de armas, um plano conjunto de ação, etc.'" para combater os *pogroms*[189]. Verdadeiramente, Lênin identificava os Cem-Negros, a autocracia e o governo como um só e não revelou as forças dentro do governo que denunciaram os *pogroms*, o que foi um curso ditado pelos objetivos práticos de um político revolucionário. Ao mesmo tempo, não apenas Lênin estava certo que uma relação orgânica havia sido forjada entre os Cem-Negros e os grupos analfabetos de trabalhadores "atrasados" vinculados aos vilarejos e à terra em muitas regiões, incluindo a Rússia central, mas os marxistas russos em geral tinham essa ideia; os operários social-democratas levaram essa experiência em consideração quando, durante o curso da luta revolucionária, conceberam as melhores formas possíveis de batalha[190]. Lênin publicou um achado inovador em um periódico de 20 de setembro de 1905, dizendo que a autocracia e a contrarrevolução tinham sido bem-sucedidas ao criar "ambientes revolucionários" do povo judeu vivendo na zona de assentamento. O achado também é considerado importante pela maior parte da historiografia atual. Por exemplo, 29,1% dos presos por crimes políticos entre 1901 e 1903 eram judeus (2.269 indivíduos); em 1905, judeus representavam com 53% do total de prisões políticas[191].

Lênin esteve entre os primeiros a perceber que as massas oprimidas judias se tornaram apoiadoras da revolução em virtude das capacidades culturais e sociais que elas haviam desenvolvido ao longo da história. Ele foi o primeiro a chamar atenção para o elo "oficial" entre o slogan "derrote o judeu!", o antissemitismo, os *pogroms* e as tendências antiesquerda, antissocial-democracia.

---

[188] Ver György Bebesi, *A feketeszázak* [Os Cem-Negros] (Budapeste, MRI, 1999).

[189] Vladímir I. Lênin, "The Black Hundreds and the Organisation of an Uprising", em LCW, cit., v. 9, p. 200-4; publicado originalmente em russo no *Proletary*, n. 14, 16 (29) ago. 1905.

[190] I. V. Omeliantchuk, "Социальный состав черносотенных партии в начале XX века"/ "Sotsiálny sostav tchernossótiennykh párti v natchale XX vieka" [Composição social dos Cem-Negros no início do século XX], *Отечественная История/ Otiétchiestvennaia Istória* [História Nacional], n. 2, 2004, esp. p. 87-9.

[191] Ver O. Budnítski, *Rossískie evréi*, cit., p. 53.

O povo judeu havia plantado a semente da revolução nos círculos dos operários russos mais atrasados. Isso foi o suficiente para tornar o "judeu" um símbolo da revolução aos olhos do governo. [...] Após os *pogroms* de Chisinau, seguiram-se diversos outros *pogroms* judeus; a batalha contra a revolução se deslocou para a Rússia central.[192]

Lênin retornou à Rússia no fim de novembro e teve a oportunidade de observar como, seguindo a supressão do levante armado de Moscou em dezembro de 1905, a contrarrevolução usou a carta antissemita e pogromista por toda a Rússia – como em Belostok, Lugansk e Vologda. A visão geral que emerge dos escritos de Lênin é inequívoca: o *pogrom* é um fenômeno organizado, que recebe encorajamento de cima, enquanto a ralé atua mediante subornos e agitação. Em um exame do *pogrom* de Belostok, Lênin baseou-se em um telegrama do eleitor dos civis da cidade.

Começou um *pogrom* antijudeu *deliberadamente organizado*. [...] Uma agitação vigorosa em prol do *pogrom* foi levada adiante nas últimas duas semanas. Nas ruas, particularmente à noite, folhetos foram distribuídos, convocando para o massacre não somente de judeus, mas também de intelectuais. *A polícia simplesmente fechou os olhos a tudo isso.*[193]

Ao comentar sobre o velho e bem conhecido cenário, Lênin observou que "folhetos são impressos em gráficas do governo conclamando para o massacre dos judeus. Quando o *pogrom* inicia, a polícia se mantém inativa" – e não apenas isso, como

as tropas silenciosamente observam os feitos dos Cem-Negros. No entanto, mais tarde, essa mesma polícia passa pela farsa da acusação e do julgamento dos pogromistas. [...] Instigação vil, suborno e bebedeira do rebotalho de nossa "civilização" capitalista amaldiçoada, o massacre brutal de pessoas desarmadas por pessoas armadas.[194]

Após a derrota da revolução, o antissemitismo enraizou-se em um estrato cada vez mais amplo da sociedade, especialmente na zona de assentamento e em áreas vizinhas.

---

[192] Incluído em *N. Liénin: o evréiskom vopróssie v Rossíi*, cit., p. 44. Esse escrito de Lênin não consta nos *Lenin's Collected Works*; o artigo deveria ter sido incluído no volume 9, embora esses pensamentos também apareçam em outros escritos dele.

[193] Vladímir I. Lênin, "The Reaction Is Taking to Arms", em LCW, cit., v. 10, p. 508-13.

[194] Idem.

## Separatismo ou assimilação?

Os pontos de vista de Lênin relativos ao problemático campo da questão judaica não mudaram muito no período da derrota da Revolução de 1905 até o início da Primeira Guerra Mundial. Ele tratou o problema ideológica e teoricamente pela perspectiva de uma "assimilação voluntária e democrática", embora suas respostas normalmente partissem de conflitos que apontavam na direção da impossibilidade dessa assimilação. Uma Rússia "medieval" e um "Bund separatista", que na realidade "pressupunham" um ao outro, não aquiesciam aos argumentos revolucionários e racionais de Lênin, embora a seus olhos isso não se tratasse de um caso contra a revolução, e sim a favor dela. Ele tinha consciência, a partir de seu excelente conhecimento da história social e econômica russa, que a base social do Bund era composta de uma força de trabalho judaica objetivamente em isolamento, com uma tradição de artesanato e possuindo uma psicologia própria[195].

É sabido que o separatismo étnico era, de certa maneira, o "ponto fraco" do movimento dos trabalhadores por toda a Europa oriental. Por um lado, os movimentos de independência nacional combatendo as monarquias eram supervisionados por determinados grupos da velha intelectualidade, o clero, a nobreza ou a burguesia formativa respectivamente, dependendo do país da Europa oriental de que estivéssemos falando. Em segundo lugar, não era fácil reconciliar os valores dos movimentos de renascimento nacional e os objetivos social-políticos do movimento dos trabalhadores, tendo em vista que a liderança, a ideologia e a formação social dos movimentos nacionais eram absolutamente diferentes daquelas do movimento trabalhista, resultando mais em competição que em solidariedade[196].

Nesse sentido, a social-democracia russa jamais colocou os objetivos organizacionais e políticos do movimento dos trabalhadores atrás daqueles dos movimentos nacionais e, mesmo entre os sociais-democratas, Lênin era provavelmente o mais atormentado a respeito disso. Entretanto, ele logo reconheceu o papel peculiar do nacionalismo e, desse modo, permaneceu devotado à união política, independente

---

[195] Essa circunstância extremamente importante foi enfatizada por Dimanstein, que em 1924 compilou os escritos de Lênin sobre temas judaicos, com introdução sua, em *N. Liénin: o evréiskom vopróssie v Rossíi*, cit., p. 13. "A hegemonia do Bund entre os judeus que vivem na zona de assentamento do Pale foi possibilitada pela baixa participação de trabalho judeu na grande produção industrial, pela proximidade ao segmento pequeno-burguês da sociedade por meio de seu artesanato, e pela opressão nacional do regime autocrático, bem como pelo fato de que nosso partido não se adaptou ao trabalho junto aos judeus em consequência da língua [judeus russos falavam ídiche, geralmente]."

[196] Emil Niederhauser, *A nemzeti újjászületési mozgalmak Kelet-Európában* [Os movimentos de renascimento nacional no Leste europeu] (Budapeste: Akadémiai Kiadó, 1977); Emil Palotás, *A Balkán-kérdés az osztrák–magyar és az orosz diplomáciában* [A questão balcá na diplomacia austro-húngara e russa] (Budapeste, Akadémiai Kiadó, 1972).

do pertencimento nacional, da população (muitíssimo) etnicamente misturada[197]. Em 1913, sua atenção foi atraída para a diferença enfática na maneira que a questão judaica foi "tratada" na Rússia e na Europa ocidental, e ele salientou os efeitos destrutivos de um sistema educacional segregado com base em linhas étnico-religiosas[198].

> A expressão extrema do nacionalismo dos dias de hoje é o arranjo para a nacionalização das escolas judaicas. [...] O que essa nacionalização significa? Ela significa segregar os judeus em escolas judaicas *especiais* (escolas secundárias). As portas de todos os estabelecimentos educacionais – tanto privados quanto estatais – serão fechadas para os judeus. Esse plano "brilhante" se completa com a proposta de limitar o número de alunos nas escolas secundárias judaicas à notória "cota"! [...] O exemplo dos países avançados no mundo – digamos, Suíça na Europa ocidental ou Finlândia na Europa oriental – mostra que apenas instituições estatais consistentemente democráticas asseguram a coexistência mais pacífica e humana (não bestial) de várias nacionalidades, *sem* a separação danosa e artificial da educação de acordo com nacionalidades.

Pelo menos alguns dos países da Europa ocidental eram modelos para Lênin, pois na Rússia as soluções medievais tipificavam a vida política:

> Na Europa oriental, existe um país onde coisas como o caso Beiliss ainda são possíveis, e os judeus são condenados pelos purichkievistas a uma condição pior que a dos negros. Naquele país, um arranjo para a nacionalização das escolas judaicas foi recentemente levado à baila no ministério. Felizmente, essa utopia revolucionária não tem mais chance de ser realizada. [...] Na Áustria, a ideia de autonomia nacional-cultural permaneceu em grande parte um arroubo de fantasia literária, que nem os social-democratas austríacos não levaram a sério. Na Rússia, entretanto, ela foi incorporada nos programas de todos os partidos burgueses judeus e de vários elementos oportunistas pequeno-burgueses.

Ficou claro que a cultura dos Cem-Negros estava por trás do julgamento, e o tsar Nicolau II era um apoiador fanático do grupo; os registros em seu diário

---

[197] Os bolcheviques organizaram uma conferência ilegal de partido, sob a liderança de Lênin, em Poronin em 1913, para tratar tematicamente da questão do nacionalismo. A resolução tirada enfatizou a "natureza reacionária da separação de autoridades educacionais com base na etnia" e ancorava-se em uma política de "unidade de classe sem restrições étnicas". Ver *Az SZKP kongresszusainak, konferenciáinak és KB plénumainak határozatai* [A resolução dos congressos, conferências e plenárias do Comitê Central do Partido Comunista Soviético], parte 1, p. 363.

[198] Ver Vladímir I. Lênin, "The Nationalisation of Jewish Schools", em LCW, cit., v. 19, p. 307-8.

evidenciam um antissemitismo similarmente fanático, tendo considerado *Os protocolos dos sábios de Sião* um trabalho excelente, até Stolypin avisá-lo de que a obra não passava de mera falsificação. Mesmo o ministro do Interior, Marakov, era apoiador do partido dos Cem-Negros, assim como o era o Sindicato do Povo Russo, à época do julgamento de Beiliss[199]. Lênin mostrou que os conflitos militares aprofundaram o "separatismo étnico" não apenas na Rússia, mas também além de suas fronteiras. Ele desenvolveu sua posição em relação à questão da separação nacional baseado na análise que fez das relações de capital: embora o capital multiétnico chegue a acordos de negócios, ele opõe o *trabalho* contra aqueles que assumem o trabalho, no mercado de trabalho e na vida cotidiana, com base em fundamentos ético-nacionais. Em *Observações críticas*, escreveu:

> O que sobra é a tendência histórica mundial do capitalismo de derrubar barreiras nacionais, obliterar distinções nacionais e assimilar nações – uma tendência que se manifesta mais e mais poderosamente a cada década que passa, e é uma das mais importantes forças propulsoras transformando o capitalismo em socialismo.[200]

Baseado nisso, atacou com cada vez mais veemência as visões românticas e nostálgicas surgindo por trás do slogan da "cultura nacional". Ele também disse que as tendências judaicas do separatismo reduzem os potenciais revolucionários escondidos no povo judeu a cinzas – em razão de seu status social e de cultura – e negligenciam completamente a perspectiva de classe.

Mas há outros elementos na cultura e na história judaicas como um todo. De 10,5 milhões de judeus no mundo, mais da metade vive na Galícia e na Rússia, países atrasados e semibárbaros, onde eles são *forçosamente* mantidos no status de casta. A outra metade vive no mundo civilizado, e lá os judeus não vivem como casta segregada. [...] Quem quer que, direta ou indiretamente, promova o lema da "cultura nacional" judaica é um inimigo do proletariado (não importa quais sejam suas boas intenções), um apoiador de tudo que está *ultrapassado* e ligado à *casta* entre o povo judeu; é um cúmplice dos rabinos e da burguesia. Por outro lado, aqueles judeus marxistas que se associam com os russos, os lituanos, os ucranianos e outros operários nas organizações marxistas internacionais e fazem sua contribuição (tanto em russo quanto em ídiche) em busca da criação de uma cultura internacional do movimento da classe trabalhadora, esses judeus, apesar

---

[199] Idem, "Critical Remarks on the National Question", em LCW, cit., v. 20, p. 37-8. Ver também W. Laqueur, *Черная сотня/ Tchórnaia sotnia* [Os Cem-Negros] (Moscou, Tekst, 1994), p. 62-3, e György Bebesi, *A feketeszázak*, cit..

[200] LCW, cit., v. 20, p. 28.

RECONSTRUINDO LÊNIN    403

do separatismo do Bund, sustentam as melhores tradições do povo judeu ao combater o slogan da "cultura nacional".[201]

No entanto, quando Lênin relembrou a Rússia do fim do século XIX em sua famosa conferência sobre a Revolução de 1905 – evento que ocorreu no dia 9 (22) de janeiro de 1917 em uma assembleia de jovens operários na Casa do Povo de Zurique –, o que deve ter lhe chamado a atenção particularmente em relação a esse período foi a imutabilidade do governo autocrático e a mudança para pior das circunstâncias. Ao mesmo tempo, ele traçou para os judeus a perspectiva de que as políticas pogromistas e antissemitas do tsar jogariam massas significativas do povo judeu nos braços da esquerda revolucionária.

O tsarismo expressou seu ódio particularmente sobre os judeus. Por um lado, eles forneceram uma porcentagem particularmente alta (comparada com o total da população judaica) de líderes do movimento revolucionário. E agora, também, deve ser observado para o crédito dos judeus, que eles fornecem uma porcentagem relativamente alta de internacionalistas em comparação com outras nações. Por outro lado, o tsarismo explorou habilmente os preconceitos mais básicos antijudeus do estrato mais ignorante da população a fim de organizar, senão de liderar diretamente, *pogroms* – mais de 4 mil foram mortos e mais de 10 mil mutilados em cem cidades. Esses massacres atrozes de judeus pacíficos, suas esposas e seus filhos gerou asco em todo o mundo civilizado. Eu tenho em mente, é claro, o asco dos elementos de fato democráticos do mundo civilizado, e esses são *exclusivamente* os operários socialistas, os proletários.[202]

Todos esses pensamentos não somente tornaram-se oportunos em 1917, como também provocaram uma virada na história mundial que era em parte contrária ao que Lênin esperava. Com a guerra mundial e a guerra civil, a revolução e a contrarrevolução, um genocídio do povo judeu, em uma escala desconhecida anteriormente, adentrou o palco da história[203].

---

[201] Ibidem, p. 26.
[202] LCW, cit., v. 23, p. 250.
[203] O genocídio em 1915 foi ele próprio uma consequência da Primeira Guerra Mundial. É fato conhecido que, sob condições de colapso total, o Exército turco e pessoal armado levaram a cabo o extermínio de muitas centenas de milhares de armênios – ou, conforme alguns dados, um milhão e meio.

## Da guerra mundial à guerra civil

No comando do recentemente estabelecido governo revolucionário, o Conselho do Comissariado do Povo, Lênin acompanhou de perto os problemas relacionados à população judaica desde os primeiríssimos dias após a Revolução de Outubro. Duas observações lançaram luz sobre as raízes do problema. Embora ele soubesse bastante bem que a guerra imperialista havia colocado em movimento o terror em massa contra os judeus, centenas de milhares de judeus (alguns relatos dizem 1 milhão) foram expatriados ou evacuados devido a operações militares ou ao preconceito antissemita. Se tivessem sorte o suficiente para encontrar trabalho, eles aderiam à produção industrial na zona ocidental da Rússia interior: "Como consequência da guerra, judeus educados foram realocados em grandes números para cidades russas. Foram eles que cessaram a sabotagem geral, com que fomos confrontados imediatamente após a revolução, e que implicava grandes perigos"[204]. Com essa realocação – ou "dispersão" – dos "quadros revolucionários", houve não somente um deflagrar evidente de perseguição de judeus e um crescimento no antissemitismo, como também a "preparação" do campo revolucionário ganhou impulso efetivo. A história esclareceu que a crescente força do antissemitismo e a expansão dos *pogroms* foram resultado de políticas oriundas das convicções antissemitas das mais altas lideranças militares, juntamente com a guerra mundial. A liderança militar acusou toda a população judaica de ser composta de "traidores". Esse é o momento em que os judeus se tornaram o bode expiatório imediato para tudo que estivesse ligado a derrotas militares e à piora de condições de vida – "traidores, espiões, formadores de cartéis, especuladores" etc. Toda vez que os *pogroms* eclodiam, eles serviam aos instintos gatunos de soldados, unidades em retirada e cossacos. Anos tiveram de se passar antes que a população não militar, fundamentalmente grupos específicos do campesinato, aderisse a esses assassinatos antissemitas desenfreados, que se moderaram temporariamente no ano da Revolução de 1917, mas que explodiram com uma força muito mais brutal no curso da guerra civil[205].

---

[204] "Lênin pressupunha, no que diz respeito ao efeito da guerra imperialista na Revolução de Outubro, que um pesquisador futuro não levaria em conta o enorme efeito desempenhado por determinados fatores, tais como a evacuação das fábricas da região báltica e de outras regiões periféricas em direção à Rússia central como consequência de manobras de guerra, que foi seguida da evacuação significativa da população judaica para o centro da Rússia, ao menos dentre o segmento mais ativo." Ver a introdução de S. Dimanstein, em *N. Liénin: o evréiskom vopróssie v Rossíi*, cit., p. 17.

[205] "A política de perseguição contra judeus não era *apenas* o antissemitismo pessoal do príncipe Nikolai Nikoláievitch e seu braço direito, N. N. Ianúchkevitch. Essa política operava como uma teoria militar: os oficiais eram instruídos sobre os elementos danosos e úteis da sociedade em suas escolas e academias. [...] Os judeus se enquadravam no papel daqueles que causaram

Lênin e os bolcheviques tomaram medidas contra os excessos antissemitas no primeiro dia da revolução, quando – talvez surpreendentemente para eles – o antissemitismo afetou seu próprio "campo". Os primeiros *pogroms* após a Revolução de Outubro foram levados a cabo pelas recentemente formadas subdivisões do Exército Vermelho, que ainda não havia sido treinado em disciplina militar. Na primavera de 1918, à medida que os alemães avançavam na Ucrânia, essas unidades do Exército Vermelho recuavam para a província de Tchernigov. Ao tomar conhecimento dos horrores do *pogrom* de Mglina, Zórin, capitão de uma das unidades de camponeses recrutados, executou dois pogromistas no próprio local; no entanto, ele mesmo teve de fugir[206]. Por sua vez, o II Congresso de Sovietes de Toda a Rússia havia, em um decreto do segundo dia da Revolução de Outubro (a noite de 8 para 9 de novembro), determinado que todos os sovietes locais deviam tomar medidas assertivas contra todos os "*pogroms*, incluindo aqueles contra os judeus", especialmente tendo em vista que a Duma e o governo provisório não eram capazes de impor medidas efetivas contra essa "doença"[207]. Com a desintegração da ordem, o caos levou a uma cultura de *pogrom*s mais arraigada; as autoridades não conseguiam controlá-la usando as medidas normais[208].

O Soviete de Moscou aprovou um decreto em separado no dia 28 de abril de 1918, "Sobre a agitação de *pogroms* antissemitas em Moscou e na região de Moscou". Ele enfatizava que uma atenção especial devia ser dada à "agitação antissemita do clero em apoio aos Cem-Negros, o que faz parte do trabalho contrarrevolucionário do clero". Atendo-se a uma perspectiva de classe, o soviete considerava desnecessário o "estabelecimento de destacamentos de combate

---

os fracassos militares e inviabilizaram finanças. Ao mesmo tempo, eles eram completamente indefesos." Ver O. Budnítski, *Rossískie ievrei*, cit., p. 286-7 e 290. A compilação mais completa de documentos sobre os *pogroms* até hoje, obrigatória para pesquisadores sobre o assunto, encontra-se em L. B. Miliakova (org.), *Книга погромов: погромы на Украине, в Белоруссии и европейской части России в период Гражданской войны 1918-1922/ Kniga pogrómov: pogrómi na Ukraíne, v Belorússi i evropéiskoi tchásti Rossíi v períod Grajdánskoi vóini 1918-1922* [O livro dos *pogroms*: *pogroms* na Ucrânia, na Bielorrússia e na parte europeia da Rússia durante a Guerra Civil de 1918-1922] (Moscou, Rosspen, 2007).

[206] Ver O. Budnítski, *Rossískie evréi*, cit., p. 19. Budnítski não enfatiza suficientemente o fato de que, para os bolcheviques, o antissemitismo e o *pogrom* antissemita sempre contaram como crime mais grave, ao passo que entre petliuristas, cossacos e brancos, isso não era sequer considerado crime, a menos que se entenda as fracas admoestações de Deníkin como "protesto".

[207] Ver G. V. Kostirtchenko, *Тайная политика Сталина: власть и антисемитизм/ Táinaia politika Stálina: vlast i antisiemitizm* [A política secreta de Stálin: poder e antissemitismo] (Moscou, MO, 2003), p. 55.

[208] O Comissariado para Questões Judaicas foi criado pelo Conselho do Comissariado do Povo no dia 21 de janeiro de 1918 e operou no interior do quadro do Comissariado do Povo para as Nacionalidades, encabeçado por Stálin.

judeus separados"[209]. Como presidente do Conselho do Comissariado do Povo, Lênin demandou mais medidas radicais contra o antissemitismo. Seus esforços foram recompensados com o famoso decreto, originalmente proposto por Svérdlov, que foi publicado pelo Conselho do Comissariado do Povo em 27 de julho de 1918. Lênin redigiu-o novamente em relação a vários pontos e "radicalizou" os passos do governo soviético contra o antissemitismo, tornando a "erradicação do antissemitismo" compulsória para todos os sovietes. O documento bania todas as pessoas e as organizações que continuassem a agitação em *pogroms*. Ele escreveu essas observações em tinta vermelha no documento[210].

O decreto publicado foi intitulado "Erradicação do movimento antissemita por suas raízes". Em relação às áreas afetadas pelos *pogroms*, observou-se que essas se encontravam seguidamente próximas da frente de batalha, enfatizando seu "aspecto militar". Os signatários do decreto salientaram que o antissemitismo era a ferramenta mais efetiva nas mãos da contrarrevolução para assegurar uma base social. Como também atestam outros documentos, essa atitude encontrou da mesma forma expressão na "agitação antissemita do clero pró-Cem-Negros". A importância dessa perspectiva pode ser vista no fato de que ela aparece na luta contra o antissemitismo e nas campanhas de *pogroms* mais tarde, em diversos documentos e artigos soviéticos.

> Os capitalistas judeus são nossos inimigos, mas não como judeus, como burgueses. O operário judeu é nosso irmão. [...] O Conselho do Comissariado do Povo declara o movimento antissemita e os *pogroms* contra os judeus destrutivos à causa da revolução campesina e conclama o povo trabalhador da Rússia socialista para combater essa doença com todos os meios possíveis. Inimigos nacionais enfraquecem nossas linhas revolucionárias, dividem a frente operária, que é livre de diferenças étnicas, e apenas serve a nossos inimigos.[211]

Os bolcheviques ficaram surpresos que os *pogroms* se transformaram em genocídio em partes da Ucrânia e Rússia do fim de 1918 até o fim de 1920. Das centenas de *pogroms*, a maioria foi cometida pelo exército voluntário do general

---

[209] Para mais sobre isso, ver Tamás Krausz, *Bolsevizmus és nemzeti kérdés*, cit., p. 52-3.

[210] Anatóli V. Lunatchárski, *Об антисемитизме/ Ob antisemitizme* [Sobre o antissemitismo] (Moscou/Leningrado, 1929), p. 38, e V. Bontch-Bruiévitch, "Об антисемитизме"/ "Ob antisemitizme" [Sobre o antissemitismo], em *Против антисемитизма/ Prótiv antisemitizma* [Contra o antissemitismo] (Leningrado, 1930), p. 13.

[211] Ver, do Comissariado do Povo para os Assuntos Nacionais, *Политика советской власти по национальному вопросу за три года 1917-1920/ Politika sovetskoy vlastyi po natsionalnomu voprosu za tri goda 1917-1920* [A política do governo soviético para questões nacionais, 1917-1920] (Moscou, Gos. Izdat, 1920), p. 31. O decreto foi assinado por Lênin, Stálin e Bontch-Bruiévitch.

Denikin e os bandos armados dos petliuristas em nome do Diretório Independente da República do Povo Ucraniano, estes superando em muito mesmo os denikinistas na prática de assassinatos. As campanhas de *pogrom* impessoais levaram à morte bestial de muitas dezenas de milhares de pessoas, com alguns dados indicando o número de baixas em 200 mil[212].

Ao fim de 1919, Lênin propôs – em um relatório especial para o Comitê Central do Partido Comunista Russo relativo à situação dos operários judeus – o que o governo soviético precisava realizar em meio às massas judaicas. O documento enfatizou: "Camponeses que não eram inimigos passaram a ser influenciados pelos *pogroms* levados a cabo pelos bandos na Ucrânia, o antissemitismo corrompeu a vida social como um todo"[213]. O antissemitismo e o *pogrom* eram o cimento político-ideológico para a ditadura do corpo de oficiais da Guarda Branca simbolizada pelos nomes de Deníkin e Koltchak, e a contrarrevolução guarda-branquista em geral. A situação era similar na Ucrânia petliurista; após a derrota alemã, a derrubada com o apoio polonês do governo soviético reforçou o antissemitismo à medida que um inimigo comum – o "judeu" – foi descoberto. As tropas antissemitas que haviam se tornado a norma na primeira parte da Primeira Guerra Mundial foram significativamente transformadas, e os bolcheviques precisavam reagir logo. O centro de propaganda do Exército Voluntário (*Osvag*), juntamente com seus intérpretes ideológicos, acrescentou um elemento às descrições tradicio-

---

[212] Após uma análise crítica dos dados mais recentes, O. Budnítski publicou os seguintes números, baseado numa gama de fontes e referências: entre 1918 e 1920, mais de 1.500 *pogroms* ocorreram em 1.300 assentamentos. Com base numa série de estimativas, o número de pessoas assassinadas fica entre 50 mil e 200 mil. Aproximadamente 50 mil mulheres enviuvaram e 300 mil crianças tornaram-se órfãs. Centenas de assassinatos dos mais horripilantes foram cometidos, e milhares de mulheres e jovens foram estupradas. A tortura e os assassinatos para além da imaginação humana competem apenas com o Holocausto em termos de pior horror. Para mais sobre o assunto, ver o citado *Bogrovaya knyiga*, que inclui uma introdução de Górki, escrita em 1922. Ver também a introdução de L. B. Miliakova para a coletânea organizada por ela própria, *Kniga pogromov*, cit., p. iii-xxviii, e S. P. Pavliutchenkov, "Еврейский вопрос в революции, или о причинах поражения большевиков на Украине в 1919 году"/ "Evréiski voprós v revoliútsi, íli o pritchinakh porajiéniia bolchevíkov na Ukraíne v 1919 godu" [A questão judaica na revolução, ou os motivos da derrota dos bolcheviques na Ucrânia em 1919], em *Военный коммунизм: власть и массы/ Voiénny kommunizm: vlast i massy* [Comunismo militar: o poder e as massas] (Moscou, Rússkoie Knigoizdátelskoie Tovarischestvo, 1997), p. 251-63.

[213] "Докладная записка центрального Бюро Еврейских Коммунистических Секций при ЦК и Главного Бюро Еврейских Коммунистических Секций при ЦК КПУ"/ "Dokladnaia zapiska tsentralnogo Biúro Evréiskih Kommunístitcheskih Sektsii pri CK i Glavnogo Biúro Evreiskih Kommunístitcheskih Sektsii pri CK KPU" [Memorando do escritório central das seções comunistas judaicas do Comitê Central e do Escritório Principal das Seções Comunistas Judaicas do Comitê Central do Partido Comunista da Ucrânia], em *N. Liénin: o evréiskom vapróssie v Rossíi*, cit., p. 86.

nais dos judeus como "assassinos de Jesus", "traidores", "espiões", "açambarcadores de dinheiro" e "especuladores". Agora, havia um novo avatar do "judeu mau": a figura do "comissário comunista soviético". O assassinato do "judeu venal" como "comissário judeu tirano" era sempre acompanhado por roubo e saque, o que pela agitação e pela propaganda branco-guardista e nacionalista ucraniana foi elevado a "novas alturas morais": "Derrote o judeu e salve a Rússia!" (ou, às vezes, a Ucrânia), e "derrote o judeu, abaixo a comuna!". A pesca de arrasto do antissemitismo incluía um segmento significativo da intelectualidade liberal-conservadora anterior (previamente concentrada no Partido KD), que havia agora se dissipado no nível da propaganda antissemita branco-guardista. Isso ficou evidente à época no "assemitismo" mais contido de Piotr Struve ou no antissemitismo de Serguei Bulgákov, um filósofo religioso vekhista que havia assumido o manto de um padre, que clamava por *pogroms*. Um modo posterior de pensamento continha o preconceito básico de que a Revolução Russa foi "lançada sobre a Rússia por uma intriga estrangeira, na imagem dos judeus", que foi "suplementada" com o que poderia ser chamado de antissemitismo tradicional da Igreja ortodoxa russa[214]. Embora o movimento dos Cem-Negros tenha terminado anos antes, sua ideologia permeou o pensamento de um amplo estrato da sociedade. Era como se parte expressiva da sociedade tivesse se tornado os Cem-Negros.

Uma massa de documentos e pesquisas revela claramente o que os brancos tentaram – se apenas para efeito internacional – para esconder os *pogroms* por trás de um véu de conspiração. Os bolcheviques fizeram o oposto, expondo desde o início as agitações dos *pogroms* e mesmo os *pogroms* dentro das tropas do Exército Vermelho[215]. Lênin e as principais lideranças bolcheviques sabiam

---

[214] O. Budnítski, *Rossískie evréi*, cit., p. 69-70, 268-71, 344-6, 354-61. Os políticos e intelectuais *kadets* em torno de Deníkin aceitaram praticamente sem objetar que as tropas do general realizassem mais de 200 mil *pogroms* apenas na Ucrânia. Os liberais sujeitavam tudo à vitória militar, sacrificando por completo seu programa burguês democrático aos interesses da ditadura dos oficiais militares. Para mais sobre esse assunto, ver Aleksandr Uchakov, "A zsidók és az orosz forradalom. Adalékok a kérdés felvetéséhez" [Judeus e a Revolução Russa: para a formulação de questões], em Tamás Krausz (org.), *1917 és ami utána következett* (Budapeste, Magyar Ruszisztikai Intézet, 1998), p. 160-8. Às vezes parece que o próprio Uchakov sofreu influência dos preconceitos que faziam parte da propaganda dos guardas brancos, pois não esclarece que a maioria judaica nos partidos e também entre os comissários está ligada à maior proporção de letrados e intelectuais entre eles, em função de circunstâncias conhecidas.

[215] Essa situação está bem documentada em um artigo escrito pelo comissário do 1º Exército de Cavalaria, I. Várdin, que apareceu no *Pravda* no dia 14 de maio de 1918, intitulado "Против еврея: за царя"/ "Prótiv ievreia: zá tsariá" [Contra o judeu, pelo tsar]: "A batalha contra a judiaria se tornou indissociável da batalha contra o governo soviético, o partido dos comunistas. 'Derrote o judeu, salve a Rússia! Abaixo os comunistas e os comissários!' Esse grito ressoa sempre que os

de cada ocorrência em detalhes e estavam conscientes dos fatos terríveis do antissemitismo. Dimanstein relatou pessoalmente a Lênin essas ocorrências[216].

As reações aos *pogroms* por Lênin, Trótski e a liderança soviética em geral foram firmes, comprometidas e bem pensadas, mas também flexíveis, adaptando-se à situação que evoluía à medida que as soluções eram buscadas. (As experiências de 1905 foram úteis neste sentido.) Lênin e Trótski assumiram a posição de que não era oportuno organizar o exército nem o partido com base em premissas étnicas, à medida que uma revolução internacionalista não podia envenenar-se com o nacionalismo, a própria ideologia que unia os brancos. Deníkin ou Wrangel, com sua ideologia antissemita e a promessa de "uma Rússia, indivisível", pareciam simplesmente ser restauradores do velho sistema tsarista, que queriam algum tipo de monarquia modernizada no lugar do sistema bolchevique[217]. Lênin e todos os bolcheviques salientavam continuamente que os brancos eram apoiados e "mantidos" pelo Ocidente por razões políticas e de poder e que estavam comprometidos em atuar para desacreditar a propaganda "democrática" e "nacional" branca e ocidental. Lênin, por outro lado, podia seguir um internacionalista mesmo assumindo uma posição de "defesa da pátria" contra a intervenção e a guerra – adotando uma nova terra natal e um "patriotismo estatal" estabelecido socialmente –, mas ao mesmo tempo execrando os brancos baseado nessas mesmas razões, como representantes do "capital francês-britânico-estadunidense"[218].

A tentativa dos líderes bolcheviques de subordinar a autodefesa armada judaica ao Exército Vermelho estava relacionada à disposição teórica da política de Lênin. O decreto de 17 de novembro de 1918 do Conselho do Comissariado do Povo declarou "fechada a Liga dos Soldados Judeus". A fusão dos soldados em um Exército Vermelho, livre de separatismo étnico, estava completa.

O governo soviético restringiu as instituições de separatismo e nacionalismo judeus (sionismo) que tinham uma inspiração explicitamente burguesa. Com o fechamento da liga, a Agência Central das Comunidades Judaicas também foi banida, e sua propriedade foi passada para os sovietes locais – desse modo,

---

poderes sombrios de sacerdotes, proprietários de terras, *kulaks* e comerciantes se levantam para a batalha". Várdin também escreveria para a edição de 12 de junho do mesmo ano: "'Judeu fedorento', esse era o osso com o qual o tsar e os proprietários de terras tentaram encher as bocas famintas dos trabalhadores e camponeses", conforme citado por O. Budnítski, *Rossískie evréi*, cit.

[216] *N. Líenin: o evréiskom vopróssie v Rossíi*, cit., p. 16-7.

[217] Para o caráter histórico das ditaduras dos generais brancos e os objetivos de seus líderes, ver Iván Halász, *A tábornokok diktatúrái, a diktatúrák tábornokai*, cit., p. 109 e 246.

[218] Para mais detalhes, ver meu artigo resumido "Bolsevizmus és nemzeti kérdés" [Bolchevismo e a questão nacional], *Világosság*, n. 1, 1980, p. 681-8. Incidentalmente, vale notar que a imagem de Lênin como "cosmopolita", que pipoca na historiografia, não possui fundamentação em nenhum tipo de exame objetivo dos documentos históricos.

originou-se um centro de base étnica em paralelo com o governo soviético. Como o decreto de novembro de 1918 enfatizava, "a política dessas organizações era direcionada ao refreamento da consciência de classe das massas trabalhadoras judaicas. [...] Assumindo diversas funções governamentais e socioculturais, elas as executaram com um espírito antiproletário" e, por essa razão, foram fechadas "para todo sempre". Elas "compensaram" pela expulsão de instituições judaico--burguesas e organizações sionistas[219] da vida política, proporcionando apoio social para o povo judeu pobre, que tinha em parte perdido os meios de ganhar seu sustento devido à política econômica do comunismo de guerra. Uma série de decretos e medidas práticas foi tomada posteriormente, em 1920 também, a fim de suavizar o fardo carregado pelos judeus. Um papel fundamental foi exercido pelo Comissariado do Povo para as Nacionalidades, seu departamento judeu, a seção judaica do partido bolchevique e o Politburo[220].

Enquanto isso, ao menos por ora, a operação das organizações socialistas sionistas (*Poale Zion*) não foi impedida, mas esforços deliberados foram feitos à época da quase derrota do governo soviético entre a primavera e o verão de 1919 de convocar para o Exército Vermelho o maior número possível de judeus das regiões atingidas pelos *pogroms*. Na primavera de 1919, ganharam proeminência aquelas forças do Comitê Central do Bund que propuseram unir-se ao Partido Comunista[221]. Elas expressaram sua intenção de fazê-lo em um telegrama enviado a Moscou em abril, e o Comitê Central do Bund mobilizou simultaneamente seus membros entre as idades de dezoito e 25 anos para aderir ao Exército Vermelho[222]. Tais ações eram especialmente necessárias porque a agitação antissemita no espírito da propaganda da Guarda Branca-Cem-Negros era disseminada entre os soldados vermelhos, apresentando os "comissários judeus" como a causa de todas as suas dificuldades e de todos os seus problemas.

No auge da campanha de *pogroms* por brancos e petliuristas, uma mudança foi sentida na política de Lênin, dos bolcheviques e das organizações operárias judaicas – especialmente sionistas. Isso pode ser remontado ao VII Congresso dos

---

[219] Mais detalhes a respeito podem ser encontrados em G. V. Kostirtchenko, *Táinaia politika Stálina*, cit., p. 60-87.

[220] Ver o decreto do Comissariado do Povo para as Nacionalidades sobre o apoio a ser prestado à Setmass (Aliança de Toda a Rússia das Massas Trabalhadoras Judaicas), *Жизнь национальностей/ Jizni natsionalnostiei* [A vida das nacionalidades], 1º ago. 1920; ver também *Politika soviétskoi vlásti*, cit., p. 34-5.

[221] Já tinha passado o tempo em que o Bund, após a Revolução de Fevereiro, apoiava – como antes – a política da ala menchevique do POSDR contra a dos bolcheviques, propondo assim uma cooperação com o governo provisório. Eles passaram para o lado bolchevique pressionados pela contrarrevolução da Guarda Branca, os *pogroms* e a perseguição dos judeus.

[222] Ver Tamás Krausz, *Bolsevizmus és nemzeti kérdés*, cit., p. 52-4.

Sovietes (dezembro de 1919), quando uma gama de partidos trabalhistas judeus votou de maneira unânime a favor do governo soviético, embora eles, diferentemente dos bolcheviques de origem étnica judaica, ainda nutrissem esperanças de fundar um Estado socialista judeu na Palestina[223]. O Partido Socialista Judaico e o Partido Comunista Judaico assumiram uma posição igualmente determinada do lado do governo soviético e do Exército Vermelho[224]. O documento compreensivo preparado pelo departamento judeu trabalhando com o Comitê Central ao fim de 1919 descobriu que as camadas pequeno-burguesas judaicas da sociedade buscavam maneiras de adaptar-se às novas condições políticas e econômicas, em vez de ater-se à esperança de uma restauração do capitalismo. Portanto, apesar das restrições sobre o judaísmo e a religião em geral, ou talvez em razão delas, teve início a incorporação de um segmento cada vez maior da população judaica às novas condições soviéticas. Em 1923, 5,2% dos membros do partido eram judeus[225], e a intelectualidade comunista, mais ainda. Em 1920, a proporção de casamentos de judeus com não judeus era de 34%, e isso demonstrou, para usar o termo com frequência aplicado por Lênin, a assimilação. Caminhos de vida que não poderiam ser imaginados antes eram vistos ao largo, em números expressivos.

### Antissemitismo e táticas políticas

A propaganda da Guarda Branca que provavelmente mais se disseminou em meio às tropas da Guarda Vermelha foi a alegação de que era difícil encontrar judeus nas trincheiras de linha de frente e que eles estavam "representados em excesso" nas unidades não combatentes. O objetivo da propaganda da Guarda Branca era colocar os soldados da Guarda Vermelha contra o "regime do comissário judeu". Embora os judeus aparecessem no "regime" como representantes do Estado soviético, milhões de civis judeus devem ter ficado surpresos com isso. Judeus não estavam presentes em meio aos bolcheviques, mesmo nas esferas

---

[223] *Седьмой всероссийский съезд советов рабочих, крестьянских и казачьих депутатов/ Sedmói vssierossíiski siezd soviétov rabótchikh, krestiánskikh i kazátchikh deputátov* [VII Congresso de Toda a Rússia dos sovietes de deputados trabalhadores, camponeses e cossacos] (Moscou, Stenografi Tcheski Otchot, 1919 e 1920), p. 5-9 e p. 22-4, respectivamente.

[224] Ibidem, p. 24-8.

[225] László Béládi, "A bolsevik párt kongresszusai a számok tükrében, 1917-1939" [Congressos do Partido Bolchevique vistos através dos números], *Világtörténet*, n. 3, 1983, p. 86-9. Entre 1918 e 1923, delegados etnicamente judeus compunham 15% dos congressos. Mas uma maioria dos líderes comunistas judeus nem sequer falava a língua judaica comum, o ídiche, incluindo o próprio Dimanstein, que havia iniciado sua carreira de rabino por volta da virada do século. Para mais sobre essa tendência, ver M. Agúrski, *Еврейский рабочий в коммунистическом движении/ Evréiski rabótchi v kommunistítcheskom dvijiéni* [O trabalhador judeu no movimento comunista] (Minsk, Gossudárstvennoie Izdátelstvo, 1926).

412 Tamás Krausz

mais elevadas do poder, nos números que a propaganda Branca alegava[226]. Mas outra expressão de propaganda popular, a "Tcheká judaica", não estava muito mais próxima da verdade também[227]. Lênin sabia que muitos soldados e oficiais servindo com os brancos ou os vermelhos haviam lutado com os dois exércitos e tinham tornado a propaganda de ambos os lados conhecida para os dois, o que provocou uma reação característica, diferente em cada exército. O comissário do Povo para a Guerra, Trótski, respondeu com uma ordem direta de parar a propaganda antissemita que havia dado as caras no Exército Vermelho[228].

Uma reconstrução da política de Lênin só é possível se for dado um sentido claro da sua atitude pessoal em relação à "questão judaica". A posição emocional-

---

[226] Sobre a representação política dos judeus, Budnítski escreve: "De acordo com meus cálculos – deixando espaço para todas as contingências –, um pouco mais de 3 mil indivíduos pertenciam à elite política russa em 1917 e na primeira metade de 1918. Essa elite inclui os representantes da Assembleia Constituinte, membros da Tcheká, participantes do Conselho Democrático, membros do governo provisório da República Russa (pré-parlamento) e membros dos comitês centrais de partidos de nível nacional. O quadro cronológico é fornecido pela Revolução de Fevereiro no início e a criação da ditadura de partido único no verão de 1918, no fim. Mais de trezentos judeus adentraram a elite política, participando do espectro completo de partidos e tendências políticas, da extrema-esquerda (bolcheviques e anarquistas) àqueles posicionados na ala direita dos *kadets*. Havia judeus no comitê central de virtualmente todo partido importante. Além do mais, judeus compunham até um quarto ou um terço dos comitês centrais nos partidos à esquerda (bolcheviques e SRs)". O. Budnítski, *Rossískie evréi*, cit., p. 77. Ver também Aleksandr Uchakov, "A zsidók és az orosz forradalom", cit.

[227] Embora o governo soviético tivesse necessidade de empregar judeus na Tcheká, porque nem 1% daqueles que lá trabalhavam havia completado o ensino superior, os funcionários eram recrutados "ao acaso" – e frequentemente contava até com criminosos. Em setembro de 1918, o aparato central da Tcheká em Moscou tinha 781 funcionários e oficiais, dos quais 3,7% eram judeus. Sua presença entre os diretores era mais forte (8,6%). No fim de 1920, aproximadamente 50 mil funcionários trabalhavam para a Tcheká em todas as *gubiérnias*, com os russos compondo 77,3% da força de trabalho, os judeus 9,1%, os letões 3,5%, os ucranianos 3,1%, os poloneses 1,7%, os alemães 0,6% e os bielorrussos 0,5%. Mais ou menos as mesmas cifras se aplicam ao aparato soviético. Ver O. Budnítski, *Rossískie evréi*, cit.

[228] O Politburo discutiu o relatório submetido pelo comissário do Povo para a Guerra em reunião do início de abril de 1919: "Uma boa porcentagem de membros da Tcheká próximo à linha de frente é composta de judeus, e outra grande parcela de letões e judeus compõe os Comitês Executivos e as instituições soviéticas centrais perto do *front* e na sertania; no *front* mesmo essa proporção não é alta, e a agitação chauvinista nesse sentido é forte entre os soldados vermelhos, o que chega a encontrar respaldo; segundo o camarada Trótski, há necessidade de um remanejamento das forças do partido, com vistas a uma distribuição mais igualitária dos trabalhadores de todos os contextos étnicos." Ver Jan M. Meijer (org.), *The Trotsky Papers*, v. 1: *1917-1922* (Haia/Paris, International Institute for Social History, 1971), p. 730; ver também a carta de Tchitchiérin a Lênin, 2 out. 1919, em ibidem, p. 722-4.

RECONSTRUINDO LÊNIN   413

-política de Lênin foi bem refletida por um debate que surgiu em relação a um folheto de Máksim Górki, *Sobre os judeus*, em 1919, no auge dos *pogroms* branco-guardistas[229]. De acordo com seu próprio relato peculiar, Dimanstein quis convencer o presidente do Conselho do Comissariado do Povo que Górki havia exagerado e fora "elogioso demais" a respeito dos judeus; o folheto seria, como diríamos hoje, contraprodutivo, e ele instou que houvesse retratação. Lênin achou que era algo especial e auspicioso para a revolução que uma seção crescente da intelectualidade e de operários judeus aderisse ao lado soviético. O próprio Dimanstein enfatizou em suas reminiscências muitas vezes citadas de 1924:

> Deve ser dito que, durante nossas conversas, Lênin salientou uma série de vezes quão importante em geral os judeus eram para a revolução, não apenas na Rússia, mas em outros países também, assim como a importância de cessar todas aquelas injustiças impingidas sobre as massas trabalhadoras judaicas pelas perversidades do mundo governado pelo capitalismo e das instituições religiosas tão logo quanto possível, pelo bem da revolução.[230]

Essas eram as razões de Lênin para não ouvir Dimanstein, cujo argumento contra Górki era de que sua "glorificação pública dos judeus" a respeito do "grande papel que eles tiveram na revolução" apenas jogaria combustível no fogo do antissemitismo. Embora Lênin tenha reconhecido que do ponto de vista da propaganda uma ênfase exagerada sobre os traços positivos possa ser prejudicial, ele mesmo concordou com o que Górki tinha a dizer – e não estava disposto ver seu panfleto retratado[231].

Colocando de lado toda a "compensação exagerada" típica de Dimanstein, a resposta de Lênin estava ligada a sua disposição geral em questões étnicas, que era a de que comunistas de todas etnias deveriam combater os preconceitos e as ideologias religiosas e nacionalistas de sua própria formação étnica. Esse era o caso de exagero desse comportamento particular, ao ponto que levou ao conflito pronunciado entre Górki e a liderança da "seção judaica" – algo não mencionado por Dimanstein. Em seu panfleto, Górki virtualmente assumiu a causa daqueles partidos sionistas

---

[229] *N. Liénin: o evréiskom vopróssie v Rossíi*, cit., p. 7. Não obstante, deve-se ressaltar em relação a Dimanstein, Agúrski e outros líderes bolcheviques que, embora os internacionalistas judeus ou de origem judaica tenham de fato desempenhado um papel relevante na luta contra a religião e contra a ortodoxia russa, ninguém na Rússia soviética combateu com maior determinação os estabelecimentos religiosos judaicos que "abafavam a consciência de classe" – nem o sionismo, aliás – do que eles próprios, frequentemente beirando o fanatismo e até ultrapassando o limite.

[230] *N. Liénin: o evréiskom vopróssie v Rossíi*, cit., p. 17.

[231] Ibidem, p. 18.

414  Tamás Krausz

nacionalistas que apoiavam o governo soviético (à época, esses partidos não eram perseguidos pelas autoridades, ao contrário dos partidos sionistas não socialistas). Em relação ao grupo de Dimanstein, Górki disse:

> Os judeus têm os próprios partidos que se antagonizam uns com os outros: os sionistas judeus querem viajar para a Palestina [...]; outros colocam-se em oposição a isso e são hostis aos sionistas, fechando suas escolas, suas sinagogas e proibindo que a seus filhos seja ensinada a língua judaica.[232]

Embora não haja prova documental de que Lênin ordenou o fim da perseguição ao sionismo burguês (isto é, o sionismo religioso), nenhum julgamento contra eles ocorreu em 1919. Em abril de 1920, a Tcheká prendeu aproximadamente cem participantes na Conferência de Sionistas de Moscou, que foram libertos em poucos meses – devido à intervenção de Lênin, de acordo com alguns relatos. Mas dezenove ativistas do movimento foram sentenciados a cinco anos de prisão sem julgamento, simplesmente por decisão administrativa[233]. Lênin depois se encontrou com Górki, que em uma série de ocasiões defendeu moderar as restrições da atividade política e cultural judaica[234].

Lênin considerava os passos contra o antissemitismo e os *pogroms* de tamanha importância que gravou em um fonógrafo seu famoso discurso sobre os *pogroms* antijudeus no fim de março de 1919. No entanto, em seu discurso ele não enfatizou os méritos dos judeus; em vez disso, atacou o antissemitismo e os *pogroms* a partir de um ponto de vista social, político e de classe de tal maneira que mesmo o trabalhador mais simples compreenderia.

> Quando a maldita monarquia tsarista estava vivendo seus últimos dias, ela tentou incitar operários e camponeses ignorantes contra os judeus. [...] Os proprietários de terras e os capitalistas tentaram voltar o ódio dos operários e camponeses que

---

[232] M. Agúrski e M. Chklovskaia (orgs.), *Из литературного наследия: Горький и еврейский вопрос*/ *Iz literatúrnovo nasliédia: Górki i evréiskie voprós* [Do legado literário: Górki e a questão judaica] (Jerusalém, 1986), p. 275. Além desse livro, a posição de Górki – e, em parte, também de Lênin – em relação aos judeus é abordada de maneira analítica por Agúrski em "Горький и еврейские писатели"/ "Górki i evréiskie pisáteli" [Górki e os escritores judeus] no almanaque histórico *Минувшее*/ *Minuvcheie* [Passado], v. 10 (Moscou/Leningrado, SPB, 1992), p. 184-92.

[233] M. Agúrski, *Evréiski rabótchi v kommunistítcheskom dvijiéni*, cit., p. 185-7.

[234] Por exemplo, Górki conseguiu – com o apoio de Lênin – garantir uma "distinção estatal" para o teatro judaico Khabima, contra os desejos da "ala judaica" do Comitê Central (Evsiéktsia). Ver ibidem, p. 187. Posteriormente, Górki conseguiu permissão de Lênin para que o conhecido poeta judeu Biálik pudesse sair do país junto com outros, mas a relação de Lênin com os líderes da ala judaica se tornava crescentemente tensa. Ver ibidem, p. 191.

eram torturados pela carência contra os judeus [...] a fim de cegar os operários para desviar sua atenção do inimigo real do povo trabalhador, o capital. O ódio em relação aos judeus persiste somente naqueles países onde a escravidão para os proprietários de terras e capitalistas criou uma ignorância abismal entre os operários e os camponeses.[235]

Obviamente, esse discurso, com a intenção de agitação contra o antissemitismo, não capturava o problema em todas as nuances, mas o método é claro: em vez dos aspectos religiosos e étnico-nacionais, Lênin colocou o conflito de classe no centro da atenção, indicando que ele não defendia os judeus em si como entidade étnica, mas as "massas trabalhadoras judias". Elas eram as vítimas do sistema capitalista tanto quanto o eram os russos pobres.

Não são os judeus que são os inimigos do povo trabalhador. Os inimigos dos operários são os capitalistas de todos os países. Entre os judeus há pessoas trabalhadoras, e elas formam a maioria. Eles são nossos irmãos, que, como nós, são oprimidos pelo capital; eles são nossos camaradas na luta pelo socialismo.

Ao mesmo tempo, ele salientou que,

entre os judeus, há *kulaks*, exploradores e capitalistas, da mesma forma que há entre os russos e entre as pessoas de todas as nações. Os capitalistas lutam para semear e fomentar o ódio entre os trabalhadores de diferentes fés, diferentes nações e diferentes raças. [...] Judeus ricos, assim como russos ricos e os ricos em todos os países, estão em aliança para oprimir, esmagar, roubar e desunir os operários. [...] Que vergonha daqueles que fomentam o ódio contra os judeus, que fomentam o ódio contra outras nações.[236]

O internacionalismo e a consciência de classe estritos e deliberadamente simplificados de Lênin eram corroborados pelos eventos diários da guerra civil. O povo judeu era uma comunidade muito dividida, não apenas politicamente, mas econômica e socialmente: os judeus participavam de quase todos os partidos e serviam em todos os exércitos, no exército de Makhnó e mesmo de Deníkin, com alguns servindo como oficiais (até que fossem expulsos). Enquanto brancos e petliuristas censuravam notícias sobre os *pogroms*, eles também não se jactavam sobre como o antissemitismo era um esteio das ditaduras tanto na Sibéria de Koltchak quanto na região sul da Rússia de Deníkin. Não obstante isso, a burguesia

---

[235] LCW, cit., v. 29, p. 252-3.
[236] Idem.

judaica local, em especial as comunidades judaicas de Ufa e Tomsk, cooperavam com Koltchak, razão pela qual provavelmente as alas das organizações sionistas não foram banidas. Os capitalistas judeus também financiaram as primeiras "aventuras" do Exército Voluntário. Os empreendedores judeus mais ricos de Rostov resgataram o primeiro impulso experimental do movimento branco do colapso e ofereceram apoio à atividade contrarrevolucionária dos cossacos de Rostov, o que se tornou uma das bases dos horrores antissemitas que estavam por vir[237].

O antissemitismo também veio à tona no Exército Vermelho; afinal de contas, os soldados eram recrutados da mesma sociedade. A obra-prima inigualável de Isaac Babel, *O Exército de Cavalaria**, segue um guia de viagem literário sobre o assunto. A cadeia de histórias examina esses problemas de maneira artística, mostrando como os soldados da 1ª Cavalaria do Exército deixaram-se levar pelos *pogroms* antissemitas do verão e do outono de 1920, o período da Guerra Polaco--Soviética. A posição política e teórica de Lênin em relação a esses eventos pode ser reconstruída de maneira relativamente fácil.

## O 1º Exército de Cavalaria e os *pogroms*

No fim do verão de 1920, a derrota do Exército Vermelho ao sul de Varsóvia foi a última grande batalha da Guerra Polaco-Soviética[238]. Após a guerra, determinadas unidades esfarrapadas e desmoralizadas do Exército Vermelho tornaram-se infames por seus *pogroms*. Quando os líderes soviéticos tomaram conhecimento de que os *pogroms* podiam espalhar-se para alguns destacamentos da lendária cavalaria, ficou claro que mesmo em suas próprias linhas o vírus do antissemitismo dos *pogroms* não seria contido meramente por medidas econômicas e sociais, apesar de uma *revisão* para colocar um fim ao comunismo de guerra ter acabado de tomar forma. Os soldados do exército polonês também estavam "motivados" pelo antissemitismo[239] – a contrarrevolução havia adornado suas bandeiras com o antissemitismo tanto na Hungria quanto na Romênia. Ficou claro que a luta contra o antissemitismo teria de continuar.

Regimentos inteiros estavam presos às garras do antissemitismo raivoso, da pilhagem e de uma forma de revolta velada contra o regime central – do qual

---

[237] Ver Tamás Krausz, *Bolsevizmus és nemzeti kérdés*, cit., p. 54, e O. Budnítski, *Rossískie evréi*, cit., p. 185-6.

\* Também traduzido no Brasil como *Cavalaria vermelha*. (N. E.)

[238] Sobre isso, ver Tamás Krausz, "Lenin és a lengyel-szovjet háború" [Lênin e a Guerra Polaco--Soviética], em Életünk Kelet-Európa, cit., p. 120-6.

[239] Muitos registros narram a história dos banhos de sangue causados por unidades de ocupação do Exército polonês na Ucrânia e na Bielorrússia, como L. B. Miliakova (org.), *Kniga pogrómov*, cit., p. 631-62; relatos dos horrores podem ser encontrados em muitas outras páginas do volume.

os judeus eram considerados um dos primeiros representantes – marcados pelo mesmo slogan: "Derrote o judeu, salve a Rússia!". Determinadas unidades em retirada do exército montado de Budiónni cometeram uma série de crimes horrendos. A notícia disso chegou ao Krêmlin na velocidade da luz, e uma intervenção pelos mais altos poderes assegurou que aqueles envolvidos fossem sentenciados pela corte revolucionária em Elizavetgrado no fim de outubro. O governo soviético e as políticas do Partido Comunista ajudaram a assegurar que apenas poucos dos *pogroms* tenham sido cometidos pelos soldados vermelhos[240].

Diante disso, a visão de Richard Pipes desses eventos – de acordo com a qual, Lênin, enquanto líder do governo soviético, lidou com os crimes terríveis dos pogromistas com indiferença, como se não tivesse sido afetado por essa degeneração dos homens do 1º Exército de Cavalaria – não pode ser levada a sério. Pipes tenta corroborar sua visão com o Relatório da Agência Central da Seção Judaica do Comitê Central do Partido Comunista do dia 18 de novembro de 1920, que abordava os *pogroms* cometidos pela cavalaria desmoralizada no dia 1º de outubro no condado de Jitómir, sobre o qual Lênin escreveu: "Arquivar"[241]. Pipes não leva em consideração que a maioria dos acusados (aproximadamente quatrocentos indivíduos) foi sentenciada a trabalhos forçados ou executada mais de três semanas antes. De maneira diametralmente oposta à representação que Pipes fez dele, Lênin estava tão preocupado com a investigação a respeito dos *pogroms* executados por destacamentos da cavalaria que se encontrou pessoalmente com capitães do 1º Exército de Cavalaria. O capitão Illarion Vissariónovitch Várdin (Mgueladze), deu publicidade ao encontro por meio do jornal oficial do 1º Exército de Cavalaria, o Красный Кавалерист/ *Krásnyi Kavalerist* [Cavaleiro Vermelho], que era supervisionado por seu gabinete. Ele relatou a Lênin em pessoa sobre os assassinatos e os roubos cometidos pelos 31º, 32º e 33º regimentos do 6º Exército[242]. A edição de 5 de outubro do *Krásnyi Kavalerist* também informou ao

---

[240] A citada antologia *Kniga pogrómov*, organizada por Miliakova, disponibiliza um volume expressivo de material sobre esse assunto; ver, na introdução do volume, as estatísticas a respeito dos *pogroms*. Para os relatórios sobre os *pogroms* do 6º Destacamento de Cavalaria do 1º Exército de Cavalaria, ver p. 424-8. O anúncio de Levenberg, à p. 530, fornece informações sobre *pogroms*, assassinatos e demais casos de violência cometidos. Havia alguns makhnoístas – ou, mais precisamente, pogromistas da cavalaria que se remetiam ao "*batyko* [pai] Makhnó" – que animavam seus camaradas com os seguintes lemas: "Vamos lá, vamos limpar a sertania dos judeus", "Venha, vamos nos unir a *batyko* Makhnó", "Derrotar os judeus, os comissários, os comunistas". Ibidem, p. 425.

[241] Richard Pipes (org.), *The Unknown Lenin*, cit., p. 117-8. Para uma avaliação crítica detalhada das opiniões de Pipes, ver O. Budnítski, "Jews, Pogroms and the White Movement: A Historiographical Critique", *Kritika: Explorations in Russian and Eurasian History*, v. 2, n. 4, 2001, p. 752-3.

[242] Ver *Krásnyi Kavalerist*, 10 out. 1920.

# 418 TAMÁS KRAUSZ

leitor do encontro a sós de Lênin com Budiónni. No dia 10 de outubro, isto é, mais de um mês antes da conclusão do documento em questão, uma campanha ativa contra o antissemitismo estava a caminho. Vale a pena citar os relatos do *Krásnyi Kavalerist* :

> Claramente os *pogroms* que foram executados sob o lema "derrote os judeus e os comunistas" chamou a atenção dos mais altos órgãos da liderança. Na revista do dia 2 de outubro, o Conselho Militar Revolucionário do 1º Exército de Cavalaria desarmou o 31º, o 32º e o 33º regimentos de cavalaria. Os soldados entregaram todos os principais criminosos voluntariamente. Eles foram trazidos à corte por "tentar derrubar o regime operário-camponês e por enfraquecer a disponibilidade do exército para ação". Os principais criminosos receberam a pena de morte, e o resto dos participantes foi sentenciado a cinco-dez anos de trabalhos forçados.[243]

As edições seguintes do jornal também devotaram bastante espaço para a discussão do aparecimento do ódio nacionalista e da antissemitismo em meio às tropas, assim como a "reafirmação da solidariedade internacional dos operários". As instruções de Várdin na edição do dia 8 de novembro de 1920 do *Krásnyi Kavalerist* reutilizaram palavra a palavra as noções apresentadas no discurso de 1919 de Lênin[244]. Já foi dito que Lênin e a liderança bolchevique usaram os instrumentos do terror estatal para fazer cessar os *pogroms*. Um exemplo pode ser encontrado em um documento de Lênin do fim de outono de 1926 que seguiu não publicado e secreto até 1999 e que lidava com o terror branco[245]. Deve ser observado que apesar de acordos assinados com a Rússia soviética, o recrutamento de wrangelistas e unidades armadas para Bułak-Bałachowicz com a intenção de derrubar o governo soviético agiram continuamente desimpedidas nos estados bálticos. Essas unidades fizeram incursões nos territórios soviéticos inúmeras vezes, roubando, saqueando e aterrorizando a população local. Além de adotar outros meios diplomáticos de protesto, um documento assinado por Leonid Borissóvitch Krássin foi transmitido ao governo britânico no dia 28

---

[243] Ver o citado *"Soverchenno sekretno"*. Para uma análise dos arquivos do GPU em relação a essas questões, ver Tamás Krausz, *The Soviet and Hungarian Holocausts: A Comparative Essay* (trad. Thomas J. DeKornfeld e Helen D. Hiltabidle, Boulder-CO/Wayne-NJ/Nova York, Social Science Monographs/Center for Hungarian Studies and Publications/Columbia University Press, 2006, série Hungarian Authors, n. 4), p. 13-4; para o original em húngaro, *Antiszemitizmus, holokauszt, államszocializmus* [Antissemitismo, Holocausto, socialismo de Estado] (Budapeste, Nemzeti Tankönyvkiadó, 2004), p. 23-40.

[244] Ver a citada *Krásnyi Kavalerist*.

[245] Ver Iúri Nikoláievitch Amiantov et al. (orgs.), *V. I. Liénin: neizvestnyeye dokumiénty*, doc. 257 e 258, e duas notas a E. M. Sklánski, out.-nov., p. 399-400.

de outubro, detalhando que o Estado soviético havia cessado de combater os governos da Finlândia, da Estônia e da Lituânia.

> Mas o estado de guerra não terminou. Bandos armados que não se submetem a nenhum governo continuam as hostilidades contra a população pacífica de ambas as repúblicas soviéticas, Rússia e Ucrânia. As forças armadas sob a liderança de Bałachowicz e Petliura estão equipadas com as armas e as ferramentas dos aliados [...], o que torna esses estados responsáveis pelo derramamento de sangue futuro. [...] Os governos das repúblicas russas e ucranianas tomarão medidas em seu poder para libertar seus países [...] liquidando e dispersando as forças armadas desses ladrões ou forçando-os a se render.[246]

As tropas do Exército Vermelho liquidaram os bandos de Bałachowicz ao norte de Mazyr em novembro. Os restantes cruzaram a fronteira para a Polônia no dia 26 de novembro de 1920, onde foram desarmados na presença de representantes do governo soviético.

As contramedidas de Lênin foram delineadas em dois outros documentos escritos para Skliánski no fim de outubro ou no início de novembro: "O protesto diplomático não é suficiente. [...] Ações militares precisam ser tomadas para punir a Lituânia e a Estônia, passando por cerca de uma *versta* os 'ombros' de Bałachowicz para atravessar a fronteira e enforcar entre cem e mil de seus *tchinóvniki* e ricos".

As linhas do outro documento, muito citado após a mudança de regime, dizem: "Sob a cobertura dos 'verdes' (sobre quem a culpa seria jogada depois) nós podemos adentrar em torno de dez a vinte *verstas* o território e enforcar *kulaks*, padres e donos de terras. Prêmio: 100 mil rublos por cada enforcamento"[247].

Outro produto da psicose e do terror da guerra civil, esse documento segue sendo o que ele é, quaisquer que sejam as causas para ele ter sido escrito, embora quando falamos das interpretações dadas por Pipes e historiadores similares a ele, seu silêncio em relação às causas que fomentaram as propostas de Lênin em defesa da implementação de medidas de terror seja inexplicável. Eles não chegaram nem a investigar se essas instruções foram levadas adiante ou quão sério Lênin falava em primeiro lugar sobre os números que usou; afinal de contas, não pode haver dúvida de que, nesse caso, a "vingança", a ação estatal de terror, jamais foi realizada. Vladlen Lóguinov, quando da publicação dos documentos de Lênin, acrescentou uma observação no sentido de que apesar do acordo de paz geral assinado, Boris Sávinkov (terrorista SR com carreira bastante tortuosa e que terminou no campo branco) ajudou Bałachowicz a formar destacamentos

---

[246] Idem.
[247] Idem.

significativos e bem equipados de soldados da Guarda Branca que haviam escapado para os estados bálticos. Lembrando o leitor dos *pogroms* dos denikinistas, que haviam ceifado a vida de dezenas de milhares de judeus, Lóguinov citou fontes de notícias contemporâneas sobre os horrores mais recentes cometidos pelos homens de Bałachowicz.

> No dia 2 de outubro, Bałachowicz adentrou Plotnitsa, onde imediatamente reuniu todos os judeus e demandou dinheiro deles. Após os judeus terem passado todos os pertences, deu-se início aos assassinatos e às torturas mais bestiais. O nariz de Moisei Plótnik foi cortado fora e, em seguida, ele foi enforcado. Puterman, cuja família inteira foi despedaçada com sabres, enlouqueceu e começou a dançar, sendo morto a tiros. As mãos de Polyak foram cortadas, depois ele teve a pele arrancada. Iliá Finkelstein foi queimada viva. Todas as mulheres e as garotas, com até menos que nove anos de idade, foram estupradas. Seiscentos refugiados na situação mais miserável possível estão agora em Pinsk.[248]

Horrores similares ocorreram em uma série de outras cidades durante outubro e novembro de 1920, um lembrete dos eventos sangrentos de 1918-1919. As atrocidades virtualmente inimagináveis de Bałachowicz e sua Guarda Branca, assim como das forças polonesas de ocupação, reverberaram por toda a Europa[249]. Lênin deixou claras as ameaças impiedosas de represália, tomada de reféns e execuções para aqueles dando abrigo a esses guardas brancos ladrões e assassinos.

Lênin e os bolcheviques tiveram a coragem de assumir a luta teórica, política e militar contra a maré racista e antissemita que mais tarde mergulhou o século XX em sangue, o que foi uma conquista histórica. Um dos historiadores citados deve estar certo quando diz que os *pogroms* foram prenunciadores do Holocausto, pois os brancos exterminaram fisicamente em massa os judeus, sem levar em consideração idade, sexo, ou status social. Em outro sentido, Lênin talvez tenha sido o primeiro a perceber a importância do elo entre o antissemitismo e o anticomunismo na ideologia dos brancos e das práticas terroristas da guerra civil[250].

---

[248] Ibidem, p. 586.

[249] Para documentos relatando os horrores cometidos por Bałachowicz e suas tropas, ver L. B. Miliakova (org.), *Kniga pogrómov*, cit., p. 609-11, 619, 623 e 630-59.

[250] O conhecido escritor também está correto em dizer que os nazistas chegaram ao Holocausto por conta própria; eles não precisaram de orientação nenhuma da extrema-direita russa – uma noção equivocada que aparece na obra de Pipes e Walter Laqueur. Pipes só precisa da "conexão rússa" – seguindo a lógica de Nolte – para ancorar o nazismo e o próprio Holocausto na Revolução Russa, como se fosse esse o legado de Lênin, e não o exato oposto. Ver Tamás Krausz, "Lenin marxizmusa" [O marxismo de Lênin], *Eszmélet*, n. 76, 1997.

*Neste momento de absoluta dificuldade, seria realmente danoso que os revolucionários se entregassem ao autoengano. Embora o bolchevismo tenha se tornado uma força internacional, embora em todos os países civilizados e avançados tenham nascido novos chartistas, novos Varlin, novos Liebknecht [...], a burguesia internacional segue incomparavelmente mais forte que sua inimiga de classe. Essa burguesia, que fez tudo em seu poder [...] para multiplicar em dez vezes os perigos e o sofrimento de seu nascimento, ainda está em posição de condenar milhões e dezenas de milhões ao tormento e à morte por meio de sua Guarda Branca e suas guerras imperialistas etc. [...] E nós temos de adaptar com habilidade nossas táticas a essa situação específica. A burguesia ainda é capaz de livremente atormentar, torturar e matar. Mas ela não pode parar o inevitável e – do ponto de vista da história mundial – não muito distante triunfo do proletariado revolucionário.*

Vladímir Ilitch Uliánov Lênin*

---

* "К десятилетнему юбилею Правды"/ "K dessiatiletnemu iubileiu Právdy" [Para o décimo aniversário do Pravda], 2 maio 1922. LCW, v. 33, p. 349-52.

# 7
## Revolução mundial: método e mito

## A origem do problema

A revolução socialista mundial, compreendida como a derrubada do capitalismo em nível internacional, não é um fenômeno isolado, tampouco simplesmente um elemento orgânico da prática política bolchevique e de Lênin, mas parte da história da Revolução Russa e da guerra civil russa. Tendo em vista que a política não pode operar sem mitos, crenças, ideais mobilizadores e ideologias, e que, no fim das contas, toda previsão ou cálculo do futuro é totalmente sujeito a fatores imprevisíveis, a "previsão científica" também constitui parte da luta para determinar alternativas políticas. Tudo isso se aplica àquilo a que as tradições leninista e marxista da revolução mundial dizem respeito.

Algumas das percepções ideológicas comuns consideram que as visões teóricas de Lênin a respeito da revolução mundial ou derivam somente de Marx, ou podem ser refutadas com base nas teorias de Marx. Visto da posição predominante no período soviético, ele desenvolveu brilhantemente as visões de Marx sobre a revolução ao vincular o início da revolução mundial à prática revolucionária russa. Do ponto de vista dos mencheviques e de seus sucessores, a "revisão catastrófica" feita por Lênin foi produto de um rompimento com o pensamento marxista, pois Marx em lugar nenhum menciona uma revolução socialista russa autóctone. Qualquer uma das interpretações deixa a impressão enganosa de que a questão poderia ser dirimida com uma mera definição ideológica ou conceitual. A "unidade" e a "diferença" entre Marx e Lênin não são somente teóricas, mas também históricas. A diferença entre os períodos em que esses dois pensadores e revolucionários viveram ficou manifesta em suas diferentes "missões" históricas: suas tarefas teóricas e políticas diferem umas das outras objetivamente – e não em um sentido "teleológico" (embora existam continuidades nas questões que eles propuseram, assim como

## 424 Tamás Krausz

na orientação anticapitalista como um todo). Um exame das publicações e dos documentos de Lênin faz com que hipóteses mais nuançadas sejam possíveis hoje.

Para começo de conversa, qualquer forma de revolução socialista russa autóctone jamais foi uma questão. Desde o início, o que diferenciava as ideias de Lênin das de qualquer movimento revolucionário anterior era que ele colocava a perspectiva da Revolução Russa no contexto de uma potencial onda revolucionária europeia (e internacional), do movimento operário internacional, assim como Marx. Ambos tinham ciência – confirmada historicamente pela onda de revoluções europeias de 1848 – de que, em razão da natureza transregional do desenvolvimento do capitalismo moderno, grandes mudanças sociais ocorreriam em escala europeia[1]. Marx discutiu essa tendência universal do desenvolvimento capitalista (globalização) de muitas maneiras em seus trabalhos, estabelecendo conclusões anticapitalistas próprias – também aceitas por Lênin e pelos bolcheviques –, como podemos ver em seu *Grundrisse*:

> Assim, enquanto o capital, por um lado, tem de se empenhar para derrubar toda barreira local do intercâmbio, isto é, da troca, para conquistar toda a Terra como seu mercado, por outro, empenha-se para destruir o espaço por meio do tempo; ou seja, para reduzir a um mínimo o tempo que custa o movimento de um local a outro. Quanto mais desenvolvido o capital, quanto mais distendido, portanto, o mercado em que circula, tanto mais ele se empenha simultaneamente para uma maior expansão espacial do mercado e para uma maior destruição do espaço pelo tempo.[2]

A análise de Marx já havia mostrado que a revolução não gerava sozinha a possibilidade de uma derrubada violenta do sistema capitalista universal, mas

---

[1] A descrição que Eric Hobsbawm faz, em diversos livros, das condições históricas europeias e universais para a revolução, assim como as perspectivas concretas de seus desdobramentos e sua trajetória na Europa, é de relevância duradoura: "As revoluções de 1848, portanto, requerem um detalhado estudo por Estado, povo e religião [...]. Elas tiveram, no entanto, muito em comum, não apenas pelo fato de terem ocorrido quase simultaneamente, mas também porque seus destinos estavam cruzados, todas possuíam um estilo e sentimentos comuns, uma curiosa atmosfera romântico-utópica e uma retórica parecida, para a qual os franceses inventaram a palavra *quarante-huitard*. Qualquer historiador a reconhece imediatamente: as barbas, as gravatas esvoaçantes, os chapéus de aba larga dos militantes, as bandeiras tricolores, as ubíquas barricadas, o sentido inicial de libertação, de imensa esperança e confusão otimista". Eric J. Hobsbawm, *The Age of Capital, 1848-1875* (Londres, Abacus, 1975), p. 26 [ed. bras.: *A era do capital, 1848-1875*, Rio de Janeiro, Paz e Terra, 2009].

[2] Karl Marx, *Grundrisse: manuscritos econômicos de 1857-1858* (trad. Mario Duayer e Nélio Schneider, São Paulo/Rio de Janeiro, Boitempo/Editora da UFRJ, 2011), p. 445.

RECONSTRUINDO LÊNIN 425

também as crises do sistema capitalista acompanhadas por violência. Durante esses períodos, o progresso "suspende a autorrealização do capital". Nesses momentos críticos,

> as condições materiais e intelectuais da negação do trabalho assalariado e do capital, elas mesmas já sendo a negação de formas anteriores da produção social não livre, são elas próprias resultado de seu processo de produção. A crescente inadequação do desenvolvimento produtivo da sociedade às suas relações de produção anteriores manifesta-se em contradições agudas, crises, convulsões. A destruição violenta do capital, não por circunstâncias externas a ele, mas como condição de sua autoconservação, é a forma mais contundente em que o capital é aconselhado a se retirar e ceder espaço a um estado superior de produção social.[3]

Lênin referia-se com frequência a esse conjunto de problemas porque reconhecia que essas crises tinham uma parcela de culpa na inevitabilidade da guerra mundial como "geradora" da revolução. Marx, na mesma linha, observa:

> Essas contradições levam a explosões, cataclismos, crises, em que, pela suspensão momentânea do trabalho e pela destruição de grande parte do capital, este último é violentamente reduzido até o ponto em que pode seguir empregando plenamente suas capacidades produtivas sem cometer suicídio. Contudo, essas catástrofes regularmente recorrentes levam a sua repetição em uma escala mais elevada e finalmente à destruição violenta do capital.[4]

Com a deflagração da Primeira Guerra Mundial, Lênin podia sentir a universalidade da catástrofe no sentido marxista da palavra. Disso se seguiu que a ideia famosa em *A ideologia alemã*, de que o "comunismo, empiricamente, é apenas possível como ação 'repentina' e simultânea dos povos dominantes"[5], poderia ser posta de lado para sempre. Em 1905, Lênin já havia formulado a "centelha", o conceito político da Revolução Russa, e 1905 e 1907 convenceram-no de que a ideia estava correta. A disseminação da revolução da China para a América Latina e da Alemanha para a Hungria deram de fato impressão de que confirmavam tanto Lênin quanto Marx. Lênin tirou do conceito de revolução mundial sua simultaneidade e o estruturou. Sua ideia inicial, no entanto, permaneceu enraizada na natureza global do capitalismo. O que sua teoria acrescentou era

---

[3] Ibidem, p. 627.
[4] Ibidem, p. 627-8.
[5] Karl Marx e Friedrich Engels, *A ideologia alemã* (trad. Rubens Enderle, Nélio Schneider e Luciano Cavini Martorano, São Paulo, Boitempo, 2007), p. 39, nota.

que, em razão do desenvolvimento desigual, a revolução mundial desenvolve-se de maneiras diferentes em épocas e lugares distintos.

Lênin retornou a essa série de questões apenas alguns dias antes da Revolução de Outubro. Em "К пересмотру партийной программы"/ "K peresmótru pártiinoi prográmmy" [Revisão do programa do partido], texto publicado durante outubro de 1917, ele mais uma vez salientou, enquanto refletia sobre a discussão a respeito da crise do imperialismo e do capitalismo, o desenvolvimento universalmente associado do sistema do capital e da revolução. Ele presumiu que o sistema capitalista estava em uma crise iminente e de potencial permanente em uma região facilmente determinável do mundo. Uma inter-relação orgânica e uma contradição radical podiam ser observadas entre o progresso técnico e a redução relativa da demanda da força de trabalho; e uma crise de superprodução está relacionada ao fato de que as condições de acumulação se encontram em conflito com as condições de realização. Ao mesmo tempo, além de retratar as características "autoevidentes" da crise do sistema, Lênin destacou que o capitalismo moderno em geral não pode ser descrito pelo termo "anárquico" (mesmo que esse traço constitua parte essencial da crise e do sistema). Ao contrário, "trustes produzem mercadorias não anarquicamente, e sim de acordo com um plano". Embora o papel deles na superação de crises ainda não tivesse se desenvolvido naquela época (o que também se reflete na postura de Lênin), ele ainda assim havia abordado a questão e chegado a levantá-la. "Toda empresa de sociedade anônima com membros capitalistas de vários países é uma associação internacionalmente organizada de capitalistas." A ênfase está no conceito de ser organizada, uma nova qualidade emergindo na era do imperialismo: "A partilha econômica do mundo entre os trustes internacionais, a divisão de países, *por acordo*, em áreas de mercado"[6].

No entanto, o problema encontra-se aqui: a organização internacional do capital não pode ser contestada nem desmontada em nível nacional, sobre os rastros divergentes dos movimentos operários nacionais – percepção que Marx e Lênin tinham em comum. Em 1922, Lênin notou os resultados da "solução nacional" no fascismo italiano. Ele jamais poderia abrir mão da hipótese de que a revolução teria caráter internacional, pois é isso que explica como a guerra mundial significaria o início da revolução mundial. Isso formou uma das razões para sua acusação, em 1914, contra a Segunda Internacional, por "traição" de caráter nacionalista. Ela abriu mão do internacionalismo a fim de dar apoio à guerra, o que no longo prazo levou à aversão do proletariado à revolução e ao relativo reequilíbrio do capitalismo. Um desfecho dessa natureza ainda não era evidente para Lênin (nem para toda a esquerda internacionalista europeia) em 1917, de maneira que ele ainda estava convencido de que havia apenas duas alternativas

---

6   LCW, v. 26, p. 167; grifos do original.

RECONSTRUINDO LÊNIN 427

práticas: as barbaridades da guerra ou o socialismo. As bem conhecidas[7] linhas do poeta húngaro Endre Ady, e o resumo de Lênin da essência da guerra[8], anteciparam a libertação da barbárie por meio da bússola internacional da revolução. Da mesma maneira que a revolução, sujeita à lei de desenvolvimento desigual no tempo e no espaço, conquistou de fato as regiões mais importantes da Europa de outubro de 1917 em diante, ela também tomou conta da Europa central em seu papel de intermediária entre a Revolução Russa e os desenvolvimentos na Europa ocidental[9]. Dessa maneira, a Rússia, elo mais fraco do imperialismo, seguiu como a centelha fracassada da revolução mundial; e, embora tenha fracassado, essa revolução mundial tornou-se uma parte integral do marxismo, teórica, filosófica e politicamente, bem como em termos do movimento. Isso é compreensível se considerarmos que Lênin e a esquerda revolucionária internacional não estavam sozinhos ao reconhecer o potencial da revolução mundial, da mesma forma que John Maynard Keynes – que pertencia ao campo burguês e mais tarde se tornou o economista ideólogo do Estado de bem-estar social – considerava o bolchevismo um desafio universal para o sistema capitalista em seu famoso trabalho *As consequências econômicas da paz*, publicado em 1919.

A adequação dos fundamentos do conceito da revolução mundial em termos econômicos, teóricos e do movimento pode estar aberta ao debate. Porém, é certo que a tese muito discutida de Lênin sobre "transformar a guerra mundial imperialista em uma guerra civil" tornou-se elemento justificado de sua posição estratégica após a Revolução de Fevereiro. Dessa maneira, ele podia relacionar diretamente o progresso da Revolução Russa à perspectiva de uma revolução alemã como sequência histórica natural do desenvolvimento europeu. Lênin repetiria essas ideias ao voltar para casa, em sua nota analítica *Carta de despedida aos operários suíços*:

---

[7] "Que espécie, sinistra, sóbria, o húngaro,/ Ter vivido a revolução, mas virado/ Em guerra, aquele horror vendido como cura/ Por canalhas amaldiçoados no túmulo." Endre Ady, "Üdvözlet a győzőnek" [Uma boa vinda ao vencedor].

[8] Lênin afirmou, em outubro de 1914, que a guerra estava "distraindo a atenção das massas trabalhadoras das crises políticas internas na Rússia, na Alemanha, no Reino Unido e em outros países, desunindo e provocando o embrutecimento nacionalista dos trabalhadores e o extermínio de sua vanguarda, de forma a enfraquecer o movimento revolucionário do proletariado – eis efetivamente o conteúdo, a importância e o sentido da presente guerra". LCW, cit., v. 21, p. 27.

[9] Tibor Hajdu, *Közép-Európa forradalma, 1917-1921* [A revolução da Europa Central, 1917-1921] (Budapeste, Gondolat, 1989). Essa obra fornece novas informações para uma reavaliação desse tema; os pontos de contato internacionais para a Revolução Húngara também estão documentados em, por exemplo, "Hungary between Wilson and Lenin: The Hungarian Revolution of 1918-1919 and the Big Three", *East European Quarterly*, v. 8, 1976, e Mihály Fülöp e Péter Sipos, *Magyarország külpolitikája a XX. században* [Política externa húngara no século XX] (Budapeste, Aula Kaidós, 1998), p. 56-62.

428  TAMÁS KRAUSZ

As circunstâncias objetivas da guerra imperialista tornam certo que a revolução não será limitada ao primeiro estágio da Revolução Russa, que a revolução não será limitada a esse país. O proletariado alemão é o aliado mais honrado e digno de confiança dos russos e da revolução proletária mundial. Quando, em novembro de 1914, nosso partido apresentou o lema "transformar a guerra imperialista em guerra civil" dos oprimidos contra os opressores para a realização do socialismo, os sociais-chauvinistas receberam esse lema ridicularizando-o maliciosamente e com ódio, e o "centro" social-democrata, com resignação incrédula, ceticismo e silenciosa expectativa. [...] Agora, após março de 1917, apenas os cegos não conseguem ver que se trata de um lema correto. A transformação da guerra imperialista em guerra civil está se tornando fato. Vida longa à revolução proletária que está *começando* na Europa![10]

Lênin sustentou esse ponto de vista ainda mais vigorosamente após outubro de 1917 – e foi bastante meticuloso ao fazê-lo, a ponto de não aceitar o convite da "tradicional" conferência social-democrata. Nem todas as facções políticas haviam sido convidadas, e ele não estava disposto a organizar os conselhos das várias alas dos movimentos operários europeus pelas regras das partes em disputa entre si[11]. Seu objetivo era claro: unir os sociais-democratas e outras forças revolucionárias comprometidas com a revolução em uma ampla frente europeia.

Tempos depois, Lênin descreveu a revolução ocidental como "atrasada", um tipo de fenômeno que poderia e deveria ser acelerado, mas jamais desencadeado artificialmente. O estabelecimento da Internacional Comunista (Comintern) fez parte dessa estratégia. Lênin considerava o Comintern a "equipe geral da revolução mundial", mas Moscou não era Roma, apesar de todos os caminhos para a formação do partido comunista mundial temporariamente apontarem para lá. Berlim seguia como centro natural. Essa determinação foi refletida primeiro pelo Congresso de Fundação do Comintern, depois por seu II Congresso, que definia as 21 condições para se pertencer ao Comintern. Estas constituíram as fundações "militares" e "disciplinares" do "partido mundial". O isolamento sectário não é a questão mais importante aqui, como muitas vezes historiógrafos salientam, mas o fato de que os partidos comunistas em si também eram de

---

[10]  LCW, cit., v. 23, p. 367-74.

[11]  Em seu telegrama de 24 de janeiro (6 de fevereiro) de 1918 a Arthur Henderson, Lênin indica que não poderia aceitar o convite para a conferência de paz dos partidos socialistas da Entente – a ser realizada no dia 20 de fevereiro – porque nem todos os partidos socialistas da Europa haviam sido convidados. "Nós objetamos à divisão da classe trabalhadora conforme agrupamentos imperialistas. Se o Partido Trabalhista do Reino Unido concorda com os objetivos russos de paz, que já são aceitos pelos partidos socialistas dos Poderes Centrais, tal divisão é ainda mais injustificada." LCW, cit., v. 44, p. 60b.

duas direções diferentes. Como Hobsbawm afirmou: "Cada partido comunista foi o filho do casamento de dois cônjuges que não combinavam entre si, uma esquerda nacional e a Revolução de Outubro". Quem compartilhava o conceito de Moscou não considerava tão importante o papel das idiossincrasias locais. Aqueles que tinham uma visão nacionalista divisavam no horizonte as planícies e cadeias de montanhas da Europa oriental. É verdade que os pesquisadores normalmente veem os sintomas clássicos do sectarismo nas condições estritas de adesão e, na realidade, a centralização severa, quase militar, trazia consigo o perigo do isolamento, ainda mais se o partido aderente operasse ilegalmente. O mais importante, no entanto, é que seu objetivo era fortalecer a coesão dentro do Comintern. É claro que a hierarquia organizacional e a ordem militar que os partidos comunistas mantinham àquela época atendiam às exigências de suas próprias tendências políticas "revolucionárias mundiais"[12]. As condições de Lênin de fato iriam se tornar a materialização do sectarismo sob as circunstâncias históricas modificadas de uma época posterior, mas esta é uma época diferente.

Desse modo, a ideia da revolução mundial e a superestimação dos processos de sua realização eram parte orgânica da própria revolução, e, sem essa consciência e essa crença, a história da Revolução de Outubro e de toda a onda revolucionária europeia seria impensável. Embora essa expectativa preocupasse as massas revolucionárias na Rússia, isso não ocorria na Europa ocidental. A fé ingênua na revolução mundial ainda servia como inspiração para os camponeses comunistas deseducados nos anos 1930; entre eles, uma figura literária em um dos romances de Chólokhov, Nagúlnov, o secretário do partido de um *kolkhoz* que perpetua esse sentimento para a posteridade. Ao mesmo tempo, a autodefinição política dos principais grupos entre os intelectuais ocidentais pode ser submetida a reflexão. A *revolução mundial* também foi a ideia e a prática abstrata que levaram uma geração inteira a juntar-se sob a bandeira do comunismo (e da União Soviética), como tão belamente relata Eric Hobsbawm ao escrever sobre sua vida e a vida de outros[13].

---

[12] Sobre a estrutura organizacional do Comintern no tempo de Lênin, ver G. M. Adibekov, Z. I. Chahnazarova e K. K. Chirinia, *Организационная структура Коминтерна, 1919-1943/ Organizatsiónnaia struktura Kominterna, 1919-1943* [A estrutura organizacional do Comintern, 1919-1943] (Moscou, Rosspen, 1997), p. 7-89.

[13] Ver Eric J. Hobsbawm, "Being Communist", em *Interesting Times: A Twentieth-Century Life* (Londres, Abacus, 2005), p. 127-51 [ed. bras.: *Tempos interessantes: uma vida no século XX*, São Paulo, Companhia das Letras, 2002].

## O tratado de paz de Brest-Litovsk e o patriotismo

Na mente de muitos que viviam na Europa central, as demandas da revolução social, como a eliminação da disparidade entre os ricos e os pobres, assim como a opressão nacional/étnica e social, estavam vinculadas às demandas de independência nacional. Um sentimento de patriotismo de algum tipo está convincentemente documentado, por exemplo, nas cartas do Exército publicadas (e analiticamente apresentadas) por Péter Hanák[14]. Quase por toda parte as classes médias, as classes de oficiais e o campesinato em melhores circunstâncias "sacrificaram" as demandas sociais, populares entre as massas, no altar das demandas nacionais – com a Rússia sendo talvez a única exceção. No último *round*, com a ajuda do nacionalismo (e do fascismo), as elites no poder de nações grandes e pequenas oprimiram os movimentos sociais, da Romênia à Itália, da Hungria à Alemanha e aos Bálcãs. No entanto, essa foi uma resposta consciente e politicamente coordenada ao surgimento de movimentos revolucionários e organizações em todos os países derrotados na Guerra: os comitês trabalhistas, os conselhos trabalhistas e as repúblicas de sovietes de curta duração (Hungria, Eslováquia, Alemanha e Itália)[15]. Lênin e o bolchevismo enfrentaram essa maré de nacionalismo à época do Tratado de Brest-Litovsk, quando ficou evidente que a revolução havia terminado com o "desfile de vitória" do governo soviético. Noventa anos após a ratificação do tratado, nem um único historiador sério argumentaria que as forças militares da Rússia soviética poderiam ter resistido às tropas alemãs. Desse modo, entre as relações de poder político e de classe, internacional e internamente, nenhuma alternativa realista de tratado de paz se ofereceu[16].

Embora teoricamente Lênin mantivesse a revolução mundial – ou pelo menos internacional – como estratégia até o outono de 1920, como perspectiva *prática* ele mensurava as chances de sobrevivência do governo soviético e preparava o caminho para seu fim. Sua postura nas negociações e na ratificação do Tratado

---

[14] O fenômeno específico foi bem retratado por Péter Hanák no artigo "The Garden and the Workshop: Reflections on *Fin-de-Siècle* Culture in Vienna and Budapeste", em *The Garden and the Workshop: Essays on the Cultural History of Vienna and Budapeste* (Princeton, Princeton University Press, 1999), p. 63-97. A obra está traduzida para diversas línguas e até inspirou Hobsbawm em seu trabalho.

[15] Eric J. Hobsbawm, *Nations and Nationalism since 1870: Programme, Myth, Reality* (Cambridge/ Nova York, Cambridge University Press, 1992), p. 129-30.

[16] Entre a literatura existente sobre esse assunto, de diversos períodos, ver István Lengyel, *A bresztlitovszki béketárgyalások* [As conversas sobre paz de Brest-Litovsk] (Budapeste, Kossuth, 1975); Geoffrey Swain, *The Origins of the Russian Civil War* (Essex, Longman, 1996); Geoffrey Jukes et al., *The First World War: The Eastern Front, 1914-1918*, v. 1 (Oxford, Osprey, 2002).

de Brest-Litovsk (que demandou uma energia sem precedentes de sua parte, mas valeu a pena) só pode ser compreendida como modelo de *realpolitik* revolucionária e concessão política ao imperialismo – fundamentalmente nas questões de guerra e paz, mas também de patriotismo e internacionalismo. Na realidade, esses fenômenos não se separavam um do outro. Afinal, os argumentos bem conhecidos dentro do Comitê Central do partido bolchevique sobre a questão da assinatura de um armistício com a Alemanha imperial levantou um dilema e tanto: é possível qualquer tipo de tratado de paz com um país imperialista? Isso não significa trair o proletariado europeu e, especialmente, o alemão? É possível reconciliar o lema reformulado de *defender o país* e as ações políticas reais que ele cobre com o internacionalismo marxista? O que é mais importante aos olhos dos socialistas: ater-se às posições que eles tinham alcançado em termos de *realpolitik* ou "exportar" sem concessão nenhuma a revolução mundial, custe o que custar?

As lições teóricas fundamentais das consequências do Tratado de Brest-Litovsk, podem ser agrupadas em torno de duas grandes questões: *patriotismo*, a maneira como a "democracia pequeno-burguesa" se relaciona com a revolução; e a maneira como a *realpolitik* soviética lida com a "concretização" do internacionalismo. A "paz de Tilsit\*", como Lênin chamou o tratado, levou até seus amigos e camaradas mais próximos ao desespero, mesmo porque eles teriam marchado com ele até Berlim sob a bandeira da revolução mundial. Diferentemente de Lênin, muitos impelidos pelo espírito do internacionalismo abstrato, como Bukhárin, Dzerjínski e Rádek, rejeitaram respostas positivas às questões já levantadas. Os eventos que se seguiram são agora parte da história. Como comissário do Povo para as Relações Exteriores, Trótski, que encabeçava a delegação soviética nas negociações do tratado que haviam começado no fim de dezembro de 1917, não desejava assinar nem rejeitar o tratado de paz, citando o lema "nem a guerra, tampouco a paz". A resposta do Exército alemão a isso foi ocupar vastas faixas do território ucraniano, deixando para Tchichiérin, o novo comissário do Povo para as Relações Exteriores, assinar um tratado de paz com condições muito piores (embora, com a abstenção, Trótski tenha angariado mais apoio no Comitê Central). Diante da guerra *revolucionária* demandada pelos internacionalistas abstratos e a fantasmagoria patriótica-nacionalista dos defensores SRs da nação, só por muito pouco Lênin levou a termo o tratado. Durante o debate dos membros do Comitê Central, Stálin deu provas de um fantástico "senso de realismo": ele negou até os menores sinais de uma revolução

---

\* Antigo nome da cidade de Soviétsk, então parte da Alemanha. Foi anexada pela União Soviética em 1945, durante a Segunda Guerra Mundial, e hoje faz parte da Rússia. (N. E.)

432   TAMÁS KRAUSZ

europeia[17]. Embora Lênin tenha se distanciado de uma posição tão "pessimista", isso indica que alguns em seu círculo eram completamente céticos em relação às possibilidades de uma revolução internacional.

Ainda que tivesse assegurado um momento de respiro, era evidente que Lênin precisaria alinhavar muita coisa entre os dois tipos de comportamento que emergiam no partido. Um deles seguia devotado à revolução mundial e dava precedência a uma política revolucionária de ofensiva, em especial no que dizia respeito aos desenvolvimentos alemães. O outro interpretava e avaliava os processos europeus pela perspectiva unilateral dos interesses russo-soviéticos na arena de distribuição de poder internacional. Ao continuar a defender a revolução internacional "cientificamente previsível", Lênin descartou toda conjetura que não fosse baseada na estrita avaliação dos fatos. Para ele, a revolução não havia sido simplificada a uma ou outra onda repentina nem à repetição de princípios abstratos: ele lidava com a política internacional com medidas concretas. Por exemplo, quando o *Kaiser* foi derrubado em novembro de 1918 e a Revolução Alemã se desencadeou, a primeira ideia de Lênin foi contatar as unidades militares alemãs posicionadas na Rússia. Seu telegrama (enviado em sua competência como presidente do Conselho do Comissariado do Povo) para os Comitês Executivos de Governo de Orel e Kursk e os Comitês de Governo do Partido, embora exagerando o aspecto revolucionário proletário dos eventos, refletiu o posicionamento prático em sua forma paradigmática:

> Uma mensagem de rádio acabou de ser recebida de Kiel, dirigida ao proletariado internacional, declarando que o poder na Alemanha passou para as mãos de trabalhadores e soldados. Essa mensagem de rádio é assinada pelo Conselho de Delegados dos Marinheiros. Além disso, os soldados alemães na frente de batalha prenderam uma delegação de paz de Guilherme [II], e eles mesmos começaram as negociações pela paz diretamente com os soldados franceses. Guilherme abdicou. É fundamental fazer todo esforço possível para comunicar isso o quanto antes para os soldados alemães na Ucrânia e aconselhá-los, então, a atacar as tropas de Krásnov, pois com isso juntos ganharemos dezenas de milhões de *poods*\* de grãos para os operários alemães e derrotaremos uma invasão dos ingleses, cujo esquadrão agora se aproxima de Novorossiisk.[18]

---

[17] *Протоколы центрального Комитета РСДРП(б), август 1917-февраль 1918/ Protokóli centrálnogo Komiteta RSDRP(b), avgust 1917-fevral 1918* [Protocolos do Comitê Central do POSDR(b), agosto 1917-fevereiro 1918] (Moscou, 1958).

\*   Unidade de massa da Rússia imperial que equivale a 16,38 kg. Deixou de ser usada oficialmente em 1924, com a adoção do sistema métrico. (N. E.)

[18] LCW, cit., v. 35, p. 372.

Embora a revolução alemã tenha confirmado a expectativa de Lênin de que a paz de Brest-Litovsk não duraria, ele não abriu mão da tática então adotada. Sua atitude seguiu a mesma: enquanto uma revolução europeia geral não ocorresse, a posição mais importante era defender os ganhos da Revolução Russa[19]. Isso era visto como uma espécie de virada patriótica por determinados estratos sociais na Rússia (ainda mais pelos comunistas de esquerda que rejeitavam essa posição), enquanto outros (especialmente os SRs) tinham o ponto de vista oposto, vendo-a como ato de autossacrifício antipatriótico e de capitulação nacional. Em relação às acusações de concessões feitas ao patriotismo, no início de janeiro Lênin escreveu a seus críticos de Moscou que eles "não haviam sequer levado em consideração o fato de que nós, bolcheviques, nos tornamos todos defensivistas agora"[20].

Como já foi visto, embora indicasse que várias formas de guerra eram possíveis a partir de um ponto de vista político e de classe, Lênin considerava a "defesa da pátria-mãe" como nada mais que uma justificativa para tomar parte na guerra. Em suas palavras, "generalizar isso, torná-la um 'princípio geral', é ridículo, algo supremamente não científico"[21]. No entanto, os debates apaixonados, quase insaciáveis, acerca do Tratado de Brest-Litovsk mostraram que a situação política modificada colocou a questão do patriotismo sob uma luz muito mais complexa[22]. Mesmo no calor da discussão, Lênin analisou corretamente o ponto essencial no que diz respeito ao patriotismo. O marxismo, quando usado contra o patriotismo dos tempos de guerra do tsar e dos proprietários de terras, posicionava-se em uma plataforma ideológica e política de "antipatriotismo"; no entanto, após a Revolução de Outubro, a noção de "pátria-mãe" ganhou um novo significado, como mostraram os debates da paz de Brest-Litovsk. Em um artigo publicado na edição de 11 de março do *Известия/ Izvéstia* [Noticiário], Lênin citou as seguintes linhas de Nekrássov em defesa da paz de "Tilsit" e contra a "unilateralidade" descrita: "Vossa arte desgraçada, vossa arte abundante,/ Vossa arte poderosa, vossa arte impotente – mãe Rússia!"[23]. No entanto, isso havia mudado no dia 25 de outubro, e essa foi a razão por que a nova noção de *pátria-mãe*, que assumiu características territoriais-sociais-culturais como base, não podia mais trazer em si qualquer tipo

---

[19] "К истории вопроса о несчастном мире"/ "K istórii voprossa o nestchastnom mire" [Sobre a história da questão da paz desafortunada]. Ver Vladímir I. Lênin, "On the History of the Question of the Unfortunate Peace", em LCW, cit., v. 26, p. 442-50; e "Speeches at a Meeting of the Central Committee of the RSDLP(B)", 19 jan., em LCW, cit., v. 35, p. 507-9.

[20] Ibidem, p. 452.

[21] Ibidem, p. 273.

[22] Para um exame histórico concreto dos debates, ver Tamás Krausz, "Bolsevizmus és nemzeti kérdés: ideológiatörténeti adalékok a 20-as évekből" [Bolchevismo e a questão nacional: material dos anos 1920, para a história das ideologias], *Világosság*, n. 11, 1980, p. 681-8.

[23] Vladímir I. Lênin, "The Chief Task of Our Days", em LCW, cit., v. 27, p. 159.

de conteúdo nacionalista, étnico ou religioso. A ideologia da Guarda Branca de uma "única e indivisível Rússia" havia caído em sua sepultura, juntamente com o Império e as antigas classes governantes. "Substituta temporária" da revolução mundial, no entanto, a nova noção de pátria e *defensivismo* tomou o lugar do velho conteúdo étnico-nacional, na medida em que se aplicava a qualquer território em que o governo soviético se encontrasse vitorioso, levando, assim, implicações ideológicas antirracistas a territórios multiétnicos. Ele também devolveu questões universais e sociais a seus respectivos terrenos, e isso revelou a natureza provisória do novo *establishment* político, pois o país não teve nem nome oficial por um longo tempo, e seu tamanho e sua extensão não estavam nem um pouco claros ou definidos. Lênin resumiu a essência dessa virada:

> Desde 25 de outubro de 1917, temos sido defensivistas. Nós somos pela "defesa da pátria"; mas a guerra patriótica na direção da qual estamos nos deslocando é uma guerra por uma pátria socialista, pelo socialismo como pátria, pela república soviética como contingente do exército mundial do socialismo. "Odeie os alemães, mate os alemães", esse era e é o lema do patriotismo comum, isto é, burguês. Mas nós diremos: "Odeie os espoliadores imperialistas, odeie o capitalismo, morte ao capitalismo"; ao mesmo tempo, "aprenda com os alemães! Mantenha-se verdadeiro na aliança de irmandade com os operários alemães".[24]

Outro aspecto da questão do patriotismo reflete sobre a maneira como o regime relacionava-se com a intelectualidade, a pequena burguesia e os estratos médio e campesino da sociedade; e seu reverso, a maneira como esses estratos se relacionavam com a Rússia soviética. A frente cada vez mais ampla de intervenção estrangeira sobre o território soviético trouxe à tona uma "mudança positiva" entre as camadas patrióticas da sociedade, à medida que o sentimento nacional patriota agora se inclinava a favor do governo soviético. Isso tinha uma importância extraordinária, apesar da natureza reformista de "faxina geral" do comunismo de guerra. Mais tarde, na primavera de 1919, Lênin retornou à questão no VIII Congresso do Partido, no qual lançou luz sobre as raízes muito profundas de afeto nacional e sentimento patriótico, dizendo que eles estavam "interligados às condições econômicas de vida precisamente dos pequenos proprietários". Tirando lições do período do Tratado de Brest-Litovsk, Lênin salientou a mudança nas relações entre o partido e os "estratos médios" da sociedade. Eles primeiro haviam se voltado contra os bolcheviques em razão de concessões territoriais, mas, sob o ataque das tropas intervencionistas, o patriotismo

---

[24] LCW, cit., v. 27, p. 162-3.

levou milhões para o campo bolchevique[25]. Em um sentido sociológico, Lênin compreendia o "patriotismo" como a camada média da expressão ideológica-emocional dos interesses da sociedade. Não se trata de coincidência que Lênin também tenha chamado a atenção da liderança da República Soviética Húngara para a importância desse estrato político, pois eles eram aliados especialmente competentes em uma guerra de defesa, e na Hungria – observando as perdas territoriais esperadas e a presença militar estrangeira –já se assistia aos eventos a partir da postura de defesa da pátria-mãe: "A dificuldade de nossa posição era que tínhamos de dar à luz o poder soviético em oposição ao patriotismo". Na corrida final, a burguesia sempre centra suas forças onde ela percebe o maior poder, que é a posição a partir da qual ela pode melhor defender seus "interesses nacionais"[26]. É interessante que – em comparação com a posterior Guerra Polaco-Soviética – Lênin estava, então, bastante ciente de que o nacionalismo dessas camadas sociais podia distanciá-las da revolução. Sedentos de vingança após a derrota militar, tendo que escolher entre *nacionalismo* e *revolução*, muitos optaram pelo primeiro, enquanto segmentos significativos das massas trabalhadoras em países vitoriosos favoreceram a escolha patriótica sob o encanto dos "sucessos nacionais" das classes dominantes.

A terceira "camada" do patriotismo, que Lênin mais tarde escavou e interpretou após a introdução da Nova Política Econômica (NEP), estava enraizada na famosa política de concessões, apresentada no próximo capítulo. Na conclusão de seu discurso a respeito das concessões no VIII Congresso Soviético, em dezembro de 1920, ele salientou que os protestos rurais contra as políticas de concessão não refletiam um "humor doentio"; em vez disso, tratava-se de um fenômeno que expressava sentimentos patrióticos positivos. Ele referia-se ao patriotismo campesino – "sem o qual não resistiríamos três anos" –, o tipo de patriotismo que leva um camponês a aceitar a fome por anos "em vez de entregar a Rússia para estrangeiros [...]. Trata-se do melhor patriotismo revolucionário que há". Dar uma forma concreta a esse tipo de patriotismo em termos sociais e políticos, tornando-o a sensibilidade do "camponês médio não partidário", diferenciando-o das sensibilidades dos *kulaks* (os camponeses com meios), ele sugere: "Quanto aos *kulaks* estarem preparados para passar fome por três anos a fim de manter fora os capitalistas estrangeiros – de quem eles têm algo a ganhar –, isso não é verdade"[27]. Essas formas socialmente definidas de sentimento patriótico, sua imagem alternada e as faces bastante variadas que ela mostrou em situações novas

---

25  LCW, cit., v. 29, p. 448-50.
26  "Привет венгерским рабочим"/ "Privet venguérskim rabótchim" [Saudações aos trabalhadores húngaros]. LCW, cit., v. 29, p. 294 e 270.
27  LCW, cit., v. 42, p. 245.

436 Tamás Krausz

foram todas parte integral da política de alianças – *smytchka*, a "aliança operário-
-camponesa" e a relação com a intelectualidade – levada adiante pelo partido
bolchevique. Os discursos e as ações de Lênin insinuam que ele tentou capturar
as "mediações" cada vez mais complicadas e as contradições entre a revolução
mundial e os interesses locais da Revolução Russa.

Suas visões teóricas sobre patriotismo – expressando as relações políticas
de poder de classe concretas por trás dos *compromissos* políticos – podem
ser resumidas como não disposição de arriscar as posições já asseguradas
pela revolução por qualquer ofensiva revolucionária europeia (ou asiática)
cujo resultado não fosse claramente previsível. Em sua crítica a Bukhárin,
que descartou aceitar qualquer concessão aos imperialistas, ele voltou suas
farpas para uma imagem abstrata da revolução mundial que não atentava para
o equilíbrio concreto de forças. Lênin não estava disposto a transformar em
dogma o que ele acreditava ser o mais relevante para os interesses da revolução e estava, portanto, disposto a comprar alimento de qualquer inimigo
estrangeiro desde o início, não baseando suas ações na avaliação intelectual
tipicamente esquerdista da "capitulação ao imperialismo"[28].

Ao longo de 1919, Lênin tentou evitar (pelo menos por questão de princípio)
a contraposição das perspectivas europeias de desenvolvimento revolucionário
com os interesses "locais" e a defesa militar da Revolução Russa – apesar das
contradições que surgiam, como demonstrado inequivocamente após o Tratado
de Brest-Litovsk e a virada socialista na Hungria. Lênin sempre tomou decisões
após fazer uma análise concreta, aferindo quais interesses eram mais importantes
e quais poderiam ser mais bem defendidos em dada situação. Mesmo assim,
continuou a externar sua opinião de que o destino do governo soviético, no
longo prazo, dependia do equilíbrio do desenvolvimento e da vitória da revolução europeia. Com a passagem do surto revolucionário da primavera de 1919,
para falar eufemisticamente[29] – isto é, da República Soviética Húngara, da breve
República Eslovaca e da proclamação da República Soviética da Baviera em 7 de
abril –, o equilíbrio de forças não se deslocou em favor do governo soviético. Isso
também influenciou de maneira importante a avaliação de Lênin das relações
com a República Soviética Húngara. Ele queria apoiar a revolução criando raízes
na Hungria a todo custo, mas as relações do poder interno se desenvolveram
de maneira desvantajosa. Em abril de 1919, enviou a seguinte instrução para o
comandante Vátsetis:

---

[28] "Ao CC do POSDR(B). Favor incluir meu voto *a favor* de obter batatas e armamentos dos
bandoleiros do imperialismo anglo-francês. *Lênin*", entrada de 22 fev. 1918, em LCW, cit.,
v. 44, p. 67c.

[29] Tibor Hajdu, *Közép-Európa forradalma 1917-1921*, cit., p. 142-64.

O avanço em parte da Galícia e na Bukovina é essencial para o contato com a Hungria soviética. Essa tarefa deve ser alcançada o mais rapidamente e seguramente, mas, além dessa tarefa, nenhuma ocupação da Galícia e da Bukovina é necessária, pois o Exército ucraniano não pode de maneira alguma ser distraído de seus dois principais objetivos: o primeiro, o mais importante e mais urgente, é ajudar a bacia do Donets [...]; o segundo objetivo é estabelecer um elo seguro via ferrovia com a Hungria soviética.[30]

Essa ordem de importância foi ditada pela virada catastrófica no equilíbrio das forças militares, e não por qualquer fator no qual o líder da revolução húngara Béla Kun tenha passado a acreditar quanto a isso (este frequentemente elogiava os desenvolvimentos revolucionários em um estado de completo delírio)[31]. Em relação à demanda de 11 de julho de Béla Kun – de que determinadas unidades do Exército Vermelho deviam atacar a Galícia –, o Conselho Ucraniano do Comissariado do Povo procurou o comissário para as Relações Exteriores Tchitchiérin e Lênin no dia 14 de julho. A nota de Lênin para Skliánski, colega imediato de Trótski e comissário do Povo para a Guerra, assim como vice-presidente do Conselho Militar-Revolucionário da República, rascunhava o texto desse telegrama: "Para Skliánski! Não seria possível organizar um efeito demonstrativo, fazer um barulho e enganá-los?"[32]. No entanto, nem mesmo o barulho saiu, e a República Soviética Húngara foi derrubada; Lênin, juntamente com os bolcheviques, sentiu o sabor da derrota nesse e em outros eventos semelhantes. Essa também é a razão por que a série de demandas fora da realidade e ataques pessoais emanados de

---

[30] Telegrama a I. I. Vátsetis e I. S. Arálov, 21-22 abr. 1919, em LCW, cit., v. 44, p. 215b.

[31] Em uma nota de G. V. Tchitchiérin a Lênin, de 15 de julho de 1919, encontram-se os seguintes comentários: "É absolutamente inadmissível que esse sujeito arrogante envie tal telegrama. Afinal, Rakóvski não é das melhores figuras da Internacional. E, no interesse da causa, não está previsto perder a linha". A correspondência entre Tchitchiérin e Lênin diz respeito a um duro telegrama escrito por Béla Kun a H. G. Rakóvski na ocasião da prisão de Rádek em Berlim. Escrito por Lênin a Kun: "Caro camarada Béla Kun, por favor não se preocupe muito e não entre em desespero. Suas acusações e suspeitas contra Tchitchiérin e Rakóvski não possuem absolutamente nenhum fundamento". LCW, cit., v. 44, p. 271b.

[32] "Телеграмма Совета Народных Комиссаров Украины Г. Чичерину, копия Председателю СНК В. Ленину о шифровке В. Куна. Киев, 14 июля 1919 года"/ "Telegramma Sovieta Naródnikh Komissárov Ukrainy G. Tchitchiérinu, kopia Predsedatelyu SNK V. Liéninu o chifrovke B. Kuna. Kiiev, 14 iulia 1919 goda" [Telegrama do Conselho do Comissariado do Povo da Ucrânia, G. Tchichiérin, uma cópia do presidente do Conselho do Comissariado do Povo, V. Lênin sobre a criptografia de V. Kuhn. Kiev, 14 de julho de 1919], em *Коминтерн и идея мировой революции/ Komintern i idieia mirovói revoliútsi* [Comintern e a ideia de uma revolução mundial] (Moscou, Naúka, 1998), p. 140.

438    TAMÁS KRAUSZ

Béla Kun, assim como seus surtos de pânico delirantes[33], fizeram Lênin questionar seriamente a sabedoria do líder da revolução húngara[34].

Nesse estágio, no verão de 1919 a contrarrevolução armada tornou-se mais forte na Rússia; Deníkin estava tramando seus planos para a ocupação de Moscou, os governos soviéticos bálticos e finlandês haviam sido derrotados, e o terror branco estava disseminado. Essa situação gerou um documento politicamente inorgânico – mas, ainda assim, típico (e hoje famoso) – de Trótski (5 de agosto de 1919), que expressou um sentimento de improvisação política – refletindo as esperanças cada dia menores pelo futuro da revolução europeia. Trótski recomendou aos membros do Comitê Central reorientar a política soviética do Ocidente para o Oriente:

> A arena de levantes nas proximidades pode ser a Ásia. [...] Nós perdemos Riga, Vilna e, sob coação, estamos arriscando a perda de Odessa e Petrogrado. Nós retomamos Perm, Ecaterimburgo, Zlatoust e Tcheliábinsk. Essa mudança nas circunstâncias requer uma mudança de direção. No período que está por vir, seria oportuna a preparação dos componentes para uma reorientação "asiática", e preparar-se parcialmente para um ataque militar contra a Índia, em apoio à revolução hindu.[35]

No entanto, com a derrota de Deníkin e Koltchak, a questão mais uma vez passou a ser apresentada sob uma forma "eurocêntrica". Após o "acordo de paz" de Versalhes, ficou claro que a Rússia soviética estava sendo cercada por um *cordão sanitário* a fim de proteger o "ambiente capitalista". Inúmeras falsificações deliberadas publicadas em anos recentes descrevem o "conceito de revolução mundial" de Lênin como "ameaça militar russa" realista com impulso de conquistar a Europa. Na realidade, as manifestações políticas concretas desse conceito somente pertenciam às ações da retaguarda da onda revolucionária,

---

[33] Kun continuou sua depreciação de Rakóvski, o famoso líder soviético internacionalista ucraniano, em um telegrama enviado via rádio a Lênin no dia 29 de julho de 1919: "Rakóvski foi forçado sobre o povo da Ucrânia contra sua vontade". Também criticou Lênin por, digamos, não ter apoiado a República Soviética Húngara na Bessarábia. *Komintern i ideia mirovói revoliútsi*, cit., p. 144.

[34] "Sugiro", Lênin escreveu a Tchitchiérin em uma anotação de 15 de julho, "que você responda empregando um tom seco, mas duro: (tais e tais) fatores refutam completamente as alegações levantadas contra Rakóvski e outros, e se eles continuarem escrevendo com esse tom serão proclamados não comunistas, mas arruaceiros". Iúri Nikoláievitch Amiantov et al. (orgs.), *В. И. Ленин: неизвестные документы, 1891-1922/ V. I. Liénin: neizvestnye dokumiénty, 1891-1922* [V. I. Lênin: documentos desconhecidos, 1891-1922] (Moscou, Rosspen, 1999), p. 294.

[35] *Komintern i ideia mirovói revoliútsi*, cit., p. 148.

RECONSTRUINDO LÊNIN 439

cuja finalidade seria inspirar e apoiar irrupções locais das revoluções esperadas. Deixando de lado todos os conceitos filosóficos e geopolíticos, a Rússia soviética – profundamente envolvida no caos e na guerra civil – não poderia ter representado perigo nenhum para a Europa em termos militares ou econômicos. A realidade era oposta: a insistência em princípio sobre a revolução mundial incorporava a crença em uma chance de sobrevivência, que mais tarde integrou-se aos conflitos de interesse entre as grandes potências, após a União Soviética crescer e tornar-se uma grande potência ao fim de 1922. O "patriotismo soviético" – na realidade, o patriotismo de Estado, que cumpriria o papel de ideologia nacional até o desmembramento da União Soviética – foi a expressão ideológica de todo esse desenvolvimento histórico.

A Guerra Polaco-Soviética foi a encarnação do "estado volátil do mundo" que, no desfecho, ofereceu talvez a última chance para Lênin e sua geração de vincular – por meio da Polônia – o destino da Revolução Russa ao da revolução europeia; em outras palavras, foi a última possibilidade de evitar o isolamento da revolução em relação à Europa ocidental e, de maneira mais importante, à Alemanha. No verão de 1920, Lênin, contando com as perspectivas verdadeiramente promissoras de uma revolução internacional, assumiu riscos; por um lado, cedeu à pressão da "esquerda" e, por outro, seguiu a própria análise. De certa maneira, o canto da sereia da revolução mundial mais uma vez tornou-se uma força a moldar a história. Lênin escolheu a abordagem mais cuidadosa na primavera de 1919, mas o governo soviético só pôde assumir uma postura mais segura de si na primavera de 1920, após ter derrubado Koltchak. Embora o equilíbrio internacional de forças não tivesse mudado favoravelmente em termos do progresso revolucionário europeu, os sucessos na frente de guerra civil pareceram decisivos.

## A Guerra Polaco-Soviética

Existe uma extensa literatura que lida com a Guerra Polaco-Soviética e o ponto de vista da historiografia soviética a respeito dela[36], mas diversos documentos de

---

[36] Uma descrição convencional em termos de historiografia soviética pode ser encontrada em *A polgárháború a Szovjetunióban, 1918-1922* [Guerra civil da União Soviética, 1918-1922] (Budapeste, Kossuth, 1964), que não chega a retratar a multidimensionalidade da questão. Escrito por Norman Davies, *White Eagle, Red Star: The Polish-Soviet War, 1919-1920* (Londres, Random House, 1972) permanece bastante útil até hoje. Também saíram estudos em húngaro sobre o tema, dentre os quais Péter Sipos, "A Nemzetközi Szakszervezeti Szövetség és az 1920 évi lengyel-szovjet háború" [A Associação Internacional de Sindicatos e a Guerra Polaco-Soviética de 1920], em *El a kezekkel Szovjet-Oroszországtól* [Tire suas mãos da Rússia Soviética] (Budapeste, Kossuth, 1979); Erika Somogyi, "Magyarország részvételi kísérlete az 1920-as lengyel-szovjet háborúban" [O esforço húngaro de participar na Guerra Polaco-Soviética de

440 TAMÁS KRAUSZ

Lênin que vieram à tona nos anos 1990 também são importantes[37]. Eles deixam claro que Lênin concedeu à revolução internacional um lugar central em termos de importância nos objetivos da Revolução Russa, pois ele se preocupava, acima de tudo, com o socialismo russo isolando-se de sua base europeia. Afinal, em 1920 Lênin olhou para o conflito polaco-soviético (que começou com um ataque não provocado contra a Rússia soviética) por esse ângulo. Mesmo no ano anterior, as forças polonesas controlavam os territórios ocidentais da Bielorrússia, apesar de, em dezembro de 1917, antes de qualquer tratado de paz, Lênin e o governo soviético terem reconhecido a independência da Polônia.

Os vários níveis em que a guerra civil na Rússia foi conduzida (social, político, étnico-nacional, entre superpotências e no comércio) são conhecidos. Quando Piłsudski – seguindo acordos com o político nacionalista ucraniano Petliura – tomou Kiev, ficou claro para Lênin que a guerra tinha uma importância especial em termos de *todos* esses aspectos[38]. As tropas intervencionistas da Entente lutaram (e provocaram destruição) no território soviético em "defesa" de seus interesses econômicos capitalistas na Rússia, enquanto os países intervencionistas competiam uns com os outros por poder e posições econômicas. Havia uma série de campos dentro da Rússia soviética nos quais os interesses alemão-inglês-francês-turco-japonês-estadunidense colidiam ou se cruzavam. (Essa batalha de interesses manifestou-se de diferentes maneiras, de saque aberto a distribuição de interesses econômicos.)

---

1920], *Történelmi Szemle* [Revisão histórica], n. 2, 1986; István Majoros, "A lengyel-szovjet háború. Wrangel és a francia külpolitika 1920-ban" [A Guerra Polaco-Soviética. Wrangel e a política externa francesa de 1920], *Századok*, n. 3, 2001, p. 533-67. Entre as mais recentes, ver I. B. Mikhutina, "Некоторые проблемы истории польско-советской войны, 1919-1920"/ "Nekotórye probliémy istóri polsko-soviétskoi vóiny, 1919-1920" [Alguns dos problemas históricos da Guerra Polaco-Soviética], em *Версаль и новая Восточная Европа/ Versal i nóvaia Vostótchnaia Evropa* [Versalhes e a nova Europa Oriental] (Moscou, Instituta Slavianovediénia i Balkanístiki-RAN, 1996), p. 159-76; I. S. Iajborovskaia e V. S. Parsadanova, *Россия и Польша: синдром войны 1920/ Rossía i Polcha: síndrom vóiny, 1920* [Rússia e Polônia: síndrome de guerra, 1920] (Moscou, Academia, 2005); Jerzy Krasuski, *Tragiczna niepodległosc. Polityka zagraniczna Polski w latach, 1919-1945* [Independência trágica. Política externa polonesa, 1919-1945] (Poznań, 2000).

[37] Os documentos demoraram a encontrar lugar em novas pesquisas, como se percebe de maneira bastante palpável em investigações no campo da Guerra Polaco-Soviética e sobre Lênin por Robert Service, *Lenin: A Biography*, v. 3: *The Iron Ring* (Londres, Macmillan, 1995), p. 117-21.

[38] Robert Service ficou terrivelmente "surpreso" com o fato de Lênin ter, em larga medida, "compreendido mal" as motivações de Piłsudski, encarando a guerra inteira como uma dimensão da relação entre Moscou e Berlim. Ver ibidem, p. 118. Na verdade, Lênin – em contradição com todas as ideias retrospectivas – enquadrava a Guerra Polaco-Soviética numa constelação pan-europeia. Análises mais detidas da história diplomática provaram que a abordagem "pan-europeia" era bem fundamentada. Ver, por exemplo, o artigo supracitado de István Majoros.

RECONSTRUINDO LÊNIN 441

Portanto, Lênin olhou para o avanço de Piłsudski, iniciado no fim de abril, sob a luz desse contexto pan-europeu e o avaliou de acordo com isso. A Polônia era uma extensão do braço da Entente, que havia sido derrotada na Rússia, e uma materialização agressiva do regime de paz de Versalhes. Não que Lênin não compreendesse a importância das fantasias polonesas de construção de um império; no entanto, ele não podia atribuir grande peso a elas.

Qualquer posição que veja a Guerra Polaco-Soviética como "conflito de fronteira" unidimensional é simplista demais. Piłsudski e a propaganda polonesa realmente começaram o ataque em meio à dificuldade do sonho de uma conciliação nacional e ao estupor nacionalista da Grande Polônia, mas isso dificilmente teria dado início à arriscada campanha militar sem o apoio tanto da França quanto de Petliura, líder contrarrevolucionário da Ucrânia. Na primavera de 1920, novas esperanças para a Europa despertaram nos círculos bolcheviques: o golpe de Kapp foi derrotado na Alemanha com a ajuda dos operários, simpatias ao Comintern e aos soviéticos foram expressas na ala esquerda da social-democracia europeia, e o corpo geral comunista internacional viu novas perspectivas revolucionárias no futuro próximo. Lênin defendia uma abordagem mais cuidadosa na primavera, orientando-se na direção da preparação, em vez de um "ataque direto". Em março de 1920, Béla Kun levantou esse ponto em uma carta, dizendo que os comentários circunspectos de Lênin foram usados pelos "oportunistas dentro dos partidos comunistas" para sua vantagem. Por essa razão, Kun escreveu: "Não evite que o método bolchevique russo seja usado, citando sua autoridade, na Europa ocidental"[39].

A atitude de Kun não era um fenômeno isolado, e um sentimento de otimismo gradualmente tomou conta de toda a liderança do Comintern, inclusive de Lênin. Em julho-agosto de 1920, durante o II Congresso do Comintern, eles já estavam confiantes do sucesso de uma contraofensiva. Essa euforia foi transmitida pelo telegrama codificado que Lênin enviou para Stálin, que estava posicionado em Kharkiv, no dia 23 de julho de 1920 (o dia que Tukhatchévski recebeu o comando para atravessar o rio Bug e ocupar Varsóvia):

> A situação no Comintern é esplêndida. Zinóviev, Bukhárin e eu também achamos que a revolução na Itália deve ser incitada imediatamente. Minha opinião para esse fim é de que a Hungria deve ser sovietizada e talvez a República Tcheca e a Romênia também. Nós temos de refletir cuidadosamente sobre isso. Comunique sua conclusão detalhada. Os comunistas alemães acreditam que a Alemanha é capaz de reunir 300 mil tropas do lúmpen contra nós.[40]

---

[39] Carta de Béla Kun em *Komintern i idieia mirovói revoliútsi*, cit., p. 168-9.
[40] Richard Pipes (org.), *The Unknown Lenin: From the Secret Archive* (New Haven/Londres, Yale University Press, 1996), p. 90-2.

Esse também foi o ponto em que a liderança bolchevique tomou a decisão de que preparativos deveriam ser feitos para a sovietização da Armênia e da Geórgia, a fim de "incitar a revolução mundial", demanda que havia sido ouvida do escritório do partido no Cáucaso desde o início de agosto. Um documento ainda existente – telegrama para Smilga – prova que, a essa altura, Lênin ainda não havia perdido a esperança de sovietizar a Lituânia[41]. Embora Trótski, comissário do Povo para a Guerra, tenha assumido uma postura altamente cética em relação a um grande avanço militar soviético sobre Varsóvia após o ataque polonês passado, os apoiadores de um contra-ataque imediato ganharam o dia sob a influência da alta moral.

À medida que o avanço de Piłsudski diluía-se e os soviéticos contra-atacavam rapidamente, o ministro de Relações Exteriores britânico, Curzon, em um memorando de 11 de julho, deu um aviso às tropas vermelhas para respeitarem a linha Curzon[42], embora isso não tivesse mais fundamento moral. (Trata-se de uma questão diferente julgar se valia a pena para o Exército Vermelho atravessar a fronteira.) Lênin não ficou impressionado com esse desejo súbito de paz. Sua reação ao ataque polonês sobre a Rússia soviética foi de que eles "sondariam se o proletariado polonês estava pronto para apoiar a revolução mundial" ou, pelo menos, a sovietização da Polônia "com a ponta de uma baioneta". Uma base de poder e organização foi encontrada em um "comitê revolucionário polonês provisório", composto de líderes bolcheviques de nacionalidade polonesa, liderados pelo famoso revolucionário Marchlewski, com essencialmente o mesmo programa apresentado pelos bolcheviques em 1917.

Após a grave derrota ao sul de Varsóvia sofrida pelos soviéticos em agosto, Lênin admitiu no IX Congresso do PCR(B), em setembro de 1920, que, como consequência de estimativas diplomáticas, militares e políticas equivocadas, uma "derrota catastrófica" havia ocorrido e que ele pessoalmente gostaria de "aprender" com essa experiência. Ao mesmo tempo, não removeu da agenda suas considerações teórico-estratégicas nem sua avaliação básica da situação: *de que o contra-ataque era uma resposta possível à agressão polonesa; em princípio, ele ainda argumentava pela legitimidade do curso da revolução mundial*[43]. O conheci-

---

[41] Ver *Komintern i idieia mirovói revoliútsi*, cit., p. 187-8, e um relatório do escritório polonês de *agitprop* que trabalhava com o CC do PCR datado de 21 de abril de 1920 (ibidem, p. 172-5). Por anos, a historiografia soviética oficial buscou suprimir (para não dizer falsificar) essa posição, por motivos de "interesse estatal".

[42] Ver Robert Service, *Lenin: A Biography*, v. 3, p. 119; Norman Davies, *White Eagle, Red Star*, cit., p. 169-70.

[43] O discurso foi publicado originalmente na primeira edição dos *Историческvй Архивl Istorítcheskii Arkhiv* em 1992; para o texto completo, incluindo o relatório do Comitê Central e a conclusão, ver *V. I. Liénin: neizvestnye dokumiénty*, cit., p. 370-92. A argumentação completa

mento pleno dos documentos previamente suprimidos ou truncados é bastante importante nesse sentido, pois os horizontes de Lênin, tanto como teórico revolucionário quanto como profissional de política internacional, podem ser vistos sob uma nova luz em um discurso de setembro de 1922, que deu uma visão completa do raciocínio por trás da ideia de ampliar a guerra com a Polônia. O discurso (que não foi dirigido ao público e jamais foi editado em forma escrita) contém, resumidamente, os fundamentos políticos e teóricos de Lênin sobre os elos e as interconexões entre o progresso mundial e a transformação revolucionária internacional.

O general Piłsudski atacou a Rússia soviética apesar das propostas de paz russas e das demarcações de fronteira, que eram altamente vantajosas à Polônia – para ser preciso, às classes dominantes polonesas[44]. Lênin percebeu a iniciativa como sendo de todo o regime de Versalhes, a Entente e os franceses, em vez de ser uma jogada independente por parte da Polônia. Lênin disse que Varsóvia estava situada muito proximamente do "centro de todo o sistema imperialista internacional atual", e que a derrota da cidade abalaria todo o sistema imperialista. Lênin acrescentou a essa dedução obviamente exagerada o fator aparentemente geopolítico, mas com um alcance maior, de que "a Polônia é um Estado-tampão entre a Alemanha e a Rússia", o último Estado nas mãos daquele sistema a se opor à Rússia. Nesse sentido, como exagerou Lênin, "Varsóvia era o bastião de todo o sistema de Versalhes". Em seu pensamento estratégico, só seria possível imaginar a superação do isolamento da Rússia revolucionária por meios revolucionários, processo em que o valor das combinações entre as grandes potências também cresce; em outras palavras, ele tinha o destino de todo o regime de paz dependendo de Varsóvia. A Rússia teria entrado em conexão direta, uma união orgânica, com a Prússia oriental revolucionária[45], o que teria efeito explosivo sobre os Estados da

---

não poderia ter sido conhecida por historiadores antes porque só se tornou pública em 1999. Em inglês, ver Richard Pipes (org.), *The Unknown Lenin*, cit., p. 95-115.

[44] Lênin remete à declaração governamental do Conselho do Comissariado do Povo no dia 28 de janeiro de 1920 e sua decisão de 2 de fevereiro, que praticamente reconhecia a aquisição territorial por parte da Polônia de mais ou menos toda a Bielorrússia e da metade oeste da Polônia, que continha uma população de cerca de 4 milhões de pessoas. Ver *Декреты советской власти/ Dekriéty soviétskoi vlásti* [Decretos do poder soviético], v. 7 (Moscou, 1975), p. 141-2 e 162-5. Para uma abordagem ética, ver Emil Niederhauser, "Lenin és a nemzeti kérdés" [Lênin e a questão nacional], em *Nemzet és kisebbség* [Nação e minoria] (Budapeste, Lucidus, 2001), p. 65-83; ver também Tamás Krausz, *Bolsevizmus és nemzeti kérdés: Adalékok a nemzeti kérdés bolsevik felfogásának történetéhez* [Bolchevismo e a questão nacional: para uma história da abordagem bolchevique à questão nacional] (Budapeste, Akadémiai Kiadó, 1989).

[45] *V. I. Liénin: neizvestnye dokumiénty*, cit., p. 372-3; em inglês, Richard Pipes (org.), *The Unknown Lenin*, cit., p. 100-1.

Entente. Como estrategista revolucionário, Lênin aprendeu a falar a língua das grandes potências – a língua da força; assim, os dois tipos de discurso, o do *estrategista revolucionário* e o do *político no poder*, tornaram-se um só.

Lênin também via a cooperação da França e da Inglaterra como tentativa de sujeitar a Rússia às grandes potências[46]. Assim como a Entente, e especialmente o "eixo franco-inglês", havia apoiado Deníkin e Koltchak, também Piłsudski era um representante da nova "ordem mundial imperialista" de Versalhes, pronto para participar da realocação da Rússia. Do ponto de vista da política do poder, um dos objetivos de Lênin na campanha contra Varsóvia era demonstrar a força do novo Estado russo-soviético, o qual a Entente não podia humilhar. Lênin tinha a sensação de que os poderes da Entente estavam se enfraquecendo; eles não eram capazes de prover um panorama coeso à contrarrevolução russa. A Entente também não era capaz de reunir seus poderes financeiros, fundamentalmente porque os interesses colidiam no que dizia respeito ao roubo e ao desmantelamento da Rússia.

É claro que, já em 1918, Lênin estava convencido de que o objetivo imediato da Entente era o isolamento militar da Rússia soviética, com os países pequenos e de tamanho médio tornando-se ferramentas para esse plano. Ele fez referência a uma conferência de 1919, na qual pronunciou que, sem a Entente, nem Deníkin nem Koltchak poderiam ter mantido suas posições, e os países vizinhos não teriam se tornado bases militares para seus ataques sobre a Rússia soviética.

*Não* fomos nós que torpedeamos as ilhas Princes, e sim os *monarquistas* e os *pogromistas antijudeus*, os restauradores das *propriedades dos latifundiários*. Explique, desenvolva, *prove* estes três pontos: que Deníkin e Koltchak 1) são monarquistas; 2) bandidos pogromistas; 3) estão restaurando as propriedades dos latifundiários e introduzindo pagamentos de reembolso para os camponeses. Nós concordamos com uma trégua *para negociações* sobre a paz, é claro, com aqueles que *realmente* devem levar a culpa pela guerra – ou seja, com a Grã-Bretanha, a França, os Estados Unidos –, não com títeres. Explique detalhadamente que são *eles* que empreendem a guerra, com *seus* barcos, suas *armas*, seus cartuchos, *seus* oficiais.

---

[46] Lênin explicou o papel dos ingleses nessa questão por meio de suas comunicações no início de junho ao lado de Trótski, à época comissário do Povo para a Guerra: "Os encontros de Lloyd George com Krássin demonstraram *claramente* que a Inglaterra está ajudando e continuará a ajudar os poloneses e Wrangel. A linha certamente possui unidade". LCW, cit., v. 42, p. 229b; e Jan M. Meijer (org.), *The Trotsky Papers*, v. 2: *1920-1922* (Paris/Haia, International Institute for Social History, 1971), p. 358, 376, 378 e 398; ver também Tamás Krausz, *Bolsevizmus és nemzeti kérdés*, cit., p. 80-1.

Lênin desmascarou a hipocrisia e as mentiras deslavadas das grandes potências do Ocidente quando mais tarde destacou que "sua renúncia à intervenção" era mentira, pois eles "apoiam (e mesmo instigam) os estonianos, os finlandeses, os poloneses". Em seu discurso de 15 de outubro de 1920, no entanto, aludindo às diferenças que haviam surgido entre franceses e britânicos, Lênin indicou que eles não podiam unir-se na questão dos poloneses, dos países bálticos menores e de Wrangel, pois a "Grã-Bretanha [...] não estava interessada na restauração da Rússia tsarista nem da Guarda Branca ou mesmo burguesa; ela podia até sair perdendo com isso"[47].

Por outro ângulo, Lênin viu o ataque polonês tanto como modelo possível para outros Estados próximos que haviam surgido do Império Russo quanto como trampolim para as grandes potências da Europa contra a Rússia soviética. Essa lógica orientou sua tese de que o momento havia amadurecido para que a "guerra defensiva anti-imperialista contra a Entente se torne uma guerra de ofensiva".

Lênin interpretou a guerra inteira com base nesse conceito; suas palavras testemunharam que ele não conseguiu reavaliar completamente essa posição estratégica, mesmo após a derrota de Varsóvia.

Assim, essencialmente, amadureceu nossa convicção de que a ofensiva militar da Entente contra nós havia terminado, de que a guerra defensiva contra o imperialismo havia acabado e que nós a havíamos vencido. O que estava em jogo era a Polônia. E a Polônia achou que, como se fosse uma grande potência com tradições imperialistas, seria capaz de mudar a natureza da guerra. Isso significa que a avaliação era a seguinte: o período de guerra defensiva havia terminado. (Por favor, tome menos notas. Isso não deve chegar à imprensa.) Por outro lado, a ofensiva nos mostrou que, em consequência da incapacidade de a Entente de derrotar-nos militarmente, incapacidade de utilizar suas tropas, ela só poderia pressionar vários países pequenos contra nós, países que não têm valor militar e que mantêm um sistema burguês de proprietários de terras apenas ao custo da violência e do terror que a Entente lhes proporciona. Não há dúvida de que o capitalismo democrático menchevique que ainda resiste em todos países fronteiriços com a Rússia, formados dos territórios anteriores do antigo Império Russo, começando com a Estônia, a Geórgia etc., se mantém com a ajuda do que a Inglaterra distribui. Ela fornece canhões, soldados, uniformes e dinheiro para manter os operários submissos. Nós enfrentamos um novo desafio. O período defensivo da guerra com o imperialismo mundial havia terminado, e nós poderíamos e tínhamos a obrigação de explorar a situação militar e lançar uma guerra ofensiva. Nós os havíamos derrotado quando eles avançaram contra nós;

---

[47] LCW, cit., v. 44, p. 225-6, e v. 31, p. 323-4.

446 TAMÁS KRAUSZ

tentaríamos agora avançar contra eles a fim de auxiliar a sovietização da Polônia. Ajudaremos a sovietizar a Lituânia e a Polônia, como foi dito em nossa resolução.[48]

A noção de "guerra ofensiva" expressava a intenção de sovietizar os territórios que já haviam pertencido ao Império, e isso demonstra o gradual e inevitável entrelaçamento entre o "internacionalismo revolucionário mundial" e a condição de grande potência. A mistura dos dois termos díspares foi caracterizada pelos reflexos políticos do cenário político-militar que havia se desenvolvido na guerra civil, colocados nas palavras dos líderes soviéticos em termos da Rússia soviética combatendo uma batalha de vida ou morte no "ambiente capitalista", cercada pelo "anel de países imperialistas, capitalistas".

Nos casos da Geórgia e da Armênia, a decisão contra uma solução militar havia sido aceita, mas isso acarretou uma enxurrada de insatisfação da parte dos comunistas desses países.

Eles fizeram contra nós discursos cheios de amargura, perguntando como poderíamos celebrar a paz com os capangas lituanos da Guarda Branca que sujeitaram à tortura e enforcaram no patíbulo os melhores camaradas lituanos, os quais haviam derramado seu sangue pela Rússia soviética. Nós ouvimos discursos similares dos georgianos, mas não auxiliamos na sovietização da Geórgia nem na da Lituânia. Tampouco podemos fazer isso agora – temos outras questões para cuidar. [...] Nós indicamos essa política em relação à Polônia. Nós decidimos usar nossas forças militares para auxiliar na sovietização da Polônia. [...] Nós a formulamos não em uma resolução oficial registrada nas minutas do Comitê Central e representando a lei para o partido e o novo congresso, mas dissemos entre nós que devemos provar com baionetas se a revolução social do proletariado na Polônia amadureceu.[49]

No fim do outono de 1920, Lênin, embora estivesse ciente da derrota de Varsóvia, não hesitou em levar adiante "o dever revolucionário de apoio militar"[50] para a sovietização das repúblicas do Cáucaso. Independentemente do argumento, nesse caso o internacionalismo revolucionário já vinculava os interesses hegemônicos da Rússia soviética à política de superpotência da nova, possível, grande potência. Mais tarde, no período stalinista, e em situação histórica diferente,

---

[48] Richard Pipes (org.), *The Unknown Lenin*, cit., p. 97-8; *V. I. Liénin: neizvestnye dokumiénty*, cit., p. 373. A citação inclui um comentário à secretária encarregada de manter os registros.

[49] Richard Pipes (org.), *The Unknown Lenin*, cit., p. 98-9; *V. I. Liénin: neizvestnye dokumiénty*, cit., p. 374. Lênin ressaltou que essa questão, por motivos de conspiração, não podia ser discutida no congresso público da Internacional Comunista.

[50] Para mais detalhes, ver Tamás Krausz, *Bolsevizmus és nemzeti kérdés*, cit.

esses interesses de potências mundiais essencialmente se tornariam a única base para decisões. Portanto, as motivações de Lênin indicam que ele agiu dentro do escopo do ideal da revolução mundial, mas tomou decisões do dia a dia sob a influência fundamental da *realpolitik* de uma potência dominante.

Após Varsóvia, Lênin fez uma rigorosa autocrítica a respeito de determinadas questões. Muitos participantes da IX Conferência do Partido disseram que o partido e a liderança militar haviam superestimado a oposição da força de trabalho urbana e do campesinato poloneses ao sistema, seu ódio pelas classes dominantes e sua posição antifeudal e anticapitalista; de maneira contrária, haviam subestimado a força do patriotismo campesino, sentimento nacional, nacionalismo e sentimento de dedicação ao novo Estado-nação polonês. Lênin admitiu que esses aspectos foram as lições empíricas mais importantes da experiência. No entanto, as principais figuras soviéticas do governo revolucionário polonês já haviam salientado as consequências negativas de não considerar as especificidades locais; por exemplo, tentar fazer com que a população local aceitasse oficiais de origem judaica era algo, colocando a questão de maneira suave, que não deixava de ter problemas. O líder bolchevique Félix Kon, que conhecia bem as circunstâncias, escreveu que havia russos e judeus demais nos governos locais e que os líderes soviéticos haviam ignorado um crescente antissemitismo local – esse problema, como salientado no capítulo anterior, também mostrou sua cara no Exército Vermelho. Desse modo, os poloneses não estavam somente combatendo os comunistas, mas também a opressão russa tradicional e seus "apoiadores judeus"; em outras palavras, o poder soviético apareceu com o aspecto de opressão russa[51]. Aos olhos dos nacionalistas, os judeus sempre pareceram ser representantes do poder central e "traidores" dos interesses locais. Em Piłsudski, Lênin viu fundamentalmente um representante da Entente; ele não percebeu a influência de massas que o líder polonês havia adquirido. Piłsudski era uma personificação das ambições grandiosas e dos traços russofóbicos impiedosos e tacanhos do nacionalismo da nobreza e do campesinato poloneses que eram tão típicos nas outras regiões da Europa oriental e cujas causas devem ser exploradas fundamentalmente no papel opressivo da autocracia tsarista.

Ao mesmo tempo, a questão que revelava o ponto mais fraco na concepção política e pragmática de Lênin também foi levantada: a demanda por uma "virada revolucionária mundial" amadureceu na mente dos operários poloneses e ocidentais? Eles reconheceram a possibilidade como próprio interesse? Lênin só poderia confrontar essa questão em limites muito estreitos na conferência do partido. Um ponto dizia respeito ao patriotismo de trabalhadores e camponeses polacos; ele havia se voltado contra o governo soviético e o Exército

---

[51] O. V. Budnítski, *Rossískie evréi*, cit., p. 478-9.

448  TAMÁS KRAUSZ

Vermelho, embora o próprio Lênin tenha reconhecido esse traço no período de Brest-Litovsk. Lênin também menciona outro traço determinante: que a maioria dos operários ocidentais não estava "pronta" para tomar o poder. No entanto, ele apenas percebia que estavam subjetivamente mal preparados para isso, mas não analisou, tampouco buscou, as origens desse fenômeno. Ele compreendia que o bolchevismo revolucionário não podia penetrar as tradições culturais das massas trabalhadoras ocidentais, mas lhe faltava uma análise sociológica que diferenciasse bem as razões para as estratificações internas do operariado ocidental (sem mencionar sua equivalente polonesa). Talvez essa seja a razão por que Lênin não compreendia o comportamento político dos operários britânicos; o comentário a seguir capturou sua incompreensão de maneira típica e pitoresca:

> Quando uma delegação de operários ingleses me visitou em 26 de maio de 1920, e eu disse a eles que todo operário inglês deveria desejar a derrota do governo inglês, eles não entenderam nada. Fizeram caras que acho que nem a melhor fotografia capturaria. Eles simplesmente não conseguiam colocar na cabeça a verdade de que, em prol dos interesses da revolução mundial, os operários tinham de desejar a derrota do governo.[52]

Tipicamente, Lênin não percebia que uma compreensão de sua tese – "a derrota do próprio governo" – não dependia apenas da presença de condições subjetivo-intelectuais, mas que as próprias *condições existenciais* da autoconsciência revolucionária estavam ausentes na Inglaterra, no sentido em que ele mesmo abordou a questão em teoria. Na Inglaterra, assim como na maioria dos sistemas burgueses ocidentais, o conflito entre a classe trabalhadora e o capital se desenvolveu de maneira bastante diferente do modo que ocorreu na Rússia. E não apenas havia uma cadeia de mediações completamente diferentes em questão, mas também uma mentalidade pendendo mais na direção da concessão, que a história havia forjado. Lênin tomou conhecimento disso nos anos de sua emigração, mesmo tentando descrever o fenômeno juntamente com as causas, mas sem desenvolver empatia mais profunda ou afinidade por ele. O que ele certamente tinha em mente era que o "desenvolvimento da revolução" é "mais complexo" e "corre por trilhos divergentes". A real complexidade do problema era demonstrada pelo fato de que o próprio Lênin criticou o *esquerdismo*, com base no fato de que ele não levava em consideração as especificidades nacionais e regionais do desenvolvimento. Por fim, todas essas questões não são simples no alvorecer de uma nova era, como até os historiadores admitem às vezes. Lênin havia sido crítico dos esquerdistas à

---

[52]  Richard Pipes (org.), *The Unknown Lenin*, cit., p. 99; *V. I. Liénin: neizvestnye dokumiénty*, cit., p. 375.

época do Tratado de Brest-Litovsk, e foi precisamente durante 1920 que dedicou sua consideração mais enérgica ao problema em *Esquerdismo: doença infantil do comunismo**. Ao mesmo tempo, talvez ele mesmo não tivesse percebido em sua realidade absoluta a importância histórica do abismo separando "a consciência teórica e a consciência prática do proletariado". Desse modo, não tirou conclusões maiores de sua experiência com a delegação de operários da Inglaterra e certamente não as aplicou à situação polonesa, embora estivesse claro do outono de 1920 em diante que o nacionalismo se provou mais forte que o socialismo por toda a Europa, mesmo que as formas assumidas fossem diferentes.

Em um espírito de autocrítica e desapontamento na conferência do partido, Lênin questionou sua convicção anterior de que "na Polônia a população proletária é bastante amadurecida e o proletariado rural tem uma educação melhor, o que nos diz: você tem de ajudá-los a sovietizar". Uma série de vezes ele enfatizou "um grande surto nacional de elementos pequeno-burgueses que, à medida que nos aproximávamos de Varsóvia, estavam aterrorizados por sua existência nacional" como a causa da "enorme derrota". Lênin destacou que as regiões em que estava o proletariado industrial eram mais distantes ainda que Varsóvia e que eles não chegaram nem perto de ocupá-las[53]; desse modo, não podiam assegurar nenhuma experiência palpável de sua prontidão para a revolução. (Como se a ausência de comportamento revolucionário da maioria da força de trabalho industrial polonesa até então não tivesse sido uma "experiência suficientemente palpável"!)

Ao reexaminar os erros que haviam sido cometidos, o presidente do Conselho do Comissariado do Povo concluiu que fora um erro rejeitar a oferta feita na nota de Curzon de 12 de junho; não obstante, ele mantinha a necessidade de uma mudança estratégica ("contra-ataque").

> Dada a situação internacional, temos de nos limitar a uma postura defensiva em relação à Entente, mas, apesar do completo fracasso na primeira vez, nossa primeira derrota, seguiremos mudando de uma política defensiva para uma ofensiva, quantas vezes forem necessárias, até terminarmos com eles de vez.[54]

Nesse ínterim, Lênin estava procurando por oportunidades para cooperar mais proximamente com o Ocidente em termos econômicos. Ele ainda não havia esclarecido sua própria posição sobre a questão de qual forma, e em qual

---

* Tambem conhecido como *A doenca infantil do "esquerdismo" no comunismo*. (N. E.)
[53] Richard Pipes (org.), *The Unknown Lenin*, cit., p. 99-100; *V. I. Liénin: neizvestnye dokumiénty*, cit., p. 375-6.
[54] Richard Pipes (org.), *The Unknown Lenin*, cit., p. 114; *V. I. Liénin: neizvestnye dokumiénty*, cit., p. 389.

grau, a revolução era "exportável". Quanto ao capitalismo, sua forma normal de "exportação" era a migração de capital – o "fluxo livre de capital" – juntamente com a defesa militar dos interesses de capital e mercados adquiridos.

Karl Rádek mostrou as contradições no argumento de Lênin e na estratégia política do Comitê Central. Ele levantou a questão pela oportunidade de "sondar" a prontidão de um país – no caso, a Polônia. Rádek destacou os pontos mais fracos do argumento de Lênin quando ele disse que não era suficiente rejeitar essa sondagem como substituição de uma análise séria: "Tenho a sensação de que, se os camaradas Lênin e Trótski sondam em alguma parte, algo está errado". Fazendo alusão à discussão de Lênin com a delegação de operários britânicos, declarou: "Nem na Alemanha, tampouco na França ou na Inglaterra, estamos tão imediatamente próximos da véspera da revolução do que estávamos de capturar a Polônia ou de a revolução irromper na Alemanha"[55].

Este era o problema real: a bússola teórica sempre apontando em uma única direção, não o fato de Lênin agir ou não sob o feitiço de uma ambição por algum tipo de "superpotência política". Era um desafio compreender as possibilidades oferecidas pelo novo período a Lênin, e ele dedicou toda sua capacidade intelectual a isso, embora jamais com a chance de colocar a questão ordenadamente por escrito, assim como sistematizar os traços característicos da nova situação internacional e dos novos desenvolvimentos do sistema global após a guerra mundial. Nesse sentido, talvez o consolasse saber que, nesse campo, ninguém na Europa nem nos Estados Unidos estava a sua frente à época; afinal, não passava do *nascimento* de uma nova era.

Rádek, que falava inúmeras línguas e conhecia bem a Europa ocidental, também salientou que o partido e a liderança do Comintern estavam superestimando amplamente "quão madura para a revolução" estava a Europa central. Ele repetiu na conclusão de seu discurso: "Nós temos de rejeitar o método de 'sondagem' da situação internacional 'com baionetas'". Enquanto isso, Lênin não desejava um debate público a respeito da questão da "sondagem". Em uma nota de duas linhas escrita em 6 de outubro, relativa a um texto de Rádek posterior à conferência, Lênin reagiu: "Eu me oponho a uma discussão da (possível) assistência que talvez forneçamos aos alemães por meio da Polônia; ela deve ser cancelada"[56].

As críticas surgiram de uma gama bastante diversa de posições. Algumas das mais importantes foram formuladas sobre questões morais por intelectuais conhecidos, como Korolienko, Górki e mesmo Kropótkin, mas a política de

---

[55] A citação do discurso de Rádek se baseia em sua contribuição à IX Conferência do Partido, incluída na antologia *Komintern i idieia mirovói revoliútsi*, cit., p. 202.

[56] Ibidem, p. 208.

"expansão pela força" também recebeu críticas na IX Conferência do Partido. Em uma linha diferente, comentários críticos também foram expressos por representantes do Movimento Comunista Alemão no círculo do jornal *Die Rote Fahne* [A Bandeira Vermelha], os quais Lênin abordou na conferência: "*Rote Fahne* e muitos outros não conseguem tolerar nem o pensamento de que auxiliaremos a sovietização da Polônia com nossas próprias mãos. Essas pessoas se consideram comunistas, mas algumas delas seguem nacionalistas e pacifistas"[57].

Os companheiros mais próximos de Lênin tinham, essencialmente, uma abordagem mais dogmática do amplo campo de questões em torno da revolução mundial. Por exemplo, durante o período da conferência do partido (14 de outubro), Grigóri Zinóviev, presidente do Comintern, estava na Conferência de Halle do Partido Social-Democrata Independente Alemão. Lá ele tentava convencer uma plateia de operários alemães de que a tarefa básica era "a preparação das massas trabalhadoras para a revolução mundial", mesmo que isso – não apenas a partir da perspectiva atual, mas em comparação com a política alemã da época – tenha se provado uma fuga da realidade.

> Precisa haver uma declaração metódica e preparativos que sejam feitos para a revolução mundial, para a qual todas as precondições estão presentes. Essas não são as frases dos românticos da revolução. O estrato atrasado entre trabalhadores e camponeses precisa ser educado, é preciso que seja dito a eles que é chegada a hora da revolução mundial – isso é que é necessário (aclamação entusiasmada do salão).

Contra aqueles que apontaram para uma ausência de precondições, Zinóviev argumentou que os partidos trabalhistas tinham duas escolhas em relação ao capitalismo – que haviam se destruído ou sido destruídas no curso da guerra mundial. "Vocês gostariam", disse e virou-se para a plateia, "de primeiro reconstruir o capitalismo para que, então, possam derrubá-lo? Essa é uma confusão básica do reformismo internacional."[58]

Embora esse também tenha sido o dilema de Lênin, ele abordou-o diferentemente, transformando-o em crítica teórica e política mais aprofundada do

---

[57]  Richard Pipes (org.), *The Unknown Lenin*, cit., p. 99; *V. I. Liénin: neizvestnye dokumiénty, 1891-1922*, cit., p. 374.

[58]  *Komintern i idieia mirovói revoliútsi*, cit., p. 210-1. Bukhárin também pensava de maneira semelhante. Ver seu artigo de dezembro de 1920, "О наступательной тактике"/ "О nastupatelnoi taktike" [Sobre táticas ofensivas], em ibidem, p. 223-7. Publicado originalmente em *Коммунистический Интернационал/ Kommunistítcheski Internatsional* [Internacional Comunista], 15 dez. 1920.

esquerdismo, abrindo desse modo um novo curso para os líderes do partido e o Comintern. A atmosfera eufórica havia sido esmagada pela derrota de Varsóvia, e em seu lugar na liderança política soviética havia uma crescente influência da nova *realpolitik*. Essa era uma maneira de pensar compreensível aos estadistas ocidentais, e, tendo em vista que ela surgia em paralelo ao desenvolvimento do poder na Rússia soviética, eles gradualmente começaram a aceitá-lo. Embora Lênin tenha mantido uma perspectiva revolucionária internacional até sua morte, como revolucionário, na prática, de 1921 em diante ele não contava mais com essa premissa teórica. Biógrafos relembram quão veementemente ele discutiu com aqueles que desculpavam sua falta de soluções em situações concretas recorrendo às "perspectivas revolucionárias mundiais", motivando Lênin a proclamar reformas para substituir os métodos revolucionários não somente na política interna, como também na política internacional[59]. Em outras palavras, a república soviética começou a "integrar" a nova ordem mundial na esfera da política internacional. Quando Lênin não estava mais lá para seguir essa linha, a chamada para disseminar a revolução mundial foi substituída por um crescente pragmatismo de potências mundiais, uma combinação burocrática de internacionalismo revolucionário e política de superpotências. Após a morte de Lênin, Stálin proclamou isso em dezembro de 1924, com o lema "socialismo em um só país". A história da Guerra Polaco-Soviética certamente teve papel importante nessa virada de eventos.

## Esquerdismo messiânico

O panfleto de Lênin *Esquerdismo: doença infantil do comunismo* e seu "erro" polonês não surgiram dos mesmos motivos em termos de metodologia, teoria ou política. Lênin interpretou a situação polonesa de maneira equivocada em um primeiro momento, subestimando a explosão de emoção nacional e a intensidade do ódio pela Rússia, assim como a tendência contrarrevolucionária.

O principal problema do esquerdismo como fenômeno era a forma como ele se posicionava em relação a alianças políticas. Lênin deixou claro como a rejeição global a concessões, oriunda de uma compreensão equivocada da nova situação histórica, originou-se de uma incapacidade de adaptação ao novo equilíbrio das forças de classe. O movimento esquerdista estava preso ao ponto de vista pré-revolucionário. Para lançar alguma luz sobre essa questão, Lênin escreveu sua

---

[59] Ver, a respeito, as memórias de N. Valentínov, *НЭП и кризис партии: воспоминания/ NEP i krízis párti: vospominániia* [A NEP e a crise do partido: memórias] (Nova York, Stanford University Press/Teleks, 1991), p. 20 – trata-se de um *fac-símile* publicado nos Estados Unidos da edição original russa de 1971.

RECONSTRUINDO LÊNIN    453

famosa polêmica política em abril de 1920, bem a tempo do II Congresso da Internacional Comunista[60].

Lênin demonstrou as características típicas desse fenômeno com incontáveis exemplos dos Países Baixos, da Alemanha, da Inglaterra e mesmo da Hungria. O esquerdismo representava uma postura revolucionária em questões que não se provavam administráveis nem mesmo com ações políticas diretas. O conteúdo político da crítica de Lênin pode ser adequadamente compreendido no processo pelo qual a Terceira Internacional foi estabelecida e consolidada política e institucionalmente. Sem se aprofundar demais na história labiríntica e talvez desinteressante das relações políticas do dia a dia, está claro que Lênin defendeu seu argumento para preparar uma virada histórica. Na conclusão do panfleto, escreveu:

> Os comunistas devem empregar todos os esforços para orientar o movimento operário e o desenvolvimento social em geral pelo caminho mais direto e mais rápido. [...] É uma verdade indiscutível. Mas basta dar um passo além – ainda que pareça um passo na mesma direção –, e a verdade transforma-se em erro. Basta dizer, como dizem os esquerdistas britânicos e alemães, que reconhecemos apenas um caminho, o caminho direto, que não admitimos manobras, conciliação nem concessões – e isso já terá sido um erro que pode causar, e em parte já causou e continua a causar, os mais sérios danos ao comunismo.[61]

Um rompimento com a política doutrinária do esquerdismo ocorreu apenas após sérios conflitos políticos no III Congresso do Comintern, na primavera de 1921. Sob a égide do Comintern, a política mais flexível, a rejeição do sectarismo e o refluxo mundial cada vez maior da atividade revolucionária, tudo isso levou à "tática política mais madura da frente operária unida"[62]. Antes, em agosto de 1919, Lênin já havia escrito para a representante antiparlamentarista do movimento esquerdista, Sylvia Pankhurst, dizendo que um dos principais traços do esquerdismo era o sectarismo (como manifestado no antiparlamentarismo), que era um beco sem saída em termos tanto metodológicos quanto políticos[63].

---

[60] Vladímir I. Lênin, *A doença infantil do "esquerdismo" no comunismo*, em OE6T, cit., v. 5, p. 87-198. A ampla notoriedade do panfleto transparece nas 22 línguas e 106 edições em que foi publicado fora da União Soviética até o ano de 1960. As razões para isso não se encontram em seu valor teórico, mas na determinação política com a qual os partidos comunistas marginalizam o "radicalismo esquerdista".

[61] Ibidem, p. 158.

[62] Para detalhes sobre a história política desse campo, ver Gábor Székely, *A Komintern és a fasizmus, 1921-1929* [O Comintern e o fascismo, 1921-1929] (Budapeste, Kossuth, 1980), p. 174-86.

[63] LCW, cit., v. 21, p. 561-3.

György Lukács sempre confiara na precisão da censura de Lênin em relação a seu "antiparlamentarismo"[64], enquanto a discussão de Lênin com Béla Kun pareceu quase se tornar permanente, pois Kun falava a língua dos lemas revolucionários mesmo em situações que decididamente não eram revolucionárias. À época do Tratado de Brest-Litovsk, o esquerdismo não somente se manifestava na questão "secundária" do parlamentarismo, como formava todo um sistema de visões e ações[65]. O fenômeno assumiu sua forma internacional "clássica" completa na primavera de 1920, marcada pelo panfleto de Lênin, que foi uma reação a esses desenvolvimentos. Sua verdade foi por fim demonstrada pelas tristes experiências alemãs na primavera de 1921, com a derrota da revolta operária alemã, a chamada *Märzaktion*.

Uma série de grupos no interior do jovem movimento comunista ainda estava sob o feitiço da revolução mundial na primavera de 1921, embora o III Congresso do Comintern tivesse – não apenas em princípio e institucionalmente, mas também em termos teóricos e táticos – rejeitado os movimentos esquerdistas. O sectarismo messiânico filosoficamente fundamentado, como Lukács mais tarde chamou seu próprio movimento (cujo ideólogo mais proficiente era ele mesmo), tornou-se conhecido em uma situação que não era mais revolucionária, com sua dedicação à finalidade tanto em relação ao parlamentarismo quanto ao desenvolvimento geral da revolução. Como teórico de táticas ofensivas, o filósofo húngaro abordou os eventos que se descortinavam a partir de uma perspectiva da revolução alemã vindoura de março de 1921, embora aos poucos ele passasse a aceitar a tática da "frente de trabalho unida" que Lênin propôs, priorizando a política de movimentos de massa e sindicatos sobre a luta direta pela revolução. Béla Kun, por outro lado, apoiava as emendas italiana e alemã às *Teses russas* propostas por Rádek, que haviam sido duramente denunciadas por Lênin como "sectárias"[66]. No pensamento estratégico de Lênin, a ênfase era dada à "falta de teoria" como peculiaridade desse período, no qual todas as alternativas, por mais desvantajosas que fossem, eram manifestas, e as principais tarefas encontravam-se na orientação prática entre elas.

Lênin considerou a incursão teórica da "esquerda messiânica" um fenômeno inesperado e inoportuno. Inesperado, porque ele não poderia ter conhecido sua

---

[64] *Kommunismus* (Viena, 1920).

[65] Vladímir I. Lênin, *A doença infantil do "esquerdismo" no comunismo*, cit.

[66] Ver Tamás Krausz e Miklós Mesterházi, *Mű és történelem: Viták Lukács György műveiről a húszas években* [A palavra escrita e a história: controvérsias acerca da obra de Lukács nos anos 1920] (Budapeste, Gondolat, 1985), p. 75-9. Ver também a proclamação do KIVB aos trabalhadores revolucionários da Alemanha, que convocava uma "brava e unificada luta para tomar o poder, por uma Alemanha soviética". *Komintern i idieia mirovói revoliútsi*, cit., p. 254-5.

RECONSTRUINDO LÊNIN 455

natureza nem no partido da Segunda Internacional nem nos livros teóricos, como se fosse um salto no registro, que ele identificou com o anarquismo. Essa não era uma ideia completamente equivocada, pois a origem da ala esquerda messiânica pode ser rastreada – como salientou István Hermann muitas décadas atrás – até George Sorel, um socialista, mas não marxista. Ele era a personificação da tendência prática da "orientação praxista francesa", em comparação com a teoria abstrata, que

> voltava-se para Nietzsche e Bergson, de maneira a proporcionar apoio filosófico a sua própria filosofia política geral baseada em greves, tornando-se altamente influente não apenas na França, mas também na Itália e em algumas partes da Alemanha e da Hungria. Esclarecer a maneira pela qual Ervin Szabó ou os membros do Grupo de Domingo, Lukács ou Korsch, se ligavam a essa percepção messiânica do mundo não está no escopo deste texto, mas é certo, não obstante isso, que o problema da *práxis revolucionária* se enraizou como uma questão fundamental no pensamento de grupos intelectuais que, apesar da perspectiva marxista, opunham-se à Segunda Internacional.[67]

Quem poderia ser considerado representante da "pré-história" dessas tendências na Rússia é algo a ser debatido, mas não há dúvida de que Bogdánov, discutido em capítulo anterior, estaria entre os eleitos.

Lênin, no entanto, considerava que essas abordagens filosóficas da prática careciam de soluções práticas ou estavam demasiadamente fora da realidade como um todo. Isso ficou demonstrado na *Rote Fahne* de 20 de março durante o Kapp-Putsch, que foi uma ameaça mortal para a democracia de Weimar: "O proletariado não vai levantar um dedo para salvar a república democrática". Essa disposição sectária – em *statu nascendi* – encontrou expressão política máxima um ano depois, na ação de março. A remoção de Paul Levi como líder comunista alemão tornou evidente quem era o representante antissectário das táticas da "frente operária unida", assim como o fato de que Béla Kun, que se opunha a essas táticas e defendia a "teoria da ofensiva", apoiou a política levando a essa ação em prol do Comintern, mesmo sem estar diretamente envolvido nelas[68]. O

---

[67] Ver István Hermann, "Az elméleti vita feltételei. A messianisztikus marxizmus avagy az úgynevezett nyugati marxizmus" [As condições de um debate teórico. Marxismo messiânico ou, assim chamado, marxismo ocidental], *Világosság*, n. 4, 1984, p. 214-5.

[68] Ibidem, p. 211. Sobre o papel de Béla Kun, ver György Borsányi, *Kun Béla* (Budapeste, Kossuth, 1979), p. 240. Sobre a atuação de Zinóviev, Rákosi e do Comintern no levante alemão, ver Gábor Székely, "Az egységfront és a népfront vitája a Kominternben" [A discussão entre a frente unificada e a frente do povo no Comintern], *Világosság*, n. 4, 1984, p. 248-9; do mesmo

experimento das forças revolucionárias alemãs em março de 1921, ação conjunta dos comunistas alemães de esquerda e uma série de figuras importantes no Comintern, tornou-se não o lançamento da revolução proletária, mas o evento final de seu desaparecimento. O objetivo da revolta armada na Alemanha central (22 de março-1º de abril, em 1921) era "derrubar o governo" e "fazer uma aliança com a Rússia soviética", de acordo com a resolução do plenário de 17 de março da reunião do Comitê Central do Partido Comunista Unido da Alemanha. Esse levante armado irrompeu quando as autoridades da Prússia na Saxônia usaram a força para reprimir os protestos dos operários e "reinstaurar a ordem". O levante logo foi isolado e derrotado, ao custo de 145 vidas, de acordo com alguns relatos, e cerca de 35 mil prisões[69].

Essa tendência sectária não apenas se originou em fontes messiânicas, como também em uma raiz burocrática peculiar dentro do próprio movimento, um "voluntarismo revolucionário" e a tirania do poder, uma crença de que problemas práticos da maior significância podem ser solucionados por enérgicos meios administrativos. Lukács depois se referiu a essa tendência como "sectarismo burocrático", e não há dúvida de que ele foi reforçado na Rússia por meio da concentração do poder. O experimento revolucionário de 21 de março coincidiu com a derrota armada da rebelião anticomunista dos marinheiros de Kronstadt e o crescimento da oposição operária. No entanto, as alas do "messianismo proletário" dentro do partido (oposição operária etc.) entalharam um ídolo do proletariado, tornando seus integrantes os mais autoconscientes revolucionários entre todos. Essa predisposição foi imediatamente refutada tanto pela rebelião quanto por sua supressão. A repressão armada da rebelião foi, da parte de Lênin, indiscutivelmente inescapável; outros apenas a justificaram com fundamentos emocionais e "filosóficos", no sentido de que percebiam todas as "revoltas" como manifestação da contrarrevolução.

Essas duas formas de sectarismo vieram a encontrar-se na ação alemã de março, quando se confrontaram na Rússia. Nessa época, Lênin estava envolvido no conflito político com um terceiro tipo de messianismo no X Congresso do Partido, uma manifestação de "messianismo proletário" na forma de oposição operária – a qual, como discutiremos adiante, compreendia a situação histórica a partir de uma perspectiva da realização imediata do socialismo. Essa forma de messianismo era um fenômeno bastante diferente daquele da redenção burocrática, representada por Béla Kun, por exemplo. Lênin considerava o sectarismo

---

autor, consultar "Kun Béla a Kommunista Internacionáléban" [Béla Kun na Internacional Comunista], em György Milei (org.), *Kun Béláról: Tanulmányok* [Sobre Béla Kun: ensaios], (Budapeste, Kossuth, 1988), p. 490-1 e 394-7.

[69] *Komintern i idieia mirovói revoliútsi*, cit., p. 256.

RECONSTRUINDO LÊNIN    457

do líder húngaro altamente prejudicial, embora valorizasse e respeitasse a dedicação de Kun. Para ele, Kun parecia uma personificação da "limitação política e da falta de visão", da "inaptidão idiótica", da "insensibilidade em relação às massas", do "sectarismo" e da "fraseologia da revolução"[70]. Como ponto de referência, a posição de Lênin foi definida como terceiro movimento, entre o "oportunismo" e o "esquerdismo". Ele enfatizou que "a burguesia vê, na prática, apenas um aspecto do bolchevismo – insurreição, violência e terror; portanto, ela se empenha em se preparar para a resistência e a oposição fundamentalmente *nesses* termos". Nesse contexto, Lênin referia-se aos assassinatos em massa dos

---

[70] A respeito de Béla Kun, dois documentos de Lênin de 1921 permaneceram inéditos até 1999, muito provavelmente em razão do tom duro (Lênin posteriormente desculpou-se pelo vocabulário chulo). Ninguém queria colocar os líderes húngaros em uma situação difícil no período soviético. Nesses documentos, Lênin malhava o líder da República Soviética Húngara; criticando um dos discursos de Kun, ele escreveu: "Devo protestar enfaticamente diante do macaqueamento de métodos russos semibárbaros por parte de europeus ocidentais civilizados. O objetivo é tornar o 'discurso inteiro' disponível ao público, mas são publicadas estupidezes, uma completa confusão, uma bagunça. Eu me afasto firmemente de qualquer responsabilidade. Publique o conteúdo geral do discurso, isso será uma tarefa europeia, e não asiática" (*V. I. Liénin: neizvestnye dokumiénty*, cit., p. 480). O discurso com o qual Lênin se preocupava não pôde ser descoberto, mas uma cópia dessa carta pode ser encontrada nos arquivos do RGASPI, junto com o envelope em que Lênin escreveu: "Arquivo (cópia da carta escrita a Béla Kun no dia 27 de outubro de 1921) sobre o discurso alemão sobre ('Falta de sentido') e ('Método')". RGASPI, f. 2, op. 1, doc. 21619, n. l.2. O outro documento também dizia respeito à crítica de um discurso de Kun que havia sido proferido na reunião estendida do Comitê Executivo do Comintern no dia 17 de junho de 1921. Ver *V. I. Liénin: neizvestnye dokumiénty*, cit., p. 450-3. Lênin denunciava o ataque de Kun a Trótski, porque o comunista húngaro havia se apresentado com demandas ultrarrevolucionárias "do tipo de 1919" em reação à ocupação francesa da região do Ruhr: "Trótski afirma que se esses tipos de camaradas de esquerda continuarem no caminho em que enveredaram, acabarão matando o movimento dos comunistas e trabalhadores na França. (Aplauso.) Essa também é minha profunda convicção. É por isso que vim aqui protestar contra o discurso de Béla Kun. [...] A preparação da revolução na França, um dos maiores países da Europa, não pode ser levada a cabo por um único partido. A conquista dos sindicatos pelos comunistas franceses – eis uma notícia que me dá a maior alegria. [...] quando eventualmente folheio um jornal francês, e honestamente admito que isso acontece muito raramente, pois não tenho tempo de ler jornais, fico muito impressionado com a palavra 'ячейка' (*iatcheika*). Parece-me que essa palavra não pode ser encontrada em nenhum dicionário, pois é um conceito puramente russo, que nós mesmos cunhamos ao longo de nossa longa luta contra o tsarismo, contra os mencheviques, contra o oportunismo e a república democrática burguesa. Foi nossa prática que fez com que essa organização surgisse. Essas células funcionam de maneira coletiva no interior das facções parlamentares, dos sindicatos e de outras organizações, onde quer que a semente de nosso movimento exista. E se depararmos com um comunista que comete erros menores que a estupidez feita por Béla Kun e outros, não damos um tapinha nas suas costas".

458 TAMÁS KRAUSZ

finlandeses e dos húngaros no terror branco. Lênin via seu próprio país como uma fortaleza sitiada, na qual mencheviques, outros sociais-democratas e SRs eram aparentemente incapazes de romper com a velha ordem, teórica e politicamente. Enquanto isso, o "esquerdismo", como em uma espécie de punição pela degeneração de direita da social-democracia, trilha os mesmos passos sem se adaptar ao novo conjunto de condições e "desafios" e "persiste no repúdio incondicional de determinadas formas antigas, deixando de perceber que o novo conteúdo força seu caminho de todas as formas"[71]. Desse modo, o pequeno panfleto de Lênin sobre o "esquerdismo" buscava resultados políticos e tentava dar forma às precondições metodológicas e políticas para a compreensão da nova situação histórica. Não é coincidência que o interesse sobre o artigo tenha atingido um pico no período Khruschov, quando o stalinismo foi interpretado com base no referencial do "esquerdismo", dos "excessos esquerdistas" e do quadro conceitual da doutrinação sectária. Desse modo, uma série de tendências divergentes e fundamentalmente opostas foi colocada no mesmo tacho, dos stalinistas aos apoiadores do comunismo de sovietes. Lênin e Stálin foram similarmente fundidos como "recapitalizadores" e representantes da "nova classe da intelectualidade" a serviço de objetivos bastante diferentes, mas usando os mesmos métodos. Ao fim dos anos 1930, Karl Korsch reformulou essa crítica de Lênin, continuando a linha de Pannekoek[72]. A insinuação política direta desse "amálgama" floresceu mais tarde, com a mudança de regimes na Europa oriental, tornando-se um dos elementos desse contexto ideológico.

---

[71] LCW, cit., v. 31, p. 103-4. É precisamente de uma *crítica metodológica* do assunto que carece o livro de Péter Konok sobre "radicalismo de esquerda" – sem falar no fato de que os esquerdistas simplesmente não compreenderam as alternativas efetivas oferecidas pela situação histórica que testemunhavam. O que parece é que a questão era simplesmente a de *avaliações* políticas diferentes, enquanto o verdadeiro problema histórico e teórico estava na postura radicalmente diferente em relação ao mundo da política. Para mais sobre esse livro, ver uma resenha crítica escrita por Péter Konok, Eszter Bartha e Gábor Székely, "'... a kommunizmus gyermekbetegsége?' Baloldali radikalizmusok a 20. században. Beszélgetés Konok Péter könyvéről" ["... uma doença infantil do comunismo?" Radicalismo de esquerda no século XX. Uma discussão acerca do livro de Péter Konok], *Eszmélet*, n. 73, 2007, p. 141-54.

[72] "O 'novo materialismo' de Lênin é o grande instrumento usado agora pelos partidos comunistas na tentativa de separar uma importante seção da burguesia da religião tradicional e das filosofias idealistas mantidas pelos estratos mais elevados e até agora dominantes da classe burguesa e de conquistar sua adesão àquele sistema de planejamento capitalista estatal da indústria que, para os trabalhadores, significa simplesmente outra forma de escravidão e exploração. Essa, segundo Pannekoek, é a verdadeira importância política da filosofia materialista de Lênin." Karl Korsch, "Lenin's Philosophy", *Living Marxism*, n. 4-5, nov. 1938, disponível online em: <www.marxists.org>.

Esse trabalho de Lênin por fim demonstrou que ele havia rompido para sempre com todas as tradições e abordagens políticas e teóricas que sugeriam ou pressionavam pela ação revolucionária em situações não revolucionárias. Ele reconheceu e enfatizou a necessidade de uma política flexível adequada à situação política imperante, isto é, uma política que valorizasse a importância das alianças. A "representação da política da classe operária" nem sempre significa soluções do "tipo mais revolucionário" ou "radical" – na maioria dos casos não significa mesmo –, mas exige uma visão geral das oportunidades histórico-políticas no contexto da "teoria de estratégia e tática". Assim, no espírito de uma "análise concreta de uma situação concreta", ele declarou guerra ao novo sectarismo e ao dogmatismo, que haviam se enraizado na primeira fase do movimento comunista, apesar de seus esforços para evitá-lo. A batalha desses vários tipos de tendências sectárias depois ganhou importância particular e tornou-se um fardo para toda a história do movimento comunista internacional, cujo estudo poderia ser tópico de outro estudo.

*Professores burgueses tentaram usar o conceito de igualdade como fundamento para acusar-nos de desejar que todos os homens sejam iguais [...]. Em sua ignorância, eles não sabiam que os socialistas – precisamente os fundadores do socialismo científico moderno, Marx e Engels – haviam dito: a igualdade é uma frase vazia, se não implicar na abolição de classes. [...] Uma sociedade em que a distinção de classes entre operários e camponeses ainda existe não é uma sociedade comunista, tampouco uma sociedade socialista.*

Vladímir Ilitch Uliánov Lênin*

---

\* Em *Lenin Collected Works* (Moscou, Progress, 1960-1970, 45 v.), v. 29, p. 358-99 [ed. bras.: "Ilusões constitucionalistas, I Congresso de Toda a Rússia sobre a educação adulta"].

Cartaz de V. Smírnov em comemoração ao cinquentenário da Revolução de 1917.

# 8

# A TEORIA DO SOCIALISMO:
# POSSIBILIDADE OU UTOPIA?

Em outubro de 1917, Lênin deve ter acreditado que a história confirmara suas convicções políticas e teóricas, seus planos e suas profecias em grau surpreendente. *Após* outubro, no entanto, ele observaria que nem um de seus prognósticos tinha sido validado; se tinha – como no caso da guerra civil –, sua forma e seu curso foram acompanhados por catástrofes imprevistas. Tudo isso exerceu grande influência sobre o desenvolvimento de sua teoria do socialismo. Para começo de conversa, a maioria dos mencheviques interpretou a Revolução de Outubro como uma forma de revolução burguesa (com inúmeros movimentos seguindo seus passos), fator que demarcou o debate em torno dessa questão[1].

Se olharmos para as conclusões teóricas do trabalho de Lênin, para as perspectivas sobre o socialismo em seus últimos escritos, de 1922 a 1923, é inevitável fazer uma reconstrução da história formativa de seu intelecto[2]. Antes de mais

---

[1] Após ponderar o problema do ponto de vista do "marxismo consistente", o conhecido autor menchevique David Dálin chegou à conclusão de que "a revolução que a Rússia vivenciou nos últimos cinco anos foi desde o início, e permanece sendo, uma revolução burguesa. Mas isso só é verdade em um sentido objetivo. A revolução atravessou etapas inteiras que, subjetivamente, foram decoradas – por seus líderes e participantes – com a mais variada gama de cores. Em outras palavras, nunca houve maior abismo entre o significado objetivo de acontecimentos históricos e as metas, as esperanças e as tarefas de seus participantes do que no período dessa revolução". Uma vez que pôde realizar uma avaliação mais informada sobre o panorama europeu ocidental do que Lênin, Dálin viu de que forma as chances do *socialismo* na Rússia foram minadas, embora não tenha sido capaz de transcender a utopia "democrática", isto é, a perspectiva "democrático-burguesa" do desenvolvimento russo. David Dálin, *После войн и революций/ Póslie voin i revoliútsi* [Depois das guerras e das revoluções] (Berlim, Grani, 1922), p. 7 e 52-62.

[2] Em diversos escritos, procurei explorar esse assunto em maior detalhe, em termos de teoria concreta e história política. Os limites deste volume evidentemente não permitem isso, de

nada, sua teoria ilustra uma concepção e um enquadramento passíveis de ser apresentados de maneira ordenada. Para atingir a maturidade intelectual, ela passou por cinco fases de desenvolvimento, claramente definidas em termos de história política. A primeira fase cobre o período anterior à Revolução Russa de 1905, e a segunda estende-se até a Revolução de Outubro, cujos resultados foram resumidos em *O Estado e a revolução*. Após 1917, o estadista Lênin não estava mais em posição de escrever um programa teórico, e não apenas por falta de tempo. Os desenvolvimentos ainda não eram suficientemente duradouros para serem suscetíveis à análise clássica. Mas as três fases que se seguiram à Revolução de Outubro – a "economia de mercado" que caracterizou o período até a primavera de 1918, o comunismo de guerra de 1918-1920 e o "capitalismo de Estado" da Nova Política Econômica de março de 1921 em diante – deixaram traços teóricos duradouros e claramente delineados no pensamento de Lênin.

## As origens conceituais do socialismo

Já nos primeiros estágios de sua atividade teórica, Lênin tentou definir conceitualmente a ideia do socialismo. Na abordagem, ele não tinha muita literatura à disposição, a não ser os trabalhos de Marx e Engels[3], pois não somente ficara

---

forma que o que se segue se baseia, em parte, nos seguintes livros e artigos: "Szocializmus-
-képek a húszas években: Átmeneti korszak és szocializmus" [Imagens socialistas do mundo
nos anos 1920: o período de transição e o socialismo], *Világosság*, n. 4, 1984, p. 202-10; com
László Tütő, "Lenin a szocializmusba való politikai átmenet időszakáról" [Lênin no período da
transição ao socialismo], *Társadalmi Szemle*, n. 6-7, 1984, p. 108-16; com Miklós Mesterházi,
*Mű és történelem: Viták Lukács György műveiről a húszas években* [A palavra escrita e a história:
controvérsias acerca da obra de Lukács nos anos 1920] (Budapeste, Gondolat, 1985); *Szovjet
thermidor: A sztálini fordulat szellemi előzményei 1917-1928* [O termidor soviético: as raízes
intelectuais da guinada stalinista] (Budapeste, Napvilág, 1996); "A szocializmusvita jelenlegi
állásáról" [Sobre a atual posição do debate sobre socialismo], em Tamás Krausz e Péter Szigeti
(orgs.), *Államszocializmus: Értelmezések, viták, tanulságok* [Socialismo de Estado: Interpretações,
debates, lições] (Budapeste, L'Harmattan/Eszmélet Foundation, 2007), p. 122-44; "'Stalin's
Socialism': Today's Debates on Socialism", *Contemporary Politics*, v. 11, n. 4, 2005, p. 235-8.

3    Foi assinalado no Capítulo 6, "O Estado e a revolução", que a fonte exclusiva e definidora da
ideia de socialismo de Lênin era Marx e Engels. Para uma reconstrução filosófico-teórica autêntica
das visões de Marx sobre período de transição e socialismo, ver László Tütő, "A 'kommunista
társadalom első szakasza' Marx elméletében" [A "primeira fase da sociedade comunista" na
teoria de Marx], em Ágnes Kapitány e Gábor Kapitány (orgs.), *Egy remény változatai: fejezetek
a szocializmusgondolat történetéből* [Variações sobre a esperança: capítulos da história do pensamento socialista] (Budapeste, Magvető, 1990), p. 56-99. Ver também Attila Ágh, "Társadalmi
önszerveződés és szocializmus" [Auto-organização social e socialismo], em Tamás Krausz e László
Tütő (orgs.), *Válaszúton* [Encruzilhada] (Budapeste, Elte ÁJTK, 1988), p. 49-61.

RECONSTRUINDO LÊNIN 465

indiferente às perspectivas do socialismo camponês russo pré-moderno e aos fantasmas do socialismo utópico, como rejeitou-os completamente, considerando-os elementos intelectuais pertencentes ao passado romântico, que não compreendia as relações de uma economia de mercado capitalista. Isso de maneira nenhuma deprecia o grande respeito que ele tinha pelo trabalho de todos aqueles pensadores que examinaram as possibilidades de estabelecer uma comunidade não capitalista. Um deles certamente foi Kropótkin (bastante otimista a respeito da Revolução de Outubro). Lênin até propôs, em 1919, uma publicação dos trabalhos do grande escritor anarquista em quatro volumes[4].

Na primeira metade dos anos 1890, em *Quem são os "amigos do povo"*, Lênin contradisse Mikhailóvski rejeitando todas as imagens vagas daquilo que o futuro e a visão do socialismo poderiam ser. Ele deixou claro que

o trabalho de Marx jamais pintou quaisquer perspectivas para o futuro como tal: ele se restringiu a analisar o regime burguês presente, a estudar as tendências de desenvolvimento da organização social capitalista, e isso foi tudo. "Nós não dizemos ao mundo", escreveu Marx já em 1843, e ele executou esse programa ao pé da letra, "nós não dizemos ao mundo: parem de lutar – toda a sua luta é sem sentido. Tudo o que fazemos é provê-lo com um verdadeiro lema de luta. Nós apenas mostramos ao mundo em prol do que ele realmente está lutando, e a consciência é algo que o mundo tem de adquirir, gostando ou não disso". Todos sabem que *O capital*, por exemplo [...], restringe-se às alusões mais gerais ao futuro e meramente segue aqueles elementos já existentes dos quais cresce o sistema futuro.[5]

Todos esses pensamentos inevitavelmente levam a um comentário feito por Lênin vinte anos depois sobre "os borrões dos pintores de ícones"[6], citado com bastante frequência a partir dos anos 1960. Mas, além da mudança do socialismo campesino para o socialismo operário, há um momento crítico de

---

4   B. A. Tcháguin (org.), *Социологическая мысль в России. Очерки истории немарксистской социологии последние трети – начала XX века/ Sotsiologuítcheskaia smisl v Rossíi. Ótcherki istórii nemarksístskoi sotsiológuii posliédnie tréti – natchala XX vieká* [Pensamento sociológico na Rússia. Ensaios sobre a história da sociologia não marxista do último terço do século XIX ao início do século XX] (São Petersburgo, Naúka, 1978), p. 129.

5   LCW, cit., v. 1, p. 184-5.

6   "Não há nada mais primitivo, do ponto de vista da teoria (ou mais ridículo, do da prática), do que pintar, 'em nome do materialismo histórico', *esse* aspecto do futuro com um cinza monótono. O resultado não passará de um empastamento de Súzdal [referência às pinturas de ícones religiosos dessa cidade russa – N. E.]." *Sobre uma caricatura do marxismo e sobre o "economicismo imperialista"*, em OE6T, cit., t. 3, p. 50.

constância em Lênin. A questão fundamental do socialismo, independentemente do capital e do Estado, é a *comunidade*, a cooperativa, a comuna de produtores e consumidores, que já havia chamado sua atenção ao estudar o livro *A questão agrária*, de Kautsky, e outros títulos que tratam da história e da teoria agrária no fim dos anos 1890[7].

Como discutido no Capítulo 2 deste volume, no curso dos debates com os *naródniki* nos anos 1890, Lênin passou a rejeitar o mito da "excepcionalidade" e da originalidade russas (*samobýtnosti*). Ele abordou a análise crítica do capitalismo a partir de uma perspectiva da "revolução comunista" que pressupunha o socialismo. Seguindo o método dialético de Marx, descreveu o desenvolvimento histórico-social em termos de um movimento do mais simples ao mais complexo, no qual a sociedade moderna e seu estado de relações de propriedade são alcançados imperativamente. Sua origem e seu futuro pós-capitalista estão conectados organicamente de acordo com a lei da "negação da negação", referindo-se ao debate bastante conhecido entre Engels e Dühring. Lênin delineou todo o problema do socialismo por meio do desenvolvimento histórico da *propriedade*, de acordo com o qual a nova sociedade comunal aparece na história moderna após a dissolução das comunidades antigas. Era uma forma mais elevada de propriedade comunal, a manifestação de uma nova "propriedade individual".

> A suprassunção da propriedade individual, que da maneira indicada tem ocorrido desde o século XVI, é a primeira negação. Ela será seguida por uma segunda, que se caracteriza como negação da negação e, em consequência, como restauração da "propriedade individual", só que numa forma mais elevada, fundada na posse comum da terra e dos meios de trabalho. O fato de essa nova "propriedade individual" ser chamada também, simultaneamente, pelo sr. Marx de "proprie-

---

[7] LCW, cit., v. 1, p. 263. Ver as supracitadas anotações de Lênin à obra de Kautsky, nas quais ele frequentemente se refere às possibilidades e à viabilidade da "socialização" – por exemplo, "cooperativas agrárias comunistas estadunidenses cuidavam da terra maravilhosamente". O fato de o socialismo ocupar a posição de um problema teórico importante em seu pensamento antes da virada do século é demonstrado pelos seus debates com os "desvios" liberais. Ver "Конспект и критические замечания на книгу С. Булгакова"/ "Konspekt i kritítcheskie zametchania na knigu S. Bulgakova" [Resenha e crítica do livro de S. Bulgákov], em *Ленинский сборник/ Lieнínski sbórnik* [Coletânea Lênin], v. 19 (Moscou/Leningrado, Gossudárstvennoie Izdátelstvo, 1932), em especial p. 118-9. Lênin analisou as obras de Kautsky, Hertz, Bulgákov e Berdiáev, entre outros, durante seus estudos sobre o capitalismo agrário, detalhando as particularidades do desenvolvimento geral do capitalismo com frequentes alusões à perspectiva socialista; menciona ainda a propriedade social e a cooperativa, entre várias outras formas de propriedade privada e estatal. LCW, cit., v. p. 41-2 e 113. Ver também as anotações para uma conferência, no citado volume 19 da *Lieнínski sbórnik*, p. 226-8.

dade social" evidencia a unidade mais elevada de Hegel, na qual a contradição é suprassumida [...] (*aufgehoben* – termo especificamente hegeliano).*

Portanto, o socialismo como possibilidade filosófica e histórica tem sua concepção com o início da sociedade capitalista moderna, com a acumulação primitiva do capital. Lênin citou Marx extensamente sobre a propriedade individual passar a existir novamente, o que desta vez significaria a propriedade compartilhada dos meios de produção. Isto é, o dispêndio consciente das "forças de trabalho individuais como uma única força social de trabalho" em uma base socialista, como uma "associação de homens livres".

> O monopólio do capital se converte num entrave para o modo de produção que floresceu com ele e sob ele. A centralização dos meios de produção e a socialização do trabalho atingem um grau em que se tornam incompatíveis com seu invólucro capitalista. O entrave é arrebentado. Soa a hora derradeira da propriedade privada capitalista, e os expropriadores serão expropriados.[8]

Com a mediação de Lênin, a ideia marxista capturou a imaginação de uma geração inteira no início do século XX, de Berdiáev a Bulgákov. O tipo utópico de socialismo estivera entrincheirado na Rússia – em parte como consequência do estágio rudimentar do desenvolvimento capitalista –, mas se desintegrou nos anos 1870, como Lênin observou desde cedo. Isso provocou o nascimento de um "liberalismo pequeno-burguês superficial" que sonhava com uma revolução camponesa e acabou confrontado, conforme chegava o progresso, com o fato de que a expropriação em massa dos camponeses estava a caminho. Mikhailóvski e seus seguidores, com seu socialismo liberal, tendo se tornado oponentes determinados de Marx e dos marxistas russos, estavam engajados como "pequeno-burgueses ingênuos" na "proteção dos mais fracos na sociedade" e davam novo fôlego a formas sociais antiquadas, velhas. Lênin considerava esse movimento irremediavelmente preso ao passado, no que diz respeito à perspectiva da "revolução social".[9] Os *naródniki* liberais lançaram mão do método moralizador

---

\* Friedrich Engels, *Anti-Dühring: a revolução da ciência segundo o senhor Eugen Dühring* (trad. Nélio Schneider, São Paulo, Boitempo, 2015), p. 160. O trecho é uma citação do próprio Eugen Dühring, reproduzida por Engels (e, subsequentemente, por Lênin, em *Quem são os "amigos do povo" e como lutam contra os sociais-democratas*), na qual ele reconhece méritos da teoria marxista. (N. E.)

8 Karl Marx, *O capital: crítica da economia política*, Livro I: *O processo de produção do capital* (trad. Rubens Enderle, São Paulo, Boitempo, 2013), p. 153 e 832; citado em LCW, cit., v. 1, p. 169 e 171-2.

9 LCW, cit., v. 1, p. 180.

e subjetivo da sociologia para pôr em prática seu ecletismo, que consistia em "tomar emprestado o melhor de tudo", das formas comunais de tipo medieval aos ideais iluministas burgueses modernos de liberdade e igualdade. Eles começaram com uma utopia e terminaram com os preconceitos liberais mais ordinários[10].

Ao mesmo tempo, Lênin era (e é) acusado pela esquerda de exagerar o "progressismo" dos "países capitalistas centrais" e o desenvolvimento histórico da democracia burguesa em geral, algo compreensível em termos ideológicos. Se o capitalismo monopolista imperialista é a "antessala" do socialismo e está maduro o suficiente para a revolução, não há maneira lógica de evitar introduzir na análise um conceito normativo de "estágio de desenvolvimento" com uma finalidade política prática. Deve-se acrescentar, no entanto, que com a ideia de que o capitalismo havia entrado em uma fase destrutiva – ideia que amadureceu durante os anos da guerra mundial –, Lênin exagerou o grau de decomposição do sistema e subestimou sua capacidade de adaptar-se, fechando, assim, o livro da história sobre o capitalismo. Por outro lado, em uma quase autocontradição, também parecia superestimar as "reservas" de progresso do capitalismo. Nesse sentido, parece que o pensamento de Lênin deu continuidade à noção marxiana, formulada no *Manifesto Comunista*, de que o capitalismo desvencilhava-se dos antigos grilhões feudais e uma sociedade moderna global prepararia o livre desenvolvimento do movimento dos trabalhadores precisamente por meio da disseminação da democracia, "prepararia o terreno para o socialismo". Apesar de a Primeira Guerra Mundial ter afetado fundamentalmente os pontos de vista de Lênin sobre o capitalismo, ele reconheceu a capacidade deste para a inovação e sua aptidão para a renovação técnica e se dedicou às perspectivas do socialismo com alguma devoção, talvez a fim de trazê-lo "mais para perto de casa". Isso ocorreu com outros pensadores socialistas da época que passaram anos de exílio na Europa ocidental ou nos Estados Unidos, onde tiveram a oportunidade de comparar os níveis de liberdade no Ocidente e no Oriente. A diferença era tão evidente que Akselrod e Plekhánov ficaram convencidos de que, após os acontecimentos de 1907, a Rússia deveria percorrer o curso completo do desenvolvimento burguês ocidental.

Lênin examinou os princípios teóricos de como o capitalismo organizava questões técnicas e trabalho, incluindo transformações na divisão do trabalho. Ao estudar a automação da produção e o taylorismo antes da guerra, ele se convenceu de que esse novo método organizacional da grande produção industrial possibilitaria que as organizações dos trabalhadores tomassem facilmente as rédeas da produção. No início do século XX, os passos que o capital deu a fim de racionalizar seus processos foram incorporados aos argumentos em defesa da possibilidade do socialismo. Afinal de contas, o uso econômico de mão de obra e

---

[10] Ibidem, p. 187.

tempo de trabalho levariam a resultados mais humanos em um sistema social que não fosse restringido pelas estruturas desconexas e hierarquicamente regimentadas do capitalismo nem regulamentado pelas mediações subsequentes do mercado. Lênin chegou a uma conclusão importante quanto a isso:

> O sistema de Taylor – sem que seus iniciadores saibam ou queiram – está preparando o momento em que o proletariado assumirá toda a produção social com a finalidade de distribuir adequadamente e racionalizar todo o trabalho social. A produção em larga escala, maquinaria, ferrovias, telefones – tudo isso proporciona milhares de oportunidades para cortar em três quartos o tempo de trabalho dos operários organizados e deixá-los em uma situação quatro vezes melhor do que estão hoje. E esses comitês de operários, assistidos pelos sindicatos operários, serão capazes de aplicar tais princípios de distribuição racional do trabalho social quando este for liberto de sua escravidão pelo capital.[11]

Quando Lênin postulou sua concepção dos "três passos" em *O Estado e a revolução* – no qual o socialismo, como "fase inferior" do comunismo, é precedido por um "período de transição" –, ele não tinha ciência de que a Revolução Russa não seria acompanhada de outras similares. Consequentemente, o socialismo teórico como questão prática seria deixado em espera para sempre, e a história registraria a possibilidade do socialismo sob a "forma russa" especificamente, algo que ele gostaria muito de ter evitado.

## Da economia de mercado ao comunismo de guerra

Uma questão fundamental para o pensamento de Lênin depois de outubro de 1917 era como preservar o poder ganho a duras penas: o poder dos sovietes. Na prática, isso nunca esteve separado do poder de seu partido, que o via como condição política da qual dependia a continuidade do poder da União Soviética. Ele analisou a possibilidade prática de fins proletários comunais-socialistas a partir desse ponto de vista. A contradição, que criava uma tensão entre as batalhas diárias tortuosas pela sobrevivência e os objetivos finais, cada vez mais colocava em primeiro plano os problemas do chamado período de transição.

Eram esses os problemas que Lênin confrontou no primeiro congresso após Outubro. Nele, chamou atenção para a particularidade daquela revolução:

> A diferença entre uma revolução socialista e uma revolução burguesa é que, no segundo caso, existem formas já prontas de relações capitalistas; o poder soviético –

---

[11] LCW, cit., v. 20, p. 154.

o poder proletário – não herda tais relações já prontas, se deixarmos de lado as formas mais desenvolvidas de capitalismo.[12]

Lênin enfatizou a importância do controle do trabalho de grandes empresas, assim como a criação de um único e enorme organismo econômico, a "organização da contabilidade". No entanto, o soviete como única forma de poder estatal deveria em princípio ser "centralizado a partir de baixo". Essa era precisamente a tarefa que não podia ser consumada na prática, pois o proletariado revolucionário era um segmento tão pequeno da população que não conseguiria proporcionar a dinâmica necessária para o soviete em um modo de autogoverno – nem em escala nacional nem por um período prolongado. Enquanto isso, no início de 1918, as formas "tradicionais" de controle da dispersão da pequena propriedade e do caos crescente das relações de mercado foram rapidamente retomadas em nome da eficiência de Estado e adquiriram um sentido de normalidade virtualmente despercebida ou foram reafirmadas pelo avanço da Guarda Vermelha sobre a capital, em outubro.

Até certo ponto, Lênin contara com tal contingência de concentração de poder, mesmo antes de outubro. Ele havia se preparado para uma guerra civil em termos abstratos, mas naturalmente não tinha uma política econômica preparada para qualquer um dos cenários políticos possíveis. Não obstante, tinha questões importantes a considerar além do programa apresentado nas *Teses de abril*. Na primeira parte de sua brochura *A catástrofe que nos ameaça e como combatê-la*[13], de setembro de 1917, para a qual deu o título "A fome se aproxima", Lênin chamou atenção para a ameaça iminente de uma fome de proporções incalculáveis. Ele pontuou a outra causa da catástrofe no contexto do então sem precedentes desemprego em massa. Como afirmou, em seis meses, "absolutamente nada de importante foi de fato feito" pelos "democratas", pelos SRs e pelos mencheviques "para evitar a catástrofe, para evitar a fome".

Lênin resumiu as medidas necessárias como: controle estatal; supervisão estatal; contabilidade estatal; distribuição adequada da força de trabalho na produção e distribuição de bens; administração das forças do povo pelo Estado; nacionalização dos maiores monopólios e dos bancos; e fusões forçadas das maiores empresas em grupos econômicos. Essas deveriam ser as tarefas do governo revolucionário democrático, mas Lênin considerou que o fracasso na adoção desses pontos se devia ao fato de que "sua realização afetaria os lucros fabulosos de um punhado de proprietários de terras e capitalistas". O governo temia prejudicar a "supremacia dos proprietários de terras e capitalistas, seus

---

[12] LCW, cit., v. 27, p. 90.

[13] OE3T, cit., t. 2, p. 165-200, escrito originalmente entre 10 e 14 (23 e 27) set. 1917.

RECONSTRUINDO LÊNIN   471

lucros imensos, fantásticos e escandalosos, lucros derivados de altos preços e contratos de guerra".

E hoje (escrevemos estas linhas precisamente às vésperas da abertura da Conferência Democrática convocada para 12 de setembro), esses mesmos mencheviques e socialistas-revolucionários declamam com um ar sério de homens de Estado que ainda se pode remediar a situação substituindo a coalizão com os *kadets* por uma coalizão com os figurões da indústria e do comércio, Kit Kitytches[14], Riabuchínskis, Búblikovs, Teréschenkos e companhia.

Lênin salientou que os partidos democráticos queriam solucionar esses problemas em aliança com as forças políticas que tinham interesses exatamente opostos.

Teremos de considerar que, como estadistas, são bebês de colo, que por sua extrema candura e grande desatino não sabem o que fazem e erram de boa-fé? Ou será que as abundantes poltronas de ministros, subsecretários, governadores-gerais, comissários etc., etc. têm a virtude de produzir uma cegueira especial, a "cegueira política"?[15]

Embora a chave para a solução fosse uma tomada de poder, os problemas e a situação difícil permaneciam.

Está claro que Lênin dificilmente era tão ingênuo como às vezes o retratam. Ele não planejou a liquidação das relações de mercado; na realidade, rejeitou de maneira inequívoca essa acusação. Além disso, na primavera de 1918, tinha-se a impressão de que os mercados seriam preservados como o "suplemento" mais fundamental e indispensável da produção. Lênin se opôs à introdução do socialismo porque seu pensamento sugeria que uma forma social não pode simplesmente ser "introduzida". Na passagem a seguir, escrita em setembro, ele "desmascarou" aqueles líderes cujas táticas de medo a respeito da "introdução" do socialismo se configuravam como argumento contra avançar a revolução.

Aqueles líderes enganam a si e ao povo ao dizer que a "Rússia não está pronta para a introdução do socialismo". Por que devemos tratar tais afirmações como um logro? Porque, por meio dessas afirmações, a situação é representada equivocadamente para que pareça uma questão de mudanças inigualavelmente difíceis e complicadas, do tipo que acabará com o estilo de vida normal de milhões de

---

[14]  Kit Kitytch, um comerciante rico e vaidoso, é um personagem da comédia *В чужом пиру похмелье/ V tchújom píru pokhmiélie* [Ressaca na festa alheia], peça de Ostróvski.

[15]  *A catástrofe que nos ameaça e como combatê-la*, cit., p. 172.

pessoas. A situação é representada equivocadamente para fazer crer que alguns desejam "introduzir" o socialismo na Rússia por decreto, sem considerar o nível técnico existente, o grande número de pequenos empreendimentos nem os hábitos e os desejos da maioria da população. Isso é uma mentira do início ao fim. Ninguém jamais propôs nada do tipo. Nenhum partido ou indivíduo tem qualquer intenção de "introduzir o socialismo" por decreto. Ela é, e tem sido, uma questão somente de medidas, que, assim como o imposto público aplicado sobre os ricos em Ekaterimburgo, têm a aprovação absoluta da massa dos pobres, ou seja, da maioria da população, medidas que estão perfeitamente maduras, técnica e culturalmente, trarão alívio imediato para os pobres e tornarão possível aliviar as privações da guerra e distribuí-las de maneira mais uniforme.[16]

No panfleto *As tarefas imediatas do poder soviético*, publicado como suplemento do *Pravda* no dia 28 de abril de 1918, Lênin mais uma vez levantou essas questões e gradualmente formou sua própria posição à luz da nova situação. A razão por que ele atribuiu importância tão grave às dificuldades causadas pela situação "caótica" dizia respeito ao fato de que "pode triunfar, de um momento para outro, o partido militar" no Ocidente, "tentado pela fraqueza momentânea da Rússia"[17]. Lênin tinha a intenção de estabelecer uma alternativa econômica concreta à produção dominada pelo mercado em uma "sociedade capitalista construída de maneira anárquica" e ao sistema "de mercado nacional e internacional, que cresce espontaneamente em amplitude e profundidade"[18], mas que ainda não havia ultrapassado os limites da "economia de mercado mista" existente. É verdade que ele já tinha defendido "uma contabilidade e um controle rigorosíssimos e gerais da produção e distribuição dos produtos". Tendo em vista que falava sobre estabelecer "uma rede extraordinariamente complexa e delicada de novas relações de organização", cuja realização não era apenas questão técnica, é natural que ele não tencionasse um término completo e imediato de todas as relações de mercado, pois "é necessário tempo" para "convencer a maioria do povo" e "aprofundar a consciência". Não obstante, exatamente esse término logo seria implementado sob condições de guerra civil. Como a organização do novo método de produção e distribuição não avançava no andamento exigido e com o alcance esperado, Lênin concluiu que o setor capitalista teria de permanecer em funcionamento. Ele disse: "Se quisermos continuar a expropriar o capital no ritmo anterior, provavelmente sofreremos uma derrota"; além disso, afirmou que "a expropriação dos expropriadores" é mais fácil que introduzir um novo

---

[16] LCW, cit., v. 25, p. 299-300.

[17] *As tarefas imediatas do poder soviético*, em OE3T, cit., t. 2, p. 559.

[18] Ibidem, p. 560.

sistema. Ele acreditava que os ataques da Guarda Vermelha sobre o capital haviam chegado a um fim e que o período da "utilização de especialistas burgueses pelo poder de Estado proletário" começara[19]. Lênin chegou a se afastar de suas premissas teóricas e declarou de maneira inequívoca que esses especialistas deveriam ser engajados no serviço do novo regime com "alta remuneração". E descreveu esse convencimento das "'estrelas' da intelectualidade" como um "passo atrás" e uma "retirada parcial"[20] quando comparado com a igualdade socialista. Ao mesmo tempo – e com grande presciência –, falou de uma corrupção inevitável e certa desse sistema, o enfraquecimento de sua fibra moral como uma espécie de concomitância natural da "economia de mercado".

> A influência corruptora das altas remunerações é indiscutível – tanto sobre o Poder Soviético (ainda mais que na rapidez da revolução não pôde deixar de aderir a esse poder certa quantidade de aventureiros e ladrões [...]) como sobre a massa operária.

No entanto, Lênin jamais encontrou solução convincente para essa contradição; estava sempre pensando na consciência "socialista" e "proletária" e em sua persuasão, pois não haviam sido capazes de estabelecer um "controle e uma contabilidade multilaterais" e tinham "se atrasado com as reformas socialistas". "O controle operário foi introduzido entre nós como lei, mas apenas começou a penetrar na prática e mesmo na consciência das amplas massas do proletariado"[21]. Essencialmente, a expansão da regulação estatal à produção capitalista e as taxas de retorno de bens (inclusive das cooperativas) podem tornar-se fundamentais em relação às condições financeiras e de mercado na "transição ao socialismo"[22].

Uma mudança virtualmente despercebida ocorreu nesse contexto político em relação às restrições da economia de mercado pelo comunismo de guerra. Em princípio instrumental na defesa contra o capital estrangeiro e no estabelecimento interno da autonomia, o monopólio do Estado sobre os grãos (introduzido pela lei do governo provisório de 25 de março de 1917) foi seguido por planos tanto de um monopólio estatal sobre o comércio internacional quanto de um imposto

---

[19]  Ibidem, p. 564-5.

[20]  Ibidem, p. 569.

[21]  Ibidem, p. 571.

[22]  Sobre isso, ver, por exemplo, V. P. Dmitrenko, *Советская экономическая политика в первые годы пролетарской диктатуры/ Soviétskaia ekonomítcheskaia politika v piérvye gódy proletárskoi diktatury* [Política econômica soviética nos primeiros anos da ditadura do proletariado] (Moscou, Naúka, 1986). Sobre o problema em questão, ver as p. 21-9.

sobre as propriedades, como maneira de "suplementar" o orçamento[23]. Ao mesmo tempo, em *A catástrofe que nos ameaça*, Lênin traçou uma linha clara entre o controle da burguesia pelo Estado e a expropriação da propriedade privada que se aplicava à burguesia, argumentando até contra a expropriação nesse caso específico.

> Se se confunde com tanta frequência a nacionalização dos bancos com o confisco de bens privados, a culpa é da imprensa burguesa que propaga essa confusão para enganar o público. [...] Quem tivesse quinze rublos em sua caderneta de poupança continuaria possuindo os mesmos quinze rublos após a implantação da nacionalização dos bancos, e quem tivesse quinze milhões continuaria possuindo-os, mesmo depois de tomada essa medida, em forma de ações, títulos, letras de câmbio, certificados comerciais etc.[24]

A finalidade da nacionalização era supervisionar os processos financeiros e econômicos, a arrecadação efetiva dos impostos sobre renda etc. Lênin contrastou a norma burguesa reacionária com a norma democrática revolucionária, controlada de baixo para cima, que tinha limitações com que ele logo precisou lidar. Ele já tinha estipulado que a construção da indústria pesada mais moderna exigiria um progresso tecnológico e técnico de última geração, a fim de aplicar "muito do que é científico e progressivo no sistema de Taylor; regular o salário com os balanços gerais da produção ou com os resultados da exploração do transporte ferroviário, por barco etc. etc.". Lênin acreditava que a exequibilidade do socialismo dependia dos sucessos que poderiam ser alcançados no campo da "combinação do Poder Soviético e da organização soviética da administração com os últimos progressos do capitalismo"[25]. À parte da cooperação e da competição dos setores econômicos e dos modos de produção, Lênin falava a respeito de "competição entre comunas" e delineou suas forças motrizes morais mais claramente que

---

[23] A produção para o mercado e diretamente para exigências estatais levantava questões de trabalho disciplinado e remuneração. O Conselho de Sindicatos introduziu regras de conduta rigorosas em empreendimentos estatais em abril de 1918 e, depois da Revolução de Outubro, a remuneração baseada em desempenho substituiu a remuneração baseada em horas de trabalho, de modo que, em julho, um quarto dos trabalhadores nas empresas de Petrogrado recebia remuneração baseada em desempenho. LCW, cit., v. 27, p. 583. Ver também László Szamuely, *Az első szocialista gazdasági mechanizmusok* [Os primeiros mecanismos econômicos socialistas] (Budapeste, Közgazdasági és Jogi Könyvkiadó, 1971); e Tamás Krausz, "Szocializmus-képek a húszas években: Átmeneti korszak és szocializmus" [Imagens do socialismo nos anos 1920: um período de transição], *Világosság*, n. 4, 1984, p. 202-10.

[24] *A catástrofe que nos ameaça e os meios de combatê-la*, cit., p. 174.

[25] *As tarefas imediatas do poder soviético*, cit., p. 574.

suas bases econômicas e materiais. Em comparação com as "concessões" feitas às condições financeiras e de mercado e as "cooperativas burguesas", o

> Estado socialista pode surgir apenas como uma rede de comunas de produtores e consumidores, que conscientemente contabilizem sua produção e seu consumo, economizem em trabalho e elevem constantemente a produtividade do trabalho, alcançando com isso a possibilidade de reduzir a jornada de trabalho para sete, seis ou mesmo menos horas.

Lênin também achava que seria possível "conseguir que cada trabalhador [...] cumpra *de modo gratuito* deveres de Estado" após as horas de trabalho regulares. (Ele obviamente superestimou as oportunidades para o desenvolvimento da democracia soviética que poderiam se efetivar no "momento de trégua" oferecido pelo Tratado de Brest-Litovsk.) Então, presumiu que uma espécie de competição pacífica entre o capitalismo e o socialismo poderia evoluir sob a supervisão do Estado soviético. Logo ficou claro que as condições políticas para a economia de mercado mista imaginada não eram favoráveis, para dizer o mínimo. O problema básico, previsto pela burguesia russa no verão e no outono de 1917, tornou-se evidente: a "mão esquelética" da fome esganaria a república soviética. Como vimos, Lênin havia percebido isso, e na primavera de 1918 a fome devastava as cidades.

Lênin levou, então, seis meses para colocar para si as mesmas questões que havia dirigido antes ao governo provisório. Seguindo sua iniciativa, o Conselho do Comissariado do Povo introduziu a "ditadura estatal da subsistência", a formação de comitês de camponeses que confiscavam os estoques. Muitos escritores tendem a engrandecer teoricamente essas medidas espontâneas, como se Lênin tivesse tomado tais iniciativas em conformidade a um conceito que ele havia inventado antes; sobre alguma base teórica; ou mesmo com o pressuposto de que algum tipo de socialismo especial ou modelo teórico poderia ser erigido com base nessas ações. Na realidade, uma guinada política foi delineada em maio de 1918, levando de uma economia de mercado mista supervisionada pelo Estado para uma ditadura estatal da subsistência que avançou espontaneamente em direção ao comunismo de guerra. Este, no início, foi determinado e validado pela contrarrevolução armada interna e pelos ataques militares intervencionistas. A guerra civil irrompeu em uma frente cada vez mais ampla no verão de 1918. Quais eram as chances de se estabelecerem "as formas especiais de revogação e outros meios de controle a partir de baixo"[26], quando o principal foco estava em estabelecer uma guerra de defesa com a ajuda da centralização do poder estatal? A justificativa teórica para o comunismo de guerra só surgiu mais tarde.

---

[26] Ibidem, p. 585.

Lênin redigiu a essência dessa guinada política em *Sobre a fome: carta aos operários de Petrogrado*, após uma conversa com Andrei Vassílievitch Ivánov. Fora pedido a esse operário da fábrica Putílov que entregasse o decreto concedendo a Aleksandr Dmítrievitch Tsiurupa, o comissário do Povo para a Alimentação, poderes especiais para combater a fome. Ao mesmo tempo, em apoio à iniciativa de Tsiurupa, os operários de Petrogrado foram conclamados a formar brigadas armadas a fim de combater "a burguesia do campo" e o "ocultamento de estoques de grãos" – os comitês de expropriação em uma forma embrionária[27]. A carta argumentava que o principal problema era que os camponeses prósperos, "os ricos do campo, os *kulaks*, estão torpedeando o monopólio de grãos". Lênin justificou a medida autoritária dizendo: "Quem não trabalha não come". Essa era uma "mensagem" ideológica facilmente compreensível, que buscava abolir todas as formas de "comércio privado de grãos". Mais concentração de poder – não planejada antecipadamente – tornou-se o principal instrumento para superar a fome, o que era o objetivo político fundamental.

> Basta refletir minimamente acerca dessas condições para vencer a fome a fim de compreender a profundíssima estupidez dos desprezíveis charlatães anarquistas, que negam a necessidade do poder de Estado [...] para a transição do capitalismo ao comunismo e para a libertação do povo trabalhador de todas as formas de opressão e exploração [...]. O monopólio estatal dos grãos existe na lei, mas na prática a burguesia o torpedeia a cada passo [...] e lança a culpa da fome no poder soviético.[28]

A introdução gradual da ditadura estatal da subsistência foi justificada pelas mudanças desgovernadas na economia de mercado, que geraram escassez de grãos e combustível para o aquecimento. Isso resultou na consolidação desses recursos por meios militares[29].

---

[27] Uma ideia frequentemente levantada na literatura é a de que a formação de comitês de camponeses pobres para a entrega compulsória de grãos foi algum tipo de passo "refinado", tomado para intensificar a luta de classes nos vilarejos. O objetivo era, na verdade, prover as cidades e os trabalhadores com ao menos a quantia suficiente de grãos, a fim de evitar que morressem de fome ou deixassem as cidades, e neutralizar o descontentamento urbano. As brigadas de trabalhadores para a subsistência foram enviadas de Petrogrado no início de junho. As atividades dessas brigadas nos vilarejos sem dúvida elevaram os conflitos de classe entre os campesinos pobres e os mais bem-afortunados, com consequências que são amplamente conhecidas – mas causa e efeito não são intercambiáveis.

[28] "Sobre a fome (Carta aos operários de Petrogrado), em OE6T, cit., t. 5, p. 358.

[29] A história do comunismo de guerra é bem conhecida há décadas na literatura. Para mais informações sobre isso, ver, de E. G. Guimpelson, *Военный коммунизм: политика, практика,*

Os decretos de maio de 1918 fortaleceram o poder que o Comissariado do Povo para a Alimentação tinha para determinar normas de produção e coleta, escambo de produtos e distribuição pelo território da república soviética. Dessa maneira, política de comércio transformou-se em política alimentar. Por fim, no dia 1º de junho, o Conselho do Comissariado do Povo introduziu a apropriação compulsória dos grãos, praticamente tornando ilegal o comércio privado[30]. A série de medidas do comunismo de guerra ganhou amplitude com a restrição das trocas mercadoria-dinheiro no outono de 1918. O decreto de 21 de novembro de 1918, que regulamentava a alimentação da população em geral, tornou o papel do Estado dominante virtualmente em todos os segmentos, além de nacionalizar os bancos, o transporte etc. Os ideólogos bolcheviques fizeram a necessidade parecer virtude quando a militarização da força de trabalho e a economia de guerra – produto da guerra civil – foram de repente descritas como a realização do socialismo. Lênin também se tornou um proponente dessa mudança.

No entanto, na primavera de 1918 ele descreveu o esforço para usar a supervisão do Estado soviético dos trustes e da administração de empresas a fim de combater as relações caóticas na "produção em pequena escala capitalista" como "capitalismo de Estado". Por outro lado, as condições do comunismo de guerra aproximaram demais as noções de "período de transição" e "socialismo" em termos teóricos. *O ABC do comunismo*, de Bukhárin e Preobrajiénski, proporcionou uma base teórica para a constituição do comunismo de guerra como conjunto relativamente integrado de medidas de política econômica e para a realização do socialismo como tal. O trabalho era uma mistura curiosa de ideias mutuamente excludentes de autogoverno soviético dos trabalhadores e socialismo estatal. Esses dois famosos autores bolcheviques tentaram "traduzir" a concepção marxiana de socialismo para a realidade do comunismo de guerra. Era como se o primeiro estágio do comunismo, a realização do socialismo, estivesse alcançando um desenvolvimento pleno com a superação da relação mercadoria-dinheiro, que na realidade ocorria em consequência tanto da inflação sem precedentes quanto das medidas impostas do comunismo de guerra.

Está perfeitamente claro que não podemos acreditar que o capitalismo de Estado seja possível a não ser que também acreditemos na possibilidade da organização

---

*идеология/ Voienny kommunizm: politika, praktika, ideologiia* [Comunismo militar: política, prática, ideologia] (Moscou, 1973), e *Советский рабочий класс, 1918-1920/ Soviétski rabótchi klass, 1918-1920* [A classe trabalhadora soviética, 1918-1920] (Moscou, 1974); ver ainda László Szamuely, *Az első szocialista gazdasági mechanizmusok*, cit., e E. H. Carr, *The Bolshevik Revolution*, v. 2 (Londres, Pelican, 1966).

[30] V. P. Dmitrenko, *Soviétskaia ekonomítcheskaia politika v piérvye gódy proletárskoi diktatury*, cit., p. 109-12.

socialista da vida econômica. A única diferença entre os dois sistemas encontra-se nisto: que em um caso a indústria é organizada pelo Estado burguês e no outro caso ela é organizada pelo Estado proletário.[31]

O que não foi explicado é que a questão não repousa simplesmente sobre o poder de Estado, pois no comunismo de guerra o Estado como força militar de autoridade, sendo um "poder ditatorial de intimidação dos inimigos de classe", atuava como a principal força propulsora da economia. Isso não tinha fundamento em forma nenhuma da tradição teórica marxista da época de Marx e chegava a contradizer as teorias socialistas anteriores. A "ditadura do proletariado" foi, aos poucos, reduzida a uma única função.

Não há dúvida de que Lênin fez concessões ao conceito socialista de comunismo de guerra no período entre 1919 e 1920, identificando a nacionalização e a liquidação administrativa das condições de mercado com a possibilidade de realização imediata do socialismo. Entretanto, ele estava perfeitamente consciente da distinção entre *nacionalização* e *socialismo* já de início; mais tarde, traçou uma clara distinção. A nacionalização tinha um papel no "período de transição política", e a socialização, é claro, fazia parte do socialismo, embora tenha sido concebida durante o período de transição. Lênin não era ingênuo a ponto de identificar o comunismo de guerra com o "socialismo completo" e continuou a acreditar que, "enquanto restarem operários e camponeses, o socialismo não foi alcançado"[32]. Além disso, jamais deduziu teoricamente o conceito de igualdade da realidade do comunismo de guerra, usando-o apenas para referir-se à eliminação das classes sociais em termos econômicos, uma exigência final e indispensável da libertação do capital e da conquista da liberdade. Seu erro teórico real, em 1919-1920, foi superestimar as possibilidades da socialização, da supervisão social no contexto da nacionalização, e subestimar o caráter inveterado do papel regulador do mercado e do dinheiro, fato que mais tarde reconheceu. A "atmosfera" da época, a atitude romântica da guerra civil, também foi expressa no igualitarismo compulsório do comunismo de guerra. As raízes desse igualitarismo "primitivo" eram profundas nas unidades do Exército Vermelho e nas brigadas de guerrilheiros engajadas no combate de vida e morte contra os brancos – fenômeno apresentado por inúmeros filmes e trabalhos literários.

O comunismo de guerra também influenciou a teoria, que interpretou o "sistema" como socialismo, apesar de sugerir um anacronismo – ainda mais à

---

[31] Nikolai Bukhárin e Evguiéni Preobrajiénski, *The ABC of Communism* (trad. Eden e Cedar Paul, Harmondsworth/Middlesex, Penguin, 1969), p. 209 [ed. bras.: *O ABC do comunismo*, trad. Aristides Lobo, São Paulo, Edipro, 2002].

[32] LCW, cit., v. 30, p. 506.

luz da famosa tese do "semi-Estado" em *O Estado e a revolução* (que remonta a Marx). Ali, Lênin já estava engajado em um ataque polêmico a uma confusão conceitual. Ele usou a crítica de Engels ao projeto do Programa de Erfurt, que havia sido entregue a Kautsky em 1891 e que este publicou uma década depois no *Neue Zeit*. Isso é interessante porque a "ala oportunista" dos sociais--democratas já sugerira que o Estado, em si, seria capaz de consolidar o socialismo. Essa linha de pensamento apontou o papel cada vez maior do Estado no capitalismo moderno.

Lênin menciona o conceito do "socialismo de Estado", em oposição à revolução e ao socialismo revolucionário, visto que o papel do socialismo é definido em oposição ao Estado.

> É preciso destacar esse termo [capitalismo], pois o erro mais difundido é a afirmação reformista burguesa de que o capitalismo monopolista ou monopolista de Estado *já não é* capitalismo, já pode ser chamado de "socialismo de Estado", e assim por diante.[33]

No pensamento de Engels e Lênin, a economia socialista é organizada a partir de baixo. Lênin escreveu após outubro: "Nós reconhecemos apenas um caminho – mudanças a partir de baixo; nós queríamos que os próprios operários, de baixo, traçassem os novos princípios econômicos básicos"[34]. Essa abordagem, no entanto, rapidamente perdeu aceitação. O foco do comunismo de guerra se encontrava na consolidação da nova hierarquia do poder militar sob condições de guerra civil, embora ele simultaneamente exacerbasse a situação econômica. Enquanto isso, Lênin sustentava que o socialismo, quando se completasse como sistema, só seria composto de associações voluntárias de comunidades econômicas produtivas organizadas a partir de baixo. Ainda se trataria de um Estado, no entanto, pois "não só o direito burguês subsiste [...] durante certo tempo, mas também o Estado burguês – sem a burguesia", a fim de defender a "igualdade dos trabalhadores" e a propriedade pública[35]. Lênin diferenciava a propriedade social e a estatal mesmo em seu princípio; antes da introdução do comunismo de guerra, acreditava que as classes produtivas teriam de criar elas mesmas as condições socialistas. O comunismo de guerra era, no entanto, um sistema consistente de medidas estatal-militares compulsórias que, de acordo com alguns escritores, apresentava certos traços da política econômica de Estado

---

[33] *O Estado e a revolução* (trad. Edições Avante! e Paula Almeida, São Paulo, Boitempo, 2017), p. 91-2.

[34] LCW, cit., v. 26, p. 468.

[35] *O Estado e a revolução*, cit., p. 124.

do "socialismo de guerra alemão". Lênin manteve a teoria da formação em vista mesmo enquanto fazia seus discursos políticos mais propagandistas, indicando que até o último dia continuou a ver a história da revolução através das lentes da teoria marxista (como reconstruída por ele)[36]. Até março de 1919, Lênin nem sequer chegou a usar a expressão "comunismo de guerra" – depois, na maior parte das vezes, usou-a entre aspas. Isso significava que não somente Lênin não havia planejado o "comunismo de guerra" em termos teóricos ou políticos práticos, como também as medidas do comunismo de guerra "se fundiram" em um sistema muito mais tarde, no verão de 1919. A "naturalização" da produção e da distribuição, juntamente com a introdução do sistema de racionamento e a perseguição ao comércio privado, não eram *a priori* medidas econômicas, mas se originaram das necessidades sociais e políticas imediatas.

Ao discutir com Kautsky e Vandervelde no outono de 1918, Lênin reivindicou que a revolução e a ditadura do proletariado não só deveriam ser reconhecidas em geral, como também sob as "condições concretas da luta de classes", juntamente com o monopólio sobre os grãos e a ditadura da subsistência. Na opinião dele, essas condições eram necessárias para a sobrevivência do governo soviético. Apelos pela democracia e pelo livre mercado soavam bem aos ouvidos, mas na prática significavam a rendição da revolução. A alternativa havia se resumido a algo bastante simples: *tertium non datur*. Se a revolução fosse percebida, à maneira de Kautsky e Vandervelde, como *revolução burguesa*, não haveria justificativa para as medidas bolcheviques de Lênin. Por outro lado, se ela fosse uma revolução operária ou socialista – incluindo a distribuição igualitária de terras agrárias e outras demandas (pequeno-burguesas) campesinas –, Lênin achava que a nacionalização das fábricas e da terra, o banimento da "especulação" na forma do comércio privado, o monopólio estatal sobre os grãos, o racionamento e a introdução de toda a "ditadura da distribuição" como instrumentos de salvamento do regime não poderiam ser evitados[37]. Lênin, a princípio generalizando a questão, formulou-a assim:

> A Constituição soviética não foi escrita segundo algum "plano", não foi composta nos gabinetes, não foi imposta aos trabalhadores pelos juristas da burguesia. Não,

---

[36] Lênin não teria como saber que, durante as décadas de regime "socialista de Estado" e de "socialismo realmente existente", hordas de escritores que se consideravam marxistas misturariam e identificariam propriedade estatal com propriedade social – lado a lado com os (neo)liberais e neoconservadores. Isso sem mencionar as falsas explanações que vieram à tona desde o colapso do socialismo de Estado – na mais típica e comum delas, o socialismo de Estado é chamado de "comunismo".

[37] *A revolução proletária e o renegado Kautsky*, em OE3T, cit., v. 3, p. 1-130

esta Constituição nasceu do curso de desenvolvimento da *luta de classes*, à medida que amadureciam os *antagonismos de classe*.[38]

Mais tarde, traçou o mesmo paralelo entre os aspectos político e de poder do comunismo de guerra. No discurso de 19 de maio de 1919, "Como iludir o povo com lemas de liberdade e igualdade", Lênin justificou o banimento do livre-comércio com as condições caóticas criadas pela guerra civil e pela fraqueza política do regime – incidentalmente, com referência a Marx e Kautsky –, mas não as apresentou como ações que levavam ao socialismo.

> Em meio a uma revolução proletária contra a burguesia, em uma época em que a propriedade do capitalista e do latifundiário está sendo abolida, quando o país que foi arruinado por quatro anos de guerra imperialista está passando fome, a liberdade de comerciar grãos significaria a liberdade para os capitalistas, a liberdade para restaurar o domínio do capital. Esse é o programa econômico de Koltchak, pois Koltchak não se apoia no ar.[39]

## NEP *versus* comunismo de guerra: contradições irreconciliáveis

Da mesma maneira que o comunismo de guerra não era a aplicação de uma teoria, tampouco a NEP o era. O governo soviético implementou tanto o comunismo de guerra quanto a NEP sob a pressão das circunstâncias, das exigências e das necessidades concretas – sem prever efeitos internos ou internacionais. Em ambos os casos, as ideologias – a justificativa teórica dos "sistemas" – foram desenvolvidas em paralelo à introdução, ou na sequência dela (embora o comunismo de guerra tenha incorporado uma série de elementos da política econômica de guerra alemã e a NEP incluísse elementos da "economia de mercado" do inverno e da primavera de 1918). A NEP significou a substituição da produção militarizada – incluindo sistema de racionamento, estrita distribuição estatal e apropriação compulsória dos grãos – por dinheiro e condições de mercado, reinstituindo o livre-comércio e introduzindo impostos em espécie.

Ao mesmo tempo, com frequência se esquece que o restabelecimento parcial das condições capitalistas acarretou uma transformação social, uma reestruturação das classes e dos grupos sociais e uma mudança em suas relações. O desenvolvimento da produção de uma economia natural para uma economia

---

[38] Ibidem, p. 56.

[39] LCW, cit., v. 29, p. 360 [ed. bras.: *Como iludir o povo com lemas de liberdade e igualdade*, trad. Roberto Goldkorn, São Paulo, Global, 1980].

de mercado gerou diferenciação entre estratos das populações das aldeias. Isso resultou em uma melhoria rápida nas condições de vida de um segmento significativo da população rural em comparação com aquelas da classe operária. Além disso, grupos sociais anteriormente desconhecidos (ou conhecidos de outra maneira) ascenderam ao primeiro plano tanto em aldeias quanto em cidades. Os empreendimentos privados e a liberdade parcial do comércio intermediário privado criaram uma nova burguesia. O comércio em grãos e outros produtos agrícolas criou não apenas uma nova burguesia campesina, como um grupo social de negociantes mercadores, igualmente urbanos e rurais, muitas vezes chamados de "homens-NEP". Eles eram capazes de acumular capital e substituíram os (velhos e banidos) "especuladores avarentos". Essa transformação "burguesa" também incorporou de maneira gradual a possibilidade de ampliar o trabalho assalariado, o que serviu como fonte de novos conflitos sociais. Uma mudança de época estava a caminho.

A introdução da NEP, em março de 1921, e também o modo como Lênin a avaliou e determinou sua perspectiva, é interessante tanto teórica quanto historicamente. O Comitê Central rejeitou uma proposta de fevereiro de 1920, do comissário do Povo para a Guerra, Trótski, de passar da apropriação compulsória de grãos para um imposto em espécie. Isso proporcionou ao comunismo de guerra novo ímpeto; no entanto, ele enfrentou resistência social cada vez maior. Entre o outono de 1920 e a primavera de 1921, a resistência campesina e os protestos dos operários deixaram claro que o comunismo de guerra não era mais sustentável.

Nessas circunstâncias modificadas, Lênin por fim compreendeu que comprar e vender, as condições do "livre-comércio", estavam tão profundamente enraizadas no comportamento humano e em sua herança que o comunismo de guerra não provocaria sua "eliminação". Ele reconheceu que o comunismo de guerra não apenas não estava levando ao socialismo, como, em razão da resistência que enfrentava, na realidade ameaçava o colapso do poder soviético – apesar da vitória na guerra civil. A economia de guerra havia preparado a transição para uma "economia de paz", que levaria, nas palavras de Lênin, "ao restabelecimento parcial do capitalismo" – isto é, uma economia de mercado. Tudo isso foi apresentado como parte da NEP e declarado no X Congresso do Partido, em março de 1921, quando um imposto em espécie foi introduzido no lugar da apropriação compulsória. Os muito apoiados movimentos de operários descontentes de Petrogrado e Moscou, juntamente com a revolta de Kronstadt, desdobraram-se em paralelo à introdução da NEP.

A derrota da revolta de Kronstadt tornou-se parte da própria NEP, visto que – usando a linguagem do período – "não se poderia deixar que as concessões feitas ao capitalismo solapassem as fundações políticas e sociais do governo soviético". Os revoltosos de Kronstadt haviam demandado a introdução do livre-comércio e

RECONSTRUINDO LÊNIN 483

o sistema de mercado a fim de combater a fome e queriam dirigir o "novo regime" por meio dos instrumentos da democracia direta (como discutido no Capítulo 6 deste volume). Apenas um documento de Kronstadt, datado de 1º de março de 1921, lida com economia. Ele apresenta uma curiosa combinação de comunismo de guerra e da NEP emergente, fundamentada de maneira contraditória sobre a liberdade do comércio campesino e o banimento do trabalho assalariado:

> Uma imediata dispersão das brigadas de alimentos [...], liberdade completa para o campesinato, para que possam cultivar a terra e a produção como bem quiserem [...], permissão para pequenas indústrias com base em seu próprio trabalho, proibição do trabalho assalariado.[40]

Esse bastião da Revolução de Outubro terminou com o lema "poder soviético sem os comunistas". Os líderes do governo soviético tiveram de confrontar esse desdobramento. Quando o presidente do Estado soviético, Mikhail Ivánovitch Kalínin, fez um discurso para uma audiência de aproximadamente 16 mil pessoas reunidas na praça Iákornaia, em Kronstadt, no dia 1º de março de 1921, ele não foi capaz de convencer os marinheiros e a população local da futilidade dessa virada anticomunista[41]. Porém, a revolta teve o efeito de acelerar o processo de introdução da economia de mercado.

A NEP não apareceu na agenda do X Congresso do Partido sem preparação; ela não foi resultado de coincidências, embora estivesse atrasada. Os líderes soviéticos sentiram que o comunismo de guerra estava estagnando logo após a derrota de Koltchak. Isso se refletiu na proposta rejeitada de Trótski em fevereiro de 1920. Essa ideia também havia ganhado terreno nos círculos mencheviques e SRs – é suficiente lembrarmos a discussão entre Lênin e Rójkov em janeiro de 1919. Ao longo de 1919 e 1920, a pauta do restabelecimento do livre-comércio apareceu frequentemente no partido menchevique, e não foram poucos os mencheviques que mais tarde alegaram que Lênin havia roubado deles o conceito da NEP. O mais curioso era que, de acordo com documentos, no auge do comunismo de guerra e da guerra civil (na virada de 1918 para 1919), ao lado de suas demandas para o restabelecimento do livre-comércio e de condições de mercado, eles

---

[40] Ver A. Slepkov, "К третьей годовщине кронштадтского мятежа"/ "K triétiei godovschine kronchtádtskovo miateja" [No terceiro aniversário da rebelião de Kronstadt], *Большевик/ Bolchevik* [Bolchevique], n. 1, 1924, p. 45.

[41] Ver Vladímir Pávlovitch Naúmov e Aleksandr Albértovitch Kosakóvski (orgs.), *Кронштадт, 1921: документы о событиях в Кронштадте весной 1921 года/ Kronchtadt, 1921: dokumiénty o sobytiakh v Kronchtadte vesnói 1921 goda* [Kronstadt, 1921: documentos dos eventos da primavera de 1921] (Moscou, Demokrátia, 1997), p. 9.

repreenderam os bolcheviques por "não terem realizado o autogoverno dos trabalhadores" – ideia extraordinariamente ingênua, à medida que os dois sistemas excluíam um ao outro. Um ano depois, outro grupo de mencheviques tentava convencer Lênin e a liderança bolchevique a abandonar a NEP, aludindo a suas consequências de criar desigualdades e abrir mão da realização do socialismo. Sua posição parecia ter incorporado as conclusões da *oposição trabalhista*, liderada por Chliápnikov, que rejeitou a NEP no congresso do partido em que ela foi apresentada[42].

A introdução de uma economia de mercado e da democracia direta – ampliando a "democracia dos operários" – também se provou uma contradição que não podia ser transposta. Segmentos significativos das massas trabalhadoras se cansaram dos sacrifícios demandados de si e exigiam um "afrouxamento das regras", mas muito poucos possuíam as habilidades necessárias para a democracia direta. Mais tarde Lênin expressou a necessidade da NEP, resumindo-a de forma simples e autocrítica no XI Congresso do Partido, na primavera de 1922: "Temos de organizar as coisas de maneira a tornar possível a operação costumeira da economia capitalista e da troca capitalista, pois isso é essencial para o povo"[43].

Uma das principais tendências da literatura histórica atual[44] enfatiza a característica de mercado capitalista da NEP, mas também que – com suas bem conhecidas medidas que permitiam o trabalho assalariado rural de 1922 em diante – o Estado soviético integrou conflitos sociais no ainda não completamente formado "tecido" da sociedade soviética. Isso mais tarde gerou a ameaça de instabilidade e a combustão interna, e, por fim, teve um papel importante na derrota posterior da NEP. Não obstante, é comumente reconhecido que, na ausência de recursos econômicos externos, a única "solução" do Estado se encontrava na "supervisão" das aldeias e dos grãos. Os esforços de Lênin para dar concessões a um segmento da indústria soviética ou para explorar recursos naturais fracassaram em razão das exigências políticas das potências ocidentais. Em 1922, as relações econômicas com o Ocidente basicamente queriam dizer relações com a Alemanha. Para a

---

[42] Ver, por exemplo, a carta de Gúrvitch à liderança do Partido Social-Democrata Independente da Alemanha, ou a informação da *Газета Печатников/ Gazeta Petchátnikov* [Gazeta do Tipógrafo] no Congresso do POSDR de Toda a Rússia, em *Меньшевики в большевистской Россɪи, 1918-1924/ Menchieviki v bolchevístskoi Rossíi, 1918-1924* [Mencheviques na Rússia bolchevique, *1918-1924*] (Moscou, Rosspen, 1999), p. 672-3 e 700.

[43] Ver o discurso de Lênin no XI Congresso, em março de 1922, incluído em LCW, cit., v. 33, p. 279.

[44] É difícil acompanhar o grande número de estudos, livros e publicações dedicados à NEP atualmente. Ver, entre as obras mais recentes, o livro organizado por A. N. Iákovlev que contém uma extensa coleção de materiais, *Россия нэповская/ Rossiia nepóvskaia* [Rússia da NEP] (Moscou, Nóvyi Khronograf, 2002).

Rússia soviética, era um período de estabelecimento de contatos diplomáticos. Enquanto isso, Lênin estava extremamente desconfiado da crescente resistência nos segmentos intelectual-burguês e campesino-"homem-NEP". Ele não planejava abrir mão do terror político[45]. Ao mesmo tempo, trata-se de uma questão diversa o fato de que na Rússia soviética – território isolado na "semiperiferia" da economia mundial – uma economia de mercado operacional não fosse possível mesmo *com* um sistema institucional democrático burguês e suas ferramentas. (A Rússia não era exceção, no entanto, e isso também era verdade em outras partes da semiperiferia, onde nenhuma revolução comunista havia ocorrido. A América Latina e a Europa meridional eram belos exemplos, mas regiões importantes da Europa oriental não estavam excluídas disso.)

Após o ano 2000, um historiador soviético recentemente falecido que havia se passado para o "novo" paradigma ideológico, embora fosse um dos comentaristas mais significativos do período, examinou a NEP. Ao projetar os desenvolvimentos com um olhar atual, concluiu que ela poderia ter sido o instrumento político para um desenvolvimento do capitalismo liberal[46]. Não poderia, pois o que a NEP tinha de especial era exatamente o fato de ter sido concebida como economia de mercado administrada por um regime de Estado "especial"[47].

---

[45] Para um panorama do assunto, ver, de A. S. Siniávski, "Новая Экономическая Политика: современные подходы и перспективы изучения"/ "Nóvaia Ekonomítcheskaia Politika: sovreménnie podkhody i perspektívi izutchéniia" [Nova Política Econômica: abordagens recentes e perspectivas para pesquisa posterior], em *НЭП: экономические, политические и социокультурные аспекты/ NEP: ekonomítcheskie, polítítcheskie i sotsiokulturnie aspékti* [NEP: aspectos econômicos, políticos e socioculturais] (Moscou, Rosspen, 2006), p. 5-25.

[46] Ver E. G. Guimpelson, *Новая экономическая политика Ленина-Сталина: проблемы и уроки/ Nóvaia ekonomítcheskaia politika Liénina-Stalina: probliémy i uroki* [A NEP de Lênin e Stálin: problemas e lições] (Moscou, Sobránie, 2004). Guimpelson culpa os bolcheviques por terem travado o crescimento burguês-capitalista da NEP. Conforme a nova interpretação, os bolcheviques teriam caído na armadilha da "utopia" socialista, com Lênin a reboque, que não conseguiu compreender que a tarefa deveria ter sido a de um capitalismo democrático (sociedade democrática, produtora de mercadorias, orientada para o mercado) assentado na democracia burguesa e na propriedade estatal privatizada, que Guimpelson afirma não ter sido alcançada mesmo após 1991. Ver ibidem, p. 293-6. Projetando retrospectivamente a possibilidade de um "capitalismo democrático" décadas atrás, Guimpelson supõe que uma economia liberal de mercado poderia ser realizada mesmo sem uma explosão social de peso; desejá-la já seria o bastante. A suposição de que Lênin poderia ou deveria ter levado a cabo o restabelecimento do sistema capitalista é o "equívoco" que tipifica a historiografia presentista.

[47] Em suas memórias – com a autoridade de uma verdadeira testemunha ocular, Valentínov faz uma descrição das políticas de Lênin segundo a qual o líder soviético pretendia que a NEP, com suas concessões para a economia de mercado, permanecesse em vigor por um período maior, embora, assim como outros (e em contraste com Bukhárin, em particular), ele não

## A natureza do poder e a ditadura do partido

Historiógrafos demonstraram que o isolamento internacional ajudou a criar as circunstâncias para que Lênin realizasse uma crítica radical do "socialismo" do comunismo de guerra. Ele percebeu que o "socialismo político" – deter o poder em si – não ajudaria a eliminar o atraso da Rússia rural. Levou tempo demais para voltar-se contra o comunismo de guerra, que havia se imiscuído na ideologia do socialismo. Sua nova proposição era dirigida a uma virada cultural-civilizacional geral "burguesa", na qual conceitos como organização, tecnologia, cultura e educação teriam um papel na "preparação" do terreno para o "socialismo real". Uma formulação das novas contradições não poderia ser evitada, pois a *economia multissetorial* moldada pela NEP não poderia contribuir para a plena formação de uma *democracia direta* nem de um "Estado do tipo comuna". Isso ocorreu porque o desenvolvimento histórico havia mudado rapidamente na direção da exclusão de alternativas, o que ficou evidente em uma expansão sem precedentes do papel do Estado na produção e na distribuição econômica (embora isso não fosse peculiar à Rússia).

Para Lênin, a condição de "sobrevivência do socialismo como possibilidade" era um governo soviético "proletário" que supervisionasse e regulamentasse as condições capitalistas restauradas. No entanto, uma análise imparcial leva à descoberta da contradição mais significativa de todo o trabalho político e teórico de Lênin após a revolução. O termo usado por ele para a realização do governo soviético era "poder do proletariado" – embora isso contradissesse suas próprias considerações críticas em uma conjuntura anterior, formuladas durante o chamado debate sindical[48]. Essas teses críticas teoricamente bem fundamentadas, que ele sustentou pelo resto da vida, lidavam com os "traços de caráter não tão proletários" do aparato do poder. O debate sobre o papel dos sindicatos explodiu no contexto totalitário do comunismo de guerra no outono de 1920[49]. Essa história foi descoberta na União Soviética sob a *perestroika*; por razões conhecidas, as fontes permaneceram

---

estivesse disposto a fornecer grandes explicações ideológicas para sua introdução. Ver Nikolai Valentínov, *НЭП и кризис партии: воспоминания/ NEP i krízis párti: vospomániia* [A NEP e a crise do partido: memórias] (1971) (Nova York, Stanford University Press/Teleks, 1991), p. 30-1.

[48] László Béládi (org.), *Szakszervezetek és államhatalom: Dokumentumok a szovjet-oroszországi szakszervezetek történetéből, 1917-1923* [Sindicatos e poder estatal: documentos da história sindical na União Soviética, 1917-1923] (Budapeste, Elte Ájtk, 1985).

[49] Em seu último escrito publicado, Lênin abordou a natureza alienada, e até burocrática, dos aparatos. A fonte final de "É melhor menos, mas melhor" remonta à amplamente conhecida e quase aforística expressão que afirma ao leitor que: "Os elementos de conhecimento, educação e instrução [...] entre nós são ridiculamente reduzidos". Em OE6T, cit., v. 5, p. 371-2.

inacessíveis aos pesquisadores soviéticos[50]. Em seus escritos e discursos, Lênin com frequência chamava atenção para o peso cada vez menor do proletariado – fraco em números – e o "mar de pequeno-burgueses". Isso sugere que a "ditadura do proletariado" não havia nem sido estabelecida, embora ele tivesse falado com tamanha segurança a respeito dela no Congresso do Comintern de 1920.

Em relação aos sindicatos, que haviam se tornado instrumentos da militarização do trabalho, Lênin delineou os traços particulares ao regime comunista de guerra de uma nova maneira. Do modo como ele os via, os sindicatos (nos quais a condição de membro era muitas vezes compulsória) exerciam um papel de mediação entre o Partido Comunista e o aparato de Estado. Seu argumento deixava claro que era o partido, não o proletariado, que realizaria a "ditadura do proletariado".

> O que acontece é que o partido, digamos assim, absorve a vanguarda do proletariado, e essa vanguarda exerce a ditadura do proletariado. A ditadura não pode ser exercida nem as funções do governo podem executadas sem uma fundação como a dos sindicatos.[51]

Portanto, a tarefa básica dos sindicatos era "criar o elo" entre partido (ditadura do partido) e massas trabalhadoras. Lênin baseou sua defesa da ditadura do partido não somente no "fundamento" da escassez de proletários, mas também no fato de que

> em todos os países capitalistas (não apenas por aqui, em um dos mais atrasados) o proletariado ainda está tão dividido, tão degradado e tão corrompido (pelo imperialismo em alguns países) que uma organização que abarque todo o proletariado não consegue exercer diretamente a ditadura proletária.

Lênin descreveu os sindicatos, situados entre o aparato soviético e o partido, como partes de uma estrutura de poder geral formando "um arranjo de engrenagens". No curso da avaliação e da transformação do "regime operário" administrado pela ditadura do partido, ele enfrentou dois tipos de oposição[52].

---

[50] Na primeira metade dos anos 1980, já era permitido publicar na Hungria obras sobre esse debate usando "fontes banidas". Ver Tamás Krausz, *Állam és demokrácia*, cit., p. 492-8.

[51] LCW, cit., v. 32, p. 20 [ed. bras: "Sobre os sindicatos, o momento atual e os erros de Trótski", em *Sobre os sindicatos*, trad. Armênio Guedes, Zuleika Alambert e Luís Fernando Cardoso, Rio de Janeiro, Vitória, 1961].

[52] Para mais sobre isso, ver Tamás Krausz, "A szakszervezeti kérdés az OK(b)P X. kongresszusán (1921)" [A questão sindical no X Congresso do PCR(b) (1921)], em *A nemzetközi munkás-*

Um dos grupos de oposição, liderado pelo comissário do Povo para a Guerra, Trótski, rejeitou todas as funções dos sindicatos na estrutura de poder, olhando para eles somente como organizações compulsórias para a militarização do trabalho. O outro era a chamada oposição trabalhista, que, em comparação, buscava ampliar a base social da ditadura ao considerar os sindicatos órgãos da "democracia econômica" na produção e nas plantas industriais. Lênin salientou a necessidade de uma *autodefesa dos trabalhadores* contra o argumento de Trótski. No segundo caso, Lênin argumentou que não podia haver Estado operário no período da *transição*, mesmo que tampouco fosse um Estado burguês. O Estado soviético, como ele escreveu em "Кризис партии"/ "Krízis pártii" [A crise do partido], sua polêmica de janeiro de 1921 contra Bukhárin, não era um Estado dos operários puro:

> Um Estado operário é uma abstração. O que nós realmente temos é um Estado operário com esta peculiaridade: em primeiro lugar, não é a classe operária, e sim a população campesina, que predomina no país; em segundo lugar, ele é um Estado operário com distorções burocráticas.[53]

O fato de que os sindicatos teriam de funcionar como as organizações de autodefesa dos trabalhadores derivava dos aspectos políticos e sociológicos característicos citados por Lênin.

> Nós agora temos um Estado sob o qual é responsabilidade do proletariado massivamente organizado proteger a si mesmo, ao passo que devemos usar essas organizações operárias para proteger os trabalhadores de seu Estado e fazer com que eles protejam nosso Estado.[54]

Lênin via a separação entre a democracia na política e a democracia na produção como um recuo, e um recuo que gerava o medo do fim do poder soviético. Ele reconhecia que a Revolução Russa em si não poderia eliminar a estrutura estabelecida da divisão de trabalho na manufatura, tampouco poderia remover a coerção na esfera da produção (na forma de gestão individual, exigências militares, compensação baseada no desempenho etc.) sem arriscar o colapso total. O sistema político e o modo burocrático de operação no nível do governo de Estado não poderiam desafiar facilmente essas restrições. O conceito de *comunidade*,

---

*mozgalom történetéből. Évkönyv 1981* [Para uma história do movimento internacional dos trabalhadores. Anuário 1981] (Budapeste, Kossuth, 1980), p. 156-66.

[53] LCW, cit., v. 32, p. 48.

[54] Ibidem, p. 25.

Reconstruindo Lênin    489

cuja essência era a "comuna", foi envolvido imperceptivelmente por uma liderança partidária e estatal mais elevada, uma hierarquia externa. Se a economia e a política não se "unissem", a existência paralela das duas esferas inevitavelmente criaria seus próprios "aparatos destacados", cimentando os círculos privilegiados de ambas as esferas.

A posição de Lênin tinha uma série de pontos fracos. Era um equívoco acreditar que os operários podiam defender-se de seu próprio Estado sem a democracia. Portanto, era teoricamente insustentável falar do "poder do proletariado" em relação ao Estado soviético existente. Isso não significa que amplos grupos do proletariado e do campesinato não estavam integrados na estrutura de poder ou que o governo soviético não representava seus principais interesses. No entanto, a formulação não era completamente verdadeira – ironicamente, "um Estado burocrático com ramificações proletárias" teria sido uma definição melhor. Lênin tinha ciência desse problema e, nas teses que apresentou em janeiro de 1922, falou em proteger os interesses econômicos das classes trabalhadoras em relação a rentistas e administradores à medida que as companhias estatais passavam a adotar condições operacionais capitalistas-comerciais. O restabelecimento do capitalismo sob a NEP incorporou um número significativo de companhias estatais reconfiguradas para o que foi chamado de contabilidade de custo independente, impondo o envolvimento legal de interesses econômicos especiais dos "rentistas" e da administração em geral.

No curso do debate sobre os sindicatos, Lênin desenvolveu a ideia de que, além dos fatores humanos e culturais, a regulação estatal do capitalismo em uma base soviética dependia demais de o sistema soviético ser capaz de lidar com a contradição entre capital e trabalho. Segundo ele: "Mesmo se essa regulação for completamente bem-sucedida, o antagonismo dos interesses de classe entre trabalho e capital certamente permanecerá". As teses de Lênin, buscando "proteger de todas as maneiras os interesses de classe do proletariado", chegavam a ser questionadas por conhecidos apoiadores seus, segundo os quais ele estava equivocado porque a oposição entre a administração e os operários da fábrica não era questão de classe[55]. O raciocínio de Lênin era bem fundamentado, é claro, pois nenhuma grande mudança havia ocorrido na divisão do trabalho nas fábricas, em

---

[55]    Essa era a posição de I. E. Rudzutak, que expressou suas dúvidas em uma carta de 10 de janeiro de 1922 a Lênin; ver *Большевистское руководство: переписка, 1912-1917/ Bolchevístskoie rukovodstvo: perepiska, 1912-1927* [Lideranças bolcheviques: correspondência, 1912-1927] (Moscou, Rosspen, 1996), p. 234. Zinóviev também enviou um relatório interessante sobre a recepção das teses de Lênin; ver ibidem, p. 236. As teses, por sua vez, podem ser encontradas em LCW, cit., v. 42, p. 374b-386a, em especial p. 375-6 [ed. bras.: "Sobre o papel e as tarefas dos sindicatos nas condições da Nova Política Econômica", em *Sobre os sindicatos*, cit.].

comparação com a maneira que a divisão do trabalho era tipicamente estruturada nas empresas capitalistas. Os sovietes, na maior parte, haviam se transformado com bastante rapidez em burocracias comuns. A dependência da administração em relação ao capital (privado) era, além disso, um fator insuperável do ponto de vista tanto da geração de lucro quanto da distribuição do mais-valor.

A democracia era restrita mesmo dentro do partido quando o X Congresso baniu "temporariamente" todo comportamento faccioso. Isso se baseou na proposta de Lênin de limitar as plataformas de oposição crítica, e ele foi capaz de encontrar inúmeras razões para essa medida. Os grupos de oposição "esquerdistas", incapazes de se reconciliar com o restabelecimento parcial do capitalismo e uma economia de mercado, haviam apresentado argumentos abstratos com a intenção de realizar o socialismo imediatamente. Por exemplo, demandavam a erradicação da divisão do trabalho nas plantas industriais herdadas do capitalismo e a introdução da democracia na produção, que eram sugestões evidentemente fora da realidade naquelas circunstâncias.

Em apoio a Lênin, Trótski (em sua própria crítica de Kautsky) rejeitou toda "crítica abstrata" por não oferecer uma solução viável para a situação existente. Trótski, claro, estava certo, tanto filosófica quanto politicamente, ao alegar que a "percepção normativa de valores", com sua própria abstração, às vezes somente dá sustento à linha de argumento burguesa, podendo empurrar os desdobramentos políticos na direção de um estado pré-revolucionário. Ele salientou as fundações metodológicas apologéticas da abordagem liberal à democracia na "metafísica da democracia", que – seguindo o raciocínio de Kant – não é baseada na "história vital", naquilo "que é", mas em "padrões de uma lei inalterada e eterna", nos quais o "imperativo categórico da teoria do direito natural substitui a teoria do socialismo científico". Trótski, assim como Lênin, retratava a virada "democrática" de seus antigos professores, Kautsky e Plekhánov, como retorno conservador a uma tradição teórica pré-marxista[56]. No curso do "restabelecimento da unidade partidária", despedaçada por plataformas críticas, a crítica de uma *abordagem normativa* surgiu em relação à oposição trabalhista. As formações "esquerdistas" foram acusadas de não basear suas explicações das dificuldades entre os trabalhadores em uma "insatisfação econômica objetiva" (fome, desemprego, salários normativos, atrasos de salários etc.), mas em uma falta de democracia – uma óbvia confusão de causa e efeito. Esse poderia ter sido um contra-argumento válido, mas não apontava o erro mais sério na operação do sistema político, a saber, uma compreensão de que os sovietes haviam sido incapazes de executar as tarefas

---

[56] Leon Trótski, "Терроризм и коммунизм"/ "Terrorizm i kommunizm", em Сочинения/ *Sotchinénia* [Obras], v. 12 (Moscou, 1925), p. 23-30 e 40-1 [ed. bras.: *Terrorismo e comunismo: o anti-Kautsky*, trad. Lívio Xavier, Rio de Janeiro, Saga, 1969].

políticas dadas a eles pelo programa do partido de 1919. Um objetivo que parecia especialmente utópico era o de que não se deveria deixar surgir nenhum aparato socialmente isolado, com independência, para governar as classes produtivas.

Robert Mayer salientou as limitações políticas e metodológicas fundamentais de Lênin com precisão. Essas não podem ser explicadas por simples equívocos subjetivos, somente em contradições provenientes de conjuntos de relações históricas concretas que não podiam ser transcendidas à época. Ninguém, nem mesmo Lênin, poderia então sugerir "soluções dialéticas". Não obstante, é justo perguntar se a "ditadura do partido é consistente com a sensibilidade dialética". Essa questão é especialmente importante porque, como escreve Mayer, "assim como Aristóteles, Lênin acreditava que sempre havia uma única tática correta para qualquer situação". Se for esse o caso, então, a partir da perspectiva de Lênin, uma única solução correta para a contradição entre democracia e ditadura pode ser presumida[57]. Até poderia derivar daí que, em uma situação diferente, Lênin teria reinstituído um sistema multipartidário, se isso não significasse uma ameaça de retorno ao reino da propriedade privada. Não se trata de coincidência que os partidos políticos não tenham sido legalmente banidos. A eleição dos sovietes por um processo democrático direto e o direito à revogação imediata dos delegados a princípio seguiram intactos. O problema real não era que a burguesia, relativamente pequena em número, tivesse sido despida de seus direitos eleitorais (embora essa não seja uma restrição necessariamente autoevidente), mas que, para Lênin, em *princípio*, o sentido e a validade da democracia só eram significativos como ferramentas para a emancipação do proletariado. Na *prática*, no entanto, o partido, a "vanguarda", tomou o lugar do proletariado após outubro. Ele reprimiu a crescente dissensão em meio ao proletariado, e isso é muito difícil de justificar a partir de um ponto de vista dialético, no sentido de que "práticas paternalistas podem ser emancipatórias, as condições mais rigorosas devem ser atendidas a fim de tornar esses argumentos plausíveis". O problema da "ditadura" de Lênin era que, "em vez de admitir que seu regime era opressor e, então, mostrar como a opressão servia a fins emancipatórios", ele "negava que os operários soviéticos fossem oprimidos de qualquer maneira"[58].

Em primeiro lugar, Lênin estava plenamente consciente e reagiu à contradição, tentando assegurar que os operários se defendessem do "Estado operário distorcido". Em segundo lugar, em suas teses, apresentou uma defesa determinada do direito dos sindicatos de "proteger os operários com todos os meios à disposição" em sua "luta contra o capital". Essas eram as bases de suas demandas para

---

[57] Robert Mayer, "Lenin and the Practice of Dialectical Thinking", *Science and Society*, v. 63, n. 1, 1999, p. 55.

[58] Ibidem, p. 58-9.

o estabelecimento, ou a recomposição, dos "fundos de greve". Esse é um passo ainda mais interessante quando visto no contexto do uso poderoso e frequente da greve como arma pelos trabalhadores soviéticos na luta por direitos. Também não é insignificante o fato de que os protestos dos operários no período da NEP não tenham em geral se dirigido ao governo soviético, e sim a uma melhor provisão de bens e à melhoria das condições materiais, assim como contra as expectativas de aumento de trabalho, a administração, o aparato burocrático e o capital. Era algo típico da autoconsciência dos trabalhadores – e isso reafirmou a postura de Lênin –, a saber, entre aqueles empregados em fábricas e plantas industriais, números expressivos participavam na tomada de decisões sobre políticas fundamentais do partido. Os debates do partido de 1923 podem ser o primeiro caso dessa natureza, quando os trabalhadores apoiaram a linha do Comitê Central na maioria dos casos contra a Oposição de Esquerda que havia se formado sob a liderança de Trótski. Por exemplo, no dia 29 de dezembro de 1923, 630 organizações importantes do partido apoiaram a posição da maioria no Comitê Central, enquanto 178 apoiaram a oposição. Grupos significativos de operários que não eram membros do partido também participaram do debate, embora naqueles anos de vacas magras eles estivessem obviamente mais interessados nas questões econômicas e sociais[59]. Lênin calculou bem ao apoiar as greves que serviam aos interesses dos operários, à medida que isso representava uma espécie de equilíbrio para a "ditadura do partido", ajudando a proteger os interesses dos trabalhadores no nível social. Entretanto, os desenvolvimentos não demonstraram uma tendência na direção da realização da democracia operária.

Desse modo, a dificuldade real era que Lênin não podia apontar instrumentos de autodefesa em nível prático e, mesmo em seus escritos finais, só conseguia apresentar uma agência, a Inspetoria dos Operários e Camponeses, responsável por supervisionar a burocracia. Outro ponto fraco de Lênin que teve efeito duradouro foi que ele não se mostrou capaz de captar a institucionalização da atividade opositora. Era característico dele categorizar todas as críticas de opressão que não vinham de si mesmo ou dos comunistas como maquinações dos inimigos de classe "pequeno-burgueses" ou "burgueses". Por ser obrigado a argumentar

---

[59] Dados de arquivo e outras informações indispensáveis sobre esses acontecimentos estão publicados em I. M. Nekrássova, "Обзор и анализ источников ЦАОДМ о забастовках и волнениях рабочих производственной сферы в 1920-х годах"/ "Obzor i analiz istótchnikov CAODM o zabastovkakh i volneniiah rabótchikh proizvódstvennoi sféry v 1920-h godakh" [Análise dos arquivos do conselho da usina em relação às greves e manifestações de trabalhadores nos anos 1920], em *Трудовые конфликты в Советской России 1918-1929/ Trudóvie konflikty v Soviétskoi Rossíi, 1918-1929* [Conflitos trabalhistas na Rússia soviética, 1918-1929] (Moscou, URSS, 1998), p. 75.

que a ditadura do proletariado só era possível por meio da ditadura do Partido Comunista, viu-se em uma "situação não dialética" desde a saída. A opressão do Estado era justificada para preservar a ditadura do partido. O verdadeiro erro de Lênin foi não mostrar como o caráter da ditadura poderia ser autenticamente "proletário", mesmo enquanto o partido reprimia pensadores dissidentes e restringia a liberdade eleitoral. Como observou Mayer, Lênin não submeteu a dialética à "injunção de buscar e falar a verdade". Nesse sentido, ele "traiu" a dialética, à qual havia sido fiel pela maior parte da vida. Ele jamais sentiu peso na consciência, entretanto, sempre justificando esse "hiato" com o poder já conquistado e a necessidade de preservar as conquistas da revolução. Rosa Luxemburgo não aceitou esse argumento, embora suas propostas práticas tenham se limitado a "resgatar" a Assembleia Constituinte. Lênin tinha um contra-argumento básico, que, como se viu depois, carecia de garantias reais. Fundamental para a "teoria do Estado" de Lênin de 1917 em diante era a questão do Estado soviético em uma economia multissetorial (com pequenas propriedades privadas, grande capital empreendedor, setores comunitários, estatais e cooperativos). O Estado tinha de defender e apoiar os setores e as circunstâncias com o foco no socialismo, pois o capital não era capaz de (ou não estava disposto a) conter-se.

Qual era a probabilidade, no entanto, de que um "Estado ainda semiburguês" pudesse resistir a toda pressão social e que seu interesse por si mesmo se tornasse mais forte até mesmo que aqueles de sua sociedade? Embora seja melhor não seguir adiante na discussão analítica dessa conjuntura, uma nota deve ser acrescentada. Lênin, diferentemente de seus sábios críticos na posteridade, certamente observou um fato com bastante clareza: o estreitamento e o encerramento das "vastas perspectivas históricas do socialismo" não amparavam em nada o pensamento teórico. A revolução deu expressão a tudo que Lênin e seus associados revolucionários já sabiam, e a tarefa tornou-se mais simples em outubro: objetivos políticos e de poder foram para o primeiro plano, a fim de *manter viva a esperança do socialismo*. Virtualmente, cada linha que ele escreveu era permeada pela noção de que todas as restrições políticas, mesmo a "ditadura do proletariado, por meio da ditadura do partido", eram um estágio historicamente demandado de desenvolvimento, que deviam *no futuro* ser substituídos pelo regime da *democracia direta dos operários*. Os "últimos textos" de Lênin, de 1922-1923, foram uma exposição das raízes históricas e soviéticas da burocracia e da burocratização soviéticas. Seu significado pode ser apreciado levando em consideração que nenhuma crítica teórica do sistema, fora o que o próprio Lênin havia abordado em alguns de seus escritos, seria possível na Rússia nas décadas a seguir[60]. E esses escritos eram apenas uma

---

[60] Conforme o historiador soviético naturalizado alemão Samson Madiévski, assinalou em uma de suas glosas, é claro que, se um cidadão soviético no tempo de Stálin se arriscasse a usar um

consequência das sérias enfermidades que o impediam de exercer uma atividade política efetiva; antes de morrer, Lênin teve pouco tempo para criar uma análise teórica de algumas das implicações importantes dos fatos como se apresentavam.

## O período da transição: "capitalismo de Estado"

Com a ascensão da NEP, a questão do socialismo no pensamento de Lênin foi ampliada por novos elementos e novas hipóteses. Ele deixou claro que não estava disposto a se sujeitar à propaganda do próprio partido e diferenciava conceitualmente o período da NEP e o socialismo. A NEP chegou a ser definida como "fase de transição" não premeditada dentro do período de transição. Lênin conscientemente tomou precauções para não cometer o mesmo erro feito durante o comunismo de guerra, em que se tentou basear a legitimidade da "economia de guerra" na teoria socialista[61]. Uma espécie de "restabelecimento" em termos de pensamento teórico e ideológico ocorreu após a introdução da NEP, e o conceito do período de transição mais uma vez ganhou proeminência, substituindo o socialismo. Em termos teóricos, o socialismo foi movido um passo adiante, tornando maior o caminho a percorrer.

O novo livro de Bukhárin, tencionado como uma retificação do volume anterior, não discutia mais o comunismo nem no título. *A economia do período de transição* buscava lançar as fundações da ideologia do novo período, aquele da *transição*. No entanto, ele aproximou demais os dois períodos, os dois estágios. Bukhárin praticamente identificou o socialismo com a "sociedade organizada" – que em teoria pertencia ao "período de transição" e tomou o lugar da sociedade capitalista na produção de mercadorias –, qualificando as categorias da economia política como "inválidas" para a NEP. Ele não compreendeu que o período de transição ainda era uma sociedade produtora de mercadorias, orientada para o mercado[62].

Essa "compreensão equivocada" não era a única razão por que Lênin não gostava do livro, embora Bukhárin tivesse feito um esforço sincero para levar em

---

dos comentários mais críticos de Lênin sobre a burocracia ou os comunistas publicamente – por exemplo, "mentiras de comunas" –, em pouco tempo seria encontrado no *gulag*.

[61] É interessante que até mesmo as memórias de Valentínov, que conheceu Lênin por muito tempo, permanecem completamente insensíveis – assim como a maioria dos mencheviques – aos esforços de Lênin no campo teórico ao discutir a forma pela qual o Partido Comunista se relacionava com a NEP, encarando-os virtual e exclusivamente como jogos de poder. Ver Nikolai Valentínov, *NEP i krízis párti*, cit. A historiografia atual parece trilhar o mesmo caminho, ignorando as questões teóricas do socialismo.

[62] Nikolai Bukhárin, *Экономика переходного периода/ Ekonómika pierekhódnovo períoda* (Moscou, Gossudárstvennoie Izdátelstvo, 1920).

consideração o ponto de vista do "professor": por exemplo, ele usava o conceito básico de Lênin em relação ao período de transição, "capitalismo de Estado". Mas Bukhárin construiu uma terminologia puramente política, que sublinhou a diferença entre os conceitos de capitalismo e socialismo. Lênin havia de fato tornado o capitalismo de Estado parte central da transição após a primavera de 1918, mas de maneira estruturada. O conceito tinha um significado político imediato. O Estado soviético deu tratamento preferencial ao capital organizado em larga escala e à propriedade estatal orientada ao mercado em vez da propriedade privada anárquica, a economia incontrolavelmente caótica da pequena burguesia (25 milhões de pequenas propriedades no lugar de uma única grande propriedade!). As premissas para isso se encontravam no fato de que "um capitalismo supervisionado pelo Estado" era a única solução para um "recuo ordenado", e apenas o capitalismo de Estado poderia substituir o centralismo burocrático do comunismo de guerra, que também provocara o caos. É claro que Lênin chamava isso de "recuo" em comparação com o socialismo teórico; em termos concretos, ele falava de um passo à frente em relação à prática da política econômica sob o comunismo de guerra. Da mesma maneira que ele havia descrito o Estado do período transicional como "Estado burguês" sem burguesia, ele falava de um capitalismo de Estado sem burguesia passando a existir como consequência da NEP, desde que (e juntamente com outros desenvolvimentos) "os empreendimentos do Estado sejam em grande parte colocados em uma base capitalista, comercial"[63]. Isso era um "recuo" real em relação ao socialismo teórico, na medida em que uma *orientação baseada em necessidades* foi substituída pela lucratividade como preocupação central. Politicamente, no entanto, foi um passo à frente, tendo em vista que a base social do regime, a *smytchka* (aliança operário-campesina), havia sido estabilizada.

Em novembro de 1922, contestando os grupos vinculados com a tradição comunista de esquerda do partido, Lênin declarou em seu último discurso público que a realização do socialismo não estava ainda na agenda da história. Agora era chegado o momento do período de transição, de criar as *precondições* histórico--culturais para o socialismo. Nesse sentido, o "socialismo" do comunismo de guerra era um "equívoco", um beco sem saída. Em outras palavras, enquanto em 1919 Lênin tentava transformar a necessidade em virtude, em 1921 ele olhava para o comunismo de guerra como "necessidade" e, como mostraram Kronstadt e as revoltas campesinas (notavelmente, a Antonovschina), uma

---

[63] LCW, cit., v. 42, p. 376. Examinando a conceituação do socialismo feita por Lênin, Gábor Székely não partilha da visão de que o conceito de "capitalismo de Estado" poderia ser aplicado à NEP como uma categoria teórica válida. Ver Gábor L. Székely, "Lenin és a szocializmus" [Lenin e socialismo], *Múltunk*, 2001, p. 2-3 e 130-78.

necessidade exagerada. Foi assim que a "forma pura de capitalismo de Estado" – que o governo soviético precisava para funcionar – passou a ser considerada o oposto do comunismo de guerra. Lênin planejou a finalidade da NEP em um de seus últimos escritos: "[...]obtenção de concessões; as concessões em nossas condições seriam já sem qualquer dúvida um tipo duro de capitalismo de Estado. Eis em que sentido eu tratava a questão do capitalismo de Estado"[64]. Para Lênin, como ele mesmo salientou, "os objetivos práticos eram sempre de fundamental importância"; assim, ele só poderia experimentar com uma teoria que também reforçasse o objetivo prático. Agora o essencial para ele era precisamente que um tipo especial de capitalismo havia passado a existir na Rússia, um tipo até então desconhecido na história: "o importante para mim era estabelecer o laço hereditário entre o capitalismo de Estado comum e aquele capitalismo de Estado incomum, e mesmo absolutamente incomum, do qual falei ao apresentar ao leitor a Nova Política Econômica".

O conceito do capitalismo de Estado é usado em dois sentidos aqui: por um lado, como *setor* de uma economia de mercado mista. Por outro, trata-se de um termo da *teoria da formação* denotando o *método* e o *arranjo* econômico para o período transicional e visto como uma fase dele. É um tipo de "capitalismo de Estado", entre aspas, que não pode ser encontrado em "livro didático nenhum", "tampouco nos escritos de Marx e Engels".

> Sobre a questão do capitalismo de Estado [...], nossa imprensa e nosso partido cometem o erro de cair no intelectualismo, no liberalismo; nós filosofamos sobre como o capitalismo de Estado deve ser interpretado e olhamos para velhos livros. Mas [...] nem um único livro foi escrito sobre o capitalismo de Estado sob o comunismo.[65]

A palavra *comunismo* aqui é idêntica ao conceito de "socialismo político" ("comunismo bruto", nas palavras de Marx), que descreve a fase em que o socialismo se torna um objetivo de Estado e tarefa que representa os interesses da classe operária, mas ainda não é economicamente exequível. Uma das admissões mais importantes de Lênin foi de que o governo soviético – o "Estado operário", isto é, o socialismo político – não era em si suficiente para uma mudança rumo ao socialismo em um sentido econômico. Esse é o contexto em que a observação a seguir pode ser mais bem apreciada:

---

[64] "Sobre a cooperação", em OE6T, cit., v. 5, p. 363.

[65] LCW, cit., v. 33, p. 277-8. Para mais detalhes, ver Tamás Krausz, *Szovjet thermidor*, cit., p. 123-4.

O capitalismo de Estado seria para nós, e para a Rússia, uma forma mais favorável que a existente [...]. Nós não superestimamos os rudimentos nem os princípios da economia socialista, embora já tivéssemos conseguido a revolução social. Pelo contrário, àquela época, em 1918, nós já havíamos nos dado conta até certo ponto de que seria melhor se tivéssemos chegado antes ao capitalismo de Estado e só depois ao socialismo.[66]

Como indicado, o "capitalismo de Estado soviético" – na maneira como Lênin o pensou e o congresso do partido o declarou – tinha a intenção de estabelecer as precondições políticas e culturais do socialismo. Essa era uma questão de séria controvérsia entre Lênin e os mencheviques, sociais-democratas ocidentais, liberais e outros, que duvidavam da "razoabilidade do experimento bolchevique" enquanto seguiam insensíveis a sua excepcionalidade. Lênin via a si mesmo como representante de uma alternativa histórica, em circunstâncias em que nenhuma outra *realidade* havia se materializado à esquerda. Ele repetidamente dizia que a originalidade da Revolução Russa era que os pré-requisitos do socialismo haviam surgido não antes dela, mas depois.

Se para criar o socialismo é necessário determinado nível de cultura [...], por que não podemos começar primeiro pela conquista, por via revolucionária, das premissas para esse determinado nível e, *em seguida*, com base no poder operário e camponês e no regime soviético, pôr-nos em marcha para alcançar os outros povos?[67]

Mesmo antes, o raciocínio de Lênin sobre o isolamento internacional da revolução e "permanecer sozinhos" era de que, "se em razão do atraso com o qual chegamos à revolução não alcançamos ainda o desenvolvimento industrial de que precisamos, nós vamos desistir?"[68]. Mas se "desistir" era inaceitável (afinal de contas, esse achado foi "santificado" pela vitória na guerra civil), o que restava, senão lutar pela "sobrevivência"?

## Centralismo burocrático e a alternativa termidoriana

Ficou muito claro, mesmo durante o stalinismo, que a luta contra a burocracia foi influência decisiva do "legado de Lênin"[69]. Essa "perspectiva" foi levada a tal

---

[66] LCW, cit., v. 33, p. 420.

[67] "Sobre a nossa revolução (a propósito das notas de N. Sukhánov)", em ОЕбТ, cit., t. 5, p. 368.

[68] LCW, cit., v. 33, p. 160.

[69] Esse elo é um *leitmotif* recorrente da obra-prima ideológica do período stalinista; ver Josef Stálin, *Краткий Курс/ Krátki Kurs* [Atalho] (Moscou, 1938). A respeito da obra em si, ver

ponto que se tornou fator determinante no terror que se manifestou nos anos 1930, punindo a burocracia. Lênin não visava com isso os "inimigos de classe" ou os "burocratas", mas a qualidade do novo Estado. O caráter e os traços específicos do novo sistema representavam tanto um problema formativo do novo tipo de sociedade quanto um problema social e cultural (questão que seguiu inexplorada por todo o período soviético). A importância política e teórica do problema da burocracia surgiu em dois contextos importantes: o primeiro foi na discussão polêmica a respeito da NEP entre Lênin e os bolcheviques, de um lado, e o ex-chefe de propaganda de Koltchak, Nikolai Ustriálov, e seus seguidores intelectuais, do outro. O segundo foi nas lutas internas durante a criação da União Soviética e a luta de Lênin contra a consolidação de um estrato privilegiado, à parte da sociedade.

Ustriálov e o nacional-bolchevismo que ele inspirou, na forma do movimento de intelectuais do *Смена вех/ Smena Vekh* [Mudança de Marcos], intuiu a situação histórica inextricável dos sovietes. Eles queriam um acerto com o governo soviético e o Exército Vermelho que defendesse os interesses imperiais da Rússia. A disposição de Ustriálov de "desposar" um governo soviético descomunizado não era somente um préstimo a um nacionalismo imperial. Essa fração da intelectualidade soviética avaliava a evolução do bolchevismo e da NEP como a "degeneração do comunismo" e encorajava os exilados a fazerem as pazes com os bolcheviques a fim de aprofundar essa "evolução".

> A "degeneração" tática do bolchevismo, que nós previmos um ano e meio atrás, está ocorrendo à vista de todos. Partindo de um programa realista, o comunismo gradualmente se transforma em um "princípio regulador" peculiar, cada vez menos refletido no organismo concreto do país.[70]

Ustriálov, seguindo a analogia do progresso da Revolução Francesa da ditadura jacobina até a ascensão de Napoleão, achou que o comunismo "liquidaria a si mesmo".

O programa que Ustriálov esboçou se relacionava com vários conceitos brancos de "modernização": liquidação do comunismo e estabilização do campesinato próspero das aldeias; "fazer as pazes" com as grandes potências, preservando a

---

Tamás Krausz, "A 'Rövid tanfolyam' és a történelem" [O "Atalho" e o caminho da história], *Világosság*, n. 3, 1989, p. 174-9.

[70] Ver o artigo de N. V. Ustriálov publicado no Смена вех/ *Smena Vekh* [Mudança de Marcos], v. 3, n. 1, 12 nov. 1921, também incluído em *В борьбе за Россию/ V bórbie zá Rossíïu* [Na luta pela Rússia] (Harbin, 1920). Esse volume contém os artigos de Ustriálov escritos na primavera e no verão de 1920, após a derrota de Koltchak.

"grandeza nacional" da Rússia; atrair capital estrangeiro sob estrita supervisão do Estado; um forte regime ditatorial apoiado pelo Exército e os "agentes ativos" no país (compreendidos como fusão do aparato com as novas classes ricas); rejeição total do restabelecimento monarquista; e "aliança amigável com a revolução". Em vez de uma "contrarrevolução liberal irreconciliável", esse programa sugeriu o restabelecimento termidoriano, uma forma de degradação burguesa da revolução, com base em um novo tipo de regime autocrático[71]. Esses eram os traços gerais de um conceito contrarrevolucionário de *capitalismo nacional*, que Lênin levou suficientemente a sério, a ponto de citar e discorrer a respeito em uma série de escritos e discursos sobre a forma que o restabelecimento do capitalismo poderia assumir; no entanto, ele não compartilhava das noções críticas simplificadoras do ustrialovismo, que vieram à tona na imprensa soviética. Lênin estava bastante consciente do risco que os próprios bolcheviques corriam ao trazer de volta o capitalismo ("autotermidorianização"), enquanto outros, olhando para o mito do comunismo de guerra, descreviam a NEP como a política econômica de Brest- -Litovsk. No XI Congresso, Lênin desafiou aqueles comunistas que subestimaram as reflexões analíticas de Ustriálov e do grupo do *Smena Vekh* – a "alternativa termidoriana". Observando o "capitalismo sem burguesia" criar raízes na Rússia, Lênin interessou-se profundamente em quais relações sociais e estratos estavam fortalecidos e qual seria sua influência sobre o poder político. Ustriálov tinha a mesma abordagem, e na realidade Lênin estava mais preocupado que a esperança de Ustriálov por uma aliança entre os estratos de oficiais do Estado e a burguesia renascida fosse bem-sucedida. Em março de 1922, Lênin propôs a questão no XI Congresso do Partido:

> Quanto a isso, eu gostaria de lidar com a questão: o que é a Nova Política Econô-
> mica dos bolcheviques, evolução ou tática? Essa questão foi levantada pelo pessoal
> da *Smena Vekh* [...]. "Que tipo de Estado o governo soviético está construindo?
> Os comunistas dizem que eles estão construindo um Estado comunista e nos
> asseguram que a nova política é uma questão de tática: os bolcheviques estão
> fazendo uso dos capitalistas privados em uma situação difícil, mas depois estarão
> por cima. Os bolcheviques podem dizer o que eles quiserem; na realidade, não é
> uma tática, e sim evolução, regeneração interna; eles chegarão ao Estado burguês
> ordinário, e devemos apoiá-los [...]." Acho que, ao ser direto dessa forma, Ustriálov

---

[71] Idem. Ver também Tamás Krausz, *Szovjet thermidor*, cit., p. 105-17. Para mais sobre os programas dos generais brancos, ver Iván Halász, *A tábornokok diktatúrái, a diktatúrák tábornokai:
fehérgárdista rezsimek az oroszországi polgárháborúban, 1917-1920* [A ditadura dos generais, os
generais da ditadura: o regime do Exército Branco durante a guerra civil na Rússia, 1917-1920]
(Budapeste, Instituto Húngaro para Estudos Russos, 2005).

nos presta um grande serviço. [...] Nós devemos acolher essa declaração franca do pessoal da *Smena Vekh*. O inimigo está falando a verdade de classe e está apontando para o perigo que nos confronta. [...] Os partidários da *Smena Vekh* expressam os sentimentos de milhares e milhares de burgueses, ou dos funcionários soviéticos cuja função é operar nossa Nova Política Econômica. Esse é o real e principal perigo. [...] A luta contra a sociedade capitalista se tornou cem vezes mais feroz e perigosa, pois nem sempre somos capazes de distinguir inimigos de amigos.[72]

Logo após a morte de Lênin, Bukhárin, o outro teórico fundamental e favorito do partido, demonstrou que a solução autocrática de Ustriálov não era uma abordagem tradicional. Em vez disso, Ustriálov estava bem sintonizado com o espírito da época e sentia a "palpitação do cesarismo". Apenas formas ditatoriais de restabelecimento capitalista poderiam ser então consideradas na Rússia, e uma degeneração termidoriana, como na Revolução Francesa, certamente significava (ou teria significado) isso em última análise. À época desse debate, em 1922, a fome sem precedentes continuava. Mas essa realidade atormentadora apenas fortaleceu a necessidade de ordem – não apenas na maneira que aqueles no poder pensavam, mas também entre as pessoas simples, cuja paixão poderia ser alimentada pelo nacionalismo. Bukhárin refletiu sobre isso em seu panfleto Цезаризм под маской революции/ *Tsezarizm pod máskoi revoliútsii* [Cesarismo em uma máscara revolucionária], no qual dissecou o desafio ustrialovista[73]. Em Ustriálov ele viu uma ameaça que poderia afastar membros do partido da NEP; eles poderiam retroceder de uma linha mais "liberal" para as "ferramentas do comunismo de guerra" anterior. Seguindo o raciocínio de Lênin, Bukhárin não suspeitava ainda que o perigo real não provinha de uma prefiguração ustrialovista de uma "ditadura capitalista". Não estava decidido à época quais forças político-sociais teriam controle sobre as aldeias, com suas contradições complexas servindo à acumulação do Estado, tampouco qual forma ela assumiria. Bukhárin formulou a teoria e a essência do ustrialovismo da seguinte maneira:

> A teoria, a estratégia e as táticas do cesarismo fascista russo [...], seu "nacional-bolchevismo" (alguns fascistas alemães denominaram-se precisamente assim), seu antiparlamentarismo das altas patentes opressivamente militares e do tipo *Reichswehr*, seu culto do erotismo do poder, a (no momento, cautelosa) luta com o socialismo e sua peculiaridade de apoiar-se na burguesia capitalista "simples" seguida pelos mujiques durões. Ele coloca suas esperanças em que todos esses

---

[72] LCW, cit., v. 33, p. 285-7.

[73] N. Bukhárin, "Цезаризм под маской революции"/ "Tsezarizm pod máskoi revoliútsi" [Cesarismo com uma máscara revolucionária], *Правда/ Pravda* [Verdade], Moscou, 1925, p. 5-45.

elementos amadureçam mais que seu próprio exemplo, de maneira que o grande "messias" possa nascer para realmente endireitar o "populacho".[74]

Ruminando sobre a base social da restauração cesarista termidoriana, Bukhárin defrontou-se com suas raízes na NEP:

> Na realidade, por mais estranho que isso seja, o sr. Ustriálov está defendendo uma *autocracia pós-reforma*, um novo tipo de autocracia. Afinal de contas, todo cesarismo do tipo fascista não passa de uma forma desonesta e sabidamente infame de autocracia, na qual, em vez do velho brasão da nobreza, vemos apenas o brasão de fraudadores, especuladores e "empresários" desonestos. Ela se apoia em uma "massa" de uma nova ordem de criados, *kulaks*, "contrabandistas" e uma multidão de recrutas tirados de elementos cooptados, corruptos e sem classe.[75]

Bukhárin havia incorporado a análise de Lênin a sua conclusão, até mesmo a refinando; no entanto, perdeu de vista o fato de que a ditadura, cujas fundações acabariam por ser a própria burocracia recentemente estabelecida, representava uma ameaça que não vinha mais da direita. Analisar a forma soviética do "cesarismo" pode não ter servido aos propósitos daqueles com o poder à época, mas os tocou pelo uso do termo "bonapartismo", em meio às disputas de posição junto ao poder que aumentavam progressivamente durante a doença de Lênin. É amplamente sabido que Trótski, o comissário do Povo para a Guerra, também fora acusado de bonapartismo em 1922-1923, no auge de sua luta pelo poder com Stálin. Por outro lado, os fundamentos históricos da "autocracia cesarista" eram bem mais estáveis do que imaginavam muitos teóricos bolcheviques. Embora Lênin não estivesse entre eles, ele havia muito estivera ocupado com as especificidades da autocracia russa. Reconhecia que a burocracia soviética incorporava virtualmente todos os traços significativos da velha Rússia histórica (corrupção; impiedosas quedas em desgraça; ambições ansiosas, flexíveis etc.), mas fez tudo que estava ao alcance para impedir um retorno à estrutura capitalista. A luz de otimismo para Lênin era que as origens sociais da nova burocracia eram os operários e os camponeses.

Lênin procurava maneiras de "humanizar" a burocracia soviética, por exemplo, por meio de "inspeções públicas", restrições a privilégios e promoção de trabalhadores comunistas a altos cargos. Essas causas tão caras a ele também eram evidentes nos debates do partido relativos à criação da União Soviética. Seus pontos de vista ganharam clareza especialmente no processo de estabelecimento da União

---

[74] Ibidem, p. 43-5.
[75] Ibidem, p. 44.

Soviética, quando Lênin confrontou o conceito de Stálin de "autonomização". (Stálin concebeu todas as repúblicas soviéticas como repúblicas autônomas da federação russa.) A imagem de Lênin como fundador do Estado também assumiu sua forma final nessa época. Muito doente, ele abordou a importância da questão nacional, particularmente em relação à formação da União Soviética em um trabalho importante, referenciado a seguir. A rejeição das soluções burocráticas para essa questão era um fator importante na busca por "opções democráticas"[76]. O que estava em jogo[77] nessa batalha era se o centralismo burocrático – como manifestação peculiar da opressão do Estado, formando uma constelação de relações com raízes históricas profundas – poderia ser contido. Lênin considerava a limitação do centralismo burocrático uma questão de princípio baseada em três premissas correlacionadas. Da perspectiva da construção da União Soviética, desde o chamado conflito georgiano em 1922, ele vira que os povos minoritários da Rússia eram indefesos diante do chauvinismo grão-russo. Tratava-se de uma burocracia russa opressora, centralizadora e impiedosa, herdada em grande parte do sistema tsarista. Para os povos minoritários, a resistência a sua opressão encontrou expressão no nacionalismo e na rejeição do poder central dos sovietes. Por outro lado, Lênin viu como o nacionalismo, tanto dos povos "hegemônicos" quanto dos "oprimidos", se desenvolveu e viu o centralismo burocrático como uma de suas fontes.

Examinando a maneira pela qual esses dois tipos de nacionalismo se relacionavam um com o outro – em uma demonstração de sensibilidade sem paralelo em seu partido e sua época –, Lênin advertiu em seus últimos escritos que o nacionalismo do povo maior, o "chauvinismo da Grande Rússia", sempre acarretava mais perigo. Os povos pequenos haviam suportado tantos séculos de opressão que seria impossível para eles abrir mão imediatamente de seus reflexos nacionalistas de "autodefesa"; assim, os "comunistas da Grande Rússia" tinham

---

[76] A obra mais recente a justificar Stálin, um livro grosso que pertence largamente ao domínio da fantasia conspiratória, não questiona a autenticidade do manuscrito leninista sob exame, embora o autor acredite que Lênin tenha sido enganado pelos seguidores de Trótski (Gorbunov, Fótieva e Gliásser) a partir de 1922. O autor delineou a estrutura de toda uma conspiração. A tese de Lênin não ter sido suficientemente informado a respeito do conflito georgiano também não foi apresentada de forma convincente. Ver V. A. Sákharov, *"Политическое завещание" Ленина: реальности истории и мифы политики/ "Polititcheskoie zaveschanie" Liénina: reálnosti istóri i mify politíki* [A "vontade política" de Lênin: a realidade da história e dos mitos políticos] (Moscou, Moskóvskovo Universiteta, 2003), p. 345-62.

[77] A história desses debates foi examinada em maior detalhe por Tamás Krausz, *Bolsevizmus és nemzeti kérdés: adalékok a nemzeti kérdés bolsevik felfogásának történetéhez* [Bolchevismo e a questão nacional: para uma história da abordagem bolchevique à questão nacional] (Budapeste, Akadémiai Kiadó, 1989), p. 107-25.

de levar isso em consideração. Mortalmente doente, Lênin não devia estar muito otimista no dia em que Stálin – não ele – declarou a formação da União Soviética no X Congresso de Sovietes de Toda a Rússia. No dia 30 de dezembro, Lênin escreveu estas famosas linhas sobre o nacionalismo:

> Uma distinção precisa ser feita necessariamente entre o nacionalismo de uma nação opressora e aquele de uma nação oprimida, o nacionalismo de uma nação grande e aquele de uma nação pequena. Em relação ao segundo tipo de nacionalismo, nós, cidadãos de uma grande nação, quase sempre fomos culpados, na prática histórica, de um número infinito de casos de violência; além disso, cometemos violência e os insultamos um número infinito de vezes sem notar [...]. Essa é a razão pela qual o internacionalismo da parte dos opressores ou "grandes" nações, como elas são chamadas (embora sejam grandes apenas em sua violência, grandes apenas como atazanadores), deve consistir não somente na observância da igualdade formal das nações, como mesmo em uma desigualdade da nação opressora, a grande nação que deve compensar a desigualdade obtida na prática real. Quem não compreende isso não entendeu a atitude proletária real em relação à questão nacional e essencialmente ainda é pequeno-burguês em seu ponto de vista; portanto, certamente decairá ao ponto de vista burguês.[78]

Lênin criticou o nacionalismo dos antigos opressores nesse sentido, em "Sobre a questão das nacionalidades ou da 'autonomização'", defendendo uma maior independência das repúblicas nacionais dentro da federação soviética, com o objetivo de criar uma liga de nações o mais forte possível.

Lênin associou esse campo inteiro de questões aos problemas com o novo aparato. Rejeitando a proposta de Stálin de que as repúblicas soviéticas se juntassem à República Socialista Soviética Russa (propondo, no lugar, que cada república se juntasse à federação soviética com direitos iguais), o que ele tinha em mente era evitar dar mais poder ao centralismo burocrático da dominação do Estado sobre as nações. Em vez disso, Lênin buscou reforçar a estrutura estatal federal (é claro, uma vez implementada, ela somente poderia ser considerada uma federação com muitas reservas), de maneira a assegurar maior liberdade para o desenvolvimento de estruturas e identidades nacionais (linguagem, cultura). Da maneira como Stálin, Ordjonikidze, Dzerjínski e os infames "centralistas burocráticos" reprimiram a ala da liderança do Partido Comunista Georgiano que era orientada para soluções federativas, ficou claro que a construção do Estado e de seu sistema institucional, bem como as questões básicas do período de transição, eram inseparáveis.

---

[78] Sobre a questão das nacionalidades ou da "autonomização", em OE3T, cit., t. 3, p. 650.

Outra observação importante de Lênin salientou que às vezes comunistas de outras etnias, talvez em razão de um complexo de inferioridade, assumiam o papel de "capangas da Grande Rússia" – aludindo aqui à atitude política "impaciente" de Stálin em relação às nações menores. Esse comportamento de "compensação" – de "ser mais russo que os russos" – afirmava uma tradição chauvinista na burocracia com raízes profundas na Rússia tsarista. Lênin também se referiu à luta contra o nacionalismo (que deve ser inevitavelmente travada até o fim em cada aparato local) como apenas verdadeiramente eficiente quando membros tanto das grandes quanto das pequenas nações derem passos contra o nacionalismo de sua própria nação[79]. Mas o que deveria ser feito, se nenhum passo fosse dado? Essa questão bastante óbvia ficou sem resposta. O pressuposto era de que, apesar das outras forças sociais, essa seria outra tarefa que o Partido Comunista deveria enfrentar.

Em um texto ditado alguns dias depois, em 4 de janeiro de 1923, Lênin discutiu como a "falta de cultura" é o verdadeiro atoleiro da burocracia. Uma burocracia que é um aparato isolado, tem seus próprios interesses e é mantida pela sociedade como um exército de líderes com suas próprias "tradições" peculiares se torna o principal obstáculo para a realização do socialismo. De acordo com as estatísticas que ele cita – sem contar a Ásia central (onde o analfabetismo era de 90% mesmo em 1923) –, cerca de 223 pessoas em cada mil sabiam ler e escrever à época do censo de 1897; 23 anos mais tarde, em 1920, apenas 319 de cada mil pessoas eram alfabetizadas.

> Nós temos de levar em consideração a ignorância semiasiática da qual ainda não nos livramos e da qual não podemos nos livrar sem um esforço tremendo – embora tenhamos todas as oportunidades de fazê-lo, pois em parte nenhuma as massas de pessoas são tão interessadas na cultura real quanto em nosso país.[80]

Esse panorama social se formou pela escassez de trabalhadores revolucionários verdadeiramente instruídos, que eram poucos em número, para começo de conversa, tendo sido praticamente liquidados (morrendo no *front* ou em epidemias, escalando posições no aparato do poder ou fugindo da fome ao escapar para as aldeias). O cenário também foi afetado porque a difusão da cultura e da "ideologia soviética", iniciativas dadas para sua autoativação nas regiões rurais, enfrentavam dificuldades tremendas em meio à população campesina analfabeta.

Um quadro mais autêntico foi pintado pela hoje clássica literatura soviética dos anos 1920. A civilização liberal-burguesa de origens ocidentais e a cultura

---

[79] Idem.
[80] LCW, cit., v. 33, p. 463.

socialista que havia sido imaginada não poderiam ser construídas diretamente sobre o "fundamento sociocultural" que fora retratado de maneira tão cativante e profunda por escritores soviéticos como Bábel e Vessáli, Pílniak e Maiakóvski, Ilf-Petrov e Zóschienko, Chólokhov e Bulgákov e Ivánov e Chichkov. Lênin tentou convencer Bukhárin e outros de que eles não deveriam fantasiar sobre a criação de uma "cultura proletária" baseada em uma percepção vulgar de classe, e sim elevar os padrões de cultura gerais a um nível "burguês". Para uma visão geral das precondições culturais do socialismo, vale a pena nos lembrarmos do soldado vermelho de Chichkov[81]; *O ano nu*, de Pílniak; ou *Cavalaria vermelha*, de Bábel, a fim de compreender as particularidades desse "estrato social" sobre o qual os últimos cursos de pensamento de Lênin refletiam.

"É melhor menos, mas melhor" foi um dos últimos artigos que Lênin pôde ver publicado, tendo saído no *Pravda* no dia 4 de março de 1923. Ele propôs a questão que o havia ocupado mesmo em sua interpretação da alternativa termidoriana: de que maneira o sistema de relações sob o "capitalismo de Estado" corrompe uma administração de ascendência historicamente asiática e como o partido será capaz de mobilizar esse aparato para seus objetivos e seus interesses sociais? Ele teria sinceramente querido superar as velhas tradições burocráticas, e repreendeu os intelectuais sonhadores que fantasiavam sobre uma "cultura proletária": "Para começar, bastaria uma verdadeira cultura burguesa; para começar, bastaria prescindir dos tipos mais empedernidos da cultura pré-burguesa, isto é, a cultura burocrática, feudal etc."[82]. Ainda não havia surgido aparato que "merecesse o nome de socialista soviético", mas Lênin viu a chance de ocorrer no interesse popular pela cultura (e dedicação a ela). Na conclusão, ele parece dizer estas palavras para si mesmo, e seu apelo por paciência na eliminação do atraso cultural soa profético: "Nada se pode fazer de repente ou de assalto"[83].

---

[81] Retornando a seu vilarejo natal após a guerra civil, Pável, o soldado vermelho – não mais iletrado – fundou um teatro, escreveu uma peça e apresentou a "balada heroica da revolução", para o grande mas peculiar interesse dos locais, que foram comunicados por meio de cartazes. "Ele aplicou floreios artísticos especiais a esta parte do cartaz: Escrito por Pável Terétevitch Mokhov, o operador de metralhadora vermelho, autor da comunidade. Embaixo, as seguintes exortações: [...] "Favor não *cuspir*! Solicitamos que todas as conversas privadas durante a apresentação sejam evitadas! Favor evitar usar expressões chulas no intervalo! Com respeito, Mokhov, o dramaturgo." Ver Viatcheslav Chichkov, "Színielőadás Ogrizovo faluban" [Apresentação de teatro na vila de Ogrizovo], em *A négylábú tyúk: mai szovjet szatírák* [A galinha de quatro patas: sátiras soviéticas contemporâneas] (org. László Bratka, Budapeste, Szépirodalmi Könyvkiadó, 1984), p. 33.

[82] "É melhor menos, mas melhor", cit., p. 370.

[83] Ibidem, p. 371.

Apesar disso, ele odiava copiar os outros e não acreditava nisso. Chegou até a dedicar um artigo em separado àqueles que copiavam o Ocidente ("Sobre nossa revolução", de 17 de janeiro de 1923), reagindo às "notas" do menchevique Sukhánov, que criticava a postura "revisionista" de Lênin por um ponto de vista marxista ortodoxo (ou, como Lênin apresentava a questão, de um ponto de vista "marxista pedante") – que parecia profundamente conservador e antirrevolucionário em 1923. Como "marxistas ortodoxos", os mencheviques não haviam compreendido o que Antonio Gramsci formularia alguns anos mais tarde: que a Revolução de Outubro havia sido levada a cabo *contra O capital* de Marx. Criticando os "democratas pequeno-burgueses" e os "heróis da Segunda Internacional", Lênin escreveu:

> [...] mesmo os melhores deles se enchem de reservas quando se trata do menor desvio relativamente ao modelo alemão, sem falar dessa qualidade de todos os democratas pequeno-burgueses, suficientemente manifestada durante toda a revolução, salta à vista a sua servil imitação do passado.[84]

A Primeira Guerra Mundial, da qual surgira a revolução, não tinha precedentes na história, nem mesmo os Estados mais ricos haviam, ainda, sido capazes de restaurar as "condições burguesas normais". De forma similar, o desenvolvimento histórico russo servia como a base para os traços *particulares* dessa revolução serem deduzidos. "A Rússia, situada na fronteira", segundo ele, "entre os países civilizados e os países que essa guerra pela primeira vez arrastou definitivamente para o caminho da civilização, os países de todo o Oriente, os países não europeus"[85]. As "peculiaridades orientais" lhe proporcionavam a base sobre a qual colocar questões sobre o "marxismo pedante".

> Para criar o socialismo, vocês dizem, é necessária a civilização. Muito bem. Mas, então, por que não haveríamos de criar em nosso país premissas da civilização como a expulsão dos latifundiários e a expulsão dos capitalistas russos e, depois, iniciar um movimento para o socialismo? Em que livros leram que tais alterações da ordem histórica habitual são inadmissísseis ou impossíveis?

Um quê de incerteza parecia permear a questão de por que os povos da Rússia se permitiriam tomar uma rota diversa daquela dos Estados burgueses mais "desenvolvidos": "Por que não podemos [...], com base no [...] regime soviético,

---

[84] "Sobre a nossa revolução, cit., p. 366.

[85] Ibidem, p. 367.

pôr-nos em marcha para alcançar os outros povos?"[86]. Tampouco é coincidência que ele tenha elaborado esses pensamentos na forma de perguntas. Desde outubro de 1917, Lênin tinha conhecimento certeiro de que a possibilidade de derrota se encontrava no isolamento. Ele tentou encontrar um caminho da revolução *particular* para a revolução *geral* – sobre a qual, no entanto, não tinha nem poderia ter qualquer supervisão.

## A teoria do socialismo e suas coerências sistêmicas

Essa reconstrução demonstrou que, após a introdução da NEP, Lênin pensou em termos de uma economia de mercado mista supervisionada pelo Estado soviético, na qual o setor mais importante (ao lado dos setores "capitalista de Estado" e "socialista de Estado") seria a economia campesina de propriedade privada, sujeita à tributação do Estado[87]. Em princípio, cooperativas voluntárias, empreendimentos cooperativos autogeridos e o trabalho em comunas deveriam, todos, ter um papel importante, em especial na agricultura. Essas formas de produção constituiriam "ilhas de socialismo" prefigurando as associações voluntárias de uma sociedade socialista futura e suas unidades econômico-administrativas, de produção e consumo comunal.

Em termos de acumulação, as entidades bancárias e industriais formavam os setores mais importantes. Tendo passado à supervisão e à propriedade do Estado soviético, elas proporcionavam a parte mais significativa do orçamento. A importância do setor "socialista de Estado" aos olhos de Lênin ficou bem demonstrada em um de seus últimos debates, no qual defendeu veementemente a preservação do monopólio de Estado sobre o comércio internacional. Ele considerava isso um componente essencial de acumulação de capital e levou adiante uma batalha prolongada por sua preservação, mesmo enquanto lutava contra seus problemas de saúde. Lênin apresentou seu conceito em uma carta endereçada a Stálin e à reunião plenária do Comitê Central, datada de 22 de dezembro de 1922, discutindo nesse caso com Bukhárin e Piátakov, que, em nome do comércio privado e de interesses de mercado, eram contra a manutenção

---

[86] Ibidem, p. 369.

[87] Até mesmo no fim de sua vida criativa, Lênin continuou enfatizando que considerava descartadas a organização direta e a doutrinação do campesinato em nível local: "Eu disse 'comunista', mas logo faço uma reserva temendo causar um mal-entendido, ou ser compreendido de forma demasiadamente literal. Sob nenhuma circunstância isso deve ser compreendido no sentido de que nós devemos imediatamente propagar ideias pura e estritamente comunistas no campo. Enquanto nosso campo carecer da base material para o comunismo, será, eu devo dizer, danoso, ou melhor, devo dizer, fatal, para o comunismo fazer isso". Escrito em 2 jan. 1923 e incluído em LCW, cit., v. 33, p. 462-6.

508 Tamás Krausz

de um monopólio de Estado[88]. Sobre a questão de formar companhias mistas e a acumulação de capital em si, ele acreditava – contradizendo Bukhárin, mas apoiando Krássin – que o problema como um todo tinha dimensões econômicas, políticas e sociais. Isso devia ser compreendido a partir da totalidade do sistema, do equilíbrio real das forças políticas e de classe e "da formação de companhias mistas como um meio, em primeiro lugar, de mobilizar os estoques de produtos dos camponeses e, em segundo lugar, de obter para nosso erário nada menos que metade dos lucros resultantes dessa mobilização". A opinião de Lênin era de que Bukhárin havia perdido a essência da questão ao não compreender que a "mobilização dos estoques de produtos dos camponeses" faria o lucro inteiro cair nos bolsos dos homens-NEP. Em relação ao impacto de classe de entregar o monopólio sobre o comércio exterior, citando Krássin, ele observou que, sem um monopólio, "o explorador mais pernicioso, o mercador, o especulador, o agente do capital estrangeiro, operando com dólares, libras e coroas suecas, será introduzido artificialmente nos distritos rurais"[89]. Aqui, Lênin, em razão de sua meta política, não mencionou que o Estado poderia assumir o papel de "explorador". Mas argumentou persuasivamente e prevaleceu sobre seus camaradas ao enfatizar o aspecto econômico global. A diferença econômico-material entre países ricos e pobres só poderia ser reduzida se eles empregassem os poderes do Estado, tendo em vista que, nas dadas circunstâncias de competição econômica severa, não tinham outro recurso[90]. Ficou claro para muitas pessoas que a Rússia não era capaz de reconstruir sua indústria sem contar com defesas como um monopólio sobre o comércio exterior, pois uma política aduaneira não seria suficiente. Isso ocorria porque, como observou Lênin, um Estado rico "lança um ágio sobre a venda no exterior" incentivando a exportação desses produtos, sobre os quais a Rússia demanda um tributo. (Por fim, na primavera de 1923, o XII Congresso assumiu uma posição definitiva em apoio ao monopólio do Estado sobre o comércio exterior.)

A competição de mercado desregulada e as crises que a acompanharam – como a queda da inflação, a reforma financeira e o chamado corte de preços agrário-industriais vivido em 1923[91] – pressionaram por uma intervenção do Estado.

---

[88] "О монополии внешней торговли"/ "O monopóli vnéchnei torgóvli" [Sobre o monopólio do comércio exterior]. Ver "Re the Monopoly of Foreign Trade: To Comrade Stalin for the Plenary Meeting of the Central Committee", em ibidem, p. 455-9.

[89] Ibidem, p. 334.

[90] Ibidem, p. 335-6.

[91] Esses fenômenos afetaram as condições imediatas da vida cotidiana, de "sobrevivência". Para ilustrar, vale aludir às entradas do diário de Mikhail Bulgákov, que capturam a situação de maneira visual: "30 de setembro de 1923. Moscou ainda é uma cloaca peculiar. Tudo está insanamente caro, e as coisas são contadas não mais em papel-moeda, mas apenas em ouro. O

Ao mesmo tempo, Lênin considerava essa intervenção precondição indispensável para a mera possibilidade do socialismo, enfatizando um exame próximo das diferenças entre as várias formas de propriedade estatal. A questão era mais acentuada no comércio, pois o comércio agrícola encontrava-se decididamente em mãos privados em 1920-1921. Apesar do monopólio estatal de grãos, a população urbana assegurava quase dois terços de seus grãos daqueles que eram chamados, segundo a terminologia da época, de "pechincheiros" ou "especuladores", e a NEP apenas fortaleceu isso. Outra fonte principal de acumulação privada de capital era o álcool ilegal, com a nova burguesia também lucrando com os bens manufaturados na cidade e vendidos em áreas rurais[92]. O "capitalismo de Estado", a "forma mais pura" de propriedade, não representava uma força pronunciada. De acordo com dados de 1925, as 31 concessões responderam por não mais que 0,6% da produção industrial russa. O arrendamento estatal era outra forma amplamente usada de capitalismo de Estado, mas a mais presente delas no início dos anos 1920 era a intervenção no comércio privado, inclusive por meio de comissão[93]. Como a mais significativa forma de propriedade no setor industrial, o "socialismo de Estado" significava uma fonte direta de acumulação, embora uma mistura das formas "capitalista de Estado" e "socialista de Estado" não fosse rara. Entretanto, em vez de eliminar diferenças e conflitos entre classes, setores ou formas de propriedade particulares, ela apenas os exacerbava[94]. Uma empresa "capitalista de Estado" (supervisionada pelo Estado socialista) preservava a lógica do capitalismo e da contabilidade econômica, enquanto empresas "socialistas de Estado" também funcionavam de acordo com as leis de mercado da NEP (embora a propriedade estatal fosse, *em princípio*, legalmente inalienável da classe operária). No sistema interno de divisão do trabalho, as instituições de "supervisão do trabalhador" – como sindicatos ou comitês de fábrica – poderiam, em princípio (!), influenciar a diretoria da empresa, em prol dos interesses dos operários, mas o Estado tinha o controle final sobre o lucro.

---

*tchervónets* [moeda vinculada ao padrão-ouro, emitida pelo governo russo a partir de novembro de 1922 em paralelo ao rublo. – N. E.], hoje, está a 4 mil rublos em notas de 1923 (4 bilhões)". Outra entrada: "18 de outubro de 1923, quinta-feira à noite. Graças a deus, o *tchervónets* hoje estava a 5.500 (5 bilhões e meio) rublos. Os pães custam 17 milhões, e uma libra de pão branco está 65 milhões. Um pacote de ovos custava ontem 200 rublos. Ontem reativaram o bonde na linha 24 (Ostojienka)". Mikhail Bulgákov, *Sárba taposva: naplók, levelek, 1917-1940* [Atolado na lama: diários, cartas, 1917-1940] (Budapeste, Magvető, 2004), p. 20 e 23-4.

[92] *A NEP tapasztalatai a Szovjetunióban*, cit., p. 161.

[93] Ibidem, p. 171-3. Para mais sobre esse campo, consultar as obras de Brus, Szamuely e Siniávski.

[94] Para uma investigação a respeito das formas pelas quais os setores econômicos se relacionavam, ver Andrei Kolganov, *Пути к социализму: трагедия и подвиг/ Púti k sotsializmu: traguiédia i pódvig* [Formas do socialismo: tragédia e façanha] (Moscou, Ekonomika, 1990), p. 4-50.

510  TAMÁS KRAUSZ

Lênin achou, portanto, que era impossível eliminar a competição, tendo em vista que o restabelecimento do capitalismo pela NEP se baseava nisso; ele também tinha uma compreensão realista das relações econômicas internacionais. Sabia que o Estado teria de compensar as desigualdades geradas pela competição em curso nas economias global e nacional, usando medidas sociopolíticas, por exemplo. Em discurso no XI Congresso do Partido, Lênin destacou que, durante o período da NEP, a Rússia se desenvolveria como economia mista multissetorial, na qual as várias formas de economia competem e mobilizam diferentes forças sociais: "Quando falei sobre competição comunista, o que eu tinha em mente não eram simpatias comunistas, e sim o desenvolvimento de formas econômicas e sistemas sociais"[95].

Essas várias formas – pequena propriedade, a capitalista de Estado, a socialista de Estado e os setores cooperativos autogestionados – fizeram surgir um sistema de economia de mercado, o que significava que a realização do socialismo fora tirada da agenda política prática. Em um plano teórico, Lênin olhou para esse desenvolvimento em termos de teoria de formação, vendo o conceito de capitalismo de Estado como uma fase dentro do período de transição. Em outras palavras, tudo se apresentava para ajudar o socialismo a sobreviver como *setor*. (Visto por uma perspectiva atual, é claro que apenas o setor "socialista de Estado" tinha uma "chance" realista de sobrevivência, sendo um setor "hipertrofiado".)

A teoria do socialismo de Lênin se encaixa nessa estrutura coerente, na qual cada setor era composto de mais subsetores e formas organizacionais. A característica especial da propriedade e da produção comunal direta era realizada na forma de associações voluntárias ou pela intervenção do Estado, embora apenas em uma fração pequena das unidades ou dos campos agrícolas e industriais[96]. (A história de seu desaparecimento foi um aspecto da "Grande Ruptura"*.) Lênin dedicou grande parte de sua atenção no fim da vida à "autogestão" e ao "socialismo cooperativo" – as possibilidades históricas de um sistema econômico *construído sobre a democracia direta* –, que ele chamava de "ilhas de socialismo"[97]. A relevância dos

---

[95]  LCW, cit., v. 33, p. 287.

[96]  Tamás Krausz, "A 'sztálini szocializmus'", em *Lenintől Putyinig* [De Lênin a Putin] (Budapeste, La Ventana, 2003), p. 87-106. Desde os anos 1970, rico material histórico de pesquisas detalhando a coexistência de diversos setores coletivos foi acumulado. Ver, por exemplo, I. E. Zelénin, *Совхозы в первое десятилетие советской власти/ Sovkhózi v piérvoie diéssiatiletie soviétskoi vlásti, 1917-1927* [Os sovkhozes na primeira década do regime soviético] (Moscou, Naúka, 1972).

*  Também conhecida como "Grande Virada", que consistiu no abandono da NEP na União Soviética sob Stálin a partir de 1928. (N. E.)

[97]  Siniávski, cuja visão nítida das contradições internas da NEP nos forneceu *insights*, surpreendentemente relegou o "socialismo democrático" e o "socialismo autogestionário" ao mundo das ilusões liberais: "Aqueles tipos de ideias sobre 'socialismo democrático' e socialismo 'cooperativo'

experimentos com cooperativas[98] era de imensa importância para Lênin, pois, "uma vez que a este poder de Estado pertencem todos os meios de produção, só nos resta efetivamente a tarefa de cooperativizar a população [... e] realiza-se por si mesmo aquele socialismo [...]"[99]. Embora a NEP tivesse sido "feita para durar", o socialismo teórico jamais foi riscado da agenda de Lênin, mesmo sob as circunstâncias cotidianas do restabelecimento do mercado. Conforme explicou, "o que anteriormente constituía um obstáculo para muitos e muitos socialistas" era como subordinar, em primeiro lugar, a "concessão para o camponês como comerciante, no princípio do comércio privado", "aos interesses comuns", a fim de, então, voltar no processo para a cooperativa como solução. Embora ele soubesse que pensadores e políticos que haviam sido embalados nos braços pelo mercado e pelo Estado desprezassem as cooperativas, mesmo do "aspecto da transição para uma nova ordem pelo caminho *mais simples, fácil e acessível ao camponês*". Ele sabia que a incorporação da população inteira em cooperativas voluntárias de produção e consumo levaria uma era para se realizar – precisamente em razão da ausência das precondições cultural--civilizatórias; mesmo assim, insistia em colocar esse problema[100].

A relação precisa entre as cooperativas e o socialismo que Lênin tinha em mente fica clara apenas à luz de toda sua abordagem, do conjunto completo de seu pensamento. As cooperativas, como ele escreveu, são produtos do capitalismo; elas são as "instituições capitalistas coletivas" nas quais o futuro do socialismo pode ser visto de relance. Os produtores têm a oportunidade de moldar as cooperativas a sua própria imagem no curso de uma reforma revolucionária do poder de Estado, de modo similar ao que ocorreu na NEP.

> Quando unimos as empresas capitalistas privadas [...] com as empresas de tipo consistentemente socialista [...], surge a questão a respeito de uma terceira forma de empresa, as cooperativas, que antes não constituíam uma categoria à parte do ponto de vista da importância de princípio, a saber: as empresas cooperativas.

Ele falava sobre a possibilidade da coexistência de empreendimentos *socialistas de Estado* e *socialistas cooperativos*, embora uma diferenciação entre as duas formas

---

foram meros 'jogos mentais', ilusões de intelectuais liberais." Ver Aleksandr Spartakovitch Siniávski, *NEP: ekonomítcheskie, polítítcheskie i sotsiokulturnie aspékti*, cit., p. 14.

[98] *Sobre o cooperativismo*, cit., p. 359-65.

[99] Ibidem, p. 359.

[100] "É necessário conceder à cooperação meios do Estado que ultrapassem, ainda que pouco, os meios concedidos às empresas privadas." (Aqui, a ordem cooperativa é entendida como socialismo.) "Mas para conseguir, por meio da NEP, que toda a população sem exceção participe nas cooperativas, é necessária toda uma época histórica." Ibidem, p. 361-2.

de cooperativas, de Estado e autogovernadas, ainda fosse ocorrer[101]. Na metade da década de 1920, 10 milhões de pessoas haviam sido reunidas em cooperativas de consumidores organizadas e subsidiadas pelo Estado. Lênin salientou que tinha de ser feita uma mudança da interpretação do socialismo previamente elaborada (comunismo de guerra, com base no poder de Estado e politizado) para a posição do "socialismo cooperativo".

> Agora temos o direito de dizer que, para nós, o simples crescimento da cooperação se identifica [...] com o crescimento do socialismo; e, ao mesmo tempo, somos obrigados a reconhecer a mudança radical em todo nosso ponto de vista sobre o socialismo. Essa mudança radical consiste em que antes colocávamos, e tínhamos de colocar, o centro de gravidade na luta política, na revolução, na conquista do poder político etc. Mas agora o centro de gravidade se desloca e se transfere para o trabalho pacífico de organização "cultural". Estou tentado a dizer que o centro de gravidade se transferiria para a ação cultural, não fosse pelas relações internacionais, não fosse pelo fato de que precisamos lutar por nossa posição em escala internacional.[102]

É claro que Lênin tratou a perspectiva do socialismo real de maneira muito cuidadosa, levando em conta os "elementos ridiculamente inadequados" de "conhecimento, educação e instrução". É interessante que Trótski tenha chegado a uma conclusão teórica muito similar, rejeitando uma crítica puramente econômica do comunismo de guerra e, desse modo, diferenciando entre definição política e econômica do socialismo: "O imperativo econômico nem sempre coincide com o imperativo político"[103]. Trótski também acreditava que, nas esferas política e de poder, a "velha forma (de mercado) de controle econômico havia sido eliminada, como consequência da guerra civil, antes que nós tivéssemos chance de criar novas formas", e assim postergou a realização do socialismo para uma data futura, definindo o "socialismo completo" como "economia social planejada", com seus "estágios iniciais necessariamente descortinados em um invólucro capitalista". Outros teóricos bolcheviques, com destaque para Preobrajiénski

---

[101] Ibidem, p. 363-4.

[102] Ibidem, p. 364-5.

[103] Leon Trótski, *Sotchinénia*, v. 12, cit., p. 327. Ao mesmo tempo, Trótski argumentava contra a validade de usar o conceito de capitalismo de Estado, pelo qual ele logo culparia Zinóviev (estando este, muito provavelmente, correto nessa ocasião). Ver G. Zinóviev, *Ленинизм: введение в изучение ленинизма/ Lieninizm: vvedenie v izutchénie Lieninizma* [Leninismo: uma introdução aos estudos leninianos] (Leningrado, Gossudárstvennoie Izdátelstvo, 1925), p. 254-8. Em dezembro de 1924, quando Stálin declarou sua tese de "socialismo em um só país", ambos consideravam isso uma impossibilidade teórica.

RECONSTRUINDO LÊNIN   513

e Bukhárin, também abandonaram a abordagem puramente normativa do socialismo, substituindo-a por uma abordagem histórica e econômica, a partir de sua discussão de uma "forma asiática de socialismo" sob "condições russas"[104].

O ponto de referência de Lênin, mesmo durante o comunismo de guerra, era que o trabalho tinha de ser mensurado de acordo com o tempo dedicado a ele, com diferentes categorias de "dureza", "importância" e "significância". Ele elaborou quatro categorias no período inicial do comunismo de guerra: o trabalho físico árduo estava no topo da lista, e o trabalho administrativo e de escritório estava na categoria mais baixa. É claro, os meios de mensuração podiam ser diferentes em associações voluntárias, na medida em que dependeriam de um acordo interno. A esfera das cooperativas e das cooperativas agrícolas podia relacionar-se aos outros setores do Estado e do mercado após a introdução da NEP. Portanto, os produtores, uma vez asseguradas suas próprias necessidades, também podiam colocar produtos no mercado, apesar de o lucro não ser fator determinante. A vantagem da satisfação direta das necessidades era a de que se poderia calcular antecipadamente as necessidades internas e a "produção potencial", sem que fosse preciso um escritório para fazer tal trabalho[105]. A teoria moderna do socialismo mais abrangente foi publicada por István Mészáros, que vincula seu trabalho sobre o capital aos fundamentos teóricos forjados por Marx e Lênin e liga seu conceito de socialismo não aos conceitos da produção de mercado, mas tanto procura quanto define esses conceitos além do mercado e do Estado – "para além do capital", resumidamente[106].

---

[104] Para mais a respeito, ver Tamás Krausz, "Szocializmus-képek a húszas években", cit., p. 208-9. Com base na *Crítica do Programa de Gotha* (São Paulo, Boitempo, 2012), de Marx, Preobrajiénski identificou o socialismo com uma forma de produção planificada, na qual o gerenciamento de associações autônomas não é regulado pelos mercados anárquicos, mas por contabilidade social, capturando assim a essência da distribuição socialista em "trocas em valor igual, com base na intensidade de trabalho mensurada". Ver E. Preobrajiénski, "Социалистические и коммунистические представления о социализме"/ "Sotsialistítcheskie i kommunistítcheskie predstavliénia o sotsializme" [Noções socialistas e comunistas do socialismo], *Вестник Коммунистической Академии/ Víestnik Kommunistítcheskoi Akademi* [Boletim da Academia Comunista], n. 12, 1925, p. 56 e 60-1.

[105] Não era possível aplicar o papel regulador do mercado – seguindo a produção – porque as relações comerciais tradicionais haviam se rompido no caos da guerra civil. Quando a NEP foi introduzida, a demanda era tão alta que raramente havia um artigo no mercado que não pudesse encontrar um comprador. Conceitos de planificação estatal estavam apenas em estágio de concepção naquele momento. A introdução de uma economia estatal planificada surgiu no início dos anos 1920, conforme registrado institucionalmente com a instauração do Gosplan, o Comitê de Planejamento Estatal, iniciado por Trótski e apoiado por Lênin em 1922.

[106] István Mészáros, *Beyond Capital* (London, Merlin Press, 1995) [ed. bras.: *Para além do capital*, São Paulo, Boitempo, 2002].

A primeira geração de ideólogos soviéticos, incluindo Lênin, definiu a diferença entre os capitalismos de Estado sob o reino do capital e a ditadura do proletariado com base no fato de que cada um exercia seu poder em nome de uma classe diferente. Eles consolidaram diferentes modos de distribuição e propriedade, dando preferência para valores culturais diferentes, demarcando metas políticas diferentes para a sociedade. Lênin limitou a troca de bens socialista direta (seguindo o comunismo de guerra) ao setor socialista de Estado, sendo que seu destino dependia da competição de mercado que se conectava aos setores capitalistas da NEP e à "compra e venda regulamentada pelo Estado, ao sistema monetário"[107]. Contrariamente, Bukhárin muitas vezes definiu essa "economia estatal" como socialismo, tanto em *O ABC do comunismo*, que ele escreveu com Preobrajiénski, quanto em *Economia de transição*. Foi essa definição de socialismo como *socialismo de Estado* que foi levada diretamente – deixando Lênin de fora – ao meio ideológico do período stalinista.

Lênin delineia quatro cursos potenciais de desenvolvimento durante a fase "capitalista de Estado" do período de transição, o que explica por que uma variedade de movimentos tão ampla, tanto dentro quanto fora da Rússia, refere-se a suas ideias. Três dessas possibilidades permaneceram alinhadas com as concepções do socialismo (sendo a quarta o cenário de Ustriálov). Com o passar do tempo, as três tendências básicas foram observadas não somente no pensamento político e nas lutas entre facções, mas também na historiografia:

1. Grupos intelectuais, políticos e pensadores que consideravam a economia multissetorial (definida por um mercado regulado pelo Estado e pelo Estado supervisionado pela sociedade) da NEP como socialismo – mais tarde identificados como os "socialistas de mercado" – e que buscavam inspiração no trabalho tardio de Bukhárin, embora ele jamais tenha de fato chamado uma economia de mercado de "socialismo" (não obstante a continuação da economia de mercado por um longo tempo, mesmo que de modo diferente do que para Lênin)[108].

2. Stálin e seus seguidores eram chamados, nesse sentido, de "socialistas de Estado" – ainda que se tenha proclamado Lênin como progenitor das reformas de mercado para o socialismo em 1951. Nos anos 1980, essa tendência se

---

[107] LCW, cit., v. 33, p. 96.

[108] Tal interpretação histórica de Lênin pode ser encontrada em uma série de publicações relativamente recentes, incluindo Iúri Burtin, *Другой социализм: "красные холмы"/ Drugói sotsializm: "krásnye kholmy"* [Outro socialismo: "colinas vermelhas"] (Moscou, 1999), e Iúri M. Ivánov, *Чужой среди своих*: последние годы жизни Ленина/ *Tchujói sriédi svoikh: posliédnie gódy jízni Liénina* [O estranho entre os seus: os últimos anos de Lênin] (Moscou, 2002).

RECONSTRUINDO LÊNIN 515

fundiu com a dos socialistas de mercado[109], que antes haviam sido designados "revisionistas". István Mészáros faz um resumo generoso da natureza do socialismo de mercado. De maneira mais importante, ele desmascara os motivos comuns do pensamento social-democrata e da tradição stalinista, igualmente "supersticiosos" ao relacionar-se com o Estado e o mercado. Ambos os campos se posicionavam em firme oposição à conversão da propriedade de Estado em propriedade comunal. Tanto as formas tradicionais de divisão do trabalho quanto o poder de dispor do mais-valor seguiram dentro do escopo do aparato isolado. Cada experimento que tentou reformar isso foi solapado pelos líderes do partido, apesar de Lênin tê-lo fundado com o objetivo oposto. Embora as formas posteriores de socialismo de mercado tenham sido vendidas como socialismo de Estado reformado, o primeiro (socialismo de mercado) se provou um Estado evoluído do segundo (socialismo de Estado), que no fim levou ao capitalismo[110].

3. A concepção de socialismo fundada em uma produção autogeradora – baseada em necessidades, democracia direta, empreendimentos cooperativos e no "sistema cooperativo" de produção e consumo coletivo – remonta ao modo de pensar de Lênin e tem uma historiografia bastante extensa a ela dedicada[111].

Portanto, sob vários aspectos, os socialistas de mercado, os socialistas de Estado e os "autogestionários" poderiam, todos, ser remontados a Lênin, cuja postura teórica sobre o socialismo era fundamentada no conceito marxista de autogoverno social. Não esqueçamos que a *abordagem leniniana do socialismo* foi validada como a ideologia do socialismo de Estado durante o período stalinista; a constituição de 1936 declarava o socialismo de Estado stalinista como o socialismo completo. Sob Khruschov, o conceito de socialismo de Lênin foi definido como a teoria do autogoverno no programa teórico do XXII Congresso (1961);

---

[109] Duas obras minhas abordam as transformações que o "socialismo de mercado" sofreu ao longo da história. Conferir "Stalin's Socialism" e "Perestroika and the Redistribution of Property in the Soviet Union: Political Perspectives and Historical Evidence", *Contemporary Politics*, v. 13, n. 1, mar. 2007; em húngaro, ver "A peresztrojka és tulajdonváltás. Politikai koncepciók és történelmi valóság", em Tamás Krausz e Zoltán Bíró (orgs.), *Peresztrojka és tulajdonáthelyezés. Tanulmányok és dokumentumok a rendszerváltás történetéből a Szovjetunióban (1985-1991)* (Budapeste, MRI, 2003), p. 52-102, e Tamás Krausz e László Tütő (orgs.), *Válaszúton*, cit.

[110] Ver István Mészáros, *Beyond Capital*, cit., p. 823-50.

[111] Além da obra de Mészáros, essa tradição também é honrada em parte pela herança trotskista na Europa ocidental, em parte pelos "autogestionários" russos reunidos em larga medida em torno da revista Альтернативу/ *Alternatívu* [Alternativa], ligada em suas posições à revista húngara *Eszmélet* [Consciência]. Ver também Tamás Krausz e László Tütő (orgs.), *Önkormányzás vagy az elitek uralma* [Autogoverno ou o reino das elites] (Budapeste, Liberter Kiadó, 1995).

## 516   Tamás Krausz

e essa interpretação foi finalmente colocada de lado no período da *perestroika* de Gorbatchov. Nele, a teoria leninista do socialismo justificava a realidade existente (*perestroika*) como uma espécie de "socialismo de mercado", levando ao (e se concluindo com o) colapso da União Soviética[112]. A interpretação fornecida pela historiografia dominante foi além de tudo o que se disse até aqui. De acordo com seus pontos de vista, a evolução "natural" da NEP e a evolução "normal" do capitalismo foram impedidas por Lênin e pelos bolcheviques, o que se encaixa de forma perfeita, tanto lógica quanto historicamente, no "paradigma" termidoriano-ustrialovista[113].

A chave para a abordagem de Lênin em relação ao socialismo é, portanto, fornecida por seu "socialismo cooperativo", que pode ser rastreado a raízes teóricas anteriores a outubro de 1917.

Atualmente, a escola de interpretação ustrialovista, termidoriana, pode se considerar de fato no assento mais poderoso, dado que o capitalismo "nacional", restaurado sob o domínio da "nova classe", encontra-se aparentemente estável na nova ordem mundial. Por esse ponto de vista, a história do "socialismo" emerge apenas como utópico beco sem saída. Mesmo que se possa argumentar, contra a teoria de Lênin, que o século XX viu o "socialismo" esmagado entre as grandes rodas da "mercantilização" e da "nacionalização", isso não prevê o futuro, embora seja um ponto vendido com incrível veemência por vários ideólogos proclamando "o fim da história" e tenha o apoio de crenças de mercado concorrentes. Além disso, o estudo do legado leniniano é bem persuasivo sobre como a história jamais pode ser tomada como prova absoluta. Talvez o *socialismo* jamais tenha parecido tão "utópico" quanto hoje; no entanto, ainda não há alternativa fundamentada histórica e teoricamente à ordem mundial estabelecida que não o *socialismo*.

---

[112] Trótski, que defendia a propriedade estatal como condição prévia para o socialismo até nos anos 1930, foi depois alvo de críticas afiadas de marxistas por ter se tornado um "protetor do stalinismo". Esses críticos se esqueceram de que a noção precisa de Trótski era de que seria mais fácil socializar a propriedade estatal soviética em uma "guinada revolucionária" do que se a burocracia e o capital alienassem a propriedade estatal daqueles que a criaram por meio de expropriação privada. Para mais a respeito, ver Tamás Krausz, *Szovjet thermidor*, cit., p. 227-30.

[113] Em *Nóvaia ekonomítcheskaia politika Liénina-Stalina*, cit., de autoria do escritor de direita Guimpelson − originalmente simpático ao regime mas que depois virou a casaca −, Lênin também aparece como um "coveiro bárbaro do capitalismo".

*Essa ideologia se tornou instrumento de um "citoyenismo" manipulado nos moldes de um socialismo burocrático, no qual a superação do dualismo burguês, identificada por Marx e concretizada por Lênin, foi unificada formalmente em termos socialistas, e exatamente por isso comprometida para a práxis da atualidade. Se quisermos renová-la, é preciso recuperar o que Lênin perdeu.*

György Lukács*

---

\* *Prolegômenos para uma ontologia do ser social* (trad. Lya Luft e Rodnei Nascimento, São Paulo, Boitempo, 2015), p. 288.

# Breves comentários em lugar de um posfácio

Mencionei no início deste livro, bem como em outros contextos, que certos autores têm deliberadamente eliminado do legado de Lênin os princípios filosóficos essenciais e a metodologia que marcaram quem ele foi. Por um lado, negligenciam sua descoberta prática mais importante – a saber, sua interpretação teórica precisa da *dialética* marxista, e a reconstrução e a aplicação prática que ele faz dessa dialética[1]. Lênin compreendeu, ainda na base de suas raízes hegelianas, que o *materialismo dialético* (e sua epistemologia) incorpora o *automovimento* das coisas, dos fenômenos e dos processos, bem como a *atividade humana consciente para transformar a sociedade*. Por isso, não se trata de uma dialética histórica das ideias, mas do automovimento e da autocriação da história pelas classes sociais e pelos indivíduos. Para Lênin, a epistemologia não tratava apenas de conhecer a realidade, não existia apenas em si mesma; antes, tinha como objetivo a busca pela verdade, a solução para as contradições no interior das coisas e as lutas que delas resultavam. Ele queria ver uma transformação radical do mundo para que a humanidade pudesse se livrar, por vontade própria, dos poderes dominantes. Lênin conferiu à 11ª tese de Marx sobre Feuerbach uma nova urgência: "Os filósofos apenas interpretaram o mundo de diferentes maneiras; o que importa é transformá-lo"[2]. Em outras palavras, a história não era para ele um todo abstrato, um objeto de estudo, mas uma ferramenta com

---

[1] Muitas décadas antes, Gramsci já havia compreendido o que estava implicado nas atividades de Lênin. Ver Antonio Gramsci, *Selections from the Prison Notebooks* (Londres, ElecBook, 1999), p. 688-90 [ed. bras.: *Cadernos do cárcere*, Rio de Janeiro, Civilização Brasileira, 1999--2000, 6 v.].

[2] Karl Marx e Friedrich Engels, *A ideologia alemã* (trad. Luciano Cavini Martorano, Nélio Schneider e Rubens Enderle, São Paulo, Boitempo, 2007), p. 535.

520 TAMÁS KRAUSZ

a qual os elementos e as tendências a ser continuados ou transformados se localizavam em meio à "ruptura"[3].

Embora o ponto de partida de sua prática teórica fosse a aquisição de conhecimento das leis gerais do mundo e das ideias, seu objetivo era ter clareza a respeito de ideias e ações sem ser absorvido pelos detalhes e pelo particularismo estéril. Esse foi um esforço particularmente pronunciado em suas lutas contra a escolástica, o relativismo e o misticismo. Lênin tinha paixão pela busca da verdade desde a infância, o que se manifestou na rejeição de todas as formas de opressão e exploração. Isso também estava na raiz de sua luta contra instituições e ideologias que dominavam a humanidade – por exemplo, a rejeição radical do clericalismo. Ele alcançou uma percepção de totalidade de acordo com a qual o *todo* é composto de uma variedade de contradições que devem ser desnudadas para discernir os elementos e os processos contínuos e descontínuos de uma história em mudança[4]. A "revolução social", ou seja, o "salto qualitativo", é parte orgânica e inalienável da história da sociedade moderna, e Lênin entendeu isso como uma das descobertas mais importantes do marxismo.

Uma interpretação historicamente adequada do marxismo de Lênin – em termos marxistas – deve começar com o reconhecimento de que seu legado é essencialmente uma aplicação específica, prática, da teoria das formações sociais de Marx e da maneira como ele lhe deu consistência teórica, à luz das circunstâncias e das experiências históricas de uma época e de uma região de fácil circunscrição (principalmente o desenvolvimento do capitalismo na Rússia, a Revolução Russa de 1905, a guerra em 1914, a evolução do imperialismo, a Revolução de Outubro de 1917, o comunismo de guerra e a Nova Política Econômica). Sua percepção básica de que a humanidade estava às portas de uma revolução social e do socialismo (ou, para ser exato, de uma transição que levasse a isso) foi a conclusão mais fundamental que tirou das experiências de sua prática política durante esses anos.

Em razão disso, o legado político e teórico de Lênin, como variante histórica do marxismo, é único e irrepetível. Por um lado, trata-se de uma experiência e

---

[3]    Lênin buscou a saída para as seguintes rupturas: 1) o colapso da Rússia tradicional e a ascensão do capitalismo russo na virada do século; 2) a Guerra Russo-Japonesa e a Revolução de 1905; 3) a Primeira Guerra Mundial; 4) as revoluções de 1917, o colapso da autocracia e a destruição lavrada pela guerra civil.

[4]    Uma rica pletora de ideias e argumentos sobre essa questão, a partir da perspectiva da nova era, pode ser encontrada em Savas Michael-Matsas, "Lenin and the Path of Dialectics" e Stathis Kouvelakis, "Lenin as Reader of Hegel: Hypotheses for a Reading of Lenin's *Notebooks* on Hegel's *The Science of Logic*", ambos em Sebastian Budgen, Stathis Kouvelakis e Slavoj Žižek (org.), *Lenin Reloaded: Toward a Politics of Truth* (Durham-NC/Londres, Duke University Press, 2007), p. 101-9 e 164-204, respectivamente.

uma metodologia original de teoria e ação revolucionárias que desempenharam um papel colossal na história do século XX. As circunstâncias pelas quais, até hoje, Lênin permanece no centro de furiosas escaramuças políticas e teóricas que envolvem quase todas as tendências políticas e intelectuais, incluindo várias do próprio marxismo, demonstram isso.

Em tempos atuais, sob circunstâncias menos promissoras, há tentativas de "remodelar" o marxismo de Lênin para o movimento antiglobalização[5]. A principal razão para isso é o fato de que a tradição leninista do marxismo foi a única a fornecer, ao menos por um período, uma alternativa ao capitalismo. Ela sozinha produziu uma brecha nos muros do capitalismo, mesmo que hoje tal brecha pareça remendada[6]. A situação do mundo desde a década de 1990 demonstra que o domínio global do capital tem engendrado novas formas de resistência. Elas não apagaram a importância do marxismo (não importa qual nome ele receba!) como teoria e movimento. Na verdade, nem poderiam. Em vez disso, em busca de alternativas, os descontentes continuam a todo momento recorrendo ao "marxismo de Lênin". Essa tradição constitui pontos de referência, argumentos e convenções práticas do movimento de confrontar a forma de progresso corrente no capitalismo. Escritores marxistas como Lukács, na década de 1920, ou Gramsci, na de 1930, bem como movimentos às vezes engajados em polêmicas uns com os outros e tendências políticas e teóricas opostas no interior do movimento comunista, encontraram sua fonte em Lênin. Assim, se falamos de marxismo, as balizas são mais firmes do que poderíamos imaginar, pois o legado da primazia do marxismo de Lênin não é coisa do passado.

## Concepção e sistematização

Embora soubesse tudo o que havia para saber àquela época sobre Marx e Engels, Lênin não se limitou a "escavar" a teoria marxista soterrada por camadas de

---

[5] A transposição das ideias de Lênin para o século XXI pela perspectiva da crítica esquerdista ao regime não é uma questão de esforço ou de experiência individual. É um fenômeno internacional envolvendo um grupo de renomados pensadores teóricos cujas obras foram reunidas no citado livro organizado por Sebastian Budgen, Stathis Kouvelakis e Slavoj Žižek, com o adequado título de *Lenin Reloaded*.

[6] Embora o culto a Lênin que existia em sua terra natal – patrocinado por Stálin e com conotações quase religiosas – tenha continuado no Partido Comunista "oficial" e além dele, a herança de Lênin ensejou pouquíssimas análises *teóricas* e abordagens sistemáticas sérias no que diz respeito a sua importância histórica ou a sua relevância para o presente. No entanto, foram publicados alguns livros excepcionais com base em monografias, tendo como objetivo apresentar a autêntica face humana de Lênin, em forte contraste com a abundante literatura "devoradora de Lênin", nas palavras de Vladlen Lóguinov.

interpretação da social-democracia europeia e do anarquismo. Ele a aplicou – a sua maneira – às circunstâncias russas, *juntando teoria e prática revolucionária-organizativa*. Nesse processo, contribuiu com muitas ideias originais para a reconstrução teórica da ação e do movimento revolucionários, em oposição às tendências reformistas social-democratas[7].

A sistematização do legado de Lênin se iniciou ainda durante sua vida, como parte da luta por sua sucessão, como forma de legitimação dessa luta[8]. O que se mostrou característico dessas desconstruções não foi apenas a identificação do marxismo com o legado de Lênin nem a "russificação" do marxismo[9] como resultado dessa luta. Acima de tudo, o marxismo de Lênin foi interpretado exclusivamente como a teoria e a prática da revolução e da luta de classes, omitindo-se os estágios e o método de desenvolvimento que o tornaram o fenômeno que era. Essa abordagem reducionista simplificou o marxismo de Lênin à ideologia da luta de classes política, sobretudo a uma ideologia que justificava a preservação do poder dos bolcheviques. O período stalinista subsequente encarou o leninismo apenas como ideologia partidária, o principal e quase exclusivo veículo do marxismo, com o Partido Comunista – e, portanto, seus dirigentes e, enfim, seu líder – funcionando sozinho como seu único guardião. Os sovietes, os sindicatos e outras formas de auto-organização social, que Lênin pensou serem elementos centrais na transição ao socialismo, foram crescentemente omitidos da reprodução da teoria e da ideologia: tudo se tornou nacionalizado. O *marxismo-leninismo* passou a ser a legitimação ideológica que garantiu a preservação do sistema. Apenas com o colapso da União Soviética o "rei nu" ficou plenamente aparente, com a ideologia legitimadora do leninismo se afundando no poço da história abraçada ao próprio sistema. O resultado é que é impossível desenterrar o legado de Lênin sem determinação constante e análise rigorosa.

Os elementos ainda poderosos do marxismo pré-stalinista foram analisados na década de 1960 por Lukács e seus seguidores antistalinistas (como haviam sido antes por Gramsci). O "renascimento de Lênin" daí resultante, permitido a partir de Khruschov, elevou-se a um alto nível filosófico. Na década de 1970,

---

[7] Em larga medida, Lênin chegou a essa elaboração por meio da assimilação dos conceitos anteriores, pré-reformistas, de Kautsky – particularmente no que diz respeito à luta de classes, à reforma agrária e à questão do nacionalismo, como em *O caminho para o poder* etc. No período em que estourou a Primeira Guerra, "retornando" a Marx, voltou esses conceitos contra o próprio Kautsky.

[8] No que diz respeito à reconstrução histórica dos debates sobre a herança de Lênin, ver Tamás Krausz e Miklós Mesterházy, "About Lenin's Heritage", em *Mű és történelem*, cit., p. 101-29.

[9] A russificação soviética de Lênin, feita com um verniz de universalismo abstrato, reforçava a russificação "burguesa" que era seu exato oposto (ao menos teoricamente) e esvaziava o marxismo de Lênin de sua aplicação universal, tratando-o como um tipo de "manifestação local".

muitos escritores comunistas marxistas europeus e antissoviéticos – de Rudolf Bahro ao italiano Gerratana ou a Ferenc Tökei sobre essa questão; sobre outras, de Bence-Kis às reconstruções de uma sociedade autogovernada – tentaram mobilizar essas visões como uma crítica ao socialismo de Estado, constituindo uma alternativa socialista autêntica. Tais autores deixaram claro que o poder histórico, político e teórico/científico do marxismo de Lênin não poderia ser reduzido à manutenção do poder ou ao "Estado de bem-estar social", como os ideólogos soviéticos e seus adversários burgueses (com propósitos opostos) tinham tentado fazer nas décadas anteriores.

Esses esforços fizeram parte de uma tentativa mundial de esboçar um novo referencial crítico para o marxismo. Marxistas de uma ampla gama de perspectivas buscaram durante essas décadas forjar um "terceiro caminho" entre a preservação do socialismo de Estado e a restauração do capitalismo, um caminho de volta à política marxista que pudesse levar a um socialismo autêntico. O *marxismo existencialista* angariou força opondo-se ao marxismo inspirado pela epistemologia, em paralelo à interpretação *ontológico-antropológica* do marxismo e a numerosas outras interpretações do marxismo *autogestionário* (*comunismo de sovietes*, espalhando-se em ondas como as do marxismo *estruturalista* e do marxismo *humanista*). Em contraste com essas tentativas de sistematização – que podem ser consideradas expressões filosóficas de liberdade individual e coletiva ou de democracia participativa –, todos os argumentos dos antileninistas, quase independentemente da ideologia, derivam da distorção da herança de Lênin pelo stalinismo. Até hoje esses são os elementos vitais do discurso do antileninismo anticapitalista.

As reservas feitas em relação ao marxismo de Lênin são compreensíveis, pois só após o colapso da União Soviética ficou claro que essa conquista intelectual e prática específica, que não serve mais de legitimação para nenhum Estado, resiste integralmente – em termos teóricos, políticos ou metodológicos – a todas as justificações liberais ou nacionalistas do sistema, bem como a quaisquer suplementações ou interpretações religiosas ou especulativas. Ao mesmo tempo, a lógica interna do marxismo de Lênin só pode ser ressuscitada pela combinação da teoria das formações sociais de Marx com a prática revolucionária anticapitalista.

Outro fundamento subjetivo para a rejeição do marxismo de Lênin por especialistas de esquerda na academia é que as ideias de Lênin resistem filosoficamente à fragmentação ou à segmentação por disciplina, como mostra a experiência de muitas décadas. Todos os seus elementos constitutivos apontam para a *totalidade*, o processo indivisível. Seguindo Marx, Lênin derrubou as paredes que separavam a ciência da filosofia, a teoria da prática. O trabalho teórico de Lênin não pode ser separado do movimento que o lança para além do sistema capitalista. Nesse sentido, seu marxismo está indissoluvelmente ligado aos trabalhadores industriais do século XX e a seu movimento, embora seja, ao mesmo tempo, uma ferramenta metodológica surpreendentemente habilitada para a apreensão de processos em contextos diferentes. As descobertas filosóficas e econômicas de Marx podem continuar a existir independentemente de qualquer movimento revolucionário dos trabalhadores, mas as de Lênin não. Até 1917, todos os seus argumentos teóricos e políticos visavam ao movimento e à revolução dos trabalhadores. Após 1917, como fundador do Estado soviético e em meio às agudas contradições entre a manutenção do poder e os objetivos anunciados da revolução, entre tática e estratégia, Lênin tendeu a vacilar, tornando-se cada vez mais consciente de que os objetivos da revolução teriam de ser adiados para além do futuro previsível[10].

## As origens do marxismo de Lênin

O marxismo de Lênin deriva de diferentes fontes, cada uma representando em seu tempo uma oportunidade de mudança revolucionária da sociedade. Isso inclui o Iluminismo francês e o jacobinismo revolucionário, heranças da burguesia revolucionária sem as quais não seria possível transcender a sociedade tradicional (asiática, feudal etc.). Havia também a Comuna de Paris como ápice do socialismo francês. Entre as raízes russas de Lênin, pode-se encontrar Tchernychiévski e os ocidentalistas russos (Hérzen, Belínski e outros), reforçando e complementando um ao outro, bem como os *naródniki* revolucionários, principal esteio da tradição jacobina russa. Lênin sintetizou todos eles com base em Marx e Engels, muito influenciado pela interpretação do materialismo filosófico feita pela geração anterior dos marxistas russos, em especial Plekhánov. Ele também absorveu a ideologia e a prática da moderna organização do movimento dos trabalhadores da social-democracia alemã, com destaque para Kautsky. Essas são as fontes de seu pensamento em termos de movimento de massas e de política.

Todas as fontes do marxismo de Lênin foram combinadas na articulação da teoria com a prática, da abordagem de classe à cultura e à política. E Lênin ainda resistiu à ideologia de classe vulgar, à percepção populista da luta de classes e ao apelo a seu contraponto negativo, a abstração teleológica da realidade. Em sua prática teórica, a questão básica é sempre a relação entre ação e teoria, as transições e o estabelecimento de pontos de contato entre ambas. As fontes de seu marxismo levaram-no a formar uma abordagem antimessiânica e antiutópica. O interesse de Lênin em objetivos de

---

[10] Posteriores sistematizações visando legitimar suas ideias não admitiam esse fato porque, afinal, o socialismo de Estado parecia ser a encarnação da teoria socialista; por trás desse processo, contudo, podemos perceber a artimanha visando legitimar a ideologia política, ao maquiar a propriedade estatal como propriedade pública. É importante assinalar que, em círculos marxistas – não apenas na Europa ocidental, mas até mesmo no Leste –, havia tentativas de mostrar o oposto, principalmente a partir de meados dos anos 1980.

longo prazo era profundamente pragmático. Por fim, as questões que levantou e as soluções que defendeu sempre incorporaram as objeções ou as conclusões de seus camaradas de debate. Nesse sentido, os camaradas de Lênin na Segunda Internacional também pertenceram à variedade de fontes de seu marxismo: além de Plekhánov e Kautsky, havia Bernstein e o jovem Struve, Berdiáev com o socialismo ético de seus anos de juventude, Máslov e Trótski, Bogdánov e Pannekoek, Bakúnin e Sorel, Rosa Luxemburgo e Bukhárin. Além dessas tendências, havia os "esquerdistas" com os quais ele teve que lidar após a revolução, que postulavam uma revolução permanente no momento em que a contrarrevolução já estava em curso. Lênin superou essas tendências, embora com graves contradições. No entanto, as respostas que deu às próprias perguntas refletiram um estreitamento de alternativas, mesmo no contexto político particular de seu gabinete.

Lênin era um pensador independente, mas não criou um sistema teórico independente, um "ismo" dentro do marxismo, embora muitos autores modernos falem em leninismo ao sistematizar sua obra[11]. O que ele fez foi redescobrir, reenergizar e aprofundar elementos da tradição marxista que a social-democracia europeia estava empenhada em enterrar. Certamente, seu marxismo era um marxismo, não a teoria de um "partido conspirador". Para afastar-se de outra má interpretação, é importante enfatizar que o marxismo de Lênin, focado no movimento e na ação política, não era a teoria de um "partido conspirador" determinada por suas "origens russas".

## A questão da organização

A noção que Lênin tinha de um partido clandestino centralizado e de vanguarda – "o partido dos revolucionários profissionais" – é geralmente atribuída a origens russas e, na verdade, isso tem base factual. Realmente, a experiência histórica da construção de um partido clandestino era importante para o marxismo de Lênin, e sua "teoria do partido" foi produto disso. O que permanece importante em Lênin é a promoção de um contrapoder social (*e não oposicionista!*), uma liderança

---

[11] De acordo com o testemunho de Krúpskaia, quando, pouco antes da morte de Lênin, Trótski comparou-o a Marx, Lênin sentiu-se lisonjeado, mas considerou o paralelo um exagero, pois jamais elaborara uma metodologia científica própria, nem uma teoria diferente do marxismo. A criação burocrática de sistemas era estranha a Lênin, conforme assinalado até mesmo por intérpretes originais de sua obra, como Gramsci. Em sua crítica à "geração de sistemas" antidialética de Bukhárin, também rejeitada por Lênin, o filósofo italiano comentou, atacando a criação formal de sistemas: "Mas é vulgar a contenção de que ciência deve querer dizer 'sistema', e, consequentemente, de que se criem sistemas de todo tipo que têm apenas a exterioridade mecânica de um sistema e não sua necessária coerência inerente". Antonio Gramsci, *Selections from the Prison Notebooks*, cit., p. 434.

política e cultural de uma rede de organizações da sociedade civil, o "partido dos trabalhadores" – que nunca significou exclusivamente partido dos trabalhadores "manuais". Nesse contexto, o partido se torna uma rede que promove o entendimento e a articulação de interesses, a "forma organizacional" da "consciência de classe proletária" (Lukács). Esse partido era o demiurgo de uma resistência social ampla, segmentada horizontal e verticalmente, "cuja força motriz é o proletariado". Na concepção e prática de Lênin, os quadros da "contrassociedade" eram treinados pelo partido revolucionário clandestino e centralizado. Portanto, em sua teoria, o papel histórico do partido (social-democrata, depois comunista) era não apenas "importar consciência de classe de fora para o interior do proletariado" (isso já havia sido compreendido por Kautsky, de quem Lênin "herdou" a ideia), mas antes, como "parcela mais revolucionária" da classe social, se tornar um ator independente imbuído do interesse de transformação consciente e revolucionária da sociedade. Lênin levantou a questão em abril de 1917, quando argumentou que a existência do partido era justificada somente enquanto a classe dos assalariados não tivesse criado as condições econômicas e políticas para sua própria liquidação. Ele não tinha uma teoria pré-fabricada de que o partido devesse se tornar a encarnação dos componentes que faltavam no socialismo – fosse na organização, fosse na teoria, fosse na sociologia. Uma causa e uma consequência do sistema de partido único que eventualmente surgiu na União Soviética foi o fato de o partido em si ter assumido as funções do proletariado. Mas mesmo os partidos comunistas que surgiram em outros lugares da Europa incluíam apenas os estratos mais revolucionários da classe trabalhadora. Lênin estava ciente de que, em tal situação, a evolução do partido era impactada pela combinação de pragmatismo burocrático e messianismo revolucionário. A consciência de classe proletária estava crescentemente encarnada no partido bolchevique russo: a questão organizacional era, então, posta no nível da questão geral da aplicação do poder de Estado. Olhando para isso do ponto de vista da década de 1930, a "estatização" do partido tornou-se inevitável com a derrota da revolução europeia.

Lênin nunca explicou adequadamente o fracasso da ruptura revolucionária na Europa ocidental. O jovem Lukács, analisando as causas da surpreendente crise ideológica do proletariado em seu magistral *História e consciência de classe*, chegou à conclusão de que o "menchevismo" e o "economicismo" da classe trabalhadora, ou a ênfase no papel da aristocracia dos trabalhadores e em seu aburguesamento, provavelmente não afetavam a "*totalidade* da questão, isto é, sua *essência*". Ao reconhecer os "limites do espontaneísmo revolucionário", Lukács descobriu que não bastava esclarecer as massas com propaganda que as dotasse de consciência suficiente para superar o impasse. O partido devia guiar "todo o proletariado" por meio de seus interesses diretos e imediatos. De acordo com esse argumento, "as experiências das lutas revolucionárias falharam em fornecer quaisquer evidências conclusivas de que o fervor revolucionário e a vontade de luta do proletariado correspondiam de modo direto ao nível econômico de suas diversas partes"[12]. Assim, com base em sua análise da situação alemã em particular, Lukács chegou ao papel decisivo das "decisões forçadas" no aumento da participação do povo nas organizações.

Um Lukács mais velho – polemizando com sua obra de juventude cinquenta anos depois – descobriu os pontos fracos da análise de Lênin a respeito do partido e da consciência de classe proletária em seu livro *Para uma ontologia do ser social*[13]. O velho Lukács não mais buscava a solução para o problema básico do "atraso ideológico do proletariado". Nem a teoria mecanicista do espontaneísmo nem a compreensão superficial da importação da consciência de classe poderiam explicar "adequadamente" a crise na consciência anticapitalista do proletariado. Em sua crítica de Lênin, retirou a atenção do aspecto ideológico em prol do aspecto econômico, enfatizando as mudanças na natureza da economia capitalista e as consequências subjetivas dessas mudanças:

> essa generosa concepção de Lênin, que trazia Marx para o presente de maneira realmente revolucionária, [...] se concentra muito exclusiva e incondicionalmente na transformação da ideologia, e por isso não orienta esta última de modo concreto o bastante para a mudança do objeto a ser transformado, isto é, a economia capitalista.[14]

Lênin não foi capaz de identificar as características econômicas do "último" estágio do desenvolvimento capitalista, a transformação dos movimentos dos trabalhadores nos "países desenvolvidos". Assim, de acordo com o Lukács tardio, o interesse econômico como força motriz social não estava no centro do pensamento de Lênin nos anos que se seguiram à revolução. Embora o marxismo de Lênin considerasse muitas das novas características do capitalismo – por exemplo, em sua análise do sistema de taylorista –, ele não atribuiu a devida importância, como disse Lukács, à "tendência para o predomínio do mais-valor relativo na exploração dos trabalhadores"[15]. Na verdade, Lukács observa que

---

[12] György Lukács, "Towards a Methodology of the Problem of Organization", em *History and Class Consciousness* (Cambridge-MA, MIT Press, 1971), p. 305 [ed. bras.: *História e consciência de classe*, São Paulo, WMF Martins Fontes, 2012].

[13] Idem, *Prolegômenos para uma ontologia do ser social* (trad, Lya Luft e Rodnei Nascimento, São Paulo, Boitempo, 2010).

[14] Ibidem, p. 287.

[15] Idem, adaptado. Pode-se assinalar que Lukács exagerava um pouco, pois apenas nos países do capitalismo central o "mais-valor relativo" se tornou dominante.

528    Tamás Krausz

Também em Lênin falta qualquer alusão para esclarecer se a sua importante distinção entre consciência de classe tradeunionista e consciência de classe política foi provocada por uma mudança no ser social do capitalismo, e se teria relação especialmente com essa mudança, ou se seria igualmente válida para qualquer estágio do desenvolvimento. Assim, tudo se limita a uma – importante – confrontação ideológica de dois tipos de comportamento.[16]

Lênin, tendo fornecido um meio para romper com a noção apologética encontrada na *realpolitik*, por fim foi transformado em teórico de uma nova versão dela. O próprio partido se tornou a organização que encarnava essa nova *realpolitik*, passando a ser eventualmente o partido-Estado, cujo objetivo não era mais transmitir seu poder à classe trabalhadora, mas preservá-lo nas mãos de uma camada isolada e privilegiada.

## Desenvolvimento desigual e hierarquia do sistema mundial: a revolução ainda é possível?

Lênin começou com a análise contemporânea do capitalismo. Seu ponto de partida era o entendimento de que o desenvolvimento do capitalismo no contexto russo do fim do século XIX era uma manifestação geral e, ao mesmo tempo, específica do capitalismo. Ele analisou as peculiaridades do capitalismo russo com uma abordagem científica de sua história, tomando os conceitos teóricos e metodológicos de Marx como ponto de partida. Estava ciente das consequências sociopolíticas da coexistência e da sobreposição de várias formações sociais (não apenas com relação à história russa!) e de sua penetração pela forma capitalista predominante. Mesmo antes de 1905, Lênin explicou esse desenvolvimento particular, a saber, que a Rússia fora incorporada no sistema mundial por meio de um processo que hoje poderíamos descrever como "integração semiperiférica", no qual formas pré-capitalistas são preservadas sob o capitalismo de modo a reforçar a subordinação aos interesses capitalistas ocidentais. O capitalismo integrou formas pré-capitalistas no interior de seu próprio funcionamento. Lênin conseguiu amarrar a mistura de formas pré-capitalistas e capitalistas ao conceito de colonialismo interno sob o regime tsarista. Também definiu a existência de uma relação centro-periferia no interior da Rússia à luz desse colonialismo interno. Ele

---

[16]  Com precisão, Lukács assinalou as consequências sérias, até mesmo "fatais", desse hiato para a posteridade: "Tal universalidade ideológica [das formulações de Lênin desse período] parecia, para Stálin e seus seguidores, oferecer a possibilidade de apresentar sua própria ideologia política – que em algumas questões importantes foi o exato oposto daquela de Lênin – como sua continuidade adequada". Ibidem, p. 287-8.

estava ciente (muito antes de Wallerstein)[17] não apenas da hierarquia estrutural tripla e das relações basicamente desiguais do capitalismo como também da hierarquia entre regiões e Estados-nação.

Aprendendo as lições da Primeira Guerra Mundial, Lênin expôs uma teoria da constituição hierárquica do sistema capitalista mundial, descrevendo a chamada lei do desenvolvimento desigual do capitalismo na era do imperialismo. Nesse quadro teórico, ele considerou a dinâmica da periferia colonial como subproduto e manifestação da competição capitalista internacional e da acumulação de capital. Paralelamente a isso estava a aliança contraditória entre a "resistência proletária" anticapitalista e as lutas por independência (ou desenvolvimento) nacional do capitalismo do Terceiro Mundo – uma luta que se relaciona com a luta antirregime que a semiperiferia travava com o centro (principalmente na Rússia). Lênin trouxe à luz a variedade de formas em que as lutas nacionais por independência existiam, suas diferentes composições sociais e de classe e a possível conexão histórica entre "a luta de classes proletária e as lutas nacionais, anti-imperialistas, por independência".

Sua ruptura com uma visão de mundo eurocêntrica no verão de 1914 implicou uma ruptura teórica, política e organizacional total com a social-democracia europeia, que se encontrava cada vez mais sob influência do revisionismo de Bernstein. Isso se deu quando os núcleos oficiais da social-democracia na Europa decidiram apoiar os governos imperialistas de seus respectivos países. No curso das análises, Lênin delineou não apenas as formas históricas do nacionalismo, mas também o nacionalismo em suas manipulações, sua função quase-religiosa no interior das políticas e da propaganda da classe dominante. O colapso da social-democracia em 1914 fez com que Lênin se desse conta de que ela representava os interesses do escalão superior, do estrato "inclinado à burguesia" do proletariado: que a social-democracia revisionista era a expressão política daqueles que tinham abandonado a concepção e a práxis da revolução universal e da luta de classes conforme teorizada por Marx.

Embora Lênin não tenha escrito trabalhos originais em sociologia ou filosofia[18], ele claramente definiu os requisitos teóricos e prático-organizacionais

---

[17] Tamás Krausz, "Ami a wallersteini elméletből 'kimaradt': néhány megjegyzés" [A teoria de Wallerstein: tudo o que "ficou de fora"], *Eszmélet*, n. 91, 2011.

[18] De modo geral, Lênin não se dava ao trabalho de estudar metodicamente a sociologia e a filosofia burguesas de seu tempo, uma vez que as concebia como meras apologias da ordem existente. Somente reagia a elas quando formavam vias de acesso a ideias ou políticas social-democratas, e passava mais tempo mergulhado no exame das tendências no interior do marxismo e da social--democracia (Plekhánov, Bernstein, Kautsky, Hilferding). Essas limitações foram superadas em seus estudos históricos, quando decidiu se aprofundar nas "ciências burguesas" e aceitou

necessários à superação do capitalismo. No entanto, não vislumbrou totalmente a *configuração* política, sociológica, psicológica e organizacional que surgiu como consequência do *desenvolvimento* muito *desigual* do capitalismo global descoberto por ele próprio. Em outras palavras, não deduziu completamente (ou não poderia reconhecer à época) as consequências do fato de que a contradição entre "desenvolvimento desigual" e "desenvolvimento uniforme" em uma comunidade nacional ou no sistema mundial não encontra ajuste; a natureza relativa da contradição entre esses dois modos só ficou aparente no presente[19]. Como se sabe, a história nunca fornece provas decisivas às questões teóricas. E os desenvolvimentos posteriores a 1945 certamente não validam as expectativas de Lênin (nem de Marx). Em vez de o capitalismo central amadurecer em direção à revolução socialista, as nações nele incluídas estabilizaram o capitalismo sob a forma do Estado de bem-estar social. Reconhecer isso não é tomar uma posição apologética em relação ao caminho histórico tomado pela social-democracia. Pelo contrário, uma vez que o "fim da história" não ocorreu em 1989, não é preciso ser profeta para prever que a necessidade de salvação revolucionária do mundo surgirá novamente.

## Método e filosofia da revolução

A Primeira Guerra Mundial sinalizou um novo período, que prometeu criar as condições para a revolução. Ao mesmo tempo, ocorreu uma mudança nas táticas revolucionárias de Lênin inspirada por seu estudo de Hegel, que era uma concepção integrada de teoria, política e organização. Desde o início da guerra, sua estratégia revolucionária estava baseada na premissa de que não poderia haver compromisso com quaisquer atitudes favoráveis à guerra ou com meias soluções pacifistas, pois a guerra deve engendrar uma situação potencialmente revolucionária na Rússia (e na Europa). Ele se dirigiu às massas que não tinham interesse *direto* em perseguir a guerra porque contou com a evolução das condições *subjetivas* para uma situação revolucionária. Por isso, rompeu com os centristas e convocou uma nova Internacional. Os autores segundo os quais o marxismo

---

alguns achados de seu "período progressista", como ele o chamava, que acabou com a Primeira Guerra Mundial. Daí em diante, o sistema teria passado para sua fase negativa, degenerativa.

[19] Ver Péter Szigeti, *Világrendszernézőben: Globális "szabad verseny" – a világkapitalizmus jelenlegi stádiuma* [Avaliação das ordens mundiais: a "livre competição" global – o atual estágio do capitalismo no mundo] (Budapeste, Napvilág, 2005), p. 37. Szigeti está correto em defender que o problema real e muito importante do desenvolvimento desigual não deve ser excessivamente generalizado e que o desenvolvimento igualitário não deve ser esquecido. Nesse sentido, tanto Lênin quanto o marxismo de todo o movimento comunista ficou preso no terreno do atraso histórico relativo, de ter de "tirar o atraso".

de Lênin suscitou uma reinterpretação radical do subjetivismo, principalmente como resultado de sua leitura de Hegel, estão certos. Lênin percebeu as circunstâncias históricas que provocaram o despertar da consciência dos indivíduos e das massas e compreendeu que isso poderia fornecer "fundamento" para a política revolucionária. Ou seja, a correlação objetiva de forças pôde ser reconfigurada, uma vez que até mesmo dez bastariam para confrontar a guerra: sob as novas circunstâncias, milhões poderiam unir-se a eles. Lênin já sabia disso quando os recrutas marchavam para o *front*, cantando espirituosamente. Em contraste com as "filosofias de massa" elitistas e especulativas e os utópicos socialistas "proféticos" – e com base nos estudos de Hegel e Marx –, Lênin enfatizou as ideias e a prática da mudança revolucionária. Esse desafio foi parte da motivação de seus estudos e debates filosóficos, bem como a noção de que o revisionismo da social-democracia se esforçava para "salvar" a ordem mundial colapsada. Suas "mensagens" empiristas ou neokantianas procuravam acalmar os trabalhadores com a promessa de pacificação da ordem capitalista.

A opinião de alguns especialistas de que, na virada do século, Lênin considerava o revisionismo apenas uma "aberração" ideológica ou política é sugestiva de que o "giro" bernsteiniano (reconciliação entre capitalismo e movimento dos trabalhadores) foi validado à luz das décadas recentes. Em última análise, argumentam que reformas sociais, e não a revolução social, encontraram sua justificação[20]. É claro que essa apologia do revisionismo não resiste à análise, porque continua a refletir apenas a visão eurocêntrica dos países capitalistas centrais. O sistema capitalista global não superou a fome que assola centenas de milhões, as crises, as guerras, as ditaduras e o desemprego, sem mencionar a alienação social e cultural que afeta a vida de outros tantos milhões. O marxismo de Lênin lutou pela *totalidade* em seu modo de contemplar. Ou seja, em contraste com seu materialismo contemplativo anterior, moveu-se em direção a uma "filosofia prática dialética ativista"[21]. Com a Primeira Guerra Mundial chegou o momento

---

[20] Após o colapso da União Soviética, é novamente a metodologia hegeliana que domina boa parte do pensamento de historiadores marxista-leninista, desenganados, se converteram ao bernsteinianismo e ao revisionismo. Isso enseja, novamente, uma coexistência hegeliana com a realidade, com a diferença de que, agora, ela apareça na forma da "validação do revisionismo". Um exemplo típico disso seria T. I. Oizerman, *Оправдание ревизионизма/ Opravdánie revizionizma* [Justificando o revisionismo](Moscou, Kanon, 2005).

[21] Para a contribuição mais recente de um velho representante dessa descoberta, ver Kevin B. Anderson, "The Rediscovery and Persistence of the Dialectics in Philosophy and in World Politics", em Sebastian Budgen, Stathis Kouvelakis e Slavoj Žižek (org.), *Lenin Reloaded*, cit., p. 120-47. Talvez essa descoberta tenha aparecido pela primeira vez na obra de Henri Lefebvre, em seu *La Pensée de Lénine*, publicado originalmente em 1957 e incluído na citada antologia *Lenin Reloaded*, p. 138 e seg. Mas os bolcheviques já debatiam a importância da dialética na obra de

em que, em todo o mundo, o proletariado poderia tomar o próprio destino nas mãos. Em contraste com a social-democracia ocidental e as soluções parciais que ela tinha oferecido desde a virada do século, Lênin considerou o todo. Ele restaurou a consciência teórica e metodológica marxista hegeliana, baseada na "totalidade", a seu lugar legítimo, incluindo, antes de tudo, o salto qualitativo da *mudança revolucionária*, a superação dialética da antiga civilização. De acordo com esse objetivo básico, o marxismo de Lênin chegou à *teoria e à prática da transformação social* no momento histórico em que, de fato, provou-se possível romper a superfície da ordem capitalista mundial, ao menos por um tempo.

Na teoria social de Lênin, a história oferece múltiplas potencialidades. Por isso a arte da política revolucionária está contida em reconhecer e encontrar um caminho entre as alternativas. Isso não significa necessariamente "da perspectiva do proletariado" uma escolha da ação revolucionária mais radical. O ponto de partida só pode ser o que é *especificamente possível*. No pensamento de Lênin, o pré-requisito para determinar o que é e o que não é *possível* reside na análise histórica concreta das relações políticas e no respectivo poder das classes, uma seleção da direção da mudança e da estratégia para garantir aliados duradouros para a classe trabalhadora.

As teses teóricas e políticas de Lênin, baseadas em fatos históricos e econômicos, sustentavam que a autocracia tsarista só poderia ser desalojada pela revolução. Isso foi acompanhado pelo reconhecimento de que a burguesia russa "não poderia desempenhar papel de liderança" na revolução. Para Plekhánov, tal avaliação da burguesia russa era questionável. Lênin, ao contrário, compreendeu a "revolução nacional" ou a "revolução burguesa" russas como associação entre trabalhadores urbanos e camponeses sem terra, como bem demonstraram os eventos de 1905. Isso naturalmente o conduziu à tese bem conhecida de que "a revolução burguesa não pode ser separada da revolução proletária por uma muralha da China". Com a

---

Lênin pouco depois da sua morte. A questão de a leitura de Hegel por Lênin em 1914 ter se revelado uma ruptura epistemológica ou ideológica é mencionada, embora no sentido oposto, por autores conhecidos (não surpreendentemente no fim dos anos 1960), como Roger Garaudy, em *Lenin* (Paris, PUF, 1968), e L. Coletti, em *Il Marxismo e Hegel* (Bari, Laterza, 1976). Ver, do mesmo período, Marcel Liebman, *Leninism under Lenin* (Londres, Cape, 1975). Dos anos 1980 e 1990, ver Kevin Anderson, *Lenin, Hegel and Western Marxism: Critical Studies* (Urbana, University of Illinois Press, 1995), bem como Neil Harding, *Leninism* (Durham-NC, Duke University Press, 1996). Houve um debate interessante sobre o livro "hegeliano" de Anderson em meados de 1990, por iniciativa de Raia Dunaiévskaia. Não podemos deixar de assinalar que, na Hungria, as obras de István Hermann e György Szabó András também representaram contribuições importantes. Além disso, Ádám Wirth publicou uma monografia intitulada *Lenin, a filozófus* [Lênin, o filósofo] (Budapeste, Kossuth, 1971), embora tenha sido escrita a partir do antigo ponto de vista profissional.

globalização capitalista atingindo um nível mais elevado no momento da Primeira Guerra Mundial, essa visão foi reivindicada globalmente, pois o movimento das massas descontentes de trabalhadores e camponeses armados, bem como os das nacionalidades, ganharam ímpeto e insinuaram a possibilidade de outra revolução, a de trabalhadores, soldados e camponeses, sobre as bases de reforma agrária e saída da guerra. Embora Lênin tenha chamado isso de "revolução proletária", ele estava bastante consciente de que uma revolução puramente proletária era impossível na Rússia. Seus famosos debates intermitentes com Trótski refletem quão complexa era a relação real entre o fazer político e a teoria.

Mesmo assim, Lênin teve de modificar a noção, herdada de Marx, de *revolução mundial* e a lei do desenvolvimento desigual – "o elo mais fraco na cadeia do imperialismo". Ele argumentou que a revolução mundial, como processo histórico de longo alcance, *pode muito bem começar* na Rússia. A Revolução Russa poderia se tornar a centelha da revolução mundial. Embora Lênin soubesse bem que isso era apenas uma possibilidade histórica, ele também sabia que nada seria pior que a guerra em si (mesmo que a civilização não estivesse próxima de seu fim em nenhum lugar). Lênin tirou conclusões políticas desses fatos. Outros líderes do marxismo europeu, como Rosa Luxemburgo e Karl Liebknecht, concordaram.

As verdadeiras dificuldades analíticas surgiram a partir de 1917, pois a história tomou um curso diferente do previsto pelo marxismo até aquele ponto (inclusive por Lênin). A revolução política foi formulada como parte da *revolução social* na teoria de Lênin, refletindo a universalidade e a profundidade de toda a transformação revolucionária, mas o desenvolvimento tangencial da história criou sérias contradições. Isto é, a Revolução Russa ocorreu sob restrições históricas mundiais bem conhecidas, com base nas quais Lênin concluiu que a missão histórica da Revolução Russa "semiperiférica" era *estabelecer localmente a civilização cultural e as precondições econômico-psicológicas do socialismo*, até que os desenvolvimentos globais libertassem a história russa dos grilhões de convenções impostas por milhares de anos e a integrasse na nova civilização socialista europeia. Numerosos comentários e análises de Lênin escritos após 1917 lidaram com essa questão, em particular seu último escrito. Os constrangimentos estruturais – de acordo com a dialética histórica, aliás – permitiram apenas uma proposição distorcida e unilateral do socialismo como prática. Em vez de realizar uma sociedade comunal, o caminho do socialismo autêntico levou ao sistema *burocrático* da comunidade *governada pelo Estado*.

Desde o início, o problema da revolução estava ligado à questão de como *Estado e sociedade* estão relacionados na teoria de Lênin. Conforme discutido, seus conceitos de "contrapropaganda", "contrapoder" (imprensa social-democrata, clubes de debate, círculos de autoinstrução, o partido de proletários) e uma rede de auto-organização social (sovietes, sindicatos e outras estruturas de proteção de interesses) foram rapidamente enterrados sob as demandas de poder do sistema que ele próprio ajudou a criar – e, por fim, pelo sistema de partido único. Em princípio, a revolução teria aberto o caminho para um sistema baseado na auto-organização da sociedade como um todo. Uma ordem social autogerida, construída de baixo para cima, poderia ter existido em tal sociedade, desde que um sistema institucional burocrático dissociado não tivesse se estabelecido[22]. A viabilidade da "causa histórica" pressupunha o apoio da revolução internacional.

Ainda que a história tenha confirmado o marxismo de Lênin no que concerne à Revolução Russa, ela não confirmou suas ideias nem suas aspirações de desenvolvimento *pós-revolucionário*. Uma das pedras angulares de sua concepção política anterior a 1917, a questão da democracia, fixou os estágios de transição no caminho da revolução. Ele não apenas sustentou sua crítica da *democracia burguesa* e das abordagens burguesas à democracia com as dimensões econômica e social da democracia – demonstrando as funções opressivas do sistema burguês, alinhado com sua crítica do capitalismo –, como também delineou uma série de estipulações político-organizacionais: a democracia burguesa torna-se democracia plebeia e, em seguida, *democracia dos trabalhadores* (o semi-Estado), pressupondo uma transformação na estrutura de poder a partir da mudança socioeconômica de regimes como um todo.

Sem forças sociais para sustentar seu aprofundamento, a *democracia dos trabalhadores*, que era tanto na teoria como na prática uma ditadura – isto é, a ditadura do proletariado – contra os defensores do antigo sistema, logo decaiu em uma "ditadura do partido" (Lênin), conceito que depois assumiu precedência no trabalho teórico de Lênin. A resposta à situação dada que Lênin legou em sua leitura do marxismo, e delineou teoricamente, era de que o socialismo não apenas não poderia ser introduzido, como numerosos estágios de *transição* seriam necessários para atingi-lo – "transições dentro das transições". No entanto, os aspectos teóricos e políticos da superação de uma "ditadura do partido" minguaram, se complicaram e, por fim, naufragaram irrevogavelmente sob as exigências de autopreservação do regime.

## A perspectiva socialista: a contradição não resolvida

Em consequência dos limites impostos pelas circunstâncias históricas e pela mortalidade individual, Lênin só foi capaz de fornecer uma resposta marxista

---

[22] Essa concepção é abordada em *O Estado e a revolução*. Em sua introdução teórica, Lênin ativa pontos de vista quase esquecidos de Marx, a saber: o socialismo como desfecho de um longo processo histórico; como a primeira fase do comunismo (operando como a evolução possivelmente universal em direção ao futuro); como a "comunidade de produtores associados"; e como a liberdade global da humanidade civilizada.

limitada à questão do recurso à ditadura mesmo contra sua própria base social para preservar o poder soviético. Por um lado, tentou compensar a opressão política ao proclamar, em oposição ao poder estatal remanescente e ainda mais forte, que "a classe trabalhadora deve defender-se de seu próprio Estado". Por outro, no entanto, deixou sem explicação como ela poderia fazer isso com o apoio desse próprio Estado. Em outras palavras, os trabalhadores devem confrontar o Estado e, ao mesmo tempo, defendê-lo. Não havia solução dialética para tal contradição. Além disso, havia outra contradição sem resolução: Lênin reservou ao partido e ao Estado a capacidade de coerção extraeconômica, que era proporcional à falta de condições para a realização do socialismo. "Mesmo Pedro, o Grande, precisou recorrer a métodos bárbaros para enfrentar condições bárbaras." A teoria e a prática de autodefesa presentes nas ideias anteriores de Lênin não apenas diminuíram, como acabaram por ser eliminadas pela guinada stalinista, o que mais tarde obviamente contribuiu para a queda do socialismo estatal.

O pensamento de Lênin voltou-se para o beco sem saída do comunismo de guerra, a remoção da ideologia das medidas militares que acompanham um tipo específico de socialismo de Estado e a percepção de que a mudança de formas sociais pode se realizar apenas parcialmente. A Nova Política Econômica implicou o reconhecimento de que nem a democracia direta dos trabalhadores nem a cooperação econômica construída sobre a autogestão poderiam ser estabelecidas. Lênin identificou esse estágio como "transições dentro das transições", como "*capitalismo de Estado*" supervisionado pelo Estado soviético[23]. Diferentemente da maioria dos bolcheviques, enfatizou neste ponto que a nova sociedade não poderia ser introduzida por meios políticos, por um assalto revolucionário. O desenvolvimento crescente ou as reformas não poderiam ser confundidos com o salto revolucionário se levarmos em conta os limites humanos, subjetivos, de desenvolvimento e a relevância do progresso passo a passo. Mesmo assim, Lênin nunca se converteu num bernsteiniano, como alguns autores sugeriram[24], tampouco dissolveu a herança marxista em partes metodológicas e científicas. Em vez disso, aceitou a contradição e a concebeu como um todo relativo ou um sistema que não poderia ser complementado nem "pluralizado", como conceito

---

[23] O esforço de esquadrinhar uma ideologia para atender aos desenvolvimentos não previstos do socialismo de Estado está completamente ausente em Lênin. Essa ausência foi uma das bases teóricas do acalorado debate no qual se envolveram Trótski e seus camaradas – ao qual se juntaram posteriormente outros nomes, incluindo J.-P. Sartre – ao desafiar a coerência e o significado da tese stalinista do "socialismo em um só país".

[24] Na esteira da citada obra de T. I. Oizerman, I. K. Pántin publicou o artigo "Исторические судьбы марксизма"/ "Istorítcheskie sudby marksizma" [Destino histórico do marxismo], *Вестник Российской/ Viéstnik Rossískoi* [Boletim da Federação Russa], Moscou, ago. 2006, p. 747-53.

que não poderia ser desconstruído à vontade. Em oposição ao pensamento anarquista e dogmático, que trata a totalidade como um absoluto, enfatizou a universalidade do gradualismo, a segmentação, as tarefas parciais; e, contra o particularismo do revisionismo (e do liberalismo), enfatizou a totalidade, uma abordagem totalizante dos objetivos do socialismo.

A descoberta-chave de Lênin após a revolução foi precisamente de que a Rússia precisava assimilar as conquistas básicas da tecnologia e da civilização cultural ocidentais e ao mesmo tempo tentar criar uma nova economia mista. Em tais circunstâncias, o Estado soviético foi chamado a apoiar os setores da comunidade social que concorriam como "ilhas de socialismo". O principal imperativo era de que a "modernização" deveria fazer avançar o Estado e os setores social-comunitários, porque o livre mercado e a dominação desinibida do capital são o fundamento da opressão humana. A ideia de autonomia do indivíduo e da personalidade como base para o desenvolvimento da sociedade comunal estava ausente não apenas do legado de Lênin, mas do legado de todo o período, que insistia em outras dimensões do desenvolvimento. Em outras palavras, a tarefa do marxismo de Lênin não é desempenhar o papel do liberalismo da Europa ocidental do século XIX, mas combinar os setores econômico, cultural e outros que se apoiariam mutuamente. Contudo, as circunstâncias históricas objetivas acarretaram uma contradição irreconciliável entre uma filosofia política inclinada a preservar o poder e a teoria socioeconômica (teoria comunista). Essa concepção de socialismo teórico, originalmente abordada em *O Estado e a revolução*, ativou uma visão quase esquecida de Marx: o socialismo era resultado de um processo histórico prolongado, a primeira fase do comunismo. Ele inaugurou uma possibilidade de evolução universal para um futuro de "comunidade de produtores associados", a liberdade global da humanidade civilizada.

A obra e a vida de Lênin confirmam que o marxismo, tanto como teoria quanto como prática política, lida diretamente com o projeto de *ir além do capitalismo*. Para ele, o marxismo não era uma disciplina abstrata que valesse por si própria. Certamente, não era um filosofar abstrato sobre o significado da vida. A ciência e a filosofia eram apenas ferramentas para atingir a emancipação humana. O ponto de partida do marxismo de Lênin é, portanto, o mapeamento correto de seu próprio contexto histórico. No centro de seu pensamento e de toda sua atividade encontra-se a exploração das oportunidades para a revolução proletária na Rússia e no mundo e seu potencial inerente de realização prática.

A forma histórica específica da trajetória revolucionária examinada aqui – de um aspecto de seu objetivo final de igualdade social, isto é, o fim das classes sociais e a conquista da liberdade – era restringida por circunstâncias históricas e limitações humanas. Ao mesmo tempo, a metodologia da transformação da comunidade mundial sobreviveu ao fracasso da experiência prática. Essa é a contradição que as tendências modernas do marxismo vivem dia após dia. As conclusões ainda estão por surgir. O triunfo moderno do revisionismo fez reviver as hipóteses ideológicas – negadas pela história manchada de sangue do século XX – de que o capitalismo pode ser civilizado mundialmente, pode ter uma face humana. A principal plataforma do revisionismo foi a de que o capitalismo pode ser civilizado e pode abraçar a civilização no "centro" do sistema capitalista. O que Lênin entendeu foi o significado do próprio sistema, ou seja, de que, se ele pode ser melhorado de algum modo (e devemos nos esforçar por tal melhoria local e internacionalmente), isso só pode ocorrer à custa do bem-estar das populações periféricas. Assim, a fim de melhorar realmente o sistema para todos, é necessário superá-lo. Até hoje, a questão é: a civilização capitalista pode ser conquistada por meio da emancipação social?

Nenhuma tentativa de responder a essa pergunta deve ignorar as contribuições teóricas e políticas de Lênin. Seu adversário político, Nikolai Ustriálov, em escrito dedicado a Lênin, analisou as realizações do líder bolchevique pelo ponto de vista da "grandeza da nação russa" e opinou que Lênin estava profundamente enraizado na história russa, que seu lugar era claramente entre os "grandes heróis nacionais russos", encarnando Pedro, o Grande, e Napoleão, Mirabeau e Danton, Pugatchov e Robespierre, todos ao mesmo tempo[25].

Slavoj Žižek resumiu o problema numa base marxista: "Repetir Lênin não significa que devemos repetir o que ele alcançou, e sim o que ele não conseguiu alcançar". Até mesmo Václav Havel admite, como Žižek notou, que a democracia burguesa exauriu seus próprios recursos e é incapaz de resolver os problemas básicos do mundo, "mas, se um leninista faz essa afirmação, ele é imediatamente acusado de totalitarismo". A atualidade de Lênin reside no fato de ele transformar suas próprias experiências históricas em um conjunto de conceitos teóricos que minam e destroem quaisquer justificações para a sociedade burguesa, e, apesar das contradições envolvidas, fornece ferramentas para aqueles que ainda pensam na possibilidade de um mundo mais humano[26].

---

[25] Nikolai Ustriálov, *Национал большевизм/ Nacional bolchevizm* [Bolchevismo nacional] (Moscou, Algoritm, 2003), p. 372-6.

[26] Slavoj Žižek, *13 опытов о Ленине/ 13 opytov o Liénine* [13 experimentos sobre Lênin] (Moscou, Ad Marginem, 2003), p. 252-3.

# CRONOLOGIA: 1917-1924[*]

## 1917

**JANEIRO-FEVEREIRO:** escassez de alimentos e combustíveis na capital. Greves contínuas e protestos contra a guerra e a autocracia, por melhores condições de vida.

**23 DE FEVEREIRO (8 DE MARÇO):** no Dia Internacional da Mulher, milhares marcham nas ruas de Petrogrado; greve de fome, a marcha dá início a uma greve geral. Começa a segunda Revolução Russa – a monarquia será derrubada; os sovietes serão formados novamente.

**27 DE FEVEREIRO (12 DE MARÇO):** o tsar Nicolau II dissolve a Duma e ordena que os tumultos sejam reprimidos. A Duma permanece unida. No Palácio de Táurida, o Soviete de Deputados Operários de Petrogrado é formado, sob influência menchevique e SR; seu líder é o menchevique Nikolai Tchkheidze, seus representantes são o trudovique Aleksandr Keriénski e o menchevique Matvei Skóbolev.

**28 DE FEVEREIRO (13 DE MARÇO):** o Comitê Provisório da Duma anuncia que assumirá o poder. Os ministros do governo tsarista são removidos.

**2 DE MARÇO (15 DE MARÇO):** em seu trem especial, na estação ferroviária de Pskov, o tsar Nicolau II recebe os representantes da Duma: o outubrista Aleksandr Gutchkov e o monarquista Vassíli Chulguin. A pedido deles, abdica em favor do grão-duque Miguel. O governo provisório é formado, liderado pelo príncipe *kadet* Gueórgui Lvov, que também assumirá o posto de ministro do Interior – entre os membros estão o *kadet* Pável Miliúkov como ministro das Relações Exteriores, o outubrista Aleksandr Gutchkov como ministro da Guerra e o trudovique Aleksandr Keriénski como ministro da Justiça. Esse evento é o início do "duplo poder" do governo burguês e do Soviete Socialista de Petrogrado (com maioria menchevique/SR). O grão-duque Miguel abdica no mesmo dia.

---

[*] Com base em Tamás Krausz, Ákos Szilágyi, Zoltán Sz. Bíró (orgs.), *Oroszország és a Szovjetunió XX, századiképeskrónikája* (Budapeste, Akadémiai Kiadó, 1992). (N. E.)

**4 DE MARÇO (17 DE MARÇO):** em Kiev, é formada a separatista Rada Central Ucraniana (Assembleia Nacional). Os membros são sociais-democratas ucranianos e pequeno-burgueses. O líder é o historiador e SR Mikhail Gruchévski, e o vice-líder, o escritor Volodimir Vinnitchenko.

**8 DE MARÇO (21 DE MARÇO):** atendendo exigência dos sovietes, Nicolau Románov é mantido em prisão domiciliar.

**9 DE MARÇO (22 DE MARÇO):** o governo provisório forma o Comitê Especial em Tíflis (Tbilisi), a fim de governar os territórios transcaucasianos. O comitê funciona até 15 (28) de novembro de 1917.

**17 DE MARÇO (30 DE MARÇO):** o governo reconhece a independência da Polônia.

**4 DE ABRIL (17 DE ABRIL):** Lênin chega a Petrogrado, de volta do exílio suíço. Imediatamente, participa do controle dos processos revolucionários. Delineia as possibilidades e as tarefas da revolução proletária nas *Teses de abril*.

**14 DE ABRIL (27 DE ABRIL):** Vladímir Lvov, novo procurador-chefe do sínodo da Igreja Ortodoxa, substitui catorze bispos ligados ao *starets* e dispensa os dignitários clericais que haviam galgado posições com apoio de Raspútin.

**18 DE ABRIL (1º DE MAIO):** o ministro das Relações Exteriores, Miliúkov, envia uma nota aos aliados prometendo guerra até a vitória nos velhos termos.

**24-29 DE ABRIL (7-12 DE MAIO):** começo da Conferência de Toda a Rússia do partido bolchevique em Petrogrado. O encontro lida com questões da relação com os sovietes, do programa do partido, dos problemas organizativos e agrícolas, da conferência de paz e do caráter do processo revolucionário. Lênin declara que a revolução burguesa terminou. Kámenev e Stálin se recusam a aceitar esse ponto de vista.

**3 DE MAIO (16 DE MAIO):** o governo cai devido à política de guerra. Pável Miliúkov e Aleksandr Gutchkov renunciam.

**4-28 DE MAIO (17 DE MAIO-10 DE JUNHO):** o I Congresso dos Sovietes de Camponeses de Toda a Rússia é aberto em Petrogrado. Pede a "sovietização" (distribuição igual) de terras e elege liderança SR.

**8 DE MAIO (19 DE MAIO):** forma-se o primeiro gabinete de coalizão do governo provisório, com seis ministros "socialistas".

**18 DE JUNHO (1º DE JULHO):** Keriénski, ministro da Guerra, ordena que o Exército inicie uma ofensiva na Galícia. Após começar de forma bem-sucedida, a ofensiva logo entra em colapso.

**FIM DE JUNHO:** o governo provisório reconhece o secretariado-geral, eleito pela Rada Central Ucraniana, como governo provisório da Ucrânia. A Rada declara a autonomia ucraniana em 10 (23) de junho.

**3-4 DE JULHO (16-17 DE JULHO):** o fracasso da ofensiva de Keriénski incita milhares a tomarem as ruas em protesto. As reuniões em massa em Petrogrado organizadas pelos sovietes se transformam em manifestações pró-bolcheviques, mas a liderança bolchevique considera prematuro promover uma revolução. O governo proíbe o partido bolchevique; seus líderes são presos ou declarados clandestinos. Em 7 (20) de julho, um mandato de prisão é emitido contra Lênin, com a assinatura de Andrei Vichínski, menchevique de direita. Em 5 (18) de julho, o *Pravda* é banido. Termina o período democrático do desenvolvimento revolucionário.

**24 DE JULHO (6 DE AGOSTO):** Keriénski forma um novo governo de coalizão. A maioria dos ministros é de mencheviques ou SRs.

**26 DE JULHO-3 DE AGOSTO (8-16 DE AGOSTO):** VI Congresso (clandestino) do Partido (bolchevique) Operário Social-Democrata Russo, em Petrogrado. O congresso adota os planos de insurreição armada e de conquista de uma revolução proletária, com a nacionalização das terras. Leon Trótski e o chamado Mejraióntsy – Anatóli Lunatchárski, Adolf Ioffe, David Riazánov, Moisei Urítski e Konstantin Iuriénev – aderem ao partido bolchevique.

**2 DE AGOSTO (15 DE AGOSTO):** o governo declara que os elementos que ameaçam a segurança interna do Estado devem ser julgados sem procedimento judicial.

**12-15 DE AGOSTO (25-28 DE AGOSTO):** *kadets* exigem que o governo provisório promova uma conferência de Estado em Moscou. O evento conta com 2.500 participantes, dos quais 488 representam a Duma, 129 são delegados camponeses, 100 são delegados operários e soldados, 147 representam as dumas municipais, 117 são delegados do Exército e da Marinha, 313 representam cooperativas, 159 representam o capital industrial e os bancos, 176 são delegados dos sindicatos, 118 são delegados dos *zemstvos*, 83 representam os intelectuais, 24 representam a Igreja e 58 representam as nacionalidades. Os generais Kornílov, Kaliédin, Miliúkov e Chulgin pedem a eliminação do controle social sobre os sovietes e o Exército.

**25-30 DE AGOSTO (7-12 DE SETEMBRO):** o general monarquista Lavr Kornílov, supremo comandante em chefe das Forças Armadas do governo provisório, exige que o governo Keriénski renuncie, mas suas forças em avanço contra Petrogrado são impedidas pelos operários. Kornílov é preso em Moguilov.

**31 DE AGOSTO (13 DE SETEMBRO):** o Soviete de Petrogrado adota uma resolução sobre o poder. Seu presidente é Leon Trótski.

**1º DE SETEMBRO (14 DE SETEMBRO):** o governo provisório se desfaz quando ministros *kadets* apoiam o general durante a revolta de Kornílov. O diretório recém-formado, com cinco membros liderados por Keriénski, declara a Rússia uma "república".

**5 DE SETEMBRO (18 DE SETEMBRO):** a maioria do Soviete de Moscou agora é bolchevique.

**14-22 DE SETEMBRO (27 DE SETEMBRO-5 DE OUTUBRO):** em Petrogrado, a Conferência Democrática de Toda a Rússia se reúne e elege um "pré-parlamento" a fim de controlar o futuro governo provisório.

**25 DE SETEMBRO (8 DE OUTUBRO):** o terceiro governo provisório de coalizão é formado, sob a liderança de Keriénski, que também é o supremo comandante em chefe.

**7 DE OUTUBRO (20 DE OUTUBRO):** abertura do pré-parlamento (o Conselho Provisório da República Russa) no Palácio Maria, em Petrogrado. Dos 550 membros, 135 são SRs, 92 são mencheviques, 75 são *kadets*, 58 são bolcheviques e 30 são socialistas do povo. Os 165 delegados restantes são representantes de diferentes grupos capitalistas e de proprietários de terras, bundistas etc. Os delegados bolcheviques se recusam a participar no primeiro dia. O pré-parlamento opera até 25 de outubro (7 de novembro), quando os bolcheviques o dissolvem.

**9 DE OUTUBRO (22 DE OUTUBRO):** na reunião do Soviete de Petrogrado, uma resolução é adotada para formar o Comitê Revolucionário Militar de Petrogrado, que levará à insurreição armada.

**10 DE OUTUBRO (23 DE OUTUBRO):** tendo obtido maioria nos sovietes de Moscou e Petrogrado, o Comitê Central Bolchevique tem dez votos a favor da proposta de Lênin de tomar o poder (ele está presente, disfarçado) e apenas dois votos contra.

**18 DE OUTUBRO (31 DE OUTUBRO):** os membros do Comitê Central Bolchevique Liev Kámenev e Grigóri Zinóviev anunciam o plano bolchevique para a revolução no jornal de Górki, *Nóvaia Jizn*, expressando opiniões diferentes daquela do CC.

**24 DE OUTUBRO (6 DE NOVEMBRO):** o governo provisório tenta fechar o jornal bolchevique clandestino *Rabótchi Put*, que desde julho havia mudado de localização e nome – foi publicado sob esse título entre os dias 3 (16) de setembro e 26 de outubro (8 de novembro). Ao mesmo tempo, uma ofensiva é lançada contra o Smolni para prender os líderes bolcheviques. Em carta, Lênin, ainda clandestino, defende que o Comitê Central deve começar imediatamente a insurreição armada. À noite, os soldados do Exército Vermelho ocupam prédios-chave da capital.

**25 DE OUTUBRO (7 DE NOVEMBRO):** durante as primeiras horas da manhã, unidades ligadas ao Comitê Revolucionário Militar ocupam pontos-chave, como agências de correio, telégrafo, estações ferroviárias e o banco estatal. Às 10h25, o Comitê Revolucionário Militar, liderado por Leon Trótski, proclama que o governo provisório foi derrubado. Às 13h00, soldados da Guarda Vermelha ocupam o porto e a sede da Marinha. Às 21h40, o sinal dado pelo *Aurora* indica o início do cerco do Palácio de Inverno, sede do governo provisório, que não se rendeu. Meio da manhã: Keriénski deixa Petrogrado de carro para buscar forças leais no *front*. Forças do Comitê Revolucionário Militar fecham o pré-parlamento ao meio-dia. Às 22h40, o II Congresso dos Sovietes de Deputados Operários e Soldados de Toda a Rússia se reúne em Smolni. Lênin anuncia que os sovietes têm em mãos o poder de governo. Representantes mencheviques e SRs abandonam o congresso de maioria bolchevique. Em Moscou, forças revolucionárias enfrentam a oposição resoluta do coronel Riábtsiev. Na Duma local, no início da noite, *kadets*, mencheviques de direita e SRs formam o Comitê de Segurança Social, organização contrarrevolucionária guardada pelos *kadets* locais vestindo braçadeiras. Autodenominam-se brancos ou guardas brancos a fim de se distinguirem dos soldados do Exército Vermelho.

**26 DE OUTUBRO (8 DE NOVEMBRO):** às 2h10, revolucionários ocupam o Palácio de Inverno. Vladímir Antónov-Ovseyenko prende membros do governo provisório, exceto Aleksandr Keriénski, que tinha fugido. O Congresso dos Sovietes aprova decretos sobre paz e reforma agrária. O primeiro governo soviético é criado: o Conselho do Comissariado do Povo (CCP). O presidente é Vladímir Uliánov Lênin. Os comissários eleitos para o conselho são: V. P. Miliúkov, comissário para a Agricultura; V. A.-Ovseyenko, N. V. Krilenko e P. V. Dibenko, comissários para o Exército e a Marinha; V. P. Nóguin, comissário para o Comércio e a Indústria; A. V. Lunatchárski, comissário para a Educação; V. Miliutin, comissário para as Provisões; I. A. Teodoritch; L. D. Trótski, comissário para as Relações Exteriores; A. I. Rykov, comissário para o Interior; G. I. Oppokov, comissário para a Justiça; A. G. Chliápnikov, comissário para o Trabalho; J. V. Djugachvíli (Stálin), comissário para as Questões de Nacionalidade; N. P. Avilov, comissário para os Correios e Telégrafos; e I. I. Skvortsov-Stepanov, comissário para o Tesouro.

**1º DE NOVEMBRO (14 DE NOVEMBRO):** em Gátchina, os bolcheviques prendem Piotr Krásnov, uma das principais figuras organizadoras do exército contrar-revolucionário. Na Ucrânia, o governo burguês separatista assume o poder. O coronel Aleksandr Dútov, *ataman* dos cossacos de Oremburgo, declara guerra ao governo soviético.

**2 DE NOVEMBRO (15 DE NOVEMBRO):** Aleksei Kaliédin, general branco, cossaco do Don, revolta-se contra o governo soviético. Lênin proclama a *Declaração de direitos do povo da Rússia*, concedendo direitos iguais e soberania às nacionalidades da Rússia e permitindo que se desliguem e sejam completamente independentes.

**3 DE NOVEMBRO (16 DE NOVEMBRO):** a batalha sangrenta nas ruas de Moscou, iniciada no dia 25 de outubro (7 de novembro), termina com a vitória dos sovietes.

**5 DE NOVEMBRO (18 DE NOVEMBRO):** o sínodo da Igreja Ortodoxa de Toda a Rússia escolhe Tíkhon, metropolitano de Moscou, para a posição de patriarca da Igreja Ortodoxa Russa.

**7 DE NOVEMBRO (20 DE NOVEMBRO):** a Rada Central declara a República do Povo Ucraniano, mas não menciona a separação do Império Russo. Começam as negociações com o Conselho do Comissariado do Povo.

**11 DE NOVEMBRO (24 DE NOVEMBRO):** em decreto, o CCP acaba com os direitos feudais (classes e hierarquias civis). A propriedade de empresas burguesas e comerciais é transferida aos governos locais, mas a implementação do decreto fica nas mãos dos recém-formados sovietes locais. Em Ekaterinodar (Krasnodar), a Rada dos Cossacos de Kuban forma um governo e declara a independência da região de Kuban.

**15 DE NOVEMBRO (28 DE NOVEMBRO):** após o Comitê Especial estabelecido pelo governo provisório em Tiflis (Tbilisi) ser dissolvido, o Comissariado Transcaucasiano é formado com a participação de políticos mencheviques/SRs georgianos, armênios e azeris. O órgão não reconhece o poder dos sovietes. Seu presidente, o advogado menchevique georgiano Evguiéni Gueguetchkori, procura estabelecer relações com o *ataman* branco da Rada de Kuban e os cossacos do Terek e do Daguestão.

**18 DE NOVEMBRO (1º DE DEZEMBRO):** Vladivostok é controlada pelos sovietes locais.

**19-28 DE NOVEMBRO (2-11 DE DEZEMBRO):** a ala esquerda do partido SR (Maria Spiridónova, Boris Kamkov e Mark Natanson), que fora expulsa por cooperar com os bolcheviques, forma um partido independente no dia 20 de novembro (3 de dezembro). O general comandante em chefe Nikolai Dukhonin é preso por se recusar a cumprir a ordem do CCP de buscar um armistício imediato com os alemães. A multidão irada o espanca até a morte na estação ferroviária de Moguilov, por ele ter libertado os oficiais presos após a revolta de Kornílov.

**23 DE NOVEMBRO (6 DE DEZEMBRO):** a Finlândia anuncia sua independência da Rússia.

**26-29 DE NOVEMBRO (9-12 DE DEZEMBRO):** em Kokand, líderes muçulmanos uzbeques, cazaques, quirguizes e tadjiques formam um governo que se empenha em libertar o Turquestão da Rússia soviética.

**28 DE NOVEMBRO (11 DE DEZEMBRO):** um decreto do CCP declara o Partido KD inimigo do povo e o bane. O patriarca Tíkhon excomunga o poder soviético e conclama os crentes a combater os bolcheviques. Em novembro, em Tasquente, o congresso dos Sovietes de Deputados Operários, Soldados e Camponeses do Turquestão se reúne. Todos os membros do governo eleito pelo congresso são russos. Dos catorze líderes do governo do Turquestão, apenas quatro são membros do partido bolchevique. As forças do governo de Tasquente esmagam o contragoverno em Kokand, liderado por Mustafa Chokay.

**NOVEMBRO-DEZEMBRO:** as eleições da Assembleia Constituinte são apuradas, com resultados inconclusivos para os bolcheviques. As eleições ocorrem em apenas 65 dos 76 distritos eleitorais; em vez de 90 milhões de votos, apenas 45 milhões são depositados. Destes, 40,4% vão para os socialistas-revolucionários; 28,3%, para os partidos burgueses nacionais e russos; 24%, para os bolcheviques; 4,7%, para os *kadets*; e 2,6%, para os mencheviques. No início de dezembro, seis SRs de esquerda se tornam membros do Conselho do Comissariado do Povo.

**2 DE DEZEMBRO (15 DE DEZEMBRO):** em Brest-Litovsk, um armistício é assinado entre a Rússia e as potências centrais.

**3 DE DEZEMBRO (16 DE DEZEMBRO):** uma proclamação do CCP reconhece o direito do povo ucraniano à soberania, mas considera contrarrevolucionária a Rada Central.

RECONSTRUINDO LÊNIN  545

**7 DE DEZEMBRO (20 DE DEZEMBRO):** a Tcheká (Comissão de Emergência de Toda a Rússia) é criada pelo CCP; Féliks Dzerjínski é escolhido presidente. A principal tarefa da Tcheká é reprimir ações contrarrevolucionárias e de sabotagem.

**9 DE DEZEMBRO (22 DE DEZEMBRO):** negociações de paz com as potências centrais começam em Brest-Litovsk. A Alemanha exige que 150 mil quilômetros quadrados de território sejam evacuados.

**11-12 DE DEZEMBRO (24-25 DE DEZEMBRO):** em Khárkiv, o I Congresso de Sovietes de Toda a Ucrânia declara a Ucrânia uma República Socialista Soviética, ainda independente da Rússia, e não reconhece a Rada Central. (Khárkiv permanece capital até 1934.)

**15 DE DEZEMBRO (28 DE DEZEMBRO):** sob liderança da Rada da Bielorrússia (formada por mencheviques, SRs, bundistas e nacionalistas em julho de 1917), o Congresso de Toda a Bielorrússia é aberto em Minsk e não reconhece o poder soviético.

**16 DE DEZEMBRO (29 DE DEZEMBRO):** o decreto do CCP sobre a democratização do Exército estabelece que todo o poder deve ser transferido aos comitês de soldados. Oficiais são eleitos e comissários políticos são indicados para controlar oficiais tsaristas.

**18 DE DEZEMBRO (31 DE DEZEMBRO):** o CCP emite decreto sobre a independência do Estado da Finlândia.

**23 DE DEZEMBRO (5 DE JANEIRO, 1918):** Lloyd George e Clemenceau celebram um acordo secreto para intervir na Rússia.

**26 DE DEZEMBRO (8 DE JANEIRO, 1918):** as forças revolucionárias começam uma ofensiva contra a Rada Ucraniana para estabelecer o poder soviético.

## 1918

**JANEIRO:** a Romênia ocupa a Bessarábia. Dentro do partido bolchevique, forma-se uma facção comunista de esquerda contra a ala leninista. Seus líderes são Nikolai Bukhárin, Evguiéni Preobrajiénski, Karl Rádek (Sobelsohn), Gueórgui (Iúri) Piátakov e Valerian Ossínski (Oboliénski). Opõem-se às negociações de paz de Brest-Litovsk com base na recusa de qualquer concessão ao imperialismo.

**5-6 DE JANEIRO (18-19 DE JANEIRO):** a Assembleia Constitucional promove uma sessão em Petrogrado. Os bolcheviques encerram a reunião.

**10-18 DE JANEIRO (23-31 DE JANEIRO):** o III Congresso (Unificado) de Sovietes de Deputados Operários, Soldados e Camponeses de Toda a Rússia se reúne. Elege o Comitê Executivo Central (CEC) de Toda a Rússia, tendo Iákov Svérdlov como presidente (entre os membros há 160 bolcheviques, 125 SRs de esquerda, 7 SRs maximalistas, 7 SRs de direita, 2 mencheviques, 3 anarquistas e 3 mencheviques internacionalistas).

**11 DE JANEIRO (24 DE JANEIRO):** a Rada Central proclama a independência ucraniana. Temendo o avanço do Exército Vermelho, a Rada se muda para Volyn e, no dia 27 de janeiro (9 de fevereiro), pede ajuda à Alemanha e à monarquia austríaca. O Comitê Central do Partido Bolchevique se divide em três facções quanto à questão das negociações de paz de Brest-Litovsk: apoiadores do tratado separado forçado (Vladímir Lênin, Grigóri Zinóviev, Grigóri Sokolnikov [Brilliant] e Josef Stálin); apoiadores da guerra revolucionária (Nikolai Bukhárin e Evguiéni Preobrajiénski); e apoiadores do desarmamento unilateral, que se recusam, porém, a assinar o tratado – "Nem guerra, nem paz" (Leon Trótski, Adolf Ioffe e Nikolai Krestínski).

**15 DE JANEIRO (28 DE JANEIRO):** o decreto do Conselho do Comissariado do Povo é formulado, estabelecendo o Exército Vermelho dos Camponeses e Operários.

**21 DE JANEIRO (3 DE FEVEREIRO):** de acordo com um decreto do CCP, um Comissariado Judaico liderado por S. Dimanstein trabalhará lado a lado com o Comissariado para as Nacionalidades. O Comitê Executivo Central aprova resolução para repudiar todas as dívidas externas.

**31 DE JANEIRO (13 DE FEVEREIRO):** o CCP nomeia Stepan Chaumi (Surent), bolchevique de Baku, comissário Extraordinário para o Cáucaso. Tropas turcas começam a ocupar a Armênia oriental enquanto tropas alemãs e turcas estendem sua influência sobre a região sul da Geórgia.

**10 DE FEVEREIRO:** Leon Trótski, comissário para as Relações Exteriores, encerra as conversações de paz com os alemães em protesto contra as reivindicações de anexação.

**11 DE FEVEREIRO:** um decreto estabelece a frota vermelha.

**16 DE FEVEREIRO:** a Lituânia proclama sua independência.

**18 DE FEVEREIRO:** um pequeno número de tropas alemãs começa uma ofensiva contra Petrogrado.

**21 DE FEVEREIRO:** um decreto do CCP, "A pátria socialista em perigo", dá à Tcheká licença para usar "medidas especiais" que permitem a execução de criminosos comuns sob procedimento sumário; mantém-se em vigor até 5 de setembro de 1918.

**23 DE FEVEREIRO:** em Tiflis, é formada a Seima Transcaucasiana. Deputados são eleitos para a Assembleia Constituinte. Tropas alemãs se aproximam de Pskov e Narva. O panfleto "A pátria socialista em perigo" é distribuído no Exército e nas cidades, tornando público o decreto do CCP de 21 de fevereiro.

**24 DE FEVEREIRO:** a Estônia proclama sua independência.

**3 DE MARÇO:** Gueórgui Tchitchiérin, comissário-adjunto para as Relações Exteriores, assina o Tratado de Brest, já que Leon Trótski tinha sido chamado de volta. A Rússia soviética perde 1 milhão de quilômetros quadrados de território, a maior parte referente à Ucrânia. Em encontro no início de março, os representantes dos conselhos de operários de 56 fábricas de Petrogrado protestam contra o fim do controle operário dos locais de trabalho. Acusam o CCP de arbitrariedade, pedem uma nova eleição dos sovietes e rejeitam o tratado de Brest. É o começo do movimento dos mandatários, que dura até o início de julho de 1918.

**6-8 DE MARÇO:** o VII Congresso (Extraordinário) do Partido Bolchevique discute dois itens importantes na agenda. Aprova o Tratado de Brest-Litovsk e debate a preparação de um novo programa de partido. O partido adota outro nome: Partido Comunista Russo (bolchevique), PCR(b).

**9 DE MARÇO:** tropas inglesas desembarcam em Múrmansk, começando a intervenção estrangeira. Em abril e agosto, respectivamente, tropas japonesas e estadunidenses desembarcam em Vladivostok; em maio, tropas britânicas e alemãs adentram o Cáucaso.

**11 DE MARÇO:** o governo bolchevique se transfere para Moscou, pois a frente de batalha se aproxima de Petrogrado. No dia 12 de março, Moscou torna-se capital.

**14-16 DE MARÇO:** O IV Congresso Extraordinário de Sovietes de Toda a Rússia é realizado em Moscou para ratificar o Tratado de Brest-Litovsk. Em protesto contra a ratificação, o Partido SR de Esquerda anuncia sua retirada do Conselho do Comissariado do Povo.

**24 DE MARÇO:** o grupo húngaro (Béla Kun, Tibor Szamuely, Ernő Pór etc.) do Partido Comunista Russo é fundado no Hotel Dresden, em Moscou. Em Minsk, o governo da República Popular da Bielorrússia proclama independência; é constituído pela Rada da Bielorrússia e apoiado pelas forças militares polonesas e, mais tarde, alemãs.

**1º DE ABRIL:** por decreto, a bandeira da República Russa apaga o tricolor branco, azul e vermelho do símbolo do Estado.

**22 DE ABRIL:** a Seima de Tiflis proclama a República Federativa Democrática Transcaucasiana, consistindo dos territórios transcaucasianos. O líder do novo governo é Akaki Chkhenkeli, menchevique georgiano.

**25 DE ABRIL:** a Comuna de Baku é estabelecida. Lá, em 31 de outubro (13 de novembro) de 1917, a vitória do poder soviético já tinha sido proclamada, mas somente em abril de 1918 os mussavatistas (Partido Democrático Muçulmano desde 1911) foram expulsos do soviete local, cuja revolta em 30 de março de 1918 havia sido reprimida por bolcheviques, SRs de esquerda e mencheviques de esquerda. A comuna resiste por 97 dias.

**28 DE ABRIL:** o general Hermann von Eichhorn, comandante das forças alemãs de ocupação na Ucrânia, dissolve a Rada Central. Sob pressão alemã, o poder é entregue ao general Pavlo Skoropádski, monarquista e ex-general de brigada do tsar Nicolau II; ele é formalmente eleito *ataman* da Ucrânia em 29 de abril no Congresso dos Camponeses.

**30 DE ABRIL:** em Tasquente, é proclamada a República Socialista Soviética Autônoma do Turquestão. Durante a guerra civil, alguns canatos e emirados menores evadem-se de seu controle. Em abril, a Tcheká liquida as organizações anarquistas de Petrogrado. No Exército Vermelho, comissários militares são apresentados para liderar unidades militares.

**3 DE MAIO:** após o poder vermelho provisório (janeiro-março), a região do Don retorna às forças brancas e o governo do "grande exército do Don", liderado pelo *ataman* Piotr Krásnov, é eleito. É proclamada a independência da região do Don.

**25 DE MAIO:** ao longo da ferrovia Transiberiana, os prisioneiros de guerra tchecos que apoiam as forças brancas começam uma revolta.

**26 DE MAIO:** a Seima Transcaucasiana se dissolve. Sob pressão das forças de ocupação alemãs e turcas, e dividida pelas contradições entre os partidos nacionalistas, a Seima desintegra-se em repúblicas burguesas separadas. Na Geórgia, os mencheviques; na Armênia, os *dachnaks* (um partido nacional desde 1890); e, no Azerbaijão, os mussavatistas – todos esses formam governos. Os mencheviques proclamam a independência da República da Geórgia.

**27 DE MAIO:** em Tiflis, a República do Azerbaijão é proclamada. O governo dos mussavatistas se transfere para Gandzha (Kirovobad); a fim de liquidar a Comuna de Baku, pede a ajuda do Exército turco que invadiu a Armênia.

**28 DE MAIO:** a República Armênia é formada. O governo *dachnak* está em guerra com o Exército turco que ocupa a região oriental do país.

**30 DE MAIO:** após o Tratado de Paz de Brest-Litovsk ser assinado, Trótski, que defendia uma posição diferente, renuncia. Gueórgui Tchitchiérin é nomeado comissário para as Relações Exteriores. Trótski é nomeado comissário do Povo para o Exército e a Marinha e presidente do Supremo Conselho Militar da República. Também em maio, o VIII Conselho do Partido Socialista-Revolucionário decide começar um ataque armado contra os bolcheviques. O Exército alemão ocupa partes da região norte do Cáucaso e do Transcáucaso. Como resultado de uma severa escassez de grãos e alimentos, o Comissariado do Povo para a Provisão ganha mais poder para coletar e distribuir mantimentos. A "ditadura dos alimentos" começa, e brigadas armadas de operários são organizadas para confiscos no campo.

**4 DE JUNHO:** em Batumi, Geórgia e Armênia assinam um tratado de paz com a Turquia, legalizando, assim, a ocupação turco-germânica de ambos os países. O território armênio ainda sob controle *dachnak* é reduzido a 12 mil quilômetros quadrados.

**11 DE JUNHO:** um decreto é emitido pelos comitês de camponeses pobres dos vilarejos para confiscar os grãos excedentes dos *kulaks*.

**14 DE JUNHO:** o Comitê Executivo Central dos Sovietes de Toda a Rússia exclui SRs de direita e mencheviques de seu quadro e dos sovietes locais. As razões são condições extraordinárias, atividades contrarrevolucionárias internas, contatos com o inimigo em uma época de agressão imperialista internacionalista e destruição do poder soviético a partir de dentro.

**16 DE JUNHO:** reeleição do Soviete de Petrogrado; embora os bolcheviques percam diversos assentos, ainda retêm a maioria.

**2 DE JULHO:** a primeira grande greve política em Petrogrado desde a Revolução de Outubro é desencadeada pela fome e pela miséria. A greve em massa, organizada pelos capatazes, é infrutífera; os sovietes, liderados pelos bolcheviques, debelam o movimento.

**4-10 DE JULHO:** o V Congresso de Sovietes de Toda a Rússia em Moscou adota a primeira Constituição soviética e renomeia o país República Socialista Federativa Soviética da Rússia (RSFSR), com Iákov Svérdlov como chefe de Estado *de jure*. A Constituição reivindica que os congressos dos sovietes e seus comitês executivos tenham o direito de anular decisões dos sovietes locais, além de ordenar que estes estabeleçam um aparato administrativo (departamentos de conselhos).

**6-8 DE JULHO:** levante dos SRs de esquerda. O conde Wilhelm von Mirbach, embaixador alemão, é assassinado. Após o levante ser debelado pelos bolcheviques, as atividades do Partido SR de Esquerda são suspensas.

**17 DE JULHO:** o tsar Nicolau II, a tsarina Aleksandra e os cinco filhos do casal, além dos servos da família, são executados pelo soviete de Ekaterimburgo (Sverdlovsk).

**20 DE JULHO:** V. Volodárski (Moisei Goldstein), comissário para a Imprensa e a Agitação, é assassinado por um SR.

**27 DE JULHO:** o CCP emite um decreto a respeito do combate ao antissemitismo.

**29 DE JULHO:** em Baku, o grupo SR/menchevique do soviete local convoca forças britânicas posicionadas ao norte do Irã para ajudá-lo a manter o poder e combater os musavatistas e o Exército turco, que se aproxima.

**31 DE JULHO:** a Comuna de Baku fracassa; os comissários fogem da cidade.

**7 DE AGOSTO:** em Kazan, tchecos brancos tomam as reservas de ouro da RSFSR e as transferem a Koltchak. Os levantes contrarrevolucionários dos brancos contra o poder soviético se convertem em guerra civil. A Igreja oferece todo o apoio aos brancos. Ao fim de agosto, a Tcheká revela a chamada conspiração dos embaixadores, e o diplomata britânico Robert Lockhard é preso em Moscou.

**30 DE AGOSTO:** Moisei Urítski, presidente da Tcheká de Petrogrado, é assassinado por um estudante. Operários realizam manifestação na fábrica Michelson, na região de Moscou; na ocasião, Lênin discursa aos operários e é seriamente ferido por três tiros.

**5 DE SETEMBRO:** em decreto, o Conselho do Comissariado do Povo – em consequência dos ataques assassinos contra líderes bolcheviques – anuncia o "terror vermelho", isto é, a Tcheká tem liberdade para liquidar ou deportar para campos os conspiradores e agitadores da Guarda Branca. (Em setembro, mais de 6 mil pessoas são mortas, um número muito maior do que as 4.141 pessoas mortas em agosto ou as 824 mortas em 22 províncias da RSFSR em julho.)

**15 DE SETEMBRO:** o Exército turco, que apoia os musavatistas e é aliado das forças centrais, cerca Baku. Os britânicos e os magistrados locais mencheviques/SRs fogem. Os musavatistas assumem o poder em Baku.

**20 DE SETEMBRO:** as tropas britânicas em retirada tomam prisioneiros 26 comissários de Baku. Mais tarde executam todos, incluindo Stepan Chaumian.

**29 DE OUTUBRO-4 DE NOVEMBRO:** no I Congresso da União da Juventude Comunista de Toda a Rússia, o Komsomol é formado.

**INÍCIO DE NOVEMBRO:** a República Popular da Ucrânia Ocidental é proclamada em Lemberga (Lvov). Seu governo apoia a guerra contra os bolcheviques.

**3 DE NOVEMBRO:** o comissário para a Educação ordena que se estabeleçam escolas nacionais quando houver ao menos 25 crianças da mesma idade em uma localidade.

**6 DE NOVEMBRO:** em Cracóvia, é proclamada a independência da Polônia.

**13 DE NOVEMBRO:** ao tomar conhecimento da capitulação alemã e da revolução em Berlim, o CCP anula o Tratado de Brest-Litovsk. Em Belaya Tserkov, o Diretório Ucraniano é formado a fim de assumir o poder na Ucrânia após a retirada da Alemanha.

**18 DE NOVEMBRO:** a Letônia proclama sua independência. O almirante Koltchak estabelece sua própria ditadura na Sibéria após derrubar o governo SR/menchevique. Os membros SRs e mencheviques da Assembleia Constituinte são presos e executados em Omsk.

**30 DE NOVEMBRO:** o Comitê Executivo Central reconhece o Partido Operário Social-Democrata Russo (menchevique) após este reconhecer o poder soviético, e o CCP retira sua decisão de 14 de junho a respeito de os mencheviques serem excluídos dos sovietes.

**NOVEMBRO:** em consequência da derrota das potências centrais e das negociações do armistício, a Turquia retira seu exército de territórios armênios, azeris e georgianos ocupados. Os turcos são seguidos pelas tropas britânicas e estadunidenses. Os alemães evacuam a Ucrânia. Em 20 de novembro, em Moscou, o governo provisório dos operários e camponeses da Ucrânia é anunciado.

**8 DE DEZEMBRO:** o CCP reconhece a independência da Comuna de Operários Estonianos.

**14 DE DEZEMBRO:** o *ataman* Pavlo Skoropádski foge para a Alemanha. O poder passa ao Diretório Ucraniano, representante do sindicato nacional e apoiado pelo próspero campesinato proprietário de terras. Seu presidente é Volodimir Vinnitchenko; o comandante militar é Simon Petliura.

**15 DE DEZEMBRO:** o jornal *Jiznnatsionalnostei* publica as instruções do CEC que ordenam a criação de "seções nacionais", lado a lado com os comitês executivos de sovietes locais.

**22 DE DEZEMBRO:** o Comissariado do Povo reconhece a independência das repúblicas soviéticas da Letônia e da Lituânia.

**FIM DO ANO:** uma onda de *pogroms* varre a Ucrânia e ainda está no auge na primavera de 1919. O derramamento de sangue imposto pelas "tropas livres" de Petliura e pela Guarda Branca deixa 500 mil vítimas; aproximadamente 200 mil mortos.

## 1919

**3 DE JANEIRO:** o Governo Ucraniano Bolchevique chega a Khárkiv com o Exército Vermelho. Sua finalidade é derrubar o Diretório Ucraniano contrarrevolucionário, ardente inimigo do poder soviético.

**11 DE JANEIRO:** o Comissariado do Povo decreta o sistema de apropriação da produção excedente, que autoriza o confisco dos grãos do campesinato por um preço fixo nominal. Também introduz o racionamento e a obrigação geral ao trabalho.

**16 DE JANEIRO:** o Diretório Ucraniano declara guerra à Rússia soviética e pede ajuda à Entente.

**6 DE FEVEREIRO:** o Exército Vermelho ocupa Kiev. O diretório foge; seu presidente, Volodimir Vinnitchenko, transfere todo o poder a Simon Petliura (10 de fevereiro), que faz aliança com o governo de Lvov (Lemberga), da República Popular da Ucrânia Ocidental, para combater os bolcheviques.

**2-6 DE MARÇO:** o I Congresso (de fundação) da Internacional Comunista (Comintern) é realizado em Moscou. Cria-se o Partido Comunista mundial, unindo grupos de partidos socialistas de esquerda internacionais. Seu presidente é Grigóri Zinóviev; seu vice-presidente, Nikolai Bukhárin.

**10 DE MARÇO:** o III Congresso de Sovietes de Toda a Ucrânia adota a primeira Constituição da Ucrânia soviética. (A versão final entra em vigor em 14 de março.) Grigóri Petróvski é eleito presidente.

**16 DE MARÇO:** Iákov Svérdlov morre, e Mikhail Kalínin o substitui como presidente do Comitê Executivo Central de Toda a Rússia. O chefe de Estado titular da Rússia soviética, Stálin, é nomeado chefe do Comissariado do Povo para o Controle do Estado.

**18-23 DE MARÇO:** O VIII Congresso do Partido (bolchevique) Comunista Russo se reúne. Decide sobre a extensão do comunismo de guerra e adota um novo programa do partido para substituir o primeiro, de 1903. No congresso, a chamada Oposição Militar (Vladímir Smírnov, Kliment Vorossilov, Timofei Sapronov e Semion Budiónni, com Stálin em segundo plano) se apresenta. Protestam contra o emprego de peritos militares; oficiais tsaristas em favor de milícias populares; guerra facciosa; e a elegibilidade de líderes militares. Opõem-se a Trótski, comissário para a Guerra, que quer um exército regular qualificado. A maioria do congresso, liderada por Lênin, apoia as ideias de Trótski.

**FIM DE MARÇO:** o PCR(b) adota uma resolução sobre a guerra contra SRs, anarquistas e mencheviques. Seus jornais são banidos, e seus líderes, presos. Aleksandr Koltchak ocupa Ufa e quer unir seu exército às tropas de Anton Deníkin, que controla a bacia do Donets, a fim de marchar contra Moscou. A República Socialista Federativa Soviética da Rússia, consistindo de territórios autônomos e de uma federação de repúblicas, assina tratados político-militares bilaterais com as repúblicas soviéticas independentes (Ucrânia e Bielorrússia) que se formaram em substituição ao império tsarista.

**4 DE ABRIL:** com o apoio das forças da Entente, Koltchak inicia um ataque decisivo na frente oriental.

**15 DE ABRIL:** o Comitê Executivo Central de Toda a Rússia ordena a criação de campos de trabalhos forçados. (Em resolução de 17 de maio, determina o estabelecimento de campos de trabalhos forçados para alojar pelo menos trezentas pessoas, próximo das capitais de cada província.)

**ABRIL:** o Bund mobiliza membros que têm entre 18 e 25 anos para se alistarem no Exército Vermelho. A fim de facilitar as operações no Comitê Central, medidas organizativas são tomadas pelo secretariado, agência organizacional.

**9 DE JULHO:** convocação do Comitê Central: *todos no combate a Deníkin!*.

**25 DE JULHO:** o Conselho do Comissariado do Povo renuncia a todos os direitos extraterritoriais reivindicados pelo governo tsarista na China.

**JULHO:** o Comitê Central do Partido Operário Social-Democrata Menchevique Russo emite uma proclamação e pede a eliminação do comunismo de guerra. Também assume posição contra Deníkin e Koltchak.

**24 DE AGOSTO:** Lênin declara vitória sobre as principais forças de Koltchak.

**AGOSTO:** o Exército britânico começa a evacuar os territórios que ocupou. O general Anton Deníkin invade Kiev. A Ucrânia passa ao controle das forças cossacas e brancas.

**25 DE SETEMBRO:** anarquistas clandestinos bombardeiam o Comitê de Moscou do PCR(b). Dos 150 participantes, 12 são mortos, incluindo o secretário local, V. Zagorski, e 55 ficam feridos, incluindo Bukhárin, Olmínski e Iaroslávski.

**SETEMBRO:** a cavalaria de Anton Deníkin chega a 150 quilômetros de Moscou.

**8 DE OUTUBRO:** o patriarca Tíkhon envia mensagem ao clérigo russo Pravoslav e pede que eles não se envolvam em lutas políticas.

**13 DE OUTUBRO:** guardas brancos ocupam Oriol e se preparam para atacar Moscou.

**OUTUBRO:** grupos da Entente são retirados do norte. Tribunais revolucionários extraordinários são estabelecidos, com autoridade judicial.

**NOVEMBRO:** sob o comando de Semion Budiónni, é organizada a primeira Cavalaria Vermelha, que ganhará fama durante os combates contra Deníkin, Wrangel e os poloneses. O Exército Vermelho derrota Anton Deníkin e força Nikolai Iudenitchi a recuar após tentar atacar Petrogrado.

**2-4 DE DEZEMBRO:** a VIII Conferência de Toda a Rússia do PCR(b) institui o controle do partido sobre as instituições sociais e do Estado.

**5-9 DE DEZEMBRO:** o VII Congresso de Sovietes de Toda a Rússia decide consolidar mais ainda os sovietes e os órgãos governamentais e fornece uma formulação exata de direitos e deveres no centro e nas províncias. Estas vivem uma dupla dependência: os aparatos locais são subordinados tanto ao órgão local eleito quanto às unidades setoriais de nível superior. Essas medidas reforçam o caráter centralizado do governo soviético. O congresso protesta contra o terror branco na Hungria.

RECONSTRUINDO LÊNIN    553

**12 DE DEZEMBRO:** O Exército Vermelho marcha sobre Khárkiv e, no dia 16 de dezembro, adentra Kiev. Os guardas vermelhos varrem completamente os brancos de Deníkin da Ucrânia, resistindo até fevereiro de 1920.

## 1920

**7 DE JANEIRO:** o Exército Vermelho ocupa Krasnoiársk, marcando o fim do domínio de Koltchak na Sibéria.

**17 DE JANEIRO:** de acordo com a instrução de Lênin após a vitória sobre Deníkin, a pena de morte por tribunais revolucionários e comitês extraordinários sobre aqueles condenados por crimes políticos é cancelada.

**1º DE FEVEREIRO:** as tropas soviéticas ocupam Khiva após uma semana de cerco. O comitê revolucionário assume o poder.

**7 DE FEVEREIRO:** Aleksandr Koltchak é executado em Irkutsk.

**19 DE FEVEREIRO:** a obrigação geral ao trabalho é introduzida. As tropas dispersas de Deníkin são reorganizadas pelo general Wrangel na Crimeia.

**29 DE MARÇO-5 DE ABRIL:** o IX Congresso do PCR(b) aumenta o secretariado, que é formalmente subordinado ao Comitê Central, embora, na prática, controle o aparato do partido. Organiza as reuniões do Politburo, lida com questões individuais e contatos com organizações partidárias inferiores. O Comitê Central consiste de cerca de seiscentas pessoas; no país todo há aproximadamente 15 mil trabalhadores do partido.

**8 DE ABRIL:** em Moscou, é formado o Gabinete Caucasiano (Kavburo), organização regional autorizada a representar o Comitê Central do PCR(b) no Cáucaso. Sua principal tarefa é preparar os ataques sobre os Estados independentes georgiano, armênio e azeri e organizar rebeliões locais. O chefe da organização é Grigóri (Sergo) Ordjonikidze.

**21 DE ABRIL:** o Tratado de Varsóvia é assinado, selando a aliança entre a segunda República Polonesa, representada por Jozef Piłsudski, e o Diretório Ucraniano, representado por Simon Petliura, contra a Rússia bolchevique. A "Ucrânia independente" faz concessões territoriais à Polônia em troca de ajuda.

**25 DE ABRIL:** a Polônia ataca a Rússia soviética. A ocupação de Jitómir por tropas polonesas marca o início da guerra Polonesa-Soviética. Josef Piłsudski é apoiado pelas forças de Piotr Wrangel, que começam uma ofensiva a partir da Crimeia, e também pelo exército de Petliura.

**28 DE ABRIL:** o Exército Vermelho ocupa Baku. O poder soviético é declarado.

**2 DE MAIO:** uma campanha do Exército Vermelho dá suporte a um levante comunista na Geórgia.

**7 DE MAIO:** a independência da Geórgia é reconhecida pela Rússia e conclui-se um pacto de não agressão. O tratado *de jure* estabelece as fronteiras existentes entre as duas nações e obriga a Geórgia a entregar todas as terceiras partes consideradas hostis por Moscou. A Geórgia também promete legalizar o partido bolchevique e retirar as tropas britânicas de seu território. Tropas polonesas invadem Kiev.

**14 DE MAIO:** em tratado com o Japão, a Rússia soviética reconhece a República do Extremo Oriente, Estado-tampão entre a RSFSR e os territórios ocupados pelo Japão.

**MAIO:** em Aleksandropol (depois Leninakan, atual Guiumri), na Armênia, irrompe uma revolta bolchevique em consequência da aproximação do Exército Vermelho. A revolta é reprimida pelo governo da Dashnak, apoiado pela Entente. (No dia 10 de agosto, a Armênia também assina um tratado de paz com a RSFSR no modelo das condições de paz para a Geórgia.)

**11 DE JULHO:** lorde George Curzon, secretário britânico das Relações Exteriores, faz uma proposta para determinar a linha de armistício russo-polonesa com base na fronteira de demarcação sugerida no dia 8 de dezembro de 1919.

**19 DE JULHO-17 DE AGOSTO:** o II Congresso do Comintern é realizado em Petrogrado e Moscou. Grigóri Zinóviev é eleito presidente do Comitê Executivo, cujo vice-presidente é Nikolai Bukhárin. O congresso elabora 21 condições, pré-requisitos para qualquer grupo que deseje afiliar-se à Terceira Internacional. As condições pedem demarcação entre os partidos comunistas e outros grupos socialistas, centralismo democrático, reconhecimento da ditadura do proletariado e uso de métodos operacionais tanto legais quanto ilegais etc. O congresso condena a impaciência esquerdista que força uma revolução para a qual não está preparada. Toma decisões importantes sobre questões nacionais e coloniais.

**AGOSTO:** à época do Congresso do Comintern, o Gabinete Provisório Internacional do Proletkult é organizado. Lênin, estimulado pela atividade pública e teórica de Aleksandr Bogdánov, inicia uma nova edição de *Materialismo e empiriocriticismo*.

**16-17 DE AGOSTO:** tropas vermelhas sob o comando de Mikhail Tukhatchévski são derrotadas perto de Varsóvia.

**28 DE AGOSTO:** em Chardzou (Turkmenabat), pequena cidade próxima de Bucara, irrompe uma revolta bolchevique. Os rebeldes pedem ajuda do Exército Vermelho. Ao mesmo tempo, as tropas de Mikhail Frunze derrubam o emirado de Bucara.

**1º-7 DE SETEMBRO:** no Congresso dos Povos no Oriente em Baku, é feita a conclamação a uma luta anti-imperialista conjunta.

**5 DE SETEMBRO:** a Tcheká ordena a busca dos desertores dos "exércitos dos trabalhadores".

**13 DE SETEMBRO:** a RSFSR e a República Popular da Corásmia assinam uma aliança.

**22-25 DE SETEMBRO:** IX Conferência de Toda a Rússia do PCR(b).

**SETEMBRO:** a delegação da Segunda Internacional, liderada por Karl Kautsky, faz uma visita oficial à República da Geórgia.

**12 DE OUTUBRO:** negociações preliminares de paz em Riga encerram a guerra Polaco-Soviética.

**28 DE OUTUBRO:** o Exército Vermelho, comandado por Frunze, lidera um ataque decisivo na frente sul.

**16 DE NOVEMBRO:** após subjugar Piotr Wrangel, o Exército Vermelho ocupa Sebastopol. A libertação da Crimeia marca o fim da guerra civil na Rússia europeia.

**20 DE NOVEMBRO:** em Varsóvia, Simon Petliura anuncia que o Diretório Ucraniano, em luta pela independência, cessará suas atividades.

**25 DE NOVEMBRO:** seguindo as instruções de Frunze, começa a liquidação das tropas camponesas anarquistas que vinham combatendo tanto vermelhos quanto brancos desde o fim de 1918, no leste da Ucrânia.

**29 DE NOVEMBRO:** em Dilijan e nos territórios cazaques da Armênia, irrompe uma revolução bolchevique; seus membros pedem a ajuda do Exército Vermelho lotado no vizinho Azerbaijão. O comissário soviético em Ierevan apresenta um ultimato ao governo *dashnak* para que renuncie em favor do contragoverno bolchevique formado em Baku.

**NOVEMBRO-DEZEMBRO:** em diferentes fóruns do partido, inicia-se um debate sobre o papel dos sindicatos (o debate é encerrado pelo X Congresso do PCR(b), em 1921). As três principais tendências são: os "militaristas" (Leon Trótski, Nikolai Bukhárin e Evguiéni Preobrajiénski), a "oposição operária" (Aleksandr Chliápnikov, Serguei Medvedev e Aleksandra Kollontai) e os "centralistas democráticos" (Andrei Búbnov, Valerian Ossínske e Timofei Sapronov).

**2 DE DEZEMBRO:** o governo armênio assina às pressas um acordo de paz com a Turquia, abrindo mão de todas as reivindicações territoriais. Isso não evita, porém, seu colapso.

**6 DE DEZEMBRO:** o Exército Vermelho ocupa Ierevan.

**20 DE DEZEMBRO:** o decreto de Féliks Dzerjínski ordena que prisioneiros políticos devem ser mantidos separados de prisioneiros comuns, sob circunstâncias que tornem possível a atividade intelectual.

**22-29 DE DEZEMBRO:** o VIII Congresso Soviético de Toda a Rússia faz um balanço da guerra civil e adota os planos para a reconstrução e a eletrificação da Rússia (Goelro).

## 1921

**14 DE JANEIRO:** o *Pravda* publica as chamadas teses de Rydzutak, *As tarefas dos sindicatos na produção*. A Plataforma dos Dez – Ian Rydzutak, Mikhail Tomsky (Yefremov), Grigóri Zinóviev, Liev Kámenev, Josef Stálin etc. – é apoiada por Lênin nos debates.

**12 DE FEVEREIRO:** na área fronteiriça entre a Geórgia e a Armênia, um comitê revolucionário georgiano conclama revolta e pede a ajuda militar do Exército Vermelho.

**13 DE FEVEREIRO:** morre Piotr Kropótkin (79 anos), "pai do anarquismo russo". Os anarquistas presos são autorizados a comparecer ao funeral, caso prometam retornar à prisão após o evento. Eles retornam.

**25 DE FEVEREIRO:** após uma semana de cerco, o Exército Vermelho ocupa Tíflis e derruba o governo menchevique. O poder soviético é declarado na Geórgia.

**28 DE FEVEREIRO-18 DE MARÇO:** em Kronstadt, irrompe uma rebelião entre os marinheiros insatisfeitos com o comunismo de guerra. O principal lema dos rebeldes é: "Sovietes sem comunistas".

**MARÇO:** a XIII Conferência Extraordinária do Bund judaico, adotando as condições da Internacional Comunista, emite uma resolução juntando-se ao PCR(b).

**8-16 DE MARÇO:** X Congresso do PCR(b). A Nova Política Econômica (NEP) é decidida. O debate sobre os sindicatos – diante da nova situação – é concluído com a adoção da Plataforma de Rydzutak. Os trezentos membros do congresso ajudam a reprimir a rebelião de Kronstadt. A fim de atingir a unidade partidária, uma ordem do governo provisório bane as facções internas.

**18 DE MARÇO:** em Riga, Polônia e Rússia soviética assinam um acordo de paz que muda a nova linha de fronteiras para leste da linha Curzon, seguindo aproximadamente as fronteiras étnicas (Grodno-Brest-Litovsk).

**21 DE MARÇO:** o *presidium* do Comitê Executivo Central de Toda a Rússia decreta a substituição do sistema de apropriação de excedentes por um imposto sobre alimentos.

**ABRIL:** as cooperativas ganham o direito de vender produtos excedentes no mercado.

**13 DE ABRIL:** em Tasquente, é proclamada a República Soviética Autônoma do Turquestão.

**17 DE MAIO:** o decreto de nacionalização da indústria de pequena escala é revogado.

**21 DE MAIO:** a Geórgia soviética e a RSFSR assinam um acordo de federação.

**26-28 DE MAIO:** a X Conferência de Toda a Rússia do PCR(b) analisa os problemas surgidos com a introdução da NEP.

**22 DE JUNHO-12 DE JULHO:** o III Congresso do Comintern é realizado em Moscou. A política da "frente unida operária" é anunciada.

**JUNHO:** a Tcheká é restringida e não pode infligir um período de aprisionamento de mais de dois anos.

**3-19 DE JULHO:** o Congresso de fundação da Internacional Vermelha dos Sindicatos é realizado em Moscou. O secretário-geral do novo conselho é Aleksandr Lozóvski (Solomon Dridzo).

**JULHO:** os exércitos de trabalhadores são dissolvidos. O arrendamento de propriedades pertencentes ao Supremo Soviete da Economia Nacional é regulamentado, mas

RECONSTRUINDO LÊNIN    557

a concretização da nacionalização mal chega a ocorrer; o *presidium* do soviete devolve 76 empresas aos antigos proprietários.

**JULHO-AGOSTO:** no setor estatal, os salários voltam a ser pagos em dinheiro.

**6 DE AGOSTO:** uma fome severa varre o país. Lênin pede a ajuda do proletariado mundial, declarando que, em algumas províncias russas, a situação é pior que à época da fome de 1890. Em 1890, 964.620 pessoas sofreram de inanição; o número em 1921 é expresso em milhões. Passam fome 20% da população urbana do país e 25% da população rural.

**8 DE AGOSTO:** o patriarca Tíkhon recorre aos crentes em busca de fundos para alimentar as vítimas da fome. A arrecadação começa na Igreja.

**16 DE AGOSTO:** o governo promulga decretos a respeito da contabilidade individual (*hozraschot*) na indústria e no comércio de propriedade do Estado. Os critérios de eficiência dos trustes estatais são sua lucratividade e sua capacidade de evitar perdas.

**AGOSTO:** o Exército Vermelho na Mongólia liquida os remanescentes dos guardas brancos russos. (O comandante branco, barão Unger von Sternberg, será executado em 15 de setembro.)

**SETEMBRO:** o Socorro Operário Internacional é formado em Berlim para canalizar a assistência das organizações trabalhistas internacionais e partidos comunistas à Rússia soviética abalada pela fome. Entre os fundadores estão Albert Einstein, Martin Andersen-Nexö, Romain Rolland e Anatole France. Fridtjof Nansen estabelece um comitê para o socorro à fome com o apoio da Liga das Nações.

**13 DE OUTUBRO:** Turquia, Geórgia, Armênia e Azerbaijão assinam um tratado de paz. A Turquia abre mão do protetorado do Naquichevão, retira-se do sul da Geórgia (regiões de Ahaltsih e Ahalkala) e da armênia Aleksandropol (Leninakan), mas mantém as regiões de Kars, Argadon, Artvin e Sarikamiş, povoadas por armênios.

**14 DE OUTUBRO:** o Sobor (Sínodo) de Toda a Ucrânia é convocado em Kiev e declara a Igreja Ortodoxa Autocéfala Ucraniana independente do patriarcado de Moscou. O patriarca Tíkhon não a reconhece.

**18 DE OUTUBRO:** um decreto comum do Comitê Executivo Central de Toda a Rússia e do Comissariado do Povo declara a República Soviética Socialista Autônoma da Crimeia dentro das fronteiras da RSFSR.

**1º DE NOVEMBRO:** o novo Estado mongol assina um acordo de paz com a Rússia soviética.

**DEZEMBRO:** Lênin propõe limitar a área de atividades da Tcheká, e um decreto é emitido sobre a responsabilidade jurídica pessoal daqueles que relatam informações falsas sobre os outros.

**19-22 DE DEZEMBRO:** XI Conferência de Toda a Rússia do PCR(b). Os principais pontos na agenda são as condições financeiras e mercantis para revigorar o mercado (NEP). A conferência também discute os resultados dos "expurgos do partido".

**23-28 DE DEZEMBRO:** o IX Congresso dos Sovietes de Toda a Rússia ordena a reorganização da Tcheká e a consolidação da legalidade. O congresso expressa o "grande apreço aos operários de todos os países que foram ao auxílio das províncias famintas da Rússia soviética".

## 1922

**JANEIRO:** o periódico mensal filosófico e socioeconômico *Pod Znamenem Marksizma* é lançado.

**FIM DE JANEIRO-INÍCIO DE FEVEREIRO:** a Sociedade dos Velhos Bolcheviques é formada. Para se associar a ela, é exigido que a pessoa seja filiada ao partido há pelo menos dezoito anos; no primeiro ano, obteve 64 membros.

**6 DE FEVEREIRO:** o decreto do Comitê Executivo Central de Toda a Rússia liquida a Tcheká; o Diretório Político do Estado (GPU) assume seu papel. O primeiro chefe é o ex-presidente da Tcheká, Féliks Dzerjínski. Diferentemente de seu predecessor, o GPU é subordinado ao Comissariado para os Assuntos Internos do Povo e se torna um de seus departamentos. O GPU herda a sede e a organização da Tcheká. Até 1930, o GPU agirá de maneira mais contida que a Tcheká: não tem o direito de prender nem de alvejar suspeitos e não tem autoridade jurídica.

**23 DE FEVEREIRO:** o Comitê Executivo Central de Toda a Rússia emite um decreto ordenando que a Igreja entregue objetos adornados com joias e outros itens valiosos para que possam ser trocados por dinheiro, que será usado para fazer compras de alimentos no exterior.

**28 DE FEVEREIRO:** o patriarca Tíkhon resiste e condena o confisco da propriedade da Igreja.

**FEVEREIRO:** o I Congresso das Organizações Comunistas do Transcáucaso elege o Comitê Regional Transcaucasiano do PCR(b), que assume o controle do Kavburo.

**MARÇO:** primeira edição do *Nóvaia Róssia*, periódico ligado ao *Smena Vekh*.

**12 DE MARÇO:** Geórgia, Armênia e Azerbaijão, que são formalmente independentes da RSFSR, mas em aliança próxima com ela, formam a Federação Transcaucasiana.

**27 DE MARÇO-2 DE ABRIL:** o XI Congresso do PCR(b) reorganiza o secretariado que coordena o trabalho do Comitê Central e da Comissão de Controle Central e introduz uma nova função no partido: secretário-geral do Politburo. As condições de admissão de novos membros se tornam mais severas. Esse é o último congresso do partido de que Lênin participa.

**3 DE ABRIL:** início da Sessão Plenária do Comitê Central. Na ausência de Lênin, Kámenev, que preside a sessão, sugere Stálin como secretário-geral.

**10-19 DE MAIO:** uma delegação russo-soviética participa da conferência econômica internacional em Gênova.

**16 DE ABRIL:** em Rapallo, Alemanha e RSFSR assinam um acordo em que a Alemanha outorga reconhecimento *de jure* à Rússia soviética. Os dois signatários cancelam

RECONSTRUINDO LÊNIN 559

dívidas pré-guerra e renunciam às reivindicações de guerra. Particularmente vantajosa para a Alemanha é a inclusão da cláusula de nação mais favorecida, além de amplos acordos comerciais.

**COMEÇO DE MAIO:** o patriarca Tíkhon é interrogado pelo tribunal como testemunha e, mais tarde, como acusado. Ele é confinado no monastério de Donskoy.

**12 DE MAIO:** por meio de seus líderes (Vvedenski, Kalinovski e Belkov), a Igreja Renovada, movimento de reforma apoiado pelo governo soviético, separa-se da Igreja do patriarca Tíkhon e restaura o Santo Sínodo ao poder. O patriarca Tíkhon, em prisão domiciliar, concorda em deixar o trono patriarcal e passar a autoridade a Agafangel, metropolitano de Iaroslavl, que escolheu como sucessor.

**19 DE MAIO:** em carta a Féliks Dzerjínski, Lênin propõe preparar para expulsão da Rússia os intelectuais insatisfeitos com o poder soviético. Não considera oportuno banir o *Nóvaia Róssia*.

**19 DE MAIO:** na Conferência do Komsomol de Toda a Rússia, é tomada uma resolução sobre a organização dos grupos dos primeiros pioneiros.

**22 DE MAIO:** o Comitê Executivo Central de Toda a Rússia decreta as condições do arrendamento de terras.

**29 DE MAIO:** em Moscou, é formado o grupo de sacerdotes Igreja Viva – com base no modelo de partidos políticos –, que ataca bruscamente a Igreja Ortodoxa, leal ao patriarca.

**6 DE JUNHO:** o Comissariado do Povo decreta a formação do Glavlit (Direção-Geral de Assuntos Literários e Editoriais), que passa a ser a principal autoridade para censura da imprensa e literatura.

**JULHO:** as autoridades introduzem uma nova moeda, o *tchervónets*, que é completamente conversível e lastreado pelo padrão-ouro. (Na segunda metade de 1922 e na maior parte de 1923, a nova moeda existe paralelamente aos rublos em cédulas bancárias, embora o *tchervónets* continuamente perca valor. Em outubro de 1922, um copeque de 1913 é igual a 100 mil rublos. O orçamento anual é calculado em rublos pré-guerra.)

**4-7 DE AGOSTO:** a XII Conferência de Toda a Rússia do PCR(b) chama atenção ao perigo das forças políticas burguesas e condena a tendência smenavekhista. Modifica regras do partido para limitar a admissão de novos membros de classes não proletárias.

**11 DE AGOSTO:** o Politburo forma um comitê para elaborar os princípios da unificação das repúblicas soviéticas, com Valerian Kuibichiev como presidente. Seus membros são Grigóri Sokolnikov, Christian Rakóvski e os representantes das repúblicas. O comitê insiste no projeto de autonomia de Stálin, que não considera o novo Estado soviético uma federação de repúblicas com direitos iguais e, se necessário, fará as repúblicas entrarem na federação russa à força.

**VERÃO:** 34 líderes SRs são publicamente julgados por graves crimes contra o Estado soviético. Em sua defesa, intervém a Segunda Internacional. Émile Vandervelde

560 TAMÁS KRAUSZ

e Theodor Liebknecht chegam a Moscou para o julgamento. Por fim, esses esforços levam à comutação da pena de morte.

**26 DE SETEMBRO:** Lênin, doente, envia uma carta ao Politburo criticando as ideias de Stálin e sugerindo que o princípio da organização da União Soviética deveria ser uma unidade igual e voluntária das repúblicas, não uma autonomia forçada.

**6 DE OUTUBRO:** as propostas de Lênin são aceitas pela Sessão Plenária do Comitê Central. De acordo com as mudanças, a resolução é revisada pela comissão preparatória. Com consentimento de Lênin, ela sugere uma federação para os territórios transcaucasianos.

**19 DE OUTUBRO:** em Tiflis (Tbilisi), na sessão plenária do Comitê de Fronteiras Transcaucasianas, alguns membros do Comitê Central do PC Georgiano – Kote Tsintsadze, Serguei Kavtadze, Filip Maharadze e M. Okudjava – anunciam apoio à moção de Budu Mdivani: a Geórgia deve entrar na federação soviética de maneira independente, não como membro de uma confederação caucasiana. Grigóri (Sergo) Ordjonikidze, chefe do Gabinete de Fronteiras Transcaucasianas do CC do PCR(b), denuncia a moção como chauvinista e demite Okudjava do cargo, por violação da disciplina partidária.

**25 DE OUTUBRO:** o Exército Vermelho liberta Vladivostok do domínio das forças intervencionistas japonesas, e as últimas tropas intervencionistas estadunidenses partem de barco.

**OUTUBRO:** o Congresso do POSDR menchevique exige liberdade política e uma república democrática.

**5 DE NOVEMBRO-5 DE DEZEMBRO:** o IV Congresso do Comintern é realizado.

**15 DE NOVEMBRO:** a República do Extremo Oriente se junta à RSFSR.

**NOVEMBRO:** Ordjonikidze, representante do centro do partido (em Tbilisi), desfere um soco em Akaki Kobakhidzen no decurso de um debate acalorado sobre a questão da Federação Transcaucasiana. Kobakhidzen denuncia Ordjonikidze na Comissão de Controle Central.

**25 DE NOVEMBRO-12 DE DEZEMBRO:** para investigar a "questão georgiana", o Politburo despacha um comitê para Tbilisi com três membros, liderado pelo chefe da Tcheká, Dzerjínski. O Comitê posiciona-se a favor de Ordjonikidze e condena o Comitê Central Georgiano.

**1º DE DEZEMBRO:** o Código de Terras entra em vigor; confirma a nacionalização das terras, proíbe sua negociação, rejeita a divisão de propriedades rurais e, ao mesmo tempo, permite o arrendamento de terras e a utilização do trabalho assalariado.

**2-12 DE DEZEMBRO:** uma conferência sobre a redução de armamentos é realizada em Moscou; dela, participam os representantes da Letônia, da Polônia, da Estônia, da Finlândia e da RSFSR. As ofertas do Estado soviético de reduções significativas dos exércitos dos países são rejeitadas pelos participantes. Apesar disso, o Comissariado do Povo reduz o Exército russo-soviético em 50%.

RECONSTRUINDO LÊNIN    561

**13 DE DEZEMBRO:** em Baku, a República Soviética Federativa Socialista Transcaucasiana é formada, unindo Geórgia, Azerbaijão e Armênia. (Mais tarde ela é incorporada ao Estado soviético.)

**18 DE DEZEMBRO:** a sessão plenária do Comitê Central incumbe Stálin do regime médico prescrito a Lênin por seus médicos.

**22 DE DEZEMBRO:** Stálin usa linguagem ofensiva contra Krúpskaia, que procura proteger-se junto a Kámenev.

**23-27 DE DEZEMBRO:** o X Congresso de Sovietes de Toda a Rússia adota a resolução de unificar duas repúblicas nacionais (RSS Ucrânia e RSS Bielorrússia) e duas repúblicas federais (RSFS Russa e RSFS Transcaucasiana) em um único Estado unitário: a União das Repúblicas Socialistas Soviéticas (URSS).

**30 DE DEZEMBRO:** o I Congresso de Sovietes da URSS proclama a criação da União Soviética e elege os membros do Comitê Executivo Central (CEC) e o chefe de Estado, Mikhail Kalínin.

**DURANTE 1922:** o número de pessoas que vivem de soldo e salário cai para 6,5 milhões em 1921-1922, o que significa uma redução de aproximadamente 50% em comparação a 1912. A renda real é de 9,47 rublos calculados a preços constantes. O nível de salário real em 1913 a preços constantes é de 25 rublos. Na metade de 1922, 50% dos salários ainda são pagos em produtos e serviços. Um novo código trabalhista é introduzido, a fim de garantir uma jornada de trabalho de oito horas – no caso de trabalho braçal, os dias trabalhados são mais curtos –, duas semanas de férias pagas e previdência social para os trabalhadores. Para homens jovens, direitos extraordinários são proporcionados; por exemplo, um dia de trabalho de seis horas. Salários e condições de trabalho são regulamentados por contratos coletivos feitos entre os sindicatos e a administração. A fim de fornecer à indústria os financiamentos necessários, o Prombank (Banco Industrial) é estabelecido. De acordo com as estatísticas oficiais, estima-se que 5 milhões de pessoas tenham morrido devido à fome entre 1921 e 1922.

## 1923

**JANEIRO:** o número de desempregados registrados é 461 mil. A *suhoiakhon*, proibição de bebidas alcoólicas introduzida no início da Primeira Guerra Mundial, é revogada. A razão mais importante para implementar-se o monopólio do Estado sobre a venda de vodca é aumentar a renda estatal. O principal argumento daqueles que se opõem à revogação é o alcoolismo e seus efeitos destrutivos sobre o povo, consequência incompatível com os princípios do socialismo. Como concessão, um novo tipo de vodca é produzido, com metade do teor alcoólico costumeiro (20%). Essa "vodca" enfraquecida é chamada *rykovka*, em homenagem a Aleksei Rykov, vice-presidente do Conselho do Comissariado do Povo, que assinou o decreto.

**4 DE JANEIRO:** Lênin, agora gravemente doente, faz uma adição à *Carta ao congresso* para dizer que Stálin deve ser removido do posto de secretário-geral.

**25 DE JANEIRO:** o artigo de Lênin, "Como devemos reorganizar a inspeção dos operários e camponeses", é publicado no *Pravda*. Enfatiza a importância da democratização da liderança.

**21 DE FEVEREIRO:** uma sessão plenária do Comitê Central do PCR(b) discute uma versão preliminar do projeto de Stálin sobre a questão nacional para o XII Congresso do Partido. Ela é basicamente aceita, mas são feitas algumas correções, também de acordo com sugestões de Lênin.

**5 DE MARÇO:** em carta, Lênin pede que Trótski represente seu ponto de vista no XII Congresso sobre a "questão georgiana", em debate sobre política nacional. Trótski declina de confrontar Stálin sobre a questão.

**14 DE MARÇO:** um relatório médico oficial sobre o estado de saúde de Lênin é publicado. O artigo de Stálin "A respeito da questão da estratégia e tática dos comunistas russos" é publicado no *Pravda*, e uma versão mais detalhada, no *Petrogradskaia Pravda*.

**17-25 DE ABRIL:** no XII Congresso do PCR(b), Leon Trótski não ousa opor-se à posição de Lênin sobre o nacionalismo de direita. Ainda assim, com a liderança de Nikolai Bukhárin, o congresso condena os "resquícios do chauvinismo da Grande Rússia". No congresso, Stálin anuncia a chamada política de *korenizátsia* [estabilização], cuja meta é fazer crescer os quadros nacionais de todas as nacionalidades. Desse modo, a linha do partido pode ser buscada em toda a parte por representantes da nacionalidade local e o proletariado nacional vai se insurgir contra seus exploradores. São criadas redes de escolas, teatros, bibliotecas, jornais, editoras e associações para disseminar a ideologia do Estado. Todas empregam o vernáculo.

**29 DE ABRIL-2 DE MAIO:** o Renovacionista II Sínodo de Toda a Rússia condena o capitalismo como formação social anticristã e dá as boas-vindas à revolução socialista. Coloca o patriarca Tíkhon em julgamento eclesiástico *in absentia* (ele está em prisão domiciliar) por oposição ao comunismo e o despoja de seu *status* de bispo, padre e monge. Ele retira sua carta circular pastoral que anatematiza o poder soviético.

**16 DE JUNHO:** o patriarca Tíkhon envia uma carta aberta à suprema corte da RSFSR para "admitir" sua culpa, mas não recebe de volta, oficialmente, seu título antes de sua morte em 1925. A carta é publicada no jornal *Bezbojnik*.

**JULHO:** dentro das fronteiras do Azerbaijão, é formada a Região Autônoma da Montanha de Carabaque, com maioria de população armênia.

**1º DE JULHO:** campos de trabalhos forçados na ilha Solovki e no vale Petsora começam a funcionar (permanecem abertos até 1939).

**4 DE JULHO:** na gazeta do Comitê Executivo Central, Tíkhon anuncia que a Igreja Ortodoxa se abstém de engajar-se na política.

RECONSTRUINDO LÊNIN 563

**15 DE JULHO:** Tíkhon publica sua decisão independente de retornar como líder da Igreja e não reconhece as decisões do sínodo de 1923, o que provoca uma cisão clerical. A minoria (renovacionistas) se conforma com as decisões relativas às mudanças nas regras canônicas de ordenações e outras reformas, e a maioria apoia Tíkhon e as reformas moderadas que ele aceitou.

**8 DE OUTUBRO:** Leon Trótski envia uma carta condenando o secretariado do Comitê Central, após a qual a Oposição de Esquerda se desenvolve (Evguiéni Preobrajiénski, Gueórgui Piatakov, Valerian Ossínski e Vladímir Antónov-Ovseyenko). Seu programa econômico se baseia na "acumulação socialista primitiva de capital", com a acumulação servindo à rápida industrialização, baseada na troca desigual.

**15 DE OUTUBRO:** a "Declaração dos 46", plataforma da Oposição de Esquerda, repete as preocupações da carta de Leon Trótski: a restauração do partido e da democracia operária, embora a industrialização forçada não sirva para ampliar a democracia dos operários.

**15 DE NOVEMBRO:** o Comitê Executivo Central reorganiza o Diretório Político do Estado (GPU) e o transfere para o Diretório Político do Estado Conjunto de Toda a União (OGPU).

**9 DE DEZEMBRO:** sob circunstâncias não esclarecidas, o patriarca Tíkhon sofre uma agressão.

**11 DE DEZEMBRO:** o *Pravda* publica o artigo "Novo curso", de Leon Trótski, no qual ele exige que o partido proporcione às organizações de base maiores direitos democráticos na vida interna do partido.

**1923:** em Moscou, o partido SR anuncia sua dissolução. O sistema de passaportes usado na era tsarista é cancelado (a livre movimentação exigia permissão especial). Em vez disso, um certificado pessoal (*udostovérénie*) é emitido àqueles que o reivindicam. No primeiro trimestre do ano, a proporção de pagamento em espécie ainda é de 20%. Em 1922-1923, os termos de troca entre cidade e campo começam a divergir em favor da economia industrial estatal e à custa dos consumidores rurais: a "crise da tesoura" atinge seu auge em outubro de 1923. Os preços industriais estão, à época, a 276% dos níveis de 1913, enquanto os preços agrícolas estão em apenas 89%. De acordo com um censo comercial de 1923, homens-NEP controlam 15% do comércio atacadista e 83% do comércio varejista. O setor estatal controla 77% do comércio atacadista e 7% do comércio varejista, e o setor cooperativo domina 8% do comércio atacadista e 10% do comércio varejista.

# 1924

**16-18 DE JANEIRO:** na XIII Conferência do PCR(b), tem início um contra-ataque: a fim de desacreditar os membros da oposição, Stálin revela pela primeira vez publicamente as provisões do X Congresso, a resolução de 1921 sobre a unidade partidária em relação aos procedimentos disciplinares contra os membros do Comitê Central. Um dos principais apoiadores de Leon Trótski, Vladímir Antónov-Ovseyenko, é removido depois dele da diretoria da Administração Política do Conselho de Guerra Revolucionário da República e envia uma circular a células do partido no Exército, exigindo democracia. Grigóri Zinóviev e Liev Kámenev querem que Trótski seja expulso do partido, mas Stálin se opõe a isso por razões táticas.

**21 DE JANEIRO:** em Górki, Lênin, chefe do Comissariado do Povo, morre aos 54 anos. Seu corpo é embalsamado e exibido em um mausoléu de madeira temporário, no dia 27 de janeiro, na Praça Vermelha.

**26 DE JANEIRO-2 DE FEVEREIRO:** II Congresso de Sovietes de Toda a União. Na véspera do funeral de Lênin, Stálin – em nome do partido bolchevique – faz um juramento solene de respeitar e cumprir seus comandos. A fim de perpetuar a memória de Lênin, o congresso decide mudar o nome de Petrogrado para Leningrado. O congresso adota a primeira Constituição da União Soviética e elege membros das duas câmaras do Comitê Executivo Central: o Soviete da União e o Soviete das Nacionalidades. Aleksei Rykov é eleito chefe do Comissariado do Povo.

**29-31 DE JANEIRO:** a Sessão Plenária do PCR(b) proclama a "filiação de Lênin". Até 15 de maio, mais de 240 mil novos membros, dos quais 90% são operários, filiam-se ao partido. A composição social do partido melhora: a proporção de trabalhadores sobe de 44% para 60%. Essas medidas ajudam a isolar a oposição.

**1º DE FEVEREIRO:** o Reino Unido reconhece a União Soviética.

**7 DE FEVEREIRO:** a Itália reconhece a União Soviética.

**11 DE FEVEREIRO:** Efraim Skliánski, companheiro próximo de Trótski e representante do Comissariado para a Guerra, é dispensado, e Mikhail Frunze, herói da guerra contra Wrangel, é nomeado em seu lugar.

**21 DE MARÇO:** a resolução do CEC conclui os procedimentos legais contra o patriarca Tíkhon.

**18 DE MAIO:** Nadiéjda Krúpskaia entrega a *Carta ao congresso*, de Lênin, a qual ele havia originalmente escrito ao Comitê Central durante o XII Congresso.

**24 DE MAIO:** a reunião do Comitê Central introduz uma resolução de que a carta de Lênin não pode ser lida nem impressa publicamente; ela será lida separadamente para cada delegação em sessões executivas. Stálin promete corrigir seus métodos.

**23-31 DE MAIO:** O XIII Congresso do PCR(b) reelege Stálin como secretário-geral do Comitê Central. O Comitê Político (Zinóviev, Kámenev, Bukhárin, Rykov, Kalínin e Stálin), o Comitê Central e a maioria dos delegados do congresso condenam as ideias da Oposição de Esquerda liderada por Trótski.

**17 DE JUNHO-8 DE JULHO:** o V Congresso do Comintern diagnostica uma parcial e temporária estabilização do capitalismo. É tomada uma decisão que distorce o lema correto anterior da Frente Operária Unida, dizendo que ela só aceitará permissões vindas de "baixo", o que torna impossível a cooperação com não comunistas. Seus novos lemas são: "Na rua entre as massas!" e "Vamos tornar bolcheviques os partidos comunistas!".

**19 DE SETEMBRO:** em Bucara, o Kurultai dos Sovietes adota uma resolução que liquida o Estado independente. São formados os RSSs uzbeques e turcomanos e o RSS Autônomo Tadjique.

**SETEMBRO:** Stálin denomina a social-democracia uma variante do fascismo.

**OUTONO:** Trótski, em *Lições de outubro*, revive a tese da revolução permanente que elaborara em 1905-1907 e analisa os principais processos da Revolução de Outubro. A análise torna-se tema de divergências entre facções.

**OUTUBRO:** antes das eleições parlamentares na Inglaterra, o ministério das Relações Exteriores publica a chamada carta de Zinóviev, conclamando uma agitação comunista intensificada na Grã-Bretanha. A carta, uma falsificação evidente, ajuda a assegurar a queda do governo trabalhista nas eleições de outubro.

**18 DE NOVEMBRO:** na sessão plenária do Comitê do Partido de Moscou, Liev Kámenev classifica o trotskismo como tendência independente que sempre se opôs à ideologia oficial do partido.

**DEZEMBRO:** Stálin apresenta sua teoria de socialismo em um único país contra a teoria de Trótski de revolução permanente. A teoria de Stálin salienta que a União Soviética, isolada internacionalmente, deveria se industrializar por completo antes de embarcar em uma política de disseminação do comunismo para o mundo e que o socialismo pode ser construído na Rússia sem a vitória da classe operária nos países desenvolvidos. A teoria é publicada como *A Revolução de Outubro e as táticas dos comunistas russos*.

Lênin com um gato no colo na zona rural de Górki, 1922.

# ÍNDICE ONOMÁSTICO

**Adler, Victor** (1852-1918) foi um político social-democrata austríaco. Fundou os jornais marxistas *Gleichheit* (1886) e *Arbeiter-Zeitung* (1889). Foi fundador e primeiro líder do Partido Social-Democrata Austríaco. Em outubro de 1918, tornou-se ministro das Relações Exteriores do governo austríaco. p. 85.

**Agúrski, Samuel (Samuel Khaimovitch)** (1884-1947) foi comunista, político e historiador do movimento revolucionário. Em 1902, aderiu ao Bund. Em 1906 e 1907, emigrou, primeiro à Grã-Bretanha e, mais tarde, aos Estados Unidos. Aderiu ao PCR(b) e trabalhou para o Comissariado do Povo para Assuntos Nacionais. Nos anos 1920, viajou para os Estados Unidos a fim de recolher doações à Rússia soviética. Escreveu diversos trabalhos acadêmicos sobre a história da Revolução de Outubro. Em 1938, foi preso sob acusações forjadas e sentenciado a cinco anos de exílio no Cazaquistão. Em 1947, retornou clandestinamente a Moscou para seguir suas atividades, mas foi forçado pelas autoridades a retornar a Pavlodar, onde morreu pouco depois. Foi reabilitado postumamente, em 1956. p. 413n.

**Akhmátova (Gorienko), Anna Andréievna** (1889-1966) foi uma poeta russa soviética. Seu famoso ciclo *Réquiem*, que documenta experiências pessoais e foi escrito nos anos 1930, foi publicado apenas em 1987. Pertencia à escola acmeísta, liderada por Mandelstam. Em 1962, foi indicada ao Prêmio Nobel de Literatura. p. 80.

**Akímov, Vladímir Petróvitch** (1875-1921) foi um dos porta-vozes dos economistas no Partido Social-Democrata Russo. Participou das atividades da União de Luta pela Libertação da Classe Operária. Foi preso e, então, emigrou. Mais tarde, aderiu aos Sociais-Democratas Russos emigrados e tornou-se líder de sua ala direita. Retornou à Rússia em 1905, porém não continuou a participar da política. p. 167-8.

**Akselrod, Pável Boríssovitch** (1850-1928) foi um revolucionário social-democrata, líder político menchevique e articulista, além de membro do grupo de Emancipação do Trabalho e editor-fundador do *Iskra*. Liderou, com outros, o grupo dos chamados liquidacionistas. Em 1912, participou do Bloco de Agosto. Durante a Revolução de Outubro, chefiou o Comitê Central do Partido Operário Social-Democrata Russo (menchevique). Opôs-se à revolução e emigrou. p. 154-5, 177, 218, 468.

568 TAMÁS KRAUSZ

**Aleksínski, Grigóri Alekséievitch** (1879-1967?) foi bolchevique e representante da Segunda Duma do Estado. Orador popular da facção bolchevique do POSDR, emigrou após a dissolução da Duma. Em 1909 – com Bogdánov –, integrou o grupo Avante. Após a Revolução de Fevereiro, retornou à Rússia, juntou-se ao grupo plekhanovista e adotou uma postura antibolchevique. Acusou Lênin de ser espião alemão. Em 1918, foi preso; emigrou ao ser libertado. p. 175, 188, 194n.

**Alexandre II** (1818-1881) foi tsar russo entre 1855 e 1881. Proclamou as reformas de 1861. p. 35.

**Alexandre III** (1845-1894) foi tsar russo entre 1881 e 1894. p. 44, 54n.

**Antónov, Dmítri Ivánovitch** (1896-?) foi revolucionário bolchevique e membro do Partido Comunista Russo (bolchevique) a partir de 1918. Serviu no Exército Vermelho (1918-1922) e lutou na guerra civil. Trabalhou para o partido após 1922. Entre 1935 e 1938, chefiou o Departamento de Indústria do Comitê Central. Entre 1938 e 1940, foi primeiro-secretário do PCR(b) no distrito de Tchelíabinsk. p. 362-3.

**Arálov, Semion Ivánovitch** (1880-1969) foi revolucionário, político e oficial militar soviético. Foi o primeiro chefe do diretório de inteligência do Exército Vermelho Soviético. Em 1921, começou uma carreira na diplomacia. Voluntariou-se para servir na Segunda Guerra Mundial, já aposentado. p. 437n.

**Armand, Inessa** (1874-1920), nasceu em Paris e, a partir dos cinco anos de idade, foi criada em Moscou. Aderiu ao POSDR em 1904. Teve contato próximo com Lênin, então exilado, e migrou para a Rússia, em abril de 1917. Aderiu à esquerda na questão de Brest-Litovsk. Em 1920, participou do II Congresso do Comintern. Morreu de cólera e está sepultada na Necrópole da Muralha do Krêmlin, em Moscou. p. 58, 65, 75, 80, 82-4, 85n, 86-8.

**Bábel, Isaac Emanuílovitch** (1894-1940) escritor que se tornou sensação literária. Em 1920, foi designado ao 1º Exército de Cavalaria do marechal de campo Semion Budiónni. Entre 1921 e 1925, escreveu pelo menos cinquenta histórias curtas, que foram publicadas em uma coleção intitulada *Exército de cavalaria* [ou *Cavalaria vermelha*], em 1926. Em 1931, publicou *Histórias de Odessa*. Visitou Paris diversas vezes. Em maio de 1939, foi preso sob acusações forjadas e, em 27 de janeiro de 1940, executado. Foi reabilitado postumamente, em 18 de dezembro de 1954. p. 226, 416, 505.

**Bábuchkin, Ivan Vassílievitch** (1873-1906) operário e revolucionário bolchevique. Estudou no grupo marxista operário, sob a orientação de Lênin, em Petersburgo, em 1894; foi preso diversas vezes. Foi um dos primeiros correspondentes do *Iskra*, de Lênin. Participou ativamente da Revolução de 1905 e integrou o comitê do POSDR em Irkutsk. Em 1905, viajou a Tchitá para coletar armas; ao retornar, tornou-se prisioneiro das tropas do general A. N. Meller-Zakomélski e foi executado. p. 71.

**Badáiev, Aleksei Iegórovitch** (1883-1951) foi um político bolchevique e membro do POSDR a partir de 1904. Em 1912, foi eleito membro da facção bolchevique na Quarta Duma; foi preso em 1914 e exilado na Sibéria. Entre 1912 e 1913, foi editor oficial do *Pravda*. Trabalhou em postos ligados à obtenção de alimento em

RECONSTRUINDO LÊNIN 569

várias organizações soviéticas, em Petrogrado e no território do norte. A partir de 1930, presidiu a União Central de Sociedades de Consumidores. Em 1938 e 1939, foi comissário do Povo para a indústria de processamento de alimentos da república soviética russa. Entre 1938 e 1943, foi presidente do Supremo Soviete da RSSR e vice-presidente do *presidium* do Soviete Supremo da URSS. p. 85.

**Bakúnin, Mikhail Aleksándrovitch** (1814-1876) foi um revolucionário e teórico do anarquismo. Em 1848 e 1849, liderou, com outros, os distúrbios de Praga e Dresden. Em 1851, foi entregue à Rússia, onde o prenderam. Escapou para o Japão; de lá, para os Estados Unidos; por fim, terminou em Londres. Aderiu à Primeira Internacional, dominada pela luta entre sua facção e Marx. Depois, foi expulso da Internacional. Morreu na Suíça. Suas principais obras são *Confissão* e *Estatismo e anarquia*. p. 265-6, 361, 525.

**Balabánova (Balabanoff), Angélica Isáakovna** (1877-1965) foi ativista no movimento operário italiano. Deixou a Rússia em 1897, aderiu à União de Sociais-Democratas Russos no Exterior e se estabeleceu na Itália. Após o II Congresso do POSDR, tornou-se menchevique. Entre 1912 e 1916, foi membro do Partido Socialista Italiano. Foi uma das editoras do jornal do partido, o *Avanti*. Em 1917, aderiu ao Partido Bolchevique e participou do I Congresso do Comintern, onde trabalhou lado a lado com Lênin. Em 1922, deixou a Rússia soviética. Em 1924, foi expulsa do PCR(b). p. 57, 85n, 100n.

**Bauer, Otto** (1881-1938) político social-democrata austríaco, foi um dos primeiros inspiradores do movimento da nova esquerda e do eurocomunismo. Seu primeiro livro, *Democracia social e a questão das nacionalidades*, foi publicado em 1906. Fundou o periódico teórico *Der Kampf*. Durante a Primeira Guerra Mundial, passou três anos na Rússia na condição de prisioneiro de guerra. A partir de 1918, após a morte de Victor Adler, liderou o Partido Social-Democrata Austríaco. Por um curto período, foi ministro das Relações Exteriores. Após o levante do Schutzbund, em 1934, foi forçado ao exílio na Tchecoslováquia e na França. p. 29, 234.

**Bazárov, Vladímir Aleksándrovitch** (1874-1939) foi filósofo, economista e social-democrata. Entre 1904 e 1907, foi bolchevique e, a partir de 1905, membro do conselho editorial do *Partínie Izviéstia*. De 1917 a 1919, foi menchevique. Em 1921, aderiu à equipe da Comissão de Planejamento do Estado como membro do *presidium*. p. 70n, 174, 181n.

**Bebel, August** (1840-1913) foi um político social-democrata alemão. Inicialmente liberal esquerdista, tornou-se marxista revolucionário sob a influência de Wilhelm Liebknecht. A partir de 1867, presidiu o Sindicato da Associação de Operários Alemães; fundou, com outros, o Partido Operário Social-Democrata Alemão; entre 1875 e 1913, foi copresidente do partido. Seus principais trabalhos são *Nossa meta* e *Mulheres e socialismo*. p. 177n, 256.

**Beiliss, Menakhem-Miéndel** (1873-1934) foi preso e acusado do assassinato ritualístico de um menino cristão em Kiev, em 1911. O libelo de sangue desencadeou debates intensos na vida política russa. Após sua libertação, partiu para a Palestina; mais tarde, emigrou aos Estados Unidos com a família. p. 401-2.

**Belínski, Vissarion Grigórievitch** (1811-1848) foi crítico literário, filósofo e articulista. Entre 1828 e 1832, estudou na Universidade de Moscou; foi expulso por atividades políticas. Em 1830, escreveu uma peça teatral, *Dmítri Kalínin*. A partir de 1839, viveu em São Petersburgo. De 1839 a 1846, trabalhou para o *Otétchestvennie Zapíski* e, em 1846, para o *Sovreménnik*. Pertenceu ao grupo de N. V. Stankevitch e Mikhail Aleksándrovitch Bakúnin. p. 43, 524.

**Berdiáev, Nikolai Aleksándrovitch** (1874-1948) foi um filósofo influenciado pelo marxismo, um *marxista legal*. Mais tarde, afastou-se do marxismo radical para concentrar-se no existencialismo e no personalismo cristão. Participou da publicação do *Vékhi* (1909), que rejeitava severamente a revolução. Em Paris, publicou *Púty*, "órgão religioso russo", como ele o chamava. Suas obras populares lidam com os problemas da Revolução Russa e com o desenvolvimento soviético. Foi exilado em 1922. p. 47, 105n, 117, 170n, 284n-5n, 380-1, 466-7, 525.

**Bernstein, Eduard** (1850-1932) foi um político e teórico social-democrata alemão. Preocupou-se em refutar as previsões de Marx a respeito do desaparecimento inevitável do capitalismo. É considerado o "pai do revisionismo" e do oportunismo. Suas ideias ainda são muito debatidas. p. 113n, 127n, 155, 157, 180, 199, 200, 203-4, 207, 257, 259-60, 270, 271n, 525, 529.

**Biálik, Kháim Nákhman** (1873-1934) foi um poeta judeu que viveu na Rússia até 1920, quando emigrou para a Palestina. Publicou uma coleção de poesia, *Na cidade do massacre* (1904). p. 414n.

**Biérzin, Ian Kárlovitch** (1889-1938) foi um revolucionário e político soviético de origem letã. Integrou o POSDR desde 1905. Participou da Revolução Russa de 1905 a 1907, quando foi preso e acusado de assassinato político, sentenciado a oito anos de prisão, pena que mais tarde foi reduzida a dois anos. Em 1911, foi preso novamente por atividades revolucionárias, mas conseguiu fugir. Recebeu uma convocação para o serviço militar, mas não entrou para o Exército. Participou ativamente da Revolução de 1917. Foi um dos fundadores da inteligência militar soviética, comandante da guarda de Lênin. Em 1936 e 1937, foi vice-comandante na guerra civil espanhola. Após seu retorno à União Soviética, foi preso e executado. Foi postumamente reabilitado em 1956. p. 248n, 372n.

**Blanqui, Louis-Auguste** (1805-1881) foi um socialista e ativista político francês. Representante do socialismo utópico, acreditava que a revolução deveria ser realizada por um grupo pequeno que estabeleceria uma ditadura temporária por meio da força. Em 1830, participou de um levante armado. Foi preso diversas vezes. Em 1840, foi sentenciado à morte, mas a decisão foi comutada para prisão perpétua. Em 1848, foi solto pelos *partisans* revolucionários. Mais uma vez, esteve no levante e foi sentenciado a dez anos de prisão. Em 1859, concederam-lhe anistia. Viveu em Londres, Paris e Bruxelas. Em 1871, tornou-se membro da Comuna de Paris. Após sua queda, mais uma vez foi preso. Morreu em Paris. p. 169, 260.

**Boch (Bosch), Evguiénia Bogdánovna** (1879-1925) foi uma revolucionária bolchevique e membro do POSDR, começando em 1901. Com Piátakov, em 1914, escapou do exílio para o Japão e, então, para os Estados Unidos. Mais tarde, participou da

Conferência de Berna. Opôs-se a Lênin em relação às nacionalidades. Participou ativamente da Revolução de 1917. Serviu como presidente do Secretariado do Povo da república socialista ucraniana. p. 236n-7n, 242.

**Bogdánov (Malinóvski), Aleksandr Aleksándrovitch** (1873-1928) foi um revolucionário, político de partido, filósofo, economista e médico. Após a cisão do POSDR (1903), integrou a facção bolchevique. Em 1907, emigrou com Lênin. Foi editor dos jornais bolcheviques *Prolietári* e *Nóvaia Jizn* e líder dos otzovistas. Em Capri, com Górki e Lunatchárski, começou uma escola para militantes bolcheviques. Foi membro do grupo Avante, mas o deixou e assumiu uma posição contra os bolcheviques. Após as lutas entre facções, em 1911, abandonou as atividades políticas e passou a se dedicar a trabalhos científicos. Durante a Primeira Guerra Mundial, trabalhou como médico. Foi ideólogo do Proletkult. Fundou uma análise de sistemas chamada tectologia. Em 1926, fundou o Instituto de Hematologia e Transfusão de Sangue, primeira instituição desse tipo no mundo. Uma transfusão lhe custou a vida. p. 55n, 70n, 71, 73-4, 76-7, 158, 172-83, 187-93, 209, 455, 525, 554, 568

**Bontch-Bruiévitch, Vladímir Dmítrievitch** (1873-1955) foi um político bolchevique. Trabalhou para o *Iskra*. Participou da Revolução de 1905. Em fevereiro de 1917, foi membro do Comitê Executivo do Soviete de Petrogrado. Em outubro, comandante do distrito Smólny-Tavritchéski e companheiro de trabalho de Lênin. Mais tarde, voltou-se para as ciências sociais e pesquisou a história da religião. Foi um dos fundadores dos Arquivos do Comitê Central e escreveu diversos livros sobre Vladímir Lênin. p. 73, 406n.

**Briukhánov, Nikolai Pávlovitch** (1878-1938) foi um revolucionário e político bolchevique. Integrou o POSDR a partir de 1902. Mudou-se para Ufa, onde trabalhou para o jornal local do partido. Em fevereiro de 1918, foi aceito como membro do colegiado do Comissariado do Povo para Provisões e, durante a guerra civil, trabalhou como chefe do Diretório Principal de Provisões do Exército Vermelho. Foi o primeiro chefe do Comissariado do Povo para Provisões da nova federação (1923) e, mais tarde, tornou-se vice-comissário do Povo para Finanças. Em 1938, foi preso e sentenciado à morte; foi postumamente reabilitado, em 1956. p. 367n.

**Búblikov, Aleksandr Aleksándrovitch** (1875-1941) foi engenheiro de transportes. Foi representante na Quarta Duma do Estado. Trabalhou como comissário e, mais tarde, ministro dos Transportes no governo provisório. Participou da prisão do tsar Nicolau II, em 8 de março de 1917. Emigrou após Revolução de Outubro. p. 471.

**Budiónni, Semion Miháilovitch** (1883-1973) foi um comandante militar soviético, marechal da União Soviética (em 1938). Em 1904 e 1905, lutou na Guerra Russo--Japonesa e, depois, na Primeira Guerra Mundial. Tornou-se membro do POSDR em 1918. Participou da guerra civil, foi comandante da Primeira Cavalaria e um firme apoiador de Stálin. Em 1937, tornou-se membro do Supremo Conselho; em 1938, membro do *presidium*; em 1940, vice-ministro da Guerra. Lutou na Segunda Guerra Mundial. Após sua morte, foi enterrado na Necrópole da Muralha do Krêmlin. p. 417-8, 552.

572 TAMÁS KRAUSZ

**Bukhárin, Nikolai Ivánovitch** (1888-1938) foi um revolucionário, político e teórico bolchevique. De 1924 a 1929, integrou o Comitê Político do PCR(b) e, de 1919 a 1929, o Comitê Executivo do Comintern. Entre 1918 e 1929, atuou como editor-chefe do *Pravda*; entre 1934 e 1937, como editor-chefe do *Izviéstia*. Foi um dos principais autores da Constituição de 1936. Sua prisão teve como base a acusação de conspirar para derrubar o Estado soviético. No dia 13 de março de 1938, o Colegiado Militar da Suprema Corte da União Soviética o considerou culpado, e ele foi executado dois dias depois. Foi postumamente reconduzido ao status de membro do partido pela Suprema Corte, em 8 de fevereiro de 1988, e pelo Comitê Central do PCS, em 21 de junho de 1988. p. 13, 15n, 31, 98n, 182n, 209, 211, 219, 220n, 221, 225, 236, 237n, 241-2, 248, 253-6, 384, 385n, 387-8, 431, 436, 441, 451n, 477, 478n, 485n, 488, 494-5, 500-1, 505, 507-8, 513-4, 525, 545-6, 551-2, 554-5, 562, 564.

**Bulgákov, Mikhail Afanássevitch** (1891-1940) foi médico de formação, escritor e dramaturgo. Publicou seu primeiro trabalho em 1919. Seu livro mais conhecido, *O mestre e Margarida*, não foi lançado enquanto Bulgákov ainda estava vivo. Embora fosse de conhecimento público que Stálin gostava de sua peça *Dias dos Turbins* e de sua novela *A Guarda Branca* (na qual a peça foi baseada), as peças de Bulgákov foram banidas. p. 375, 389, 505, 508n, 509n.

**Bulgákov, Serguei Nikoláievitch** (1871-1944) foi um filósofo e economista. Deu aula de economia política na Universidade de Moscou entre 1906 e 1918. Em 1906, foi eleito representante da Segunda Duma do Estado. Durante a guerra civil, colocou-se ativamente ao lado dos brancos. Foi forçado a emigrar em 1923. Seus artigos saíram no jornal *Púty*, cujo editor-chefe era Berdiáev. p. 55n, 105, 115, 117n, 148, 381, 408, 466n, 467.

**Bulíguin, Aleksandr Grigórevitch** (1851-1919) foi um político tsarista. Em 1905, trabalhou como ministro de Questões Internas. Foi executado pela Tcheká. p. 175, 215, 263n.

**Búnin, Ivan Alekséievitch** (1870-1953) foi escritor e poeta. Começou a publicar em 1891 e lançou trabalhos no *Znánie*, jornal editado por Górki. Visitou a Europa ocidental e o Oriente Próximo. De 1918 a 1920, viveu em Odessa; mais tarde, emigrou. Venceu o Prêmio Nobel de Literatura em 1933. p. 80.

**Chágov, N. R.** (1882-1918) foi um operário têxtil e membro do partido a partir de 1900. Atuou como deputado da província de Kostroma na Quarta Duma do Estado. Devido às atividades antiguerra, foi preso em 1914 e sentenciado ao exílio na Sibéria. p. 85.

**Chaguinian, Marietta Serguéievna** (1888-1982) foi uma jornalista e poeta soviética. De 1915 a 1919, deu aulas em Rostov e escreveu para vários jornais. Durante a Segunda Guerra Mundial, trabalhou como correspondente do *Pravda* nos Urais. Recebeu o Prêmio Stálin em 1951 e o Prêmio Lênin em 1972. p. 37.

**Chaumian, Stepan Gueórguievitch** (1878-1918) foi um revolucionário bolchevique de Baku. Como estudante, em 1900, aderiu ao POSDR. Tornou-se bolchevique em

1903. Foi preso muitas vezes e sentenciado ao exílio. Emigrou para a Alemanha. Participou da Revolução de 1905. Foi sentenciado à prisão por organizar a grande greve de Baku em 1914. Após a Revolução de Fevereiro de 1917, liderou o Soviete de Baku. Participou da Revolução de Outubro e foi eleito membro do Comitê Central. Nomeado comissário extraordinário para o Cáucaso. Em 1918, ocorreu um levante muçulmano em Baku – na ocasião, ele e 25 outros comissários de Baku fugiram, mas foram presos por tropas sob o comando britânico e executados. p. 233, 240, 550.

**Chichkov, Viatcheslav Iákovlevitch** (1873-1945) foi escritor e arquiteto. Nos anos 1900, trabalhou para o departamento de vias navegáveis do distrito de Tomsk. Publicou vários contos e romances sobre suas experiências. Nos anos 1910, trabalhou em São Petersburgo e conheceu Górki. A partir de 1928, foi membro do Sindicato dos Escritores. Durante a Segunda Guerra Mundial, teve uma participação ativa na máquina de propaganda do Exército Vermelho. Seus principais trabalhos são *Vataga* (1925), *Rio sinistro* (1933) e *Emielian Pugatchov* (1943). p. 505.

**Chingariov, Andrei Ivánovitch** (1869-1918) foi médico e membro do Partido KD. Foi o líder *kadet* na Segunda, na Terceira e na Quarta Dumas do Estado. Em 1917, foi ministro da Economia no governo provisório. Preso à época da Revolução de Outubro, foi assassinado na cadeia por um grupo de marinheiros. p. 333.

**Chklóvski, Víktor Boríssovitch** (1893-1984) foi crítico, escritor e teórico; figura de destaque da escola formalista, que causou uma impressão profunda sobre o pensamento literário nos anos 1920. Estudou na Universidade de São Petersburgo. Participou da criação da Sociedade para o Estudo da Linguagem Poética). Seus principais trabalhos são *Matvei Komarov, residente da cidade de Moscou* (1928) e *Liev Tolstói* (1968). p. 95.

**Chliápnikov, Aleksandr Gavrílovitch** (1885-1937) foi operário e revolucionário. Tornou-se membro do POSDR em 1901. Em 1903, virou bolchevique e, de 1904 a 1907, esteve preso. Em 1908, deixou a Rússia e trabalhou em fábricas inglesas, francesas e alemãs. Em 1914, foi para Petrogrado, mas teve de exilar-se. Retornando a Petrogrado, em 1915 e 1916, serviu como elo fundamental entre os bolcheviques na Rússia e aqueles no exílio. Participou da Revolução de Fevereiro e fundou o Sindicato dos Metalúrgicos de Toda a Rússia. Apoiou a tomada de poder bolchevique. Em 1917-1918, presidiu o Conselho Militar Revolucionário da Frente Caucasiana do Cáspio. Em 1920, foi um dos líderes da oposição operária no partido e rejeitou a NEP. Em 1924-1925, participou de uma missão diplomática em Paris. Ao fim dos anos 1920, foi chefe da Metalloimport. Em 1933, foi expulso do partido por suposto sectarismo. Em 1934, deportado para Carélia. Em 1935, sentenciado ao exílio em Astracã por participar da Oposição Operária. Em 1936, foi preso novamente e sentenciado à morte. Foi reabilitado postumamente, em 1988. p. 254n, 484, 543, 555.

**Chótman, A. V.** (1880-1937) foi um revolucionário bolchevique. Participou de atividades revolucionárias a partir de 1899, assim como da primeira Revolução Russa. Em 1911-1912, integrou o Comitê de Helsinque do Partido Social-Democrata Finlandês. Em junho de 1917, o comitê distrital de Petrogrado do POSDR(b).

574  TAMÁS KRAUSZ

Foi ele que organizou a mudança de Lênin de Razliv para a Finlândia. Após a Revolução de 1917, trabalhou em vários postos importantes da economia, dos sovietes e do partido. p. 89.

**Chvétsov, Serguei Porfírevitch** (1858-1930) foi um etnógrafo e revolucionário. Participou ativamente do movimento revolucionário *naródnik*. Em 1878, foi preso e sentenciado ao exílio na Sibéria, onde conduziu pesquisas etnográficas. Nos anos 1900, foi membro do partido SR. Participou da Revolução de 1905. Em 1918, abandonou a atividade política para realizar trabalho científico. p. 339.

**Cornelissen, Christiaan Gerardus** (1864-1942) foi um escritor, economista e ativista sindicalista holandês. Vivendo na França, apoiou ativamente a guerra de 1914 a 1918. p. 219.

**Dálin (Lévin), David Iúlievitch** (1889-1962) foi articulista e político menchevique. Participou do movimento estudantil em Petrogrado. Ficou preso por um curto período, depois emigrou e se tornou doutor pela Universidade de Heidelberg. Em 1917, retornou à Rússia, onde se juntou aos mencheviques. Condenou a Revolução de Outubro e, em 1921, deixou o país. Em 1940, estabeleceu-se nos Estados Unidos. p. 463n.

**Dan (Gúrvitch), Fiódor Ilitch** (1871-1947) foi médico e um dos líderes do partido menchevique. Foi preso e exilado diversas vezes. No exílio, fez amizade com Lênin e Mártov e, mais tarde, liderou a facção menchevique na Quarta Duma do Estado. Não participou da Revolução de Outubro. Criticou a revolução, o Tratado de Brest-Litovsk e a política bolchevique em geral. Em 1921, foi preso e mandado para o exílio em Berlim; com Hitler no poder, viveu em Paris e em Nova York. p. 344-5, 352.

**Danielson (Nikolai-on), Nikolai Frántsevitch** (1844-1918) foi um economista russo e um dos primeiros teóricos do movimento *naródnik*. Correspondeu-se com Marx e, em 1872, fez a primeira tradução d'*O capital* para o russo. Escreveu diversos livros sobre economia. p. 45.

**Deníkin, Anton Ivánovitch** (1872-1947) foi um dos primeiros generais do movimento da Guarda Branca na guerra civil russa. Emigrou em 1920. p. 52, 272, 337, 353, 389n, 405n, 407, 408n, 409, 415, 438, 444, 551-3.

**Dimanstein, Semion Márkovitch** (1886-1939) foi um revolucionário. Em fevereiro de 1918, foi apontado como chefe da Evsiéktsia e comissário para Questões Judaicas no Comissariado para Nacionalidades do Povo. Em 1919, foi comissário do Povo para o Trabalho na república socialista da Lituânia-Bielorrússia. Em 1920, comissário do Povo para Nacionalidades da República Turcomena. Mais tarde, em Moscou, dirigiu diferentes departamentos de propaganda. Em 1939, foi preso e executado. Foi reabilitado postumamente, em 1955. p. 394, 400n, 404n, 409, 411n, 413-4, 546.

**Dubrovínski,Ióssif Fiódorovitch** (1877-1913) foi revolucionário e bolchevique. Participou da Revolução de 1905. Foi preso diversas vezes e, depois de solto, emigrou. No V Congresso do POSDR, foi eleito para o Comitê Central. Em 1910, retornou

RECONSTRUINDO LÊNIN 575

à Rússia, onde foi preso novamente e mandado para o exílio. Cometeu suicídio devido à tuberculose debilitante. p. 74, 178-9.

**Dunaiévskaia, Raia** (1910-1987) foi uma revolucionária marxista estadunidense de origem ucraniana. Na infância, emigrou para os Estados Unidos com os pais. Foi membro do Partido Comunista Estadunidense, mas foi expulsa aos dezoito anos sob a acusação de trotskismo. Em 1929, aderiu ao grupo de trotskistas estadunidense em Boston. Em 1937 e 1938, trabalhou como secretária-tradutora de russo de Trótski no México. Rompeu com Trótski após o Pacto de Mólotov-Ribbentrop. Mais tarde, integrou diferentes organizações comunistas nos Estados Unidos e publicou diversos livros teóricos marxistas. p. 204n, 532n.

**Durnovó, Piotr Nikoláievitch** (1843-1915) formou-se na Academia de Direito Naval Imperial. Em 1884, foi indicado diretor de polícia. Em 1900, ministro assistente do Interior e, em 1905, ministro do Interior do império tsarista. p. 49n, 213.

**Dútov, Aleksandr Ilitch** (1872-1921) foi *ataman*, general e líder cossaco. Lutou contra os bolcheviques como líder da União do Exército Cossaco de Toda a Rússia. Em 1920, emigrou para a China, onde foi assassinado por um agente bolchevique. p. 338, 386, 543.

**Dzerjínski, Féliks Edmúndovitch** (1877-1926) foi revolucionário, bolchevique e político soviético; um dos fundadores da Social-Democracia do Reino da Polônia e da Lituânia. Esteve envolvido na Revolução de 1905 e foi preso diversas vezes. Passou muitos anos na prisão e no exílio. Após a Revolução de Outubro, foi membro do Comitê Revolucionário Militar de Petrogrado e diretor da Tcheká (GPU, OGPU). De 1919 a 1923, foi comissário do Povo para Questões Internas; em 1921, comissário do Povo para Transportes. Em 1924, presidiu o Soviete Supremo da Economia Nacional. p. 37, 73, 89, 94, 99, 241, 365n, 378n, 381, 385, 431, 503, 545, 555, 558-60, 574, 586.

**Ehrenburg, Iliá Grigórievitch** (1891-1967) foi um escritor soviético, articulista, correspondente de guerra e duas vezes vencedor do Prêmio Stálin. Aderiu aos bolcheviques em 1905. Foi preso, libertado e, mais tarde, emigrou para a França, onde viveu de 1921 a 1930. Foi correspondente do *Izviéstia* e, durante a Guerra Civil Espanhola, correspondente na Espanha. Durante a Segunda Guerra Mundial, escreveu cerca de 3 mil artigos e relatos. Após a guerra, apoiou o trabalho do Comitê Antifascista Judaico. Em 1950, foi eleito vice-presidente do Conselho de Paz Mundial. Seu romance *Degelo* (1954-1956) tornou-se internacionalmente reconhecido. p. 95.

**Elizárov, Mark Timoféievitch** (1863-1919) foi um revolucionário russo e político soviético. Aderiu ao POSDR em 1893. Casou-se com Anna Ilínitchna, irmã de Lênin. Em 1919, foi o comissário do Povo para Transportes. Morreu de tifo. p. 59n, 89.

**Emeliánov, Stepan Fiódorovitch** (1902-1970) foi o chefe das agências de segurança no Azerbaijão de 1939 a 1953. Em 1927, aderiu ao PCR(b). De 1939 a 1941, foi comissário do Povo para Questões Internas na RSS do Azerbaijão. De 1941 a 1943, comissário do Povo para Segurança do Estado. Em 1956, foi sentenciado a 25 anos de prisão. Foi solto em 1970. p. 89.

576 TAMÁS KRAUSZ

**Essen, Maria Moisséievna** (1872-1956) foi uma política social-democrata, membro da União de Luta pela Libertação da Classe Operária. Integrou o PCR(b) em 1920. Foi ativa na Geórgia como trabalhadora do partido (1921-1925), então viveu em Moscou. Aposentou-se em 1955. p. 42n.

**Fedosséiev, Nikolai Evgráfovitch** (1869-1898) foi um dos primeiros teóricos marxistas russos. Em 1888, começou a organizar grupos de estudo marxistas na região do Volga. Morreu no exílio. p. 46, 63-4.

**Fótieva, Lídia Aleksándrovna** (1881-1975) foi uma política bolchevique. Tornou-se membro do POSDR(b) em 1904. Em 1905, emigrou para Genebra e Paris. Participou ativamente de três revoluções. Entre 1918 e 1931, tornou-se secretária do Conselho de Comissários do Povo e foi simultaneamente secretária de Lênin, de 1918 a 1924. Em 1938, trabalhou no Museu Central de Lênin e, de 1941 a 1945, para o Socorro Vermelho Internacional (MOPR). p. 502n.

**Frank, Semion Liúdvigovitch** (1877-1950) foi filósofo, religioso, pensador e psicólogo. Participou da publicação do *Probliémi Idealizma* (1902), do *Vékhi* (1909) e do *Izglubini* (1918). Apoiou a autocracia contra a revolução. Quis sintetizar o pensamento racional e a fé religiosa com base no platonismo cristão. p. 105, 381.

**Frunze, Mikhail Vassílevitch** (1885-1925) foi um oficial do Exército e revolucionário bolchevique. Aderiu ao POSDR em 1904. Em 1918, trabalhou como comissário militar da Província Militar de Iaroslavl. Em 1919, foi nomeado líder do Grupo do Exército do Sul. De 1920 a 1922, lutou na Ucrânia e na Crimeia como comandante da frente Sul. Em 1925, tornou-se presidente do Conselho Militar Revolucionário, comissário do Povo da Guerra e da Marinha. Morreu durante uma cirurgia e foi enterrado na Necrópole da Muralha do Krêmlin. p. 554-5, 564.

**Ganiétski, Iákov Stanislávovitch** (1879-1937) foi um revolucionário e político bolchevique. Estudou nas universidades de Berlim, Heidelberg e Zurique. Tornou-se membro do POSDR em 1896. De 1903 a 1909, foi membro da administração da Social-Democracia do Reino da Polônia e da Lituânia. Participou da revolução na Polônia (1905-1907). Foi um dos assistentes financeiros do partido bolchevique. Em 1917, participou ativamente da revolução; mais tarde trabalhou em diferentes posições para o Comissariado do Povo para Finanças e Relações Exteriores. Em 1935, foi diretor do Museu da Revolução da URSS. Em 1937, foi preso e executado durante os grandes expurgos; reabilitado postumamente. p. 88n.

**Gentile, Giovanni** (1875-1944) foi um filósofo neo-hegeliano italiano. Descreveu a si mesmo como "filósofo do fascismo". Seu principal trabalho é *A doutrina do fascismo* (1932). Foi executado por *partisans* em 1944. p. 211.

**Gerchenzon, Mikhail (Méilekh) Ossipovitch** (1869-1925) foi especialista literário russo, filósofo, articulista e tradutor. Editou a famosa coleção de ensaios *Vékhi* (1909) e escreveu seu prefácio. Foi presidente do Sindicato de Escritores de Toda a Rússia, entre 1920 e 1921. p. 381.

RECONSTRUINDO LÊNIN   577

**Gliásser, Maria Ignátieva** (1890-1951) foi bolchevique. Tornou-se membro do PCR(b) em 1917. Trabalhou no secretariado do Conselho de Comissários do Povo de 1918 a 1924 e para o Instituto Marx-Engels-Lênin do CC do PCR(b). p. 502n.

**Gorbunov, Nikolai Petróvitch** (1892-1937) foi um político bolchevique e acadêmico em química. Tornou-se membro do PCR(b) em 1917 e foi eleito chefe do Bureau de Informações do Comitê Executivo Central de Toda a Rússia. Em novembro de 1917, tornou-se secretário do Conselho do Comissariado do Povo e secretário pessoal de Lênin. Em 1919 e 1920, foi designado para realizar trabalho político no Exército Vermelho, servindo como membro do Conselho Militar Revolucionário. Entre 1923 e 1929, atuou como reitor da Escola Técnica Universitária de Moscou. Em 1935, tornou-se secretário permanente da Academia de Ciências da URSS. Em 19 de fevereiro de 1937, foi preso e, no dia 7 de setembro do mesmo ano, sentenciado à morte e executado. Reabilitado postumamente, em 1954. p. 502n.

**Górki (Péchkov), Aleksei Maksímovitch** (1869-1936) foi um escritor e dramaturgo soviético. Participou da Revolução de 1905. De 1905 a 1917, integrou o POSDR(b). De 1906 a 1913, viveu em emigração nos Estados Unidos e, mais tarde, em Capri, Itália, de onde escreveu para o *Zvezdá* e o *Pravda*. Publicou *Letopis*, periódico de sua autoria. Em 1917, fez críticas aos bolcheviques e à revolução, mas um ano depois tornou-se simpatizante dela. De 1921 a 1931, viveu no exterior e, após seu retorno para casa, tornou-se um escritor celebrado e presidente do Sindicato de Escritores Soviéticos. Morreu de tuberculose em 1936. p. 71-4, 76-7, 78n, 81, 95, 97, 173n, 174, 180, 181n, 183, 185-7, 350, 355, 384, 385n, 407n, 413-4, 450, 542.

**Gramsci, Antonio** (1891-1937) foi um teórico marxista italiano, tendo fundado o Partido Comunista da Itália (PCI). Em 1922 e 1923, viveu na Rússia soviética; em 1923 e 1924, liderou o PCI. Em 1926, foi preso e sentenciado a vinte anos de prisão. Foi solto em 1937 e morreu logo em seguida. p. 12, 160n, 182, 201n, 211, 217n, 252, 261n, 506, 519n, 521-2, 525n.

**Guesde, Jules Basile** (1845-1922) foi um jornalista e político socialista francês. 224.

**Guéssen, Vladímir Matvéievitch** (1868-1920) foi um advogado, jurista e líder *kadet* proeminente. Após a Revolução de Outubro, tornou-se líder da ala direita do Partido KD emigrante. Editou o jornal da Guarda Branca, *Rul*, publicado em Berlim. p. 331, 391n.

**Guíppius, Zinaída Nikoláieva** (1869-1945) foi poeta, escritora e crítica literária. Denunciou a Revolução de Outubro. Em 1920, emigrou para a França com o marido, o escritor Merejkóvski. p. 80.

**Gumiliov, Nikolai Stepánovitch** (1886-1921) foi um poeta e dramaturgo russo. Casou-se com Anna Akhmátova. Entre 1918 e 1921, surgiu como figura de destaque na vida literária de Petrogrado. No dia 3 de agosto de 1921, a Tcheká o prendeu e o executou. p. 80.

**Gutchkov, Aleksandr Ivánovitch** (1862-1936) foi um capitalista líder do Partido Outubrista conservador. Em 1910, presidiu a Terceira Duma do Estado. De 1907 a

578  TAMÁS KRAUSZ

1915, chefiou o Comitê Industrial Militar. Em 1917, ocupou o cargo de ministro da Guerra e da Marinha no governo provisório. Apoiou o golpe de Estado de Kornílov. Emigrou em 1920. p. 232n, 539-40.

**Hérzen, Aleksandr Ivánovitch** (1812-1870) foi um filósofo russo. Foi membro da primeira geração de democratas revolucionários russos e fundador do movimento *naródnik*. Juntamente com Tchernychiévski e Ogariov, criou o movimento revolucionário secreto Liberdade e Terra. De 1852 a 1864, viveu exilado na Inglaterra. Editou o *Kólokol*. p. 34, 43, 66n, 103, 260, 524.

**Hobson, John Atkinson** (1858-1940) foi um economista britânico. Publicou diversos livros sobre a crise do capitalismo e do liberalismo modernos. Em 1902, publicou *Imperialismo*, que teve um grande impacto, inclusive sobre Lênin. Em 1919, aderiu ao Partido Trabalhista Independente. Foi um crítico notável do governo trabalhista de 1929. p. 113, 126n.

**Hourwich, Isaac Aaronovich** (1860-1924) foi um economista, estatístico e ativista socialista estadunidense. Apoiou a Revolução Russa. Ensinou estatística na Universidade de Chicago e deu aula na Universidade de Columbia. Seus principais trabalhos são *A economia da aldeia russa* (1812) e *Imigração e trabalho* (1912). p. 235.

**Ianúchkevitch, Nikolai Nikoláievitch** (1868-1918) foi um general russo. Serviu como chefe do Estado-maior do quartel-general a pedido do tsar, em 1914. Após a Revolução de Fevereiro, aposentou-se do serviço ativo. No início de 1918, foi preso em Moguilov e mandado para Petrogrado, mas foi morto por seus guardas no caminho. p. 404n.

**Iaroslávski, Emélian Mikháilovitch** (1878-1943), revolucionário bolchevique e historiador do partido. Aderiu ao POSDR em 1898. Em 1917, foi comissário militar do Krêmlin e da região de Moscou. Em 1921-1922, secretário do Comitê Central. A partir de 1939, migrou para o universo acadêmico. Recebeu o Prêmio Stálin (1943). Está enterrado na Necrópole da Muralha do Krêmlin. p. 15n, 209, 390, 552.

**Ilf-Petrov** foi o pseudônimo literário de dois escritores soviéticos: **Evguéni Petróvitch (Katáiev) Petrov** (1903-1942) e **Iliá Arnóldovitch (Fáinzilberg) Ilf** (1897-1937). Em 1928, eles escreveram o famoso romance satírico *As doze cadeiras*, sobre o período da NEP. p. 505.

**Ivánov, Andrei Vassílievitch** (1888-1927) foi um político bolchevique. Aderiu ao POSDR em 1906. Em 1918 e 1919, foi comissário do Povo para Questões Internas da RSS da Ucrânia. De 1925 a 1927, foi o secretário do Comitê Executivo Central da União Soviética e membro de seu *presidium*. p. 476.

**Ivánov, Vsévolod Viatcheslávovitch** (1895-1963) foi um notável escritor e dramaturgo soviético. Sua carreira literária foi apoiada por Maksímovitch Górki. Em 1947, publicou suas memórias, *Reuniões com Maksímovitch Górki*. p. 505.

**Ivánova-Iránova, Ielena Aleksándrovna** (1883-1937) foi uma revolucionária SR e terrorista, membro do Comitê Central do Partido SR. Em 1918, participou de

RECONSTRUINDO LÊNIN 579

um ataque terrorista contra Lênin. Em 1937, foi presa sob acusações forjadas e executada. Reabilitada postumamente, em 1989. p. 388.

**Izgoiev (Lande), Aleksandr (Aron) Solomónovitch** (1872-1935), foi um político *kadet*. Esteve entre os autores do *Vékhi* (1909). De 1906 a 1918, integrou o Comitê Central do Partido KD. Escreveu a primeira biografia de Stolypin. No VIII Congresso do Partido KD, atacou o governo, mas apoiou a política exterior de Miliúkov. Após a Revolução de Outubro, foi preso diversas vezes. Em 1922, foi deportado para a Alemanha com vários escritores famosos. Viveu na Estônia os últimos anos de vida. p. 382.

**Jabotínski, Vladímir Evguiénievitch** (1880-1940) foi ensaísta, tradutor e jornalista. Figura de destaque no sionismo de direita, fundou o movimento sionista revisionista e Betar e organizou a Legião Judaica. Em Odessa, fundou a Organização de Autodefesa Judaica. Após a Primeira Guerra Mundial, emigrou para a Palestina. Queria criar o Estado judaico em ambos os lados da Jordânia com a ajuda do Império Britânico. p. 396.

**Jelezniákov, Anatóli Grigórievitch** (1895-1919) foi marinheiro e anarquista. Em 1915, serviu com a frota do Báltico. Em 1916, desertou e viveu clandestinamente na Marinha mercante. Em outubro de 1917, participou da revolução e lutou com os bolcheviques na guerra civil. Morreu em batalha. p. 328.

**Jeliábov, Andrei Ivánovitch** (1851-1881) foi um revolucionário russo, um dos líderes do movimento *naródnik*. Estudou direito em Odessa, mas foi expulso por participação na agitação estudantil em outubro de 1917. Foi ativo nos círculos revolucionários de Kiev e Odessa, quando o prenderam e o soltaram mediante pagamento de fiança. A partir de 1879, integrou o grupo Terra e Liberdade. Foi um dos principais organizadores do atentado bem-sucedido contra Alexandre II do dia 1º de março de 1881. Estava preparando outro ataque terrorista, mas foi preso dois dias antes de executá-lo. Foi julgado também pelo caso de 1º de março e enforcado. p. 92.

**Kaliédin, Aleksei Maksímovitch** (1861-1918) foi um general branco e *ataman* do Exército Cossaco contrarrevolucionário do Don. Após não haver mais esperança para a situação de seu exército, demitiu-se e cometeu suicídio. p. 324n, 338, 341n, 541, 543.

**Kalínin, Mikhail Ivánovitch** (1875-1946) foi um revolucionário bolchevique e político soviético que aderiu ao POSDR em 1898. Foi um dos fundadores do *Pravda*, tendo sido preso diversas vezes. Participou ativamente da Revolução de Fevereiro. De 1919 a 1938, presidiu o Comitê Executivo Central de Toda a Rússia e simultaneamente o Comitê Executivo da União Soviética. De 1938 a 1946, integrou o *presidium* do Conselho Supremo. Está enterrado na Necrópole da Muralha do Krêmlin. p. 20n, 31, 376, 483, 551, 561, 564.

**Kámenev (Rosenfeld), Liev Boríssovitch** (1883-1936) foi um revolucionário bolchevique, político soviético, um dos líderes do partido bolchevique e um dos discípulos políticos de Lênin. Estudou na Faculdade de Direito da Universidade de Moscou e foi expulso por suas atividades social-democratas. Foi para Paris, onde encontrou-se

580  TAMÁS KRAUSZ

com Lênin e a irmã de Trótski, Olga, com quem se casou. Após retornar à Rússia, foi preso diversas vezes. Em 1905, tornou-se membro do Comitê Central. Com Zinóviev e Lênin, editou o *Prolietári*, jornal bolchevique. Em 1918, passou a integrar o *presidium* do Comitê Executivo Central de Toda a Rússia e, em 1922, assumiu a vice-presidência do Conselho do Comissariado do Povo. Em 1922, Lênin lhe passou seus arquivos, que foram a base do Instituto Lênin, o qual presidiu de 1923 a 1926. Em 1925, Kámenev aliou-se com Zinóviev, Krúpskaia e Grigóri Sokolnikov; a aliança ficou conhecida como Oposição de Leningrado. Em 1927, foi expulso do partido, mas um ano mais tarde foi readmitido. Em 1932, foi expulso novamente e mandado para o exílio em Minussinsk. Em 24 de agosto de 1936, foi sentenciado à morte e executado. Reabilitado postumamente, em 13 de junho de 1988, pela Suprema Corte. p. 15n, 31, 58, 67, 76, 80n, 84, 90, 97-8, 99n, 140n, 178n-9n, 194, 242, 336, 366, 380-1, 384, 390, 540, 542

**Kamo (Ter-Petrossian), Simon Archákovitch** (1882-1922) foi um dos principais organizadores de atividades revolucionárias ilegais. De 1918 a 1920, foi o organizador do partido ilegal no Cáucaso e no sul da Rússia. Morreu em um acidente de trânsito. p. 178-9n.

**Kaplan, Fanni (Dora) Iefímova** (1890-1918) aderiu aos anarquistas em 1905, dentre os quais ficou conhecida como Dora. Em 1906, foi condenada à morte, sentença que mais tarde foi comutada para prisão perpétua e trabalhos forçados. Durante os anos na prisão, aproximou-se das ideias SR. Em 1917, foi solta e enviada para um sanatório na Crimeia devido a sua saúde frágil. Em 30 de agosto de 1918, tentou assassinar Lênin. Foi presa e, no dia 3 de setembro, executada. p. 19n, 94, 97, 364, 390.

**Kautsky, Karl** (1854-1938) foi uma das principais figuras da social-democracia alemã, teórico e personalidade emblemática da chamada facção centrista da Segunda Internacional. Em 1883, fundou *Die Neue Zeit*, jornal teórico da social-democracia alemã, para o qual trabalhou até 1917. De 1885 a 1890, foi amigo próximo de Engels; a partir de 1905, opôs-se ao ponto de vista de marxistas radicais, como Rosa Luxemburgo. Em um primeiro momento, apoiou a Primeira Guerra Mundial, mas depois se opôs a ela. Criticou abertamente a Revolução de Outubro. p. 12, 29, 71, 73, 109, 113, 115-6, 142, 168-9, 172-3, 177-8, 203, 218-20, 222-4, 230-1, 248, 250, 253, 255, 258n, 259-61, 270, 271n, 273, 341n, 345, 356, 390, 395-6, 466, 479-81, 490, 522n, 524-6, 529n, 555.

**Keriénski, Aleksandr Fiódorovitch** (1881-1970) foi um advogado e político russo. A partir de 1917, foi membro do partido SR. Trabalhou como ministro da Justiça no governo provisório e, mais tarde, como ministro da Guerra e da Marinha. Entre 8 de julho e 25 de outubro de 1917, foi primeiro-ministro; ao mesmo tempo, a partir de 30 de agosto, general em chefe do Exército. p. 40, 336, 539-43.

**Khrustaliov-Nossar, Gueórgui Stepánovitch** (1879-1918) foi um político da classe trabalhadora. Em 1905, liderou o Soviete de Delegados Operários de São Petersburgo. Em 1906, foi exilado e viveu na França. Em 1914, retornou à Rússia, onde foi preso. Apoiou os nacionalistas ucranianos de direita Skoropádski e Petliura e perseguiu comunistas. Foi executado em 1918.

RECONSTRUINDO LÊNIN   581

**Klásson, Robert Eduárdovitch** (1868-1926) foi um engenheiro elétrico e inventor soviético. Ajudou a elaborar o plano para a Goelro (Comissão do Estado para a Eletrificação da Rússia). Morreu em circunstâncias misteriosas. p. 51-2.

**Kliutchévski, Vassíli Ossipovitch** (1841-1911), historiador e acadêmico. p. 54, 138, 142n.

**Kokóchkin, Fiódor Fiódorovitch** (1871-1918) foi jurista, fundador e líder do Partido KD. Foi professor de direito político na Universidade de Moscou. Em 28 de novembro de 1917, foi preso; em 7 de janeiro de 1918, assassinado por marinheiros anarquistas. p. 333.

**Kollontai, Aleksandra Miháilovna** (1872-1952) foi uma revolucionária bolchevique e diplomata. Emigrou para a Europa ocidental e viveu em Berlim, Paris, Copenhague e Estocolmo. Foi presa diversas vezes. Em 1915, mudou-se para a Noruega e, mais tarde, para Nova York. Trabalhou para a secretaria das Mulheres Socialistas Internacionais. Participou da preparação da conferência socialista internacional Zimmerwald. Retornando à Rússia, foi comissária do Povo para Assistência Social entre 1917 e 1918. Em 1920, passou a ser chefe do departamento das mulheres do PCR(b). Aderiu à facção Oposição de Esquerda; mais tarde, integrou a Oposição Operária. Em 1923, foi nomeada embaixatriz soviética para a Noruega, em 1926, para o México e, em 1927, novamente para a Noruega. De 1930 a 1945, atuou como embaixatriz da Suécia. p. 85n, 374, 555.

**Koltchak, Aleksandr Vassílievitch** (1871-1920) foi almirante na marinha do tsar, oceanógrafo e hidrólogo. Participou de duas expedições ao Ártico (1900-1903 e 1908-1911). Lutou na Guerra Russo-Japonesa. Na Primeira Guerra Mundial, foi comandante da frota do mar Negro. Durante a guerra civil, foi um dos líderes do movimento da Guarda Branca. Criou uma ditadura militar na Sibéria. No inverno de 1918 e no verão de 1919, começou uma ofensiva contra Moscou para derrubar o poder soviético. Foi derrotado e executado em Irkutsk. p. 337, 347, 353, 407, 415-6, 438-9, 444, 481, 483, 498.

**Kon, Féliks Iákovlevitch** (1884-1941) foi um ativista bolchevique polonês. Em 1882, aderiu ao movimento revolucionário. Foi um dos líderes da facção de esquerda no Partido Socialista Polonês. Foi preso e, em 1914, emigrou. Em 1918, ajudou a criar o Partido Comunista Ucraniano. Aderiu ao PCR(b) em 1918. Teve várias funções de partido e de Estado e, em 1920, compôs o Comitê Revolucionário Provisório Polonês durante a Guerra Polaco-Soviética. Em 1922 e 1923, foi secretário do Comitê Executivo do Comintern. Entre 1927 e 1935, esteve à frente da vice-presidência do Comitê Executivo Internacional do Comintern. p. 447.

**Kondrátiev, Nikolai Dmítrievitch** (1892-1938) foi economista. Em 1905, aderiu ao partido SR. No mesmo ano, participou do movimento de greve e foi preso. Mais tarde estudou direito na Universidade de Moscou. Foi ativo na Revolução de Fevereiro e, no outono de 1917, publicou um artigo sobre a questão agrária e rompeu com o programa SR: a terra não poderia ser propriedade de ninguém; a libertação da sociedade seria o resultado da nacionalização da terra. Após a Revolução de Outubro, trabalhou para algumas instituições econômicas e do Estado. Elaborou a teoria dos ciclos econômicos de cinquenta anos, também

582   TAMÁS KRAUSZ

conhecida como ondas de Kondrátiev. Em 1930, foi preso sob acusações forjadas e sentenciado a oito anos na prisão. Em 17 de setembro de 1938, foi executado; reabilitado postumamente, em 1987. p. 384.

**Konopliánnikova, Zinaída Vassílievna** (1879-1906) foi uma revolucionária. Aderiu ao partido SR em 1902 e esteve diversas vezes na prisão. Em 13 de agosto de 1906, assassinou o major-general G. A. Min. No dia 26 de agosto, a corte do distrito militar de Petrogrado a sentenciou à morte. p. 358.

**Kornílov, Lavr Gueórguievitch** (1870-1918) foi um general tsarista e líder das forças brancas. Lutou na Guerra Russo-Japonesa e na Primeira Guerra Mundial. À época da revolução, foi comandante do distrito militar de Petrogrado. Foi um dos organizadores do Exército Voluntário Branco. Em agosto de 1917, começou um empreendimento malsucedido (o "golpe de Estado de Kornílov"). No dia 31 de março de 1918, foi morto por uma bomba soviética. p. 90, 285, 337-8, 360-1, 541, 544.

**Korolienko, Vladímir Galaktionovitch** (1853-1921) foi um escritor. Quando estudava na faculdade, foi expulso por participar de atividades revolucionárias com o movimento *naródnik*. Foi preso e sentenciado ao exílio. Em 1896, ele e Nikolai Konstantínovitch Mikhailóvski editaram *Rússkoie Bogátstvo*, periódico *naródnik*. Foi membro da Academia Russa de Ciências, mas se desligou dela em 1902, quando Maksímovitch Górki foi expulso devido a atividades revolucionárias. Após a Revolução de 1905, protestou contra as atrocidades policiais em seus escritos e, passada a Revolução de Outubro, considerou-se socialista independente e rejeitou tanto a ditadura proletária quanto a contrarrevolução. p. 226, 450.

**Kossóvski, Vladímir** (1867-1941) foi um político judeu e um dos fundadores e ideólogos do Bund. A partir de 1930, viveu em Varsóvia; emigrou para Nova York em 1939. p. 218.

**Krásnov, Piotr Nikoláievitch** (1869-1947) foi um escritor, *ataman* cossaco e general branco. Foi condecorado por sua bravura na Primeira Guerra Mundial diversas vezes. Participou do golpe de Estado de Kornílov. Após a Revolução de Outubro, foi preso e, em seguida, solto. Lutou na região de Don durante a guerra civil e, após a derrota do Exército Branco, emigrou para a Alemanha. Durante a Segunda Guerra Mundial, colaborou com a Alemanha nazista e, em 1945, entregou-se para as forças britânicas na Áustria. Foi entregue para os soviéticos e sentenciado à morte pelo Colegiado Militar da Suprema Corte da URSS. p. 361, 386, 432, 543, 548.

**Krássin, Leonid Boríssovitch** (1870-1926) foi um revolucionário e político bolchevique. Aderiu ao movimento social-democrata em 1890; em 1903, tornou-se membro do POSDR. Foi um dos editores do *Vperíod*. a partir de 1912, afastou-se das atividades políticas por muitos anos. Após a Revolução de Outubro, retornou ao PCR(b). Foi membro do *presidium* do Soviete Supremo da Economia do Povo, comissário do Povo para o Comércio, Indústria e Transporte e, em 1921, comissário do Povo para o Comércio Exterior. Foi embaixador da União Soviética em Londres, de 1920 a 1923 e de 1925 a 1926. p. 51, 178, 379n, 418, 444n, 508.

**Krílov, Ivan Andréievitch** (1769-1844), poeta e escritor, teve suas histórias traduzidas para várias línguas. p. 81.

RECONSTRUINDO LÊNIN    583

**Krjijanóvski, Gleb Maksimiliánovitch** (1872-1959) foi um revolucionário, político soviético e acadêmico. A partir de 1891, participou das atividades de círculos marxistas. Junto com outros, liderou a União de Luta pela Liberação da Classe Operária em Petrogrado. Amigo próximo de Lênin. Foi ativo na Revolução de 1905. Após as revoluções de 1917, trabalhou para o Soviete Supremo da Economia do Povo e, a partir de 1920, para o comitê Goelro. De 1929 a 1939, presidiu a Academia de Ciências da União Soviética. De 1937 a 1946, foi representante do Soviete Supremo. p. 51, 58, 60n, 61, 64, 167, 384.

**Kropótkin, Piotr Alekséievitch** (1842-1921) foi revolucionário, anarquista, teórico e cientista. Nos anos 1860, participou de várias expedições para o Extremo Oriente e a região sudeste da Sibéria. Estudou na Faculdade de Física e Matemática de São Petersburgo. Em 1870, foi eleito secretário da Sociedade Geográfica Russa; mais tarde, trabalhou para o Ministério do Interior. Foi para a Suécia, onde aderiu à Primeira Internacional. Após retornar à Rússia, proclamou seu programa anarquista. Foi preso e, após fugir do hospital da prisão, emigrou. Com a morte de Bakúnin, tornou-se o principal teórico anarquista. Em 1917, após quarenta anos no exterior, retornou à Rússia. Não se opôs à Revolução de Outubro, mas criticou o terror. Seu principal trabalho é *Ajuda mútua: um fator de evolução*. p. 219, 265n, 450, 465, 556.

**Krúpskaia, Nadiéjda Konstantínovna** (1869-1939) foi revolucionária e bolchevique. Aderiu às atividades dos círculos marxistas em 1890. De 1891 a 1896, foi instrutora na escola de operários e trabalhou com propaganda. Junto com Lênin, participou da fundação da União de Luta pela Libertação da Classe Operária. Foi presa, mas mais tarde deixaram que se juntasse a Lênin na Sibéria, onde se casaram. De 1905 a 1907, permaneceu na Rússia, então emigrou novamente. Em abril de 1917, ela e Lênin retornaram à Rússia. A partir de 1920, organizou o sistema educacional, trabalhando para o Comissariado do Povo para a Cultura. Em 1924, foi eleita membro da Comissão de Controle Central. No XIV Congresso, ficou ao lado da oposição Zinóviev-Kámenev; tempos depois, votou pela exclusão de Trótski, Zinóviev e Kámenev do partido. p. 42, 44, 51-3, 59, 61-3, 65, 66n, 67-8, 70-4, 76, 78, 83-5, 87, 89, 91-3, 95-100, 210, 365n, 525, 561, 564

**Kugelmann, Louis (Ludwig)** (1828-1902) foi um médico, teórico social-democrata e ativista alemão. Amigo próximo de Marx e Engels. p. 258n.

**Kun, Béla** (1886-1938) foi um político húngaro comunista. Fundou o Partido Comunista Húngaro no dia 24 de março de 1918. Nessa época, desenvolveu relações pessoais com Lênin e outros líderes bolcheviques. Em 1919, foi comissário do Povo para Relações Exteriores e, mais tarde, comissário do Povo para a Guerra da República Soviética Húngara. A partir de 1920, viveu a maior parte do tempo na União Soviética. Entre 1921 e 1936, foi membro do Comitê Executivo do Comintern. Em 1938, foi preso sob acusações forjadas e, no dia 29 de agosto de 1938, executado. Foi reabilitado postumamente, em 1956. p. 437-8, 441, 454-7, 547.

**Kúrski, Dmítri Ivánovitch** (1874-1932) foi um estadista e político bolchevique. Aderiu ao POSDR em 1904. Teve participação ativa nas revoluções de 1905-1907. De 1918 a 1929, foi comissário do Povo para a Justiça da RSFSR e da URSS. Foi o

584 TAMÁS KRAUSZ

primeiro procurador-geral soviético. Em 1928, foi embaixador da União Soviética na Itália. p. 374n, 381.

**Kuskova, Ekaterina Dmítrievna** (1869-1958), jornalista, escreveu *Credo*, um manifesto da escola bernsteiniana revisionista, enquanto esteve envolvida nas atividades radicais de meados dos anos 1890. Participou da Revolução de 1905. Em 1917, seu segundo marido, Prokópovitch, foi membro do governo provisório. Após a Revolução de Outubro, viveu em Moscou; não aderiu a nenhum dos partidos em luta. Em 1922, foi forçada a emigrar; viveu primeiro em Praga e, mais tarde, em Genebra. p. 114n, 156, 382.

**Labriola, Antonio** (1843-1904) foi um filósofo e teórico marxista italiano, ativista do movimento operário da Itália. p. 61, 211.

**Lafargue, Laura** (1845-1911), foi uma socialista francesa e ativista do movimento operário. Filha de Karl Marx. p. 93.

**Lafargue, Paul** (1842-1911), foi um marxista francês, marido de Laura Marx e amigo próximo de Karl Marx. Participou ativamente na Comuna de Paris e, em seguida, emigrou para a Espanha. Retornou para a França e teve um papel fundamental no desenvolvimento do socialismo francês. p. 93.

**Lalaiants, Isaak Khristofórovitch** (1870-1933) foi um revolucionário e bolchevique, um dos fundadores da União de Luta pela Libertação da Classe Operária. Esteve preso diversas vezes. De 1914 a 1917, trabalhou como estatístico em Irkutsk. Em 1922, chefiou a Divisão de Esclarecimento Político da RSFRS. Em 1929, aposentou-se. p. 47.

**Landau, Grigóri Adólfovitch** (1877-1941), foi um filósofo, articulista e político russo. Integrou o Comitê Central do Partido KD e liderou o grupo democrático judaico. Em 1919, mudou-se para a Alemanha e, de 1922 a 1931, foi editor-adjunto do periódico *Rul*, em Berlim. Em 1933, mudou-se para a Estônia e trabalhou para o periódico *Segodnia*. Foi preso em 1940 e morreu em um campo de trabalhos forçados. p. 95.

**Larin, Iúri** (1882-1932), foi um político social-democrata. A partir de 1900, participou do movimento revolucionário e juntou-se aos mencheviques. Em fevereiro de 1917, foi um dos líderes do grupo de mencheviques internacionalistas; mais tarde, aderiu ao partido bolchevique. Em 1918, foi membro do Supremo Soviete da Economia Nacional e, na prática, esteve à frente do *presidium*. Teve um papel ativo na reconstrução e na administração da economia e também na coletivização. Fundou o Instituto de Planejamento Público. Sua filha Anna se casou com Bukhárin. Está enterrado na Necrópole da Muralha do Krêmlin. p. 143.

**Latsis, Martin Ivánovitch (Ian Sudrabs)** (1888-1938) foi um revolucionário bolchevique. Aderiu ao partido em 1905. Em 1917, tornou-se membro do Comitê Revolucionário Militar de Petrogrado. Foi um dos líderes da Tcheká. Preso sob acusações forjadas, foi executado em 1938, tendo sido reabilitado postumamente, em 1956. p. 365n.

**Lefebvre, Henri** (1901-1991) foi um sociólogo francês e filósofo marxista. p. 203n, 531n.

RECONSTRUINDO LÊNIN   585

**Lengnik, Frídrikh Vilguélmovitch** (1873-1936) foi um revolucionário e político soviético. Participou do movimento revolucionário, tendo começado em 1893; foi membro da União pela Luta para a Libertação da Classe Operária e membro do POSDR desde o início. Esteve preso e exilado. De 1905 a 1917, atuou como ativista do partido. Participou da Revolução de Outubro e, depois, trabalhou em diferentes postos do partido. p. 167.

**Lepechínski, Panteleimon Nikoláievitch** (1868-1944) foi um revolucionário, político bolchevique e historiador. Membro do POSDR a partir de 1898, teve participação ativa nas atividades da União pela Luta para a Libertação da Classe Operária. Foi sentenciado ao exílio na província de Enisséi com Lênin. Emigrou e, mais tarde, retornou à Rússia e participou da Revolução de 1905. De 1918 a 1920, trabalhou no Comissariado do Povo para a Educação. Foi fundador do Socorro Vermelho Internacional (MOPR) e, em 1925, também seu presidente. A partir de 1927, dirigiu o Museu Histórico e, entre 1935 e 1936, o Museu da Revolução. p. 58, 210n.

**Levi, Paul** (1883-1930) foi um político comunista e advogado alemão. Aderiu ao Partido Social-Democrata Alemão em 1906. Trabalhou como advogado de Rosa Luxemburgo e seus camaradas diversas vezes. Liderou a Liga Espartaquista. Após a revolta espartaquista, foi secretário-geral do Partido Comunista alemão. Em 1920, dirigiu a delegação alemã no II Congresso Mundial da Internacional Comunista em Moscou. Após o fracasso do levante, em março de 1921, Levi foi expulso do Partido Comunista por criticar publicamente as políticas do partido. Logo formou o Coletivo Operário Comunista e, mais tarde, aderiu novamente ao Partido Social-Democrata. Morreu em 1930, após cair de sua janela e sucumbir aos ferimentos. p. 365, 455.

**Liádov, Martin Nikoláievitch (Mandelstam)** (1872-1947) tornou-se membro do partido bolchevique em 1903. Em 1909, aderiu aos mencheviques e, em 1920, retornou aos bolcheviques. Chefiou o Glavtop e a indústria do petróleo em Baku. De 1923 a 1929, foi reitor da Universidade Comunista Svérdlov. Em 1930, foi nomeado diretor dos Arquivos da Revolução de Outubro. Publicou trabalhos sobre a história do partido. p. 71, 188n.

**Liebknecht, Karl** (1871-1919) foi um político social-democrata e advogado alemão. Aderiu ao Partido Social-Democrata Alemão em 1900. Foi o primeiro membro social-democrata do Reichstag a opor-se abertamente à guerra. Preso em 1916, fundou, com Rosa Luxemburgo e outros sociais-democratas de esquerda, a Liga Espartaquista, transformada em 1918 no Partido Comunista da Alemanha. Em janeiro de 1919, durante o levante espartaquista, foi capturado e assassinado por oficiais do Freikorps. p. 72, 94, 169, 217n, 533.

**Liebknecht, Wilhelm** (1826-1900) foi um político social-democrata alemão e amigo próximo de Karl Marx. Um dos fundadores do Partido Social-Democrata Alemão. Pai de Karl Liebknecht. p. 54, 421.

**Litvínov, Máksim Maksímovitch** (1876-1951) integrou o POSDR a partir de 1898. Em 1918, tornou-se membro do Colegiado do Comissariado do Povo para Relações Exteriores. Em 1921, foi eleito vice-comissário do Povo para Relações Exteriores.

586  TAMÁS KRAUSZ

Em 1930, tornou-se o comissário do Povo para Relações Exteriores. Em 1934 e 1939, foi eleito membro do Comitê Central. De 1934 a 1938, representou a União Soviética na Liga das Nações. Foi vice-comissário para Relações Exteriores (de 1944 a 1947) e participou das negociações do tratado de paz. p. 390.

**Lóbov, Semion Semiónovitch** (1888-1937) foi membro do partido bolchevique a partir de 1913. Em 1924, foi eleito membro do Comitê Central. De 1926 a 1930, integrou o Soviete Supremo da Economia Nacional e se tornou comissário da Indústria Florestal da URSS de 1932 a 1936. Em 1937, foi preso e executado. p. 340.

**Lordkipanidze, Grigol** (1881-1937) foi um político e autor georgiano. Em 1917, participou ativamente das lutas pela independência georgiana. Foi ministro da Educação e ministro da Guerra no governo menchevique georgiano independente. Como resultado, foi preso em 1921 e deportado para Súzdal. Foi solto em 1928. Em 1929, foi preso novamente e condenado ao exílio. Foi executado em 1937. p. 339.

**Lukács, György** (1885-1971) foi filósofo, esteta, professor e uma das principais figuras do pensamento marxista do século XX. Um dos membros fundadores do Círculo de Domingo (*Vasárnapi Kör*) e do Círculo Galileu (*Galilei Kör*). Publicou seus escritos em periódicos como *Nyugat, Huszadik Század* etc. Em 1910, publicou seu primeiro livro, *A alma e as formas* (*Lélek és a formák*). Viveu em Berlim até 1911 e em Heidelberg de 1912 a 1917. Em 1918, aderiu ao Partido Comunista da Hungria. Em 1919, durante a República Soviética Húngara, foi vice-ministro da Cultura; a partir de 3 de abril, comissário do Povo; e em maio e junho, comissário da Quinta Divisão do Exército Vermelho Húngaro. Após a queda da República Soviética Húngara, fugiu para Viena, onde se tornou membro do Comitê Central Provisório do Partido Comunista da Hungria. Ele e Jenő Landler estavam em uma facção contrária a Béla Kun. Em 1921, participou do III Congresso do Comintern em Moscou, cidade na qual passou a morar. Trabalhou para o Instituto Marx-Engels-Lênin. Em 29 de junho de 1941, foi preso pela NKVD por algumas semanas. Após a guerra, em agosto de 1945, retornou a Budapeste. Integrou a Academia Húngara de Ciências a partir de 1948. Em 1949 e 1950, ocorreu o chamado Debate Lukács. Em 26 de outubro de 1956, foi nomeado ministro da Educação. Em 1956, as autoridades soviéticas o prenderam e o deportaram para a Romênia. Em 11 de abril de 1957, permitiram que voltasse para casa. Viveu em emigração interna e publicou seus trabalhos somente na Europa ocidental. Em 1967, aderiu ao Partido Socialista Operário Húngaro. Recebeu o Prêmio Kossuth (1948 e 1955). p. 12-3, 26n, 121n, 159-60, 191-2, 195-6, 200, 203n, 212, 252, 454-6, 464n, 517, 521-2, 526-8.

**Lunatchárski, Anatóli Vassílievitch** (1875-1933) foi um político bolchevique dedicado à educação, esteta, crítico de arte, escritor e tradutor. Em 1892, como estudante do Ginásio de Kiev, aderiu ao movimento operário. De 1895 a 1898, viveu em Zurique, onde se encontrou com Plekhánov e Akselrod. Em 1898, retornou a Moscou; lá, foi detido por disseminar propaganda ilegal e levado à prisão. Foi solto em 1904, quando se mudou para a Europa ocidental. Publicou no *Vperíod* e no *Prolietári*. Foi ativo na Revolução de 1905, tendo sido preso. No verão de 1907, emigrou novamente e juntou-se a Bogdánov; mais tarde, aderiu ao grupo

RECONSTRUINDO LÊNIN 587

Avante (1909). Por um tempo, foi o ideólogo dos chamados construtores de Deus. Representou os bolcheviques nos congressos da Segunda Internacional em Stuttgart (1907) e Copenhague (1910). Em agosto de 1917, aderiu ao partido bolchevique. Após a Revolução de Outubro, serviu como comissário do Povo para Educação (1917-1929) e, depois, foi nomeado embaixador da Espanha. p. 43n, 70n, 71, 74, 91, 96-7, 174-5, 179-80n, 183, 188, 384, 387, 390, 406n, 541, 543.

**Luxemburgo, Rosa** (1871-1919) foi revolucionária internacionalista, teórica marxista, economista, política e propagandista social-democrata polaco-alemã. Em 1983, teve um papel fundamental em criar a Social-Democracia do Reino da Polônia e da Lituânia. Em 1898, aderiu ao Partido Social-Democrata Alemão e liderou a ala esquerda do socialismo alemão. Foi presa por sua oposição à guerra, em 1915. Com Karl Liebknecht, cofundou a Liga Espartaquista, que se tornou o Partido Comunista da Alemanha em 1918. Foi uma das líderes do levante espartaquista e, em janeiro de 1919, com Liebknecht, foi assassinada por oficiais do exército contrarrevolucionário. p. 12, 70, 72-3, 85, 94, 119n, 120-1, 136, 199-201, 203, 211, 217n, 218, 223, 225, 231, 236, 260, 280n, 331, 344-8, 356-7, 493, 525, 533.

**Maiakóvski, Vladímir Vladímirovitch** (1893-1930) foi revolucionário e poeta. Tinha quinze anos de idade quando aderiu ao POSDR. Nos anos 1920, tornou-se figura importante no meio literário da União Soviética. Em 14 de abril de 1930, cometeu suicídio em sua casa em Moscou. p. 505.

**Makhnó, Nestor Ivánovitch** (1889-1934) foi um revolucionário anarquista ucraniano e comandante *partisan*. Aderiu aos anarquistas durante a Revolução de 1905. Em 1908, foi sentenciado à morte por enforcamento, mas a pena foi comutada para prisão perpétua. Foi solto após a Revolução de Fevereiro em 1917. Em casa outra vez, organizou movimentos campesinos para distribuir terras entre os camponeses. Organizou bandos guerrilheiros campesinos na região de Taganrog e nos arredores, estabelecendo ali o centro da Makhnóvschina. Em 1918, foi para Moscou, onde se encontrou com Lênin. Lutou tanto contra as forças brancas quanto contra as vermelhas. Emigrou e morreu no exterior. p. 272, 415, 417n.

**Malinóvski, Roman Vassílievitch** (1876-1918) aderiu ao POSDR em 1906. A partir de 1911, tornou-se agente da Okhrana. Em 1912, integrou o Comitê Central e passou a ser representante bolchevique da Quarta Duma do Estado. Suspeito de ser espião, foi expulso do partido. Fugiu para a Rússia em 1914 e foi deportado para um campo de internamento na Alemanha. Em 1918, retornou à Rússia. Após um julgamento, foi sentenciado à morte e executado. p. 82, 83n.

**Manuílski, Dmítri Zakhárovitch** (1883-1959) foi um político e oficial militar. Emigrou em 1907 e fez parte do grupo Avante. Em 1919, foi comissário do Povo para a Terra na Ucrânia. Em 1921, foi primeiro-secretário da Ucrânia. De 1928 a 1943, foi secretário do Comitê Executivo do Comintern. De 1942 a 1944, trabalhou no Departamento Político Geral do Exército Soviético. Foi membro do Supremo Soviete da URSS (de 1947 a 1954). p. 188n, 192n.

588  Tamás Krausz

**Mártov, Iúli Tsederbaum (Július)** (1873-1923) foi um revolucionário social-democrata marxista, político, articulista e figura de destaque na facção menchevique do Partido Operário Social-Democrata Russo. Aproximou-se do movimento revolucionário em Vilna como membro do Bund. Desde o princípio, colega próximo de Vladímir Lênin. Os dois políticos fundaram a União de Luta pela Libertação da Classe Operária e, por isso, ele foi exilado em 1898. Foi um dos membros fundadores do *Iskra*, mas suas conexões com Lênin foram praticamente rompidas no II Congresso. Durante a Primeira Guerra Mundial, foi líder da facção esquerda do Partido Menchevique. Após outubro de 1917, opôs-se ao poder bolchevique, embora durante a guerra civil tenha apoiado o Exército Vermelho contra os brancos. Emigrou para a Alemanha, onde organizou o *Sotsialístitcheski Véstnik*, periódico de pensamento menchevique. p. 12, 53, 58-60, 66, 69-70, 109, 154, 159, 166-8, 170n, 192, 193n, 209, 218, 228, 239, 250n, 265-6, 273, 324n, 334, 352, 356, 389, 394, 396.

**Martynov-Piker, Aleksandr Samoílovitch** (1865-1935) foi membro do movimento *naródnik* nos anos 1880. Foi preso diversas vezes quando cursava a universidade em Petrogrado; mais tarde, foi sentenciado ao exílio em Odessa e Kolominsk, até 1899. Aderiu ao POSDR em 1900. De 1905 a 1907, teve uma participação ativa nas revoluções. Como líder menchevique, opôs-se aos bolcheviques em 1917. De 1918 a 1922, abandonou a política e trabalhou como professor. Em 1922, aderiu ao partido bolchevique. Foi professor da academia Marx-Engels; depois, editou o jornal *Krásnaia Nov*. Em 1933, trabalhou para o Comintern. 157, 209.

**Máslov, Piotr Pávlovitch** (1867-1946) foi um social-democrata, economista e político menchevique. Escreveu vários livros sobre a questão agrária. Após a Revolução de Outubro, abriu mão da política e estudou história agrária, desenvolvimento econômico e educação. p. 141, 209, 525.

**Mehring, Franz** (1846-1919) foi um político do Partido Social-Democrata Alemão. Aderiu ao SPD em 1890 e tornou-se bastante conhecido como teórico marxista. Mais tarde, foi líder da Liga Espartaquista e, depois, membro fundador do Partido Comunista da Alemanha. p. 168, 169n.

**Menjínski, Viatcheslav Rudólfovitch** (1874-1934) aderiu ao POSDR em 1902; bolchevique, participou da Revolução de 1905. Em 1907, emigrou; retornou à Rússia após a Revolução de Fevereiro de 1917. Foi ativo na Revolução de Outubro. Em 1918-1919, trabalhou como cônsul-geral em Berlim. Em 1919, integrou o *presidium* da Tcheká. Após a morte de Féliks Dzerjínski, tornou-se presidente do OGPU. p. 188.

**Mgueladze, Illarion Vissariónovitch ("Várdin")** (1890-1941) foi membro do POSDR a partir de 1906. Um dos líderes da organização partidária Sarátov e editor do *Sotsial-Demokrata*. Em 1919, publicou seus escritos no *Pravda* e no *Izviéstia*. Durante a guerra civil, foi chefe da divisão política da Primeira Cavalaria Vermelha. Em 1925, presidente da Rapp, Sindicato dos Escritores Proletários. Fez parte da oposição de esquerda. Em 1927, foi expulso do partido por ser membro da oposição trotskista. Em 1929, retornou ao partido. Em 1935, foi preso e, em 1941, executado. p. 417.

RECONSTRUINDO LÊNIN    589

**Mikhailóvski, Nikolai Konstantínovitch** (1842-1904), foi um crítico e jornalista literário russo, um dos ideólogos do movimento *naródnik*. Nasceu em uma família nobre empobrecida e estudou no Instituto de Mineração em Petrogrado. Começou a trabalhar como jornalista em 1860. De 1868 a 1884, publicou a popular revista literária *Otétchestvennie Zapíski*, de São Petersburgo. Tornou-se editor do periódico *Rússkaia Ekonimka* em 1892. p. 110, 259, 465, 467.

**Miliúkov, L. Pável Nikoláievitch (Piotr)** (1859-1943) foi um historiador e político liberal russo. Um dos fundadores e líderes do Partido KD e membro da Terceira e da Quarta Dumas do Estado. Entre março e novembro de 1917, foi ministro das Relações Exteriores no governo provisório do príncipe Lvov. Após a Revolução de Outubro, apoiou Kornílov. Em 1919, emigrou para Paris. p. 26n, 105, 138, 142n, 146, 240, 268n, 335n, 338, 539-41, 543.

**Mirbach-Harff, Wilhelm Graf von** (1871-1918) liderou a delegação alemã nas negociações de paz de Brest-Litovsk. Em 1918, foi embaixador em Moscou, onde morreu, vítima de um ataque terrorista, em julho de 1918. p. 365, 549, 587.

**Mólotov, Viatcheslav Mikháilovitch (Skriábin)** (1890-1986) foi membro do partido a partir de 1906 e bolchevique. Em 1917, chefiou o Bureau de Imprensa do Comitê Central. Em 1920-1921, foi secretário do Comitê Central Ucraniano. Em 1921, tornou-se membro do Comitê Central Soviético. Entre 1926 e 1957, fez parte do Politburo. Atuou próximo a Stálin. De 1930 a 1941, presidiu o Conselho do Comissariado do Povo. Foi comissário do Povo (depois ministro) das Relações Exteriores (1939-1949). Entre 1946 e 1953, esteve na vice-presidência do conselho. De 1953 a 1956, foi ministro das Relações Exteriores novamente. Em 1961, foi removido de todas as posições e expulso do partido. p. 375, 376n.

**Murálov, Nikolai Ivánovitch** (1877-1937) foi líder militar e revolucionário. Aderiu ao POSDR, em 1903, como bolchevique. Em 1905, participou da revolução. Em 1917, foi um dos fundadores da seção militar do soviete de Moscou e líder militar do levante armado de Moscou. Em 1917, foi comandante do distrito de Moscou; em 1924, comandante do distrito caucasiano do norte. Tornou-se membro do Comitê Central em 1925. Em 1927, foi expulso. Como ex-membro da oposição trotskista de esquerda, foi sentenciado à morte sob acusações forjadas e executado, em 1937. p. 362.

**Muránov, Matvei Konstantínovitch** (1873-1959), foi membro do Partido Bolchevique a partir de 1904. Em 1912, integrou a Duma. Foi preso e exilado devido a atividades revolucionárias. Em 1917, tornou-se membro do conselho editorial do *Pravda*. Participou da Revolução de Outubro. Em 1917, foi eleito vice-comissário do Interior. De 1919 a 1924, foi membro do Comitê Central. Em 1923, tornou-se membro da Suprema Corte. Aposentou-se em 1939. p. 85.

**Nádson, Semion Iákovlevitch** (1862-1887) foi um popular poeta russo. p. 80.

**Nekrássov, Nikolai Alekséievitch** (1821-1878) foi um poeta *naródnik* e jornalista russo. P. 46-7, 260.

**Netcháiev, Serguei Guennádievitch** (1847-1882) foi um revolucionário russo. Criou e estabeleceu a operação de uma organização revolucionária secreta. Entre 1868 e

590 TAMÁS KRAUSZ

1869, participou do movimento estudantil revolucionário em São Petersburgo. Morreu na prisão. p. 46-7, 260.

**Nicolau I** (1796-1855) foi o tsar russo entre 1825 e 1855, um dos monarcas mais reacionários da Rússia. Reprimiu as revoluções de 1848-1849 no continente europeu. p. 37, 285.

**Nóguin, Víktor Pávlovitch** (1878-1926) foi correspondente do *Iskra* em 1901. Aderiu ao partido bolchevique em 1903. Participou ativamente de ambas as revoluções, de 1905 e 1917. Mais tarde, trabalhou em diversos postos importantes. p. 336, 543.

**Nolde, Boris Emmanuílovitch** (1876-1948) foi político, jurista, diplomata, historiador e crítico literário. Após graduar-se na Faculdade de Direito da Universidade de Moscou, trabalhou no Ministério de Relações Exteriores. Ensinou direito em diferentes instituições. Foi funcionário do Ministério de Relações Exteriores no governo provisório. No verão de 1919, emigrou. Na Universidade Sorbonne, em Paris, organizou o departamento russo e foi o reitor da Faculdade de Direito do Instituto de Estudos Eslavos. Foi chefe do diretório geral da Cruz Vermelha Russa em Paris. Em 1947, tornou-se presidente do Instituto Internacional de Direito. p. 331.

**Noskov, V. A. (Boris Nikoláievtch Glebov)** (1878-1913) foi revolucionário e membro da União de Luta pela Libertação da Classe Operária. Participou das preparações do II Congresso do POSDR. p. 167.

**Noulens, Joseph** (1864-1939) foi o embaixador da França na Rússia em 1917. p. 372.

**Okudjava, Bulat** (1924-1997) foi um poeta, escritor e cantor soviético. p. 162, 560.

**Olmínski, Mikhail Stepánovitch (Aleksándrov)** (1863-1933) foi revolucionário, político e historiador, um dos líderes da organização *narodovólets*. Participou do movimento revolucionário nos anos 1880. Aderiu ao POSDR em 1898. Foi membro do conselho editorial do *Vperíod* e do *Prolietári* e participou das atividades do *Zvezdá* e do *Pravda*. Teve um papel ativo na Revolução de Outubro. Chefiou o *Istpart* (departamento de história) do partido e fundou o jornal *Proletarskaia Revoliútsia*. Foi membro da diretoria da Universidade Lênin. De 1920 a 1924, foi diretor do Instituto de História do Partido e presidente da Sociedade de Velhos Bolcheviques. p. 70n, 141-3, 147, 209, 552.

**Ordjonikidze, Grigóri Konstantínovitch (Sergo)** (1886-1937) foi um político bolchevique. Aderiu ao partido em 1903. Foi comissário militar, plenipotenciário da República Transcaucasiana (1918-1920). Em 1926, tornou-se membro do Comitê de Controle Central e comissário do Povo para Supervisão de Operários e Camponeses. Em 1930, foi eleito para o Politburo. Em 1932, nomeado comissário do Povo para a indústria pesada. Cometeu suicídio após a prisão de Piátakov. p. 89-9, 503, 553, 560

**Ossínski, N. (Valerian Valeriánovitch Oboliénski)** (1887-1938) foi um revolucionário comunista, um comunista "esquerdista". A partir de março de 1918, trabalhou para o Supremo Soviete da Economia Nacional. Participou do conselho editorial do *Pravda*. Em 1920 e 1921, foi uma das principais figuras do "centralismo

RECONSTRUINDO LÊNIN    591

democrático", facção do partido. Foi presidente do Supremo Soviete da Economia Nacional e, a partir de 1923, atuou em vários postos importantes do Estado e do partido. Foi executado por acusações forjadas. p. 384, 545, 555, 563.

**Pannekoek, Anton** (1873-1960) foi um astrônomo, astrofísico e político socialista holandês, principal teórico do chamado "comunismo de conselhos". Aderiu ao Partido Operário Social-Democrata dos Países Baixos em 1901. Fundou o *Tribune* em 1907. Em 1909, deixou o partido. De 1906 a 1914, foi um membro ativo do Partido Social-Democrata Alemão. Trabalhou para *Die Neue Zeit*. Em 1914, tornou-se membro do SAI (Socialistas Internacionais da Alemanha), que mais tarde se reorganizou como CIA (Comunistas Internacionais da Alemanha). Durante a guerra, fundou o *Vorbote*, periódico dos socialistas de Zimmerwald. De 1918 a 1921, foi membro do Partido Operário Comunista dos Países Baixos; em 1921, deixou o partido. Em 1925, foi nomeado professor na Universidade de Amsterdã e tornou-se membro da Academia de Ciências. É autor de *Lênin como filósofo* (1938). p. 182, 203, 259, 270n, 458, 525.

**Párvus (Aleksandr Izráil Lázarevitch Guelfand)** (1867-1924), foi um socialista e teórico russo, depois radicado na Alemanha. Desenvolveu o conceito de revolução permanente, expandido por Trótski. Foi para a Turquia e aconselhou líderes dos "Jovens Turcos". Como resultado de suas negociatas comerciais militares, Lênin rompeu relações com ele. p. 26n, 136, 165-6, 209.

**Peróvskaia, Sofia Lvovna** (1853-1881) foi revolucionária e membro do Vontade do Povo. Em 1870, aderiu a grupos anarquistas nas províncias de Samara e Tver. Em 1873, retornou a São Petersburgo e manteve apartamentos para reuniões conspiratórias secretas contra o tsar. Em 1874, foi colocada sob prisão domiciliar. Em 1877, foi presa novamente e, em seguida, entrou para a clandestinidade. Participou de atentados fracassados contra o tsar em 1879 e 1880. Reorganizou seu grupo e conseguiu assassinar o tsar Alexandre II em 1881. Foi sentenciada à morte por enforcamento. p. 92.

**Peters, Iákov Khristofórovitch** (1886-1938) aderiu ao partido bolchevique letão em 1904. Participou da Revolução de 1905. Emigrou para a Inglaterra. Em 1917, retornou à Rússia e participou ativamente da revolução. Ainda em 1917, foi eleito para uma posição de destaque na Tcheká. Em 1918, foi vice de Dzerjínski. Participou das lutas contra os exércitos intervencionistas. Em 1925, foi inspetor geral dos exércitos de guarda da fronteira. Entre 1930 e 1934, integrou a Comissão de Controle Central. Em 1938, foi preso e executado sob acusações forjadas. p. 95.

**Petliura, Simon Vassílievitch** (1879-1926) foi membro fundador do Partido Operário Social-Democrata Ucraniano (1905). Antes da Primeira Guerra Mundial, editou e publicou dois semanários socialistas. Em 1914, serviu como oficial no Exército tsarista. Em 1917, foi membro da Rada Central, *ataman* do Exército da República Popular Ucraniana e, em 1918, chefe de seu diretório. Cooperou com as forças alemãs para combater os bolcheviques. Durante seu mandato como chefe de Estado (1919-1920), os *pogroms* continuaram a ser perpetrados em território ucraniano.

592 TAMÁS KRAUSZ

Em 1920, assinou uma aliança com o governo de Varsóvia para derrubar o regime bolchevique. Emigrou para a Europa ocidental e foi assassinado em Paris. p. 419, 440-1, 550-1, 553, 555.

**Petróvski, Grigóri Ivánovitch** (1878-1958) foi um revolucionário bolchevique, político e estadista. Aderiu ao partido em 1897. Em 1914, foi preso por ser membro da facção bolchevique da Duma do Estado e sentenciado ao exílio em Turukhansk, em 1915. Entre 1919 e 1938, serviu como presidente do Comitê Executivo Central de Toda a Ucrânia. Em 1940, tornou-se vice-diretor do Museu da Revolução. Jamais retornou à política. p. 85, 551.

**Piátakov, Gueórgui (Iúro) Leonídovitch** (1890-1937), bolchevique, membro do partido de 1910 em diante e um dos comunistas "esquerdistas". Aderiu aos bolcheviques em 1912, tendo sido um dos líderes dos bolcheviques de Kiev. Após 1917, participou da organização do Exército Vermelho na Ucrânia. Em 1918, foi chefe do Banco do Estado. De 1923 a 1927, foi membro do Comitê Central. Em 1927, teve de se demitir de todos os postos e foi expulso do partido. Após rever sua opinião (como membro do partido novamente), mais uma vez tornou-se chefe do Banco do Estado em 1929. Em 1930, assumiu o cargo de vice-comissário do Povo para a Indústria Pesada, um dos organizadores da industrialização. Em 1934, foi eleito membro do Comitê Central. Em 1936, foi preso, sentenciado à morte e executado. p. 98n, 211, 221, 225, 230n, 236, 237n, 241-3, 387, 507, 545, 563.

**Pílniak, Boris (Boris Andréievitch Vogau)** (1894-1937) foi um autor simbolista soviético, contista e uma das figuras influentes da literatura soviética nos anos 1920. Seus principais trabalhos foram *Ano nu* e *Tempo derramado*. Preso sob acusações forjadas e executado. p. 505.

**Piłsudski, Jozef (Klemens)** (1867-1935) foi um líder militar nacionalista, político e estadista polaco. Foi o primeiro chefe de Estado da nova Polônia independente (1918--1922). Começou a carreira política como membro do Partido Socialista Polonês e terminou como ditador autoritário da Polônia (1926-1935). Na primavera de 1920, atacou a Rússia soviética. p. 219, 440-4, 447, 553.

**Platten, Fritz** (1883-1944) foi um político comunista suíço. Participou da Revolução de 1905. Retornou à Suíça, onde em 1912 foi secretário do Partido Social-Democrata Suíço. Durante a Primeira Guerra Mundial, abraçou a causa política contrária à guerra. Ajudou o retorno de Lênin à Rússia, em 1917, fazendo uso de suas conexões políticas. Em 1918, protegeu Lênin com seu próprio corpo enquanto seu carro era atingido por tiros em Petrogrado. Foi membro do *presidium* da Internacional Comunista em 1919 e, mais tarde, do Comintern. Em 1921, fundou o Partido Comunista Suíço, do qual se tornou secretário-geral. Em 1923, estabeleceu-se na União Soviética e deu aulas em universidades. Em 1938, foi preso e levado para um campo de detenção; em 1944, foi fuzilado. p. 88n, 94.

**Plehve, Viatcheslav Konstantínovitch (Pleve)** (1846-1904) foi um político russo extremamente conservador. A partir de 1879, serviu em diferentes postos na administração do Estado. Em 1899, foi conselheiro privado real. Em 1902, foi nomeado ministro do Interior e chefe dos gendarmes. p. 393.

**Plekhánov, Gueórgui Valentínovitch** (1856-1918) foi teórico, filósofo e "pai do marxismo russo". Nasceu na família de um pequeno proprietário de terras. Em 1873, estudou na Academia Militar de Konstantínov, em Vorónej. Depois, matriculou--se no Instituto de Metalurgia em São Petersburgo. Logo abandonou os estudos e se voltou para o movimento revolucionário *naródnik*. Em 1880, emigrou para a Europa ocidental e, três anos depois, fundou o primeiro grupo marxista russo. Também participou da criação do POSDR e do jornal *Iskra*. Foi uma das principais figuras da facção menchevique. Opôs-se à Revolução de Outubro. p. 12, 31, 42, 54, 66-7, 69-70, 76, 95, 116n, 122, 130, 134, 138-9, 146-7, 154-5, 164, 168, 171-2, 176-7, 179n, 180-1, 183n, 189-91, 202n, 204, 208-9, 215n, 219, 224, 228, 232n, 242-3, 248n, 259-61, 391, 394, 396, 468, 490, 524-5, 529n, 532.

**Pokróvski, Mikhail Nikoláievitch** (1868-1932) foi historiador e um dos fundadores da historiografia marxista soviética. Aderiu ao partido em 1905 como bolchevique. Após a Revolução de 1905, emigrou e se afiliou ao grupo Avante. Opôs-se à guerra e editou *Imperialismo: fase superior do capitalismo* de Lênin para publicação. Tornou-se um dos líderes da Revolução de Outubro em Moscou. De 1918 a 1932, foi vice-comissário para a Educação. Em 1922, foi nomeado diretor dos arquivos centrais. Está enterrado junto à Muralha do Krêmlin. p. 141, 147, 188, 209, 221, 242n, 373, 376n, 379-80n

**Pospiélov, Piotr Nikoláievitch** (1898-1979) foi um ideólogo do Partido Bolchevique. Aderiu ao POSDR em 1916. Durante a guerra civil, trabalhou clandestinamente nos Urais. Em 1924, trabalhou para o Comitê Central e, em 1931, tornou-se editor do *Bolchevik* e do *Pravda*. Foi eleito membro do Comitê Central e editor do *Pravda* de 1940 a 1949. De 1953 a 1960, foi secretário do CC. Dirigiu o Instituto Marx-Engels-Lênin. De 1967 a 1979, integrou o *presidium* da Academia de Ciências da URSS. p. 14, 37n, 85n, 90n, 380n.

**Potriéssov, Aleksandr Nikoláievitch** (1869-1934) foi um revolucionário social-democrata russo. Foi um dos líderes dos mencheviques antes de outubro de 1917. Nos anos 1890, aderiu aos marxistas. Foi um dos fundadores da União de Luta pela Libertação da Classe Operária. Em 1900, passou a editar o *Iskra*. Em 1917, apoiou o governo provisório; condenou a Revolução de Outubro e se exilou. Em 1919, foi preso; em 1925, obteve permissão para mudar de país. p. 66-7, 69.

**Preobrajiénski, Evguiéni Alekséievitch** (1886-1937) foi um revolucionário bolchevique, economista e teórico. Aderiu ao partido em 1903. Em 1918, presidiu o *presidium* do Comitê Regional do Ural. Foi eleito membro do CC em 1920, como especialista em questões financeiras e econômicas. Em 1923, aderiu à Oposição de Esquerda liderada por Trótski. Foi expulso do partido em 1927, depois novamente em 1933, após ter sido aceito de volta. Em 1936, foi preso, sentenciado à morte – e fuzilado em 1937. p. 477, 478n, 512, 513n, 514, 545-6, 555, 563.

**Prokopóvitch, Serguei Nikoláievitch** (1871-1955) foi um economista e político. Inicialmente, um social-democrata; mais tarde, em 1905, aderiu ao Partido KD, do qual logo saiu. Em 1917, foi ministro da Indústria e Comércio no governo provisório. A partir de 1918, seguiu políticas antibolchevistas e, como consequência, foi preso em 1922 e mandado para o exílio. p. 156, 382.

594  Tamás Krausz

**Proudhon, Pierre-Joseph** (1809-1865) foi um escritor e jornalista socialista francês, considerado um dos mais influentes teóricos e organizadores do anarquismo. Em 1840, publicou *O que é propriedade?* e, em 1846, *Sistema de contradições econômicas ou filosofia da miséria*. Em 1847, tornou-se maçom. Participou da Revolução Francesa de 1848 e, mais tarde, trabalhou para jornais. Antissemita e misógino. p. 265.

**Pugatchov, Emielian Ivánovitch** (*c.*1742-1775) foi um cossaco analfabeto da região do Don, líder da maior insurreição campesina e cossaca. Lutou no Exército russo e nas últimas batalhas da Guerra dos Sete Anos (1756-1763); mais tarde, na campanha na Polônia em 1764 e na Guerra Turco-Russa (1768-1774). Durante o cerco de Bender (1769-1770), feriu-se e retornou para casa. Em 1772, foi preso como fugitivo e mandado para o exílio na Sibéria. Conseguiu fugir. Em junho de 1773, alegou ser o falecido tsar Pedro IV e tentou derrubar a tsarina Catarina II. Reuniu seu exército de camponeses, velhos crentes, e mineradores da região do Volga-Ural. Proclamou libertar os servos, derrubar Catarina II e formar um Estado camponês-cossaco. Em 1775, foi decapitado em Moscou. p. 33, 361, 537.

**Purichkiévitch, Vladímir Mitrofánovitch** (1870-1920) foi um nobre e político russo-bessarábio, conhecido por suas visões de extrema direita e antissemitas. Um dos fundadores das organizações reacionárias Cem-Negros e União do Partido Popular da Rússia (1905). Antes de 1917, essas organizações eram conhecidas por ataques violentos contra esquerdistas, sociais-democratas e judeus. Foi eleito deputado para a I, a Segunda e a Quarta Dumas do Estado. Durante a Revolução de 1917, foi preso pela Guarda Vermelha e, sob circunstâncias desconhecidas, escapou da Fortaleza de Pedro e Paulo e partiu para a região sul da Rússia, controlada pelo Exército Branco. Tentou reorganizar o movimento dos Cem-Negros. Morreu de tifo em Novorossisk. p. 39, 145, 148, 232.

**Rádek, Karl Berngárdovitch (Karl Sobelsohn)** (1885-1941?) foi um jornalista altamente inteligente, líder do partido bolchevique e uma das principais figuras do Comintern. Aderiu à social-democracia do Reino da Polônia e da Lituânia em 1904 e participou da Revolução de 1905 em Varsóvia. Mudou-se para a Alemanha e aderiu ao Partido Social-Democrata Alemão em 1907; tornou-se um destacado jornalista nas publicações SPD. De 1918 a 1919, foi vice-comissário para Relações Exteriores. A partir de 1920, foi membro do Comitê Executivo do Comintern e do Comitê Central. Por fazer parte da oposição de esquerda, foi removido do Comitê Central em 1924 e, em 1927, expulso do partido. Após assinar um documento capitulando para Stálin, tornou-se chefe do Bureau Internacional de Informações do Comitê Central, editor do *Izviéstia* e, novamente, membro do partido. Em 1937, foi preso e sentenciado no segundo grande julgamento político. Morreu em um campo de trabalhos forçados. p. 88n, 203, 209, 236, 431, 437, 450, 454, 545.

**Rádtchenko, Stepan Ivánovitch** (1869-1911) foi um revolucionário e engenheiro russo. Tornou-se membro do grupo revolucionário liderado por Brúsniev a partir de 1890. Foi um dos fundadores da União de Luta pela Emancipação da Classe Operária. Em 1906, retirou-se da vida política. p. 51.

RECONSTRUINDO LÊNIN    595

**Rákhia, Ivan Abrámovitch** (1887-1920) foi um político bolchevique. Aderiu ao POSDR em 1902. Participou da Revolução de 1905. Foi ativo na Revolução de Fevereiro de 1917. Em 1918, foi um dos fundadores do Partido Comunista da Finlândia. Foi assassinado em Petrogrado por partidários da Guarda Branca. p. 89.

**Rakóvski, Christian Gueórguievitch** (1873-1941) foi um revolucionário bolchevique, estadista e médico búlgaro. Participou ativamente da política revolucionária búlgara, romena e russa e, em 1917, tornou-se um dos líderes da facção bolchevique do POSDR como chefe do Comissariado do Povo Ucraniano. Foi embaixador soviético na França de 1925 a 1927 e membro da oposição de esquerda; esteve preso em 1938. Em 1941, foi executado. p. 437n, 438n, 559.

**Raspútin, Grigóri Efímovitch** (1872?-1916) foi um místico cristão ortodoxo e vigarista russo de origem campesina siberiana. Tornou-se monge e dizia possuir a capacidade de curar por meio da reza, assim como de aliviar o sofrimento de Aleksei Nikoláievitch, filho do tsar Nicolau II, que sofria de hemofilia. Logo se tornou influente na corte do tsar e da tsarina Aleksandra. Foi acusado por muitas pessoas eminentes de vários delitos, desde devassidão sexual até uma influência política indevida sobre a família real. Em 1911 e 1914, ocorreram tentativas de assassiná--lo, mas ambas fracassaram. Foi assassinado em 1916. p. 285n, 540.

**Rázin, Stienka** (1630?-1671) foi um líder cossaco que esteve à frente um levante significativo contra a nobreza e a burocracia do tsar no sul da Rússia em 1670-1671. Nasceu em uma família cossaca rica de Don. Em 1660, tornou-se *ataman* cossaco. Em 1662, foi comandante do Exército cossaco em uma campanha contra o canato da Crimeia e o Império Otomano. Sua relação com o Império Russo se deteriorou devido à execução de seu irmão, Ivan, em 1662. Em 1667, começou uma campanha bem-sucedida contra a Pérsia e a região sul do Volga, quando fechou estradas comerciais. Em 1670, incitou um levante entre cossacos e camponeses e ocupou diversas cidades. Em 1671, foi capturado pelas forças tsaristas e executado em Moscou. p. 29, 32, 361, 374.

**Riabuchínski, Pável Pávlovitch** (1871-1924) foi um empresário russo, banqueiro e proprietário de uma fábrica têxtil. Em 1906, liderou a Bolsa de Valores de Moscou; em 1915, tornou-se seu presidente. Uma das principais figuras do Partido KD, foi deputado da Duma. Em 1915, chefiou o Comitê Industrial Militar. Após a queda de seu apoiador Kornílov, emigrou para a França, em 1920. p. 471.

**Riazánov, David Boríssovitch** (1870-1938) foi um erudito marxista e arquivista. Em 1885, aderiu ao movimento *naródnik* e foi sentenciado a cinco anos de prisão. Em 1891, foi sentenciado a quatro anos de exílio na Sibéria por disseminar propaganda marxista. Participou da Revolução de 1905 e, mais uma vez, foi sentenciado ao exílio na Sibéria, mas escapou para o Ocidente. Trabalhando nos arquivos do Partido Social-Democrata Alemão e no Museu Britânico, publicou uma coleção do jornalismo de Marx e Engels, assim como a história da Primeira Internacional. Em 1917, participou das revoluções de Fevereiro e Outubro. Em 1921, participou da fundação do Instituto Marx-Engels-Lênin, do qual se tornou diretor. Iniciou o projeto de publicação dos trabalhos reunidos de Marx e Engels. Em 1931, foi preso como menchevique, expulso do partido e mandado para Sarátov. Entre

596 Tamás Krausz

1931 e 1936, trabalhou na Biblioteca da Universidade de Sarátov. Em 1937, foi preso novamente, acusado de fazer parte de uma conspiração trotskista de direita, e executado, em 21 de janeiro de 1938. p. 109n, 142, 143n, 167, 253n, 541.

**Rójkov, Nikolai Aleksándrovitch** (1868-1927) foi um historiador e revolucionário social-democrata. Em 1898, foi apontado *Privatdozent* na Universidade de Moscou. Aderiu ao POSDR em 1905. Participou da Revolução de 1905 e entrou para a clandestinidade em 1906. Após 1907, adotou o ponto de vista menchevique. Em 1908, foi preso e, em 1910, sentenciado ao exílio na província de Irkutsk. Em 1917, foi vice-presidente do soviete revolucionário em Novo-Nikolaievsk [atual Novossibirsk). Foi também vice-ministro dos Correios e Telégrafos no governo provisório. Em 1917, aderiu ao partido menchevique. Opôs-se à Revolução de Outubro, mas não resistiu aos eventos. Em 1921, foi preso. Em 1922, rompeu com os mencheviques, condenando sua linha política. Também em 1922, tornou-se professor e, algum tempo depois, deu palestras em várias universidades da União Soviética. Em 1926, foi nomeado diretor do Museu Histórico do Estado. p. 350, 351-2, 353n, 354-5, 483.

**Rydzutak, Ian Érnestovitch** (1887-1938) foi um revolucionário e político comunista. Tornou-se membro do Exército em 1905. Entre 1920 e 1937, integrou o Comitê Central. Em 1926, foi eleito para o Politburo e se tornou vice-presidente do Comissariado do Povo. De 1924 a 1930, foi o comissário do Povo para o Transporte. De 1931 a 1934, presidente da Comissão de Controle Central e membro da Inspeção de Camponeses e Operários. Em 1938, foi preso, sentenciado à morte e executado. p. 555.

**Rykov, Aleksei Ivánovitch** (1881-1938) foi revolucionário e estadista. Aderiu ao partido bolchevique em 1899. Foi eleito membro do Comitê Central e do Comissariado do Povo. Em 1918, tornou-se presidente do Supremo Soviete da Economia Nacional. Em 1921, vice-presidente do Conselho de Comissários do Povo e, após a morte de Lênin, presidente. Em 1924, passou a integrar o Comitê Executivo do Comintern. Em 1926, foi eleito presidente do Conselho Soviético de Trabalho e Defesa. Por ser membro da oposição de direita, perdeu todos os postos entre 1929 e 1930. Em 1933, tornou-se comissário do Povo dos Correios e Telégrafos. Em 1937, foi expulso do partido e preso. Foi executado em 15 de março de 1938. p. 20n, 188, 561.

**Saltykov-Schédrin, Mikhail Evgráfovitch** (1826-1889) foi um escritor com visões radicais e um dos melhores satiristas da literatura russa. A partir de 1841, publicou seus trabalhos em diferentes periódicos literários e também trabalhou na burocracia tsarista. Em 1848, foi sentenciado ao exílio em Víatka por suas visões políticas radicais. Em 1855, recebeu permissão para deixar Víatka. Em 1858, foi nomeado vice-governador de Riazan; em 1860, exerceu o mesmo posto em Tver e, mais tarde, trabalhou em muitos postos administrativos importantes em diferentes cidades. Trabalhou para a revista russa *Otétchestvennie Zapíski* até 1884. p. 39, 43, 81, 92, 226.

**Samóilov, Fiódor Nikítitch** (1882-1952) foi um revolucionário e oficial do partido. Aderiu ao POSDR em 1903 como bolchevique e participou da Revolução de 1905. Em

RECONSTRUINDO LÊNIN    597

1914, foi preso e mandado para o exílio. Em 1917 e 1918, foi um dos líderes do Soviete de Ivano-Voznessensk. De 1937 a 1941, dirigiu o Museu da Revolução. Em 1940, publicou suas memórias, *Sobre os rastros do passado*. p. 85.

**Sávinkov, Boris Víktorovitch** (1879-1925) foi um terrorista revolucionário que mais tarde apoiou a Primeira Guerra Mundial e os brancos na guerra civil russa. Em 1903, aderiu ao Partido SR e tornou-se líder da Organização de Luta, um grupo terrorista. Organizou o assassinato do grão-duque Serguei e de Viatcheslav Konstantínovitch Plehve. Durante a Primeira Guerra Mundial, serviu no Exército francês. Foi vice-ministro da Guerra no governo provisório de Keriénski. Em 1924, foi sentenciado à morte por ataques terroristas contra a União Soviética, mas a sentença foi comutada para dez anos de prisão. Cometeu suicídio em 1925. Escreveu vários romances. p. 419.

**Scheidemann, Philipp** (1865-1939) foi um político social-democrata alemão. Aderiu ao Partido Social-Democrata em 1883. Como jornalista e representante parlamentar do Partido Social-Democrata (a partir de 1903), apoiou o papel da Alemanha na Primeira Guerra Mundial. No dia 9 de novembro de 1918, proclamou a república a partir de uma sacada no prédio do Reichstag. Mais tarde, tornou-se o primeiro chanceler da república. Após os nazistas tomarem o poder em 1933, exilou-se na Dinamarca. p. 270.

**Schmidt, Nikolai Pávlovitch** (1883-1907) foi um revolucionário bolchevique. Sobrinho de um magnata da indústria têxtil, participou da Revolução de 1905. Foi membro do POSDR. Foi executado na prisão de Butyrka. Seu funeral se transformou em uma passeata de protesto político. p. 177n-9n.

**Semáchko, Nikolai Aleksándrovitch** (1874-1949) foi um médico e revolucionário bolchevique. Em 1893, fez parte de um grupo marxista. Em 1895, foi preso e sentenciado ao exílio no distrito de Livônia. A partir de 1901, trabalhou como médico e, em 1905, participou da revolução. Em 1906, emigrou para a Suíça e, em 1908, mudou-se para Paris. Em 1913, participou dos movimentos contrários à guerra dos sociais-democratas búlgaros e sérvios e se refugiou no início da Primeira Guerra Mundial. Em 1917, retornou à Rússia. Após a Revolução de Outubro, foi comissário do Povo de Saúde Pública (1918-1936). Foi editor-chefe da *Grande enciclopédia médica* (1927-1935). De 1930 a 1936, integrou o Comitê Executivo Central de Toda a Rússia. Após a guerra, exerceu cargos importantes no campo da educação médica. p. 83.

**Shub, David Natanovitch** (1887-1973) foi jornalista e menchevique. Aproximou-se da social-democracia russa nos anos 1900. Em 1905, participou da revolução e, em 1907, emigrou para os Estados Unidos. A partir de 1910, trabalhou como jornalista na cidade de Nova York e, depois de 1923, escreveu para o jornal *Vorwärts!*. Publicou seu livro sobre Lênin em 1928 em ídiche e em 1948 em inglês. p. 36, 41n, 47, 268n, 273n, 276n.

**Skliánski, Efraim Márkovitch** (1892-1925) foi membro do POSDR em Kiev. Em 1916, foi convocado pelo Exército, onde serviu como médico. Em outubro de 1917, integrou o Comitê Militar Revolucionário. Em 1918, o Supremo Conselho Militar.

598    TAMÁS KRAUSZ

Entre 1918 e 1924, esteve na vice-presidência do Conselho Militar Revolucionário e no Conselho de Defesa. Foi um camarada próximo de Trótski. Morreu em um acidente de barco enquanto viajava pelos Estados Unidos para adquirir informações técnicas. p. 419, 437, 564.

**Skliarenko, Aleksandr Pávlovitch** (1869/1870-1916) foi um revolucionário. Em 1886, participou do movimento *naródnik*. Em 1887, foi detido e levado à prisão em São Petersburgo. Em 1894, preso por disseminar propaganda marxista e sentenciado ao exílio na província de Arkhánguelsk. A partir de 1903, trabalhou como ativista do partido em Petrogrado e Samara, onde foi um dos líderes do POSDR. Em 1907, foi preso e exilado no extremo norte do país. Em 1911, retornou a São Petersburgo e participou da edição de alguns jornais, entre eles o *Pravda*. p. 46-7.

**Smilga, Ívar Teníssovitch** (1892-1938) foi presidente do Comitê Regional dos Sovietes da Finlândia em 1917. Durante a Revolução de Outubro, presidiu o Comitê Central da Frota do Báltico. Em 1917, integrou o Comitê Central e, mais tarde, o Conselho Militar Revolucionário. Liderou o Sétimo Exército juntamente com Tukhatchévski na Guerra Polaco-Soviética de 1920. De 1914 a 1926, foi vice-presidente do Gosplan. Como trotskista ativo, foi preso e sentenciado ao exílio na Sibéria. Em 1929, reviu seus pontos de vista políticos. Entre 1930 e 1934, novamente esteve no Supremo Conselho Soviético da Economia Nacional. Após o assassinato de Kírov, foi preso e, em 1938, executado sob acusações forjadas. p. 286n, 325, 442

**Smírnov, Vladímir Mikháilovitch** (1887-1937) foi um revolucionário bolchevique. Participou ativamente da Revolução de 1905. Aderiu à facção bolchevique do POSDR em 1907. Esteve entre os editores dos periódicos *Nache Púty*, *Spártak* e *Sotsial-Demokrata*. Em 1917, durante a Revolução de Outubro em Moscou, foi membro do Comitê Revolucionário Popular. Uma das principais figuras da chamada Oposição Centralista Democrática, que protestava contra a concentração de poder no partido e instituições do Estado. A facção foi formada em 1919-1920, quando o partido central e organizações do Estado tomaram medidas mais severas em relação ao controle dos sovietes locais e a organizações partidárias durante a guerra civil. Foi um oposicionista no período entre 1923 e 1927. Foi expulso do partido em 1928 e sentenciado à prisão nos Urais. Cumpriu pena em Súzdal. Após o assassinato de Kírov, foi preso novamente e sentenciado a três anos. Em 1937, foi executado sob acusações forjadas. p. 72, 551.

**Sorel, Georges(-Eugene)** (1847-1922) foi um pensador socialista francês, o teórico do movimento sindicalista revolucionário. Desenvolveu uma teoria original e provocativa sobre o papel positivo, até criativo, do mito e da violência no processo histórico. Foi criado por uma família de classe média e formou-se engenheiro civil. Opôs-se à Primeira Guerra Mundial. p. 455, 525.

**Sorókin, Pitirim Aleksándrovitch** (1889-1968) foi um sociólogo. Em 1906, tornou-se membro do partido SR, mas foi detido no mesmo ano e sentenciado a três meses de prisão. Em 1917, liderou os SRs de direita. Em 1922, foi sentenciado ao exílio no exterior por atividade oposicionista. De 1924 a 1930, deu aulas na Universidade de Minnesota. De 1930 a 1959, na Universidade Harvard, onde fundou o departamento de sociologia. p. 380.

**Spencer, Herbert** (1820-1903) foi um sociólogo e filósofo britânico, um dos primeiros a teorizar a evolução, que ele via como o desenvolvimento progressivo do mundo físico, dos organismos biológicos, da mente humana e da cultura e das sociedades. Seu trabalho é a fonte do "darwinismo social". p. 138, 142n.

**Steffens, Lincoln** (1866-1936) foi um jornalista e analista político estadunidense, figura de destaque do jornalismo investigativo. p. 383.

**Stolypin, Piotr Arkádievitch** (1862-1911) foi um estadista conservador russo. Após a Revolução de 1905, introduziu reformas agrárias a fim de solucionar queixas campesinas e mitigar divergências. Tentou também melhorar a vida dos trabalhadores urbanos. Suas reformas serviriam à consolidação econômica e política da autocracia. Foi governador de Gródno (1902) e, mais tarde, de Sarátov (1903). De 1906 a 1911, foi primeiro-ministro e ministro do Interior da Rússia. Em 1911, foi assassinado na Ópera de Kiev. p. 79, 103n, 105, 132, 134, 139, 141, 144-8, 358, 402, 577.

**Strong, Anne Louise** (1885-1970) foi uma escritora e jornalista estadunidense. Em 1921, visitou a Polônia e a União Soviética; em 1925, foi à China. Em 1930, fundou o *Moscow News*, primeiro jornal em língua inglesa na cidade. Apoiou ativamente a política externa da URSS. Em 1937, enviou relatos sobre o Exército republicano na Espanha. Durante 1937 e 1938, voltou à China. Em 1944, reportou da frente oriental soviética. Em 1946, entrevistou Mao Tsé-tung. Em 1949, Stálin a expulsou da União Soviética como espiã estadunidense. Mais tarde, estabeleceu-se na China. p. 385.

**Struve, Piotr Berngárdovitch** (1870-1944) foi um economista liberal, articulista e político. Começou como marxista e, então, tornou-se um liberal. Após a revolução bolchevique, aderiu ao movimento branco. Estudou teoria econômica e história na Universidade de São Petersburgo. Em 1898, escreveu o *Manifesto do Partido Operário Social-Democrata Russo*. Em 1901, viveu no exílio. De 1905 a 1916, foi membro do Partido KD e tornou-se um dos líderes do partido. Em 1909, foi um dos autores de *Vékhi*. Em 1913, trabalhou como professor universitário. Em 1918, aderiu ao conselho do Exército Voluntário. Após derrota do Exército Branco, emigrou para Sofia, Praga e Berlim, até que se estabeleceu em Paris. p. 47n-8n, 52, 53, 56, 69, 105, 112-8, 140, 148, 165, 170, 219, 232, 381, 408, 525.

**Sukhánov, Nikolai Nikoláievitch** (1882-1940) foi revolucionário, economista e jornalista. Aderiu ao partido SR em 1903. Em 1904, foi preso e sentenciado a um ano e meio em cárcere. Participou da Revolução de 1905 e, após a derrota, emigrou para a Suíça. Em 1907, rompeu com os SRs e aderiu aos sociais-democratas. Em 1910, foi preso e sentenciado a três anos de exílio. Em 1913, retornou e trabalhou ilegalmente. Em 1917, foi um dos editores dos primeiros números do *Izviéstia* e aderiu ao partido menchevique. Em 1921, rompeu com os mencheviques e, após rever seus pontos de vista, aderiu ao Partido Comunista da Alemanha. Sua adesão ao partido bolchevique não foi permitida. Nos anos 1920, estudou problemas econômicos relativos à União Soviética. Em 1930, foi preso e sentenciado a dez

600 TAMÁS KRAUSZ

anos de prisão. Em 1935, a seu pedido, o julgamento foi revisto. Trabalhou, então, como professor em Tobolsk. Em 1937, foi preso novamente e sentenciado à morte sob acusações forjadas. p. 90, 283n, 497n, 506.

**Svérdlov, Iákov Mikháilovitch** (1885-1919) foi um revolucionário e um dos líderes e organizadores do PCR(b) na Rússia. Aderiu ao POSDR em 1902. À época da cisão do partido, aderiu à facção bolchevique. Em 1905, liderou a organização do partido nos Urais. Em 10 de junho de 1906, foi preso em Perm. Esteve na prisão até 1909. De 1910 a 1912, foi sentenciado ao exílio, duas vezes em Narim e uma vez em Maksimkin Iar, no Círculo Ártico. Em 1912, foi eleito membro do Comitê Central na Conferência de Praga. Em 1912, fugiu do exílio e retornou a Petrogrado. Trabalhou no *Pravda* até ser traído pelo agente duplo Roman Malinóvski e, de 1913 a 1917, esteve exilado em Turukhansk, na Sibéria (por um tempo, com Stálin em Kureika). Em abril de 1917, fez parte do CC e do Comitê Militar Revolucionário do Soviete de Petrogrado. Ajudou a organizar a Revolução de Outubro. Em 8 de novembro de 1917, foi eleito presidente do Comitê Executivo Central de Toda a Rússia. Em 1918, era o segundo líder mais importante do país. Morreu de tuberculose. p. 89, 339, 390, 406, 545, 549, 551.

**Taratuta, Olga G. (Leonid)** (1879-1938) foi uma bolchevique e revolucionária ativa na Ucrânia. A partir de 1897, fez parte do POSDR e trabalhou para o jornal *Iskra*. Em 1904, deixou o partido e aderiu aos anarquistas; integrou o grupo O Rebelde (Buntar), do qual se tornou mensageira em 1907. Em 1908, foi presa e sentenciada à prisão por 21 anos. Foi solta em março de 1917. Após a Revolução de Outubro, editou e publicou os trabalhos de Bakúnin, Kropótkin e outros anarquistas. Em 1937, foi presa e, em 1938, executada sob acusações forjadas. p. 390.

**Tchernov, Viktor Miháilovitch** (1873-1952) líder do partido SR. Editou o jornal *Revoliútsionnaia Róssiia*. Em 1905, participou da revolução e, em 1908, emigrou. Após a Revolução de Fevereiro de 1917, retornou à Rússia. Foi ministro da Agricultura no governo provisório. Em 1918, presidiu a Assembleia Constituinte. Após a assembleia ser dissolvida, foi para Samara e presidiu a reunião de membros da assembleia. Depois da tomada de poder de Koltchak, opôs-se a ele e foi preso. Foi libertado pelos tchecos e emigrou em 1920. Em 1940, mudou-se para os Estados Unidos. p. 332.

**Tchernychiévski, Nikolai Gavrílovitch** (1828-1889) foi um revolucionário, filósofo e crítico literário russo. Em 1854, tornou-se editor-chefe do *Sovreménnik*, no qual publicou suas principais críticas literárias e ensaios sobre filosofia. Foi uma figura emblemática na luta contra a autocracia. Em 1862, foi preso e, em 1863, na cadeia, escreveu seu famoso romance *Que fazer?*. Foi uma inspiração para muitos revolucionários russos, incluindo Lênin. Tempos depois, foi exilado na Sibéria; retornou em 1883. Morreu em Sarátov. p. 34, 42, 47, 92, 155, 208, 232n, 524.

**Tchitchiérin, Gueórgui Vassílievitch** (1872-1936) foi um revolucionário, político e diplomata. Tornou-se membro do POSDR em 1905. Rico, apoiou financeiramente as atividades revolucionárias. Após a Revolução de Outubro, tornou-se comissário do

RECONSTRUINDO LÊNIN 601

Povo das Relações Exteriores. Foi um dos defensores do Tratado de Brest-Litovsk. p. 31, 95, 412n, 437, 438n, 546, 548.

**Tíkhon (Vassíli Ivánovitch Belávin)** (1865-1925) foi o patriarca da Igreja Ortodoxa Russa entre 1917 e 1925. De 1898 a 1907, foi bispo das ilhas Aleutas e do Alasca. Por ordem do sínodo, mudou o centro da diocese de Nova York para São Francisco em 1905 (momento em que a igreja de São Nicolau foi construída). De 1907 a 1913, foi bispo de Iaroslavl. Durante a guerra, viveu em Moscou. Após a revolução bolchevique de 1917, foi eleito patriarca da Igreja Ortodoxa Russa. Condenou os ataques bolcheviques contra a Igreja. Em 1920, concedeu autonomia às paróquias fora da Rússia. Em 1922, foi colocado sob prisão domiciliar no monastério de Danskoi. Em 1923, foi solto após reavaliar seus pontos de vista. p. 373, 375, 376n, 378n, 543-4, 552, 557-9, 562-4.

**Tkátchov, Piotr Nikítitch** (1844-1885) foi um revolucionário, ideólogo e principal representante do jacobinismo russo. Nos anos 1860, participou ativamente de protestos estudantis. Esteve preso diversas vezes. Seus escritos no *Rússkoie Slovo* e no *Dielo* foram censurados. Em 1869, foi preso e, em 1871, sentenciado ao exílio na província de Pskov. Em 1873, escapou e imigrou. Trabalhou para os periódicos *Vperíodo* e *Nabat*. p. 47, 260.

**Tolstói, Aleksei Nikolaievitch** (1883-1945), foi um escritor. Apesar das origens nobres de seu pai (parente distante de Liev Tolstói) e de seu passado como emigrante branco, tornou-se um dos principais apoiadores do sistema soviético e, mais tarde, retornou à URSS. Seus principais trabalhos foram *A infância de Nikita* (1921), *Pedro I* (1929-1945) e a trilogia *O caminho para a cavalaria* (1921-1940). Recebeu o Prêmio Stálin três vezes. Em 1936, foi eleito presidente do Sindicato dos Escritores. p. 385.

**Trótski, Liev Davidovitch (Bronshtein)** (1897-1940) foi um revolucionário internacionalista, político, estadista, jornalista e teórico do partido. Em 1903, foi menchevique e mais tarde membro independente. Após o VI Congresso, em agosto de 1917, tornou-se membro do partido bolchevique. A partir de 1898, foi preso diversas vezes por atividades revolucionárias e sentenciado ao exílio. Em 1905, presidiu o Soviete de Petrogrado. Após o fim da revolução, fugiu do exílio siberiano e emigrou, estabelecendo-se em Viena. No curso dos debates entre as facções do partido, teve muitos conflitos com Lênin. De 1908 a 1913, editou o jornal operário *Pravda* (não confundir com o *Pravda* de Lênin). Retornou à Rússia em maio de 1917. Após a vitória da Revolução de Outubro, tornou-se comissário do Povo para Relações Exteriores. Em março de 1918, tornou-se comissário para a guerra e formou o vitorioso Exército Vermelho. Durante a luta pelo poder após a morte de Lênin, foi gradualmente derrotado por Stálin. No outono de 1923, liderou a Oposição de Esquerda, uma facção do partido. Em 1928, foi sentenciado ao exílio em Alma-Ata. Em 1929, foi expulso da União Soviética e se estabeleceu no México. Foi assassinado em uma conspiração inspirada por Stálin. p. 13, 57, 67, 76, 90, 98n, 99, 136, 140-1, 143, 147, 160n, 166, 169, 170n, 190, 193, 194, 209, 220, 239, 279, 345-7, 357-8, 370n, 376, 379n, 384, 389, 409, 412, 431, 437-8, 442, 444n, 450, 457, 482-3, 487-8, 490, 492, 501, 502n, 512, 513n,

602  TAMÁS KRAUSZ

515n, 516n, 525, 533, 535n, 541-3, 546, 548, 551, 555, 562-5, 574, 578, 581, 589, 591, 597, 603.

**Tseretéli, Irákli Gueórguievitch** (1881-1959), líder e político menchevique. Foi membro da Segunda Duma do Estado e esteve exilado na Sibéria. Após a Revolução de Fevereiro, retornou a Petrogrado. Foi membro do Comitê Executivo do Soviete de Petrogrado e ministro dos Correios e Telégrafos no governo provisório. Foi um opositor ferrenho da Revolução de Outubro. Em 1923, emigrou para a França e, em 1940, mudou-se para os Estados Unidos. p. 287n.

**Tsiurupa, Aleksandr Dmítrievitch** (1870-1928) foi um revolucionário bolchevique, estatístico, agrônomo e político. Tornou-se membro do POSDR em 1898. Em 1918, foi vice-comissário do Povo para a Alimentação. Durante a guerra civil, ficou responsável por prover o Exército Vermelho e dirigiu as operações do Exército de Requisição de Alimentos. Em 1925, tornou-se comissário do Povo para o Comércio Exterior. Está enterrado na Praça Vermelha, junto à muralha do Krêmlin. p. 360n, 476.

**Tsvetáieva, Marina Ivánovna** (1892-1941) foi uma poeta russa e soviética. Em 1922, esteve exilada; retornou a Moscou em 1939. Cometeu suicídio em 1941. p. 80.

**Túgan-Baranóvski, Mikhail Ivánovitch** (1865-1919) foi um economista. Primeiro, tornou-se social-democrata e pertenceu à chamada facção marxista legal. Deu início a uma nova maneira de pensar os ciclos econômicos. Tentou realizar uma síntese entre a economia política marxista e a teoria subjetiva do valor. Seus trabalhos foram *A fábrica russa no passado e no presente* (1898), *Esboços da história recente da política econômica e socialismo* (1903), *Fundamentos de economia política* (1917) e *Socialismo como um modo de aprendizado* (1918). Foi membro do Partido KD, mas, após a Revolução de 1917, associou-se ao regime ucraniano apoiado pela Alemanha. p. 52, 53n, 117n, 200n.

**Tukhatchévski, Mikhail Nikoláievitch** (1887-1936) foi um revolucionário, marechal da União Soviética, estadista e uma das figuras mais proeminentes entre os líderes militares soviéticos. Começou a carreira como oficial tsarista. Aderiu ao partido bolchevique em 1918 e, em 1919 e 1920, foi um dos comandantes do Exército Vermelho. Em 1920, comandou o Exército Vermelho na Polônia durante a Guerra Polaco-Soviética. Em março de 1921, foi o comandante do 7º Exército durante a repressão à rebelião de Kronstadt. De 1925 a 1928, foi chefe do Estado-maior do Exército Vermelho. Em 1928, foi comandante do distrito militar de Leningrado. Em 1934, membro do Comitê Central e, em 1935, marechal. Em 1936, foi preso e acusado de conspirar com a Alemanha; na sequência, considerado culpado e executado. p. 41, 554, 598.


**Únchlikht, Ióssif Stanislávovitch** (1879-1938) foi oficial do partido bolchevique e um dos fundadores da organização policial. Aderiu ao POSDR em 1906. Esteve preso diversas vezes. Em outubro de 1917, entrou para o Comitê Militar Revolucionário. Em 1917, foi eleito membro do colegiado da Tcheká. Em 1918, lutou contra as forças intervencionistas alemás em Pskov. Em 1918 e 1919, liderou a supervisão dos prisioneiros de guerra. De 1919 a 1921, integrou o Comitê Militar Revolucionário na frente ocidental. Em 1921, tornou-se vice-ministro do Interior e organizou o departamento de reconhecimento. Em 1924, foi membro do Conselho Revolucionário Central. De 1925 a 1930, vice-comissário das Forças Armadas soviéticas e comandante da frota civil de 1933 a 1935. Foi preso em 1937 e, em 1938, sentenciado à morte. p. 378n, 381, 385.

**Urítski, Moisei Solomónovitch** (1873-1918) foi revolucionário e político. Começou sua atividade revolucionária nos anos 1890. Após o II Congresso, tornou-se menchevique. Em 1906, foi preso e sentenciado ao exílio. Em 1914, emigrou para a França. Em fevereiro de 1917, retornou à Rússia como bolchevique e, em outubro, tornou-se membro do Comitê Militar Revolucionário de Petrogrado. Em 1918, foi vice de Dzherjínski. Foi membro do Comitê de Defesa Revolucionária de Petrogrado e temporariamente comissário de Relações Internas e Externas. Em 1918, chefiou a Tcheká de Petrogrado. Foi assassinado. p. 94, 364, 390, 541, 549.

**Uspiénski, Gleb Ivánovitch** (1843-1902) foi um escritor russo que apresentava um quadro realista da vida dos camponeses. p. 45, 80.

**Ustriálov, Nikolai Vassílievitch** (1890-1937) foi jornalista e político. Deu aulas na Universidade de Moscou entre 1916 e 1918. Como membro do Partido KD, apoiou os brancos na guerra civil. Tornou-se consultor jurídico no governo Kolchak. Em 1921, emigrou para a França e, mais tarde, para a China. Foi um dos ideólogos fundadores do pensamento político smenovekhista, ou bolchevismo nacional. De 1926 a 1935, foi conselheiro da Ferrovia Oriental Chinesa. Retornou à União Soviética em 1935. Em 1937, foi preso como espião contrarrevolucionário e sentenciado à morte. p. 29, 498, 499-501, 514, 537.

**Vandervelde, Émile** (1866-1938), estadista belga e uma das principais figuras da Segunda Internacional. De 1914 a 1937, fez parte do governo de coalizão na Bélgica. Teve uma participação influente nas negociações de paz após a Primeira Guerra Mundial. Em 1889, aderiu ao Partido Trabalhista Belga e, mais tarde, tornou-se um de seus líderes. Em 1894, foi eleito membro do parlamento como socialista. De 1918 a 1921, foi ministro da Justiça. Em 1922, foi para a União Soviética como advogado dos SRs. Foi ministro das Relações Exteriores de 1925 a 1927 e ministro da Saúde em 1936 e 1937. p. 219, 248n, 480, 559.

**Vanéiev, Anatóli Aleksándrovitch** (1872-1899) foi um revolucionário e membro fundador da União de Luta pela Libertação da Classe Operária. Participou dos preparativos técnicos da publicação do jornal *Rabótchaia Dielo*. Em 1895, foi preso e sentenciado ao exílio na Sibéria. p. 51, 60n.

**Vátsetis, Ioakim Ioakímovitch (Jukums Vācietis)** (1873-1938) foi um líder militar soviético de origem letã. Em 1891, estudou na Escola Militar de Riga de Oficiais Não Comissionados. Tornou-se oficial em 1897 e lutou na Primeira Guerra Mundial, sendo promovido a coronel. Em 1918, aderiu aos bolcheviques e lutou na frente oriental. Em 1918-1919, foi o primeiro comandante em chefe do Exército Vermelho. Em 1919, tornou-se membro do Conselho Militar Revolucionário. Mais

604  TAMÁS KRAUSZ

tarde deu aulas na Academia Militar RKKA. Em 1937, foi preso sob acusações forjadas; executado em 1938. p. 436.

**Vessáli, Ártem (Nikolai Ivánovitch Kotchkúrov)** (1899-1939) foi escritor e poeta. Aderiu ao POSDR em 1917. Participou da Revolução de Outubro e da guerra civil como voluntário, marinheiro e, mais tarde, como tchekista. Foi membro da Associação Russa de Escritores Proletários (o acrônimo russo é Rapp) de 1929 em diante. Em 1937, foi preso sob acusações forjadas e morreu em 2 de dezembro de 1939. Seu principal trabalho é *Rússia, lavada pelo sangue* (1932). p. 505.

**Vitte (Witte), Serguei Iúlevitch** (1849-1915) foi um conde que atuou na política no Império russo. De 1892 a 1903, como ministro das Finanças, impôs uma reforma sobre as tarifas em 1897. Em 1905-1906, como primeiro-ministro, tentou modernizar a Rússia por métodos autoritários. Aposentou-se em 1906. p. 132, 175.

**Vodovózov, Vassíli Vassílievitch** (1864-1933) participou do movimento *naródnik*. Em 1887, foi preso e sentenciado ao exílio no distrito de Arkhánguelsk. Em 1904, foi sentenciado a um ano de prisão na fortaleza de Petrogrado. Participou ativamente da Revolução de 1905 e mostrou-se um dos principais líderes do grupo trudovique na Duma de 1906. Opôs-se à Revolução de Outubro. Emigrou para a Europa ocidental em 1926. p. 48.

**Volodárski, V. (Moisei Márkovitch Goldstein)** (1891-1918) foi um revolucionário. Em 1905, aderiu ao Bund. Participou da Revolução de 1905. Em 1911, foi sentenciado ao exílio no distrito de Arkhánguelsk. Em 1913, foi solto e emigrou para os Estados Unidos, trabalhando com Trótski e Bukhárin no periódico *Nóvi Mir*. Após a Revolução de Fevereiro de 1917, retornou à Rússia. Participou ativamente da Revolução de Outubro. Em 1918, foi comissário para Imprensa e Informação. Foi assassinado por um terrorista SR. p. 364, 365n, 549.

**Vólski, Nikolai Vladislávovitch (N. Valentínov)** (1879-1964) foi um revolucionário, jornalista e economista. Bolchevique até 1904, mais tarde passou a defender ideias mencheviques; no exílio no Ocidente, tornou-se um burguês liberal. Opôs-se ao comunismo de guerra, mas apoiou a NEP. Em 1928, emigrou para a França. Em 1956, publicou seu principal trabalho, *A NEP e a crise do partido após a morte de Lênin*, livro sobre a economia da União Soviética. p. 36, 42, 57, 188n.

**Voróntsov, Vassíli Pávlovitch (V. V.)** (1847-1918) foi um economista, sociólogo e escritor russo. Seus principais trabalhos são *O destino do capitalismo na Rússia* (1882), *Sobre a história da comunidade na Rússia* (1902), *O destino da Rússia capitalista* (1907), *Dos anos 70 aos 90* (1907), e *Produção e consumo na sociedade capitalista* (1907). p. 45, 51, 116.

**Webb, Beatrice** (1858-1943) foi uma socióloga inglesa. Durante os anos 1890, foi membro e líder da Sociedade Fabiana. p. 65.

**Webb, Sidney James** (1859-1947) foi um economista e historiador socialista. Esteve entre os primeiros a aderir à Sociedade Fabiana e teve um papel crucial na fundação da Escola de Economia e Ciência Política de Londres. p. 65.

RECONSTRUINDO LÊNIN 605

**Wrangel, Piotr Nikoláievitch** (1878-1928) foi comandante-geral do Exército Branco Antibolchevique na região sul da Rússia nos estágios finais da guerra civil nacional. De origem báltico-alemã, serviu na guarda tsarista. Na Primeira Guerra Mundial, foi designado líder de um esquadrão de cavalaria. Permaneceu no Exército após a Revolução de Fevereiro de 1917. Em 1920, foi comandante em chefe das forças brancas no sul. Após a derrota na Crimeia, emigrou para a Turquia e, então, para a Iugoslávia. Em 1924, formou a União Militar de Toda a Rússia, organização estabelecida para lutar pela preservação e unidade de todas as forças brancas vivendo no exterior. Estabeleceu-se em Bruxelas em 1927 e morreu após um período enfermo, em 1928. p. 52, 409, 440n, 444n, 445, 552-3, 555, 564.

**Zamiátin, Evguiéni Ivánovitch** (1884-1937) escreveu romances e peças. Autor de sátiras e de ficção científica, foi um dos melhores escritores do período pós-revolucionário. Um dos pais do gênero distópico. Emigrou para Paris em 1931. p. 384.

**Zassúlitch, Vera Ivánovna** (1849-1919) foi uma revolucionária russa, primeiro *naródnik* e depois social-democrata. Aderiu aos revolucionários em 1868. Em 1878, feriu o governador de São Petersburgo, Fiódor F. Trepov, com um revólver, mas, em um julgamento amplamente divulgado, o júri, simpático a ela, julgou-a inocente. Passou os anos seguintes no exílio. Em 1880, trabalhou com Plekhánov na Suíça. Em 1885, foi cofundadora da União de Luta pela Libertação da Classe Operária. Trabalhou como coeditora do *Iskra*. Em 1903, tornou-se menchevique. Em 1905, retornou à Rússia. Em 1917, opôs-se à Revolução de Outubro. p. 67.

**Zemliátchka, Rozália Samoilova (Zalkind; Demon; Ossipov)** (1876-1947) foi uma revolucionária bolchevique e política soviética. Nos anos 1890, participou ativamente do movimento revolucionário. Aderiu ao POSDR em 1896. Em 1901, foi representante do jornal *Iskra* em Odessa. Também participou ativamente do Comitê Central. Após 1905, esteve presa muitas vezes. Participou dos eventos da revolução e da guerra civil. De 1922 a 1923, integrou várias organizações de controle do Estado e do partido. De 1939 a 1943, foi vice-presidente do Conselho do Comissariado do Povo da URSS. p. 390.

**Zetkin, Clara (nascida Eissner)** (1857-1933), política alemã, feminista, socialista e líder comunista. Após a Primeira Guerra Mundial, participou ativamente do Partido Comunista da Alemanha e do Comintern (Terceira Internacional). Foi membro ativo do Partido Social-Democrata Independente da Alemanha. Depois, aderiu à Liga Espartaquista, mais tarde transformada no Partido Comunista da Alemanha, que ela representou no Reichstag durante a República de Weimar, de 1920 a 1933. Em agosto de 1932, como presidente do Reichstag por antiguidade, conclamou o povo a combater o nacional-socialismo. Em 1933, emigrou para a União Soviética. p. 70, 177n.

**Zinóviev, Grigóri Evséievitch (Radomílski)** (1883-1936) foi um revolucionário bolchevique, político e agitador. Aderiu ao partido em 1901 e foi amigo próximo de Lênin no exílio. De 1917 a 1919, presidiu o Soviete de Petrogrado e ajudou a fundar o Comitê Executivo do Comintern em 1919. Em 1917, foi eleito membro do

Comitê Central e, em 1919, membro do Politburo. À medida que gradualmente se voltou contra Stálin, perdeu todos os postos, entre 1926 e 1927, e foi expulso do partido. Em 1928, reconheceu publicamente seus erros, mas em 1933 foi expulso novamente e, em 1934, preso. Em 1936, como um dos acusados no primeiro julgamento espetáculo de Moscou, foi sentenciado à morte e executado. p. 15, 31, 49, 58, 67, 76, 80n, 84, 88n, 89-90, 98, 99n, 177n-8n, 194n, 221, 237n, 240n, 243n, 254n, 365n, 390, 441, 451, 455n, 489n, 512, 542, 546, 551, 554-5, 564-5, 578, 581.

**Zóschienko, Mikhail Mikháilovitch** (1895-1958) foi escritor e satirista. Seus contos e desenhos fazem parte do melhor do humor escrito do período soviético. Estudou na faculdade de direito, mas em 1915 serviu no Exército como oficial de campo. Entre 1917 e 1920, viajou pelo país e trabalhou em diversos empregos. Após outubro de 1917, colocou-se ao lado dos bolcheviques e lutou como voluntário na guerra civil. De 1920 em diante, esteve no conselho editorial da revista satírica *Krokodil*. Durante a Grande Guerra Patriótica, foi mandado para Alma-Ata. Os trabalhos literários apolíticos de Zóschienko e Akhmátova publicados no *Zvezdá* e no *Leningrad* desagradaram muito as autoridades. De 1946 a 1953, foi expulso do Sindicato dos Escritores. Em 1953, foi readmitido e trabalhou para os periódicos *Krokodil* e *Ogonok*. p. 505.

# BIBLIOGRAFIA

## Arquivos consultados

hoover Institution, Arquivos, Coleção Boris Nicolaiévski, caixa 1, n. 6, 7, 9, 16, 17, 119.

Российсцкии Государственный Архив Социально-политической Исцтории/ Rossíski Gossudárstvenny Arkhiv Sotsialno-polítítcheskoi Istóri (RGASPI) [Arquivo Estatal Russo de História Política e Social, previamente conhecido como Arquivo do Instituto de Marxismo-Leninismo do Partido Central], fundo 2. op. 1-5.

Российский Государственный Архив Новейшэй Истории/ Rossíski Gossudárstvenny Arkhiv Noveichei Istóri (RGANI) [Arquivo Estatal Russo de História Moderna], fundo 2, 5 op.

## Jornais e revistas

*Большевик/ Bolchevik* [Bolchevique]

*Известия/ Izviéstia* [Notícias]

*Коммунистический Интернационал/ Kommunistítcheski Internatsiónal* [A Internacional Comunista]

*Красная Новь/ Krásnaia Nov* [Terra Virgem Vermelha]

*Красный Кавалерист/ Krásy Kavalerist* [Cavaleiro Vermelho]

*Отечественные Архивы/ Otétchestvennie Arkhivy* [Arquivos Nacionais]

*Под Знáменем Марксизма/ Pod Znamenem Marksizma* [Sob a Bandeira Marxista]

*Правда/ Pravda* [Verdade]

*Смена вех/ Smena vekh* [Mudança de Marcos]

*Вестник Коммунистичческой/ Viéstnik Kommunistítcheskoi* [O Arauto do Comunista]

*Академии/ Akademi* [Da academia]

*Жизнь Национáльностей/ Jizn Natsionálnostei* [Vida das Nacionalidades]

## Outras fontes

AGÚRSKI, M. Горький и еврейские писатели/ Górki i evréiskie pisáteli [Górki e os escritores judeus]. In: *Минувшее*: исторический альманах/ *Minuvcheie:* istorítcheski alman*ákh* [Passado: almanaque histórico], v. 10. Moscou/Leningrado, SPB, 1992.

AKÍMOV, V. P. *К вопросу о работах Второго Съезда РСДРП/ K vopróssu o rabótakh Vtorovo Siezda RSDRP* [Sobre o trabalho do II Congresso do POSDR]. Genebra, 1904.

ALEKSÁNDROV, M. *Абсолютист, государство и бюрократия/ Absoliutist, gossudarstvo i biurokrátia* [Absolutismo, Estado e burocracia]. Moscou, 1910.

ALEKSÉIEV, V.; CHVER, A. *Семья Ульяновск в Симбирске/ Sem'ia Ulianovsk v Simbirske* [Família Uliánovsk em Simbirsk], 1869-1887. Org. A. Uliánova-Elizárova, Moscou/Leningrado, Instituto Lênin do Comitê Central do Partido Comunista Russo/ Gossudárstvennoie Izdátelstvo, 1925.

ARTIZOV, A. N. (Org.). *Очистим Россию надолго*: Ленин (Ульянов) Репрессии против инакомыслящих Конец/ *Ochistim Rossíu nadolgo*: Liénin (Uliánov) Représsi prótiv inakómysliaschikh Konets [Limpemos a Rússia por muito tempo: a repressão de Lênin (Uliánov) contra os últimos dissidentes], 1921-1923. Moscou, Rossísskaia Polititícheskaia Entsiklopiédia (РОССПЭН/Rosspen), 2008.

*AZ SZKP kongresszusainak, konferenciáinak és központi bizottsági plénumainak határozatai* [Resoluções dos congressos, conferências e reuniões do Comitê Central do Partido Comunista da União Soviética], v. 1: *1898-1924*. Budapeste, Szikra, 1954.

BAKÚNIN, Mikhail. К офицерам Русской армии/ K ofitseram Rússkoi ármi [Aos oficiais do Exército russo]. In: *Революционный радикализм в России*: век девятнадцатый/ *Revoliutsiónni radikalizm v Rossíi*: vek deviatn*á*dtsaty [Radicalismo revolucionário na Rússia: o século XIX]. Moscou, 1997. Ed. inglês: *The Hague Congress of the First International, September 2-7, 1872*. Moscou, Progress, 1976.

BERDIÁEV, Nikolai. *Истоки и смысл русского коммунизма/ Istóki i smysl rússkovo kommunizma* [As origens e o significado do comunismo russo]. Moscou, s/n, 1990.

BERDIÁEV, Nikolai; STRUVE, Piotr et al. Вехи: сборник статей о русской интеллигенции/ *Vekhi*: sbórnik státei o rússkoi intelliguéntsi [*Marcos*: antologia de artigos da *intelligentsia* russa]. Moscou, 1990.

BOGDÁNOV, A. *Десятилетие отлучения от марксизма*: юбилейный сборник/ *Desiatiletie otlutchénia ot marksizma*: iubileiny sbórnik [Uma década de excomunhão do marxismo: coletânea comemorativa], 1904-1914, v. 3. Org. N. S. Antonova. Moscou, Airo-XX, 1995.

BOGOLEPOV, M. (Org.). *Общественное движение в начале XX века/ Obschiéstvennoie dvijiénie v natchale XX vieka* [Movimento social no início do século XX], v. 1. São Petersburgo, 1909.

*БОЛЬШЕВИСТСКОЕ руководство: переписка/ Bolchevístskoie rukovodstvo*: perepiska [Lideranças bolcheviques: correspondência], 1912-1927. Moscou, Rossiísskaia Politítcheskaia Entsiklopiédia (РОССПЭН/Rosspen), 1996.

Bordiúgov, G. A. (Org.). *Неизвестный Богданов/ Neizvestny Bogdánov* [O Bogdánov desconhecido], v. 2: *А. А. Богданов и группа РСДРП "Вперёд"/ А. А. Bogdanov i gruppa RSDRP "Vperiod"* [A. A. Bogdánov e o grupo "Avante" do POSDR] *1908-1914*. Moscou, Airo-XX, 1995.

BROWDER, Robert Paul; KERIÉNSKI, Aleksandr F. (Org.). *Russian Provisional Government, 1917*: Documents. Stanford-CA, Stanford University Press, 1961.

BÚBNOV, A. *Основные вопросы истории РКП/ Osnovníe vopróssy istóri RKP* [Questões fundamentais da história do PCR]. Moscou, Sbórnik Statiei, 1925.

_____. *Развитие роли Ленина в истории русского марксизма/ Razvítie róli Liénina v istóri rússkovo marksizma* [O desenvolvimento do papel de Lênin na história do marxismo russo]. In: *Основные вопросы истории РКП/ Osnovníe vopróssy istóri RKP* [Questões fundamentais da história do PCR]. Moscou, 1925.

BUKHÁRIN, Nikolai. *Цезаризм под маской революции/ Tsezarizm pod máskoi revoliútsi* [Cesarismo com uma máscara revolucionária]. *Правда/ Pravda* [Verdade], Moscou, 1925.

_____. *Экономика переходного периода/ Ekonómika pierekhódnovo período* [A economia no período de transição]. Moscou, Государственное Издательство/ Gossudárstvennoie Izdátelstvo, 1920. [Ed. ing.: *The Politics and Economics of the Transition Period*. Org. Kenneth J. Tarbuck, trad. Oliver Field. Londres/Boston, Routledge & Kegan Paul, 1979.]

_____. *О тактике правонарушения/ O táktikie pravonaruschiénia* [Sobre a tática de contravenção]. *Коммунистический Интернационал/ Kommunistítchesky Internatsiónal* [A Internacional Comunista], 15 dez. 1920.

_____. *Теория пролетарской диктатуры/ Teória proletárskoi diktatúry* [Teoria da ditadura do proletariado]. In: *Атака/ Ataka* [Ataque]. Moscou, Государственное Издательство/ Gossudárstvennoie Izdátelstvo, 1924.

_____. *Теория исторического материализма/ Teória istorítcheskovo materializma* [Teoria do materialismo histórico]. Moscou, 1921.

BUKHÁRIN, Nikolai; PREOBRAJIÉNSKI, Evguiéni. *The ABC of Communism*. Trad. Eden e Cedar Paul, Harmondsworth/Middlesex, Penguin Books, 1969. [Ed. rus.: Азбука коммунизма/ *Azbuka kommunizma*, São Petersburgo, Gossizdat Peterburg, 1920.]

CALL OF the Provisional Revolutionary Committee to the Peasants, Workers and Red Guard Soldiers. *Кронштадт, 1921: документы о событиях в Кронштадте весной 1921 года/ Kronchtadt, 1921*: dokumiénty o sobytiakh v Kronchtadte vesnói

610  TAMÁS KRAUSZ

1921 goda [Kronstadt, 1921: documentos dos eventos da primavera de 1921]. Org. Vladímir Pávlovitch Naúmov e Aleksandr Albértovitch Kossakóvski. Moscou, Demokrátia, 1997.

DÁLIN, David. *После войн и революций/ Póslie voin i revoliútsi* [Depois das guerras e das revoluções]. Berlim, Grani, 1922.

*ДЕКРЕТЫ советской власти/ Dekriéty soviétskoi vlásti* [Decretos do poder soviético], 7 v. Moscou, 1957-1975.

*ДНЕВНИКИ императора Николая И/ Dnevniki imperatora Nikoláia I* [Diários do imperador Nicolau II]. Moscou, Órbita, 1991.

DUKÉLSKI, Sz. Чека на Украине/ Tcheká na Ukraíne [A Tcheká na Ucrânia]. In: Felchtínski, Iúri (org.). *ВЧК-ГПУ: Документы и материалы/ VTchK-GPU: Dokumiénty i materiály* [VTchK-GPU: documentos e materiais]. Moscou, Gumanitarnoi Literatúry, 1995.

*ЕЖЕГОДНИК Министерства финансов/ Ejegódnik Ministerstva finánsov* [Relatório anual do Ministério das Finanças]. São Petersburgo, Ministério das Finanças, 1869.

ENGELS, Friedrich. *Az erőszak szerepe a történelemben*. Budapeste, Kossuth, 1970. [Ed. port: *O papel da violência na história*, trad. Eduardo Chitas, em *Obras Escolhidas em três tomos*, t. 3, Lisboa, Avante!, 1982.]

FOMIN, N. D.; SVERKALOV, V. N. (Org.), Ленин и Симбирск: Документы, материалы, воспоминания/ *Liénin i Simbirsk: dokumiénti, materiáli, vospominánia* [Lênin e Simbirsk: documentos, materiais, memórias]. Sarátov, Privoljskoie, 1968.

FELCHTÍNSKI, Iúri G. (Org.). ВЧК-ГПУ: Документы и материалы/ *VTchK-GPU: Dokumiénty i materiály* [VTchK-GPU: documentos e materiais]. Moscou, Gumanitarnoi Litieratúri, 1995.

GÓLIKOV, G. N. (Org.). *Ленин: биографическая хроника/ Liénin: biografítcheskaia khrónika* [Lênin: crônica biográfica], v. 1-12. Moscou, Izdátelstvo Polititcheskoi Literature, 1970-1982.

IÁKOVLEV, A. N. (Org). *Лубянка*: Сталин и ВЧК-ГПУ-ОГПУ-НКВД, Январь 1922-декабрь 1936/ *Lubianka*: Stálin i VCHK-GPU-OGPU-NKVD, Ianvar' 1922-dekabr' 1936 [Lubianka: Stálin e VTchK-GPU-OGPU-NKVD, janeiro de 1922 a dezembro de 1936]. Moscou, Rossísskaia Polititcheskaia Entsiklopiédia (РОССПЭН/Rosspen), 2003.

IEVREINOV, N. *История телесных наказаний в России/ Istóriia telesnykh nakazani v Rossíi* [A história da disciplina física na Rússia]. Moscou, 1911.

*ИЗ ЛИТЕРАТУРНОГО наследия: Горький и еврейский вопрос/ Iz literatúrnovo nasliédia:* Górki i evréiskie *voprós* [Do legado literário: Górki e a questão judaica]. Org. M. Agúrski e M. Chklovskaia, Jerusalém, 1986.

*ИЗВЕЩЕНИЕ о конференции организации РСДРП/ Izveschiénie o konferiéntsi organizátsi RSDRP* [Relatório da conferência de organização do POSDR]. Organizacionnovo Komiteta, 3 set. 1912.

KÁMENEV, Liev. Плéды просвещения/ Plody prosveschíeniia [Os frutos da educação]. *Pravda*, 14 jun. 1917.

_____. *Между двумя революциями/ Mejdu dvumia revoliútsiami* [Entre duas revoluções]. 2. ed. Moscou, 1923.

_____. (Org.). Лениниана/ *Leniniana* [Leniniana]. Moscou/Leningrado, Gos. Izd., 1926.

KAUTSKY, Karl. *Die Agrarfrage*: Eine Übersicht über die Tendenzen der modernen Landwirtschaft und die Agrarpolitik der Sozialdemokraten. Stuttgart, s/n, 1899.

_____. *Die historische Leistung von Karl Marx*. Berlim, Singer, 1919. Disponível em: <www.archive.org/details/diehistorischele00kaut>.

_____. *Die Neue Zeit*, n. 4, 22 abr. 1903, p. 99-101.

_____. *Kautskys russisches dossier*: Deutsche Sozialdemokraten als Treuhänder des russischen Parteivermögens 1910-1915, v. 2: *Quellen und Studien zur Sozialgeschichte*. Org. Dietrich Geyer, Frankfurt/Nova York, Campus, 1981.

KÓZLOV, V. A. (Org). *Неизвестная Россия XX век/ Neiziéstnaia Rossíia XX vek*. [A Rússia desconhecida do século XX]. Moscou, Obiediniénie "Mosgorarchiv", 1993.

KRASSILNIKOV, S. A.; MOROZOV, K. N.; TCHUBIKIN, I. V. (Org.). Судебный процесс над социалистами-революционерами *(июнь-август 1922)* / *Sudiébny protsess nad sotsialístami-revoliutsioniérami (iúny-ávgust 1922). Dokumentov*. Moscou, Rosspen, 2002.

KROPÓTKIN, P. *Mutual Aid*: A Factor of Evolution. Org. Paul Avrich, Nova York, New York University Press, 1972.

KRÚPSKAIA, Nadiéjda K. Избранные произведения: к 120-летию со дня рождения Н. К. Крупской/ *Izbránnye proizvediénia*: k 120-liétiu so dniá rojdiénia N. K. Krupskoi [Textos selecionados: pelo 120º aniversário do nascimento de N. K. Krúpskaia]. Moscou, Politizdat, 1988.

LÊNIN, Vladímir I. *Ленин и книга/ Liénin i kniga* [Lênin e os livros]. Moscou, Издáтельство Политúческой Литератýры/ Izdátelstvo Polithícheskoi Literatúry, 1964.

_____. *Библиотека В. И. Ленина в Кремле: каталог/ Biblioteka V. I. Liénina v Kriémle: katalog* [A biblioteca de V. I. Lênin no Krêmlin: catálogo]. Org. N. N. Kutchárkov et al. Moscou, Izdátelstvo Vssiessoiúznoi Knoznói Palaty, 1961.

_____. *О еврейском вопросе в России/ O evréiskom vopróssie v Rossíi* [Sobre a questão judaica na Rússia] (1924). Tel Aviv, Aticot, 1970.

_____. *В. И. Ленин: неизвестные документы/ V. I. Liénin*: neizvestnye dokumién-ty [V. I. Lênin: documentos desconhecidos], 1891-1922. Org. Iúri Nikoláievitch Amiántov et al. Moscou, Rossíisskaia Polititcheskaia Entsiklopiédia (РОССПЭН/ Rosspen), 1999.

*ЛЕНИНСКИЙ Сборник/ Lieninski Sbórnik* [Coletânea Lênin], v. 9. Moscou, Sotseguiz, 1931.

_____., v. 14. Moscou/Leningrado Gossudárstvennoie Izdátelstvo, 1930.

_____., v. 19. Moscou, Gossudárstvennoie Izdátelstvo, 1932.

_____., v. 22. Moscou, Gossudárstvennoie Izdátelstvo, 1933.

LUXEMBURGO, Rosa. *The Essential Rosa Luxemburg*. Chicago, Haymarket, 2008.

_____. *Gesammelte Werke*. Berlim, Dietz, 1970.

MAKHNO, Nestor. My Interview with Lenin. In: *My Visit to the Kremlin*. Berkeley-CA, Kate Sharply Library, 1993.

MÁRTOV, Julius. *Общественные и умственные течения в России, 1870-1905/ Obschiéstvennye i umstviénnye tetchiénia v Rossíi* [Correntes sociais e intelectuais na *Rússia]*. Leningrado/Moscou, Kniga, 1924.

_____. *Записки социал-демократа/ Zapíski sotsial-demokrata* [Notas de um social--democrata]. Berlim/São Petersburgo/Moscou, Z. I. Grjebina, 1922.

MARX, Karl; ENGELS, Friedrich. Theses on Feuerbach. In: *Marx-Engels Selected Works*, v. 1. Trad. W. Lough. Moscou, Progress, 1969. [Ed. bras.: Ad Feuerbach. In: *A ideologia alemã*. Trad. Nélio Schneider et al., São Paulo, Boitempo, 2007, p. 533-7.]

*МЕНЬШЕВИКИ в Большевистской России/ MENCHIEVIKI v Bolchevístskoi Rossíi* [Mencheviques na Rússia bolchevique], 1918-1924. Moscou, Rossísskaia Polititches-kaia Entsiklopiédia (РОССПЭН/Rosspen), 1999.

*МЕНЬШЕВИКИ в 1921-1922/ MENCHIEVIKI v 1921-1922* [Mencheviques em 1921--1922]. Moscou, Rossísskaia Polititcheskaia Entsiklopiédia (РОССПЭН/Rosspen), 2002.

MILIAKOVA, L. B. (org.) *Книга погромов: Погромы на Украине, в Белоруссии и европейской части России в период Гражданской войны 1918-1922/ Kniga pogrómov:* pogrómi na Ukraínie, v Belorússi i evropéiskoi tchásti Rossíi v períod Grajdánskoi vóini 1918-1922 [O livro dos *pogroms*: *pogroms* na Ucrânia, na Bielorrússia e na parte europeia da Rússia durante a Guerra Civil de 1918-1922]. Moscou, Rosspen, 2007.

*ОБЩЕСТВО и власть: российская провинция/ Obschiéstvo i vlásť: Rossíiskaia províntsia* [Sociedade e poder: a província russa], v. 1: *1917-середина 30-х годов/ 1917-seredina 30-kh godóv* [De 1917 a meados dos anos 1930]. Moscou/Paris, Nijni Novgorod, 2002.

PÁRVUS, Aleksandr (Israel Lazarevitch Guelfand). *Россия и Революция/ Rossíia i Revo-liútsia* [A Rússia e a Revolução]. São Petersburgo, Glagolev, 1908.

*ПЕРЕПИСКА секретариата ЦК РКП(в) с местными партийными организациями (январь-март 1919 г.)/ Perepiska sekretariata TSK RKP(v) s mestnymi partinymi organizátsiami (ianvar-mart 1919 g.)* [Correspondência do secretariado do Comitê Central do PCR(v) com organizações locais do partido (janeiro-março de 1919)]. Moscou, Sbórnik Materiálov, 1971.

PILÉTSKI, I. A. *Две теории империализма: Марксистская легенда и Возврат к Марксу/ Dve teori imperializma: Marksistskaia leguenda i Vozvrat k Marksu* [Duas teorias do imperialismo: a legenda marxista e o retorno a Marx]. Kharkiv, Kooperatívnoie izdvo. Proletári, 1924.

PIPES, Richard (Org.). *The Unknown Lenin*: From the Secret Archive. New Haven/ Londres, Yale University Press, 1996.

PLEKHÁNOV, G. V. Our Differences. In: *Selected Philosophical Works*, v. 1. Trad. R. Dixon. Moscou/Londres, Foreign Languages Publishing House/Lawrence & Wishart, 1961.

_____. К аграрному вопросу в России/ K agrárnomu vopróssu v Rossíi [Sobre a questão agrária na Rússia]. In: *Сочинения/ Sotchinénia* [Obras], v. 15. São Petersburgo/ Leningrado, Gossudárstvennoie Izdátelstvo, 1923-1927.

_____. *Сочинения/ Sotchinénia* [Obras], v. 20. Moscou, Gossudárstvennoie Izdátelstvo, 1925, 24 v.

PREOBRAJIÉNSKI, J. Социалистические и коммунистические представления о социализме/ Sotsialistítcheskie i kommunistítcheskie predstavliénia o sotsializme [Noções socialistas e comunistas do socialismo]. *Вестник Коммунистической Академии/ Viéstnik Kommunistítcheskoi Akademi* [Boletim da Academia Comunista], n. 12, 1925.

POSPIÉLOV, P. N. (Org.). *Владимир Ильич Ульянов/ Vladímir Ilitch Uliánov* [Vladímir Ilitch Uliánov]. Moscou, Progress, 1965.

RIAZÁNOV, David. *Англо-Русское отношения в оценке Марха: историко-критический этюд/ Anglo-Rússkoie otnochiénia v otsiénke Markha: istóriko-krititcheski etiud* [Relações anglo-russas na avaliação de Março: estudo crítico-histórico]. São Petersburgo, Petrográdskovo Soviéta i Krestiánskikh Deputátov, 1918.

_____. *Разбитые иллюзии: к вопросу о причинах кризисна в нашей партии/ Razbítie illiúzi: k vopróssu o pritchináh krizisna v nachey párti* [Ilusões partidas: sobre as causas da crise em nosso partido]. Genebra, s/n, 1904.

*СЕДЬМОЙ всероссийский съезд советов рабочих, крестьянских и казачьих депутатов/ SEDMÓI vssierossíiski siezd soviétov rabótchikh, krestiánskikh i kazátchikh deputátov* [VII Congresso de Toda a Rússia dos sovietes de deputados trabalhadores, camponeses e cossacos]. Moscou, Stenografi Tcheski Otchot, 1919.

SLEPKOV, A. К третьей годовщине кронштадтского мятежа/ K triétiei godovschine kronchtádtskovo miateja [No terceiro aniversário da rebelião de Kronstadt]. *Большевик/ Bolchevik* [Bolchevique], n. 1, 1924.

*"СОВЕРШЕННО секретно": Лубянка-Сталину о положении в стране/ "Soverchenno sekretno": Lubianka-Stálinu o polojiéni v stranié (1922-1934gg.)* ["Ultrassecreto": da Lubianka a Stálin sobre a situaçáo da naçáo], 1922-1934, v. 1. Lewiston-NY, Edwin Mellen Press/Institute of Russian History, 2000.

STÁLIN, Josef. *Краткий Курс/ Krátki Kurs* [Atalho]. Moscou, 1938.

STRUVE, P. Мои встречи и столкновения с Лениным/ Moi vstrechi i stolknoviénia s Lienínym [Meus encontros e confrontos com Lênin]. *Новый Мир/ Novyi Mir* [Novo Mundo], n. 4, 1991.

_____. Великая Россия/ Velíkaia Rossíia [Grande Rússia]. In: *Патриотика*: Политика, культура, религия, социализм-Сборник статей за пять лет, 1905-1910/ *Patriótika*: Politika, kultura, religuía, sotsializm-Sbórnik statiei zá piát let, 1905-1910 [Patrió-tica: cinco anos de artigos coletados pelo socialismo sobre política, cultura, religiáo, 1905-1910]. Sáo Petersburgo, 1911.

*СЕДЬМАЯ (Апрельская) Всероссийская конференция РСДРП (большевиков)*: протоколы/ *SEDMÁIA (Apriélskaia) Vssierossíiskaia konferiéntsia RSDRP (bolchevikov)*: protokóly [Sétima (de abril) Conferência de Toda a Rússia do POSDR (bolcheviques): protocolos]. Moscou, 1958.

TCHÚIEV, F. *Сто Сорок бесед с Молотовым/ Stó Sórok bessed s Mólotovim* [Cento e quarenta conversas com Mólotov]. Moscou, Terra, 1991.

TRAININ, I. P. *СССР и национальная проблема*. По национальным республикам и областям Советского Союза/ *SSSR i natsionálnaia probliema*. Po natsionálnym respúblikam i óblastiam Soviétskovo Soiúza [A URSS e o problema nacional. Sobre os as repúblicas e regióes da Uniáo Soviética]. Moscou, 1924.

TRÓTSKI, Leon. *Наши политические задачи/ Náchi polititcheskie zadátchi* [Nossas tarefas políticas]. Genebra, 1904. [Ed. ing. *Our Political Tasks*. Londres, New Park Publications, 1980.]

_____. *1905*. Moscou, 1922.

_____. *The Trotsky Papers*, v. 1: *1917-1922*. Org. Jan M. Meijer, Haia/Paris, Interna-tional Institute for Social History, 1971.

_____. *Дневники и письма/ Dniévniki i pismá* [Diários e cartas]. Org. Iúri Felchtínski, Cambridge-MA, Houghton Library/Heritage, 1986.

*УЧРЕДИТЕЛЬНОЕ собрание: Россия, 1918/ Utchreditelnoie sobranie: Rossíia, 1918* [Assembleia constituinte: Rússia, 1918]. Moscou, Nedra, 1991.

ULIÁNOV, Aleksandr I. Детские и школьные годы Ильича Diétskie i chkólnie gódy Ilitcha. In: *Diétszkaia Literatura*. Moscou, 1983.

ULIÁNOVA-ELIZÁROVA, Anna I. *Воспоминания об Александр Ильгизе Ульянове/ Vospominánia ob Aleksandr Ilitch Uliánov* [Memórias de Aleksander Ilitch Uliánov]. Moscou, Molodáia Gvardia, 1930.

_____. et al. *Reminiscences of Lenin by His Relatives*. Moscou, Foreign Languages Publishing House, 1956. Ed. ing.: Trad. Bernard Isaacs, Nova York, International Publishers, 1970.

ULIÁNOVA, M. *Отец Владимира Ильича Ленина, Илья Николаевич Ульянов/ Otets Vladimira Ilyicha Liénina, Iliá Nikoláievitch Uliánov*: 1831-1886 [O pai de Vladímir Ilitch Lênin, Iliá Nikoláievitch Uliánov: 1831-1886]. Moscou/Leningrado, Mysl, 1931.

USTRIÁLOV, Nikolai. *Национал-большевизм/ Natsional-Bolchevizm* [Nacional-bolchevismo]. Moscou, Algoritm, 2003.

_____. *В борьбе за Россию/ V bórbie zá Rossiíu* [Na luta pela Rússia]. Harbin, 1920.

VALENTÍNOV, Nikolai (N. V. Vólski). *Encounters with Lenin*. Trad. Paul Rosta e Brian Pearce. Pref. Leonard Schapiro. Londres, Oxford University Press, 1968.

_____. *НЭП и кризис партии: воспоминания/ NEP i krízis párti: vospominániia* [A NEP e a crise do partido: memórias] (1971). Nova York, Stanford University Press/ Teleks, 1991. [Edição fac-símilar]

_____. *Малознакомый Ленин/ Maloznakómy Liénin* [Um Lênin quase desconhecido ]. Moscou, Na Boievom Postu, 1992.

VÁRDIN, I. *Против еврея – за царя/ Protiv evreia – za tsária* [Contra os judeus – pelo tsar!]. *Pravda*, 14 maio 1918.

*ВЫСЫЛКА вместо расстрела*: Депортация интеллигенции в документах ВЧК-ГПУ 1921-1923/ *Vysylka vmiésto rasstriela*: Deportátsiia intelliguiéntsi v dokumentákh VTchK-GPU 1921-1923 [Expedição em vez de execução: deportação da intelectualidade em documentos, VTchK-GPU de 1921-1923]. Moscou, Rússki Púti, 2005.

*ВИЙ (ЛОНДОНСКИЙ) съезд, РСДРП/ VII (Londonski) siezd, RSDRP* [VII (Londres) Congresso do POSDR]. Moscou, Protokóli, 1961.

VODOVÓZOV, V. *Моё знакомство с Лениным: на чужой стороне/ Moió znakomstvo s Lieninym: na tchújoi storonié* [Minha relação com Lênin: o outro lado]. Praga, n. 12, 1925.

*ВТОРОЙ съезд РСДРП, июль-август 1903 года/ Vtorói siezd RSDRP, iiul-ávgust 1903 goda* [Atas do II Congresso do Partido Operário Social-Democrata Russo (POSDR), julho-agosto 1903]. Moscou, Protokoli, 1959.

ZINÓVIEV, G. *Ленинизм: Введение в изучение ленинизма/ Lieninizm*: Vvedenie v izutchénie Lieninizma [Leninismo: uma introdução aos estudos leninianos]. Leningrado, Gossudárstvennoie Izdátelstvo, 1925.

_____. *Сочинения/ Sotchinénia* [Obras], v. 3. Moscou/Leningrado, Государственное Издательство/ Gossudárstvennoie Izdátelstvo, 1924.

_____. *Борьба за большевизм из эпохи Звезды и Правды (1913-1914)/ Borba za bolchevizm iz epokhi Zvezdy i Pravdy (1913-1914)*. In: *Сочинения/ Sotchinénia* [Obras], v. 4. Leningrado, Gossudárstvennoie Izdátelstvo, 1926.

## Bibliografia

*1917 ГОД революционная Россия*: сборник обзоров и рефератов/ *1917 god revoliutsiónnayia Rossíia*: sbórnik obzórov i referátov [A Rússia revolucionária de 1917: coletânea de resenhas e resumos]. Moscou, Inion, 2007.

ADIBEKOV, G. M.; CHAHNAZAROVA, Z. I.; CHIRINIA, K. K. *Организационная структура Коминтерна, 1919-1943/ Organizatsiónnaia struktura Kominterna, 1919-1943* [A estrutura organizacional do Comintern, 1919-1943]. Moscou, Rossísskaia Politítcheskaia Entsiklopiédia (РОССПЭН/Rosspen), 1997.

ÁGH, Attila. *A politika világa* [O mundo dos políticos]. Budapeste, Kossuth, 1984.

_____. Társadalmi önszerveződés és szocializmus [Auto-organização social e socialismo]. In: Tamás Krausz e László Tütő (org.). *Válaszúton* [Encruzilhadas]. Budapeste, Elte Ájtk, 1988, p. 49-61.

AGÚRSKI, M. *Еврейский рабочий в коммунистическом движении/ Evréiski rabótchi v kommunistítcheskom dvijiéni* [O trabalhador judeu no movimento comunista]. Minsk, Gossudárstvennoie Izdátelstvo, 1926.

ANDERSON, Kevin. *Lenin, Hegel, and Western Marxism*: A Critical Study. Urbana, University of Illinois Press, 1995.

ANDOR, László. Dilemmák és ellentmondások [Dilemas e contradições]. *Eszmélet*, n. 74, 2007, p. 135-44.

ARSINOV, Petr. *The History of the Makhnovist Movement*: 1918-1921. Londres, Freedom Press, 1987, p. 7-24.

AVREKH, A. I. *Царизм накануне свержения/ Tsarism nakanúnie sverjiénia* [O tsarismo na *véspera da derrubada]*. Moscou, Naúka, 1989.

BALABANOFF, Angelica. *Impressions of Lenin*. Ann Arbor, University of Michigan Press, 1964.

BATKIS, Grigóri. *Сексуальная революция в Советском Союзе/ Seksuálnaia revoliútsia v Soviétskom Soiúze* [A revolução sexual na União Soviética]. Moscou, 1925.

BAYER, József. *A politikai gondolkodás története* [História do pensamento político]. Budapeste, Osiris, 1998.

BEBESI, György. *A feketeszázak* [As Centenas Negras]. Budapeste, MRI, 1999.

BÉLÁDI, László. A bolsevik párt kongresszusai a számok tükrében, 1917-1939 [O congresso do Partido Bolchevique visto por suas figuras]. *Világtörténet*, Budapeste, n. 3, 1983, p. 86-9.

_____. (Org.). *Szakszervezetek és államhatalom*: Dokumentumok a szovjet-oroszországi szakszervezetek történetéből, 1917-1923 [Sindicatos e poder estatal: documentos da história sindical na União Soviética, 1917-1923]. Budapeste, Elte Ájtk, 1985.

RECONSTRUINDO LÊNIN 617

BÉLÁDI, László; KRAUSZ, Tamás. *Életrajzok a bolsevizmus történetéből* [Biografias da história do bolcheviquismo]. Budapeste, Elte/Ájtk, 1988.

BELOV, Serguei Vladimírovitch. *История одной "дружбы": В. I. Ленін і П. Б. Струве/ Istória odnói "drújbi": V. I. Liénin i P. B. Struve* [História de uma "amizade": V. I. Lênin e P. B. Struve]. São Petersburgo, SPbGU, 2005.

BERDIÁEV, Nikolai. *Истоки и смысл русского коммунизма/ Istoki i smysl rússkovo kommunizma* [As origens e o significado do comunismo russo]. Moscou, 1990.

BERNEK, Ágnes; FARKAS, Péter (Org.). *Globalizáció, tőkekoncentráció, térszerkezet* [Globalização, concentração de capitale estrutura espacial]. Budapeste, MTA Világgazdasági Kutatóintézet, 2006.

BETTELHEIM, Charles. *Class Struggles in the USSR*: Second Period, 1923-1930. Sussex, Harvester Press, 1978.

BIGGART, John. "Antileninist Bolchevism": The Forward Group of the RSDRP. *Canadian Slavonic Papers*, n. 2, 1981.

_____. "Антиленинский большевизм": группа РСДРП "Вперёд!"/ "Antilieninski bolchevizm": gruppa RSDRP "Vperiod!" ["Bolchevismo antileninista": o grupo "Avante!" do POSDR]. In: Guennadi Arkadevitch Bordiúgov (org.). *Неизвестный Богданов/ Neizvestny Bogdánov* [Um Bogdánov desconhecido], v. 2: *А. А. Богданов и группа РСДРП "Вперёд!", 1908-1914/ A. A. Bogdánov i gruppa RSDRP "Vperiod!" de 1908-1914* [A. A. Bogdánov e o grupo "Avante!" do POSDR, 1908-1914]. Moscou, Airo-XX, 1995.

BIHARI, Ottó. *A szocialista államszervezet alkotmányos modelljei* [Os modelos constitucionais de estrutura estatal socialista]. Budapest, Közgazdasági és Jogi Könyvkiadó, 1969.

BLACKLEDGE, Paul. "Anti-Leninist Anti-Capitalism: A Critique. *Contemporary Politics*, v. 11, n. 2-3, jun.-set. 2005, p. 99-116.

_____. Learning from Defeat: Reform, Revolution and the Problem of Organisation in the First New Left. *Contemporary Politics*, v. 10, n. 1, mar. 2004, p. 21-36.

BONEFELD, W.; TISCHLER, S. (Org.). *What Is to Be Done?* Leninism, Anti-Leninism and the Question of Revolution Today. Aldershot, Ashgate, 2002.

BONTCH-BRUIÉVITCH, V. Об антисемитизме/ Ob antisemitizme [Sobre o antissemitismo]. In: *Против антисемитизма/ Prótiv antisemitizma* [Contra o antissemitismo]. Leningrado, 1930.

BORSÁNYI, György. *Kun Béla.* Budapeste, Kossuth, 1979.

BRATKA, László (org.). *A négylábú tyúk*: Mai szovjet szatírák [A galinha de quatro patas: sátiras soviéticas contemporâneas]. Budapeste, Szépirodalmi Könyvkiadó, 1984.

BRUS, Włodzimierz. *The General Problems of the Functioning of the Socialist Economy.* Londres, Oxford, 1961.

618    TAMÁS KRAUSZ

BUDGEN, Sebastian; KOUVELAKIS, Stathis; ŽIŽEK, Slavoj (Org.). *Lenin Reloaded*: Toward a Politics of Truth. Durham-NC/Londres, Duke University Press, 2007.

BUDNÍTSKI, O. V. *Российские евреи: между красными и белыми*, 1917-1920/ *Rossískie evréi*: miéjdu krásnymi i biélymi, 1917-1920 [Judeus russos: entre o vermelho e o branco, 1917-1920]. Moscou, Rossísskaia Politítcheskaia Entsiklopiédia (РОССПЭН/ Rosspen), 2005.

_____. Jews, Pogroms and the White Movement: A Historiographical Critique. *Kritika: Explorations in Russian and Eurasian History*, v. 2, n. 4, 2001, p. 752-3.

BUKHÁRAIEV, Vladímir. 1917: Az obscsinaforradalom pirruszi győzelme [1917: A vitória de pirro da revolução das *obschinas*]. In: Tamás Krausz (org.). *1917 és ami utána következett*. Budapeste, Magyar Ruszisztikai Intézet, 1998.

BUKHÁRIN, Nikolai. *Buharin-tanulmányok*: *Demokrácia, "cézárizmus", szocializmus* [Sobre Bukhárin: democracia, "cesarismo", socialismo]. Budapeste, Elte Ájtk, 1988.

BUKHÁRIN, Nikolai; PREOBRAJIÉNSKI, Evguiéni. *The ABC of Communism*. Trad. Eden e Cedar Paul. Harmondsworth/Middlesex, Penguin, 1969. [Ed. rus.: *Азбука коммунизма/ Azbuka kommunizma*. São Petersburgo, Gossizdat Peterburg, 1920.]

BULDAKOV, Vladímir P. Истоки и последствия солдатского бунта: к вопросу о психологии человека с ружьём/ Istóki i posliédstvia soldátskovo bunta: k vopróssu o psikhológui cheloveka s rujyom [Origens e consequências da rebelião do soldado: questões psicológicas de um homem com uma arma na mão]. In: VOLOBÚIEV, P. V. (org.). *1917 год в судьбах России и мира. Февральская революция: От новых источников ко новому осмыслению/ 1917 god v sudbákh Rossíi i mira*. Fevralskaia revoliútsia: Ot novykh istótchnikov ko novomu osmysleniu [O ano de 1917 na história russa e mundial: A Revolução de Fevereiro, de novas fontes a uma nova interpretação]. Moscou, Rossíyskaia Akadémiia Naúk (РАН/RAN), 1997.

_____. *Красная смута/ Krásaia smuta* [Tormenta vermelha]. Moscou, Rossísskaia Politítcheskaia Entsiklopiédia (РОССПЭН/Rosspen), 1997.

BULGÁKOV, Mikhail A. *Sárba taposva: Naplók, levelek, 1917-1940* [Atolado na lama: diários, cartas, 1917-1940]. Budapeste, Magvető, 2004.

_____. *The White Guard*. Trad. Michael Glenny. Nova York, McGraw-Hill, 1971.

BURTIN, I. *Другой социализм: "красные холмы"* / *Drugói sotsializm*: "krásnye kholmy" [Outro socialismo: "colinas vermelhas"]. Moscou, 1999.

BUSTELO, Joaquin. Critical Comments on "Democratic Centralism", *MarxMail*: The Marxism Mailing List. Atlanta, 2005. Disponível em: <www.marxmail.org/ DemocraticCentralism. pdf.>.

CAFFENTZIS, G. Lenin on the Production of Revolution. In: W. Bonefeld e S. Tischler (org.). *What Is to Be Done?* Leninism, Anti-Leninism and the Question of Revolution Today. Aldershot, Ashgate, 2002.

RECONSTRUINDO LÊNIN   619

CARR, Edward Hallett. *The Bolshevik Revolution*, v. 1: *1917-1923*. Londres, Macmillan, 1960.

CLARK, Ronald W. *Lenin*: Behind the Mask. Londres, Faber & Faber, 1988.

CLIFF, Tony. *Lenin*: Building the Party, 1893-1914. Londres, Bookmarks, 1986.

COHEN, S. F. *Bukharin and the Bolshevik Revolution*: A Political Biography, 1888-1938. Nova York, Oxford University Press, 1973.

COLETTI, L. *Il Marxismo e Hegel*. Bari, Laterza, 1976.

CORNEY, F. C. *Telling October*: Memory and Making-of the Bolshevik Revolution. Ithaca, Cornell University Press, 2004.

DAVIES, N. *White Eagle, Red Star*: The Polish-Soviet War, 1919-1920. Londres, Random House, 1972.

DIÁKIN, V. S. *Был ли шанс у Столыпина?/ Byl li chans u Stolypina?* [Haveria alguma chance para Stolypin?]. Moscou, Liss, 2002.

DMITRENKO, V. P. *Советская экономическая политика в первые годы пролетарской диктатуры/ Soviétskaia ekonomítcheskaia politika v piérvye gódy proletárskoi diktatury* [Política econômica soviética nos primeiros anos da ditadura do proletariado]. Moscou, Naúka, 1986.

DOLMÁNYOS, István. *A nemzetiségi politika története a Szovjetunióban* [A história das políticas para minorias étnicas na União Soviética]. Budapeste, Kossuth, 1964.

_____. *Ragyogó Október*: A nagy oroszországi szocialista forradalom története [Outubro Radiante: a história da Grande Revolução Russa]. Budapeste, Kossuth, 1979.

_____. *A Szovjetunió története* [História da União Soviética]. Budapeste, s/n, 1971.

DONÁTH, Péter. A csak politikailag releváns Kanonizált Nagy Elbeszéléstől a tanulságos kis történetekig [Das narrativas politicamente relevantes e canonizadas às historinhas moralistas]. In: Tamás Krausz (org.). *1917 és ami utána következett*. Budapeste, Magyar Ruszisztikai Intézet, 1998.

_____. *Elmélet és gyakorlat*: A "baloldaliság" korai történetéhez – Gorkij, Lunacsarszkij, Bogdanov [Teoria e prática: breve história do "esquerdismo" – Gorki, Lunatcharski, Bogdanov]. Budapeste, Budapesti Tanítóképző Főiskola, 1990.

DUMOVA, N. G. *Кадетская партия в период первой мировой войны и Февральской революции/ Kadiétskaia pártia v periód piérvoi mirovói vóini i Fevrálskoi revoliútsi* [O partido KD durante a Primeira Guerra Mundial e a Revolução de Fevereiro]. Moscou, Naúka, 1988.

DUTSCHKE, Rudi. *Versuch, Lenin auf Die Füsse zu stellen*: Über den halbasiatischen und den west-europäischen Weg zum Sozialismus. Lenin, Lukács und die Dritte Internationale. Berlim, Klaus Wagenbach, 1974.

620 Tamás Krausz

ELWOOD, Ralph Carter. *Inessa Armand*: Revolutionary and Feminist. Cambridge: Cambridge University Press, 1992.

ERVIN, Zalai. *A NEP tapasztalatai a Szovjetunióban* [Evidências empíricas da NEP na União Sovética]. Budapeste, Kossuth, 1975.

FARKAS, Péter. *A globalizáció és fenyegetései*: A világgazdaság és a gazdaságelméletek zavarai [Globalização e seus perigos: distúrbios na economia global e na teoria econômica]. Budapeste, Aula, 2002.

FEDÚKIN, S. A. *Великий Октябрь и интеллигенция*: Из истории вовлечения старой интеллигенции в строительтство социализма/ *Velíki Oktiabr i intelliguiéntsia*: Iz istóri vovletchénia stároi intelliguiéntsi v stroíteltstvo sotsializma [O Grande Outubro e a *intelliguiéntsia*: da participação da velha *intelliguiéntsia* à construção do socialismo]. Moscou, Naúka,1972.

FELCHTÍNSKI, Iúri. О терроре и амнистиях первых революционных лет/ O terórie i amnistiakh piérvykh revoliutsiónnykh let [Sobre o terror e a anistia nos primeiros anos da Revolução]. In: FELCHTÍNSKI, Iúri (org.). *ВЧК-ГПУ*: документы и материалы/ *VCHK-GPU*: dokumenty i materialy [Tcheká-GPU: documentos e materiais]. Moscou, Gumanitarnoi Literatúry, 1995.

FISCHER, Louis. *The Life of Lenin*. Nova York/Evenston/Londres, Harper & Row Publisher, 1964.

_____. *Жизнь' Ленина/ Jizn' Liénina* [A vida de Lênin]. Trad. Omry Ronena. Londres, Overseas Publications, 1970.

FROIANOVA, I. *Октябрь семнадцатого* (Глядя из настоящего)/ *Oktiabr' semnadtsatovo* (Gliadia iz nastoiaschego) [Outubro de dezessete (De uma perspectiva atual)]. São Petersburgo, SP Universiteta, 1997.

FURET, François. *The Passing of an Illusion*: The Idea of Communism in the Twentieth Century. Trad. Deborah Furet. Chicago, University of Illinois Press, 1999.

FÜLÖP, Mihály; SIPOS, Péter. *Magyarország külpolitikája a XX. században* [Política externa húngara no século XX]. Budapeste, Aula, 1998.

GANIELIN, R. S.; FLORÍNSKI, M. F. Российская государственность и первая мировая война/ Rossískaia gossudárstvennost i piérvaia mirovaia vóina [O caráter do Estado russo e a Primeira Guerra Mundial]. In: VOLOBÚIEV, P. V. (org.). *1917 god v sudbah Rossíi i mira Fevrálskaia revoliútsi*: Ot nóvykh istótchnikov k nóvomu osmisliéniu [O ano de 1917 na história russa e mundial: A Revolução de Fevereiro, das novas fontes a uma nova interpretação]. Moscou, Rossískaia Akadémia Naúk (РАН/RAN), 1997.

GAPONENKO, L. S. *Рабочий Класс России в 1917/ Rabótchiy Klass Rossíi v 1917* [A classe trabalhadora da Rússia em 1917]. Moscou, s/n, 1970.

GARAMI, Ernő (Org.). *Marx Károly történelmi jelentősége* [O significado histórico de Karl Marx]. Budapeste, 1919. Disponível para busca em: <www.arcanum.hu>.

RECONSTRUINDO LÊNIN  621

GARAUDY, Roger. *Lenin.* Paris, PUF, 1968.

GETZLER, Israel. *Martov*: A Political Biography of a Russian Social Democrat. Cambridge, Cambridge University Press/Melbourne University Press, 1967.

GÖNCÖL, György. Rosa Luxemburg helye a marxizmus fejlődéstörténetében [O lugar de Rosa Luxemburgo na história do marxismo]. In: Rosa Luxemburgo, *A tőkefelhalmozás* [A acumulação de capital]. Budapeste, Kossuth, 1979.

GORODÉTSKI, E. N. *Рождение советского государства, 1917-1918/ Rojdenie soviétskovo gossudarstva, 1917-1918* [O nascimento do Estado soviético, 1917-1918]. Moscou, Naúka, 1987.

GRAMSCI, Antonio. *Selections from the "Prison Notebooks".* Trad. Quintin Hoare e Geoffrey Nowell Smith. Londres, ElecBook, 1999.

_____. *The Gramsci Reader*: Selected Writings 1916-1935. Org. David Forgacs. Nova York, NYU Press, 2000.

GUÉSSEN, I. I. *История еврейского народа в России/ Istória evréiskovo naroda v Rossíi* [História do povo judeu na Rússia]. Leningrado, 1925; reimp. Moscou/Jerusalém, 1993.

GUIMPELSON, E. G. *Новая экономическая политика Ленина-Сталина*: проблемы и уроки/ *Nóvaia ekonomítcheskaia politika Liénina-Stalina*: probliémy i uroki [A NEP de Lênin e Stálin: problemas e lições]. Moscou, Sobranie, 2004.

_____. *Советский рабочий класс, 1918-1920/ Soviétski rabótchi klass, 1918-1920* [A classe trabalhadora soviética, 1918-1920]. Moscou, s/n, 1974.

_____. *Советы в годы интервенции и гражданской войны/ Soviéty v gódy intervéntsi i grajdánskoi vóiny* [Os sovietes nos anos de intervenção e da Guerra Civil]. Moscou, Naúka, 1968.

_____. *Военный коммунизм*: политика, практика, идеология/ *Voienny kommunizm*: politika, praktika, ideologuiia [Comunismo militar: política, prática, ideologia]. Moscou, 1973.

GYÁNI, Gábor. *Posztmodern kánon* [O cânone pós-moderno]. Budapeste, Nemzeti Tankönyvkiadó, 2003.

HAJDU, Tibor. *Közép-Európa forradalma 1917-1921* [A revolução da Europa Central 1917-1921]. Budapeste, Gondolat, 1989.

_____. A szocialista állam elméletének történetéhez [Sobre a história do Estado socialista]. *Magyar Filozófiai Szemle* [Revista Filosófica Húngara], n. 2, 1970, p. 205-33.

HALÁSZ, Iván. *A tábornokok diktatúrái, a diktatúrák tábornokai*: Fehérgárdista rezsimek az oroszországi polgárháborúban 1917-1920 [A ditadura dos generais, os generais da ditadura: o regime do Exército Branco durante a guerra civil na Rússia, 1917-1920]. Budapeste, Magyar Ruszisztikai Intézet [Instituto Húngaro para Estudos Russos], 2005.

622 TAMÁS KRAUSZ

HANÁK, Péter. The Garden and the Workshop: Reflections on Fin-de-Siècle Culture in Vienna and Budapest. In: *The Garden and the Workshop*: Essays on the Cultural History of Vienna and Budapest. Princeton, Princeton University Press, 1999.

HARDING, Neil. *Lenin's Political Thought*, v. 2. Nova York, St. Martin's Press,1981.

_____. *Leninism*. Durham-NC, Duke University Press, 1996.

HARMAN, Chris. *Party and Class*. Org. T. Cliff. Londres, Pluto, 1996.

HARSÁNYI, Iván. A spanyol liberalizmus történeti útja [A trajetória histórica do liberalismo espanhol], *Múltunk*, n. 3-4, 1998.

HERMANN, István. Az elméleti vita feltételei. A messianisztikus marxizmus avagy az úgynevezett nyugati marxizmus [As condições de um debate teórico. Marxismo messiânico, ou o assim chamado marxismo ocidental]. *Világosság*, n. 4, 1984, p. 214-5.

_____. Marxizmus és totalitás [Marxismo e totalidade]. In: *A gondolat hatalma* [O poder do pensamento]. Budapeste, Szépirodalmi, 1978.

HILFERDING, Rudolf. *Finance Capital*: A Study of the Latest Phase of Capitalist Development. Org. Tom Bottomore. Londres, Routledge & Kegan Paul, 1981.

HOBSBAWM, E. J. *The Age of Extremes*: The Short Twentieth Century, 1914-1991. Nova York, Pantheon Books, 1994.

_____. *Interesting Times*: A Twentieth-Century Life. Londres, Abacus, 2005.

_____. *Nations and Nationalism since 1780*: Programme, Myth, Reality. Cambridge, Cambridge University Press, 1990.

_____. *The Age of Capital, 1848-1875*. Londres, Abacus, 1975.

_____. *On History*. Nova York, New Press, 1997.

HOLQUIST, Peter. *Making War, Forging Revolution*: Russia's Continuum of Crisis 1914-1921. Cambridge-MA, Harvard University Press, 2002.

HORVÁTH, Gizella. A fasizmus és a kommunizmus összefüggéséről: François Furet titkai [Sobre a correlação entre fascismo e comunismo: os secredos de François Furet]. *Eszmélet*, n. 47, p. 33-44.

IAJBOROVSKAIA, I. S.; PARSADANOVA, V. S. *Россия и Польша*: синдром войны 1920/ *Rossía i Polcha*: síndrom vóiny, 1920 [Rússia e Polônia: síndrome de guerra, 1920]. Moscou, Academia, 2005.

IÁKOVLEV, A. N. *Россия нэповская/ Rossiia nepóvskaia* [Rússia da NEP]. Moscou, Nóvyi Khronograf, 2002.

ILERÍTSKAIA, N. V. Разработка Ем. Ярославским биографии В. И. Ленина / Razrabotka Em. Iaroslávskim biografi i V. I. Lênina [A elaboração da biografia de V. I. Lênin por E. Iaroslávski], em История и Историки / Istoria i Istóriki [História e historiadores]. Moscou, Naúka, 1981.

ILIUKHOV, A. *Жизни в эпоху перемен*: материальное положение городских жителей в годы революции и гражданской войны/ *Jízni v épokhu peremién*: Materiálnoie polojiénie goródskikh v gódy revoliútsi i grajdánskoi *vóiny* [A vida em uma era de mudança: a situação financeira dos residentes urbanos durante os anos da revolução e da guerra civil]. Moscou, Rossísskaia Politítcheskaia Entsiklopiédia (РОССПЭН/Rosspen), 2007.

IOFFE, G. Z. *Белое дело: генеральная Корнилов/ Biéloie diélo*: guenerálnaia Kornílov [Problema branco: general Kornílov]. São Petersburgo, 1989.

_____. *Колчаковская авантюра и ее крах/ Koltchakóvskaia avantiúra i ieio krakh* [A aventura de Koltchak e seu colapso]. Moscou, Misl, 1983.

IVÁNOV, I. M. *Чужой среди своих: последние годы жизни Ленина/ Tchujói sriédi svoikh*: posliédnie gódy jízni Liénina [O estranho entre os seus: os últimos anos de Lênin]. Moscou, s/n, 2002.

JEMNITZ, János; SURÁNYI, Róbert; TOKODY, Gyula (Org.). *El a kezekkel Szovjet-Oroszországtól!* [Tire as mãos da Rússia Soviética!]. Budapeste, Kossuth, 1979.

JUKES, Geoffrey et al. *The First World War*: The Eastern Front 1914-1918, v. 1. Oxford, Osprey Publishing, 2002.

KELNER, V. Русская интеллигенция и "еврейский вопрос" в начале XX века/ Rússkaia intelliguéntsia i "evréiski voprós" v natchale XX vieka [A intelectualidade russa e a "questão judaica" no início do século XX]. *Русско Еврейский и историко-еврейский литературный и библиографы ческий альманах/ Rússko Evréiski i Istóriko-Evréiski Literatúrny i Bibliografy Tcheski Almanakh* [Almanaque literário e Bibliográfico Judeu Russo], n. 4-5, 2004.

KLIER, J. *Imperial Russia's Jewish Question, 1855-1881*. Cambridge, Cambridge University Press, 1995.

KNEI-PAZ, Baruch. *The Social and Political Thought of Leon Trotsky*. Oxford, Clarendon Press, 1978.

KOENKER, D. P.; ROSENBERG, W. G.; SUNY, R. G. (Org.). *Party, State and Society in the Russian Civil War*: Explorations in Social History. Bloomington, Indiana University Press, 1992.

KÓLESSOV, Dmítri Vassílievitch. *В. И. Ленин: личность и судьба/ V. I. Liénin: lítchnost' i sudba* [V. I. Lênin: personalidade e destino]. Moscou, Flinta, 1999.

KOLGANOV, Andrei. *Пути к социализму: трагедия и подвиг/ Púti k sotsializmu: traguiédia i pódvig* [Formas do socialismo: tragédia e façanha]. Moscou, Ekonomika, 1990.

*КОМИНТЕРН и идея мировой революции/ Komintern i idéia mirovói revoliútsi* [Comintern e a ideia de uma revolução mundial]. Moscou, Naúka, 1998.

KORNAI, János. *The Socialist System*. The Political Economy of Communism. Princeton/ Oxford, Princeton University Press/Oxford University Press, 1992.

624 TAMÁS KRAUSZ

_____. *By Force of Thought*: Irregular Memoirs of an Intellectual Journey. Cambridge-MA/Londres, MIT Press, 2007.

KOSTIRCHENKO, G. V. *Тайная политика Сталина: власть и антисемитизм/ Táinaia politika Stálina: vlast i antisiemitizm* [A política secreta de Stálin: poder e antissemitismo]. Moscou, MO, 2003.

KOTELENEC, Elena A. *В. И. Ленин как предмет исторического исследования/ V. I. Liénin kak predmiet istorítcheskovo issledovánia* [V. I. Lênin como objeto de pesquisa histórica]. Moscou, Izdátelstvo Rossískovo Universiteta Drújby Naródov, 1999.

KOTKIN, S. 1991 and the Russian Revolution: Sources, Conceptual Categories, Analytical Frameworks. *Journal of Modern History*, v. 70, n. 3, 1998, p. 384-425.

KRASUSKI, Jerzy. *Tragiczna niepodleglosc*: Polityka zagraniczna Polski w latach 1919-1945 [Independência trágica: a política externa polonesa, 1919-1945]. Poznań, Wydawnictwo Poznańskie, 2000.

KRAUSZ, Tamás. Szocializmus-képek a húszas években: Átmeneti korszak és szocializmus [Imagens do socialismo nos anos 1920: um período transitório]. *Világosság*, n. 4, 1984, p. 202-10.

_____. *Antiszemitizmus-holokauszt-államszocializmus* [Antissemitismo, holocausto, socialismo de Estado]. Budapeste, Nemzeti Tankönyvkiadó, 2004. [Ed. ing.: *The Soviet and Hungarian Holocausts*: A Comparative Essay. Trad. Thomas J. DeKornfeld e Helen D. Hiltabidle. Boulder-CO/Wayne-NJ/Nova York, Social Science Monographs/ Center for Hungarian Studies and Publications/Columbia University Press, 2006, p. 13-4. Col. Hungarian Authors, n. 4.]

_____. Bolsevizmus és nemzeti kérdés [Bolchevismo e a questão nacional]. *Világosság*, Budapeste, n. 11, 1980, p. 681-8.

_____. *Bolsevizmus és nemzeti kérdés*: Adalékok a nemzeti kérdés bolsevik felfogásának történetéhez [Bolchevismo e a questão nacional: para uma história da abordagem bolchevique à questão nacional] (Budapeste, Akadémiai Kiadó, 1989).

_____. Az első orosz forradalom és az oroszországi szociáldemokrácia "második" szakadása [O segundo "racha" da primeira Revolução Russa e da social-democracia russa]. *Századok*, n. 4, 1983-1984.

_____. A jelcinizmus [O que é ieltsinismo]. In: KRAUSZ, Tamás; SZILÁGYI, Ákos (orgs.). *Jelcin és a Jelcinizmus* [Iéltsin e o ieltsinismo]. Budapeste, Magyar Russzisztikai Intézet, 1993, p. 67-92.

_____. Kutatás közben: Megjegyzések a Lenin-tematikához az "új" dokumentumok fényében [No decorrer da pesquisa: comentários a respeito da questão Lênin, à luz de "novos" documentos]. In: *Lenintől Putyinig* [De Lênin a Putin]. Budapeste, La Ventana, 2003, p. 15-27.

_____. Lenin és a lengyel-szovjet háború [Lênin e a guerra polaco-soviética]. In: *Életünk Kelet-Európa*: Tanulmányok Niederhauser Emil 80 Születésnapjára [Nossa vida no Leste Europeu: ensaios pelo 80º aniversário de Emil Niederhauser]. Budapeste, Pannonica, 2003, p. 120-6.

_____. Lenin marxizmusa [O marxismo de Lênin]. *Eszmélet*, n. 76, 1997.

_____. Az Összorszországi Alkotmányozó Gyűlés és a bolsevikok [A Assembleia Constituinte de Toda a Rússia e os bolcheviques]. In: *Dél-Európa vonzásában*: Tanulmányok Harsányi Iván 70: Születésnapjára. Pécs: Special edition, 2000, p. 1-15.

_____. *Pártviták és történettudomány*: Viták "az orosz történelmi fejlődés sajátosságairól", különös tekintettel a 20-as évekre [Conflitos intrapartidários e ciência histórica: debates sobre as "especificidades do desenvolvimento histórico russo", especialmente nos anos 1920]. Budapeste, Akadémiai Kiadó, 1991.

_____. Perestroika and the Redistribution of Property in the Soviet Union: Political Perspectives and Historical Evidence. *Contemporary Politics*, v. 13, n. 1, mar. 2007.

_____. A 'Rövid tanfolyam' és a történelem [O "caminho curto" e o curso da história]. *Világosság*, n. 3, 1989, p. 174-9.

_____. "Stalin's Socialism": Today's Debates on Socialism (Theory, History, Politics). *Contemporary Politics*, v. 11, n. 4, 2005, p. 235-8.

_____. A szakszervezeti kérdés az OK(b)P X. kongresszusán (1921) [A questão do sindicato no X Congresso do PCR(b) (1921)]. In: vários autores, *A nemzetközi munkásmozgalom történetéből*. Évkönyv 1981 [Através da história do movimento internacional dos trabalhadores. Anuário de 1981]. Budapeste, Kossuth, 1980, p. 156-66.

_____. *A Szovjetunió története* [A história da União Soviética]. Budapeste, Kossuth, 2008.

_____. *Szovjet thermidor*: A sztálini fordulat szellemi előzményei 1917-1928 [O termidor soviético: as raízes intelectuais da viragem stalinista]. Budapeste, Napvilág, 1996.

_____. Ahistorical Political Economics. *Social Scientist*, v. 24, n. 1-3, jan.-mar. 1996, p. 111-39.

_____ (Org.). *Gulag*: A szovjet táborrenmdszer története – Tanulmányok és dokumentumok [Gulag: a história do sistema de campos soviético – ensaios e documentos]. Budapeste, Pannonica, 2001.

_____ (Org.). *Kelet-Európa*: történelem és sorsközösség – Palotás Emil 70. születésnapjára [Europa Oriental: história e destino comum – em comemoração do 70º aniversário de Emil Palotás]. Budapeste, Elte Kelet-Európa Története Tanszék, 2007.

KRAUSZ, Tamás; MESTERHÁZI, Miklós. *Mű és történelem*: Viták Lukács György műveiről a húszas években [A palavra escrita e a história: controvérsias acerca da obra de Lukács nos anos 1920]. Budapeste, Gondolat, 1985.

626 TAMÁS KRAUSZ

KRAUSZ, Tamás; SZIGETI, Péter (Org.). *Államszocializmus*: Értelmezések-viták-tanulságok [Estado socialista: interpretações, debates, lições]. Budapeste, L'Harmattan/ Eszmélet Alapítvány, 2007.

KRAUSZ, Tamás; SZVÁK, Gyula (Org.). *Életünk Kelet-Európa*: Tanulmányok Niederhauser Emil 80 Születésnapjára [Nossa vida no Leste Europeu: ensaios pelo 80º aniversário de Emil Niederhauser]. Budapeste, Pannonica, 2003.

KRAUSZ, Tamás; TÜTŐ, László (Org.). *Önkormányzás vagy az elitek uralma* [Autogestão ou o reinado das elites]. Budapeste, Liberter Kiadó, 1995.

_____ (Org.). *Válaszúton* [Encruzilhadas]. *Politikatudományi Füzetek*, n. 7. Budapeste, Elte Ájtk, 1988.

KRJIJANÓVSKI, Gleb M. Великий Ленин/ Velíki Liénin [Grande Lênin]. Moscou, 1968.

KROPOTKIN, P. *Mutual Aid*: A Factor of Evolution. Org. Paul Avrich. Nova York, New York University Press, 1972.

KRÚPSKAIA, Nadiéjda. Как Ленин работал над Марксом?/ Kak Liénin rabótal nad Márksom? [Como Lênin trabalhou sobre Marx?]. In: *Ленин и книги/ Liénin i knígui* [Lênin e os livros]. Moscou, Izdátelstvo Polititcheskoi Literature, 1964.

_____. How Lenin Approached the Study of Marx. *Lenin and Books*. Org. e trad. A. Z. Okorokov. Moscou, Progress Publishers, 1971.

_____. *Reminiscences of Lenin*. Trad. Bernard Isaacs, Nova York, International Publishers, 1970.

_____. О Ленине/ *O Liénine* [Sobre Lênin]. Moscou, Politizdat, 1965.

LAQUEUR, W. Черная сотня/ *Tchórnaia sotnia* [Os Cem-Negros]. Moscou, Tekst, 1994.

LÁTYCHEV, A. G. *Рассекреченный Ленин/ Rassekretchiénny Liénin* [Lênin desconfidencializado]. Moscou, Mart, 1996.

_____. Lenin és Inessa. *Eszmélet*, n. 42, 1999, p. 67-95.

LENGYEL, István. *A Breszt-Litovszki béketárgyalások* [A paz fala de Brest-Litovsk]. Budapeste, Kossuth, 1975.

LE BLANC, Paul. *Lenin and the Revolutionary Party*. Atlantic Highlands-NJ, Humanities Press, 1990.

LEFEBVRE, Henri. *La Pensée de Lénine*. Paris, Bordas, 1957, col. Pour Connaître.

LEJAVA, O.; NELIDOV, N. *M. S. Ольминский: жизнь и деятельность/ Olminski:* jizn i deiátelnost [Olmínski: vida e obra]. Moscou, Politizdat, 1973.

*LENIN MŰVEINEK Magyar bibliográfi ája 1960-1969* [Bibliografia húngara da obra de Lênin, 1960-1969]. Budapeste, MSZMP KB Párttörténeti Intézete, 1970.

RECONSTRUINDO LÊNIN 627

LIEBMAN, Marcel. *Leninism under Lenin*. Trad. Brian Pearce. Londres, Jonathan Cape, 1975. [Ed. fran. *Le Léninisme sous Lénine*. Paris, Édition du Seuil, 1973.]

LIH, Lars T. *Lenin Rediscovered*: "What is to Be Done?" in Context. Chicago, Haymarket Books, 2008.

LÓGUINOV, Vladlen. *Владимир Ленин: выбор пути/ Vladímir Liénin*: vybor púti [Vladímir Lênin: escolhendo o caminho]. Moscou, Respublika, 2005.

LOPÚKHIN, Iúri Mikháilovitch. Болезни, смерть и бальзамирование В. И. Ленина/ *Boliézni, smert i balzamírovanie V. I. Liénina* [Doenças, morte e embalsamamento de V. I. Lênin]. Moscou, Respublika, 1997.

LOSSKI, В. N. О "депортации людей мышления"/ O "deportátsi liúdei mychliénia" [Sobre a "deportação de pessoas que pensam"]. *Ступени – Философский Журнал/ Stupiéni – Filosófski Jurnal* [Passos – Jornal filosófico], v. 1, n. 4, 1992.

LÖWY, Michael. *Redemption and Utopia*: Jewish Libertarian Thought in Central Europe – A Study in Elective Affinity. Stanford-CA, Stanford University Press, 1992.

LUKÁCS, György. *Lenin*: A Study on the Unity of His Thought. Nova York, Verso, 2009. [Ed. bras.: *Lênin: um estudo sobre a unidade de seu pensamento*, trad. Rubens Enderle, São Paulo, Boitempo, 2012.]

_____. *A társadalmi lét ontológiájáról*, v. 3: *Prolegomena*. Budapeste, Magvető Könyvkiadó, 1976. [Ed. bras.: *Prolegômenos para uma ontologia do ser social*. Trad. Lya Luft e Rodnei Antônio do Nascimento. São Paulo, Boitempo, 2010.]

_____. *History and Class Consciousness*. Trad. Rodney Livingstone. Cambridge-MA, MIT Press, 1971; Budapeste, Magveto, 1971.

LUNATCHÁRSKI, Anatóli V. V. *Об антисемитизме/ Ob antisemitizme* [Sobre o antissemitismo]. Moscou/Leningrado, s/n, 1929.

_____. Ленин и литературоведение/ Liénin i literatúrovedenie [Lênin e a crítica literária]. In: *Литературная Энциклопедия/ Literatúrnaia Entsiklopiédia* [Enciclopédia Literária], v. 11. Moscou, Khudójestvennaia Literatura, 1932.

LYANDRES, Semion. The Bolsheviks' "German Gold" Revisited: An Inquiry into the 1917 Accusations. *The Carl Beck Papers in Russian and East European Studies*, Pittsburgh, Center for Russian and East European Studies/University of Pittsburgh, n. 1106, 1995.

MAISURIAN, Aleksandr A. *Другой Ленин/ Drugói Liénin* [Um Lênin diferente]. Moscou, Vagrius, 2006.

MAJOROS, István. A lengyel-szovjet háború: Wrangel és a francia külpolitika 1920-ban [A guerra polaco-soviética: Wrangel e a política externa francesa dos anos 1920]. *Századok*, Budapeste, n. 3, 2001, p. 533-67.

MAKÁROV, V. G.; KHRISTÓFOROV, V. S. Предисловие/ Predislóvie [Prefácio]. In: *Высылка вместо расстрела*: депортация интеллигенции в документах ВЧК-ГПУ/

628  TAMÁS KRAUSZ

*Vysylka vmiesto rasstriela*: deportátsia intelliguiéntsi v dokumiéntakh VTchK-GPU [Expulsão em vez de execução: deportação da *intelliguiéntsia* nos documentos da VTcheK-GPU], 1921-1923. Moscou, Rússki Put', 2005.

MAKSÍMOVA, V. A. *Ленинская "Искра" и литература/ Lienínskaia "Iskrá" i literatura* [A *Iskrá* de Lênin e a literatura]. Moscou, Naúka/Iskra, 1975.

MANDEL, Ernest. Trotsky's Marxism: A Rejoinder. *New Left Review*, n. 56, 1969, p. 69-96.

MARIE, Jean-Jacques. *Lénine, 1870-1924*: Biographie. Paris, Balland, 2004.

MARX, Karl. *Die Geschichte der Geheimdiplomatie des 18 Jahrhunderts.* Berlim, Olle & Wolter, 1977. [Ed. bras. *O 18 de brumário de Luís Bonaparte.* São Paulo, Boitempo, 2011.]

_____. *Grundrisse.* Trad. Martin Nicolaus. Nova York, Random House, 1973. [Ed. bras. *Grundrisse: manuscritos econômicos de 1857-1858.* São Paulo/Rio de Janeiro, Boitempo/Editora da UFRJ, 2011.]

_____. *Capital*, v. 1. Trad. Samuel Moore e Edward Aveling. [Ed. bras. *O capital*: crítica da economia política. Livro I: *O processo de produção do capital.* São Paulo, Boitempo, 2013.]

MAYER, Robert. Lenin and the Practice of Dialectical Thinking. *Science and Society*, v. 63, n. 1, 1999, p. 40-62.

MELNITCHENKO, Vladímir. *Личная жизнь Ленина/ Lítchnaia jizn Liénina* [A vida pessoal de Lênin]. Moscou, Voskresenie, 1998.

_____. *Феномен и Фантом Ленина: 350 миниатюр/ Fenómen i Fantóm Liénina: 350 miniatiur* [O fenômeno e o fantasma de Lênin: 350 miniaturas]. Moscou, Museu Lênin, 1993.

MENYHÁRT, Lajos. *Az orosz társadalmi-politikai gondolkodás a századfordulón, 1895-1906* [Pensamento sociopolítico russo na virada do século, 1895-1906]. Budapeste, Akadémiai Kiadó, 1985.

MÉSZÁROS, István. *Beyond Capital.* Londres, Merlin Press, 1995. [Ed. bras.: *Para além do capital.* São Paulo, Boitempo, 2002.]

MIKHUTINA, I. B. Некоторые проблемы истории польско-советской войны 1919-1920/ Nekotórye probliémy istóri polsko-soviétskoi vóiny 1919-1920 [Alguns dos problemas históricos da guerra polaco-soviética]. In: *Версаль и новая Восточная Европа/ Versal i nóvaia Vostótchnaia Evropa* [Versalhes e a nova Europa Oriental]. Moscou, Instituta Slavianovediénia i Balkanístiki RAN (ИСБ РАН), 1996, p. 159-76.

MILEI, György (Org.). *Kun Béláról*: tanulmányok [Sobre Béla Kun: ensaios]. Budapeste, Kossuth, 1988.

MILIÚKOV, L. P. N. *Очерки по истории русской культуры/ Ótcherki po istóri rússkoi kultúri* [Ensaios sobre a história da cultura russa], v. 1. Paris, s/n, 1937.

RECONSTRUINDO LÊNIN 629

MILLER, Víktor I. Революция в России 1917-1918/ Revoliútsia v Rossíi 1917-1918 [A Revolução na Rússia, 1917-1918]. In: *Осторожно: история!/ Ostorojno: istória!* [Cuidado: história!]. Moscou, ETC, 1997.

_____. Гражданская война: исторические параллели/ Grajdánskaia vóina: istorítcheskie paralliéli [A guerra civil: paralelos históricos]. In: *Осторожно: история!/ Ostorojno: istoriia!* [Cuidado: história!]. Moscou, ETC, 1997.

MIRÓNOV, Boris N. *The Social History of Imperial Russia*, v. 1: *1700-1917*. Boulder-CO, Westview Press, 2000.

MUSTO, Marcello. Dissemination and Reception of the *Grundrisse* in the World: Introduction. In: Marcello Musto (org.). *Karl Marx's Grundrisse*. Londres/Nova York, Routledge, 2008, p. 177-88.

_____. The Rediscovery of Karl Marx. *International Review of Social History*, n. 52, 2007, p. 477-98.

NEDAVA, Joseph. *Trotsky and the Jews*. Filadélfia, Jewish Publication Society of America, 1971.

NIEDERHAUSER, Emil. Lenin és a nemzeti kérdés [Lênin e a questão nacional]. In: *Nemzet és kisebbség* [Nação e minorias]. Budapeste, Lucidus, 2001, p. 65-83.

_____. *Nemzet és kisebbségek: Válogatott tanulmányok* [Nação e minorias nacionais: ensaios escolhidos]. Budapeste, Lucidus, 2001.

_____. *A nemzeti megújulási mozgalmak Kelet-Európában* [Os movimentos pela renovação nacional no Leste Europeu]. Budapeste, Akadémiai Kiadó, 1977.

_____. On the Slavophile Approach to History. *Acta Universitatis Debreciensis de L. K. Nominatae*. Debrecen, 1966, col. Historica.

_____. *Kelet-Európa története* [A história da Europa Oriental]. Budapeste, MTA Történettudományi Intézete, 2001.

NOVE, Alec. Lenin as Economist. In: *Lenin: The Man, the Theorist, the Leader*. Org. Leonard Schapiro e Peter Reddaway. Nova York, Praeger, 1967.

OIZERMAN, T. I. *Оправдание ревизионизма/ Opravdánie revizionizma* [Justificando o revisionismo]. Moscou, Kanon, 2005.

OMELIANTCHUK, I. V. Социальный состав черносотенных партии в начале XX века/ Sotsiálny sostav tchernossótiennykh párti v natchale XX vieka [Composição social dos Cem-Negros no início do século XX]. *Отечественная История/ Otiétchiestvennaia Istória* [História Nacional], n. 2, 2004.

OSTRÓVSKI, V. *П. А. Столыпин и его время/ P. A. Stolypin i evó vriémia* [P. A. Stolypin e seu tempo]. Novosibirsk, Naúka, 1992.

PALOTÁS, Emil. *A Balkán-kérdés az osztrák-magyar és az orosz diplomáciában* [A questão dos Balcãs na diplomacia austro-húngara e russa]. Budapeste, Akadémiai Kiadó, 1972.

630  TAMÁS KRAUSZ

PANNEKOEK, Anton. *Lenin as Philosopher*: A Critical Examination of the Philosophical Basis of Leninism. Nova York, New Essays, 1948.

_____. *Living Marxism*, v. 4, n. 5, nov. 1938. Disponível em: <www.marxists.org/archive/pannekoek/1938/lenin/app-korsch.htm>.

PÁNTIN, I. K. *Социалистическая мысль в России: переход от утопии к науке/ Sotsialistítcheskaia mysl v Rossíi*: periekhod ot utópi k naúke [O pensamento socialista na Rússia: a transição da utopia para a ciência]. Moscou, Polit. Izdat, 1973.

_____. Исторические Судьбы Марксизма/ Istorítcheskie Sudby Marksizma [Destino histórico do marxismo]. Вестник Российской/ *Viéstnik Rossískoi* [Boletim da Federação Russa], Moscou, n. 8, 2006.

PASTOR, Peter. Hungary between Wilson and Lenin: The Hungarian Revolution of 1918-1919 and the Big Three. *East European Quarterly*, Boulder-CO, 1976, série East European Monographs, n. 20.

PAVLIUTCHENKOV, S. P. Еврейский вопрос в революции, или о причинах поражения большевиков на Украине в 1919 году/ Evréiski voprós v revoliútsi, íli o pritchinakh porajiéniia bolchevíkov na Ukraíne v 1919 godú [A questão judaica na revolução, ou os motivos da derrota dos bolcheviques na Ucrânia em 1919]. In: *Военный коммунизм*: власть и массы/ *Voiénny kommunizm*: vlast i massy [Comunismo militar: o poder e as massas]. Moscou, Rússkoie Knigoizdátelskoie Tovarischestvo, 1997.

PINKUS, Benjamin. *The Jews of the Soviet Union*: The History of a National Minority. Cambridge, Nova York/Sidney, Cambridge University Press, 1989.

PIPES, Richard. *Social Democracy and St. Petersburg's Labor Movement, 1885-1897*. Cambridge-MA, Harvard University Press, 1963.

_____. *Struve, Liberal on the Left, 1870-1905*. Cambridge-MA, Harvard University Press, 1970.

_____. *Struve, Liberal on the Right, 1905-1944*. Cambridge-MA, Harvard University Press, 1980.

PLATTEN, Fritz. *Ленин из эмиграции в Россию/ Liénin iz emigrátsi v Rossíu* [Lênin da emigração para a Rússia]. Moscou, Moskovsky Rabótchy, 1990.

POKRÓVSKI, N. N. *Политбюро и церковь, 1922-1925/ Politbiuro i tsiérkov, 1922-1925* [O Politburo e a Igreja, 1922'1295]. Moscou, Rossísskaia Politítcheskaia Entsiklopiédia (РОССПЭН/Rosspen), 1997.

_____. Очерки по истории Октябрьской Революции/ *Otchérki po istórii Oktuabrskoi Revoliútsi* [Ensaios sobre a história da Revolução de Outubro] (Moscou, Gossudárstvennoie Izdátelstvo, 1927), 2 v.

_____. Источниковедение советского периода: документы Политбюро первой половины 1920-х годов/ Istótchnikovedenie soviétskovo perióda: dokumenty Politbiuro piérvoi poloviny 1920-kh godov [Estudos de origem do período soviético: documentos do Politburo da primeira metade da década de 1920]. In: *Археографический Ежегодник за 1994/ Arkheografitcheski Ejegodnik za 1994* [Anuário Arqueográfico de 1994]. Moscou, Instituta Slavianovedeniia RAN (ИСл РАН), 1996.

POLAN, A. J. *Lenin and the End of Politics*. Londres, Methuen, 1984.

POSPIÉLOV, P. N. (org.). *Lenin, Vladimir Ilyich*: A Biography. Moscou, Progress Publishers, 1965.

PROTÁSSOV, L. G. *Всероссийское Учредительное Собрание: история, рождения и гибели/ Vssierossíiskoie Uchreditelnoie Sobranie: istoriia, rojdeniia i guibeli* [A Assembleia Constituinte de Toda a Rússia: história, nascimento e morte]. Moscou, Rossísskaia Polititcheskaia Entsiklopiédia (РОССПЭН/Rosspen), 1997.

REGUELSON, Liev. *Трагедия Русской Церкви, 1917-1945/ Traguediia Rússkoi Tsiérkvi, 1917-1945* [A tragédia da Igreja russa, 1917-1945]. Paris, YMCA, 1977.

RÉTI, László. *Lenin és a magyar munkásmozgalom* [Lênin e o movimento trabalhista húngaro]. Budapeste, Kossuth, 1970.

RIPP, Géza. *Imperializmus és reformizmus* [Imperialismo e reformismo]. Budapeste, Kossuth, 1982.

SÁKHAROV, Andrei N. et al. *Россия в начале XX века/ Rossíia v natchale XX vieka* [A Rússia no começo do século XX]. Moscou, Novyĭ Khrnograf, 2002.

SÁKHAROV, V. A. *"Политическое завещание" Ленина*: реальности истории и мифы политики/ *"Polititcheskoie zaveschanie" Liénina*: reálnosti istóri i mify politíki [A "vontade política" de Lênin: a realidade da história e dos mitos políticos]. Moscou, Moskóvskovo Universiteta, 2003.

SALISBURY, Harrison Evans. *Bilder der Russischen Revolution*. Berlin/Frankfurt/Viena, Ullstein, 1979.

SCHAPIRO, Leonard; REDDAWAY, Peter (Org.). *Lenin*: The Man, the Theorist, the Leader. Nova York, Praeger, 1967.

SCHERRER, Jutta. The Relationship between the Intelligentsia and Workers: The Case of Party Schools in Capri and Bologna. In: Reginald E. Zelnik (org). *Workers and Intelligentsia in Late Imperial Russia*: Realities, Representations, Reflections. Berkeley, University of California, 1998.

_____. Culture prolétarienne et religion socialiste entre deux revolutions: les Bolsheviks de gauche. *Europa*, v. 2, n. 2, 1979, p. 69-70.

SEREDA, A. I. Ленинская *"Искра"* и становление местных организаций РСДРП/ *Lienínskaia "Iskrá" i stanovliénie miéstnykh organizátsi RSDRP* [A *Iskrá* de Lênin e a formação de organizações locais do POSDR]. Moscou, Misl, 1983.

SERVICE, Robert. *Lenin*: A Political Life. Londres, Macmillan, 1985-1995, 3 v.

632 TAMÁS KRAUSZ

SETINOV, I. A. Мелкобуржуазные партии в Кронштадтском мятеже 1921 года/ Melkoburjuáznye párti v Kronchtadtskom miatiejié 1921 goda [Os partidos pequeno-burgueses na revolta de Kronstadt de 1921]. *Вестник Московского Университета/ Viéstnik Moskóvskovo Universitieta* [Boletim da Universidade de Moscou], n. 3, 1974, p. 28.

STEIN, M. *Ульяновы и Ленины*: тайны родословной и псевдонима/ *Ulianovy i Liéniny*: táiny rodoslóvnoi i psevdónima [Uliánov e Lênin: segredos de uma árvore genealógica e um pseudônimo]. São Petersburgo, ВИРД/ VIRD, 1997.

SHUB, David. *Lenin*: A Biography. Baltimore, Penguin, 1967.

SIKMAN, A. P. *Деятели отечественной истории*: биографический справочник/ *Diéiateli otétchestvennoi istóri*: biografítcheski spravótchnik [Figuras da história nacional: referência biográfica]. Moscou, 1997.

SIPOS, Péter. A Nemzetközi Szakszervezeti Szövetség és az 1920 évi lengyel-szovjet háború [A Associação Internacional dos Trabalhadores e a guerra polaco-soviética de 1920]. In: *El a kezekkel Szovjet-Oroszországtól!* [Tire as mãos da Rússia soviética!]. Budapeste, Kossuth, 1979.

SOMOGYI, Erika. Magyarország részvételi kísérlete az 1920-as lengyel-szovjet háborúban [O esforço húngaro em participar da guerra polaco-soviética de 1920]. *Történelmi Szemle*, n. 2, 1986.

STEFFENS, Lincoln. *The Autobiography of Lincoln Steffens*. Nova York, Harcourt/Brace, 1931.

SWAIN, Geoffrey. *The Origins of the Russian Civil War*. Essex, Longman, 1996.

SZABÓ, András György. Marx és az államszocializmus [Marx and State-Socialism]. *Eszmélet*, n. 4, mar. 1990, p. 103-14.

_____. *A proletárforradalom világnézete*: A filozófi a bírálata [Uma visão global da revolução proletária: crítica filosófica]. Budapeste, Magvető, 1977.

SZABÓ, Márton. *Politikai idegen* [O estranho político]. Budapeste, L'Harmattan, 2006.

SZAMUELY, László. *Az első szocialista gazdasági mechanizmusok* [Os primeiros mecanismos econômicos socialistas]. Budapeste, Közgazdasági és Jogi Könyvkiadó, 1971.

SZÉKELY, Gábor. Kun Béla a Kommunista Internacionáléban [Béla Kun na Internacional Comunista]. In: György Milei (org.). *Kun Béláról: Tanulmányok* [Sobre Béla Kun: ensaios]. Budapeste, Kossuth, 1988.

SZEKFŰ, Gyula. *Lenin*. Budapeste, Magyar-Szovjet Művelődési Társaság, 1948.

SZIGETI, Péter. *Világrendszernézőben: Globális "szabad verseny" – a világkapitalizmus jelenlegi stádiuma* [Avaliação das ordens mundiais: a "livre competição" global – o atual estágio do capitalismo no mundo]. Budapeste, Napvilág, 2005.

SZIKLAI, László. A materializmus és empiriokriticizmus történelmi tanulságai [Lições históricas de *Materialismo e empiriocriticismo*]. In: *Történelmi lecke haladóknak* [Lições avançadas em história]. Budapeste, Magvető, 1977.

SZILÁGYI, Ákos. Totális temetés [Funeral total]. *2000*, n. 5, 1993-1995.

SÍLVIN, Mikhail A. *Ленин в период зарождения партии воспоминания/ Liénin v período zarojdiénia párti vospomániia* [Lênin no período do nascimento das memórias do partido]. Leningrado, Lenizdat, 1958.

STRUVE, Piotr B. Ленин как человек/ Liénin kak tcheloviék [Lênin como homem]. Новое Русское Слово/ *Nóvoie Rússkoie Slovo* [Nova Palavra Russa], n. 25, jan. 1976, p. 2-28.

_____. Критические заметки к вопросу об экономическом развитии России/ Kri*títcheskie zamiétki k vopróssu ob ekonomítcheskom razvíti Rossíi* [Notas críticas sobre a questão do desenvolvimento econômico da Rússia]. São Petersburgo, I. N. Skorokhodova, 1894.

TARLE, E. V. Германская ориентация и П. Н. Дурново/ Guermánskaia orientátsiia i P. N. Durnovó [A orientação alemã e P. N. Durnovó]. *Былое/ Bylóie* [Passado], n. 19, 1922, p. 161-2.

TCHÁGUIN, B. A. (org.). *Социологическая мысль в России. Очерки истории немарксистской социологии последние трети – начала XX века/ Sotsiologuítcheskaia smisl v Rossíi. Ótcherki istórii nemarksístskoi sotsiológuii posliédnie tréti – natchala XX vieká* [Pensamento sociológico na Rússia. Ensaios sobre a história da sociologia não marxista do último terço do século XIX ao início do século XX]. São Petersburgo, Naúka, 1978.

TCHURAKOV, Dmítri. A munkásönkormányzatok közösségi aspektusai az 1917-es orosz forradalomban [Comunidade nos governos locais dos operários da Revolução Russa de 1917]. In: KRAUSZ, Tamás (org.), *1917 és ami utána következett* [1917 e o que se seguiu] (Budapeste, Magyar Ruszisztikai Intézet, 1998), p. 53-67.

_____. Протестное движение рабочих в период складывания советского государства/ Protiéstnoie dvijiénie rabótchikh v períod skladyvánia soviétskovo gossudarstva [Protestos e movimentos operários na formação do Estado soviético]. Альтернативы/ *Alternativi* [Alternativas], n. 2, 1999, p. 98-101.

THERBORN, Goran. After Dialectics. Radical Social Theory in a Post-Communist World. *New Left Review*, n. 43, 2007.

TOWNSHEND, Jules. Lenin's The State and Revolution: An Innocent Reading. *Science & Society*, v. 63, n. 1, 1999, p. 63-82.

*ТРУДОВЫЕ конфликты в Советской России 1918-1929/ Trudóvie konflikty v Soviétskoi Rossíi, 1918-1929* [Conflitos trabalhistas na Rússia soviética, 1918-1929]. Moscou, URSS, 1998.

TÜTŐ, László. Gramsci és a gazdasági demokrácia kérdése [Gramsci e a questão da democracia econômica]. In: József Banyár (org.). *Tanulmányok Gramsciról* [Estudos gramscianos]. Budapeste, MKKE Társadalomelméleti Kollégium, 1987, p. 85-111.

TÜTŐ, László; KRAUSZ, Tamás. Lenin a szocializmusba való politikai átmenet időszakáról [Lênin durante a transição para o socialismo]. *Társadalmi Szemle*, n. 6-7, 1984, p. 108-16.

TUCKER, Robert C. Lenin's Bolshevism as a Culture in the Making. In: *Bolshevik Culture*: Experiment and Order in the Russian Revolution. Org. Abbott Gleason, Peter Kenez e Richard Stittes. Bloomington, Indiana University Press, 1985.

TUMARKIN, Nina. *Lenin Lives!* The Lenin Cult in Soviet Russia. Cambridge-MA/ Londres, Harvard University Press, 1983.

TIRKOVA-WILLIAMS, Ariadna. На путях к свободе/ *Na putiakh k svobódie* [A caminho da liberdade]. Nova York, Chekhov Publishing House, 1952.

TIUTIÚKIN, S. V. *Первая российская революция и Г. В. Плеханов/ Piérvaia Rossískaia revoliútsia i G. V. Plekhánov* [A primeira revolução russa e G. V. Plekhánov]. Moscou, Naúka, 1981.

ULIÁNOVA, Olga D. *Родной Ленин/ Rodnói Liénin* [Lênin nativo]. Moscou, ITRK, 2002.

URÍLOV, Ilia K. *Мартов: политик и историк/ Martov: politik i histórik* [Mártov: político e histórico]. Moscou, Naúka, 1997.

VADÁSZ, Sándor. Lenin és a zimmerwaldi baloldal [Lenin e a esquerda Zimmerwald]. Budapeste, Akadémiai, 1971.

VARGA, Lajos. Az Oroszországi Szociáldemokrata Munkáspárt első, 1903-as agrárprogramja [O primeiro programa agrário do Partido Operário Social-Democrata Russo de 1903]. *Párttörténeti Közlemények* [Publicações históricas do Partido], n. 3, 1978.

VELIKÁNOVA, Olga. Lenin alakja a 20-as évek tömegtudatában [A figura de Lênin no imaginário das massas nos anos 1920]. *Eszmélet*, Budapeste, n. 20, dez. 1993.

VOLKÓGONOV, Dmítri A. *Ленин: исторический портрет/ Liénin: istorítcheski portriet* [Lênin: retrato histórico]. Moscou, Novoszti, 1994.

VOLKOV, F. D. *Великий Ленин и пигмеи истории/ Vielíki Liénin i pigmei istóri* [História do grande lenin e a história nanica]. Moscou, MID RF, 1996.

VOLKOVA, G. Исторический выбор/ Istorítcheski vybor [Escolha histórica]. In: *Ленинская концепция социализма/ Lienínskaia kontseptsia sotsializma* [O conceito leniniano de stalinismo]. Moscou, Polítítcheskoi Literature, 1990.

VOLOBÚIEV, P. V. *Пролетариат и буржуазия России в 1917/ Proletariat i burjuaziia Rossíi v 1917* [O proletariado e a burguesia da Rússia em 1917]. Moscou, Nóvyi Khronograf, 1964.

_____. (Org.). *1917 год в судьбах России и мира*: Февральская революция. От новых источников ко новому осмыслению/ *1917 god v sudbakh Rossíi i mira*: Fevrálskaia revoliútsia. Ot nóvykh istótchnikov ko nóvomu osmysliéniu [O ano de 1917 na história russa e mundial: A Revolução de Fevereiro, de novas fontes a uma nova interpretação]. Moscou, Rossískaia Akadémia Naúk (PAH/RAN), 1997.

VOLOBÚIEV, P. V. et al. (Org.). *Драма российской Истории*: Большевики и революция/ *Drama rossískoi istóri: bolcheviki i revoliútsia* [O drama da história russa: os bolcheviques e a revolução]. Moscou, Nóvyi Khronograf, 2002.

WADE, Rex A. *Revolutionary Russia*: New Approaches. Londres, Routledge, 2004.

WILLIAMS, Robert. *The Other Bolsheviks*: Lenin and His Critics 1904-1914. Bloomington, Indiana University Press, 1986.

WIRTH, Ádám. *Lenin a filozófus* [Lênin, o filósofo]. Budapeste, Kossuth, 1971.

YAKOVLEV, Egor. *The Beginning*: The Story about the Ulyanov Family, Lenin's Childhood and Youth. Trad. Catherine Judelson. Moscou, Progress Publishers, 1988.

ZALESKI, K. A. *Империя Сталина*: *биографический энциклопедический словарь/ Impiéria Stálina*: biografítcheski entsiklopedítcheski slovar [O império de Stálin. dicionário enciclopédico biográfico]. Moscou, Veche, 2000.

ZELÉNIN, I. E. *Совхозы в первое десятилетие советской власти/ Sovkhózi v piérvoie diéssiatiletie soviétskoi vlásti, 1917-1927* [Os sovkhozes na primeira década do regime soviético]. Moscou, Naúka, 1972.

ZETKIN, Clara. *Reminiscences of Lenin*. Londres, Modern Books, 1929.

ZÍLBERSTEIN, I. S. *Молодой Ленин в жизни и с работой*: *по воспоминаниям современников и документам эпохи/ Molodói Liénin v jízni i s rabótoi*: po vospominániam sovremiénnikov i dokumentam *épokhi* [O jovem Lênin na vida e no trabalho: de acordo com as memórias de contemporâneos e documentos da época]. Moscou, s/n, 1929.

ZINGER, L. *Dos banayte folk* [A origem de um povo] (Moscou, 1941).

ŽIŽEK, Slavoj. Afterwords: Lenin's Choice. In: Slavoj Žižek (org.). *Revolution at the Gates*. Londres, Verso, 2002. [Ed. bras.: Às portas da revolução: escritos de Lênin de 1917. São Paulo, Boitempo, 2005.]

_____. *13 опытов о Ленине/ 13 opytov o Liénine* [13 experimentos sobre Lênin]. Moscou, Ad Marginem, 2003.

*ZSIDÓKÉRDÉS Kelet- és Közép-Európában* [A questão judaica na Europa central e no Leste Europeu]. Budapeste, Elte Ájtk TSZ, 1985.

# OUTRAS PUBLICAÇÕES DA BOITEMPO

*O ano I da Revolução Russa*
VICTOR SERGE
Orelha de **Daniel Bensaïd**
Apresentação de **David Renton**

*As armas da crítica: antologia
do pensamento de esquerda*
EMIR SADER E IVANA JINKINGS (ORGS.)
Orelha de **Michael Löwy**

*Centelhas: marxismo e revolução
no século XXI*
DANIEL BENSAÏD E MICHAEL LÖWY
Orelha de **Isabel Loureiro**

*Comum: ensaios sobre a revolução
no século XXI*
CHRISTIAN LAVAL E PIERRE DARDOT
Orelha de **Eleutério Prado**

*Escritos de Outubro: os intelectuais
e a Revolução Russa (1917-1924)*
BRUNO GOMIDE (ORG.)
Orelha de **Tiago Pinheiro**
Quarta capa de **Martín Baña**

*Guerra e revolução: o mundo
um século após Outubro de 1917*
DOMENICO LOSURDO
Orelha de **Antonio Carlos Mazzeo**

*O homem que amava os cachorros*
LEONARDO PADURA
Prefácio de **Gilberto Maringoni**
Orelha de **Frei Betto**

*Margem Esquerda 28* (Dossiê:
100 anos da Revolução Russa)

*Mulher, Estado e revolução:
política da família soviética e
da vida social entre 1917 e 1936*
WENDY GOLDMAN
Prefácio de **Diana Assunção**
Orelha de **Liliana Segnini**
Coedição: ISKRA

*Olga Benario Prestes: uma comunista
nos arquivos da Gestapo*
ANITA LEOCADIA PRESTES
Orelha de **Fernando Morais**

*Outubro: história da Revolução Russa*
CHINA MIÉVILLE
Orelha de **Mauro Iasi**

*Às portas da revolução:
escritos de Lenin de 1917*
SLAVOJ ŽIŽEK E VLADÍMIR LÊNIN
Orelha de **Emir Sader**

*Reconstruindo Lênin*
TAMÁS KRAUSZ
Orelha de **Valério Arcary**

*A revolução das mulheres: emancipação feminina na Rússia soviética*, v. 1: *artigos, atas panfletos, ensaios*
GRAZIELA SCHNEIDER URSO (ORG.)
Orelha de **Daniela Lima**
Quarta capa de **Wendy Goldman**

*A Revolução de Outubro*
LEON TRÓTSKI
Inclui artigo "Os sovietes em ação", de
**John Reed**
Orelha de **Emir Sader**

*Teoria geral do direito e marxismo*
EVGUIÉNI B. PACHUKANIS
Apresentação de **Alysson Leandro Mascaro**
Prefácio de **Antonio Negri**
Posfácios de **China Miéville e Umberto Cerroni**

*Trabalhadores, uni-vos!: antologia política da I Internacional*
MARCELLO MUSTO (ORG.)
Orelha de **Paulo Barsotti**
Coedição: Fundação Perseu Abramo

## BARRICADA
*Laika* (HQ)
NICK ABADZIS
Orelha de **Gilberto Maringoni**

## BOITATÁ
*O que eu vou ser quando crescer?*
(infantil)
VLADÍMIR MAIAKÓVSKI

Capa de Rudolf Frentz para edição da *Krásnaia Niva*
[Campo Vermelho] de janeiro de 1927.

Publicado em 2017, cem anos após a Revolução de Outubro de 1917, este livro foi composto em Adobe Garamond Pro, corpo 11/13,2, e reimpresso em papel Avena 70 g/m² na gráfica Lis para a Boitempo, em setembro de 2020, com tiragem de 1.500 exemplares.